INSTITUTES COUTUMIÈRES

DE L'IMPRIMERIE DE CRAPELET
RUE DE VAUGIRARD, 9

INSTITUTES COUTUMIÈRES

D'ANTOINE LOYSEL

OU

MANUEL DE PLUSIEURS ET DIVERSES RÈGLES, SENTENCES
ET PROVERBES, TANT ANCIENS QUE MODERNES
DU DROIT COUTUMIER ET PLUS ORDINAIRE DE LA FRANCE

AVEC LES NOTES

D'EUSÈBE DE LAURIÈRE

Nouvelle édition, revue, corrigée et augmentée

PAR M. DUPIN

Ancien Bâtonnier de l'Ordre des Avocats
Procureur général à la Cour de cassation, membre de l'Institut, etc.

ET

M. ÉDOUARD LABOULAYE

Avocat, membre de l'Institut

Tome second

———◦◦◦◦◦———

PARIS

DURAND, LIBRAIRE

3, RUE DES GRÈS

VIDECOQ PÈRE ET FILS, LIBRAIRES

1, PLACE DU PANTHÉON

LEIPSIG, FRANCK ET MICHELSEN

——

1846

INSTITUTES COUTUMIÈRES

OU

MANUEL

DE

PLUSIEURS ET DIVERSES RÈGLES, SENTENCES ET PROVERBES,
TANT ANCIENS QUE MODERNES,
DU DROIT COUTUMIER ET PLUS ORDINAIRE DE LA FRANCE.

LIVRE IV.

TITRE PREMIER.

DE RENTES.

V. ma *Dissertation sur le tenement de cinq ans*, où j'ai traité au long et exactement de leur origine et de leur progrès.

* Davot. — Les rentes sont des redevances annuelles dues soit à cause de la jouissance d'un héritage, soit pour un capital en argent, aliéné au profit du débiteur.

La principale division des rentes est en *foncières* et *constituées*. Les *rentes foncières* sont celles qui sont dues à celui qui a été autrefois seigneur ou propriétaire de l'héritage sur lequel elles sont assignées, lesquelles ont été imposées lors de la tradition du fonds, et doivent être payées par le détenteur. V. Loyseau, *De la distinction des rentes*, liv. I, chap. 1 et 3. Ces rentes sont très-anciennes en France; Brodeau, sur l'art. 94 de la coutume de Paris, observe que de tout temps et ancienneté elles ont été usitées.

II.

1

Les *rentes constituées* sont celles qui sont créées par un simple contrat, soit pour un capital en argent, soit pour le prix d'une chose vendue. On les appelle autrement *rentes volantes*, et en quelques coutumes *volages*, parce qu'elles ne suivent pas le fonds, comme les rentes foncières. Ces rentes qui ont été imaginées pour tirer profit de l'argent, sans contrevenir au précepte du prêt gratuit, étaient autrefois inconnues. Quelque temps après qu'elles eurent été pratiquées, on douta de leur validité; mais elles furent autorisées par des constitutions des papes Martin V et Calixte III, des 2 juillet 1420 et 6 mai 1455, qui sont les extravagantes *Regimini*, rapportées au liv. III des *Extra. comm.*, tit. de *Empt. vend.* Et quoique ces constitutions n'eussent été faites que pour l'Allemagne, elles ont été étendues par l'usage aux autres états de la chrétienté, où l'on a reçu les rentes volantes pour la nécessité du commerce de l'argent, que le prêt gratuit rendait impraticable. *

I.

505. On met sa terre en gagnage par baux à rente, cens ou fief.

C'est-à-dire, que c'est mettre à *profit* des terres, que de les bailler à cens, à rente ou en fief. * *Gainage*, dit Rastall, *est quæstus sive lucrum*, mais il signifie plus proprement le profit qui vient du tillage (c.-à-d. de la culture) de la terre. *

Par baux a rente, cens. Chart. V et. circa an. 1287, apud Malbrancquum de Morinis, t. III, lib. II, cap. 89, pag. 657 : « Ego Theodoricus, Dei gratia, Flandriæ Comes, et Philippus « una Filius meus, solitudinem Reningensem victui nostro spe- « cialiter deputantes, sub annuali censu, agricolis excolendam « donavimus, etc. »

II.

506. Les rentes sont réelles et immobiliaires; les arrérages, personnels et mobiliaires.

* Davot. — Il était nécessaire au commencement pour la validité des rentes constituées à prix d'argent, qu'elles fussent assignées sur des fonds qui pussent en produire le revenu annuel et auquel elles demeuraient attachées, et c'est là ce qui les faisait regarder comme des immeubles.

Dans la suite, les rentes personnelles furent approuvées, suivant l'avis du célèbre Dumoulin, par un arrêt du parlement de Paris du 10 mai 1557, qui a été reçu comme règle générale; en sorte que les héritages du débiteur y sont seulement hypothéqués.

Cependant ces rentes ont continué d'être considérées comme immeubles dans la plupart des coutumes. *

Les rentes étaient *réelles*, quand elles étaient assignées ou assises sur des fonds, parce que c'était les fonds qui les devaient, et non les personnes; mais étant dues à présent par les personnes, et les fonds n'y étant plus qu'hypothéqués, elles sont plus *personnelles* que *réelles*. V. la *Dissertation sur le tenement de cinq ans*, chap. 2, pag. 21, où l'on a traité à fond de l'origine et du progrès des rentes; Desmares, décis. 277; Louet, lettre A, somm. 15.

IMMOBILIAIRES. Paris, 94. En quelques coutumes elles sont réputées meubles. V. la coutume de Reims, art. 18; Troyes, 66, etc. * Bretonnier, en ses *Questions de droit*. V° *Rentes*. *

III.

507. En succession ou partage de rentes constituées sur particuliers, on regarde le domicile de celui auquel elles appartiennent : en celles du roi, la ville sur laquelle elles sont assignées.

ON REGARDE LE DOMICILE DE CELUI AUQUEL ELLES APPARTIENNENT. * Davot. — Voici une nouvelle preuve que les rentes sont plus personnelles que réelles, puisqu'on juge de leur nature par la coutume du domicile du créancier auquel elles sont dues, au lieu qu'en matière réelle c'est la situation des lieux qui détermine. La raison de régler la nature des rentes par le domicile du créancier est, qu'étant dues par les personnes, elles n'ont aucune situation qui emporte réalité et ne peuvent résider que dans la personne du créancier, de même que les meubles, qui suivent le domicile de celui à qui ils appartiennent. * Louet, lettre R, nombre 31. En Normandie, il y a une jurisprudence contraire. V. Basnage, dans son commentaire sur l'art. 329 de la coutume de Normandie.

CELLES DU ROI. * Davot. — Les rentes sur le roi sont de nature différente de celles sur les particuliers. Ces dernières n'ont ni assiette ni situation, les autres sont assignées sur certaines finances ou revenus, ou sur des villes, et doivent être payées en des bureaux certains. C'est pour cela qu'on les regarde comme des immeubles. *

IV.

508. Le prix de la rente constituée était au denier douze, par l'ordonnance du roi Charles VII, de l'an 1441, réductible et rachetable à ce prix s'il n'apparoissoit du contraire.

Au DENIER. On appelle denier en matière de rente le taux du produit annuel comparé avec le principal, par exemple le denier vingt se dit lorsque vingt rendent un par an, c'est 5 pour 100.

Au DENIER DOUZE. V. Dumoulin, dans son traité français des Usures, n° 82, 83 et 111.

V.

509. Maintenant, par l'ordonnance du roi Henri IV, elles sont réduites au denier seize.

Davot. — On voit dans la première des extravagantes *Regimini* que les rentes que le pape Martin V approuva se constituaient au denier dix, onze, douze, treize et quatorze. Nos rois ont jugé plus convenable de rendre le denier, ou revenu annuel, fixe; mais il a varié suivant les temps et a diminué à mesure que l'argent est devenu plus commun. Charles VII, par son ordonnance de 1441, voulut que les rentes sur les maisons pussent être rachetées au denier douze. François Ier, en 1539, au denier quinze s'il n'apparaissait du prix pour lequel la rente avait été constituée. Charles IX, en 1567, ordonna qu'elles ne pourraient être constituées à plus haut prix que le denier douze. Henri IV, par édit du mois de juillet 1601, les réduisit au denier seize. Louis XIII, par l'art. 151 de l'ordonnance de 1629, défendit de recevoir plus haut intérêt que celui du denier seize, sous peine de confiscation des sommes principales, et d'amende en cas d'usure excessive. Louis XIV, par édit de décembre 1665, les mit au denier vingt; l'édit du mois de mars 1720, fait pendant le système de Law, les avait réduites au denier cinquante; un autre, du mois de juin 1724, les ramena au denier trente; un édit du mois de juin 1725 les rétablit au denier vingt (et enfin un édit du mois de juin 1766 les réduisit au denier vingt-cinq, taux qui s'est maintenu jusqu'à la révolution).

VI.

510. Toute rente constituée en grain ou autre espèce est réductible à argent, selon le prix qu'elle a été vendue, par l'ordonnance de l'an 1565.

Troyes, art. 67, etc. V. ci-dessus, liv. i, tit. i, règle LXXVII.

PAR L'ORDONNANCE DE L'AN 1565. * Cette ordonnance a été faite à Tours par le roi Charles IX et a eu pour but d'empêcher qu'on n'éludât les ordonnances en stipulant une redevance en grain plus forte que l'intérêt légal. * V. la *Conférence des ordonnances*, l. IV, t. 7, § 36.

VII.

511. Rentes constituées à deniers sont rachetables à toujours.

Anciennement les rentes constituées à prix d'argent étaient non rachetables; mais Pie V, par sa bulle de l'an 1570, qu'il fit à la sollicitation et par les conseils du célèbre docteur Novarre, ayant ordonné qu'à l'avenir elles pourraient toujours être rachetées, l'ancien droit des rentes a été changé à la réformation de nos coutumes. V. le chap. 2 de la *Dissertation sur le tènement de cinq ans*, où l'on a traité au long cette matière.

VIII.

512. Mais faculté de rachat de rentes procédans de bail d'héritages, se prescrit par trente ans.

* Parce que, comme le dit Pocquet de Livonnières, *de leur nature, les rentes foncières de bail d'héritages ne sont pas rachetables; si donc, par exception, elles ont été stipulées rachetables, c'est une faveur singulière,* et qui se prescrit par trente ans. *

Paris, art. 120. V. la *Conférence* et les commentateurs, et de La Thaumassière, sur l'art. 11 du titre *des Prescriptions* de la coutume de Berry. * Coquille, *Quest.* 200 et 201; Louet et Brodeau, lettre P, chap. 21; * et ci-après, liv. v, tit. iii, *de Prescriptions*, règle ix.

IX.

513. Si la rente étoit constituée au denier dix, elle seroit réductible : si au-dessous du denier dix, usuraire.

V. Dumoulin, dans son traité français *des Usures*, q. 83, au commencement, d'où cette règle est prise.

X.

514. Rentes foncières sur héritages, dues aux ecclésiastiques, ne sont rachetables, ores qu'elles fussent dues sur maisons de ville, même de Paris. Les ordonnances des rois François Ier et Henri II ayant, pour ce regard, été révoquées par celle du roi Charles IX, suivie et confirmée par les arrêts.

RENTES FONCIÈRES. V. l'art. 121 de la coutume de Paris, postérieur à la déclaration de Charles IX, qui était de l'année 1559; Brodeau, sur ce même article, n° 3; sur Louet, lettre R, n° 32; et l'édit d'Henri IV, de l'an 1606, art. 20.

ORES QU'ELLES FUSSENT DUES SUR MAISONS DE VILLE, MÊME DE PARIS. On suit la décision de l'art. 121 de la coutume de Paris, qui décide que ces rentes sont à toujours rachetables, si elles ne sont les premières après le fonds de terre. Orléans, 170. Quant aux legs pitoyables, V. l'art. 122.

ORDONNANCES DES ROIS FRANÇOIS Ier, etc. de 1539, 1552 et 1553.

XI.

515. Vente d'héritages à faculté de rachat à vil prix, duquel l'acquéreur reçoit profit ou rente, à la raison de l'ordonnance, par bail à ferme par lui fait à son vendeur, est réduite à rente rachetable. Et si tel contrat étoit fait par gens qui fussent coutumiers d'usurer, il seroit réputé usuraire.

VENTE D'HÉRITAGES. La vente d'héritages à faculté de rachat *à vil prix*, est souvent un mort-gage, ou une antichrèse qui est usuraire; et, quand il y a bail fait au vendeur, c'est ce qu'on appelle un *contrat pignoratif*, qui est aussi usuraire. V. ci-dessus, liv. III, tit. VII, règles I et II.

Est réduite a rente rachetable. V. Louet, lettre P, somm. 10. Brodeau en cet endroit, et la *Dissertation sur le tenement de cinq ans*, chap. 4 et 5.

XII.

516. De rentes constituées, on ne peut demander que cinq années d'arrérages, par l'édit du roi Louis XII.

* Pocquet de Livon., *Règles du Droit français*, liv. iv, chap. 3, 18 : « Les années précédentes sont couvertes par la fin de non-« recevoir, sans que le débiteur soit obligé d'alléguer paiement, « ni de s'en purger par serment. * »

V. l'art. 71 de l'ordonnance de Louis XII de l'an 1510 ; La Marche, art. 177.

XIII.

517. Rentes inféodées non rachetables sont réputées féodales : toutes les autres sont roturières, ores qu'elles soient vendues et constituées sur fief.

Le vassal, en aliénant une partie de son fief, peut se réserver dessus une rente non rachetable. Si le seigneur y consent, le fief sera diminué à proportion de la rente, et le vassal qui se la sera réservée, en fera foi et hommage ; ainsi cette rente sera féodale, parce qu'elle sera un fief ou une partie de fief. Dans le temps que les rentes constituées à prix d'argent étaient non rachetables, elles ne pouvaient, par cette raison, être assignées sur des fiefs sans le consentement des seigneurs dominants ; et quand ils l'avaient donné, les acquéreurs des rentes en devaient la foi et l'hommage ; mais aujourd'hui que toutes les rentes constituées à prix d'argent sont rachetables, elles ne sont plus nobles ni féodales, quand même elles seraient constituées sur des fiefs. V. la *Dissertation sur le tenement de cinq ans*, chap. 4 ; l'art. 193 de la coutume du Vermandois ; celle de Châlons, art. 127 ; de St-Paul, art. 15 ; Bouteiller, dans sa *Somme*, p. 479, ligne 33 ; et l'art. 85 de la coutume d'Amiens, avec les Commentaires de Deheu et de Dufresne.

Ores qu'elles soient vendues et constituées sur fief. C'est-à-dire, quoiqu'elles soient assignées et imposées sur un fief : ainsi quand une rente aurait été constituée à prix d'argent avant deux ou trois cents années, quand on en aurait fait plusieurs fois hommage, et quand elle aurait été donnée plusieurs

fois en aveu et dénombrement, elle aurait cessé, depuis la bulle
de Pie V, d'être féodale, parce que cette bulle, qui a été reçue
dans tout le royaume, a déclaré toutes les rentes constituées à
prix d'argent, rachetables à perpétuité. V. ci-dessus, liv. I, lit. I,
règle, LXXVII.

Il y a ici une remarque importante à faire, c'est que, quand un
vassal baille son fief, ou une partie de son fief, à rente foncière,
si, par ce bail, il fait sa condition bonne, parce qu'il augmente
son bien, le seigneur dominant ne peut refuser d'inféoder cette
rente foncière retenue, parce que, selon la règle première de ce
titre, il ne peut empêcher son homme de mettre sa terre en gagnage. Mais si le vassal fait le bail à vil prix, et *pour y gagner*,
selon l'art. 51 de la coutume de Paris, il ne le peut que *par jeu de
fief*, c'est-à-dire, en garantissant, sous son hommage, la partie de
son fief qu'il aliène ainsi; et pour lors la rente retenue, quoique
foncière et non rachetable, est roturière et non noble, parce
qu'elle n'est pas inféodée par le seigneur dominant, à qui elle est
inconnue. V. Bacquet, *des Francs-fiefs*, chap. 7, nos 8 et 9;
l'auteur du *Grand Coutumier*, liv. II, chap. 29, pag. 209, lign. 13,
14 et 15; ce que j'ai remarqué sur les art. 99, 100, 101 de la
coutume de Paris, et dans ma *Dissertation sur le tenement de
cinq ans*.

XIV.

518. Tous détenteurs, propriétaires et possesseurs
d'héritages chargés de rentes, sont tenus personnellement
et hypothécairement, payer les arrérages de leur temps,
et les précédens hypothécairement. Ce qui ayant été premièrement introduit pour rentes foncières, et réalisées ou
nanties, a été depuis étendu aux rentes constituées et
rachetables, et, par aventure, mal-à-propos.

Cette règle est tirée de la coutume de Paris, art. 84, 85; des
Coutumes notoires, art. 43; et de l'auteur du *Grand Coutumier*,
liv. II, chap. 25 et 35, pag. 445, 449.

PERSONNELLEMENT. Cela était vrai anciennement, quand les
rentes constituées à prix d'argent étaient non rachetables; parce
qu'alors il fallait en faire la foi et l'hommage si elles étaient
assignées sur des fiefs, ou en prendre saisine, si elles étaient
assises sur des héritages en roture. Et comme les inféodations
et les ensaisinemens étaient alors publics, tout acquéreur était

présumé avoir connaissance des rentes assignées sur les héritages nobles ou roturiers qu'il achetait, et il était, par cette raison, tenu personnellement de ces rentes. Mais ce droit étant aboli, les tiers-acquéreurs des héritages chargés de rentes constituées, n'en sont plus tenus personnellement. V. les notes qu'on a faites sur les art. 84, 85 et 86 de la coutume de Paris; le chap. 2 de la *Dissertation sur le tenement de cinq ans*; l'art. 145 de la coutume d'Amiens, et l'art. 154 avec le Commentaire de Dufresne, et *supra*, t. I, les règles n°° 462 et 501.

XV.

519. L'effet de l'obligation personnelle est que le détenteur en peut être exécuté en tous ses biens; et de l'hypothécaire, que l'héritage obligé peut être saisi et adjugé, sans qu'il soit besoin de discuter ceux du principal obligé.

SANS QU'IL SOIT BESOIN DE DISCUTER. Cela était vrai quand les rentes constituées à prix d'argent étaient non rachetables et, quand les inféodations et les ensaisinements étaient publics. Les acquéreurs qui étaient présumés avoir acquis les héritages, à la charge des rentes qui y étaient assises ou assignées, en étaient tenus personnellement; mais tout ce droit étant aboli, il est juste que les tiers-acquéreurs puissent opposer la discussion. Ainsi cette règle n'est plus que pour les rentes foncières. V. Loyseau, *du Déguerpissement*, liv. III, chap. 8, n°° 9, 10, 11, etc.

XVI.

520. Néanmoins les détenteurs s'en peuvent décharger en déguerpissant : voire même les preneurs à rentes, et leurs hoirs, sinon qu'il y eût promesse de fournir et faire valoir.

Déguerpir. V. le *Glossaire du Droit français*, sur ce mot.

LES PRENEURS A RENTE non rachetable et foncière : car, s'il y a faculté de rachat, le fonds sur lequel la rente a été retenue ou réservée étant réputé vendu, selon l'art. 78 de la coutume de Paris, le débiteur et propriétaire ne peut s'en libérer qu'en la remboursant. V. Beaumanoir, chap. 24, n° 11; les art. 109, 110 de la coutume de Paris; et Loyseau, *du Déguerpissement*, liv. IV, chap. 4 et 5, et liv. v, chap. 10 et 11; l'art. 198 de la coutume de Touraine, avec les notes de Pallu.

XVII.

521. Tout déguerpissement se doit faire en justice.

Tout déguerpissement se doit faire en justice. Si c'est le débiteur ou preneur à bail à rente non rachetable qui fait le déguerpissement, s'il est d'accord avec le bailleur ou créancier, le déguerpissement se peut faire hors jugement, et le bailleur rentre ainsi dans la propriété et la possession de son fonds, sans que, de cette résolution, il soit dû aucuns droits seigneuriaux, ainsi que du bail.

Si le preneur a fait des augmentations, ne pouvant forcer le bailleur à les prendre, il faut, si le bailleur n'en veut pas, qu'il les perde ou qu'il les emporte sans détérioration ou diminution du fonds; mais si le bailleur les prend en paiement, il en doit les lods et ventes; si c'est un tiers-détenteur qui déguerpit, il est de règle que le déguerpissement se fasse en jugement, afin que le créancier puisse faire créer un curateur à l'héritage délaissé et vacant, et le faire vendre et adjuger par décret pour être payé de ce qui lui est dû. V. la règle suivante et la dix-neuvième; Paris, art. 109; Loyseau, *du Déguerpissement*, liv. v, chap. 1, n°s 5, 6 et 7.

XVIII.

522. Le preneur, ou son héritier, qui déguerpit, doit payer les arrérages passés, l'année courante et un terme de plus.

Cette règle est tirée de l'art. 20 de l'ordonnance de Charles VII, de l'an 1441. V. Beaumanoir, chap. 24, n° 10; Desmares, décision 124, 125, 183; l'auteur du *Grand Coutumier*, liv. II, chap. 33, page 217; les *Coutumes notoires*, art. 97, 98; et les art. 109 et 110 de la coutume de Paris. * Lhommeau, III, max. 320. *

XIX.

523. Le tiers-détenteur, déguerpissant après contestation, est quitte en rendant tous les fruits qu'il a perçus;

et après jugement, en payant les arrérages échus de son temps.

Celui qui, *avant contestation*, déguerpit un héritage chargé de rente, n'en doit aucuns arrérages, pas même ceux qui sont échus de son temps. Paris, art. 102.

Après contestation, il doit les arrérages échus de son temps, jusqu'à concurrence des fruits, ou rendre les fruits.

Et après le jugement, il doit tous les arrérages, soit échus de son temps, ou avant ; et il n'en est point quitte en rendant les fruits. V. l'art. 103 de la coutume de Paris ; et Loyseau, *du Déguerpissement*, liv. v, chap. 11, n° 2.

XX.

524. Les seigneurs censiers et rentiers peuvent procéder par saisie sur les héritages sujets à cens et rentes, laquelle tient pour les trois dernières années prétendues et affirmées par le seigneur, nonobstant opposition, tant suivant l'ordonnance de Charles IX, de l'an 1563, que plusieurs coutumes anciennes et modernes.

L'édit du mois de novembre 1563, d'où cette règle est prise, est conçu en ces termes :

« Voulons et ordonnons que tous deniers dus pour censives et « rentes foncières, et autres redevances de bail d'héritage per- « pétuel, seront exécutables par saisie des héritages, terres et « possessions sujettes auxdits devoirs, et n'auront les possesseurs, « sur qui lesdites terres auront été et seront saisies, mainlevée « pendant le procès, si aucun se meut, sinon en consignant ès « mains du saisissant trois années d'arrérages desdites rede- « vances et droits pour lesquels ladite saisie aura été ou sera « faite ; ou en faisant duement et promptement apparoir avoir « payé les cens et rentes dont il sera question par ladite saisie, « sans préjudice du droit des parties, et de leurs dépens, dom- « mages et intérêts en fin de cause, etc. »

V. la *Conférence des Ordonnances*, t. I, liv. IV, tit. XVI, p. 701 ; les art. 86 et 163 de la coutume de Paris ; et les *Coutumes notoires*, art. 3. et 81.

XXI.

525. Toutes rentes sont requérables s'il n'est autrement convenu.

Davot. — On distingue les redevances en *requérables* et *portables*; les *requérables* sont celles qui doivent être demandées par le seigneur, et qu'il faut aller prendre chez le redevable. Les *portables* sont celles que le possesseur doit porter sans qu'on les lui demande. De droit commun les rentes sont requérables; mais les titres les rendent ordinairement portables. V. Dumoulin sur Paris, § 12, nᵒˢ 105, 106 et 107.

XXII.

526. L'ajournement fait contre l'un des détenteurs poursuivi pour le tout, sert d'interruption contre les autres.

V. ci-après, liv. v, tit. iii, règle xxix, et la règle xxv de ce titre.

XXIII.

527. Celui qui doit rente foncière ou autre droit seigneurial, pour raison d'aucun héritage, en doit faire vue oculaire à son seigneur, une fois en sa vie, ou lui assigner sa rente sur héritage valable, et lui fournir de déclaration.

Cette règle est tirée de l'art. 178 de la coutume de La Marche. V. la note de Dumoulin, en cet endroit, et ci-après liv. iv, tit. iii, règle c. V. l'ordonnance de 1667, au tit. ix *de l'Abrogation des vues et montrées;* et Paridem de Puteo, *de Reintegratione feudorum,* cap. 24, p. 29.

XXIV

528. Le seigneur n'est tenu faire vue à son rentier foncier, ou censier.

Cette règle est prise de l'article dernier de la coutume du Boullenois. V. la coutume du Loudunois., tit. 1, art. 1 et 2; Loyseau, *du Déguerpissement,* liv. ii, chap. 7; Mornac, ad leg. 6, D., *de Rei vindicat.;* Menochium, *de Arbitrariis,* lib. ii, cent. 2, casu 554; Brunum, consil. 116, vol. II; *Lhommeau, Max.,* ii,

29; ordonnance de 1667, tit. ix; et ci-après, liv. iv. tit. iii, règle c.

XXV.

529. Rentes sont indivisibles.

Cette règle, fondée sur les principes du droit romain, est prise de l'auteur du *Grand Coutumier*, chap. 37, liv. ii, p. 249.

« Si une maison ou autre héritage qui doit rente est divisée
« à plusieurs propriétaires, sans le consentement des censiers,
« ce partage ne portera pas de préjudice aux censiers, qu'ils ne
« puissent, sur chacune partie, quelque petite qu'elle soit,
« prendre leur rente comme auparavant; car les propriétaires
« sont tenus de payer les arrérages réels, et en peuvent être
« personnellement poursuivis leurs héritiers. » V. leg. 1, Cod.,
Communia de legatis; la coutume de Lorris, chap. 2, art. 35;
Bourbonnais, art. 409; L. *Moschis*, Dig., *de Jure fisci.* V. ci-
dessus, liv. iii, tit vii, règle xviii; Bacquet, *des Droits de Justice,*
chap. 21, nos 244, 245, 246, etc.; et ci-après le tit. ii, règle i,
avec la note.

Davot. — Cette règle est vraie pour les rentes foncières, parce que ce sont des charges réelles qui sont *totæ in toto, et totæ in qualibet parte;* mais il n'en est pas de même des rentes constituées pour lesquelles l'action personnelle se divise entre tous les débiteurs, quoique l'hypothèque demeure indivisible sur les biens qui y sont sujets. *

TITRE SECOND.

DE CENS ET CHAMPARTS.

V. ce qu'on a remarqué sur le tit. ii de la coutume de Paris;
le *Glossaire du Droit français*, Vo *Cens et Champart*; Lhommeau, *Max.*, ii, 21; * et ce que Potgiesser a ramassé sur cette
matière dans son traité *de Conditione et statu servorum*, liv. ii,
chap. 4, *de Censu, aliisque servorum præstationibus.*

I.

530. Le cens est divisible.

Pocquet de Livonnières, *Règles du Droit français*, liv. ii,
II.

tit. iv, chap. 3, art. 7 : « Il y a des coutumes où le cens est di-
« visible; de droit commun, il est solidaire et indivisible. » *

Orléans, ancienne coutume, art. 129; nouvelle, art. 120; Blois,
art. 129; Dunois, art. 46; Lorris, chap. 2, art. 36; et la *Conférence des coutumes*, p. 337.

Les rentes constituées à prix d'argent sont personnelles,
comme on l'a remarqué ci-dessus, liv. iv, tit. i, règle ii, et
parce que les fonds y sont hypothéqués, elles sont indivisibles
comme leur hypothèque qui est indivisible (1). V. la règle xviii,
tit. vii, liv. iii.

Mais le cens est dû par les fonds, d'où il s'ensuit que les
fonds étant divisés, il faut que le cens le soit aussi, et par conséquent il est vrai de dire que le cens est divisible; ce qui se
pratiquait ainsi chez les Romains. V. leg. ult., Cod. Theod., *Sine
censu*, lib. xi, tit. iii; leg. 1, Cod., *de Collation. fundor. patri-
mon.*; leg. 2, Cod., *de Debitoribus civitatis*; cap. *Constitutus*,
Extra., *de Religios. domibus*; La Lande, sur l'art. 120 de la
coutume d'Orléans; et Loyseau, *du Déguerpissement*, liv. ii,
chap. 11.

De là, il s'ensuivrait que les rentes foncières seraient aussi
divisibles, parce qu'elles sont réelles ou dues par les fonds;
cependant, suivant la règle dernière du titre précédent, elles
sont indivisibles, à cause de l'intérêt que le seigneur a d'être
payé de sa rente, qui est souvent un revenu assez fort; au lieu
que dans le cens qui est très-modique, et qui est seulement dû
in recognitionem dominii, il n'y a point de profit.

Il y a néanmoins des coutumes où le cens est indivisible,
comme celles du Bourbonnais, art. 410, 411; du Poitou, art. 102;
du Berry, tit. vi, art. 31; du Nivernais, tit. v, art. 12; et la décision de ces dernières coutumes, qui fait le droit des cens uni-
forme avec celui des rentes foncières, est plus régulière.* C'est
la commune observance de France, dit Davot, qui s'appuie sur
Coquille, *Institution au Droit français*, tit. *de plusieurs droits
communs aux tenures féodales, censuelles et autres.**V. Dumoulin,
sur la coutume de Paris, § 55, glose 4, nos 28, 29, 30, 31, 32,
33, etc.; ci-après, liv. iv, tit. iii, règle lxxxix; la règle iv de ce
titre; Charondas, sur l'auteur du *Grand Coutumier*, p. 260;
* Lhommeau, *Max.*, ii, 22. * Brodeau, sur le titre *des Censives*,
n° 19.

(1) Davot est d'opinion contraire, V. *supra*, règle n° 529.

II.

531. Le cens n'est requérable, ains rendable et portable.

LE CENS N'EST REQUÉRABLE. C'est-à-dire que, sans le requérir ou le demander à ceux qui le doivent, ils sont tenus de le porter *aux lieux et jours que dus sont, à peine d'amende.* V. * Beaumanoir, chap. 30, n° 72 ; * l'art. 85 de la coutume de Paris ; Melun, art. 106, 114 ; Sens, tit. IV, art. 20, 22 ; Étampes, chap. 2, art. 49, 50 ; Dourdan, tit. II, art. 51 ; Amiens, art. 199, etc. ; * Lhommeau, *Max.,* II, 21. *

Il y a néanmoins quelques coutumes où le cens est requérable, comme celles d'Orléans, art. 33 ; du Maine, 196 ; de Chartres, chap. 20, art. 112 ; Blois, art. 113, 114 ; c'est-à-dire que, dans ces coutumes, le cens doit être requis et demandé, afin que l'amende soit due ; mais le cens y est toujours rendable et portable, comme dans les autres coutumes. V. la règle XXI du titre précédent.

Quoique régulièrement le chef-cens soit portable au lieu où il est dû, cependant il doit être payé selon la coutume du lieu où les fonds qui le doivent sont assis ; ce qui a été très-bien remarqué par Masuer, ancien praticien français, chap. 32, *de Solutionibus*, nomb. 9 : « Census debent solvi ad mensuram « loci ubi debentur ; et idem si ex alia causa debeatur illud « quod consistit in pondere, vel mensura. Et hoc nisi usus vel « conventio obsistant ut not. cap. *ex Parte*, et cap. *Cum olim*, « *de Censibus*; et leg. *Imperatores*, D., *de Contrah. emptione*, etc.» V. ci-dessus, liv. III, tit. IV *de Vente*, règle XIX ; et ci-après, au tit. *des Fiefs*, la règle n° 594.

III.

532. Droits de cens et du premier fonds de terre dus au seigneur direct ne se perdent, ni par le temps, ni par décret.

' Mais la quotité et les arrérages du cens peuvent se prescrire. ' Paris, art. 124, 355, etc. V. les commentateurs ; l'auteur du *Grand Coutumier*, liv. II, chap. 10, p. 107. * Lhommeau, *Max.,* II, 26. *

' Le droit des censives est de même origine et de même nature que le droit des fiefs ; la censive comme le fief est un démembrement de domaine éminent, et le censier comme le vassal n'est que le tenancier, et, en quelque façon, le fermier du seigneur concédant; il ne peut donc prescrire contre son seigneur, puisqu'il possède pour lui. *

IV.

533. Cens sur cens n'a point de lieu.

*Anc. cout. de Bourg., art. 28 : *L'on ne peut mettre censive sur censive, car le premier l'emporte.*

Orléans, art. 122; Bourgogne, chap. 11, art. 3; Auvergne, chap. 29, art. 5; Berry, tit. vi, art. 31; Nivernais, tit. v, art. 10. Le sens de cette règle est que celui qui possède un héritage chargé d'un cens seigneurial ne peut point charger ce même héritage, à son profit, d'un second cens seigneurial, et faire ainsi qu'il y ait en même temps deux seigneurs directs et censiers d'un même fonds, * car il n'est point seigneur du fief. * Il ne peut aussi, selon quelques-uns, le charger d'une rente foncière non rachetable, parce qu'il ne peut pas diminuer son héritage au préjudice de son seigneur. Cependant, en plusieurs coutumes, l'héritage tenu à cens peut être baillé à croix de cens, * dit aussi *surcens* ou *gros cens*, * c'est-à-dire augmentation de cens, ou second cens non seigneurial, et rente foncière, n'emportant point lods et ventes, ni directe seigneurie. V. Joannem Fabrum, ad § *Adeo; Institut., de Locat.*, n° 6; Molinæum, ad consuetud. Arverniæ, tit. xxi, art. 4; ad consuet. Paris., § 73, gloss. 1, n° 23, et ead. gloss., quæst. 2; et Beaumanoir, chap. 34, n° 20; *Lhommeau, Max.*, ii, 21. *

Lorsque celui qui possède un héritage chargé de cens le baille à rente foncière non rachetable, il faut remarquer que, si la rente est vendue ensuite par celui qui l'a retenue, les lods et ventes en sont dus au seigneur, suivant l'art. 87 de la coutume de Paris; et les lods et ventes lui sont aussi dus de l'héritage, lorsqu'il est vendu à la charge de la rente. Joignez les articles 99, 100 et 101 de la coutume de Paris; de La Thaumassière, sur l'art. 31 du tit. vi de la coutume du Berry; Charondas, sur l'auteur du *Grand Coutumier*, p. 249, 250.

V.

534. Le propriétaire ne peut tellement empirer l'héritage tenu à cens, qu'il ne s'y puisse percevoir.

Troyes, art. 78 ; Montargis ou Lorris, tit. II, art. 42. V. le Commentaire de La Thaumassière, en cet endroit ; Molinæum, in consuetudines Paris., § 52, gloss. 1, quæst. 5, n° 45, gloss. 2, n° 2 : *Censuarius potest faciem rei ad libitum commutare, dummodo census perceptio non lædatur ;* § 58, n° 55 ; § 74, gloss. 2, n°2 ; Covarruviam, *Practicar.*, cap. 37 ; et Mornacium, ad leg. 13, *de Servitutib. prædior. rusticor.*

VI.

535. Lods et ventes appartiennent à celui qui a la seigneurie la plus proche du fonds.

' LODS ET VENTES. V., sur le sens de ces mots, Galland, *Franc-Alleu*, chap. 6 ; et le *Glossaire du Droit français.* '

L'auteur du *Grand Coutumier*, liv. IV, chap. 5, p. 529, l. 16. Le seigneur qui baille un fonds à cens en est seigneur censier et foncier ; et si celui qui l'a pris à cens le baille ensuite à surcens, croix de cens, ou rente foncière, il en est aussi, en quelque façon, seigneur foncier. A qui de ces deux seigneurs appartiendront les lods et ventes, si le fonds est vendu ? Cette règle décide qu'ils appartiendront à celui qui a la seigneurie la plus proche du fonds, c'est-à-dire à celui qui a donné le fonds à la charge du cens, qui est la première charge ; au lieu que le surcens n'est que la seconde. C'est celui à qui le cens est dû, ou la première charge, qui a la seigneurie la plus proche du fonds, c'est lui qui est le chef-seigneur, c'est lui qui est le seigneur très-foncier, et c'est à lui, par conséquent, que les ventes sont dues. V. Molin., in consuet. Paris., § 55, gloss. 4, n°° 1, 2 et 3 ; Loyseau, *du Déguerpissement*, liv. I, chap. 5, n°° 11, 12 ; Bailli, *des Lods et Ventes*, chap. 14, p. 8 et 9.

VII.

536. En ventes d'héritages tenus à cens, soit pures et simples, ou à faculté de rachat, par décret ou autrement,

et en baux à rente rachetable, sont dus lods et ventes dès-
lors du contrat.

* Orléans, ancienne coutume, art. 126.

EN VENTES D'HÉRITAGES. Parce que, *dès lors du contrat, la
vente est parfaite, pure et simple, quoiqu'elle puisse être résolue
sous condition.* V. leg. 2, D., *de in diem addictione*, et leg. 1,
D., *De lege commiss.*; ci-dessus, liv. III, tit. IV, règle XX;
d'Argentré, *de Laudimiis*, cap. 3 et 4; * Bacquet, *des Droits de
Justice*, chap. 12, n° 4; * Gaspard Bailli, dans son *Traité des Lods
et Ventes*, chap. 11, pag. 7, et chap. 12.

* BAUX A RENTE RACHETABLE. Paris, art. 23; Louet, lettre L,
chap. 18. *

VIII.

537. **Mais non du contrat de rachat, suivant la faculté
accordée.**

* *D'autant que ce n'est que résolution du premier contrat*, art. 91
des Cayers de la coutume de Bourgogne.*

* Orléans, ancienne coutume, 126.* Bourbonnais, art. 406;
Chartres, art. 18; la raison est que, la vente étant résolue, la
chose, par rapport au vendeur, est comme si elle n'avait pas
été aliénée. V. cependant la coutume du Nivernais, au tit. *des
Fiefs*, art. 23, avec le Commentaire de Coquille.

L'auteur du *Grand Coutumier*, liv. II, au titre *de Champart*,
dit que : « si aucun vend à aucun autre cent livres, par telle con-
« dition que dedans deux ans le vendeur le pourra ravoir pour
« le prix, et s'en dessaisit, et en est l'acheteur saisi, en sont les
« ventes et saisines payées au seigneur; et si advient que, dans
« le temps accordé, ledit vendeur recouvre son héritage, le
« seigneur foncier en demande nouvelles ventes et saisines :
« *quœritur quid juris ?*

« Je crois qu'il n'en paiera nulles, et si suis d'accord que le
« premier acheteur les deust payer; mais se il eust été sage, il
« eust mis en ses titres que, si le vendeur le rachetoit, qu'il lui
« rendist les ventes, quand il reprendroit son héritage, etc. »

IX.

538. **Pour rentes foncières non rachetables, volontairement vendues ou délaissées par rachat, sont dus lods et**

ventes, comme faisant partie de l'héritage sujet à icelles [et non pour rentes constituées, conformément à l'opinion de Charles du Moulin, suivie par les arrêts et par les coutumes].

Paris, art. 87. V. la note sur la règle ıv et le chap. 6 de la *Dissertation sur le tenement de cinq ans*, où l'on a expliqué cette règle. * *Arrêtés* de Lamoignon, tit. xıı, art. 21. *

X.

539. Pour adjudication par décret, faite pour nettoyer les hypothèques, suivant la convention portée par le contrat de vente, ne sont dus lods ne ventes, sinon en tant que le prix d'icelle excéderoit celui qui avoit été convenu.

* La législation ancienne connaissait deux décrets, le décret forcé qui était une véritable vente, comme est aujourd'hui la vente judiciaire des immeubles, et le décret volontaire qui n'avait d'autre but que de purger les hypothèques, et qui, comme notre purge actuelle, supposait un acte de vente antérieur, et par conséquent des droits de mutation déjà payés. Notre règle décide, que le décret volontaire étant une purge et non pas une vente, il n'est dû en ce cas aucuns droits de lods et ventes; car autrement on paierait deux fois pour une même mutation. V. Dumoulin sur la coutume de Paris, tit. ıı, § 57, glos. 1, 12, 22; Bruneau, *des Criées*, 3e édit., p. 253. *

V. l'art. 84 de la coutume de Paris, avec les Commentaires. * *Arrêtés* de Lamoignon, tit. xıı, art. 26. *

XI.

540. En supplément de juste prix, acquisition de plus value, transaction portant délaissement d'héritages, moyennant deniers baillés, sont dues ventes à raison de ce qui est payé, et non plus.

Cette règle est prise de l'art. 401 de la coutume du Bourbonnais, et des art. 4 et 5 du tit. xvı de la coutume d'Auvergne, où il y a : *Sont dues ventes tout ainsi que du prix.* V. les commentateurs ; d'Argentré, *de Laudimiis* ; q. 10, et Molin., in cons. Paris., § 33, gloss. 2, n° 58.

XII.

541. Pour achat de succession universelle, ne sont dus lods ne ventes.

Cette règle est tirée de la pratique de Masuer, tit. *de Solutionibus*, § *Idem emptor* 7. V. leg. 1, Cod., *de Evictionibus*. Nous avons deux coutumes néanmoins qui décident le contraire; savoir : celle du Bourbonnais, art. 396, et celle d'Auvergne, tit. xvi, art. 7. V. les commentateurs; Duplessis, sur le titre du *Retrait lignager*, de la coutume de Paris, chap. 3, p. 315 de la troisième édition, à la fin; Brodeau, sur l'art. 144 de la coutume de Paris, n° 4; la coutume du Loudunois, tit. xv, art. 32; Brodeau, sur Louet, lettre H, somm. 8, n° 4.

Mais si, dans une succession universelle vendue, il y avait des fiefs, comme il y aurait mutation de vassal ou d'homme, il serait juste que l'acquéreur payât aux seigneurs les droits féodaux qui leur sont dus, selon les différentes coutumes. V. Bailli, dans son *Traité des Lods*, chap. 30.

Selon la règle xii du titre *des Ventes*, il n'y a point d'éviction lorsqu'une succession ou des droits universels ont été vendus; ce qui est fondé en raison, parce que ce qui est évincé, n'étant pas de la succession, l'héritier n'est pas présumé l'avoir vendu. En un mot, celui qui vend une succession ne vend que ce qu'il y a, et non ce qu'il n'y a pas; et par conséquent il n'est point censé avoir vendu ce qui a été justement évincé; ce qui ne serait pas s'il avait disposé de quelque chose séparément, parce que, l'ayant aliéné, comme héritier, il est évident qu'il en serait garant en cas d'éviction, puisqu'il l'aurait vendue comme un effet de la succession qui lui serait échue : c'est la disposition formelle de la loi première, Cod., *de Evictionibus*. Mais, de ce que l'héritier qui vend ses droits successifs n'est pas censé avoir vendu ce qui est évincé, parce que ce qui est évincé n'est pas de sa succession, c'est mal raisonner de conclure de là, que les lods et ventes ne sont point dus des fonds qui n'ont point été évincés, et qui sont très-constamment des biens de la succession vendue; en sorte que les dispositions, à cet égard, des coutumes d'Auvergne et de Bourbonnais doivent être suivies.

* Davot. — Cette règle ne doit être admise qu'avec le tempérament qu'y apportent les coutumes de Bourbonnais, art. 396 et d'Auvergne, tit. xvi, art. 6. Si la succession vendue ne consistait qu'en meubles et actions, il n'en serait point dû de lods; mais

si en vertu de la vente l'acquéreur des droits successifs se trouvait possesseur d'héritages sujets à lods, il serait tenu de payer ces droits déduction faite de la valeur des meubles, comme le dit la coutume d'Auvergne. D'Argentré, *de Laudimiis*, § 21 : *Si prædia in hæreditate emptor invenerit, laudimia debebuntur; secus est in simplici cessione actionis abstracta a rebus et corporum translatione.* *

XIII.

542. De partage, licitation et adjudication entre cohéritiers ou comparçonniers, ne sont dus lods ne ventes.

* Davot. — Les héritiers ou comparçonniers sont des copropriétaires auxquels les biens appartiennent également, et même pour le tout à défaut les uns des autres; en sorte que l'on ne regarde pas comme de vraies mutations les actes par lesquels ils s'abandonnent réciproquement une portion plus grande que celle qui devrait naturellement leur appartenir, parce que tout cela est présumé fait par nécessité, ou convenance et non dans l'intention de vendre [ou mieux encore et en d'autres termes *le partage* chez nous, *est déclaratif et non translatif de propriété;* par conséquent il n'y a point de mutation de propriétaire, et sans mutation point de lods ou ventes]. *

V. la coutume de Paris, art. 80; Bourbonnais, 405; Berry, tit. VI, art. 28; *la Conférence* et les commentateurs; Anton. Faber, *de Errorib. Pragmaticor.* décad. 3, cap. 2 et 3; Argentré, *de Laudim.,* q. 24 et 53; de La Thaumassière et Ragueau, sur l'art. 28 du tit. VI de la coutume du Berry. * Louet, lettre L., cap. 9. *Arrêtés* de Lamoignon, tit. DES DROITS SEIGNEUR., art. 5. *

XIV.

543. Pour vente de fruits faite à plus de dix ans, sont dus lods et ventes, et non pour vente à vie.

POUR VENTE DE FRUITS FAITE A PLUS DE DIX ANS. Une vente de fruits faite pour un certain temps n'est autre chose qu'un bail à ferme. Quelques auteurs ont soutenu que les lods et ventes étaient dus d'un bail à ferme, quand il excédait neuf années. V. d'Argentré, dans son Traité *de Laudimiis*, et les auteurs qu'il cite; mais ce sentiment n'est pas suivi. V. * Marnier, *anc. cout.*

de Picardie, p. 182. * Brodeau, sur la coutume de Paris, art. 78, n° 31, et Molin., in cons. Paris., § 55, gloss. 1, n° 183.

Il en est de même des baux à longues années, au-dessous de 99 années. Touchant les ventes de fruits, et la question de savoir si les lods en sont dus, V. Bailli, *des Lods et Ventes*, chap. 34. Brodeau, sur l'art. 78, de la cout. de Paris, nomb. 30 et 31. Mais si le fonds est vendu ou à vie, ou pour un certain temps, les lods et ventes sont dus. V. Dumoulin, sur le § 55, gloss. 1, n° 183, in fine.

Nous regardons peu l'usufruit comme partie du domaine; et de là vient que, par l'art. 147 de la coutume de Paris, en vente d'usufruit il n'y a point de retrait, et que, selon l'art. 40, la douairière n'entre point en foi pour son douaire, qui consiste en usufruit; et si le gardien, qui est aussi un usufruitier, entre en foi, c'est que, dans son origine, étant commis pour desservir le fief du mineur, il est considéré comme vassal. V. la loi 33, § *Usumfructum*. D., *de Usufructu*; leg., *Interdum*, 10, in fine, *de Usufructu adcrescendo*, et leg. 59, § *Sed ad exemplum*, D., *de Usufructu*.

XV.

544. Qui tient terres sujettes à champart n'en peut lever la desblée sans appeller le seigneur, sur peine de l'amende.

* Davot. — Le champart étant une partie des fruits que le seigneur a droit de prendre sur les héritages qui lui ont autrefois appartenu, il est juste que le possesseur appelle le seigneur avant d'enlever la récolte ou *desblée*. Cette condition entre même dans la définition que nos auteurs font du droit de champart. * V. les coutumes de Berry, tit. x, art. 26, 27 ; d'Amiens, 193 ; du Nivernais, tit. xi, art. 2 ; de Poitou, 64 ; du Bourbonnais, 352 ; de Chartres, art. 113, etc. ; les art. 392 et 393 de la coutume du Bourbonnais, et le 409 de La Marche ; de Heu et Du Fresne, sur l'article cité de la coutume d'Amiens ; et selon l'art. 195 de la coutume d'Amiens : « si le détenteur d'héritage, chargé de ter-« rage ou champart, est négligent de labourer, ou faire labourer « sa terre par trois ans consécutifs, le seigneur, à qui est dû « ledit droit, peut faire mettre le fer dans ladite terre, et la « labourer à son profit, jusqu'à ce que le propriétaire s'offre à la « labourer ; lequel toutefois, en ce faisant, ne peut empêcher « qu'icelui seigneur ne jouisse d'une année, pour la récompense

« desdites trois années de son droit de champart. » V. les commentateurs, et ci-après la règle xx.

Et par l'art. 197 de la même coutume : « celui qui tient terre à
« terrage d'aucun seigneur, ne la peut clorre de haies, ni de fossés
« pour la mettre en pré, pâture ni édifice, sans le consentement
« dudit seigneur; mais est tenu de la laisser en labour; et s'il
« le fait, il commet, envers ledit seigneur, amende de soixante
« livres parisis, lequel peut abattre et démolir lesdits haies,
« bâtiments, et remplir les fossés, etc. » * V. Beaumanoir,
chap. xxx, n° 72. *

XVI.

545. **Terres tenues à champart, terrage, vinage, gros
cens, ou rente originaire et directe, tenant lieu de chef-
cens, doivent lods et ventes au seigneur desdits champart, terrage, etc.**

TERRAGE, VINAGE, GROS CENS. V. le *Glossaire du Droit français*
à ces mots.

V. Loyseau, *du Déguerpissement,* liv. I, chap. 5, n° 9 et 10, où
il explique cette règle; l'auteur du *Grand Coutumier,* liv. II,
titre *du Champart;* de Heu et Du Fresne, sur l'art. 193 de la
coutume d'Amiens; et la *Conférence des coutumes,* p. 348.

De Heu, sur cet article, n° 4 et 5, remarque qu'il y a deux
sortes de terrages ou de champarts, l'un qui est seigneurial, et
dont il est parlé dans cette règle, et l'autre qui n'est pas seigneurial, qu'il faut bien distinguer du premier.

XVII.

546. **Terres tenues en fief ne doivent champart.**

* Le fief est un héritage noble qui ne doit que des services
personnels et jamais de redevances. *Nulla consuetudo,* dit
d'Argentré sur Bret., 123, *reditum annuum induxit in feodorum
natura.* Dumoulin, sur Paris, tit. I, § 22, n° 16. *

V. Blois, art. 34; Orléans, 140; Brodeau, sur le titre *des Censives* de la coutume de Paris, n° 28; de Lalande, sur l'article
cité de la coutume d'Orléans, et sur le suivant; l'auteur du
Grand Coutumier, liv. II, tit. XXVI, p. 174, 175.

XVIII.

547. Quand droit de relief est dû pour roture ou cotterie, il est coutumièrement dû double du cens ou de la rente.

V. l'art. 46 de la coutume du Boullenois; Artois, art. 20, et Bouteiller, dans sa *Somme*, tit. LXXXIV, liv. I : « tenir en coterie « par l'usage de coutume locale, si est tenir toutes terres en pos- « session de main-ferme, c'est-à-dire, qui n'est tenue en fief « que ruralement, qu'on appelle, entre les coutumiers, terre « vilaine; et ne doit hommage ni service, ost, ne chevauchée, « fors la rente au seigneur, aux termes accoutumés, et à la mort « double rente, en certains lieux. »

˙ Mais le cens n'est pas moins que la foi et hommage la reconnaissance de la supériorité féodale, et c'est une maxime constante de notre ancien droit, malheureusement omise par Loysel, que *cens emporte et dénote seigneurie directe.* Paris, 123; Anjou, 179; Maine, 197; Loyseau, *Déguerpissement*, liv. I, chap. 5, n° 9. Lhommeau, IV, 21. — Quant aux coutumes qui déclarent que le fief ne doit champart, V. Blois, art. 84; Orléans, 140.

XIX.

548. Un seigneur, soit censuel ou feudal, n'est tenu ensaisiner, ni recevoir en foi le nouvel acquéreur, s'il ne le satisfait aussi des anciens droits et arrérages à lui dus.

Cette règle est prise de la coutume de Melun, art. 27. V. aussi l'art. 194 de la coutume de Meaux; l'art. 24 de la coutume de Paris, et les commentateurs; l'auteur du *Grand Coutumier*, liv. II, chap. 27, p. 179.

XX.

549. Le seigneur censier peut tenir, en sa main, les terres vacantes, et en faire les fruits siens, jusqu'à ce qu'il en soit reconnu.

La coutume du Berry, tit. VI, art. 26; Bourgogne, tit. XI, art. 5, et les commentateurs.

VACANTES, — c'est-à-dire non cultivées en temps de paix. — Amiens, art. 196. V. l'auteur du *Grand Coutumier*, liv. II, ch. 27, p. 180.

XXI.

550. Mais pendant le temps de sa jouissance, ne lui sont dus cens ne rentes.

Cette règle est tirée de l'art. 44 de la coutume de Chartres, à la fin, dont la disposition est juste. On ne peut avoir en même temps la chose et le prix.

XXII.

551. Qui ne paie son cens doit perdre son champ; qui est ce que disent nos capitulaires : *qui negligit censum, perdat agrum.*

V. *Capitularior.* Karoli Calvi tit. VII, in villa Sparnaco, cap. 63, et Reginonem, *de Ecclesiasticis disciplinis*, lib. I, cap. 40. *Beaumanoir, chap. 30, n° 39.* Par nos coutumes, il n'y a point de commise, mais amende seulement. V. *Miroir de Souabe*, ch. 81, f° 14, v°; * la *Conférence des coutumes*, sur l'art. 85 de la coutume de Paris, p. 317, 319, etc. et Brodeau, sur le tit. *des Censives*, n° 19. *Lhommeau, II, max. 30. *

QUI NEGLIGIT CENSUM, PERDAT AGRUM. Dans ces temps-là, lorsque le censitaire ne payait pas exactement son cens, le seigneur, après quelques années, de sa seule autorité, le pouvait expulser; ce qui n'a plus lieu parmi nous, comme on vient de le remarquer, les voies de fait étant défendues, V. *Commentaria mss.* Jani à Costa, ad tit. Cod. de *Jure emphyt.*, fol. 136, 148; * Pithou, sur Troyes, art. 50;* Brodeau, sur l'art. 72 de la coutume de Paris, n° 29; Joan. Fabrum, ad tit. Inst. *de Locatione*, § *Adeo*; Maran., ad tit. *de Jure emph.*, p. 268, et Novell. 121.

Cependant par l'ancienne coutume de Paris : « quiconque a « terres, il est tenu de les cultiver et labourer, et est à sçavoir « que, si celui à qui sont les terres est sommé du seigneur à « qui le champart est dû, de faire labourer icelles terres; et « par trois années après icelle sommation, celui à qui est la « terre, est négligent de la faire labourer, par ladite coutume « des terres tenues à champart, icelles terres sont acquises au « seigneur, de qui est le champart. »

Quoique cet article n'ait pas été inséré dans la coutume de Paris, quand elle fut rédigée, Charondas remarque néanmoins qu'il l'a vu observer, et a vu juger ainsi en quelques prévôtés et châtellenies dépendantes de la prévôté et vicomté de Paris;

comme en la seigneurie de La Houssaye en Brie, prévôté de
Tournan; mais que le propriétaire se représentant pour labourer, peut rentrer dans sa terre, suivant un arrêt du 15 juin 1565,
rendu dans la coutume de Paris. Ce droit est en usage à Amiens
et en Beauvoisis. V. l'art. 196 de la coutume d'Amiens, et la
règle xv de ce titre.

TITRE III.

DE FIEFS.

V. la note sur le titre *des Fiefs*, de la coutume de Paris.

I.

**552. Tous fiefs sont patrimoniaux, [et] se peuvent
vendre et engager sans le consentement du seigneur; et
en sont les héritiers saisis.**

V. Coquille, dans son *Institution*, tit. *des Fiefs*, et les coutumes
qu'il cite; Cujacium, ad lib. 1, tit. 1, *Feudorum;* et le *Traité
de l'origine du droit d'amortissement*, p. 28, 29. * Littleton,
sec. 1.*

VENDRE ET ENGAGER. * Ceci est du tout contraire aux coutumes
primitives du fief; à l'origine, le seigneur devait accepter la
vente et l'engagement, autrement ces actes étaient nuls, et le
fief *commis*, c'est-à-dire, confisqué.* V. l'art. 34 de la coutume
de Troyes, avec le commentaire de Pithou, *et Jus feudale Alemannicum*, cap. 26, 56, 155, et *infra*, règles xc et xci.

ET EN SONT LES HÉRITIERS, ETC. Anciennement le fief retournait
au seigneur par le décès du vassal, et c'était du seigneur que les
héritiers du défunt en devaient recevoir la saisine. L'auteur du
Grand Coutumier, liv. II, chap. 21 : « Si c'est un fief noble, sai-
« sine de droit, ne autre, n'est acquise sans foi; car le seigneur
« direct est avant saisi que l'héritier, mais, par faire hommage,
« et par relief, le seigneur direct doit saisir l'héritier. » Mais
cet ancien droit est aboli. Et lorsque, dans une succession, il y
a des fiefs, l'héritier légal, ou *ab intestat*, en est saisi, comme il
est saisi des héritages en roture contre le seigneur censier et
très-foncier.

II.

553. Les bénéfices sont résignables et à vie.

Desmares, décis. 87. Les fiefs, dans leur origine, étaient des bénéfices. Quand le vassal qui en possédait un voulait le donner à un autre, il devait le remettre entre les mains du seigneur, avec prière d'en investir celui qu'il en voulait gratifier. V. tit. xiv, lib. ii Feudor., *de Refutatione Feudi*, et ibi Cujacium. *Resignare autem seu refutare est renuntiare*; Loyseau, *des Offices*, liv. i, chap. 11, n°° 1, 2, 3, etc.

Comme les bénéfices sont à vie, les fiefs étaient aussi anciennement à vie. V. Cujas, sur le tit. i du premier livre *des Fiefs*, et Loyseau, *des Offices*, liv. v, chap. 6, n° 9 et 10. *Sur l'histoire des bénéfices et leur transformation en fief, V. Laboulaye, *histoire du Droit de Propriété*, liv. vi. Guerard *polyptyque d'Irminon; prolégomènes.* *

III.

554. Les charges et commissions sont révocables à volonté [comme aussi étoient tous offices avant l'ordonnance du roi Louis XI, selon le proverbe ancien, que *service de prince n'est point héritage*].

Comme les bénéfices et les fiefs étaient à vie, il en était de même des charges, des commissions et des offices, qui étaient révocables à volonté par l'ancien droit de la France, comme il se voit par ces paroles Gervasii Tilberiensis in *Otiis imperialib.*, t. I, *Historicor. Brunsvicens.*, p. 943 : « Hic Henricus legem « instituit, apud Teutones, ut militiæ, more Gallorum et An- « glorum, successionis jure devolverentur ad proximiores co- « gnationis gradus; cum antea magis penderent ex Principis « gratia. Ideoque ad suum refundens commodum, quod aliis « impertitus est beneficium, impetravit a subditis ut, cessante « pristina Palatinorum electione, imperium in ipsius posteri- « tatem, distincta proximiorum successione, transiret. Et sic « in ipso terminus esset electionis, principiumque successivæ « dignitatis, etc. »

ORDONNANCE DU ROI LOUIS XI, du mois d'octobre 1467; cette ordonnance introduisit la vénalité des charges, qui n'a cessé qu'à la révolution.

V. Loyseau, dans son *Traité des Offices*, liv. i, chap. 3, n°° 84, 86, 96, 99, etc.; liv. ii, chap. 2, n°° 59, 63; liv. v, chap. 4, et l'art. 27 de l'ordonnance de Roussillon.

IV.

555. Tout nouveau vassal doit la foi à son seigneur, et lui en faire quelque reconnoissance.

LA FOI. *Feudi substantia est ipsa Feudalitas, seu fidelitas, cum feudum a fidelitate dicatur, vel a fide*, liv. II Feud., tit. III, in fine. *En fief aucun ne peut acquérir saisine sans foy*, dit le *Grand Coutumier*, liv. II, tit. de *Saisine en fief.*

Et en effet le fief, quoique devenu patrimonial, n'est point une propriété ordinaire, le seigneur concédant s'est réservé le domaine éminent, le vassal n'a que le domaine utile; or, dès que le vassal meurt, la concession fait retour au seigneur; seulement le seigneur est obligé, par la coutume, d'investir l'héritier du défunt; mais jusqu'à cette investiture le vassal n'a aucun droit sur le fief, et s'il s'en met en possession c'est sans titre légitime. C'est ce qu'explique fort bien le *Grand Coutumier*, liv. II, *des Coutumes des fiefs* : « Si aucun vassal à qui le fief est propre hé-
« ritage ou acquest, et qui est légitime ou loyal demenier et
« possesseur, va de vie à trépassement, son hoir, fût-ce son
« propre fils, n'est pas saisi, ni en possession et saisine, ni ne
« peut-on dire, par le droit commun ni par la coutume que *le
« mort saisit le vif son hoir*, ni le fils de son domaine ne s'en peut
« dire possesseur au regard du seigneur jusques à ce qu'il en ait
« faict foy et hommage de bouche au seigneur de qui il meut,
« ou qu'il en soit par le seigneur mis en souffrance, qui vaut foy,
« tant comme elle dure. Autrement c'est propre domaine du sei-
« gneur du fief, et en est saisi et vetu, et en peut faire et fait
« les fruits siens, et lui appartiennent de plein droit, spéciale-
« ment après les XL jours passés. »

QUELQUE RECONNOISSANCE. Dans presque toutes les coutumes, les vassaux ne doivent, en ligne directe, que la bouche et les mains. V. Paris, art. 3, 4 et 26; *la Conférence*, les commentateurs, et la règle IX de ce titre.

V.

556. Le doit aller trouver en son chef-lieu, là, de-mander s'il y est, ou autre pour lui, ayant pouvoir de le recevoir en foi; puis mettant le genou en terre, nue tête, et sans épée ni éperons, lui dire qu'il lui porte la foi et hommage qu'il est tenu lui faire, à cause du fief mouvant de lui, et à lui appartenant à tel titre, et le requérir qu'il lui plaise l'y recevoir.

Paris, art. 63, et Brodeau, n° 19. V. *la Conférence*; l'auteur du *Grand Coutumier*, liv. II, chap. *de Saisine en fief*; Touraille, sur la coutume d'Anjou, p. 168.

*LE DOIT ALLER TROUVER. Bracton, fol. 80 : « Et sciendum quod « ille qui homagium suum facere debet, obtentu reverentiæ « quam debet domino suo, adire debet dominum suum ubi-« cumque inventus fuerit in regno, vel alibi, si possit commode « adiri, et non tenetur dominus quærere suum tenentem, et « sic debet homagium ei facere. » Coke sur Littl., sect. 150.

SANS ÉPÉE NI ÉPERONS. V. le chap. 130 des *Établissements*, avec la note, p. 185 de l'édition de Ducange, et 217 de la dernière édition, et ci-dessus, liv. I, tit. I, règle XXIX.

FOI ET HOMMAGE. V. le *Glossaire du Droit français*, sur *Bouche et Mains*.

Bracton, II, XXXV. 2. « Quid sit Homagium? Sciendum quod « homagium est juris vinculum, quo quis tenetur et astringitur « ad warantizandum, defendendum, et acquietandum tenentem « suum in seysina sua versus omnes, per certum servitium in « donatione nominatum et expressum; et etiam vice versa, quo « tenens reobligatur et adstringitur ad fidem domino suo ser-« vandam, et servitium debitum faciendum. Est itaque tanta et « talis connexio inter dominum et tenentem suum, quod tan-« tum debet dominus tenenti, quantum tenens domino, præter « solam reverentiam. » Sur la différence de foi et hommage, Coke sur Littleton, sect. 91. *

En plusieurs lieux, quand l'hommage est lige, le vassal doit faire serment sur les Évangiles. V. la coutume du Loudunois, tit. XI, art. 9 : ce qui ne fut admis que tard, et dans les bas siècles, parce que les premiers chrétiens détestaient ces sortes de profanations. Div. Chrysostomus, t. VI ultimæ editionis, p. 67, col. 2 : « Audite vos, clerici, qui jurantibus Evangelia « porrigitis, quomodo potestis ab illo juramento esse securi, « qui semen parjurii datis? etc. » Vide Grotium *ad Mathæum*, cap. 5, n°° 33, 34, Bezam et Maldonatum, ibid.; Nicolaum, *de Juramentis*, cap. 21; Janum à Costa, ad leg. 2, Cod., *de Rebus creditis et jurejurando*, et Hanlenium, *de Jurejurando*, lib. I, cap. 2.

VI.

557. Le vassal faisant la foi, doit mettre ses mains jointes entre celles de son seigneur, disant : *Sire*, ou *Monsieur, je deviens votre homme, vous promets foi et loyauté de ce jour en avant, viens en saisine vers vous ; et, comme à seigneur, vous offre ce ;* et le seigneur lui doit répondre : *Je vous reçois et prends à homme, et, en nom de foi, vous baise en la bouche, sauf mon droit et l'autrui.*

Et vous baise en la bouche, etc. * V. *Assises de Jérusalem,* t. I, p. 313 ; (Ibelin, chap. 195), avec la note de M. Beugnot, ibid. p. 445;* le *Glossaire du Droit français,* sur le mot *Bouche et Mains,* et la note sur l'art. 63 de la coutume de Paris. * Et la formule naïve que nous donne Littleton, sect. 85 : « Hommage est le plus « honorable service et plus humble service de révérence, que « franc tenant puisse faire à son seigneur. Car quand le tenant « fera hommage à son seigneur, il sera discinct, et la tête dé- « couverte, et son seigneur séera, et le tenant genouillera de- « vant luy sur ambideux genoux, et tiendra les mains étendues « et jointes ensemble entre les mains du seigneur, et ainsi dira : « Je deviens votre homme de ce jour en avant, de vie et de « membre et de terrene (terrestre) honneur, et à vous serai féal « et loyal, et foy à vous porterai des tenemens que je clame « de tenir de vous, sauve la foy que je dois à notre seigneur « le roy, et donc le seigneur ainsi séant le baisera. » Coke sur Littleton, et Bracton, liv. ii, chap. 35, n° 8.

> Tu deis.... ton seignor énorer,
> Ses hommes es, et li deiz' fei e amor porter,
> Et s'onor e sa vie, e ses membres salver,
> Ne li deis al besoing ne faillir, ne falser.
> Tu es si liges homs.
> Roman de Rou, v. 4469.)*

Bouteiller, dans sa *Somme*, liv. i, tit. lxxxi, p. 478, l'auteur du *Grand Coutumier*, liv. ii, chap. de *Saisine en fief*, où cette formalité est exactement rapportée. Feud. ii, tit. v.

* Pour l'Allemagne, *Miroir de Souabe*, III, chap. 4 : « Le vas- « sau doit promettre à son seigniour foy et vérité et leauté « par son serement, que il porquerra s'onor et son profit en

« totes places que il en sera requis, et dira la vérité des
« biens son seignour à l'aide et au profit de luy de ce qu'il
« porra ou saura, et destorbera son domage par tout son sens
« et son poair. » Ibid., chap. 6.

VII.

558. Le seigneur n'est tenu recevoir l'hommage de
son vassal par procureur; mais, s'il a excuse légitime, lui
donnera souffrance.

EXCUSE LÉGITIME. Orléans, anc. cout., art. 77.
V. la coutume de Paris, art. 67. V. cap. unicum, § 2, *de Statu regul.* in VI°; Poitou, art. 114; Desmares, décis. 63; Dumoulin, sur Paris, § 67, n° 1; Lhommeau, II, max. 7.

VIII.

559. Le vassal ne trouvant son seigneur en sor hôtel,
doit heurter par trois fois à sa porte, l'appeler aussi par
trois fois. Et après avoir baisé la cliquette ou verrou
d'icelle, faire pareille déclaration que dessus, et en
prendre acte authentique, signifié aux officiers de la justice, ou au prochain voisin, et en laisser copie.

Paris, art. 63. V. la Conférence, p. 248, etc.
APRÈS AVOIR BAISÉ LA CLIQUETTE OU VERROU. Auxerre, art. 44;
Sens, 181; Berry, tit. v, art. 20. V. le *Glossaire du Droit français,* sur les mots *Baiser, Bouche et Mains.*
Dumoulin a mis sur l'art. 14 de la cout. de Chartres la note
suivante, qui prouve que ces formalités symboliques étaient
tombées en désuétude depuis longtemps. *Si nullus sit eo loci
habens potestatem recipiendi in fidem, non tenetur illam facere,
quia nec fieri potest parietibus vel ostiis ut stulti putant; satis
est offerre et instrumentum oblationis referre.*

IX.

560. Les enfans ne doivent coutumièrement que bouche
et mains, avec le droit de chambellage, qui est dû par
tous.

Beaumanoir, *des Héritages,* XIV. 8, et ss.

Paris, art. 3 , 4 , 26 , et la Conférence ; *Grand Coutumier, liv. II, tit. des Coutumes des Fiefs. « Item, aussi dit-on que en « ligne directe nul ne doibt rachapt par la coutume générale « du royaume de France. »*

CHAMBELLAGE. V. le Glossaire du Droit français sur ce mot; Brodeau, sur l'art. 3 de la coutume de Paris, n° 4, où cette règle est parfaitement expliquée; *et Duplessis, coutume de Paris, préface du titre des Fiefs.*

X.

561. En quelques contrées, la femme ne doit que la main; mais la courtoisie françoise doit aussi la bouche.

Corpus et manus, disent les Olim, t. I, p. 733, XXV; t. II, p. 517, IX. Littleton, sect. 87. « Item, si femme seule fera hommage à son « seigneur, elle ne dira je deviens votre femme, parce qu'il n'est « convenant que feme dise qu'elle deviendra femme à aucun « homme fors qu'à son baron quand elle est épousée; mais elle « dira : je fais à vous hommage, et à vous serai feal et loyal, et « foy à vous porterai des tenemens que je tiens de vous, saute « la foy que je dois à notre seigneur le roy. » Et la note de Coke.

Dumoulin, sur l'art. 3 de la coutume de Paris, remarque qu'il a été jugé que les femmes pouvaient faire hommage sans présenter le baiser, ce qu'il a réitéré sur l'art. 54 de la coutume de Blois. V. Brodeau, sur l'art. 3 de la coutume de Paris, n° 5; et le Glossaire du Droit français sur Baiser, Bouche et Mains.

XI.

562. Droit de chambellage est une pièce d'or due au chambellan du seigneur, à la discrétion du vassal.

Olim, t. I, p. 130, n° 10, an 1260; t. II, p. 77, XVI, an 1270; Ordonnances, t. I, p. 472.*

Laon, art. 158. V. le Glossaire du Droit français sur Chambellage; et la coutume de Péronne, art. 32, 33; *Galland, Franc Alleu, p. 62.*

EST UNE PIÈCE D'OR AU CHAMBELLAN. Par une ordonnance donnée à Nogent-le-Rimbert en 1272, le mercredi après la décollation de Saint-Jean-Baptiste, le 31 août, par-devant le roi, présens M. l'abbé de Saint-Denis, M. Jean d'Acro, bouteiller de France, M. Mathieu de Mailli, chambellan de France, et plusieurs autres,

il fut réglé et arrêté, « que quiconque feroit ou auroit fet hom-
« mage au roi Philippes, qui ores est, dont il ne fust mie en
« l'hommage au roy Loys son père, que li plus povres hons
« paieroit vingt sols parisis au mestre chamberlenc, cheva-
« lier, et à tous les autres chamberlenes, et li autres hons de cent
« livres de terre, de qui que il les tiengne, payeront cinquante
« sols parisis, et chil de cinq cens livres de rente, de qui que
« il les tiengne, payeront cent sols de parisis, et li baron, et li
« évesque, et li archevesque, payeront dix livres de parisis
« auxdits chamberlencs. » V. ce que j'ai remarqué sur cette ordonnance, dans le t. I de la nouvelle compilation, p. 296, 297,
472, 670, 673.

Le chambellan portait le scel secret du roi; et le poids de la
cire était tenu de lui à foi et hommage. V. mon glossaire sur
Poids-le-roi; et Sauval, dans ses *Antiquités de Paris,* t. I,
p. 658, 659. Coke sur Littleton, sect. 153.

XII.

563. Les collatéraux doivent relief ou rachat.

RELIEF. Bracton, liv. II, chap. 36 : « Cum homagia facta
« fuerint, et fidelitatis sacramenta, ab illis qui plenæ ætatis
« extiterint, oportet statim quod tenementum quod fuit in
« manibus antecessorum, et hereditas *quæ jacens fuit* per
« eorum decessum *releretur* in manu heredum, et propter talem
« relevationem, facienda erit ab heredibus quædam præstatio,
« quæ dicitur *relevium.* »

> Et vint illec un damoisel
> Une juste sous son mantel
> Son pere est mort nouvellement
> Relever veut son tenement.
>
> *Roman de Rou.*

Galland, *Franc Alleu,* p. 65 et ss.

RELIEF OU RACHAT. L'auteur du *Grand Coutumier,* liv. II, titre
du *Rachapt des fiefs,* s'explique ainsi, à ce sujet :

« Rachat se fait tant seulement en fief, et est à sçavoir que
« quiconque rachapte, il doit le marc d'argent au seigneur de
« qui il rachapte, et lui doit faire trois offres alternativement
« ensemble, desquelles le seigneur est tenu prendre l'une, en
« disant : et pour le rachapt je vous offre les fruits de la pre-

« mière année, ou la valeur d'iceux fruits, ou le dit des pru-
« desgens.

« Jaçoit que, par la coutume des fiefs, aucuns tiennent que
« par la mort d'aucun, en ligne collatérale, le seigneur doit
« avoir les fruits de la première année, s'il veut : ce n'est à
« entendre fors les fruits que la terre rendroit et vaudroit
« franchement, rabattu le labourage que ledit héritage auroit
« cousté à labourer, si comme aucuns sages tiennent, qui dient
« que, si la terre estoit emblavée quand le seigneur y assigneroit
« et que le labourage eust été fait par le vassal mort à ses
« propres chevaux, il seroit au choix du seigneur de prendre
« l'année, sans rabattre le labourage ; et se le vassal mort avoit
« baillé sa terre à ferme à moison, le seigneur n'auroit fors la
« moison, et se iceluy vassal l'avoit fait labourer à ses deniers,
« le labourage luy seroit sauf. » Ibid., *de Coutumes de Fiefs*,
vers la fin. V. les art. 56, 57, 58 de la coutume de Paris.

« Et quand femme ayant fief se remarie, son mary doit
« rachat des fiefs. » V. les art. 35 et 36, avec les notes qu'on y
a faites, * et Lhommeau, II, max. 16. *

XIII.

564. Rachapt est le revenu d'une année choisie en
trois immédiatement précédentes, le dit des pairs, ou une
somme de deniers pour une fois, au choix du seigneur.

V. * *Ordonnances*, t. I, p. 55. Orléans, *Anc. Cout.*, art. 14 et
93 ; * l'auteur du *Grand Coutumier*, dont les paroles ont été
rapportées sur la règle précédente ; Paris, art. 47.

*CHOISIE EN TROIS IMMÉDIATEMENT PRÉCÉDENTES. Beaumanoir,
chap. XXVII, n° 2, nous donne la raison de cette institution qui
tenait à l'assolement alors usité : « Quand fiés esquiet à hoirs qui
« sont de costé, il y a racat, et li racas si est de tant comme li
« fiés vaut un an. Et li sires qui loialement le veut prendre, doit
« regarder combien le fiés peut valoir en trois ans, et puis penre
« pour son racat la tierce partie, car il avient souvent que uns
« fiés gist en terres gaignables, lesquelles sont toutes à une roie
« (sole) ou le gregnor partie, si que le gregnor valor n'est
« qu'une fois en trois ans, c'est l'année que le gregnor roie
« porte blé ; et se li fiés esquiet en cele année que li fief est
« de gregnor valor, il ne seroit pas resons que li sires empor-
« tast cele année. Et aussi, se li fiés esquiet el tems que les

« terres sont wides, il ne seroit pas resons que li sires s'en tenist
« à paiés, et pour che doit-on regarder que les terres doivent
« valoir par loial pris, en trois ans, et penre la tierce partie, si
« comme je ai dit dessus. »*

Le dit des pairs. Senlis, tit. vii, art. 158 ; Clermont, tit. viii,
art. 74 ; Valois, art. 33. Dans l'ancienne coutume d'Orléans,
art. 14 et dans la coutume de Paris, art. 47, au lieu de pairs,
il y a *preud'hommes*, c'est-à-dire, *gentilshommes* ou *vassaux*,
V. la note qu'on a faite sur cet article ; * Beaum., xxvii, 27 ; * l'auteur du *Grand Coutumier*, liv. ii, chap. 32 ; la *Conférence des
Coutumes*, p. 234, et la note sur la règle précédente.

XIV.

565. Pairs sont compagnons tenans fief d'un même
seigneur, l'un desquels est nommé par le seigneur, et
l'autre par le vassal ; et s'ils ne s'accordent, ils en prennent un tiers.

* Pairs. *Assises de Jérus.* (Ibelin, chap. 201). Geoffroy le Tort,
chap. 14 ; Jacques d'Ibelin, chap. 13 ; Ducange en son glossaire.
Vº *Par.* « Peers, dit Rastall, vient del latin *pares*, id est, *égals*,
« et le custome de nostre nation est pour trier (juger) chascun
« home par ses égals, c'est à sçavoir par ses *peers.* * »
Cette règle est tirée de l'art. 79 de la coutume de Chauny.
V. la coutume d'Orléans, art. 53, et celle de Lorris, tit. i,
art. 13.
On s'étendra ici sur le jugement des pairs, et l'on traitera,
par occasion, de l'origine de nos justices.
Comme les Romains étaient les maîtres et les propriétaires
des biens que leurs esclaves possédaient, les seigneurs en
France étaient aussi les maîtres des biens de leurs serfs ou
mainmortables, de sorte qu'entre leurs mainmortables et eux,
il n'y avait point d'autre juge, fors Dieu, suivant la remarque de
P. de Fontaines, dans son *Conseil*, chap. 21, vers. 8.
Quand les seigneurs affranchirent leurs serfs, dont le nombre
était autrefois si grand, que les habitants des meilleures villes
en étaient, ces seigneurs se réservèrent le droit de décider les
questions qui surviendraient entre eux.
Lorsque les seigneurs concédèrent, à des personnes libres,
des terres, pour les tenir d'eux en fief ou en censive, ils se réservèrent la même autorité qu'à l'égard de choses concédées.

C'est de ces affranchissements et de ces concessions, qu'il faut tirer l'origine de nos justices, qui étaient alors toujours annexées aux fiefs.

D'abord ces affranchis, ces vassaux, et ces censitaires ou colliers, n'eurent point d'autres juges que leurs seigneurs. Mais, comme il n'y avait pas beaucoup de justice dans leurs jugements, soit par la partialité des seigneurs ou par leur ignorance, l'usage s'établit qu'ils ne jugeraient plus seuls, mais de l'avis des pairs, c'est-à-dire de l'avis de personnes égales en condition à ceux qui seraient jugés.

Quoniam attachiamenta, cap. 67.

« Statuit etiam dominus Rex, quod nullus debet recipere « judicium, neque judicari a minori persona quam a suo pari, « scilicet comes per comites, baro per barones, vavassor per « vavassores, et burgensis per burgenses; sed minor persona « potest judicari a majore. »

Lorsqu'il y eut des procès entre des vassaux tenants d'un même seigneur, il en fut donc le juge avec ces autres vassaux, pairs à ceux qui devaient être jugés.

Lib. I Feudorum, tit. xv : « Si contentio fuerit de beneficio « inter capitaneos, coram imperatore finiri debet : si vero « fuerit contentio inter minores valvassores, vel majores de « beneficio, in judicio parium definiatur, etc. »

Et lorsqu'il y avait procès entre le seigneur et le vassal, il était décidé par les pairs dont les parties étaient convenues. « Si inter vassallum et dominum de feudo controversia sit, de « ea pares curtis jurati cognoscunt, ex constitutione Conradi « et Friderici, ii scilicet pares in quos dominus et vassallus « consenserint. » V. Cujac. ad lib. I *Feudor.*, tit. xv. *Miroir de Souabe*, III, chap. 17. *

Tel était aussi l'usage en France, comme nous l'apprenons de Beaumanoir, dans ses coutumes du Beauvoisis, tit. I de l'*Office des Baillis*, n° 34 : « Des plés qui muevent entre le comte d'une « part, et aucun de ses hommes singulièrement de l'autre part... « si comme d'aucun héritage, ou d'aucun forfait, ou d'aucune « querelle, desquels il convient que jugement soit fait, selon la « coutume du pays, en tel cas, puët bien le bailli prendre « droit pour le comte par les hommes. Car aussi, comme il « convient les hommes le comte mener leurs hommes par le « jugement de leurs pairs, aussi doit li comte mener ses hommes « par le jugement de ses autres hommes, qui sont leurs pairs « ès querelles, etc. » V. ci-dessus, liv. I, tit. I, règle xxxii.

Lorsque les cottiers ou censitaires avaient ensemble des procès c'était aussi par leurs seigneurs fonciers ou cottiers qu'ils étaient jugés, mais de l'avis de leurs pairs cottiers.

Cet usage fut reçu presque par toute l'Europe. Philippe-Jacques Rhem, dans son traité *de Curiis dominicalibus*, ou en vieux langage français, des *Cours dimanches*, t. III; *Juris feudalis Alemanici*, de Schilter, p. 553, § 9, en parle comme d'un droit commun en Allemagne. « Extra controversiam est jus curiæ dominicalis « esse speciem jurisdictionis, similem juri et jurisdictioni Do- « mini directi feudalis, in causis feudalibus. Dico speciem juris- « dictionis : nam in eo potissima virtus dominicalis subsistit, quod « jurisdictionem habeat, et judicia exercere possit in hubarios « *(les censiers)*.... Ut enim dominus feudalis jurisdictionem habet « in causis feudalibus.... sic etiam dominus qui jus habet curiæ « dominicalis, in causis curiam dominicalem concernentibus, « judicat. Deinde, quemadmodum dominus feudi jus habet in « personam vassalli, et jurisdictionem restrictam ad causas feu- « dales; sic etiam dominus curiæ dominicalis jus habet et juris- « dictionem in personas emphyteutarum, restrictam tamen ad « causas emphyteuticas. Denique, sicut in judicio feudali non « solus habet jurisdictionem dominus in causis vassallorum, « multo minus in propria causa, sed et pares curiæ; namque « assessores ejus sunt pares curiæ, hoc est ejusdem domini « vassalli ejusdem domus, sive de eadem curia, si plures domi- « nus habeat; sic etiam in judicio hoc curiæ dominicalis asses- « sores sunt hubarii, emphyteutæ ad eandem curiam pertinen- « tes. » Ces sortes de jurisdictions sont pareillement en usage en Flandres, et dans quelques-unes de nos provinces, comme celle d'Artois, où elles sont nommées *cours ou jurisdictions cottières.*

Il faut ici remarquer que, par pair ou compagnon de fief, il faut entendre tout homme possédant fief, soit qu'il fût noble de race, ou qu'il ne le fût pas. Car, anciennement, le fief af- franchissait celui qui le possédait, et lui donnait le privilége de noblesse quand il demeurait dessus.

Et sous le nom de cottier, il faut aussi comprendre le noble ou le gentilhomme, s'il demeurait sur son héritage, cottier ou vilain, et avec les autres vilains ou cottiers tenant du même seigneur. « Se tes villains, dit de Fontaines, a acaté un fié, et il « couke et il lieve en ton villenage, ne laira il mie kil ne voit à « la semonce ke tu li fis du matin aux vêpres, ou telle comme « tu li feras;.... mais si catel et ses convenances sont justi-

« chables par loi vilaine, s'il n'est mie gentixhom de lingnage,
« et s'il couke et il lieve sur son frank-fief et il l'est, les siennes
« coses doivent être menées par la loi de frankise, là où il se
« tient; et se il tient aucune cose en villenage de toy, et il
« couke et il lieve sur son frank-fief que il tient de toi, il doit
« avoir semonce telle comme de quinze jours.... Et, se gentix-
« hom de lingnage qui tient frank-fief de toi, est coukans et
« levans en ton villenage aveuc tes autres villains, encore deust-
« il avoir avantage pour se franchise naturel, nekedent il souf-
« ferra la loi où il est accompagniez, fors de son frank-fief....
« Mais s'il est gentixhom de lingnage, et est autrui franshom, et
« il est coukans et levans en ton villenage, de villenage fasse
« vers toi che qu'il doit; et ses cors et ses catel seront menez
« par la loy de franchise, etc. » Dans son *Conseil*, chap. 3,
art. 4, 5, 6.

Il n'en était pas de même à l'égard des nobles, dans les
questions qui ne concernaient pas leurs fiefs. Car, dans ce cas,
et quelques autres marqués par Beaumanoir, chap. 10, quoique
levants et couchants dans les justices des seigneurs féodaux, ils
allaient plaider en la cour du baron ou du souverain. « Quand
« aucun gentiezhom est ajournez à répondre à sa lettre en la
« court du comte, tout soit che que il soit couchant et levant des-
« sous autre gentiezhom, la connoissance des lettres appartient
« au souverain seigneur, etc. » Et c'est en ce sens que les nobles
domiciliés dans les arrière-fiefs du roi, étaient dits anciennement ses sujets, selon l'auteur du *Grand Coutumier*, liv. II,
chap. 16.

Enfin, après que les seigneurs eurent affranchi leurs villes et
leurs bourgs, ils donnèrent aux habitants francs de ces bourgs
ou villes, qui furent nommés bourgeois, le droit d'avoir commune, et d'être jugés par leurs maires et échevins. De sorte
que, comme les vassaux étaient jugés par leurs pairs ou compagnons, vassaux comme eux; et, comme les cottiers ou censitaires étaient jugés par leurs compagnons ou pairs cottiers,
de même les bourgeois des villes furent jugés par leurs pairs
bourgeois, comme il se voit par ces paroles du chap. 2 des
Assises de Jérusalem :

« Le duc Godefroy de Buillon establi deus cours; l'une ci est
« la haute court, de que il fut governor et justicier; et l'autre
« si est la court .'.s borgés, en laquelle il establi un home,
« en son leuc, à estre governor et justicier, lequel est appelé
« viscomte; et establi à estre juges de la haute court ses

« homes chevalliers, qui lui estoient tenus de foy par l'omage
« qu'ils luy avoient fait, et de sa court de la borgésie borgois de
« ladite cité, des plus loyaux et des plus sages que en ladite
« cité fussent, et lor fi jurer le serment que les jurés de la court
« de la borgésie jurent : et establi que luy et ses homes et lor
« fiés et les chevalliers fussent menés par la haute court, et que
« toutes borgésies fussent menées et déterminées par la court
« de la borgésie. Car les plais des borgésies ne pevent, ne ne
« doivent être pleidiés ne jugiés qu'en la court de la borgésie. »
V. aussi *Cour des Bourgeois,* chap. 5-12.

On voit encore, comme on l'a remarqué ci-dessus, des restes
de cet ancien droit dans les coutumes de Flandres, d'Artois, etc.
où les jurisdictions se divisent en hommages, en cotières ou
foncières, et en échevinages, ce qui est suffisamment expliqué
par les commentateurs.

On a dit que d'abord les justices furent tellement inhérentes
aux fiefs, qu'il n'y en avait point sans justices, ni de justices sans
fiefs ; il faut à présent observer que, dans plusieurs provinces
du royaume, les seigneurs distinguèrent ces choses par les
inféodations, en concédant, à l'un, séparément la justice sans
fief, et, à l'autre, le fief sans la justice : de sorte que, dans le
treizième siècle, ces deux choses y étaient tellement distinctes
et séparées, que nous voyons dans le chap. 109 du premier
livre *des Établissements*, qu'un vassal pouvait faire d'un fief
deux hommages ; à l'un, du fief et de la terre, et à l'autre, de la
voyère ou de la justice. Ce que l'on peut encore prouver par
ces paroles de Beaumanoir, chap. 58, au commencement : « Il
« est moult de pays, dit-il, là où li aucuns ont les hautes
« justices et autres personnes les basses. En Beauvoisin même
« pourroit telle chose avenir par vente, par échange, ou par
« octroi de seigneur. »

Dans ces provinces, le jugement de pairs fut rejeté. Et de là vient
que Beaumanoir, qui finit ses coutumes de Clermont en Beauvoisis en l'année 1283, écrit positivement dans le chap. 1, *de l'Office
des baillifs,* n° 13, que, de son temps, il y avait des lieux où les
jugements se rendaient par pairs, et d'autres où ils se rendaient
par baillis. « Il y a aucuns lieux, dit-il, où li baillifs fait li
« jugement ; et autre lieux là où li homes du fief au seigneur
« les font. Or disons-nous ainsi que, ès lieux où li baillifs font
« les jugements, quand li baillifs a les paroles reçues, et elles
« sont appuiées en jugement, il doit appeler à son conseil des
« plus sages, et faire le jugement par leur conseil. Car, si l'on

« apele dou jugement, et li jugement est trouvé mauvés, li bailli
« est excusé de blâme quand on scait que il le fit par conseil
« de bonnes gens. Et, au lieu là où l'on juge par hommes, le
« bailli est tenu, en la présence des hommes, à penre les
« paroles de chaux qui plaident ; et doit demander as parties
« se il veulent oir droit, selonc leur paroles et les raisons que ils
« ont dites : et, se il dient : *Sires, oil*, li baillis doit contraindre
« les hommes que il facent le jugement. Et, se il ne plest au
« bailli ou aux hommes, li bailli n'est pas tenu d'estre au
« jugement fere, ne au prononcier le jugement, se il n'est ainsi
« que li bailli soit homme du fief au seigneur à qui il est
« baillis : car, en tel cas, conviendroit que il fut pers avec les
« autres. »

Jusques-là les baillis jugèrent, dans ces provinces, pour les
seigneurs justiciers, lorsque les seigneurs ne voulaient pas juger
eux-mêmes, ou qu'ils ne s'en trouvaient pas capables. Mais en
1287, Philippe-le-Bel remit les choses dans un meilleur ordre,
en statuant, par son ordonnance de 1287, qu'à l'avenir les vassaux du roi, prélats ou barons ayant justice, seraient tenus de
la faire exercer par des officiers laïques ; et qu'en la cour de
parlement, et dans toutes les autres cours layes, les procureurs
seraient laïques et non clercs, etc.

Dans ces provinces, en actions réelles, les nobles, comme les
roturiers, plaidèrent donc dans les cours des seigneurs justiciers
où ils levaient et couchaient. Mais en actions personnelles, les
nobles, comme proprement sujets du roi, n'eurent, ainsi qu'on
l'a touché ci-dessus, point d'autres juges que les royaux : ce
qui dura peu. Car, comme nos rois tiraient, pour les besoins de
l'État, de gros revenus de leurs prévôtés, en les donnant à ferme,
les seigneurs qui voulurent en cela les imiter, et tirer tout le
profit qu'ils pouvaient de leurs justices, s'opposèrent à ce privilége des nobles, et les forcèrent, quand ils demeuraient
dans leur territoire, de plaider en leurs justices, comme les
roturiers.

Il y eut cependant un cas où les nobles furent de meilleure
condition que les roturiers : car, en quelques provinces, les
seigneurs qui avaient ressort, savoir prévôté et bailliage, accor-
dèrent aux nobles résidants en leurs seigneuries, de plaider
d'abord au bailliage ; au lieu que les roturiers étaient obligés de
plaider à la prévôté. Ce qui devint ensuite un droit commun
dans ces provinces, comme il se voit par les articles suivants.

La coutume de Vitry, publiée en 1509, art. 2 : « Les nobles

« vivans noblement, convenus pardevant le prevost, ne sont
« tenus y répondre, si bon ne leur semble, et peuvent deman-
« der leur renvoi pardevant le bailly. Et, au regard des nobles
« vivans roturièrement, ils y peuvent être convenus, et sont
« tenus répondre pardevant ledit prevost. »

La coutume de Meaux, publiée en 1509, art. 142 : « Par la
« Coutume observée audit bailliage, les nobles demeurans en
« iceluy bailliage, sont responsables pardevant monseigneur le
« baillif, ou son lieutenant, à son siége plus prochain. Et ne
« peuvent être contraints procéder pardevant autre juge, sinon
« de leur consentement, supposé qu'ils soient demeurans en la
« subjection d'aucun haut-justicier, si ce n'est que ledit haut-
« justicier ayt châtellenie et bailliage. »

En 1536, François Ier fit l'*Édit de Cremieu*, par l'art. 5 duquel
il ordonna : « que les juges royaux, baillis et séneschaux, res-
« sortissant en la cour de parlement sans moyen, connoistroient
« de toutes les causes et matières civiles, personnelles et posses-
« soires des nobles vivans noblement, tant en demandant qu'en
« deffendant, et où lesdits nobles seroient parties ou joints,
« comme ayant intérest, et sans fraude. Et des causes criminelles
« esquelles lesdits nobles seroient deffendus, poursuivis et accu-
« sés, sans que les prevost, chastellains, et autres juges royaux,
« en pussent prendre connoissance. »

Les seigneurs justiciers ayant formé leur opposition à cette
ordonnance, il y eut une déclaration en date du 4 février 1537,
par laquelle le roi dit que : « par l'ordre et réglement qu'il
« avoit mis entre ses juges présidiaux et subalternes, il n'avoit
« aucunement compris, en son Ordonnance, ses vassaux, ayant
« en leurs mettes et seigneuries, jurisdiction et justice ; mais
« seulement ses justiciables qui auroient à subir jugement par-
« devant ses juges ; et qu'il vouloit et lui plaisoit que tous et
« chacuns ses vassaux, ayant justice, l'exerçassent et fissent
« exercer entre toutes personnes nobles et plebées, et de toutes
« causes et matières, dont la connoissance leur avoit appartenu
« et appartenoit, etc. »

Depuis cette déclaration les nobles résidant dans les justices
des seigneurs y ont toujours plaidé, savoir, d'abord dans les
bailliages, lorsque les seigneurs avaient ressort, comme il a été
dit ci-dessus.

Mais quand les seigneurs n'avaient point de ressort, en
plusieurs lieux, les nobles ont plaidé dans les justices des
seigneurs, comme les roturiers qui y avaient leurs domiciles,

suivant la remarque de Loyseau, *des Seigneuries*, chap. 8, n° 70. Et en quelques lieux, ils ont plaidé par privilége devant les baillis royaux.

V. la coutume du Vermandois, art. 2; et celle de Châlons, art. 6. Loyseau, *des Seigneuries*, chap. 8, n°° 57, 58, a traité fort au long de cette matière. V. ci-dessus, liv. i, tit. i, règle xviii.

Pairs sont compagnons tenant fief d'un même seigneur, avec qui ils jugeaient. Ainsi les pairs de France rendirent autrefois deux arrêts célèbres contre les rois d'Angleterre.

Le premier, contre Jean Sans-Terre, que le roi Philippe-Auguste fit citer en sa cour, pour l'assassinat commis en la personne d'Artur, duc de Bretagne, où n'ayant pas comparu, il fut déclaré atteint et convaincu de parricide et de félonie; et toutes les provinces, qu'il tenait en fief de la couronne, furent confisquées au profit du roi. V. Rigord et Velly, sous l'an 1202.

Et, par le second, la régence du royaume, pendant la grossesse de la reine, veuve de Charles-le-Bel, et ensuite la couronne, furent données à Philippe de Valois, après un long examen des seigneurs du royaume, à l'exclusion d'Édouard, roi d'Angleterre, quoique plus proche parent; parce qu'il n'était parent du roi défunt que par sa mère Isabelle de France, sœur du feu roi. V. à ce sujet nos historiens anciens et nouveaux, et le sieur Rapin de Toiras, dans son *Histoire d'Angleterre*, t. Ier de l'édition de Hollande, p. 516, 517, où il fait une dissertation sur le gouvernement des Anglo-Saxons. * V. aussi Olim, t. II, p. 300, vi, an. 1290. *

XV.

566. Le vassal est tenu communiquer à son seigneur choisissant le relief, ses papiers de recette et terriers, et en bailler copie aux dépens du seigneur.

*Davot.—Lorsque le seigneur, au lieu d'une somme de deniers ou l'estimation des experts, choisit le revenu d'une année pour le droit de relief, le vassal est obligé de lui représenter les pièces vérificatives du revenu du fief, tels que sont terrier et recettes, et lui en donner copie aux frais du seigneur. Cela est ainsi décidé par l'art. 50 de la coutume de Paris. V. la Conférence et le *Grand Coutumier*, liv. ii, chap. 29.

Mais si le fief a été affermé sans fraude, le seigneur doit se contenter de ce qui est dû par le fermier, et jouir par ses mains de ce qui n'est pas affermé. *

XVI.

567. Au revenu de l'année se doit rabattre le labourage, et en doit le seigneur jouir, comme bon père de famille.

* *Ordonnances*, t. I, p. 56. Orléans, *Anc. Cout.*, art. 15 et 94. * L'auteur du *Grand Coutumier*, liv. II, chap. 29, p. 195 et 211 ; Paris, art. 48, à la fin.

XVII.

568. Mais quand le seigneur gagne les fruits à faute d'homme et de devoirs, il les prend tels qu'ils sont, sans rien précompter ni déduire pour les frais et labours de son vassal, et sans rien diminuer de ce qui lui est dû pour son rachat.

Quand le fief est affermé sans fraude, le seigneur se doit néanmoins contenter du loyer. Paris, art. 56 et L. 8, § 1, D., *de rebus auctoritate judicis possidendis.*

Sans rien diminuer. * Davot. — L'effet de la saisie féodale n'empêche pas le droit de relief après le devoir rendu. Ancienne coutume d'Orléans, art. 79. *

XVIII.

569. Si plusieurs rachats échéent en une année, par contrats de vassaux, ils auront lieu : si par leurs décès, n'en sera dû qu'un.

Orléans, art. 17. V. La Lande, en cet endroit, et Dumoulin, sur le § 22 de la coutume de Paris, n° 113 ; Coquille, dans son *Institution* au titre *des fiefs* ; joignez la coutume d'Anjou, art. 123 ; Maine, 133, etc.

XIX.

570. Si, durant l'année du rachat, s'en rencontre un autre d'une terre hommagée qui tombe aussi en rachat, le seigneur en jouira tant que l'année de son rachat durera ; et s'appelle *Rachat rencontré.*

* *Ordonnances*, t. I, p. 55. * Anjou, art. 123, à la fin ;

Maine, 133; Touraine, 137; Loudunois, chap. 14, art. 12; Poitou, art. 164.

XX.

571. En échange et donation, est dû rachat.

* Et généralement *quoties feudum vere et efficaciter mutat manum.* Dumoulin, sur le § 1 de la coutume de Paris, gl. 2, n° 1. *

* Beaum., XXVII, 5 et 6. * L'auteur du *Grand Coutumier*, liv. II, chap. 32, p. 212; Paris, art. 33. V. la déclaration de Louis XIV, touchant les échanges.

XXI.

572. En vente de fief, sont dus quints pour et au lieu de l'assentement du seigneur; et, en quelques lieux encore, requints; et, en d'autres, seulement treizième, selon les conventions ou coutumes des lieux.

* Beaum., XXVII, 7. « Quand héritage est vendus, s'il est de « fief, li sires a le quint denier de la vente, c'est à savoir de cent « sous, vingt sous, de dix livres quarante sous, et du plus, plus, « et du moins, moins. Et quand la vente est fait d'héritage qui « est tenus en vilenage, li sires a le dousime denier de la vente, « c'est à entendre de douze livres vingt sous, et de vingt-quatre « livres quarante sous, et du plus, plus, et du moins, moins. ' » Paris, art. 33, etc. V. la *Conférence*, p. 219.

REQUINTS. C'est-à-dire *le quint du quint.* V. la coutume de Troyes, art. 27, Melun, 69; le *Glossaire du Droit français,* sur le mot *Quint,* et les coutumes qui y sont citées.

TREIZIÈME. C'est la treizième partie du prix qui est due, outre le relief, en Normandie. V. l'art. 171 de cette coutume, et les commentateurs.

XXII.

573. Quand quint est dû, n'est dû relief; et quand relief est dû, ne sont dus quints.

* Challines, et l'édition de 1637, donnent ainsi cette règle : Es lieux où est dû relief en toute mutation, comme au Vexin, quand quint est dû, n'est dû relief. '

* *Grand Coutumier*, liv. II, titre *de Rachapt des fiefs,* in fine : « Quæritur quand aucun fief doit quint denier, doit-il rachapt?

« Response : Selon la coutume de France, non; car le quint
« denier est le droit que le seigneur a en cas d'emption et ven-
« dition des fiefs, et esquels aucune fois il est de coustume de
« donner un marc d'argent, ou joyaux, ou roussins, ou moins
« selon la coutume du fief. Mais rachapt est le droit que le
« seigneur a en cas de succession de fief, comme dit est. »
Bracton, II, 36, 3. Lhommeau, ii, max. 17. *

Cette règle est tirée de l'art. 74 de la coutume de Melun:
mais, en Normandie, il est dû, en même temps, et relief, et
treizième. V. la coutume de Normandie, art. 151-157 et 171.

XXIII.

574. En fiefs abonnés vendus, ne sont dus quints ni
requints.

On appelle fief abonné, celui dont les reliefs ou rachats, les
quints et les requints, et quelquefois l'hommage même, sont
changés et convertis en rentes ou redevances annuelles. V.
l'art. 418 de la coutume d'Anjou.

Quand des fiefs ont été ainsi abonnés, ce qui ne peut être fait
sans le consentement des seigneurs suzerains, la règle est qu'il
faut suivre l'abonnement; et, comme les quints, requints et
les reliefs ne sont plus dus ayant été mués par l'abonnement, il
s'ensuit qu'ils ne peuvent plus être demandés.

Beaumanoir, chap. 28; n° 7. « Ils sont aucuns fiefs que l'on
« appelle fiefs abregiez. Quand l'en est semond pour serviche
« de tiex fiés, l'en doit offrir à son seigneur ce qui est dû par
« la raison de l'abrégement; ne autre chose li sires ne peut
« demander, se li abrégement est prouvez ou connus, et il est
« fet suffisament par lettres dou comte. Car je ne puis souffrir
« à abrégier le plain serviche qu'on tient de moy, sans l'oc-
« troy dou comte, combien qu'il y ait de seigneur dessous le
« comte, l'un après l'autre, et soit ainsi qu'il se soient tout
« accordé à l'abrégement. Et se il se sont tout accordé, et li
« quens le sçait, il gagne l'hommage de cheluy qui tient la chose;
« et revient l'hommage à la nature de plain serviche; et si le
« doit amender chil qui l'abrégea à son homme, de soixante
« livres au comte. »

Lorsque les roturiers, ou ceux qui ne faisaient pas profession
des armes, commencèrent à posséder librement des fiefs, ce qui
arriva, dit-on, dans le temps des croisades, ils achetèrent ces
sortes d'abrégements, et firent toujours convertir la foi et

l'hommage en devoir annuel qui fut nommé franc-devoir, parce que, représentant la foi et l'hommage auxquels il était subrogé, il était une marque de la noblesse de l'héritage.

L'on voit encore des restes de cet ancien usage dans l'art. 258 de la coutume d'Anjou, qui nous marque positivement que c'étaient les roturiers qui obtenaient des seigneurs ces abonnements de foi. « Si personne coustumière, c'est-à-sçavoir per-« sonne non noble, abourne à quelque devoir, ou admortit la « foy et hommage qu'elle doit, à cause d'aucuns héritages à « elle appartenans par son acquest; ce néanmoins tels héritages « et autres choses autrefois hommagées, demeureront en leur « première nature, quant aux successions : car ce sont acquêts « faits de bourse coutumières, qui, pour la première fois, se « départent coutumièrement et également; mais après, à tou-« jours, mais se departiront noblement, tant comme il sera « mémoire qu'ils auront une fois été tenus à foi et hommage. » V. l'*Ordonnance* de Philippe III, touchant les *Amortissements*, à la fin.

Les feudistes agitèrent autrefois la question de savoir si les seigneurs pouvaient dispenser leurs vassaux de l'hommage et du serment de fidélité, et ils décidèrent que les seigneurs le pouvaient, parce qu'il n'y a que la foi et la fidélité qui soient de la substance du fief, et non l'hommage et la prestation du serment de fidélité : ce qu'ils prouvèrent très-bien par le chap. 3 du second livre *de Feudis*, et par le chap. 1 *de Capitulis Conradi*, qui ont à peu près une disposition semblable. V. Jacobinum de sancto Georgio, *de Feudis*, p. 81, n° 27; Rittershusium, *de Feudis*, cap. 11; Molinæum, in cons. Parisiens., § 3; glossa, n° 14; et Cujacium, ad lib. ı *Feudor.*, in princ.

Les fiefs qui eurent ces prérogatives furent nommés, par les feudistes, *feuda franca*, nom qui ne se trouve point dans les livres des fiefs, suivant la remarque de Jason, *in præludio Feudorum*, n° 114; et, parce que ces exemptions étaient quelquefois accordées aux vassaux nobles pour récompense de services, les fiefs pour lesquels elles étaient octroyées furent nommés *Feuda honorata*, comme il se voit par ces paroles d'une charte de Raymond, comte de Toulouse. « Et pro hac donatione, « sive quittatione, dominus comes prædictus donavit in liberum « et honoratum Feudum villam nomine Bessitam, in Ruthenensi « diœcesi, ad omnem eorum voluntatem in perpetuum facien-« dam. » V. Chopinum in consuetudines Andenses, lib. ıı, part. ıı, tit. vııı.

Il faut donc bien distinguer les abonnements ou les conversions d'hommages en devoirs annuels, des exemptions ou affranchissements d'hommages. Les exemptions d'hommage honoraient ordinairement les fiefs ; mais les abonnements les avilissaient. Car, comme il est très-bien dit dans le chap. 29 du *Droit féodal allemand* : « Non est verum Feudum, de quo census « annuus præstatur. » V. Du Fresne, sur l'art. 71 de la coutume d'Amiens ; l'art. 16 de la coutume de Chartres ; et ci-dessus liv. I, tit. I, règle LXXI.

XXIV.

575. Si le seigneur n'est servi de son fief, ni satisfait de ses droits, il le peut mettre en sa main par saisie, et en faire les fruits siens.

* Challines. — Cette règle est observée quasi partout où l'usage des fiefs est reçu. Par le droit ancien des fiefs, le vassal confisquait (c'est-à-dire perdait par confiscation) la propriété des fiefs faute d'avoir demandé l'investiture dans l'an et jour. *Feud.* 1, tit. XXII. (— *Assises*, t. I, p. 305 —.) Mais les fiefs de *danger* (c'est ainsi qu'on nommait les fiefs qui se perdaient faute d'hommage dans l'an et jour) ne sont reçus en France aujourd'hui. Dumoulin, sur l'art. 56 de la coutume de Chaumont. Cout. de Bar-le-Duc, art. 1. *

* Pocquet de Livonnières, *Règles du droit français*, liv. II, sect. 3, art. 1 : « La saisie féodale a été introduite comme un « tempérament équitable, au lieu et place de la commise qui « avait lieu autrefois faute par le vassal de demander l'investi- « ture de son fief. » *Établissements*, I, 65. Jean Gall., Quest., 162. *

Si LE SEIGNEUR N'EST SERVI DE SON FIEF. Par faute d'homme ou de vassal.

NI SATISFAIT DE SES DROITS. Quand même le possesseur du fief servant serait en foi, si le seigneur, en la recevant, s'est réservé ses actions et priviléges pour le paiement de ses droits, ou si, le seigneur étant absent, le vassal a fait la foi, l'hommage et ses offres devant la principale porte du château. V. l'art. 1 et le 63 de la coutume de Paris ; la Conférence et les commentateurs. * Lhommeau, II, max. 8. *

Mais quand le seigneur reçoit lui-même son vassal en foi, sans aucune réservation, il ne peut, ni ne doit plus, depuis lors en avant, faire aucun empêchement audit fief de son vassal ; ainsi le doit garder et tenir en possession comme il l'y a mis, sans donner empêchement, pour raison du temps passé, etc. L'auteur du *Grand Coutumier*, liv. II, tit. XXIX, p. 206, 207. V. la règle XLIV de ce titre.

FAIRE LES FRUITS SIENS. * Même au préjudice des créanciers. Olim, t. II, p. 328, XV. *

XXV.

576. Mais, tant que le seigneur dort, le vassal veille; et tant que le vassal dort, le seigneur veille.

* V. cependant Beaumanoir, *Des Éritages*, XIV, 17. *

Loysel, *Obs.*, p. 66, c'est-à-dire que le vassal fait les fruits siens si le seigneur s'endort en sa saisie.

* *Dormit aliquando jus sed moritur nunquam* est une maxime de la loi anglaise. Coke on Littl., sect. 478. *

V. l'observation sur la règle I. de ce titre; Brodeau, sur l'art. 1 de la coutume de Paris, n° 10, et sur l'art. 61 et 62; l'auteur du *Grand Coutumier*, p. 184. Lhommeau, II, 9, et le *Glossaire du Droit français*. V° *Vassal*, etc.

XXVI.

577. Le seigneur de fief ne plaide jamais dessaisi.

* Ou, le seigneur plaide contre son vassal, la main garnie. *
C'est-à-dire qu'en cas de saisie féodale, le seigneur, ou son commissaire, jouissent toujours du fief du vassal, nonobstant opposition ou appellation. V. Brodeau sur l'art. 29 de la coutume de Paris, n° 12, p. 225; et sur l'art. 45, n° 1. A moins que le vassal ne dénie. V. l'art. 45 de la coutume de Paris; * l'anc. coul. d'Orléans, art. 79, * et ci-après, liv. VI, tit. V, règle IX.

XXVII.

578. Est la saisie du seigneur préférée à toutes autres.

Cette règle est tirée de l'art. 207 de la coutume du Vermandois. V. Brodeau, sur cet article; Dumoulin, sur la coutume de Paris, § 1, glose 2, n° 3; et Coquille, sur l'art. 8 de la coutume du Nivernais, au titre *des Fiefs*, et quest. 21.

XXVIII.

579. Mais si les créanciers le satisfont de ses droits,

il sera tenu leur en bailler souffrance. [*Al.* leur en faire main-levée.]

Orléans, art. 4; Paris, art. 34, etc.

XXIX.

580. Et pareillement donner souffrance aux tuteurs des mineurs.

Paris, art. 41; le *Grand Coutumier*, p. 196, ligne 32; et ci-dessus, liv. I, tit. IV, règle XIX.

XXX.

581. Mineurs, ni leurs tuteurs, n'entrent point en foi.

* Challines. — Car la foi est due en personne. *

V. ci-dessus, liv. I, tit. IV, règle XIX. Et comme ils ne desservent pas les fiefs, ils n'en ont pas les fruits.

XXXI.

582. Mais bien les baillistres qui font les fruits leurs, et les maris pour leurs femmes, et paient relief.

* LES BAILLISTRES. Olim, t. I, p. 618, IX. *

LES MARIS. * *Grand Coutumier*, tit. *de Saisine en fief.* — « Si « je donne à ma fille un fief en mariage, comme par don de « nopces, son mari devra rachapt, pour ce qu'en ce cas il a le bail « de sa femme; mais s'il mouroit; sa femme ne devroit point de « rachapt, car elle succède de son droit; mais si elle se mouroit, « son mari derechief deveroit rachapt. Toutes foys en aucuns « lieux les maris des femmes pucelles et qui oncques ne furent « mariées ne doibvent point de relief ou rachapt du premier « mariage, mais du second, si.» (V. *inf.* règle LXXVI.) *

V. ci-dessus, liv. I, tit. IV, règles XVI, XVII; ce que j'ai remarqué dans mon *Glossaire*, et sur le titre *des Gardes et Gardiens* de la coutume de Paris.

XXXII.

583. Aussi, après les bails finis, les majeurs et les

femmes veuves y entrent comme de fief servi, et sans
payer autre relief.

Cette règle est prise de l'auteur du *Grand Coutumier*, dont
voici les paroles, liv. ii, tit. *de Cout. des Fiefs :* « En la ville, pre-
« vosté et vicomté de Paris, enfans étant en garde, ou en bail,
» doivent estre reçus à la terre franchement : ni ne sont tenus
« payer aucune chose à leur seigneur; et ne doivent fors la
« révérence de foi, la bouche et les mains ; mais le gardien ou
« baillistre pour les héritages féodaux appartenans à iceulx
« mineurs; car ils paieront droit de relief, en tant qu'ils sont
« les fruits leurs. » * Meaux, 151. Anjou, 106, Maine, 118. *

XXXIII.

584. Il y a, entre les proverbes ruraux, que *souffrance à la foi vaut déshéritance;* qui semble être ce
qu'on dit coutumièrement : *souffrance vaut foi, tant
qu'elle dure.*

* *Domini patientia habetur pro fidelitate.* *
Il y a, dans la Somme de Bouteiller, liv. i, chap. 31, que *souffrance est déshéritance;* et au chap. 86 du même livre, il y a que
Accoutumance est Deshéritance : c'est-à-dire que celui qui souffre
qu'un autre soit trop longtemps en possession de la chose qui lui
appartient, la perd; et que celui qui s'accoutume à payer une
redevance qu'il ne doit pas, fait un titre à son adversaire contre
lui : ce qui a peu de relation à la souffrance féodale. V. ci-
après, liv. v, tit. iii, règle xxviii; et Loyseau, *des Offices,*
liv. ii, chap. 2, n° 54. * Cout. de Paris, 42. *

XXXIV.

585. Qui demande souffrance doit déclarer les noms et
âges de ceux pour qui il la demande.

Cet article a été pris de l'addition qui a été faite à l'art. 41 de
la nouvelle coutume de Paris; ce qui a été sagement ordonné,
afin que le seigneur qui n'a pu refuser la souffrance, se fasse
servir de son fief, quand les enfants seront majeurs.
Selon l'art. 35 de notre nouvelle coutume, le frère aîné qui
acquitte ses sœurs, en portant la foi au seigneur féodal, doit
aussi déclarer leurs noms, afin que le seigneur puisse les con-

naître et les distinguer, et qu'il n'exige ni foi ni relief, si elles sont filles ou veuves, lorsqu'elles se marieront, pour la première fois, après le décès de leur père ou mère; ou afin qu'il exige d'elles ses droits, si elles étaient mariées à l'échéance de ces successions, ou au cas qu'ensuite elles se remariassent.

XXXV.

586. Souffrance se doit aussi bailler à ceux qui, par essoine légitime, ne peuvent faire la foi en personne.

ESSOINE, excuse. V. le *Glossaire du Droit français* à ce mot. V. Brodeau, sur l'art. 41 de la coutume de Paris, n° 25, où cette règle est expliquée.

XXXVI.

587. La souffrance finie, l'on peut saisir à faute de foi.

V. Brodeau, sur l'art. 42 de la coutume de Paris, n° 4, où cette règle est expliquée.

XXXVII.

588. Un nouveau seigneur peut sommer et contraindre ses vassaux de venir à la foi, qui est ce qu'on dit : *à tous seigneurs tous honneurs.*

Beaumanoir, *Des Éritages*, xiv, 18. Paris, art. 65, avec la conférence.

· XXXVIII.

589. Mais l'ancien vassal ne [lui] doit que [la] bouche et [les] mains.

Paris, art. 66; Clermont, art. 105, où cette règle est expliquée.
Bracton, II, chap. 36, § 5 : « Item quotiens [debetur relevium]?
« Et sciendum quod non nisi semel tantum, scilicet quandiu
« heres duraverit qui semel relevavit. Nec etiam propter muta-
« tionem dominorum, si capitales domini plures decesserint de
« herede in heredem, et quamvis hac de causa plura capienda
« sint homagia, et ratione dominorum sint plura, tamen unicum
« erit quantum ad tenentem, quamvis sæpius innovatum, et

« ideo omnino unicum relevium. Item cum tenens relevium
« semel dederit, et contingat mutationem fieri dominorum ex
« causa donationis vel emptionis, per judicium vel concordiam,
« vel alio quocumque modo, quamvis tenens aliquando diversis
« dominis qui acquisierint teneatur ad homagium, non propter
« hoc dabit relevium, *cum hereditas in persona sua non decidat,*
« *quæ semel per ipsum fuit relevata,* quamvis deciderit in per-
« sona domini sui capitalis per mortem, vel mutationem, defec-
« tum vel delictum. » *Miroir de Souabe,* III, 32.

XXXIX.

590. Quand une saisie est faite pour plusieurs causes,
il suffit qu'elle se puisse soutenir pour l'une d'icelles.

Voyez Brodeau, sur l'art. 1, n° 18, et sur l'art. 29, n° 8 de la
coutume de Paris, et Louet, lettre F, somm. 10.

XL.

591. Un seigneur peut recevoir à foi et relief tous ceux
qui se présentent à lui, sauf tous droits; et n'est tenu de
rendre ce qui lui est, pour ce, volontairement offert et
présenté.

Cette règle est tirée de l'art. 119 de la coutume de Reims; de
l'art. 214 de celle de Châlons. Celui qui fait ainsi la foi, et qui
paie ainsi le relief, empêche le seigneur de saisir féodalement,
ou fait cesser la saisie féodale, en cas qu'elle ait été faite; et,
comme il prive le seigneur du profit de la saisie, il est juste
qu'il ne puisse rien répéter, s'il a payé volontairement.

ET N'EST TENU DE RENDRE CE QUI LUI EST, POUR CE, VOLONTAI-
REMENT OFFERT ET PRÉSENTÉ. A moins, comme dit la coutume
de Reims, dans l'art. 119, qu'il n'y ait juste cause d'erreur. Ce
qui est traité par Dumoulin, sur le § 22 de l'ancienne coutume
de Paris, nomb. 33 et nomb. 149.

Et si celui qui paie, mais dont le droit est douteux, proteste
de répéter son argent, en cas que, par la suite, il se trouve
qu'il n'avait aucun droit au fief, il en doit être de même. V. Dumoulin, sur le § 55 de l'ancienne coutume, n° 23. Et, dans ce
cas, le seigneur qui touche les deniers, étant dûment averti
que le droit de celui qui se présente n'est pas certain, il doit
les restituer, s'il se trouve, par l'événement, qu'il ait mal

reçu ; quand même il n'en aurait pas profité. V. le même auteur, au même endroit, et sur le § 33, n° 140.

XLI.

592. Si le vassal compose des droits de son fief saisi,
et ne satisfait dans le temps qui lui avoit été donné, la
saisie se continue, qui est ce que disent quelques coutumes : *quand argent faut, finaison nulle.*

Cette règle est tirée de l'art. 61 de la coutume du Perche.

Quand argent faut, finaison nulle. Lorsqu'un seigneur qui,
sans préjudice de ses droits, a reçu son vassal en foi, a fait
ensuite saisir féodalement, faute de paiement, si le vassal saisi
demande un délai, et si le seigneur le lui accorde, la saisie
féodale, pendant ce délai, n'est qu'en suspens. Et quand il est
expiré, si l'argent faut, *deficit,* la saisie féodale continue, et
les fruits sont au seigneur, comme s'il n'avait pas accordé de
délai. *Quand argent fault, tout fault.*

Ceux qui traitent ces règles d'antiquités et d'antiquailles, se
trompent bien, et ont bien peu de notion de notre droit. Ragueau pensait bien mieux qu'eux, lorsque, dans son *Indice,* à
qui j'ai donné le nom de *Glossaire,* il a dit, sous le mot *Finaison :* « Placent valde hæc veterum dicta, scitaque et quasi ora-
« cula vel axiomata, etc. »

Je rapporterai ici deux mots de ce que dit, de ces anciens
proverbes, le savant Ritthershusius, lib. VIII, *Sacrarum lectionum* cap. 8, p. 439.

« Semper ego magni feci proverbia quæ in omnibus linguis et
« gentibus sunt longe plurima, nec pauca in jure civili, et sunt
« certe digna quæ magnifiant ab omnibus elegantibus homi-
« nibus ; continent enim sæpe, paucis, singularem sapientiam,
« ex communi hominum consensu, longaque experientia col-
« lectam et comprobatam, etc. » Et en peu de mots : *les proverbes sont la sagesse des nations.* De là vient que, de tous les
livres de jurisprudence française, il n'y en a pas un seul qui ait
été mieux reçu, que celui-ci, par les gens de bon goût.

XLII.

593. Le seigneur et le vassal sont tenus [réciproque-
ment s'entre-]communiquer, de bonne foi, leurs aveus,

dénombremeus et autres lettres; ou s'en purger par serment.

DÉNOMBREMENS. *Grand Coutumier, de Saisine en fief :* « Nota
« que quand aucun seigneur met aucun acheteur en sa foy et
« hommage d'aucun fief, il lui doit enjoindre que dedans un
« certain temps il apporte son dénombrement; c'est à sçavoir
« lettres d'aveu, par lesquelles il avoue tenir telles choses et
« telles de tel seigneur, et lui en a promis et loyauté et ser-
« vice, etc. Et est à sçavoir que le terme commun d'apporter
« iceluy adveu est limité à xl jours, et le peut le seigneur pro-
« longer s'il luy plaist, mais apeticier non, si la partie le debat
« ou ne se consent. Et qui n'y vient infra tempus, il (le seigneur)
« peut faire arrêter le fief par ses gens et mettre en sa main.

« Au dénombrement doivent être tous les héritages ou rentes
« féodaux dénommés et esclarcis, et s'il en laisse aucuns à
« esclarcir et denommer, par fraude ou autrement, ils sont
« acquis au seigneur, qui (si le vassal) ne mettroit au denom-
« brement cette clause : *et si plus en y a, plus en advoue à
« tenir.* » V. un de ces aveux. Olim., t. II, p. 416. III; *Miroir de
Souabe,* III. 30.*

L'art. 44 de la coutume de Paris ajoute que le vassal doit
satisfaire le premier; ce qui est raisonnable.

XLIII.

594. Les droits dus par le vassal à son seigneur se
paient selon la coutume du fief servant; mais les foi et
hommage se doivent faire en la forme du fief dominant.

Cette règle, qui est générale dans toute la France, est tirée
de l'art. 227 de la coutume du Vermandois, du 138 de celle de
Reims; et du 224 de celle de Châlons. V. Louet, lettre F,
chap. 19; et Dumoulin, sur l'art. 227 de la coutume du Vermandois; et sur Paris, § 7, n° 35.

XLIV.

595. Le seigneur de fief peut aussi saisir à faute de
dénombrement non baillé.

Mais cette saisie n'est pas une réunion du fief à la table du
seigneur, parce que le fief, n'étant pas vacant, n'emporte pas

perte de fruits. V. l'art. 9 de la coutume de Paris; la règle suivante, et ce qu'on a remarqué ci-dessus sur la règle xxiv de
ce titre.

XLV.

596. **Mais l'aveu, bien ou mal baillé, sauve la levée,
et ne fait le seigneur les fruits siens.**

L'AVEU BIEN OU MAL BAILLÉ SAUVE LA LEVÉE. Même avant qu'il
soit reçu ou blâmé. V. Brodeau, sur l'art. 9 de la coutume de
Paris, n° 9.

ET NE FAIT LE SEIGNEUR LES FRUITS SIENS. Paris, art. 9. V. la
coutume de Troyes, art. 30; Chaumont, art. 19.

XLVI.

597. **Doit le seigneur lever sa main de ce dont il n'est
en discord; la saisie tenant pour le surplus.**

LA SAISIE TENANT POUR LE SURPLUS. *Olim., t. II, p. 461, iv.*
Cette règle est tirée de l'art. 205 de la coutume du Vermandois;
du 206 de celle de Châlons; et 49 de Valois, ce qui n'est point
observé ailleurs. V. Dumoulin, sur l'art. 44 de la coutume de
Paris, n° 13, 18, 19; et Brodeau, sur l'art. 9, n° 10.

XLVII.

598. **Dénombrement baillé sert de confession contre
celui qui le baille : mais ne préjudicie à autrui, ni au seigneur qui le reçoit; sinon que le vassal étant retourné
vers lui, après quarante jours, pour le reblandir, il ne le
blâme.**

Nivernais, tit. des *Fiefs,* art. 67. V. Coquille, en cet endroit,
et Brodeau, sur l'art. 10 de la coutume de Paris, n° 4.

CONTRE CELUI QUI LE BAILLE, mais non contre un tiers, parce que
ce tiers n'y est point partie. * Le droit des tiers est toujours sauf.*

MAIS NE PRÉJUDICIE A AUTRUI. A moins qu'il n'y ait une suite
de dénombrements semblables baillés de bonne foi et sans
fraude pendant une longue suite d'années et suffisante pour
opérer des prescriptions. Car, dans ce cas, ces dénombrements
suivis sont des titres qui peuvent être opposés à celui qui a
laissé prescrire. Et c'est en ce sens qu'il faut prendre ces pa-

roles de Charles Dumoulin sur le § 58 de l'ancienne coutume de Paris, in verbo *Dénombrement*, n° 10. « Publicum instru- « mentum erga omnes, est æque publicum et probans. » Joi- gnez de Saint-Leu, dans son commentaire sur la coutume de Senlis, art. 52; *Lhommeau, II, max. 13.

REBLANDIR. Mantes, chap. 1, art. 15. C'est aller civilement au seigneur, lui demander le blâme. Ce qui n'est point requis par la coutume de Paris, qui permet au vassal d'y envoyer. V. l'art. 31.

* Pontanus, sur Blois, art. 17 : « Licet catalogus a domino per « plures annos retineatur, tamen pro recepto non habetur, « donec supra ea re fuerit a vassallo interpellatus. »

XLVIII.

599. Un seigneur ne peut contraindre son vassal de bailler aveu plus d'une fois en sa vie.

* *L'aveu ne se réitère point.* Boullenois, art. 52, et l'art. 17 de la coutume d'Artois, de l'an 1545; Molin., in cons. Parisiens. § 5, n° 3, et *supra*, règle XXXVIII.

XLIX.

600. Ce qui est recélé frauduleusement est acquis au seigneur.

CE QUI EST RECÉLÉ. Bourbonnais, art. 382; Nivernais, tit. *des Fiefs*, art. 68; V. Coquille, dans son *Institution*, titre des *Fiefs*; ce qui n'est point suivi dans les autres coutumes. V. Bro- deau, sur l'art. 43 de la coutume de Paris, n° 13, 14; et ci- après, règles XCVII, XCVIII avec les notes.

L.

601. Un seigneur ne peut saisir le fief de son vassal, avant qu'il soit lui-même entré en foi.

Cette règle est tirée de l'art. 79 de la coutume de Clermont en Beauvoisis. La raison est que, suivant les principes de notre ancien droit français, celui qui acquiert un fief n'en devient possesseur, et n'en a la saisine que par la foi.

Desmares, décis. 285 : « La coutume que *le mort saisit le* « *vif son hoir*, n'a pas lieu tant qu'à ce qui touche le seigneur;

« car le fils n'est saisi, ne possesseur du fié son feu père, jus-
« ques à tant qu'il en soit en foi et en hommage, ou souffrance
« du seigneur du fié. »

L'auteur du *Grand Coutumier*, liv. ii, chap. 21 : « Si c'est un
« fief noble, saisine de droit ne autre n'est acquise sans foy ;
« car le seigneur direct est avant saisi que l'héritier. Mais par
« faire hommage et par relief, le seigneur direct doit saisir
« l'héritier. Et la raison si est ; car le seigneur féodal a la sei-
« gneurie directe, à laquelle la profitable est adonques con-
« jointe et annexée par la mort du vassal. »

Dumoulin s'est expliqué à peu près de la même manière sur
l'article 1 de l'ancienne coutume de Paris, glose 4, nom. 48 :
« Vassallus nondum per dominum in fidem admissus et inves-
« titus, non est integre et absolute vassallus, mutatione enim
« prioris vassalli, soluta fidelitate in qua feudum consistit,
« interim non videtur esse feudum. »

Si celui qui n'est point en foi n'est pas saisi de son fief, et ne
peut point être appelé *vassal*, il s'ensuit qu'il ne peut point
être appelé *seigneur*, par rapport aux fiefs qui relèvent du
sien, et que, par conséquent, tant qu'il n'est point en foi, il ne
peut les saisir féodalement.

Mais, dans les trois derniers siècles, la maxime, *tant que le
seigneur dort, le vassal veille*, ayant été établie, cet ancien
droit a été aboli ; l'on a regardé le silence du seigneur dominant,
comme une souffrance tacite, et l'on n'a plus douté que le
vassal, qui n'était point en foi, ne pût, pendant que son seigneur dormait, faire saisir le fief mouvant de lui, et tel a été
l'avis de Dumoulin ; car, après avoir dit, au lieu marqué ci-
dessus, que « vassallus nondum per dominum admissus et in-
« vestitus, non est integre et absolute vassallus, » il ajoute : « et
« hoc saltem domino vigilante ; et, ut verbis nostræ consuetu-
« dinis utar, feudum ad suam manum revocante. »

V. Brodeau, sur l'art. 82 de la coutume de Paris, nos 3 et 4,
t. 1, p. 627, 367 et 568.

Dans la coutume de Clermont, la maxime *tant que le seigneur
dort, le vassal veille*, n'a point été admise ; et de là vient que
cette coutume décide, dans l'art. 79, que « le seigneur ne peut
« saisir le fief de son vassal, avant qu'il soit lui-même entré en
« foi. » V. l'ancienne coutume d'Orléans, art. 84 ; Duplessis,
liv. i *des Fiefs*, chap. 5, p. 25 de la troisième édition ; les *Coutumes Notoires*, art. 52 et 53 ; et *Jus feudale Alemannicum*,
cap. 6.

LI.

602 Ne peut aussi gagner les fruits du fief, ouvert par le décès de son vassal, qu'après les quarante jours.

Grand Coutumier, liv. II, de Saisine en fief : « Par la coutume « des fiefs, sitôt qu'un vassal est mort, le seigneur peut assigner « au fief, mais il ne peut rien lever jusques à XL jours après la « mort du vassal. »

Paris, art. 7.

Mais si le vassal avait tenu le fief sans seigneur, et avant que d'être reçu en foi, il était au pouvoir du seigneur de tenir le fief à tout homme, comme le vassal l'avait tenu sans seigneur; et le seigneur pendant tout ce temps, faisait les fruits siens. Ce qui n'est plus pratiqué comme Charondas le remarque sur l'auteur du *Grand Coutumier*, liv. II, tit. de *Saisine en fief*.

LII.

603. Le seigneur, qui a reçu son vassal en foi sans aucune réservation, ne peut saisir le fief pour les droits par lui prétendus; ains y doit venir par action.

LE SEIGNEUR QUI A REÇU SON VASSAL EN FOI. Cette règle a été tirée de l'auteur du *Grand Coutumier*, liv. II, tit. des *Coutumes des fiefs*, où il est écrit que, « quand un seigneur féodataire « reçoit en foi son vassal pleinement et paisiblement, sans au- « cune réserve, il ne peut, ne ne doit, depuis lors en avant, « faire mettre aucun empêchement audit fief de son vassal; « mais le doit garder et faire tenir en possession d'iceluy, ainsi « comme il l'y a mis, sans donner empêchement pour raison du « temps passé. » V. l'art. 8 de la coutume de Paris; l'art. 21 de la coutume de Mantes; l'art. 221 de celle de Sens; Charondas, sur l'art. 1 de la coutume de Paris; de La Thaumassière, dans ses anciennes coutumes de Berry, p. 336, chap. 5.

LIII.

604. L'on doit venir par action pour loyaux aides [ou chevels.]

PAR ACTION. V. Durandum, seu Speculat., *de Homagiis*, nº 67. Cependant Bouteiller, dans sa *Somme*, dit que, de son temps, il n'y avait point d'action pour demander le paiement des loyaux aides, liv. 1, tit 86. V. Joann. Fabr., ad tit. Inst. *de Action.*, § *Æque;* et Salvaing de l'*Usage des Fiefs*, lib. 1, cap. 49.

AIDES CHEVELS. Sont les aides dus aux chefs seigneurs. V. l'art. 166 de la coutume de Normandie; *et pour le Midi, les *Statuts* de Bérenger, Giraud, t. II, p. 2.*

LIV.

605. Loyaux aides sont coutumièrement dus pour chevalerie du seigneur ou de son fils aîné; pour mariage de fille aînée; pour rançon, et voyage en la terre sainte.

* LOYAUX AIDES. On les nomme aussi *aides en quatre cas.* *

V. * *Établiss.*, 1, chap. 42, V° *Aydes.* *Bouteiller, dans sa *Somme*, liv. 1, tit. LXXXVI; la coutume du Loudunois, tit. VIII; le *Glossaire du Droit français;* le tit. IX de la coutume de Touraine; l'art. 344 de la coutume du Bourbonnais; *Bourg, *des Justices*, art. 4; * et Du Tillet, dans son *Recueil des rois de France*, au titre des *Appanages*, p. 292, lig. 13. Masuer, dans sa *Pratique*, chap. 39.

POUR CHEVALERIE. * Ordonn., t. 1, 534.*

POUR MARIAGE. *Ordonn., t. 1, p. 453, 471; Marnier, *Établ. et coutume de Normandie*, p. 33, 101. *

POUR RANÇON. *Assises, 1, 397-399.* Que l'on suppose que les loyaux aides aient été levés pour la délivrance du seigneur, et qu'il ait trouvé le moyen de s'échapper avant que le paiement en eût été fait aux ennemis chez qui il était prisonnier, faudra-t-il les rendre à ceux sur qui ils ont été levés?

Desmares propose à peu près cette question dans sa décis. 419: « J'ai ouï dire à Me Gentien Cabus, souffisant avocat à Orléans, « que l'on donna à un escuyer deux cents francs pour payer sa « ranson, et icely escuyer eschapa des Anglois, et ne paya point « de ranson. Ceux qui les avoient donnés les demandèrent, « pour ce que il n'en avoit point payé, ains avoit été délivré « par son eschapement, et sans ranson. Ce nonobstant il fut dit « par jugement, que icely escuyer n'estoit tenu de les rendre, « car il y a différence entre donaison faite par condition, et « faite par manière, et faite pour cause. » Mais cette décision, qui est bonne dans le cas de donation, ne peut être appliquée ici, où les loyaux aides sont une espèce de taxe que les seigneurs exigent de leurs hommes. En l'année 1329 Philippe de Valois leva une aide sur ses peuples pour entrer en guerre avec

Édouard, roi d'Angleterre. Édouard ayant consenti de rendre l'hommage que Philippe lui demandait, comme il n'y eut point de guerre, Philippe eut la justice de faire rendre à ses sujets l'aide qu'ils lui avaient payée. Les lettres de Philippe de Valois, du 18 juin, sont dans le second tome des Ordonnances, p. 29.

LV.

606. Le cas de rançon est réitérable ; les autres non.

Suivant l'art. 92 de la coutume de Touraine, le seigneur ne peut demander les loyaux aides qu'une seule fois en sa vie ; mais l'art. 344 de la coutume du Bourbonnais décide que le cas de prison ou de rançon est réitérable. V. Salvaing, p. 242 ; et la coutume du Loudunois, tit. VIII, art 3.

LVI.

607. Loyaux aides sont presque ordinairement le doublage des devoirs.

V. Bouteiller, dans sa *Somme*, liv. I, tit. LXXXV, p. 500 ; Papon, liv. XIII, tit. III, n° 5 ; l'art. 345 de la coutume du Bourbonnais ; l'art. 128 de la coutume d'Anjou ; et les coutumes citées par Du Pineau ; Bretagne, 82 ; le Glossaire sur *Doublage*, et ci-après, liv. VI, tit. VI, règle I.

LVII.

608. Loyaux aides ne passent aux filles, ores qu'elles soient dames de fief.

Cette règle est prise de Masuer, dans sa *Pratique*, tit. *de Successionibus*, n° 55. « Jus collectisandi homines subditos in « quatuor casibus, non transit ad filias, dato quod terra et « jurisdictio spectet ad easdem. » Charondas, dans ses notes sur la *Somme* de Bouteiller, tit. LXXXVI, p. 503, cite un arrêt qui a jugé que la mère, dame de fief, mariant sa fille, pouvait lever cette aide. Ainsi le vrai sens de cette règle est que la fille, dame de fief, ne la peut point lever pour son mariage. Salvaing, *de l'Usage des fiefs*, chap. 49, et les auteurs qu'il cite.

LVIII.

609. Par roturier et non noble, et à noble et non roturier, sont dus loyaux aides.

Touraine, art. 93 ; Salvaing, p. 247 ; et ci-après, liv. vi, tit. vi, règle viii. * et la note de Davot sur la règle suivante. *

LIX.

610. Autrement, pour la personne, ne perd le fief sa noblesse.

Autrement. * Davot. — C'est dans la supposition que le droit d'aide n'était pas dû au seigneur roturier que Loysel a dit qu'*autrement* (ou en autre cas) le fief ne perd pas la noblesse pour la personne, c'est-à-dire pour la roture du possesseur ; mais dans ce cas-ci même le fief ne perd rien, le droit d'aide aussi bien que tous les autres droits de fief ou de justice étant dus aux seigneurs roturiers comme aux nobles.

[Il est probable qu'entre l'opinion de Loysel et celle de Davot, il y a une question de date, et qu'elles ont été toutes deux vraies successivement.] *

LX.

611. Avant que les fiefs fussent vraiment patrimoniaux, ils étoient indivisibles, et baillés à l'aîné, pour lui aider à supporter les frais de la guerre, et quasi comme *prædia militaria*, qui ne venoient point en partage.

Ils étoient indivisibles. V. le *Glossaire du Droit français*, sur le mot *Aisneté*, et sur *Parage* et *Frerage ;* et de La Roque, dans son *Traité de la Noblesse*, chap. 25, p. 96. * Buttler, sur Littleton, sect. 300. *

Prædia militaria. V. Jacobum Gothofredum, ad legem primam Cod. Th., *de terris limitaneis*, lib. vii, tit. xv, p. 394, 395, t. II. Galland, *Franc Alleu*, chap. 5 ; leg. *Lucius*, ii, Dig., *de Evictionibus* ; Brissonium, lib. iv *Selectarum*, cap. 5 et 6 ; Antonium Contium, ad leg. 15, § *si forte*, D., *de Rei vindicatione* ; Franciscum Amayam Hispanum, ad titulum Codicis *de Fundis limitrophis*, nos 14, 15 et 16, pag. 153 ; Lampridium, *in Alexandro*, no 58, et ibi Casaubon, nos 3 et 4 ; Vopiscum, *in Probo*, no 16, in fine ; et ibi Salmasium, n° 2; Justinum, lib. II, *Hist.*, cap. 10.

ET BAILLÉS A L'AÎNÉ. ` Glanvilla, lib. VII, cap. 1. Coke on Littleton, sect. 5. `

LXI.

612. Depuis [*al.* Du depuis], les puînés y ont pris quelques provisions et apanages, qui leur ont, [*al.* en ont] quasi partout, été enfin faits patrimoniaux.

Nous avons encore des coutumes où les puînés ne *succèdent qu'en bienfait*, ou par usufruit seulement. V. l'art. 97 de la coutume d'Anjou, et le 110 de celle du Maine.

QUI LEUR ONT ÉTÉ ENFIN FAITS PATRIMONIAUX, ainsi que leurs parts aux justices inhérentes aux fiefs. V. l'auteur du *Grand Coutumier*, liv. II, chap. 27, pag. 184, 185, et ce que j'ai remarqué dans ma préface sur le premier tome *des Ordonnances*, n° 113, 114.

LXII.

613. L'aîné prenant toujours quelque avantage, selon la diversité des coutumes. Et, par aventure, seroit-il raisonnable qu'il prît le double de chacun des autres enfants.

'QUELQUE AVANTAGE. Les deux tiers. Beaum., XIV, 8.'

` Cet article et les trois suivants sont pris du *Grand Coutumier*, liv. II, tit. *de Saisine en Fief*. « Par la coutume de la
« vicomté de Paris, si aucun meurt qui laisse deux enfans et non
« plus, l'aîsné aura le principal manoir avec le jardin selon la
« clausture tenu en fief, et s'il n'y a point de jardin un arpent
« de terre, ou le vol d'un chapon tenu en fief au joignant de la-
« dite maison, avec les deux tiers de tous les autres fiefs, et
« l'autre en aura la tierce partie seulement. Et si le principal
« manoir, dont il porte le nom, est désert, et un autre tout neuf
« où leur prédécesseur a fait son domicile, il sera au choix du
« successeur héritier. Et si [le défunt] laisse plusieurs enfans
« excédant le nombre de deux, l'aîsné aura le maître manoir
« avec la moitié de tout, les autres enfans ensemble l'autre
« moitié et résidu. » `

V. la troisième dissertation de Du Cange sur Joinville ; ` Loyseau, *Seigneurie*, chap. 6, n° 14 et ss.; ` et Brodeau, sur les art. 15 et 16 de la coutume de Paris; ` Lebrun, *Traité des Successions*, liv. IV, chap. 1. `

LXIII.

614. Sur tout le chef-lieu, ou maître manoir entier, ou, au lieu d'icelui, le vol du chapon, qui est un arpent de terre ou jardin; marque de l'ancienne frugalité de nos pères.

MAÎTRE MANOIR ENTIER. * Il y a un arrêt exprès à ce sujet de l'an 1268. Olim, t. I, p. 720, XVII. *

VOL. DU CHAPON. V. le *Glossaire du Droit français*, et Brodeau, sur l'art. 13 de la coutume de Paris, n° 29. Ce qui est appelé le vol du chapon est nommé un coq dans le chap. 10 du premier livre des *Établissements de saint Louis*. Touchant les *Préclôtures* et les *Pourpris*. V. Coquille, quest. 258.

LXIV.

615. Et si doit avoir le nom, le cri et les armes pleines.

Sens, art. 200; Auxerre, art. 54, etc.

LE CRI. V. les dissertations 11 et 12 de Du Cange, sur Joinville; Troyes, art. 13 et la note de Pithou; * Brodeau, sur l'art. 13 de la coutume de Paris, n° 19; et Goussel, sur l'art. 8, n° 9 de la coutume de Chaumont.

ET LES ARMES PLEINES. V. la dissertation 10 de Du Cange sur Joinville; Salvaing, p. 296; le *Glossaire du Droit français*, sur *Armes pleines*; et Coquille, dans son *Institution*, p. 34 de l'édition de 1665.

Quoique les savants conviennent que les armoiries sont une invention des bas siècles, on en voit cependant des exemples dans les anciens :

Pulcher Aventinus, clypeoque insigne paternum,
Centum angues, cinctamque gerit serpentibus hydram.
(VIRGIL., lib. VII, *Æneid.*, vers. 657.)

Ipse inter primos præstanti corpore Turnus
Vertitur arma tenens, et toto vertice supra est;
Cui triplici crinita juba galea alta Chimeram
Sustinet, Ætnæos efflantem faucibus ignes;
Tam magis illa fremens, et tristibus effera flammis,
Quam magis effuso crudescunt sanguine pugnæ.
At levem clypeum sublatis cornibus Io
Auro insignibat, jam setis obsita, jam bos,
Argumentum ingens, et custos virginis Argus,
Cælataque amnem fundens pater Inachus urna.
(*Idem*, vers. 783.)

Agrestes aconita vocant. Ea conjugis astu
Ipse parens Ægeus nato porrexit, ut hosti.
Sumpserat ignara Theseus data pocula dextra,
Cum pater in capulo gladii cognovit eburno
Signa sui generis, facinusque excussit ab ore.

(OVID., *Metamorph.* VII, vers. 419

Cuncta phalanx insigne Jovis, cælataque gestat
Tegmina, dispersos trifidis ardoribus ignes;
Nunc primus radios, miles Romane, corusci
Fulminis, et rutilas scutis diffunderis alas.
Insuper auratos collegerat ipse dracones,
Matris Horæ specimen, linguisque adversus utrimque
Congruit; et tereti serpens dat vulnera gemmæ.

(VALER. FLAC., lib. VI *Argonauticon,* vers. 53.

Has super æratam phalces agit æquore nubem
Cum fremitu, densique levant vexilla coralli,
Barbaricæ quis signa rotæ, ferrataque dorso
Forma suum, truncæque Jovis simulacra columnæ.

(*Idem,* vers. 88.

Flava cruentarum prætenditur umbra jubarum,
Et formidato clypeus Titana lacessit
Lumine, quem tota variarat Mulciber arte.
Hic patrius Mavortis amor, fœtusque rotantur
Romulei. Pius amnis inest, et bellua nutrix,
Electro Tiberis, pueri formantur in auro,
Fingunt æra lupam, Mavors adamante ceruscat.

(CLAUDIAN. *in consulat. Probini et Olybrii,*
de Romæ clypeo, vers. 93.

V. Castallionis jurisconsulti *Varias lectiones et opuscula,*
cap. 19, fol. 19, 20, edition. Parmensis.

LXV.

616. Quand le fief consisteroit en un hôtel, il le prendroit entier lui seul, la légitime des autres sauve.

Paris, art. 17. V. la note qu'on y a faite, où cette règle est expliquée, et la note sur la règle LXVIII de ce titre.

LXVI.

617. Si les préclôtures du chef-lieu excèdent ce qui doit appartenir à l'aîné, il les peut avoir, en récompensant

ses puînés en fiefs ou autres héritages de la même succession, à leur commodité.

Angoumois, art. 68; Paris, art. 13.

PRÉCLÔTURES. * *Glossaire du Droit français*, au mot *Pourpris.* *

EN RÉCOMPENSANT SES PUÎNÉS EN FIEFS OU AUTRES HÉRITAGES DE LA MÊME SUCCESSION. S'il y en a; et s'il n'y en a pas, il les peut récompenser en argent, au dire de prud'hommes, selon l'art. 17 de la coutume de Paris.

LXVII.

618. Et si peut avoir la plus belle terre entière aux mêmes conditions.

Valois, art. 61 et ibi Molinæus.

LXVIII.

619. Et si ne paie pas plus de dettes que l'un de ses autres frères ou sœurs.

J'ai expliqué cette règle dans mes notes, sur les art. 15 et 16 de la coutume de Paris. Si cependant le puîné, qui n'a qu'un tiers, en payant autant de dettes que son aîné qui a les deux tiers avec le principal manoir, et le vol du chapon, n'a pas sa légitime, l'aîné la lui doit fournir; parce que la légitime est préférable au droit d'aînesse, par la raison de l'art. 19 de la coutume, où l'on peut voir la note

V. Molin. in cons. Paris., § 139, n° 2, § 892; Vallam, *de Rebus dubiis*, tit. XX, n° 23; Tiraquel., *de Jure primog.*, q. 5. * Lhommeau, III, max. 22. *

LXIX.

620. Mais nul ne prend droit d'aînesse s'il n'est héritier.

V. Dumoulin, § 3 de la coutume de Paris, gl. 1, n° 6; Brodeau, sur l'art. 13 de la coutume de Paris, n°s 15 et 16.

L'aîné ne prenant son droit d'aînesse que comme un préciput légal avant partage, il est évident qu'il ne peut avoir cet avantage, à moins qu'il ne soit héritier, parce que, pour être admis à partage, il faut qu'il soit héritier. Or, comme héritier, il n'a, dans les successions directes, qu'une part, ainsi que ses frères; et de là vient qu'ils paient tous les dettes également. Et comme le droit d'aînesse est prélevé à titre de prélegs légal ou de préciput, de là vient que l'aîné ne paie rien pour raison de cet avantage, selon la règle précédente. V. ma note sur l'art. 16 de la coutume de Paris; Coquille, quest. 257, à la fin.

LXX.

621. Est ce droit d'aînesse en fiefs si favorable, que l'on n'en peut être privé, ores qu'on y eût renoncé du vivant de ses père et mère.

V. Brodeau, qui explique au long cette règle, sur l'art. 13 de la coutume de Paris, nᵒˢ 39 et 40, et les auteurs qu'il cite; et ce que j'ai écrit sur cette question, dans mon *Traité des Institutions contractuelles.*

LXXI.

622. Par l'ordonnance du roi Philippe-Auguste, du premier mai de l'an 1210 (qui est, par aventure, la première des rois de la troisième race) (1), les parts de l'éclipsement du fief des maînés sont tenues aussi noblement que le principal de son aîné.

Par cette ordonnance il fut réglé qu'entre frères qui partageraient, les fiefs seraient démembrés, et que les puînés ne tiendraient point leurs parts et portions à foi et hommage de leurs aînés, mais à foi et hommage des seigneurs dominants. Elle est rapportée par Brodeau, sur l'art. 13 de la coutume de Paris, nᵒ 21. V. le *Glossaire du Droit français,* sur *Partage* et *Frarescheux;* et la troisième dissertation de Du Cange, sur Joinville. * De Lezardière, *Lois de la monarchie française,* t. II, p. 10 et 163. *

L'ÉCLIPSEMENT. Lisez *l'éclichement,* c'est-à-dire *la portion du fief des puînés démembrée.* Quand un fief est divisé entre plusieurs enfants qui tiennent chacun leur part à foi du même

---

(1) *Cette ordonnance, qui est du 1ᵉʳ mai de 1209 et non de 1210, est dans le premier volume des Ordonnances, p. 29, et n'est point, tant s'en faut, la première des rois de la troisième race*

seigneur, ce fief est *démembré*, *écliché* ou *écléché*, et n'est pas *éclipsé* (1). V. Bouteiller, dans sa *Somme*, livre I, tit. LXXX, p. 472; Brodeau, sur l'art. 51, nomb. 5 de la coutume de Paris; le *Glossaire du Droit français*, sur ces mots. Et de là vient peut-être que les cuisses de mouton, qui en sont les principaux et les meilleurs membres, ont été nommées, par corruption, éclanches. V. Ménage, sur ce mot.

MAÎNÉS, c'est-à-dire puînés, cadets.

LXXII.

623. Est néanmoins en leur choix de relever du sei-gneur féodal, ou les tenir en parage de leur aîné, qui les acquitte de la foi pour le tout envers le seigneur com-mun.

Les puînés n'ont cette option qu'en quelques coutumes. V. les art. 62 et 63 de celle du Perche; Troyes, art. 14; Mantes, chap. 1, art. 5; Laon, 159; Châlons, 167; Reims, 115; Cler-mont, 82; la troisième dissertation de Du Cange, sur Joinville, p. 150; et *le Glossaire*, sur *Fief boursal*.

OU LES TENIR EN PARAGE. Dans les coutumes citées où les puî-nés ont l'option d'être, par les *frerages* ou *partages*, les vassaux de leur aîné ou du seigneur dominant, il n'y a point de *parage* comme en Anjou, Maine et Touraine, etc. V. la note sur la règle LXXVII de ce titre.

LXXIII.

624. L'aîné peut faire la foi et hommage pour ses puînés.

Marnier, *Établissements de Normandie*, p. 32.
Meaux, chap. 17, art. 140. Il peut faire la foi pour ses puînés mineurs, et non pour les majeurs, s'il n'y a garantie en parage. V. Molin., in cons. Paris., § 28, nº 6; l'art. 41 de la coutume de Paris; la note sur Duplessis, p. 17 de la dernière édition; l'art. 2 de la coutume de Chartres; et le 3 de la coutume de Montfort.

(1) *Éclipser*, dans la vieille langue française, est synonyme d'éclicher.

LXXIV.

625. [Et] néanmoins est loisible à un chacun faire la foi pour sa part.

* Olim, t. I, p. 47, XIII ; 424, XI. *

Non-seulement il est loisible, mais chacun y est obligé, quand ils sont tous majeurs. V. la note sur la règle précédente, et l'art. 141 de la coutume de Meaux.

LXXV.

626. Le puîné ne peut garantir son aîné; et si n'y a garantie en ligne collatérale.

LE PUÎNÉ NE PEUT GARANTIR SON AÎNÉ, parce que le droit d'aînesse * est un privilége qui ne s'étend pas d'une personne à une autre. * V. mon *Traité des Institutions contractuelles*, t. I, chap. 3, nomb. 31, p. 120 ; et chap. 5, nomb. 33, p. 350.

ET SI N'Y A GARANTIE EN LIGNE COLLATÉRALE. Cette addition n'est pas universellement véritable, et elle est même contraire aux règles LXXVII et LXXVIII de ce titre.

Dans les provinces où le parage est en usage, il est plus pratiqué en ligne directe qu'en ligne collatérale, parce que les successions nobles collatérales appartiennent régulièrement, pour le tout, à l'aîné seul, lequel n'ayant pas de puînés qui partagent avec lui, ne les peut garantir en franc parage sous son hommage envers le seigneur dominant.

Mais lorsqu'en lignée collatérale, les puînés prennent part avec leurs aînés dans les successions nobles, ce qui arrive dans quelque cas, l'aîné les garantit toujours, en franc parage, sous son hommage ; ce qui est nettement expliqué par l'article suivant, qui est le 282 de la coutume de Touraine.

« Entre nobles les successions collatérales vont à l'aîné ou « aînée, et n'y prennent rien les puînés, fors en deux cas.

« L'un, quand les puînés tiennent leurs partages ensemble « indivisés, et que l'un d'eux décède, sans hoir procréé de « sa chair.

« L'autre, quand la succession naît et procède du frère aîné, « ou autre parent chef de la ligne ou souche dont ils sont des-« cendus, ou de leurs représentans ; laquelle succession adve-« nant audit dernier cas, tous les membres en sont abrevés, et « en aura l'aîné les deux parts, avec l'avantage comme en suc-

« cession directe ; et les puînés le tiers garanti en parage sous
« l'hommage de leur aîné. » V. les art. 224, 229, 230, 250 de la
coutume d'Anjou, et les 267, 273 et 319 de celle de Touraine, et
Statuta Roberti III, Regis Scotiæ, cap. 3.

LXXVI.

**627. Le frère n'acquitte sa sœur que de son premier
mariage, et non des autres. [Et, en toutes noces, fors les
premières, la femme, ou son mari pour elle, doit relief,
bouche et mains, et chambellage.]**

Les filles ou vierges ne doivent rien du premier de leurs mariages, contracté pendant la vie de leurs pères ou mères qui leur
a donné des fiefs, et même après leur décès lorsqu'elles ont eu
quelque fief en partage. C'est la décision précise de l'art. 36 de
la coutume de Paris.

Et quand elles auraient été mariées plusieurs fois pendant la
vie de leurs pères ou de leurs mères, elles, ni leurs maris, ne
devraient rien pour les fiefs échus en ligne directe, art. 37.

Et si, au décès de leurs pères et mères, elles étaient veuves,
après avoir été mariées plusieurs fois, le frère qu'elles auraient,
en portant la foi, les acquitterait tant de la foi que du relief, pour
le premier mariage qu'elles contracteraient ensuite. C'est la décision précise de l'art. 35 de la coutume de Paris, tiré mot
pour mot du commentaire de Dumoulin, sur l'art. 3 de l'ancienne coutume.

Que l'on suppose qu'un père ait marié une de ses filles, en lui
donnant un fief en dot ; cette fille devient veuve, et se marie
deux fois du consentement de son père. Il est évident, suivant
le principe établi ci-dessus, que le second et le troisième maris
qui entreront en foi, paieront le relief ou le rachat comme
baillistres, quand même la femme aurait un frère ; parce que ce
frère, qui ne peut porter la foi pour un tel fief ne peut en
acquitter sa sœur.

Que l'on suppose, à présent, que ce père ait donné en mariage,
en argent comptant, 60,000 liv. à sa fille ; que cette fille, pendant qu'il vivait, ait été mariée deux autres fois ; qu'il soit
décédé pendant qu'elle était dans son troisième mariage, et
qu'enfin la fille et son troisième mari, après avoir rapporté ces
60,000 liv., aient eu un fief en partage : le mari, comme bail,
devra-t-il le relief pour ce fief ? et il faut dire que non, parce

que ce fief lui est réellement échu pendant son troisième mariage : en sorte qu'il faut, dans ce cas, suivre la disposition de l'art. 38 de la coutume de Paris.

Enfin, que l'on suppose que ce père, pendant qu'il vivait, ait donné une somme de 60,000 liv. en mariage à sa fille : qu'après qu'il est décédé, elle ait passé en secondes ou troisièmes noces, et qu'après avoir rapporté, elle et son mari, ces 60,000 liv. à la succession du père, il lui soit échu, et à son mari, un fief : le mari, comme bail, en devra-t-il le relief ou le rachat ? et il faut dire que oui, parce que les choses doivent, dans ce cas, être regardées comme si le fief était échu à la fille pendant son veuvage, et qu'elle l'eût ensuite apporté en mariage à son troisième mari. La coutume de Vitry, dans l'art. 34, et celle de Chaumont, dans l'art. 54, ont des dispositions précises à ce sujet.

LXXVII.

628. Et en chacune branche de parage, celle qui s'appelloit *mirouer de fief*, par l'ancienne coutume du Vexin, pouvoit porter la foi pour toutes les autres.

Le parage est une tenure où les aînés et les puînés sont pairs, et possèdent leurs parts dans les fiefs, les uns aussi noblement que les autres. Afin que les fiefs ne soient point divisés, l'aîné, dans cette tenure, ou ses descendants, garantissent les puînés ou leurs descendants, sous leur hommage envers les seigneurs, tant que le parage dure; et parce que les seigneurs, pour régler leurs droits et devoirs féodaux, n'ont les yeux que sur la branche aînée, et ne mirent qu'elle, cette branche a été nommée *mirouer de fief*. Il faut ici se souvenir que le parage, dans les coutumes même qui l'admettent, comme celles d'Anjou, du Maine, de Touraine, de Poitou et du Loudunois, n'a pas lieu contre le roi. V. ma préface sur le premier tome des *Ordonnances*, et le *Glossaire du Droit français*. V. *Fief boursal*.

Mirouer de fief. V. *le Glossaire*, sur *Miroir de Fief*, sur *Parage*, et la règle suivante.

LXXVIII.

629. Si l'aîné de la souche ou branche est refusant ou délayant faire la foi, le plus âgé d'après, et les autres successivement, la peuvent porter, et, en ce faisant, couvrir le fief.

Touraine, art. 265; Loudunois, chap. 27, art. 11, avec les commentaires. Chopin, sur Anjou, liv. II, chap. 1, tit. II, n° 4.

LXXIX.

630. **Entre enfans, n'y a qu'un droit d'aînesse.**

' Olim, t. 1, pag. 527, n° 1, année 1261. Dominus Gazo de Pissiaco, miles, habebat quemdam fratrem Ludovicum, et quamdam sororem Blancham. Ipse erat primogenitus, et primogenituram habuerat in terra ipsorum; postmodum mortuo Ludovico fratre suo, ipse, ratione ipsius Ludovici, voluit habere primogenituram in terra communi ipsi Ludovico et sorori suæ. Ipsa Blancha dicebat e contrario quod non debebat super hoc audiri, sed æqualiter debebat terra dividi inter ipsos, cum alias primogenituram suam habuerit idem Gazo in eadem terra, *et secundum usum et consuetudinem Franciæ, in eadem terra unica tantummodo sit primogenitura*, ut ipsa dicebat.... Determinatum fuit quod ipse (Gazo) non haberet primogenituram, sed divideretur terra æqualiter inter ipsos. Beaumanoir, *des Éritages*, XIV, 12. *Grand Coutumier*, titre de Saisine en fief. Anc. cout. d'Orléans, art. 27. '

Clermont, art. 84. V. Brodeau, sur l'art. 13 de la coutume de Paris, n° 17.

LXXX.

631. **Toutefois, s'il y a diverses successions, coutumes ou bailliages, il prendra droit d'aînesse en chacune d'icelles.**

V. Brodeau, sur l'art. 15 de la coutume de Paris, n°s 2 et 3.

LXXXI.

632. **Presque par-tout, entre filles, n'y a point de droit d'aînesse.**

' *Omnes sorores sunt quasi unus heres de una hereditate* est une maxime de la loi féodale d'Angleterre. Litt., sect. 241. *Et quanque filles elles sont, elles sont parceners (parsonnières) et sont fors que un hoir à leur ancêtre.* '

V. L'auteur du *Grand Coutum.*, liv. ii, tit. des *Coutumes des fiefs*; la coutume de Paris, art. 19. Il y a néanmoins quelques coutumes qui ont des dispositions contraires. V. celle de Touraine, art. 273; du Loudunois, chap. 27, art. 16; d'Anjou, 227; du Poitou, 296; et de Clermont, 83. *Pour l'Angleterre, Coke ou Littleton, sect. 90 et 241.

En l'année 1212, Blanche, comtesse de Troyes, de l'avis de tous ses barons et vassaux, fit une ordonnance rapportée par dom Martène, dans le premier volume de son *Trésor d'anecdotes*, p. 825, 826, par laquelle elle établit que le droit d'aînesse aurait lieu à l'avenir entre filles; mais cette loi est restée sans exécution. V. l'art. 14 de la coutume de Troyes, avec le commentaire de Legrand, glose 19, p. 51 de la dernière édition. Joignez l'ordonnance du comte Thibaud de Champagne, touchant le droit d'aînesse, rapportée en forme par le même dom Martène, dans le même tome, col. 919, 920, dans laquelle il n'est rien dit des filles aînées. V. Paganium Gaudentium, *de Exclusione fœminarum*; et Covarruviam, *Variarum lectionum.*

LXXXII.

633. Entre mâles venans à succession en ligne collatérale, n'y a guère prérogative d'aînesse, fors du nom, du cri et des armes.

Beaum. xiv, 8 : « En esquéance de côté n'a point d'aisneece, « ains emporte autant li uns comme li autres, et va çascuns de « sa partie à l'oummage du seigneur. » *Grand Coutumier*, liv. ii, tit. *des Coutumes des fiefs*. Anc. cout. d'Orléans, art. 46.

Cette règle est prise de l'art. 202 de la coutume de Sens. Il y a des coutumes qui ont des dispositions contraires. V. celle du Loudunois, tit. *des Fiefs*, art. 23; celle de Touraine, art. 282; et Brodeau, sur la coutume de Paris, art. 25, nᵒˢ 1, 2.

LXXXIII.

634. En la même ligne, les mâles excluent les femelles, estant en pareil degré, et venant de leur chef : s'ils y viennent par représentation, ils concourent avec elles.

EN LA MÊME LIGNE. * C'est-à-dire en collatérale. Anc. cout. d'Orléans, art. 45. *En ligne collatéral, en pareil degré, en succession de fief, le mâle forclost la femelle.*

' *Assises*, t. I, p. 275. (Ibelin, 175.)'

V. l'auteur du *Grand Coutumier*, liv. II, *de Saisine en fief;*
les art. 25 et 323 de la coutume de Paris ; Brodeau, sur l'art. 25,
n° 2, et les *Coutumes notoires*, art. 71 ; *Regiam Majestatem*,
lib. II, cap. 26, 27 ; Paganinum Gaudentium, *de Exclusione fœminarum;* et Covarruviam, *Variarum resolutionum.*

LXXXIV.

**635. Mais ils en sont [al. seront] exclus par elles, s'ils
étoient si éloignés, qu'ils fussent hors des degrés de représentation.**

' Les filles ne furent admises que fort tard à succéder aux fiefs
en collatérale. *Nota que en fief filles ne succèdent point en ligne
collatérale*, dit le *Grand Coutumier*, qui ajoute : *Ce nota est
approuvé par le seizième article de la coutume de Paris, au titre
de Matière féodale;* Laboulaye, *Condition des Femmes*, p. 238.

V. Le Brun, *des Successions*, liv. II, chap. 2, sect. 2, n° 24 ; et
Brodeau, sur l'art. 25 de la coutume de Paris, n° 2.

LXXXV.

**636. Si les femelles y viennent par représentation d'un
mâle, elles concourent avec ceux qui sont en pareil degré
que les représentés.**

Cette règle est tirée de l'art. 321 de la coutume d'Orléans. On
l'a remise, parce qu'elle se trouve dans toutes les éditions de
ces Institutes, et dans tous les manuscrits, à l'exception d'un
seul où elle est rayée. Il y a eu des arrêts qui ont jugé suivant
cette règle; et enfin en 1663, il y en a eu un qui a jugé contre.
V. Le Brun, *des Successions*, liv. II, chap. 2, sect. 2, n° 13 ; Brodeau, sur l'art. 25 de la coutume de Paris, n° 2.

LXXXVI.

**637. Le royaume ne tombe point en quenouille, ores
que les femmes soient capables de tous autres fiefs.**

Le fief et la terre salique convenaient en ce que l'un et l'autre
étaient chargés de services militaires; et ils différaient en ce
que le fief n'était qu'un bénéfice à vie : au lieu que la terre salique était un alleu et un fonds héréditaire. Et, comme les

femelles étaient incapables de posséder des fiefs, elles ne pouvaient pas aussi posséder des terres saliques (1). De là vient qu'elles n'y succédaient pas ; et de là vient aussi qu'elles ne succèdent pas au royaume, ni leurs descendants, selon la règle ix du tit. v du liv. ii de cet ouvrage. ' Laboulaye, *Condition des Femmes*, p. 451 et ss. *

Comme les femelles et leurs descendants sont exclus de la succession à la couronne, il est évident qu'un prince du sang, dans un degré éloigné, ne rendra pas sa condition meilleure, en épousant une princesse du sang plus proche en degré que lui, parce que cette princesse, exclue de la succession avec ses descendants, ne peut pas changer le degré de parenté du prince son mari.

Il n'en est pas de même dans les successions ordinaires : car, si je suis parent de côté et ligne dans un degré fort éloigné de celui qui possède un ancien propre, en épousant sa sœur, le fils que j'en aurai, comme neveu, succédera à ce propre à l'exclusion de tout autre parent collatéral plus éloigné, et si mon fils décède ensuite sans lignée, comme père et parent de côté et ligne, j'aurai le propre à l'exclusion de tout autre parent collatéral du même côté et de la même ligne, qui seront plus éloignés que moi.

On oppose à cela :

1° Que, suivant nos mœurs, les propres sont comme substitués dans les familles, et que, dans le cas proposé, le père n'est point censé appelé à un tel fidéicommis. Ce qui est faux : car le propre, selon nos principes, est comme substitué, afin que les parents de côté et de ligne y viennent, *ordine successivo*, c'est-à-dire, afin qu'ils y succèdent suivant les lois ; et, par conséquent, que le plus proche parent de côté et de ligne exclue le plus éloigné ; ce qui est sans difficulté.

Et ils opposent, en second lieu, que, dans la succession à la couronne, un prince du sang, dans un degré fort éloigné, ne s'approche pas en épousant une princesse du sang, fille ou nièce du roi régnant : ce qui n'a ici aucune application, parce que les

---

(1) Tout ce que dit ici Laurière, sur la terre salique et les bénéfices, est contestable. Le véritable sens de *terra salica* n'est pas encore absolument déterminé, ce mot ayant reçu diverses acceptions suivant les temps et les lieux. V. M. Pardessus, *Loi salique*, p. 707 et ss., et M. Guérard, *Bibliothèque de l'École des Chartes*, t. III, et *Journal des Savants*, année 1843.

princesses, exclues de la succession à la couronne, ne peuvent approcher ni leurs maris ni leurs enfants; au lieu qu'en succession de propres, la femme, dans un degré plus proche que celui de son mari, approche ses enfants, dont le mari devient ensuite le plus proche parent, s'ils décèdent sans hoirs.

LXXXVII.

638. Par la loi salique, les royaume, duchés, comtés, marquisats et baronnies ne se démembrent pas.

Par la loi salique, il faut ici entendre les anciennes mœurs des Français * [ou mieux encore les coutumes des fiefs], * comme dans la vie de Louis le Gros, écrite par l'abbé Suger, n° 10, t. IV, *Histor. Francor.*, p. 292; Loysel, en ses *Opuscules*, p. 60 et ss. V. les règles IX et X du titre *de Succession*, liv. II, tit. V; de Cironis, dans ses *Observations;* Gryphiandrum, *de Weichbildis saxonicis*, cap. 40; et Rapin Thoyras, dans son *Histoire d'Angleterre;* Le Prêtre, cent. 1, chap. 72. En Espagne, chez les Cantabres, par une fantaisie tout opposée, les femelles succédaient seules, à l'exclusion des mâles, ainsi que nous l'apprenons, des paroles qui suivent, de Strabon, liv. III, p. 165 de l'édit. de Paris : « Apud Cantabros vir mulieri dotem affert. Filiæ heredes instituuntur; et ab his fratres in matrimonium elocantur, etc. » V. Spanheim, dans ses mélanges, liv. I, chap. 15, n° 18, et Paganinum Gaudentium, *de Fœminis exclusis.*

NE SE DÉMEMBRENT PAS. V. le chap. 24 du premier livre des *Établissements;* les coutumes citées par Du Cange, en cet endroit; l'auteur du *Grand Coutumier*, liv. II, chap. 27, p. 181; Loyseau, *des Seigneuries*, chap. 6, l'édit de mai 1711, pour les *Duchés-Pairies;* et surtout le *Glossaire du Droit français*, V° *Baronnie;* Brussel, p. 890, * et *supra*, liv. II, tit. V, règle X.

LXXXVIII.

639. Mais doit le roi apanage à messieurs ses frères et enfants mâles puînés, et mariage à mesdames ses sœurs et filles; et les ducs, comtes et barons, récompense en autres terres.

MAIS DOIT LE ROI. V. Chopin, *de Domanio*, lib. II, cap. 3; Loysel, *Opuscules*, p. 66; Dupin, *des Apanages*, 3e P., sect. 1, § 1.

En France, comme l'a remarqué notre auteur, *tout le royaume est la légitime du prince*, fils aîné du roi; et quand il est devenu roi, il doit apanage à messieurs ses frères, et mariage à mesdames ses sœurs et filles; et ces apanages et mariages ne sont pas des légitimes qui sont fixées par les lois, ainsi que le remarque Chopin, *de Domanio*, lib. II, tit. III, n° 2. Car, quoi qu'on en dise, il n'y a, en France, aucune ordonnance générale qui ait fixé et déterminé la valeur, la qualité et la grandeur des apanages. Ce qui a fait dire à Du Tillet, auteur exact, et qui était versé dans ces sortes de matières, plus que personne, p. 290, lig. 23, que « la suffisance des apanages étant en la seule « volonté des rois, se doit par l'équité arbitrer et taxer selon « le nombre des puînés, les facultés de la couronne, et la sai-« son, convenablement, de sorte qu'il soit pourvu à l'honnête « entretien desdits puînés, les contenant en l'amour, subjection « et obéissance du roi leur frère, dont vient l'honneur et « l'avancement d'eux et leur postérité; force et repos du « royaume; et du contraire, totale ruine des puînés, et quelque-« fois trouble au royaume, etc. »

Il y en a quelquefois qui prennent pour ordonnances de simples chartes ou des contrats, lesquels ne font qu'un droit particulier.

Au reste, le droit exprimé par les règles LXXXVI et LXXXVII a été trouvé si juste, qu'il a été admis dans l'Empire à l'égard des successions aux principautés électorales, par le chapitre qui suit, qui est le 7e de la bulle de l'empereur Charles: « Statuimus « imperiali autoritate, præsenti lege, perpetuis temporibus vali-« tura, ut postquam iidem principes electores seculares, et « eorum quilibet, esse desierit, jus, vox et potestas electionis « ejusmodi ad filium suum primogenitum legitimum laicum, « libere et sine contradictione cujuspiam, devolvatur. Si vero « primogenitus hujusmodi absque heredibus legitimis masculis « laicis ab hac luce migraret, virtute præsentis imperialis edicti, « jus, vox et potestas electionis prædictæ ad seniorem fratrem « laicum per veram paternalem lineam descendentem, et dein-« ceps ad illius primogenitum laicum devolvatur. Et talis suc-« cessio in primogenitis et heredibus principum eorumdem, in « jure, voce et potestate præmissis, perpetuis temporibus obser-« vetur: ea tamen conditione et modo ut, si principem electorem, « seu ejus primogenitum mori, et heredes masculos laicos « defectum ætatis patientes relinquere contingerit, tunc frater « senior ejusdem primogeniti, tutor eorum et administrator

« existat, etc. » V. le commentaire de Marquard Freher, et celui de Gersac Buxtorf, p. 344 du livre imprimé à Nuremberg, in-4°, en 1657, qui a pour titre : *Representatio imperii*; dans le traité Petri de Andlo, *de Imperio romano*, dont les savants commentaires du célèbre Marquard Freher sont la première et la principale partie.

ET LES DUCS, etc., RÉCOMPENSE. V. la coutume du Loudunois, tit. xxviii, art. 1, 2 et 3, etc.; Anjou, art. 278; Le Maine, 294; Touraine, 294, 295.

LXXXIX.

640. **Marque de baronnie étoit avoir haute justice en ressort.**

* *Bers si a toute justice en sa terre*, disent les *Établissements*, 1, 24. *

Cette règle est prise de l'auteur du *Grand Coutumier*, liv. II, tit. xxvii, p. 183; et *du Guidon des Praticiens*, tit. *des Fiefs*, p. 684, n° 44. Par l'art. 47 de la coutume d'Anjou, « droite baron- « nie doit avoir trois châtellenies sujettes du corps de la baronnie, « ville close, abbaye, prieuré conventuel, ou collége, avec forest. « Et qui auroit trois chastellenies subjectes du corps sans les « autres choses dessus dictes, ou deux, avec ville close, ou une « avec les autres choses dessus dictes, peut estre dict Baron. Au « baron appartient l'espave du faucon et du destrier, et est « entendu destrier un grand cheval de guerre, coursier ou cheval « de lance, etc. » V. le *Glossaire du Droit français*, sur le mot *Baronnie*.

XC.

641. **Le vassal peut démembrer, bailler à cens et arrentement son fief, sans l'assens de son seigneur, jusqu'au tiers de son domaine, sans s'en dessaisir, ou la main mettre au bâton; qui est ce que l'on dit :** *Se jouer de son fief, sans démission de foi.*

* Beaumanoir, xiv, 25. *

L'*abrégement*, le *démembrement* et le *jeu de fief* sont trois choses différentes, et qu'il est nécessaire de bien distinguer.

L'*abrégement* est une extinction ou amortissement d'une partie du fief. Suivant les règles de notre *Droit français*, aucun vassal ne peut abréger et diminuer son fief; et s'il le fait, ce qui en a été diminué est dévolu au seigneur suzerain. Si le seigneur suzerain y a donné son consentement, parce qu'il a ainsi lui-même abrégé son fief, la dévolution se fait au seigneur suzerain immédiat, et ainsi, de seigneur en seigneur, jusqu'au roi, comme souverain fieffeux de son royaume : et c'est de là qu'il faut tirer l'origine du droit d'amortissement, comme on l'a fait voir dans la dissertation qu'on a faite sur ce sujet, p. 89, et sur la règle LXXIII du tit. I, du liv. I de cet ouvrage.

Le *démembrement* de fief a lieu, lorsque d'un fief, on en fait plusieurs. Par le droit des fiefs, le vassal pouvait aliéner la moitié de son fief, tit. II, liv. I, *Feudor.* Ce qui fut défendu par Lothaire et Frédéric, lib. II, *Feudorum*, tit. IX; lib. III, tit. II et lib. IV, tit. XLIV, LIII. Mais, comme les partages entre enfants sont nécessaires, dans ce cas la division ou le démembrement des fiefs était permis. « Omnes filii ejus qui feudum acquisierit fide- « litatem facere debent, maxime si divisum habent. Quod si « feudum ex divisione ad unum tantum pervenerit, ille tantum « facit fidelitatem. » Lib. IV, *Feudor.*, cap. 9 ; et ibi Cujac.

Nous avons suivi cette jurisprudence ; car, suivant nos coutumes, *nul ne peut démembrer son fief, au préjudice de son seigneur ;* et s'il le fait, le seigneur peut saisir féodalement la partie démembrée faute d'homme, en faire les fruits siens, et forcer ainsi le vendeur et l'acquéreur à remettre le fief dans son premier état. V. *Olim, t. I, p. 604, VIII, anno 1265 ;* l'auteur du *Grand Coutumier*, liv. II, chap. 27, p. 486. Mais, en succession, nous avons admis la division des fiefs. L'auteur du *Grand Coutumier*, liv. II, chap. 29, p. 193 : « Un chevalier et une dame ont plusieurs enfans, fils et filles. « Le chevalier et la dame meurent : comme se départiront leurs « fiefs ? Réponse : le fils aîné emportera l'hostel lequel mieux « luy plaira, soit par père ou par mère, avec un arpent de jar- « din tenant audit hostel, hors part. Et quant est du surplus, il « emportera la moitié, et emportera la fille comme les fils, et « iront tous au seigneur, ou seigneurs de qui lesdits fiefs seront « tenus, et entreront tous en foy, ET FERA CHASCUN UN HOMMAGE « A SON SEIGNEUR. » V. le même auteur, p. 198, lig. 30 ; les art. 13, 14 et 15 de la coutume de Paris ; Beaumanoir, chap. 47. Il y a néanmoins quelques coutumes où les démembrements de fiefs sont plus tolérés que dans d'autres. V. Du Pineau, sur le titre de la coutume d'Anjou, *de Depié de fief*, p. 389.

On appelle *jeu de fief*, lorsque le vassal, aliénant une partie de son fief, retient, sur cette partie un devoir, et la faculté de la garantir sous son hommage envers son seigneur. De sorte que ce qui est ainsi aliéné reste toujours partie du même fief, quoiqu'elle soit un nouveau fief relevant du vassal.

* *Grande Charte d'Angleterre*, chap. 32. « Quod nullus liber « homo det de cætero amplius alicui de terra sua quam ut de « residuo terra sua possit sufficienter fieri domino feudi servi- « tium ei debitum quod pertinet ad feudum illud. » Glanville, VII, chap. 1. Fleta, III, cap. 3. Coke on Littl. sect. 57.*

Par l'art. 51 de la coutume de Paris, * cette part que le vassal peut sous-inféoder sans que le service du fief en souffre, est fixée aux deux tiers ;* et par les coutumes d'Anjou, du Maine, de Touraine et du Loudunois, * plus fidèles aux premières rigueurs féodales, * au tiers. V. l'art. 201 de la coutume d'Anjou, avec la conférence de Du Pineau, et la règle LXXVII de ce titre; et Hartmannum, lib. *Observation. practicar.*, cap. 36 et 39.

* Ou LA MAIN METTRE AU BATON. Dans notre ancien droit il n'y avait point mutation de propriété, sans quelque acte solennel et symbolique qui constatât la tradition, *la livrée de Saisine*, comme dit Littleton. *Intervenire debet solennitas in mutatione liberi tenementi*, dit Bracton, II, cap. 15, *ne contingat donationem deficere pro defectu probationis.* Du Cange, Vᵒ *Investitura*, a réuni un grand nombre d'actes symboliques relatifs à cette livrée de saisine; mais le mode le plus ordinaire était la tradition par le bâton ou la verge, qui semble dériver de la tradition *per festucam* des lois barbares. Nos coutumes, surtout celles du Nord, les coutumes allemandes et les coutumes anglaises contiennent de longs détails sur ces formes solennelles de mise en possession. Anc. cout. d'Artois, chap. 15. Galland, *Franc Alleu*, chap. 20; Coke on Littleton, sect. 59. Britton, chap. 33; Fleta, III, cap. 15; Blackstone, II, comm. 311; Madox, *Form. Anglic.*, diss. 9; Littleton, sect. 78. « Tenants « par la verge sont ainsi appelés pour ce que, quand ils veulent « surrendre leurs tenemens en la main leur seigneur à l'use « d'un autre, ils auront une petite verge, par la coutume, en leur « main, laquelle ils bailleront au seneschal.... Et celuy qui « aura la terre, prendra même la terre en la cour.... et le « seneschal... selon la coutume délivrera à celui qui prit la terre « même la verge, ou une autre verge, en nom de saisine. » Pour l'Allemagne, voyez le traité spécial d'Albrecht sur la saisine, *Die Gewehre.* *

SE JOUER DE SON FIEF SANS DÉMISSION DE FOI. Quoique le parage dont on parle sur les règles LXXII, LXXIII, LXXV et LXXVII de ce titre, ait quelque affinité avec le jeu de fief, ce sont pourtant deux différents droits, qu'il ne faut pas confondre.

Dans le parage, tous les frères, pairs et égaux entre eux, sont coseigneurs ; et l'aîné, pour son préciput et ses parts avantageuses, les garantit sous sa foi envers le seigneur suzerain. Les fruits se partagent entre eux à proportion de ce qu'ils ont au fief. La justice s'administre en leurs noms, et les vassaux qui sont communs, leur font à tous conjointement foi et hommage. V. *Statuta Roberti III, Regis Scotiæ*, cap. 4.

Il en est de même dans les parages conventionnels. Car si les propriétaires d'un fief commun chargent un d'entre eux de les garantir sous son hommage et sous sa foi, ce qu'on appelle droit de part prenant, et de part mutant, les profits féodaux se partagent entre eux, et la foi leur est également due en commun, par leurs vassaux, puisqu'ils sont coseigneurs.

Il en est autrement dans le jeu de fief. Car à Paris, si, selon l'art. 51 de la coutume, je dispose des deux tiers de mon fief, en m'en réservant d'en faire la foi envers le seigneur suzerain, et en retenant un devoir sur ce que j'aliène ainsi, celui qui acquiert de moi cette partie de mon fief devient mon tenancier ; mais il n'est pas coseigneur avec moi ; et, comme je reste toujours seigneur de tout le fief, et vassal pour le tout envers mon seigneur, qui ne connaît que moi seul, c'est aussi à moi seul que les hommages de tous les fiefs qui relèvent du mien sont dus ; et celui qui a acquis, par jeu de fief, les deux tiers que j'ai aliénés, n'y peut rien prétendre, parce qu'il n'est pas encore coseigneur avec moi, ni covassal par rapport au seigneur dominant. V. la note sur la règle XCII de ce titre.

XCI.

642. Mais ne le peut démembrer au préjudice de son seigneur.

V. la note sur la règle précédente. * *Miroir de Souabe*, III, 29, 31. '

Et il ne peut pareillement aliéner ses vassaux, même du consentement du seigneur suzerain, à moins que les vassaux n'y consentent aussi. V. Dumoulin, sur l'ancienne coutume de Paris ; et *Statuta Roberti III, Regis Scotiæ*, cap. 4.

XCII.

643. Le seigneur qui a réuni à sa table le fief de son vassal, n'est tenu en faire hommage à son seigneur; mais, avenant mutation de part ou d'autre, doit faire hommage du total, comme d'un fief uni.

* Anc. cout. d'Orléans, art. 47.

' A sa table, c'est-à-dire à son domaine, à son fief.

N'est tenu en faire hommage. Parce que, * par la réunion, il n'y a point ouverture de fief, c'est-à-dire mutation de vassal ; le seigneur qui a réuni * a seulement augmenté le fief dont il était déjà en foi. V. Bailly, dans son *Traité des Lods et Ventes*, chap. 42, p. 20. Mais si le seigneur achète un franc-alleu situé dans sa justice, il n'y a point alors d'union ni de consolidation. V. La Thaumassière, *du Franc-aleu*, chap. 31.

Doit faire hommage du total, comme de fief uni. Lorsque des fiefs dominant et servant ont été ainsi unis, ils ne font plus à l'avenir qu'un seul et unique fief; en sorte que ce qui était le fief servant ne peut plus être démembré de ce qui était le fief dominant, au préjudice du suzerain ni des vassaux. Ainsi, par arrêt du 18 juillet 1654, rapporté dans le chap. 1 du *Journal des Audiences*, liv. VIII, il fut jugé que M. le duc de Chevreuse, après avoir uni à son duché la terre de Maupas, ou de Maurepas, qui en relevait, n'avait pu la démembrer de son duché, pour en faire un nouveau fief, et le faire mouvoir de son comté, comme avant l'union. Et comme, dans cette espèce, le sieur du Tremblay, qui tenait sa terre, immédiatement et sans moyen, de Maurepas, et en arrière-fief du comté de Chevreuse, était devenu, par cette union, vassal sans moyen du duché, il fut décidé que, par ce démembrement, M. le duc de Chevreuse n'avait pu le faire son arrière-vassal.

La même question est pendante en la Cour. « La baronnie « d'Ourville, en Normandie, réunie depuis longtemps au comté « d'Eu, étoit autrefois le fief dominant de Gerponville, qui est un « fief considérable; et, par cette union, les seigneurs de Gerpon- « ville ont eu l'avantage de devenir vassaux immédiats des comtes « d'Eu, auxquels ils faisoient hommage à Ourville, comme « membre du comté d'Eu.

« M. le duc du Maine, ayant concédé, à titre de fief, Ourville « au sieur Chevalier de la Blandinière, moyennant une rente « annuelle de cent ou cent dix livres, et à la charge de tenir cette

« baronnie à foi et hommage de son comté, se réservant de
« garantir sous son hommage le sieur Chevalier envers le roi;
« le sieur Chevalier a obtenu des lettres, par lesquelles Sa
« Majesté a approuvé ce jeu de fief. Mais, quand elles ont été
« présentées en la Cour, le seigneur de Gerponville s'est opposé
« à l'enregistrement, par la raison que Sa Majesté, en accordant
« de telles lettres, n'entend point ordinairement préjudicier à
« de tierces personnes; qu'il n'avoit pas été au pouvoir de M. le
« duc du Maine, de changer son hommage, en le faisant relever
« d'Ourville, dont il vouloit faire un nouveau fief, et lui ôter
« ainsi le titre et la prérogative de vassal immédiat, et sans
« moyen, du comté d'Eu : et en cela le sieur de Gerponville
« me paroît être très-bien fondé. Car puisque, depuis cette
« fieffe, Ourville, garantie envers le roi, sous l'hommage de
« M. le duc du Maine, relève toujours immédiatement de Sa
« Majesté, comme membre du comté d'Eu, il faut nécessaire-
« ment que Gerponville relève toujours immédiatement du comté
« d'Eu par Ourville, et non du sieur Chevalier de la Blandinière,
« qui, ne jouissant d'Ourville que par fiction ou par jeu de
« fief, n'en est ni seigneur ni arrière-vassal du roi. En sorte
« que, si Sa Majesté saisissoit féodalement le comté d'Eu par
« faute d'homme, il saisiroit en même temps Ourville, comme
« membre du comté, et ensuite Gerponville, s'il y avoit ouver-
« ture, comme mouvante du comté, sans moyen. Et pour le
« dire plus clairement, on auroit encore pu opposer au sieur
« Chevalier, qu'en possédant ainsi Ourville par jeu de fief,
« n'étant ni vassal ni arrière-vassal du roi, seigneur suzerain
« du comté d'Eu, et que M. le duc du Maine, la garantissant
« sous son hommage, comme membre de son comté, c'étoit
« réellement M. le duc du Maine qui étoit le véritable vassal du
« roi, et par conséquent qui étoit le véritable seigneur d'Our-
« ville, comme de tout le reste de son comté.

« Et comme le sieur de Gerponville, depuis l'union d'Our-
« ville au comté d'Eu, relevoit immédiatement du comté, par
« Ourville, qui en étoit devenu membre, il s'ensuit que Gerpon-
« ville en devoit toujours également relever, malgré le pré-
« tendu jeu de fief, puisque M. le duc du Maine étoit toujours
« resté, comme avant la fieffe, seigneur d'Ourville : ou autre-
« ment il seroit arrivé que le sieur de Gerponville auroit relevé,
« en même temps pour le tout, de deux différents seigneurs
« immédiats : ce qui n'est pas possible. » V. la note sur la
règle xc de ce titre, à la fin.

XCIII.

644. Quand un fief avient, par confiscation, à un haut-justicier, lequel n'est tenu de lui, ou [un] arrière-fief tenu de lui, il en doit vuider ses mains dans l'an et jour, ou en faire la foi et hommage au seigneur féodal.

Cette règle est tirée de l'art. 50 de l'ancienne coutume d'Orléans : « *Quand à un hault justicier advient par aubenage ou « confiscation ung fief ou arrière fief qui n'est tenu de luy, il en « doibt dedans l'an qu'il en sera requis vuider ses mains, *pour* « *raison de l'indemnité de son seigneur de fief ou arrière fief,* « ou faire la foy et hommage au seigneur féodal, *et luy payer* « *le profit de rachapt :* autrement le seigneur de fief en jouyra « et exploictera;* » et de l'article 47 de celle de Lorris, au titre *des fiefs.* V. le chap. 33 de la *Déclaration des fiefs suivant l'usage de France* entre les anciennes coutumes de Berry, p. 351 ; Galland, dans son *Traité du Franc-aleu*, chap. 2 ; et l'ordonnance de 1668, touchant le *droit d'indemnité.*

Anciennement ceux qui possédaient des fiefs ne voulaient point avoir de vassaux plus puissants qu'eux, et dont ils dépendissent ; parce qu'ils ne pouvaient en tirer aucun service.

Ainsi, quand le roi acquérait un arrière-fief, le seigneur dont cet arrière-fief était mouvant immédiatement, suppliait humblement Sa Majesté d'en vider ses mains, et de le remettre, dans l'an, à une personne qui pût le desservir. V. l'art. 33 de l'ordonnance de Philippe de Valois, du mois de juin 1338, t. II des *Ordonnances*, p. 128 ; et de La Thaumassière, sur la coutume de Berry, tit. v, art. 55, p. 179.

Il en était de même, quand un seigneur suzerain et dominant devenait propriétaire, par confiscation, par aubaine, ou déshérence, ou autrement, d'un arrière-fief qui relevait de son vassal immédiat ; parce qu'il était impossible que cet arrière-vassal pût assister son seigneur immédiat, pour se rendre ensuite service à lui-même, comme seigneur dominant et suzerain. Et comme, dans ce cas, le seigneur dominant ne pouvait se dispenser de faire desservir l'arrière-fief par quelque personne fidèle, qui en fît hommage, comme une espèce de bail, ou de baillistre, on ne doit pas être surpris si les seigneurs immédiats ne voulaient pas, autrefois, recevoir en foi de tels vassaux. Ce qui parut très-juste à Charles Dumoulin, dans son commentaire sur l'art. 22 de l'ancienne coutume de Paris, n° 161, glose 1.

« Quando, » dit cet auteur, « is cui acquiritur confiscatione, est « altus justitiarius loci, et simul patronus mediatus, seu supe- « rior patronus feudi confiscati ratione ejusdem feudi, est « omnino necessarium, ut ponat subfeudum confiscatum extra « manus suas, propter continuam repugnantiam terminorum « clientelæ; cum non possit quis, respectu ejusdem clientelæ, « seu ejusdem feudalis dependentiæ, esse vassallus vassalli sui. » Melun, art. 75.

Ces seigneurs justiciers dominants et suzerains, devenus arrière-vassaux par confiscation, aubaine ou déshérence, prétendirent qu'ils ne devaient aucuns droits seigneuriaux aux propriétaires immédiats des fiefs, dont ces arrière-fiefs étaient mouvants; parce que ces arrière-fiefs n'ayant point appartenu à ces propriétaires de fiefs, lesquels n'en avaient jamais été saisis un instant, il ne pouvait y avoir lieu au droit de relief, ces arrière-fiefs n'ayant pas été relevés; et encore moins au droit de quint, puisqu'ils n'avaient été vendus ni achetés. Et de là vient que la coutume de Vitry-le-Français porte, dans l'art. 36, que « de terre féodale échue par attrahiere et confiscation à « aucun seigneur, pour cause de haute justice, n'est dû relief, « rachat, quint ou requint, posé qu'elle soit mouvante et tenue « en fief d'autre seigneur, que celui à qui elle est ainsi avenue. »

Aujourd'hui l'usage est changé. Les seigneurs haut-justiciers, à qui il échet un fief par confiscation, déshérence, etc., sont obligés d'en faire foi et hommage aux seigneurs féodaux, et d'en payer les droits; et si c'est un arrière-fief mouvant d'eux médiatement, ils peuvent le retenir, en faisant foi et hommage au seigneur immédiat, et lui payant les droits féodaux ordinaires.

XCIV.

645. Le vassal est tenu avouer ou désavouer son seigneur, sinon qu'il y eût contention de tenure entre deux seigneurs; auquel cas il se peut faire recevoir par main souveraine du roi.

Melun, chap. 4, art. 86; Vermandois, art. 200.

MAIN SOUVERAINE. * Car main souveraine ne dessaisit nullui. Marnier, coutume de Picardie, p. 12. * V. les Établissements, liv. II, chap. 3; Brodeau, sur l'art. 60 de la coutume de Paris, n° 11; Desmares, décision 135; et le *Glossaire du Droit français.*

Il y a néanmoins quelques coutumes qui décident que, dans ce cas, il suffit d'avoir recours au seigneur dominant, et se faire recevoir par main suzeraine. V. Dumoulin, sur l'art. 385 de la coutume du Bourbonnais; Sens, art. 183; Orléans, tit. *des Fiefs,* art. 92; sur ces articles, V. les commentateurs; Dumoulin, sur la coutume de Paris, § 42, n°s 11, 12, 18 et 53; Brodeau, au lieu marqué ci-dessus; et Bacquet, au *Traité du Droit d'amortissement,* chap. 59, n° 6.

XCV.

646. [En fief de danger, le vassal qui s'en met en jouissance sans le congé de son seigneur, perd son fief.]

C'est parce que le vassal perd ainsi son héritage noble que ces fiefs sont *de danger.* V. la coutume de Chaumont, art. 56; de Bar, art. 1; de Bassigny, tit. IV, art. 1, 2, 3, etc.; Brodeau, sur l'art. 23 de la coutume de Paris, n° 10; et Du Cange, dans sa dissertation XXX, sur Joinville, *des Fiefs jurables et rendables,* p. 352, où cette matière est pleinement expliquée.

XCVI.

647. Le vassal mal désavouant, perd son fief.

Suivant la loi salique, ou les anciennes coutumes de France. V. *Olim,* tom. I, pag. 921, III; *l'article 43 de la coutume de Paris, la Conférence et les *Établissements,* liv. II, chap. 29 et 38; Desmares, décis. 134; Duplessis, sur le titre *des Fiefs,* liv. VI; Brodeau, sur l'art. 43 de la coutume de Paris, n° 3; Sugerium in *vita Ludovici Grossi,* n° 11; et liv. I, tit. IV, *de Vourie,* règle XX de cet ouvrage.

Selon quelques coutumes, le vassal qui désavouait son seigneur pour un arpent seulement, perdait tout son fief, ce qui était bien dur. V. la glose sur la très-ancienne coutume de Bretagne, chap. 240.

XCVII.

648. Car qui fief dénie, ou qui à escient fait faux aveu, ou commet félonie, fief perd (1).

* *Al.* Qui fief nie, ou fief rogne, fief perd. *

Liber Feud., II, tit. XXVI, § 4 : « Vassallus, si feudum, vel « feudi partem, aut feudi conditionem, ex certa scientia infi- « ciatur, et inde convictus fuerit, eo quod negaverit feudum, « ejusve conditionem, exspoliabitur. » Sens, 199 ; Auxerre, 69. V. le *Glossaire du Droit français*, sur *Félonie* ; et Schillerum, ad *Jus feudale Allemanicum*, cap. 32, p. 207 ; * Pocquet de Livonnières, *Règles du Droit français*, liv. II, sect. 8 ; * ci-dessus, liv. I, tit. IV, de *Vourie*, règle XX ; liv. VI, tit. IV, règle VIII ; liv. IV, tit. III, règle XIX.

FIEF PERD, et même les rotures en Normandie, par félonie. V. Basnage, sur l'art. 125 de la coutume de cette province, p. 180; et il a été ainsi jugé par arrêt de la cinquième des Enquêtes, au rapport de M. Soulet, le premier juin 1726, pour M. de Monville, contre Frolin du Tal.

On a demandé si, dans un combat de fief, formé entre deux seigneurs qui prétendaient la même mouvance, un d'eux pou- vait se désister ; et si, par un tel désistement, le droit aban- donné ou répudié était acquis et dévolu au seigneur suzerain immédiat ; et ainsi de seigneur en seigneur répudiant jusqu'au roi, en remontant de degré en degré ?

En l'année 1726, cette question a été portée deux fois par appel au parlement, dans les espèces suivantes.

La dame marquise de Thianges ayant fait saisir, faute d'aveu et de dénombrement, la terre de Beaulieu, mouvant d'elle à cause de son marquisat de Breval, le sieur de Roblatre, qui venait d'acquérir Beaulieu, lui en bailla son dénombrement le 19 décembre 1722. Mais y ayant employé plusieurs terres situées au Vaux-Renoust, comme mouvantes de Beaulieu, la dame marquise de Thianges le blâma ; et prétendant que toutes les terres sises au Vaux-Renoust étaient tenues d'elle immé- diatement en censive, à cause de son marquisat de Breval, elle demanda au sieur de Roblatre qu'il fût tenu de lui en passer une déclaration séparée.

(1) Dans l'édition de 1637, et dans Challines, la maxime est, ce semble, mieux rédigée : — « Car qui fief dénie, fief perd. Et qui à escient fait faux adveu, commet félonnie. »

Les héritiers du sieur de Roblatre produisaient plusieurs titres, pour prouver que les censives en question du Vaux-Renoust étaient mouvantes de leur terre et seigneurie de Beaulieu, et non du marquisat de Breval. Mais, avant ce combat de fief ou de censive, il y en avait eu un autre entre la dame de Thianges, marquise de Breval, et Anne Regnost, dame de Beaulieu, dont le sieur de Roblatre avait acquis. La dame Regnost avait donné un dénombrement, dans lequel elle avait employé les censives de Vaux-Renoust, comme mouvantes de sa terre de Beaulieu. La dame de Breval avait blâmé cet aveu, prétendant que toutes les censives du Vaux-Renoust relevaient immédiatement de son marquisat de Breval.

Dans ce combat, la demoiselle Anne Regnost ayant jugé à propos de céder, elle donna son consentement à ce que tout ce qui était dans son aveu, touchant les terres du Vaux-Renoust, en fût ôté, et reconnut que ces mêmes terres étaient tenues en censive de Breval immédiatement ; et, conformément à ce consentement, il y eut sentence à Breval, qui l'ordonna ainsi.

Les héritiers du sieur de Roblatre interjetèrent appel de cette sentence, et demandèrent d'être restitués contre le consentement d'Anne Regnost. La dame marquise de Thianges n'opposait que le désistement d'Anne Regnost, avec la sentence qui lui en avait donné acte ; et, par arrêt du 31 mai 1726, rendu en la grande chambre, au rapport de M. Canaye, la dame de Thianges gagna son procès tout d'une voix.

Par un autre arrêt du 6 juin 1726, rendu au rapport de M. Paris, un pareil désistement donné par feu M. le prince Henri Jules, comme seigneur de Poscé, en Anjou, fut déclaré bon au profit du sieur Antoine de Bru, seigneur de Tourneux ; et la sentence rendue à Saumur, qui avait jugé que, par ce désistement, la mouvance du fief de Morains, qui faisait le sujet de la contestation, avait été dévolue au roi à cause de son château de Saumur, fut mise au néant. Le sieur Cinoul, seigneur de Morains, pour lequel les princes et les princesses de la maison de Condé s'étaient rendus parties au procès, fut condamné aux trois quarts des dépens, et les princes et princesses à l'autre quart. La raison de ces arrêts a été que ces désistements avaient été faits de bonne foi.

XCVIII.

649. Fidélité et félonie sont réciproques entre le sei-

gneur et le vassal; et, comme le fief se confisque par le vassal, ainsi la tenure féodale par le seigneur.

" Cour des Bourgeois, chap. 27.

« S'il avient puis en aucune manière que (li Sires) vaise contre
« ses sairemens, il fait tout premier tort, et renie Dieu que il
« fault ce qu'il a juré, et nel doivent soufrir ses homes ni le
« peuple. Car le Sire n'en est seignor si non dou dreit, et de
« ses homes faire son coumandement, et de recevre ses rentes
« par tout et ses dreitures. Mais bien sachiés qu'il n'est mie
« seignor de faire tort, car se il le faiseit, donc ni avereit-il
« desous lui nul home qui droit dut faire ne dire, puis que li
« Sires même se fauce pour faire tort. »

> Il n'est pas sires de son pais
> Qui de ses hommes est hais;
> Bien doit être sires clamés
> Qui de ses hommes est amés.
>
> (KELLER, *Romuart*, p. 335.)

Laon, art. 196, 197; Châlons, 197, 198; Reims, 129, 130; Ribemont, 31. V. le *Glossaire du Droit français*, sur le mot *Félonie*; Cangium et Spelmann. *in Glossar. Infra, liv.* VI, tit. II, règle XXII.

XCIX.

650. Le seigneur réunissant le fief de son vassal par félonie, le tient franc et quitte de toutes dettes et charges constituées par son vassal.

Cette règle est prise de la coutume de Troyes, art. 39 et de la coutume du Nivernais, titre *des Fiefs*, art. 39, etc. Mais, dans les autres coutumes, cette règle n'est pas certaine, y ayant des arrêts pour et contre. V. Louet, lettre C, sommaire 53; Brodeau, en cet endroit, avec les auteurs qu'il cite, et les commentateurs sur l'art. 43 de la coutume de Paris.

C.

651. Autrement le seigneur confisquant en est tenu jusqu'à la valeur du fief.

La règle précédente est pour le seigneur réunissant. Celle-ci est pour le confisquant, qui est tenu certainement des dettes et charges, jusqu'à la valeur du fief. V. les auteurs cités sur la règle précédente.

CI.

652. [Un seigneur n'est tenu faire vue ou montrée à son vassal ni sujet; ains au contraire, *agnoscat bos præsepe suum.*]

V. ci-dessus, liv. IV, tit. 4, règle XXIV; *et le *Miroir de Souabe*, III, chap. 19, 42.*

C'a été anciennement une grande question de savoir lequel, du seigneur ou du vassal et tenancier, devait faire montrée; ce qui est traité par Loyseau, liv. II *du Déguerpissement*, chap. 7; par Mornac, ad legem 6, D., *de Rei vindicatione*, par Menochius, *de arbitrariis judiciis*, cent. 6, casu 554; par Paris de Puteo, *de Reintegratione feudorum*, cap. 24; et par Brunus, dans son *Conseil*, 116, vol. II. Mais cette question, décidée par cette règle, en faveur du seigneur, est à présent inutile, parce que Louis XIV, pour satisfaire aux vœux de ses peuples, a aboli les *rues et montrées* par le tit. IX de son ordonnance de 1667; et la règle est à présent que « ceux qui font la demande des cen-« sives par action, ou de la propriété de quelque héritage, rente « foncière, ou charge réelle, ou hypothèque, sont tenus de « déclarer, par leur premier exploit, le bourg, village ou « hameau, le terroir ou la contrée où l'héritage est situé, sa « consistance, ses nouveaux tenans et aboutissans du côté du « septentrion, midi, occident et orient, sa nature au temps de « l'exploit, si c'est terre labourable, prés, bois, vignes, ou « d'autres qualités; ensorte que le défendeur ne puisse ignorer « pour quel héritage il est assigné, etc. »

Agnoscat bos, præsepe suum. L'auteur a pris ceci d'Isaïe, chap. 1, verset 3. « Cognovit bos possessorem suum, et asinus « præsepe domini sui. Israel autem me non cognovit, et popu-« lus meus non intellexit, etc. »

CII.

653. Un seigneur de paille, feurre, ou beurre, vainc et mange un vassal d'acier.

* Challines. La raison en est évidente, parce que le seigneur féodal pendant la saisie jouit par ses mains, et nonobstant l'op-position du saisi, il plaide main garnie, sauf au vassal son recours contre le seigneur en fin de cause pour ses dommages et intérêts, ce qui est une pauvre espérance.

V. le *Glossaire du Droit français*, sur le mot *Vassal*; ci-après liv. IV, tit. VI, règle III; Louet, lettre F, sommaire 13; Brodeau, sur l'art. 61 et 62 de la coutume de Paris, nomb. 3, p. 417; liv. I, tit. I, règle XXX de cet ouvrage, où la raison de cette loi est expliquée; et Pasquier, dans ses *Recherches*, liv. VIII, chap. 25.

CIII.

654. On ne peut bâtir forteresse au fief et justice d'autrui sans son congé.

V. J. Fabrum ad leg. 10, Cod., *de Ædific. priv.*; *Coquille, sur Nivernais, tit. *des Fiefs*, art. 29. *Chassaneum, ad cons. Burgundiæ, rub. 13, § 9, et ult.; Chopin, ad cons. Andenses, lib. I, cap. 42, n° 15; Salvaing, *de l'Usage des Fiefs*, part. 1, chap. 44; et Louet, lettre F, som. 13 et 14; *Brussel, p. 373 et ss. *

TITRE IV.

DE DONAISONS.

Les donations sont, de droit étroit, préjudiciables aux familles, et, par cette raison, on ne leur donne point d'extension. V. la note sur la règle LVIII du liv. I, tit. I de cet ouvrage; et l'arrêt qui y est cité.

I.

655. Il n'est si bel acquêt que de don.

C'est-à-dire, que ce qui est donné par un étranger, ou un parent en ligne collatérale, est un acquêt au donataire, pourvu que le donataire ne soit pas parent du côté et de la ligne dont l'héritage est échu au donateur : car s'il est parent du même côté et de la même ligne, tel héritage lui est propre, selon les art. 131 et 139 de la coutume de Paris. Nos praticiens se sont donc trompés, quand ils nous ont donné pour règle que tout ce qui est donné en ligne collatérale est acquêt; et s'il se trouvait quelques personnes pour nier une vérité si nettement expliquée par ces deux articles, on leur appliquerait ces paroles de David; « aures habent et non audient, oculos habent et non videbunt. » V. Brodeau, sur Louet, lettre A, somm. 2, n° 9; Duplessis, *de la Communauté*, liv. I, chap. 2, p. 373 de la troisième édition;

Paris, 246; l'art. 117 de la coutume de Châlons, et le commentaire de Billecart.

Comme le don est le plus beau de tous les acquêts, il n'y a point de garantie, et le donateur n'est tenu que *in quantum facere potest;* ce qui a fait dire à saint Jérôme, in præmio *Epistolæ ad Ephesios, que de gratuito munere non est judicandum;* d'où est venu le proverbe : *Equi donati dentes non esse inspiciendos.* V. Cujac. ad tit. Cod., *de Ratiociniis operum publicor.,* lib. viii, tit. xii.

Il n'est si bel acquet. « Quod meum est per acquisitionem, « magis dicitur esse meum, quam quod per successionem, « secundum Jacobum, quamvis illa quæ ex genere veniunt dif- « ficilius amittantur. » Joannes Faber, ad præmium Inst. in verbo *Allemanicus.* Touchant l'acceptation des donations, et si elles peuvent être faites, pour des absents, par des notaires, V. Ricard, *des Donations,* chap. 4, sect. 1, nos 865, 866; Christin., dans ses *Décisions,* vol. IV, chap. 204.

II.

656. Toutefois don d'héritage fait à celui qui doit succéder lui est propre jusques à la concurrence de ce qui lui devoit avenir.

Jusques a la concurrence de ce qui lui devoit avenir. Châlons, art. 117; Nevers, tit. xxvi, art. 14. Mais à Paris, et dans les coutumes semblables, selon nos auteurs, ce qui est donné ainsi en ligne directe est *propre,* et ce qui est donné en ligne collatérale est *acquêt.* V. liv. ii, tit. i, règle xvi, de cet ouvrage; et les art. 277 et 301 de la coutume de Paris. Cependant, selon l'art. 139 de la coutume de Paris, l'héritage acquis, à titre de don ou de vente, par un parent lignager d'un autre lignager, est propre dans la succession du lignager acquéreur : en sorte que l'héritier des propres en est saisi, en rendant le prix, dans l'année, à l'héritier des acquêts. Voici les termes de l'art. 139 :

« L'héritage retiré par retrait lignager est tellement affecté à « la famille, que, si le retrayant meurt, délaissant un héritier « des acquêts et un héritier des propres, tel héritage doit ap- « partenir à l'héritier des propres de la ligne dont est issu ledit « héritage, et non à l'héritier des acquêts, en rendant toute- « fois, dans l'an et jour, à l'héritier des acquêts, le prix dudit « héritage. » V. Molinæum, in art. cons. Paris., § 23, no 64.

Les praticiens diront que cet article est dans le cas d'un propre retiré par retrait lignager. Mais on leur oppose la disposition de l'art. 133, qui est dans le cas d'une vente volontaire; en voici les termes :

« Si aucune personne acquiert aucun héritage propre de son « parent, de côté et ligne dont il est parent, tel héritage chet « en retrait; auquel cas peut aussi retraire le premier ven- « deur, comme ne l'ayant au précédent mis hors de la ligne. » V. mes observations en cet endroit.

Or, si le propre vendu volontairement est propre à l'acqué- reur, et sujet à retrait, au cas qu'il le vende, il s'ensuit qu'il en doit être de même du propre donné à un lignager. V. la coutume de Senlis, art. 233; Tiraquell., *de Retr.*, § 32, gloss. 1, n° 49; et Brodeau, sur Louet, lettre A, somm. 2, n° 12.

III.

657. Don d'héritages fait pour noces à faire est réputé propre à celui à qui il est fait; mais quand il est fait après le mariage, est réputé conquêt.

Valois, art. 132; Blois, art. 169, etc.

EST RÉPUTÉ PROPRE. A l'effet seulement de ne point entrer en communauté. Mais si le don est fait en ligne directe, soit avant ou après le mariage, il est toujours propre. V. ci-dessus liv. I, tit. III, règle II. Et il en est de même lorsque c'est un propre qui est donné par un lignager à un autre lignager. V. Brodeau, sur Louet, lettre A, somm. 2, n.11, et ce que j'ai remarqué sur les art. 133 et 139 de la coutume de Paris.

IV.

658. Simple transport ne saisit point.

Davot. — Il faut encore qu'il soit signifié au débiteur ou ac- cepté par lui.*

Paris, art. 108. V. leg. 1, 3, 16, Cod., *de Novationibus*; et Oleam, *de Cessione Jurium*, tit. VIII, quæst. 2, n° 27.

V.

659. Donner et retenir ne vaut.

* Donari non potest, quod non fiat accipientis.*

Paris, art. 273, 274; l'ancien coutumier de Champagne, ar-

ticle 44; Bracton., lib. ii , cap. 17, fol. 38; cap. 20, fol. 49 ; Ra-
guell., ad Const. Justiniani , p. 728 , 729 ; Glanvillam , lib. vii ,
cap. 1; Cujacium , ad leg. 27, D., *de Donationib.*, lib.xxxix;
Quæst. Papiniani; l. 167, D., *de R. J.*, et l'auteur du *Grand Coutumier*, liv. ii, chap. 28, p. 179, 180, dont les paroles sont remar-
quables : « Nota qu'il a été tenu en tourbe , que , si aucun
« homme donne ou vend aucune chose réelle à un autre
« sans soi dessaisir, par l'usage et coutume de la cour laye; si
« celui qui a vendu ou donné , jouit toujours de l'héritage ;
« après sa mort, la saisine va à ses héritiers. Mais si celui à qui
« on a donné ou vendu appréhende la saisine de fait , et jouit
« par an et jour, la saisine ne va aux hoirs, parce qu'il n'en est
« pas mort saisi et vestu, si ce n'étoit fief; car, en fief, per-
« sonne ne peut acquérir saisine sans foi. » V. ci-après , liv. v,
tit. iv, règle vii.

Le sens de cette règle est que ce n'est pas donner que de retenir la chose donnée, et de n'en pas faire la tradition. Ce qui
a été introduit originairement en faveur des donateurs, afin que,
connaissant la perte qu'ils vont faire, ils soient moins faciles à se
dépouiller. « Traditionis necessitas eo tantum fine in donatio-
« nibus inducta · fuit , ne improvida profusione quidam bonis
« suis evolverentur : neque enim melius ab hac inconsulta faci-
« litate homines cohibeantur, quam si suas res corporaliter mi-
« grare valeant. Hac eadem ratione manumissiones nominatim
« fieri voluit lex Ælia Sentia. Hac ratione omnium bonorum
« vel saltem quotæ partis donatio non valebat; verum singu-
« lares res donator percensuisse et pronunciasse debebat. Quod
« summam habuit rationem; et provide constitutum fuit , ne
« quis stulte , insipienter et inconsulte bona sua , eorum forte
« nescius, donaret, etc. » Jacobus Goth., ad leg. 4, Cod. Th., *de
Donationib.*, t. II, p. 617, col. 2. V. ce que j'ai remarqué sur la
règle xiv de ce titre, et sur l'art. 273 de la coutume de Paris. *Et
Pocquet de Livonnières, *Règles du Droit français*, liv. iii, ch. 2,
règles xi-xiv. *

Il y a encore un cas que les praticiens admettent contre cette
règle, qui est celui des démissions de biens faites par des pères
et des mères à leurs enfants , lesquelles doivent être rédigées
par écrit, et que l'on soutient au palais être révocables à volonté, comme des donations à cause de mort et des partages
anticipés; ce que l'on établit sur la loi *si Filia*, § *si Pater*, D.,
Familiæ erciscundæ, contre l'avis de d'Argentré , de Du Pineau,
et la jurisprudence d'autres parlements.

Comme on allègue des raisons de part et d'autre, il semble qu'on pourrait distinguer :

Ou les démissions se font dans des coutumes où il n'est pas permis d'avantager un enfant au préjudice de l'autre;

Ou dans des coutumes où les pères et les mères ont la liberté de faire ces avantages.

Dans les premières, les démissions, comme les institutions contractuelles et les reconnaissances d'héritiers principaux, sont des testaments. Les démissions sont pareillement des dispositions à cause de mort, par lesquelles des pères et des mères, reconnaissant leurs enfants comme héritiers *ab intestat*, font partage entre eux de leurs biens, et consentent que, sous leur bon plaisir, leurs enfants jouissent, par anticipation de succession, de leurs biens.

Dans les autres coutumes, où les pères et mères sont les maîtres de diviser leurs biens inégalement, et comme il leur plaît, ces démissions sont aussi de véritables testaments, et les enfants, ainsi partagés, des héritiers institués, comme on l'a fait voir sur la règle x du titre *des Testaments*, liv. II, tit. IV, de cet ouvrage.

Et comme, suivant les principes de droit, tout testament est révocable, de là vient que l'usage s'est établi que ces démissions le seraient pareillement; en quoi elles diffèrent des institutions contractuelles et des déclarations d'héritiers principaux, qui sont irrévocables, parce qu'elles sont faites par des contrats de mariage, auxquels on ne peut donner aucune atteinte.

De sorte que, comme la Cour a jugé, par plusieurs arrêts, que les donations à cause de mort sont nulles, quand elles ne sont pas revêtues des solennités des testaments, il serait juste d'en user de même à l'égard des démissions, sur lesquelles il est difficile de se faire des principes certains, quand la qualité et la nature n'en sont pas bien connues. Mais quand des pères et des mères, au lieu de faire, par des testaments, des démissions de biens et des partages anticipés de ces biens, dont les enfants ne sont saisis qu'après que les mères ou les pères sont décédés, comme il est décidé par l'art. 17 de la coutume du Nivernais, au titre *des Successions*; et lorsqu'au lieu de prendre cette voie, ils ont pris le parti de se dépouiller de la propriété et de la jouissance de leurs biens par des donations irrévocables, on ne peut se dispenser de dire que de tels contrats, qui sont bien différents des démissions, ne peuvent être annulés

par les pères et les mères, au préjudice de leurs enfants, s'il n'y
a ingratitude, ou d'autres causes raisonnables. V. la règle XIII
de ce titre. S'il y a quelques difficultés sur cette matière, elles
ne proviennent que des arrêts différents qui y ont été rendus,
sur lesquels on s'est fait de mauvais principes. V. Bardet, dans
son *Recueil d'Arrêts*, t. II, liv. VIII, chap. 33.

Cette règle n'a pas lieu dans les contrats de mariage, comme
le décide la coutume du Bourbonnais, dans l'art. 219. V. leg. 8,
Cod. Th., *de Sponsalib.*; leg. 4, Cod., *de Donation.*; et ibi Go-
thof. Elle n'a point aussi lieu dans les donations mutuelles,
V. les art. 274 et 284 de la coutume de Paris; et Brodeau, sur
Louet, lettre D, somm. 10.

VI.

660. Promettre et tenir sont deux.

Excepté l'institution contractuelle, qui est une espèce de donation à cause de mort. Car la promesse d'instituer, faite par
un contrat de mariage, vaut institution. V. Le Brun, *des Successions*, liv. III, chap. 2, n° 44; et le *Glossaire du Droit français*, sur *Donner et retenir*; et ci-dessus, au titre *des Testaments*,
règle X, liv. II, tit. IV.

VII.

661. Il vaut mieux un Tiens que deux Tu l'auras.

'Un tiens vaut, ce dit-on, mieux que deux tu l'auras;
L'un est sûr, l'autre ne l'est pas.
(LA FONTAINE.)'

Cette règle est une suite de la précédente, et c'est un autre
proverbe qui est vrai, que *bis dat qui cito dat*. V. Libanium,
in Epistol. selectar. centuria nova, cap. 56, p. 164; et Erasmi
Chiliades, p. 447.

VIII.

662. Chacun, [âgé suffisamment], peut disposer de
son bien à son plaisir, par donation entre-vifs, suivant
l'opinion de tous nos docteurs françois.

Anciennement, il n'était pas permis, même entre-vifs, de
disposer de son propre, sans le consentement de son héritier

présomptif. V. *Bourg., tit. *des Gens mariés*, art. 7 ; * et ce qu'on a observé, à ce sujet, dans le *Glossaire du Droit français*, sur *Pauvreté jurée* ; et la note sur le titre du *Retrait lignager*, de la coutume de Paris, et cout. de Chartres, art. 88.

* AGÉ SUFFISAMMENT. Paris, 272 ; l. 124, D., *de R. J.*

IX.

663. Don mutuel [*al.* donation mutuelle], soit entre-vifs, soit par testament, ne se peut révoquer que par mutuel consentement, sinon que celui, au profit duquel on auroit mutuellement testé, fût décédé.

Paris, art. 284, à la fin. V. néanmoins l'art. 213 de la coutume du Poitou ; et Brodeau, sur Louet, lettre T, somm. 10.

SINON QUE CELUI, AU PROFIT DUQUEL ON AUROIT TESTÉ, FÛT DÉCÉDÉ. C'est-à-dire que, quand il y a un testament mutuel d'un mari et d'une femme, tant au profit du survivant que de l'enfant issu de leur mariage, le survivant, qui a exécuté le testament du prédécédé, ne peut révoquer le sien qu'au cas que le fils soit aussi décédé. V. Louet, lettre T, somm. 10 ; et Brodeau, en cet endroit. Mais, lorsqu'il n'y a point d'enfants, ou qu'il y en a, et que les choses sont entières, le survivant, qui ne veut point profiter du testament du prédécédé, peut révoquer le sien. V. l'art. 326 de la coutume d'Anjou, avec le commentaire de Du Pineau ; l'observation de Livonnières, p. 1095 ; et Ricard, *du Don mutuel*, sect. 7 (1).

X.

664. Donataire mutuel est tenu avancer les obsèques et funérailles, et dettes du prédécédé, mais non les legs testamentaires.

Paris, art. 286, avec les notes, où cette règle est expliquée. * Ricard, *du Don mutuel*, sect. 6 et 7.*

(1) Cet ouvrage ayant été composé avant l'ordonnance de 1735 sur les testaments, laquelle, tit. IV, art. 77, prohibe absolument les testaments mutuels, cette remarque devient inutile ; mais on n'a pas cru devoir se permettre de toucher au texte de M. de Laurière.

(Note de l'édition de 1763.)

XI.

665. En donation [*al.* en donaison] faite entre con-joints; s'entend que leurs conventions de mariage y soient préalablement prises.

C'est-à-dire que le don mutuel ne consiste que dans les effets qui restent dans la communauté, après que les conventions ma-trimoniales ont été prélevées. V. Du Plessis, *des Donations*, sect. 3, p. 562 de la troisième édition.

XII.

666. Donation faite entre-vifs par personnes malades de la maladie dont elles décèdent, est réputée à cause de mort.

Cette règle est prise de l'art. 277 de la coutume de Paris. Elle signifie que les donations faites et conçues entre-vifs, par des personnes malades de la maladie dont elles sont décédées, sont bonnes; mais seulement comme des legs qui sont des dona-tions à cause de mort et testamentaires, et qu'ainsi elles sont réductibles aux meubles, acquêts, et au quint des propres, sui-vant l'art. 292 de la coutume de Paris. Ce qui a été ainsi jugé plusieurs fois dans l'ancienne coutume. V. Le Vest, arrêts 60 et 91, et la note sur l'art. 277 de la coutume de Paris.

XIII.

667. Donation faite à cause de mort ne saisit point.

NE SAISIT POINT. Et comme elle est révocable, elle est nulle, à moins qu'elle ne soit revêtue des solennités des testaments, ainsi qu'il a été jugé en la quatrième chambre des enquêtes, au rapport de M. de Laitre, contre le sieur Beraud de Bonlieu, pour les demoiselles Beraud de Bonlieu, ses sœurs, qui soutenaient que la donation à cause de mort, que feue demoiselle Laurence Beraud, leur sœur aînée, avait faite au sieur Beraud, leur frère commun, était nulle, faute de solennités. V. cependant l'art. 17 de la coutume du Nivernais, au titre *des Successions*, qui con-tient une disposition contraire, parce que *donner et retenir ne vaut*; et de là vient que la délivrance des legs doit être de-mandée, selon l'art. 13 du titre *des Testaments*, liv. II, tit. IV.

V. les art. 170 et 171 de la coutume de Blois; et Ricard, *des Donations*, part. 1, chap. 2, n° 43, etc.

XIV.

668. [Qui le sien donne avant mourir, bientôt s'appreste à moult souffrir.]

＊L'Espagnol :

> Quien da lo suyo antes de su muerte,
> Que le den con un mazo en la frente.

(Qui le sien donne avant mourir, qu'on lui donne d'un marteau sur la tête.)＊

Cela est vrai, quand on donne ses biens à des indignes : *Beneficium enim dando accepit, qui digno dedit.* C'est ici plutôt un sage avertissement qu'une règle de droit. V. le chap. 33 *de l'Ecclésiastique*, nomb. 20; et Vaudum, lib. ɪ *Quæstionum,* cap. 31, n° 13.

Ce qui est dit dans cette règle est encore vrai, quand celui qui donne est assez imprudent pour se dépouiller de tout son bien. Ce qui a fait dire à saint Paul, dans sa première *Épître à Timothée*, chap. 6, vers. 6, que celui-là fait un grand gain qui donne et ne retient de son bien que ce qui lui en suffit : Ἐστι δὲ πορισμὸς μέγας ἡ εὐσέβεια μετὰ αὐταρκείας. Ce que les interprètes ont traduit : *Est autem quæstus magnus pietas cum sufficientia,* au lieu qu'ils devaient traduire : «*Est autem quæstus* « *magnus beneficentia, seu benefactum, cum sufficientia.* Id est, « *quæstus est magnus beneficientia, quæ ita fit ut restet tantum* « *quod satis sit nobis. Feneratur enim Domino qui miseretur* « *pauperis.* »

「 « Εὐσέβεια, » dit Cujas, qui est l'auteur de cette observation, « præter vulgarem significationem, est beneficentia et benefac- « tum, et ita Suidas ῥογάν, quod est vocabulum posterioris « sæculi, ductum ex latino, quo significatur erogatio, et sparsio « illa quæ fit a principe in vulgus. Eam sparsionem interpre- « tatur τὴν τῶν Βασιλέων εὐσέβειαν καὶ φιλοτιμίαν; et ita Basilius, in « *Homil.*, dum interpretatur illum locum quo jubemur nobis ac- « quirere thesaurum in cœlo ; thesaurus, inquit, Εὐσέβεια τῶν « χρημάτων, id est largitio facultatum seu bonorum, et ita om- « nes, in Actis apostolorum Εὐσέβειαν male interpretantur, alii « potestatem, alii pietatem, cap. 3, vers. 12, quo loco narratur « D. Petrum persanasse claudum quemdam ; idque in admira-

« tionem perduxisse omnem populum. Quid miramini quasi id
« fecerimus virtute et benefacto ; quasi hæc nostra sit benefi-
« centia. » Cujacius, ad leg. 32, § ultimo, D., de Legatis 2.

Quoi qu'il en soit, nous apprenons de l'auteur de l'interprétation de la loi 2, Cod. Théodos., de Donationibus, que les donations de tous biens étaient nulles, quand les donateurs ne s'en
étaient pas réservé le quart. Ce qui fait cesser la question tant
agitée par les interprètes du droit romain, de savoir si la donation de tous biens présents et à venir est bonne. V. Jacobum
Gothofredum, ad leg. 2 Cod. Theodos., de Donationibus; Fornerium, lib. IV, Quotidianarum cap. 12; Schiffordeghirum,
tractatu 13, et la note sur la règle v de ce titre.

TITRE V.

DE RÉPONSES.

Loysel n'entend ici par ce mot que le cautionnement.

I.

669. Qui répond paie *[ou Qui répond, il doit].*

L'Italien dit dans le même sens : Chi accetta, paga.
*Qui répond paie et le sien répand, dit le proverbe complet.
Leroux, t. II, p. 308.*
Être caution, c'est promettre de payer en son nom ce qu'un
autre doit. V. Cujacii notas ad tit. Inst. de Fidejussoribus. Et
par conséquent, Qui est caution, ou qui répond, doit payer.
V. eumdem Cujac., lib. XIX, Observat. 39 ; *Eisenhart, p. 404.*

II.

670. De foi, fi : de pleige, plaid : de gage, reconfort :
d'argent comptant, paix et accord.

DE FOI, FI. *Parce que promettre et tenir sont deux, et qu'il
n'y a pas toujours sûreté de se fier à la foi ou parole d'autrui.*
DE PLEIGE, PLAID, DE GAGE RECONFORT. V. ci-dessus, liv. III,
tit. VII, règle IV, et la note sur la règle VIII.

III.

671. Qui répond pour un criminel corps pour corps, avoir pour avoir, n'en est pourtant tenu que civilement.

Cette règle est prise de la *Pratique* de Masuer, tit. xxxvii, *des Peines*, n° 17; *Beaumanoir, chap. 43, n° 24. *V. Heringium, *de Fidejussoribus*, cap. 11, n°* 129, 130; cap. 20, § 9, n°* 33, 34, 35, 36, 37, 38, 44, 45, etc.; Zouchæum, classe 10, *Quæst.*, cap. 5; l'art. 201 de l'ancienne coutume de Bretagne, et ibi Argentreum.

TITRE VI.

DE PAIEMENT.

I.

672. [Qui preste, non r'à;

Si r'à, non tost;

Si tost, non tout;

Si tout, non gré;

Si gré, non tel.

Garde-toi donc de prester;

Car à l'emprunter,

Cousin germain,

Et à rendre, fils de putain]:

Et au prester, ami,

Au rendre, ennemi.

* Espagnol : *Quien presta no cobra, y si cobra no todo, y si todo no tal, y si tal, enemigo mortal.* *

* Cet amas de proverbes paraît tiré de l'*Ecclésiastique*, ch. 29. * Dumoulin, dans son *Traité des Usures*, en français, n° 69, à la fin, rapporte une partie de ce proverbe, qu'il avait plusieurs fois entendu dire à son hôte, pendant qu'il étudiait à Orléans. « Des paroles susdites de l'Ecclésiastique, chap. 29, semble « dériver un vieux proverbe, que j'ai souvent ouï alléguer à « mon hoste, lorsque j'étois jeune écolier à Orléans, qui étoit « tel : *Si j'ai presté à un ingrat, je ne l'ai pas reçu. Si je l'ai* « *reçu, non tout. Si tout, non tel. Si tel, d'amy, j'ai acquis*

« *ennemi.* » Ce qui n'est dit que contre les trompeurs et ingrats, etc.

AU RENDRE ENNEMI.

Publius Syrus :

> Æs debitorem leve, grave inimicum facit.

V. ibi Gruterum, Senecam, epist. 19 et 81.

II.

673. Qui bien veut payer, bien se veut obliger.

Ainsi l'argent prêté doit être réputé perdu, quand le débiteur refuse d'en passer obligation.

III.

674. Qui doit, il a le tort.

* Davot. — C'est sur le fondement de cette maxime que nous avons rejeté l'exception de la plus-pétition, parce que, quoique l'on demande au débiteur plus qu'il ne doit, il est toujours en tort pour n'avoir pas payé tout ce qu'il devait. V. *supra*, liv. IV, tit. III, règle XXXIX, et les autorités citées qui établissent que la règle est vraie non-seulement en simple action, mais encore en saisie. *

IV.

675. Qui paie mal, paie deux fois.

* Ou

> Qui doibt à Luc et paye à François,
> Paye une autre fois.
>
> (Leroux, t. II, p. 296.)

V. legem 1, Codice, *Si adversus solutionem.* Cujacium ad dict. titul., et Mauricium, *de Restitutionib.*, q. 176.

* L'Espagnol dit dans le même sens : Écris avant de donner, et reçois avant que d'écrire. *Escribe antes que des, y recibe antes que escribas*, ce qui est un excellent conseil pour les négociants, et le vrai moyen de tenir des livres réguliers, et de ne pas mal payer. *

V.

676. Qui paie bien, deux fois emprunte : [et le bon payeur est de bourse d'autrui seigneur.]

* Ou encore : *Qui paye ses dettes, s'enrichit.*

Ainsi celui qui paie mal n'a plus de crédit. * Et comme dit un vieux proverbe :

> Qui plus dépend qu'à lui n'affiert,
> Sans coup frapper à mort se fiert.

V. le *Parfait Négociant*, liv. i, chap. 3.

ET LE BON PAYEUR EST DE BOURSE D'AUTRUI SEIGNEUR. Où le prêt est fait à un homme d'honneur et de bonne foi ; et comme on peut compter sur sa parole, les obligations, ou les lettres et les sceaux sont avec lui inutiles.

Où l'on prête à un malhonnête homme, ou à un homme puissant ; et avec eux les obligations, les lettres et les sceaux servent peu, parce qu'on est en danger de tout perdre ; ce qui a donné lieu au proverbe rapporté par Olivier de La Marche, dans ses *Mémoires*.

> Contre forts et contre faux
> Ne valent lettres ne sceaux.

V. Olivier de La Marche, p. 621.

VI.

677. Qui paie le dernier, paie bien.

Parce qu'il sait à qui il paie. V. Zouchæum, classe 4 *quæst.*, cap. 3.

VII.

678. C'est assez de payer une fois ses dettes.

V. la règle iv de ce titre.

VIII.

679. Ce qui est différé n'est pas perdu.

* Davot. — Un paiement différé ou prorogé n'est pas perdu ; car, quoique l'on dise communément : *Qui a terme ne doit rien* (1), la dette ne laisse pas de subsister quoiqu'on ne puisse l'exiger.

V. leg. 6, Cod., *de Fideicommissariis libertatibus*, lib. vii, tit. iv.

(1) « Cil qui demande ainz le terme, demande plus qu'il ne doibt, » dit une vieille traduction des *Institutes*.

IX.

680. Or vaut ce qu'or vaut.

> Hoc aurum scito, pretium quod par tenet auro.

C'est-à-dire que c'est proprement le prix de l'or qui règle la valeur de tous les autres métaux.

Chez les Romains, quatorze marcs d'argent achetaient un marc d'or. Lege unica, C. Theod., *de Argenti pretio*; lege 3, Cod., *de Susceptoribus*. V. Jacobum Gothofredum, ad legem primam Cod. Theodosiani, *de Oblatione votorum*, t. II, p. 451, col. 1, et Sirmondi *Notam ad Capitularia Caroli Calvi*, p. 185, 186. * Dureau Delamalle, *Économie politique des Romains*, t. I. *

Sous le règne de Charles le Chauve, douze marcs d'argent achetaient un marc d'or, tit. xxxv *Capitul.*, t. II, p. 185, 186 : à quoi l'ordonnance de Philippe de Valois, touchant les monnaies, du 6 avril 1330, avant Pâques, est conforme. V. Poullain, *des Monnaies*, chap. 6. Qui voudra savoir les différentes proportions qu'il y a eu, dans les différents siècles, entre l'or et l'argent, pourra voir Du Cange, dans son *Glossaire*, sur le mot *Marcha*; Poullain, dans son traité des *Monnaies*, max. 3, 4, 5; Dumoulin, dans son *Traité des Usures*, en français, nᵒˢ 307, 308, 309, 310, etc. Panormitanum, ad capitulum primum *de Emptione et Venditione*, nᵒ 3, et ibi notas, * et surtout Guérard, *Polyptique d'Irminon*, Prolégomènes, t. I. C'est le travail le plus complet que nous possédions sur la valeur des monnaies sous les deux premières races. *

* Laurière n'a pas bien compris la maxime de Loysel, et cependant le vers latin qu'il cite aurait dû lui donner le sens de cet adage.

Oro es lo que oro vale, dit le proverbe espagnol : ce qui vaut de l'or, est de l'or, ou comme le dit un autre texte du même adage.

> Or est qui or vaut. *

X.

681. Qui veut faire cession, doit confesser la dette en jugement et en personne.

Cette règle est prise de l'art. 34 de l'ordonnance de Charles VIII, de l'an 1490, et de l'art. 70 de celle de Louis XII, de l'an 1510, qui porte que la cession se fera en jugement durant l'audience desceint, et teste nue. V. ci-dessus, liv. ɪ, tit. ɪɪ, règle xxx; et le *Glossaire du Droit français*, sur les mots *Ceinture*, *Bonnet vert*, *Respis* et *Quinquenelle; * leg. 6 in principio *de Bonis damnat.* et ibi Gothof.; la *Conférence des Ordonnances* de la dernière édition, t. II, p. 766; l'*Édit du Commerce*, de 1673, tit. x.

XI.

682. L'on peut renoncer aux répits, mais non au bénéfice de cession.

* RÉPITS. Davot. — Les répits sont des délais que l'on accorde aux débiteurs pour les mettre à couvert pendant quelque temps des poursuites de leurs créanciers. *

Cette règle est prise de l'ordonnance de Philippe le Bel, rapportée dans le style du parlement, tit. *de Foro competenti, Ordonnatione* 4, et de deux anciens arrêts, le premier du 27 février 1338, et le second du 24 janvier 1399. V. Ragueau, sur la coutume de Berry, tit. ɪx, art. 21, p. 324; la coutume d'Auvergne, tit. xɪx, art. 3, à la fin; la coutume de La Marche, art. 66. Mais, suivant l'ordonnance de 1669, art. 12, du titre *des Répits*, il est décidé « qu'aucun ne pourra estre exclus d'obtenir « repy, sous prétexte des renonciations qu'il auroit faites dans « les actes et contrats qu'il auroit passés; » lesquelles renonciations sont déclarées nulles. V. Molinæum, *de Usuris*, n° 271, p. 108 ultimæ edition.; Fornerium, lib. ɪɪ, *Select.* cap. 27; Merillium, lib. v *Observ.*, cap. 37.

* Davot. — Quant *au bénéfice de cession*, on n'a jamais pu y renoncer parce que ce bénéfice a été introduit en faveur de la liberté. Brodeau, sur Louet, lettre C, somm. 14, n° 12. *

XII.

683. Répits ou cession n'ont lieu en dettes privilégiées, ou procédantes de dol ou de crime.

RÉPITS, etc. V. l'art. 259 de la coutume de Sens; celle d'Orléans, l'ancienne, art. 424; Auxerre, 150; et Guénois, dans ses notes sur la *Conférence des Ordonnances*, t. II, p. 766, à la fin, et p. 767.

DE DOL OU DE CRIME. Reims, art. 393; et le commentaire de Buridan; Laon, art. 280; Châlons, 270; Sens, 259; Berry, tit. ɪx, art. 21; Ragueau, en cet endroit, Annæ Roberti *Rerum judicatar.* lib. II, cap. 15, in principio.

XIII.

684. Dettes privilégiées sont celles qui sont adjugées par sentences [services de mercenaires], louages de maisons, moisons de grains en espèce ou en argent, arrérages de cens et rentes foncières, deniers dotaux, dettes de mineurs [contre leurs tuteurs], alimens et médicamens, ou quand le créancier est panti de gages, par l'ordonnance du roi Philippe-Auguste (1).

* *Grand Coutumier*, liv. II, tit. *des Exécutions des lettres.* Item nota que les respits que le roy donne, ne s'étendent pas aux debtes privilégiées comme depost, debtes du roy, de mineurs, de louages de maisons, de marchandises de forain prises en plein marché sans terme, et similia; et si elles ne sont nommées par exprès audict répit. *

Cette règle explique les suivantes.

V. l'art. 11 de l'ordonnance de 1669, au titre *des Respits;* l'art. 68 de la *coutume du Bourbonnais*; les art. 21 et 22 du tit. IX de celle de Berry; Paris, art. 111, etc.

Nanti de gages. Pourvu qu'il y en ait acte passé par-devant notaires, selon l'art. 8 de l'Ordonnance du commerce, au titre *des Intérêts de change.* V. Ragueau, sur l'art. 21 du tit. IX de la coutume du Berry.

Par l'ordonnance de philippe-auguste. C'est celle qu'il fit à Paris au mois de mars 1188, par laquelle il imposa la dîme saladine. Elle est rapportée par Rigord, t. V, *Histor. Francor.,* p. 25, 26; et par Louvet, dans son *Histoire de Beauvoisis,* t. II, p. 109. V. ci-dessus, liv. III, tit. VII, règle VIII; Ragueau, dans son commentaire sur la coutume de Berry, p. 324; et le t. I des *Ordonnances.*

(1) * Dans les premières éditions on trouve au livre VI, tit. VI, règle XXI, une répétition de notre maxime dans la forme suivante : « Rebuffe dit « que l'on tient pour règle en France ce que plusieurs coutumes dient : « que respits ni cessions de biens n'ont lieu en debte denyée et adjugée, « louage de maisons, moissons en grains ou en deniers, debtes de « mineurs contre leurs tuteurs, victuailles, service de mercenaires, et « condamnation d'intérêt provenant de délits, et quelques autres. »

XIV.

685. En déconfiture, tous créanciers viennent à contribution au sol la livre sur les meubles, et les chirographaires et scéduliers, sur les immeubles.

* EN DÉCONFITURE. V. la règle xvi de ce titre. *

Cette règle a été prise de l'art. 153 des coutumes notoires, jugées au Châtelet de Paris, qui se trouve transcrit, mot pour mot, dans le chap. 27 du livre II de l'auteur du *Grand Coutumier*.

« Si aucun est obligé à plusieurs créanciers, et l'un fait
« prendre, lever et vendre ses biens par exécution, et avant la
« perfection d'icelle exécution, et les dits biens estant encore en
« main de justice, si autres créanciers apparent et opposent, ils
« doivent être reçus à leur opposition, si l'obligé est en cas de
« déconfiture, et qu'il n'ait autres biens pour satisfaire ses autres
« créanciers; et en ce cas doivent venir à contribution avec
« celui qui a requis ladite exécution ; posé ores que leurs debtes
« soient à reconnoître, mais que toutes fois ils les puissent mon-
« trer, prouver et justifier duement : et n'y doit avoir celui qui
« a requis ladite exécution, ni avantage ni prérogative, fors tant
« seulement qu'il doit prendre les dépens faits en l'exécution
« sur le prix de la vente desdits biens avant tout œuvre. Et
« est vrai au cas qu'il n'y auroit debte privilégiée, » car les
dettes privilégiées ne viennent point à contribution, comme
l'auteur le remarque très-bien dans la règle xvii de ce titre.
V. les art. 177, 178, 181 et 182 de la coutume de Paris, avec les
commentaires.

ET LES CHIROGRAPHAIRES ET SCÉDULIERS SUR LES IMMEUBLES.
Quoiqu'un créancier chirographaire n'ait ni hypothèque ni exécution, par ce il peut cependant s'opposer au décret de l'immeuble saisi réellement sur son débiteur, mais il ne peut espérer
d'être payé qu'après tous les créanciers hypothécaires, comme
l'auteur le remarque dans la règle suivante. V. la décision 212
de Jean Desmares.

XV.

686. Car, sur les immeubles, les premiers hypothécaires vont devant.

« Antiquior creditor hypothecarius præfertur posteriori, nisi

« posterior sit privilegiarius, qualis est is qui in rem ipsam
« conservandam credidit quæ pignori data est, vel cujus pecu-
« nia ea res comparata est, vel qui solvit priori et locum ejus
« subiit. » Cujacius.

XVI.

**687. Déconfiture est quand le detteur fait rupture et
faillite, ou qu'il y a apparence notoire que ses biens, tant
meubles qu'immeubles, ne suffiront au paiement de ses
dettes.**

Paris, art. 180. V. Brodeau, en cet endroit; Coquille, dans
sa question 201, où cette règle est très-bien expliquée; *Domat,
liv. IV, tit. v, sect. 2. *l'art. 58 de la coutume de Clermont;
Tractatum; *de Conturbatoribus et Decoctoribus;* et caput ultimum, *Qui potiores in bonis decoctorum habeantur;* et Scacciam,
de Commerciis.

XVII.

**688. Le dépost, le gage, la marchandise trouvée en
nature, dont le pris qui se devoit payer est encore dû, ni
autres dettes privilégiées, ne sont tenus venir à contribution; ains ont droit de préférence.**

Paris, art. 181, 182; les *Coutumes notoires,* art. 153; Desmares, *Décis.* 244, 273. Mais quant au gage, le créancier n'a plus
de privilége dessus, à moins qu'il n'y ait acte passé par-devant
notaire, qui contienne et marque la somme prêtée, et les gages
qui auront été délivrés. V. l'ordonnance de 1673, au titre *des
Intérêts de change,* art. 8. V. Brodeau et Coquille, aux endroits
marqués sur la règle précédente; Tractatum *de Decoctoribus;*
et caput ultimum, *Qui potiores in bonis decoctorum habeantur.*

XVIII.

**689. Toutes apprétiations de bleds, vins, bois, et autres
choses, se doivent faire sur le registre du rapport qui s'en
fait en justice, et selon l'estimation commune de l'année
qu'elles estoient dues. Mais les moisons, cens et rentes
foncières en grain, dues à certain jour et lieu, seront**

appréciées au plus haut pris qu'elles ont valu en l'an, depuis le jour que le paiement en dut estre fait.

Cette règle est prise, mot pour mot, de l'art. 330 de la coutume de Melun. V. les art. 1, 6 et 8 de l'ordonnance de 1667, au titre *de la Liquidation des fruits.*

REGISTRE DU RAPPORT. C'est ce que nous appelons aujourd'hui *la Mercuriale.*

SERONT APPRÉCIÉES AU PLUS HAUT PRIS. Parce qu'il y a lieu de présumer que les métayers et les débiteurs des rentes ont ainsi vendu les grains, au lieu de les avoir livrés aux propriétaires, aux jours marqués dans les baux. Joignez l'art. 128 de la coutume du Bourbonnais, avec la note de Dumoulin, et l'art. 259 de celle de Bretagne.

LIVRE V.

D'ACTIONS.

TITRE PREMIER.

I.

690. Toutes actions sont de bonne foi.

C'est-à-dire que le demandeur n'est point obligé de marquer, désigner ou nommer l'action qu'il veut intenter, comme il le devait faire selon les lois romaines, leg. 3, Cod., *de Edendo.* Toutes les actions s'intentent de bonne foi en France, et il suffit d'y déduire simplement le fait dans l'exploit; de sorte qu'aujourd'hui toutes les actions sont *in factum.* Ce que nous avons pris du chapitre, *Dilecti*, Extra., *de Judiciis.* « Actionum nomina « exprimi in prosecutionibus necesse non est, ut ambages illæ « juris et descriptiones evitentur, quæ sunt anxie a jure traditæ. « Ex soli facti narratione et conclusione intentionem agentium « concipimus, pro ut melius EX ÆQUO ET BONO possumus, etc. » Argentreus, ad *cons. Britan.*, art. 266, cap. 6, *de Interrup.* per *libellum*, n° 8. V. Papon, dans ses *Notaires*, liv. III, div. 2, p. 153, lig. 33; l'ordonnance de 1667, tit. II, art. 1; Charondas, dans ses notes sur l'auteur du *Grand Coutumier*, p. 316.

II.

691. Par la coutume générale de France, tous ajournemens doivent être faits à personne ou domicile.

* *Grand Coutumier*, liv. III, titre *des adjournements.* « Item « à ce que l'adjournement soit vallable au commencement de « la cause, il faut qu'il soit faict par personne ayant pouvoir à ce « au principal domicile de la personne que l'on adjourne, au- « quel domicile icelle personne est communément couchant et « levant, buvant et mangeant, et auquel la femme non séparée « est demeurant, ou tenant et gouvernant leur mesnage, *nec*

« *obstat* si pour quelque autre cause son mary face ailleurs sa
« résidence. Exemple : un homme bourgeois de Paris est garde
« de la monnoye de Rouen et faict à Rouen sa résidence pour
« cause de son office, et sa femme de luy non séparée tient et
« gouverne son mesnage à Paris : il suffit adjourner l'homme en
« l'hostel où sa femme demeure, *quia communiter dicitur,*
« *quod uxor facit domicilium.* »*

V. l'art. 9 de l'ordonnance de 1539, et l'ordonnance de 1667,
tit. II, art. 3. * Lhommeau, liv. III, max. 1. *

III.

692. Ajournemens à trois briefs jours se font de trois
jours en trois jours : ajournemens à trois jours francs, de
cinq en cinq jours ; et quand ils se font à huitaine ou quin-
zaine, les premiers et derniers jours ne sont comptés que
pour un.

V. le *Glossaire du Droit français*, sur le mot *Jours.*

IV.

693. Les choses valent bien peu, si elles ne valent le
demander.

Ainsi, celui à qui une somme est due doit s'imputer s'il n'en
a point les intérêts, puisqu'il n'avait qu'à les demander. V. Louet,
lettre I, som. 8.

V.

694. Pour peu de chose, peu de plaid.

Causa levis litem debet habere brevem.

Ægid. Nuceriensis *in Adag. Gall.*, litt. D.
* Beaumanoir, chap. 7, n° 17. Ce n'est pas bon, ne selon Dieu,
que longs plaids et grands coûts soient mis en petites querelles.
— *Statuta Caroli primi* (Giraud, t. II, p. 26). « Quod causæ
« peregrinorum et pauperum miserabilium expediantur pure,
« et per simplex judicis officium, et sine strepitu judicii et
« figura. » *
V. l'art. 57 de l'ordonnance d'Orléans ; l'art. 153 de celle de
Bijois, avec la note de Coquille ; le tit. XVII de l'ordonnance de

1667; et *l'explication des Proverbes*, par Bellingen, liv. 1, chap. 5, n° 25. Cette règle est très-bien expliquée par Raoul Fournier, habile antécesseur, à Orléans, dans son liv. 11 *Rerum quotidianarum*, chap. 5, qui a pour titre : *Quænam actiones ob res minimas dari vel denegari soleant.* Adde Rittershusium, lib. VII *Sacrarum lectionum*, cap. 10, p. 518, ubi tractat *de furto in re parva commisso.*

VI.

695. Peu de chose est, quand il n'est question que de dix livres.

ˑV. l'art. 57 de l'ordonnance d'Orléans, ' ordonnance de 1667, tit. XVII, art. 1.

VII.

696. Si une demande ne passe vingt sols, jour de conseil n'en est [*al.* n'en estoit] octroyé.

ˑDavot. — La procédure et la forme des demandes étant autrefois mal réglée ˑ(il eût mieux fait de dire : la procédure étant orale) ˑ le défendeur obtenait un délai pour prendre avis que l'on appelait *jour de Conseil,* et ce délai s'accordait dès que la demande passait cinq sols. *Grand Coutumier*, liv. III, chap. 3. Mais depuis que nos ordonnances ont voulu que les demandes fussent libellées, et qu'elles ont réglé les délais des assignations, il faut défendre d'abord que ces délais sont expirés. V. l'art. 16 de l'ordonnance de 1539, et le tit. III de l'ordonnance de 1667. ˑ

VIII.

697. Fautes valent exploits.

C'est-à-dire que, quand celui qui est assigné fait faute, faut, défaut, où est absent, l'exploit laissé à son domicile vaut comme donné à sa personne. V. l'art. 3 du tit. II de l'ordonnance de 1667, et *Styl. Parlam.*, part. I, cap. 2, § 16.

ˑDavot. — L'explication de M. Delaurière paraît éloignée du sens de la règle; en voici une plus conforme à l'usage et au langage du palais. On appelle *exploit* ou *peine d'exploit* la condamnation qu'on prononce contre un défaillant; et souvent on ordonne à une partie de comparaître au jour indiqué, *à peine d'exploit*. Dans ce sens il est vrai de dire que *fautes* ou défauts *valent exploits*, c'est-à-dire condamnation.

L'explication de M. Davot est confirmée par l'anthologie des proverbes français. (Leroux de Lincy, t. II, p. 343.) « *Fautes valent exploits*. C'est un proverbe pratique qui veut dire que les défauts d'une partie, soit de comparaître, défendre, ou de faire autre chose ordonnée par le juge, valent diligence et tournent à profit à l'autre partie, laquelle obtient par ce moyen renvoy. »'

IX.

698. Qui prend garantie doit laisser son juge, et l'aller prendre devant celui où le plaid est.

* Beaumanoir, chap. 34; n° 47. « Pour porter garant doit cha-
« cun laisser son juge, et aller porter garantie de la coze qu'il
« bailla ou délivra, par-devant le juge ou cil est emplédiés qui
« a mestier de son garand. Et s'il n'i veut aler, il doit estre
« contraint par son seigneur qu'il y voist. Et s'il a commande-
« ment d'aler y, et il n'obeist au commandement, et li emplédiés
« perd par sa défaute, il est tenu en tous les damaces que li
« emplédiés a par le defaute de sa garantie. » *

V. l'ordonnance de 1367, au tit. VIII, *des Garants*, art. 8, où cette règle est expliquée.

X.

699. Qui tire à garant, et garant n'a, sa cause perdue a.

Anciennement celui qui tirait à garant avait trois délais; et si, en demandant le premier délai, il ne protestait pas de défendre lui-même, en cas de défaut de garantie, il perdait sa cause. Ce qui a été justement aboli par plusieurs arrêts. V. * *Grand Coutumier*, liv. III, tit. *de Garand*,* part. I. *Styli Curiæ Parlamenti*, cap. 12, de *Dilatione garendi*, § 2, et ibi Molinæus; et le *Glossaire du Droit français*, sur le mot *Garant*.

XI.

700. En cour souveraine, on plaide à toutes fins.

C'est-à-dire que les parties doivent proposer, en même temps, toutes leurs fins, moyens et exceptions, sans en retenir

aucune. Ce qui a été introduit pour éviter la longueur des procès. V. *Stylum Parlamenti*, tit. xiii, § 17, 18, 19, 20, et ibi Aufrerius; la *Paraphrase des Institutions forenses* d'Imbert, liv. ii,
chap. 11, p. 556 de l'édition de 1609; le *Glossaire*, sur le mot
Plaider; * Beaumanoir, chap. 7, n° 14. « Retenue n'a pas lieu en la
« cour laie, comme elle a en la cour de chrestienté; car à la
« cour de chrestienté il poent plaidier sur l'une de leurs resons
« et faire retenue de dire autres resons, se cele ne li vaut, et
« ont jugement sur cela, avant qu'il dient les autres, s'ils voèlent;
« mais ce ne pot-on faire en le cort laie, puis c'on a répondu
« droitement à la demande, et que plès est entamés sur toute
« la querelle. » * L'auteur du *Grand Coutumier*, liv. ii, chap. 21,
et la règle i du titre qui suit.

XII.

701. Le rescindant et le rescisoire sont accumulables.

C'est l'avis de Cujas, dans son *Parat.* sur le tit. xxviii du liv. iii
du *Code*, et de Ragueau, dans le *Glossaire*, en sa lettre R. —
V. Edmund. Merillium, lib. vii *Observat.*, cap. 18; Gyphanium,
de Remediis juris, c. 2, p. 19; Cujacium, lib. vii *Observationum*,
cap. 81; cap. 3, 4 et 5 Extra., *de Causa possessionis*; Vinnium, lib. ii
Quæstion., cap. 39; Gyphanium, ad leg. 3, C., *de interdictis*;
Cujacium, lib. ii *Observationum*, cap. 35; Jacobum Gothofredum, in *Com. ad Cod. Theod.*, t. I, p. 170, Gonzalez, ad cap. 6
Extra., *de Causa possessionis*.

TITRE SECOND.

DE BARRES ET EXCEPTIONS.

I.

**702. Qui de barres se veut aider, doit commencer aux
déclinatoires, pour venir aux dilatoires, et finalement aux
péremptoires; et si la dernière met devant, ne s'aidera
des premières.**

* Beaumanoir, chap. 6, n° 1 et ss., chap. 7, n° 5, 14. *
Grand Coutumier, liv. iii, chap. 3. « Item qui prend à venir
« défendre péremptoirement, il ne peut poser déclinatoires ne
« dilatoires. » l'ancien *Style du Parlement*, part. i, tit. xiii, § 17,

18, 19 et 20; et le livre qui a pour titre : *Manière ou forme de mener diligemment un procès*, chap. 22.

Les exceptions ont été appelées barres par nos anciens praticiens, parce qu'étant opposées, elles arrêtent celui qui intente un procès, comme, en guerre, une barrière arrête un ennemi. *Chronicon sancti Michaelis in pago Virdunensi*, t. II. *Analect.* Mabillonii, p. 387. Hic Fridericus, propter frequentes Campanorum in Lotharingiam incursiones, in confinio Lotharingiæ et Campaniæ castrum extruxit, quod Barrum quasi barram nominavit. Et comme il y a toujours eu, dans les tribunaux, des barres, pour séparer les avocats des juges, cet endroit où les avocats se mettaient pour parler a été nommé, par cette raison, Barreau.

DÉCLINATOIRES. * Rastall. V° *Barr*. Barr perpetual (ou péremptoire) est ce qui casse l'action à tout jours; temporary (c'est le dilatoire ou déclinatoire) est ce qui est bon pour le présent et peut après faillir. *

II.

703. Reconvention n'a point de lieu, fors de la même chose dont le plaid est.

* Davot. — L'art. 106 de la coutume de Paris porte que reconvention en cour laie n'a lieu si elle ne dépend de l'action, et que la demande en reconvention soit de la défense contre l'action premièrement intentée, et en ce cas le défendeur, par ses défenses, se peut constituer demandeur; mais les nouveaux commentateurs de la coutume de Paris observent que cet article n'est point en usage, et que la reconvention est reçue entre les mêmes parties, en sorte, dit M. Auzannet, *qu'il est nécessaire d'abroger l'article et d'en faire une disposition contraire*, sauf à excepter les demandes réelles, et quelques autres qui ne peuvent être proposées par reconvention. *

Paris, art. 106; Bourbonnais, art. 88. La raison est que, par notre droit, les justices étant patrimoniales, le demandeur doit poursuivre le débiteur par-devant le juge de son domicile, à moins que le demandeur ne soit privilégié. Johanninus a donné un traité entier *de Reconventione*, imprimé à Francfort en 1600; et Socinus en a traité au long, dans son commentaire sur les Décrétales. V. Guntherum Martinum, in *ordinationem processus judiciarii Saxonici*, lit. VI, t. I, p. 199.

III.

704. Une dette n'empêche point l'autre.

C'est-à-dire que celui qui doit une somme est obligé de la payer à son créancier qui le poursuit, quoique son créancier lui doive une autre semblable somme. En un mot, cette règle signifie qu'en dettes mutuelles ou réciproques, chacune des parties doit poursuivre le paiement de ce qui lui est dû, sans pouvoir l'une ni l'autre user de reconvention, ni opposer la compensation, à moins que les deux dettes ne soient liquides ou ne puissent être aisément et promptement liquidées. V. la coutume de Lorris, tit. xxi, art. 9 et 10, avec les notes de La Thaumassière et de L'Hoste, et la règle qui suit.

IV.

705. Compensation n'a lieu, si la dette qu'on veut compenser n'est liquide et par écrit.

Cette règle, tirée de l'art. 105 de la coutume de Paris, est une exception, *ou pour mieux dire une abrogation,* de la précédente. V. Desmares, décis. 136, 187; les *Coutumes notoires,* art. 111 et 120; *la Conférence des Coutumes,* p. 384; et les commentateurs, sur l'art. 105 de la coutume de Paris.

V.

706. Voies de nullité n'ont point de lieu.

Cette règle est prise d'Imbert, dans ses *Institutes forenses, et pratique judiciaire,* liv. i, chap. 3, n° 3, et dans son *Enchiridion,* sur le mot *Contracts,* et sur le mot *Nullités,* p. 53 et 131 de l'édit. de 1608.

Les *voies de nullité* sont ici les exceptions de nullité, lesquelles ne peuvent point être opposées contre tout ce qui est nul, suivant le Droit romain. De sorte qu'il faut se pourvoir contre ces nullités, ou par appel, si ce sont des sentences, ou en obtenant des lettres du prince, pour faire casser et rescinder les actes. « Minor, etiam si indefensus condemnatus fuerit, « appellare hodie debet, nec sine appellatione restituitur adver- « sus rem judicatam, ut olim. » Leg. 8, 17, 18 et 24, D., *de Minoribus.* « Hodie etiam non dicimus contractum ipso jure vitiari, « si sit bonæ fidei, et ei causam dederit dolus vel metus; nec

« bonæ fidei judicium in se continere doli mali exceptionem.
« Namque est necessaria restitutio principis, necessaria exceptio,
« ut res æquitati suæ restituatur. Non dicimus alienationem
« factam a minore sine tutore vel curatore, et sine decreto,
« nullam esse ipso jure, ita ut, citra ordinarium auxilium resti-
« tuentis, minor satis muritus sit mero jure et communi auxi-
« lio. » V. le *Glossaire du Droit français*, sur le mot *Nullités.*

Mais, quand il est question de nullités, qui sont déclarées par
les ordonnances et les coutumes, les voies ou exceptions de
nullités ont lieu sans lettres du prince. V. Legrand, dans son
commentaire, sur l'art. 139 de la coutume de Troyes, gloses 1
et 2; Mornacium, ad legem *Si mulier*, § *Si metu*, D., *Quod
metus causa;* et Fontanon, dans ses notes sur la *Pratique*
d'Imbert, liv. ɪ, chap. 3, lett. B, p. 18 de l'édit. de 1609.

VI.

707. Exception d'argent non nombré n'a point de lieu.

* Davot. — L'exception *non numeratæ pecuniæ* avait lieu, suivant le Droit romain, en faveur de ceux qui, s'étant reconnus débiteurs, prétendaient que la somme qu'ils avaient promis rendre,
ne leur avait pas été comptée. Inst., tit. *de Litter. obligat.* et *de
Except.*, § 2 ; et tit. Cod., *De non numerata pecun.*

En France cette exception n'est point admise, et la reconnaissance tient lieu de preuve ; il faudrait donc que celui qui l'a
faite prouvât lui-même qu'il n'a pas reçu la somme : encore n'y
serait-il pas recevable par témoins contre une promesse par
écrit, [sauf les cas de violence, dol et fraude].*

Orléans, art. 4 ; Montargis, art. 11 du tit. xxɪ; Bretagne, 293.
C'est-à-dire, suivant la coutume du Berry, tit. ɪɪ, art. 31, que
« cette exception n'a pas lieu pour charger de preuve le deman-
« deur qui a une obligation ou cédule reconnue. » V. L'Hoste,
sur l'article cité de la coutume de Lorris; et Dumoulin, sur
l'art. 4 de la coutume d'Auvergne, au titre *des Obligations.*
et sur l'art. 36 de celle du Bourbonnais.

VII.

708. Exception de vice de litige n'a lieu.

Par le Droit romain, lorsque celui qui avait acquis une chose
litigieuse voulait continuer le procès commencé, on lui pouvait
opposer l'exception du vice de litige, au moyen de laquelle les

choses étaient remises au premier état, et le procès était continué entre les mêmes parties. V. Cujacium, ad tit. Cod. *de Litigiosis.* Anciennement ce droit était suivi en France, et pour prévenir toutes les exceptions qui pouvaient être opposées à ce sujet, ceux qui voulaient transporter des droits litigieux obtenaient des lettres du roi. En voici une qui est au Trésor des Chartes, registre de Philippe de Valois, pour l'année 1329, cote 67, pièce 57.

« Philippe, etc., sçavoir faisons à tous présens et à venir, que
« come fu par le deceds Guillaume Marcilly, jadis chevalier,
« soient eschuz plusieurs biens meubles et immeubles à Jeanne
« de Marcilly, dame de Garancières, sœur et hoir seule pour le
« tout dudit chevalier, si comme elle dit, et aucuns empesche-
« mens luy soient mis en iceuls biens par Regnault de Trye,
« chevalier, à cause de Marguerite de La Roüe, sa femme à pré-
« sent, et jadis femme dudit Guillaume, et en soit plait eschu
« entre ladite Jeanne de Marcilly, d'une part, et ledit Regnault
« à cause de sa femme, et ceuls qui se dient exécuteurs dudit
« feu Guillaume Marcilly, et plusieurs autres, d'autre part ; et
« pour ce que ladite Jeanne de Marcilly, pour la foiblesse et
« ancieneté de sa personne, ne peut bonnement poursuir le
« plait, elle nous a supplié que nous veuillions assenter que elle
« puisse transporter tous les biens dessusdits, tant en propriété
« comme en possession, en tout le droit et l'action que elle y
« a et peut avoir, à nostre amé et féal Pierre, seigneur de Ga-
« rancières, chevalier, son fils et son hoir. Nous, enclinans à sa
« supplication, li octroions de grace especial, de nostre autorité
« royal et certaine science, que elle puisse faire ledit transport
« à sondit fils, et que iceluy transport vaille et tienne sans
« encourre vice de litige, et que les plaits encommancez pour la
« cause dessusdite, ledit Pierre puisse poursuir et mettre à fin
« à son profit, tant en demandant comme en deffendant. En
« tesmoin de laquelle chose, et que elle soit ferme et stable pour
« tous temps, nous avons fait mettre notre scel en ces lettres.
« Donné à S. Denis en France, l'an de grace de 1329, au mois
« de mars. » Mais aujourd'hui, cette exception n'a point de
lieu, pourvu que la chose litigieuse ait été vendue ou cédée
sans fraude ; * hodie in *Gallia res litigiosa vendi potest,* dit Godefroy. — Davot : Mais nous observons les lois *per diversas* et
ab. *Anastasio,* Cod., *Mandati,* suivant lesquelles on peut rembourser le cessionnaire d'action de ce qu'il lui en a coûté
seulement. *

V. Brodeau, sur Louet, somm. 19, lettre L, et lettre C, somm. 5 et 13. Titulum Codicis *Ne liceat potentioribus patrocinium litigantibus præstare vel actiones in se transferre*; Regulam Cancellariæ, *de Subrogandis collitigantibus*, et Rebuffum.

VIII.

709. Exception d'excommunication n'a point de lieu en cour laie.

La Marche, art. 62; Auvergne, tit. VIII, art. 4. V. l'auteur du *Grand Coutumier*, liv. II, tit. *de ceux qui peuvent être en jugement*. Joan. Fabrum, ad tit. Institution. *de Curatoribus*, § *Quod si tutor*, n° 8; Des Mares, décis. 155; Argentr. in *Cons. Brit.*, art. 99. * Giraud, II, 102.* Suivant cette règle, qui est judicieuse, cette exception n'avait lieu qu'en cour d'Église, et non en cour laie. V. Canonem *Excommunicamus*, Ext., *de Hereticis*; et capitul. *Pia, de Exceptionibus*, in Sexto; et Capitulum *Intelleximus*, Extra., *de Judiciis*.

IX.

710. [Force n'est pas droit.]

Elle est, au contraire, opposée au droit. V. leg. 8, D., ad L. Juliam, *de Vi*.

TITRE TROISIÈME.

DE PRESCRIPTIONS.

I.

711. Ancienneté a autorité.

V. Beaumanoir, chap. 24. V. Accursium et Cujacium, ad leg. 11, D., *Finium regundorum*; leg. 2, Cod., eodem titulo; leg. *Testamento*, Cod., *de Testamentis*; et leg. 2, § *Tanta*, Cod., *de Veteri jure enucleando*; capit. *Quanto*, et ibi glossa, *de Translatione episcopi*, Canone *Conquæstus*, 9, q. 3, capit. *Clerici* et ibi glossa, *de Immunitate ecclesiarum*; Clementin. Romani et ibi glossa, *de Jurejurando*, etc. * Coke on Littl., sect. 169. — In antiquis enunciativa probant. *

II.

712. Par l'ordonnance du roi Louis XII, gens de métier ne peuvent demander [le prix de] leurs ouvrages après six mois, ni les marchands le prix de leurs marchandises après un an.

Ordonnance du roi Louis XII de l'an 1510, art. 67 et 68. Dumoulin, sur Paris, 226. *

Paris, art. 126, et l'ordonnance de 1763, tit. i, art. 6 et ss.

III.

713. Toutes actions d'injures, de louages de serviteurs, de dommage de bestes, de paiement de tailles, imposts, billets, guets, fourrages, fouages, vientrages, défauts et amendes à faute d'avoir moulu ou cuit en moulins et fours bannaux, sont tollues par an et jour.

Bretagne, art. 291, 292; Paris, art. 227; et l'ordonnance de 1673, tit. i, art. 7 et 9. V. la *Conférence des Coutumes*, p. 427; l'auteur du *Grand Coutumier*, p. 181, lig. 18.

Injures. V. les décisions de Jean Desmares, chap. 143, et l'art. 150 des *Coutumes notoires;* la coutume d'Auvergne chap. 29, art. 8; et la décis. 416 de Jean Desmares, d'où nous apprenons que, par l'ancien usage du royaume, « pour injures « dites en absence, l'on ne donne pas action en cour laie, ains « convient que icelles injures ayent esté dites en présence de « celui qui dit estre injurié, lui oyant et entendant les injures; « autrement est en cour d'Église. »

Louages de serviteurs. * Ordonnance de Louis XII de l'an 1510. *

Billets. * Tours, 82; Anjou, 52, 58; Maine, 60, 67. *

Fouages. *Brussel, p. 212, 215, 405.*

Vientrages. *C'est un droit sur la vente des vins. Senlis, 125.*

IV.

714. Messire Pierre de Fontaines écrit que barres ou exceptions de force, de peur, de tricherie, ne durvient qu'un an, par l'ancien usage de la France.

De Fontaines, dans son *Conseil,* chap. 15, art. 52. « Se vous

« vendistes par force ou pour estable peur de mort, ou par tour-
« ment de corps, et vous ne confremastes puis la vente, et ne
« vous y assentistes; se vous eu plaidiez dedans l'an selonc la
« fourme de l'establissement, se le cause ne vous est rendue
« pour le prix ke vous en oustes, vostre adversaire sera con-
« damné en quatre doubles. Après l'an vous doit demander
« le vostre sans plus; (mais nostre usage ne doit prendre fors
« la cose sans plus), et l'amende au seigneur, et après l'an ne
« respont-on mie l'autre cause n'y a. » Ce qui est pris de la
loi 4, au Code, *de His quæ vi metusve causa gesta sunt*, qu'il est
bon de transcrire.

     « Si, per vim vel metum mortis, aut cruciatus corporis, ven-
« ditio a vobis extorta est, et non postea eam consensu corro-
« borastis : juxta perpetui formam edicti, INTRA ANNUM quidem
« agentes (quo experiundi potestas est), si res non restituatur,
« quadrupli condemnationem referetis, scilicet reddito a vobis
« pretio. Post annum vero, causa cognita, eadem actio in sim-
« plum permittitur. Quæ causæ cognitio eo pertinet ut ita demum
« decernatur, si alia actio non sit. » Joignez Beaumanoir, chap. 7,
et la règle qui suit; et joignez la règle IX ci-dessus, du titre
de *Vente,* liv. III, tit. IV.

V.

     715. Aujourd'hui toutes rescisions de contracts faits es
minorité, ou autrement indeuëment, se doivent intenter
dedans dix ans de la majorité [*al.* minorité], ou du légitime empeschement cessant, suivant les ordonnances des
rois Louis XII et François Ier.

     LES ORDONNANCES DES ROIS LOUIS XII, ETC. V. l'ordonnance de
Louis XII, de l'an 1510, art. 46; celle de François Ier à Ys-sur-
Thille, de l'année 1525, chap. 8, art. 29 et 30; et celle de 1539,
art. 134. * Lhommeau, liv. III, max. 12. *

VI.

     716. Prescription d'héritage, ou autre droit réel s'ac-
quiert par jouissance de dix ans entre présens, et vingt
ans entre [*al.* contre] absens, âgés et non privilégiés, avec
titre et bonne foi; et sans titre, par trente ans.

* Beaumanoir, chap. 8, n° 9; chap. 24, n° 4; Marnier, cout. de Picardie, p. 123. *

Paris, art. 113, et la *Conférence des Coutumes*, p. 421. V. la note sur la règle x.

VII.

717. Ceux qui sont demeurans en divers bailliages royaux sont tenus pour absens.

Meaux, art. 81; Melun, 170; Calais, 208; Paris, 116.

Ceci est un droit nouveau, * [imité de la l. ult., C., *de longi temporis præscript.*] * * Anciennement c'étaient ceux qui demeuraient dans les diocèses différents qui étaient réputés absents. V. le liv. i des *Établissements* de saint Louis, tome 1 des Ordonnances. * * Aujourd'hui sont absents, dans le sens de cette règle, ceux qui habitent le ressort d'une autre Cour royale, art. 2265 du Code civil. *

VIII.

718. Prescription de dix, vingt ni de trente ans ne court contre les pupils, ni en effet contre les mineurs, en estant relevés tout aussitost qu'ils le requièrent.

Mauricius, *de Restitutione in integrum*, cap. 94, 95; Brodeau, sur l'art. 113 de la coutume de Paris, n° 5, et sur l'art. 114, n° 3, etc.

IX.

719. L'action personnelle, et toute faculté de pouvoir racheter chose vendue, ne se prescrit que par trente ans, ores que ces mots, *toties quoties*, y fussent, suivant l'avis de l'avocat Dix-Hommes, qui a esté suivi par les arrests.

* ACTIONS PERSONNELLES. Davot. — Les actions personnelles et les droits se prescrivent par trente ans, quoique le terme en fût indéfini comme dans le cas de la faculté de rachat allégué par l'auteur, mais les facultés de rachat qui résultent de la nature même du contrat, comme dans nos rentes constituées, ne peuvent être prescrites par quelque temps que ce soit. *

NE SE PRESCRIT QUE PAR TRENTE ANS. A compter du jour du contrat par lequel la faculté avait été accordée; et lorsque, dans le contrat, la faculté de racheter n'avait été octroyée que pour un temps certain, lorsque le vendeur avait laissé passer ce temps, sans user de son droit, son droit était perdu sans retour. Mais, par les derniers arrêts qui ont changé la jurisprudence, il a été jugé que la faculté de rémérer, accordée par un contrat jusqu'à un certain temps, continue encore pendant trente années après ce terme expiré, à moins que l'acquéreur ou l'acheteur ne fasse ordonner, avec le vendeur présent, ou dûment appelé, que la chose acquise lui demeurera incommutablement, faute par le vendeur d'en avoir rendu et restitué le prix dans le temps convenu. Ce qui n'est pas sans bonne raison, parce que toute vente faite à faculté de rachat étant à vil prix, elle doit moins être regardée comme une aliénation que comme un engagement. V. ci-dessus la règle III du tit. *des Gages*, liv. III, tit. VII, et ce qu'on y a remarqué.

Voici comme Dumoulin a parlé de cette jurisprudence, dans son Traité français *des Usures*, n° 105, d'où cette règle est prise, laquelle avait lieu anciennement à l'égard des rentes constituées à prix d'argent, qui étaient alors non rachetables, comme on l'a tant de fois observé, tant sur la coutume de Paris que dans la *Dissertation sur le tennement de cinq ans*, et comme de La Thaumassière l'a très-bien remarqué sur l'art. 33 du tit. VI de la coutume du Berry, p. 212.

« Vray est que dès plus de vingt-cinq ans, j'ai plusieurs fois ouy
« dire et réciter à feu mon père, ancien avocat, que de son temps
« et des anciens, desquels il avoit ouy, étoit gardé et observé,
« quand une terre avoit été vendue à faculté de rachat toute-
« fois et quantes que bon sembleroit au vendeur et aux siens,
« qu'en ce cas, en vertu de ladite clause *toutefois et quantes*, se
« pouvoit demander le rachat, voire après trente ans ; et qu'ainsi
« on en usoit, même après la rédaction de la coutume de Paris,
« où il fut présent, jusques à ce que depuis, feu Jaque Dysome,
« avocat docte et fameux, y fit pratiquer la prescription de trente
« ans, qui fut lors chose fort nouvelle et fort célèbre, etc. »
V. Tiraquellum, *de Retractu conventionali*, § 1, gloss. 2, n° 39 ; Durantum, q. 46 ; la coutume du Nivernais, tit. X, art. 7 ; celle du Berry, tit. VI, art. 33, avec le commentaire de Ragueau et de La Thaumassière ; celle de Normandie, art. 525 ; Paris, art. 120 ; Brodeau, sur Louet, lettre P, n° 21 ; ci-dessus, au titre des *Rentes*, liv. IV, tit. I, règle VIII ; et l'art. 220 de la coutume de Paris ; Du Pineau, sur l'art. 360 de la coutume d'Anjou, t. I, col. 1232 de la dernière édition.

X.

720. L'action hypothécaire se prescrit, par un tiers, par dix ans entre présens, et vingt ans entre absens, avec titre et bonne foi; et sans titre, par trente ans : et par le débiteur ou son héritier, ou par un créancier postérieur, tant comme le débiteur commun vit, par quarante ans.

Ou par le débiteur ou son héritier . . . . par quarante ans. Suivant la loi *Cum notissimi*, que l'empereur Justin fit en l'année 525, qui a été reçue dans nos pays coutumiers depuis plusieurs siècles, comme il est prouvé par le témoignage suivant de l'auteur du *Grand Coutumier*, qui vivait sous Charles VI, liv. II, titre *de l'Exécution des lettres :* « Nota. Que si j'ai obliga- « tion contre aucun, et elle est expirée par l'espace et le temps « de trente ans, et lors faut la personne; suivre, par action, « jusques à dix ans, après et iceux pass's *hypothèque sur les* « *héritages* est expirée, etc. » C'est de là que notre auteur a pris cette règle.

V. l'art. 111 de la coutume de Mantes; le 174 de celle de Me- lun; Bacquet, dans son *Traité des Droits de Justice*, chap. 21, nomb. 183, 184, 185; Louet, lettre H, som. 3; et Brodeau, en cet endroit, sur l'arrêt du 12 août 1608, qui y est rapporté; Tronçon, sur l'art. 118 de la coutume de Paris; d'Argentré, sur le 273 de l'ancienne coutume de Bretagne, gloss. 2, nomb. 16; Chopin, sur la coutume de Paris, liv. II, tit. VIII, n° 93; Masuer, *des Prescriptions;* Boerium, decis. 328; les art. 113, 114 de la coutume de Paris; les 118, 120 et 123, avec la *Conférence* et les commentateurs.

XI.

721. Toute prescription annale, ou moindre coutu- mière, court contre les absens et mineurs, sans espérance de restitution.

V. la note sur la règle XLVI du titre *des Retraits*, liv. III, tit. V, et ce que j'ai remarqué sur l'art. 115 de la coutume de Paris, où j'ai expliqué cette règle.

XII.

722. Contre l'Église n'y a prescription que de quarante

ans, par les ordonnances du roi Charles le Grand et de Louis, son fils, conformément aux constitutions de leurs prédécesseurs empereurs.

Paris, art. 123. *Olim, t. I, p. 492, n° x; *Carta consulatus Arelatensis*, Giraud, t. II, p. 1.*

CHARLES LE GRAND, ET LOUIS, SON FILS. V. lib. v *Capitularium*, cap. 389.

DE LEURS PRÉDÉCESSEURS EMPEREURS. * V. l'authentique *quas actiones*, C., *de Sacros. eccl.*, tirée de la novelle 131, chap. 6;* Julianum Antecessorem, novell. 119, cap. 6.

XIII.

723. En nouveaux acquests faits par gens d'église, ils ne sont non plus privilégiés que les lais.

On appelle *nouveaux acquêts* les nouvelles acquisitions d'immeubles non amorties, faites par les *gens de mainmorte*, et les acquisitions de fiefs faites par les *roturiers*. Les uns et les autres doivent bailler des déclarations des choses qu'ils ont acquises; et à proportion du temps qu'ils en ont joui, on leur fait payer finance, qui est la même pour les uns et les autres V. Bacquet, *des Nouveaux acquêts, amortissements, etc.*, part. 5, chap. 67; *Brussel, p. 657 et ss.* Joignez les règles LVII, LVIII, LIX, LX et LXI du tit. I du liv. I, et les deux règles suivantes.

XIV.

724. Si dans l'an et jour de l'approbation faite de leur contract ils ne sont sommés d'en vuider leurs mains, ils n'y peuvent plus estre contraints.

V. la règle LXVII du tit. I du liv. I de cet ouvrage.

XV.

725. Et par trente ans, ils en prescrivent l'indemnité, et le droit d'amortissement par cent ans.

PAR TRENTE ANS. Bacquet, *du Droit d'amortissement*, ch. 110, n° 5, à la fin. V. néanmoins la coutume du Loudunois, tit. x, art. 4; Touraine, art. 107.

Par cent ans. Bacquet, *du droit de Déshérence*, chap. 7. V. Molinæum, ad § 7 consuetudinis Parisiensis, num. 14. Dans le coutumier de Picardie, t. 1, part. 2, p. 368, il y a un arrêt du 3 août 1602, rendu en la quatrième chambre des enquêtes, au rapport de M. de Chessé, rapporteur, par lequel il a été jugé « que le droit d'indemnité dû à un seigneur de fief, acquis par « gens de mainmorte, ne se peut prescrire, même par cent an- « nées, comme faisant partie de la foi et hommage, qui sont im- « prescriptibles. » Ce qui ne doit pas être regardé comme une décision bien certaine. V. de La Thaumassière, sur la coutume de Berry, tit. xii, art. 7, p. 433 ; et Le Grand, sur l'art. 23 de la coutume de Troyes.

XVI.

726. Car, contre le roi, n'y a prescription que de cent ans; qui est ce qu'on dit communément : *qui a mangé [al. plumé] l'oie du roi, cent ans après en rend la plume.*

* Leroux de Lincy, *Proverbes français*, t. II, p. 75, cite la note suivante prise d'un ancien livre, intitulé : *Chasse aux larrons*, ou *Établissement de la chambre de justice*.

« Anciennement, quand un riche bourgeois ou marchand ve- « noit à mourir, il ordonnoit, par son testament, que ses enfans « n'eussent à se marier dans les familles qui eussent manié les « finances publiques, à cause des inconvéniens qu'ils voyoient « arriver tous les jours par la confiscation des mariages, réputés « deniers royaux, et par les fréquentes exécutions de justice, « alléguant pour toute raison le proverbe ancien : *Celuy qui a* « *mangé l'oie du roy, cent ans après doit en rendre la plume.* »

L'Espagnol dit dans le même sens : *Quien come la vaca del rey, á cien años paga los huesos.* Qui mange la vache du roi cent ans après en paie les os.

En Angleterre, c'est une maxime que *nullum tempus occurrit regi.* Littleton, sect. 178. *Au roy quand au droit de la cou- ronne ne poet nul temps occurre*, dit *the Myrror of justice*, chap. 3, et dans Britton, f° 88, où le roi est censé parler : *Nul temps n'est limite quant à mes droits.* V. aussi Bracton, lib. i, cap. *Quæ res dari possint.*

Pour la France, V. Olim, t. II, p. 409; l'ordonnance de Fran- çois Ier de 1539; celle de Moulins de 1566.*

V. Bacquet, *du droit de Déshérence*, ch. 7, nos 6, 7 et 8, etc.; Charondas, dans ses notes sur l'auteur du *Grand Coutumier*, liv. ɪɪ, chap. 10, p. 108, à la fin; de La Thaumassière, sur la coutume de Berry, tit. xɪɪ, art. 7, p. 483; *Lhommeau, liv. ɪ, max. 8.*

XVII.

727. Possession centenaire et immémoriale vaut titre.

Molinæus, ad consuetudines Parisienses, § 7, nᵒ 14; Petrus Barbosa, ad Rubricam tituli, C., *de Præscriptionibus* 30 vel 40 annorum, num. 350, p. 116, edit. Lugdunensis; Balbum, *de Præscriptionibus*, part. 5, p. 495, editionis anni 1610, Spiræ Nemetum, et les deux règles précédentes.

XVIII.

728. Toutefois, en exemption ou possession de grosses dîmes prétendues par personnes laïes, faut alléguer titre avant le concile de Latran, et prouver sa possession immémoriale.

Il y a plusieurs anciens conciles qui ont des dispositions touchant les dîmes inféodées à des personnes laïques; mais un des plus célèbres est le concile général IIIᵉ de Latran à Rome, de l'année 1179, sous Alexandre III, dont le canon se trouve dans ses décrétales, sous le tit. *de Decimis,* cap. 19, en ces termes : « Prohibemus ne laici decimas cum animarum suarum periculo detinentes, in alios laicos possint aliquo modo transferre. Si quis vero receperit et Ecclesiæ non reddiderit, christiana sepultura privetur. »

Quoique ce canon soit ainsi transcrit au chap. 23 de la première compilation, au tit. *de Decimis,* le célèbre Pithou, dans ses petites notes sur les décrétales, a mis la note qui suit sur le chap. 19, que l'on vient de rapporter, aux mots *Prohibemus ne laici decimas, etc.* : « Vetus Codex addit : *non infeudatas.* » D'où il résulte que les Pères de ce concile ne défendirent aux laïques de transporter à d'autres laïques que les seules dîmes ecclésiastiques qui avaient été usurpées injustement, et non les dîmes dûment inféodées; parce que ces dernières avaient été concédées du consentement de l'Église, qui, par ce moyen, s'était fait des protecteurs et des défenseurs contre ceux qui, dans ces siècles malheureux, ne se faisaient aucun scrupule de lui ravir ses biens. Car ce fut par cette raison que ces inféodations furent faites, comme nous l'apprenons d'Arnault de Lubec, auteur de ces temps-là, lib. III, cap. 18, dont les paroles méritent d'être rapportées : « Scimus autem decimas et oblationes a Deo sacer- « dotibus et levitis primitus deputatas. Sed, cum tempore chris- « tianitatis ab adversariis infestarentur ecclesiæ, easdem deci- « mas præpotentes et nobiles viri ab ecclesiis in beneficio stabili « acceperunt, ut ipsi defensores ecclesiarum fierent, quæ per se « obtinere non valerent, etc. » A quoi l'on peut joindre ce qu'écrit Albertus Crantzius, *in Metropoli*, lib. I, cap. 2 ; Pierre de Blois, dans son épître 82 ; et Orderic Vital, dans son Histoire, liv. V, p. 575, in-folio, à Paris.

Et cela étant, n'y a-t-il pas lieu d'être surpris que le pape Innocent III, à la fin du chap. 7, Extra., *de His quæ fiunt a præ- lato sine consensu capituli*, ait entendu ce canon du troisième concile de Latran, sous Alexandre III, non des dîmes ecclésias- tiques usurpées par les laïques, mais des dîmes inféodées : « Nam « et in Lateranensi concilio est inhibitum ne quælibet religiosa « persona ecclesias et decimas de manibus laicorum, sine con- « sensu episcoporum, recipiat. Per quod indirecte datur intel- « lig: quod sufficit consensus episcopi, ut licitum sit Ecclesiæ « decimas de manu episcoporum recipere. Hoc autem de illis « decimis intelligimus, quæ laicis in feudum perpetuo sunt con- « cessæ. »

Cette espèce de contrariété fut judicieusement levée en l'année 1298, par sa décrétale *Statuto*, qui se trouve dans le Sexte, au titre de *Decimis et Oblationibus*, où il expliqua la différence qu'il fallait faire entre les dîmes inféodées avant le troisième concile de Latran, sous Alexandre III, et celles qui avaient été inféodées depuis ce concile : en sorte que les pre- mières pouvaient être cédées, par les laïques, à l'Église, sans le consentement de l'évêque et les autres non : « Sane, quamvis a « religiosis exemptis et aliis fiant infeudationes de decimis de- « lentis a laicis, et idem laici quod illas ab ipsis religiosis in « feudum teneant, recognoscant : non tamen licet religiosis « eisdem, post talem infeudationem, vel recognitionem sic de « facto præsumptam, ejusmodi decimas de manibus laicorum « acquirere vel recipere absque diœcesanorum episcoporum « assensu. Illas autem decimas intelligimus posse taliter a reli- « giosis de manibus laicorum recipi vel acquiri quæ ante Late- « ranense concilium ipsis laicis in feudum perpetuo fuere con- « cessæ. »

En France, on s'est réglé sur cette décrétale d'Alexandre IV, et nous ne tenons pour dîmes inféodées justes et légitimes que celles dont l'inféodation est dûment faite et prouvée avant le troisième concile de Latran, de l'an 1179 : en sorte que toutes les autres, soit avant ou après ce concile, qui ont été possédées par des laïques, sont regardées comme des biens usurpés injustement sur l'Église, à qui ils doivent être restitués. On peut voir, à ce sujet, Thomassin, *Discipline ecclésiastique*, t. III, part. 3, lib. 1, cap. 11, p. 36, 37, nᵒˢ 11 et 12; Gonzalez, ad cap. 19, Extra., *de Decimis* ; de La Lande, ad tit. Extra., eodem titulo; Roverium, *in Rismao*, num. 172; Germonium, lib. III, *de Sacror. immunitatibus*, cap. 19; Durantum, *Quœstion. juris*, cap. 32 ; Le Maître, *de Decimis*, cap. 8, nᵒ 9; Bosquetum, ad Innocent. III, lib. I *Epist.*, cap. 21, et lib. II, cap. 29; Valboam, *ad Decretales*, et ad cap. *ad Aures*, *de Præscriptionibus;* Louet, lett. D, som. 3 ; et Brodeau sur cet auteur, lett. D, somm. 9; Coquille, dans son *Institution*, in-folio, de l'édition de Paris, en 1665, p. 54; Grimaudet, *des Dîmes*, liv. II, chap. 6, nᵒˢ 29, 30, 31 ; *et le *Glossaire*, Vᵒ *Dîmes inféodées; *Brussel, p. 836 et ss. *

Selon l'ancien droit du royaume, qui ne permettait pas à un vassal d'abréger ou de diminuer son fief sans le consentement de ses seigneurs ni du roi, en remontant de degré en degré, il n'était pas au pouvoir des laïques propriétaires de ces sortes de fiefs de les restituer à l'Église, au préjudice de leurs seigneurs suzerains ni du roi, *souverain fieffeux* de son royaume. Mais saint Louis, qui sera regardé dans tous les siècles comme un modèle de piété et de justice, statua par son ordonnance du mois de mars 1269 que ces sortes de restitutions seraient bonnes sans son consentement ni celui de ses successeurs. V. le t. I des *Ordonnances*, p. 102, 103.

XIX.

729. Mais la qualité et quotité d'icelles se peut par eux prescrire par quarante ans, suivant la *Philippine*.

V. Brodeau, sur Louet, lett. D, somm. 9, nᵒ 18 ; de Cambolas, l. III, ch. 8, nᵒ 1; Grimaudet, *des Dîmes*, l. III, ch. 8, à la fin.

Suivant la Philippine. * C'est l'ordonn. du roi Philippe IV, de l'an 1303, qui s'appelle ainsi.* V. *Styl. Parlamenti*, part. 3, tit. VI, § 51; tit. XXXV, § 1; La Thaumassière, sur la coutume du Berry, tit. X, art. 17, p. 391; Coquille, dans son *Institution*, p. 53, de l'édition de 1665; l'ordonn. de Charles IX, de l'an 1563; celle de Henri III, à Poitiers, en 1577, art. 13; l'édit de Melun, art. 39; l'ordonnance de Blois, art. 50; la coutume d'Auvergne, chap. 17, art. 18; de la Marche, art. 96; du Bourbonnais, art. 21; Brodeau, sur Louet, lett. E, somm. 21, n° 12.

XX.

730. Possesseur de malle-foi ne peut prescrire.

*L'Allemand dit : *Ein Jahr bœse, hundert Jahr bœse*, un an mauvais, cent ans mauvais. Eisen., p. 239.*

* Ce qui est conforme au droit canon, * cap. *Malæ Fidei, de Regulis Juris*, in VI°, que nous ne suivons que dans la prescription de dix et vingt ans, * et contraire au Droit romain.* V. Brodeau, sur l'art. 118 de la coutume de Paris, et les autres commentateurs. Cette règle est prise de l'auteur du *Grand Coutumier*, liv. II, chap. 9. V. la règle X de ce titre; l'art. 118 de la coutume de Paris; Barbosam, *de Prœscriptionibus*, ad rubricam, n° 322, cum sequentibus, p. 207; Vasquez, cap. 81, *Quæst. illust.*, n° 12; Covarruviam, ad cap. *Possessor.*, part. 2, § 8, n° 3; Menochium, *de Præsumptionibus*, lib. III, præsumptione 130, n° 12.

XXI.

731. Toutes les choses des croisés sont en protection de sainte Église, et demeurent entières et paisibles jusques à leur repaire, ou qu'on soit certain de leur mort.

REPAIRE. * Réapparition, retour.*

V. Cangium, *in Glossario*, verbo *Crucis privilegium*; le chapitre 45 de l'ancienne coutume de Normandie; * Marnier, coutume de Normandie, p. 104 et 108, Olim, t. I, p. 493, n° X; * l'ordonnance de Philippe-Auguste, du mois de mars 1214, avec les notes qu'on y a faites, et le chap. 84 du premier livre des *Établissements* de saint Louis, aussi avec les notes; * Beaumanoir, chap. 8, n° 3.*

XXII.

732. En douaire et autres actions qui ne sont encore nées, le temps de la prescription ne commence à courir que du jour que l'action est ouverte.

Paris, art. 117; *la Conférence*; et *supra* liv. I, tit. I, règle XXXVI.

XXIII.

733. Entreprises qui se font dessus ou dessous rue publique, ne se prescrivent jamais.

*L. 2, D., *de Via public.*; l. 9, *de Usucap.**

V. Paris, art. 186; Nivernais, chap. 10, art. 2; Bourbonnais, art. 519, et la règle xxvii de ce titre.

XXIV.

734. Le vassal ne prescrit contre son seigneur, ni le seigneur contre son vassal.

Beaumanoir, chap. 24, n° 9.

La coutume de Paris, art. 12; Des Mares, décision 198. Ce qui n'est vrai que quand le seigneur possède le fief de son vassal par saisie féodale, ou quand le vassal veut prescrire contre ses aveux. Ce qu'ils ne peuvent pas, parce que personne, par un simple effet de volonté, ne peut changer le titre de sa possession au préjudice d'un tiers. Mais, dans les autres cas, le seigneur, comme tiers acquéreur, peut prescrire contre son vassal, et le vassal contre son seigneur : ce qui est expliqué par Brodeau, sur l'art. 12 de la coutume de Paris, n°s 7 et 8; et par Dumoulin, sur l'art. 7 de l'ancienne coutume de Paris, n° 15.

XXV.

735. Le cens et la directe sont aussi imprescriptibles.

Paris, art. 124; l'auteur du *Grand Coutumier*, liv. ii, chap. 10, p. 107.

Il y a des coutumes qui ont des dispositions contraires. V. celle du Bourbonnais, tit. vi, § 22; de La Thaumassière, dans son *Traité du Franc-aleu*.

XXVI.

736. Mais ils peuvent se prescrire par un seigneur contre l'autre, par trente ans; et contre l'Église, par quarante.

Paris, art. 123.

XXVII.

737. Vues et égouts n'acquièrent point de prescription sans titre.

Paris, art. 186, et *la Conférence*.

XXVIII.

738. Souffrance et accoutumance est déshéritance.

DÉSHÉRITANCE. *C'est-à-dire dépossession.*
V. ci-dessus, liv. IV, tit. III, règle XXXIII; et Loyseau, *des Offices*, liv. II, chap. 2, n° 54; *coutume de Hainaut, chap. 72, 74, 77; Mons, chap. 5 et 28.*

◆XXIX.

739. En toutes choses indivisibles, l'interruption faite contre l'un profite contre tous.

L. ult., C., de Duob. reis, VIII, 40.
V. ci-dessus, liv. IV, tit. I, règle XXII; Berry, tit. XII, art. 13; Bourbonnais, art. 35; Anjou, 435; Nivernais, tit. 36, art. 5; de La Thaumassière, sur l'article cité de la coutume de Berry; et Ragueau, au même endroit; Du Pineau, sur l'art. 435 de la coutume d'Anjou; Coquille, sur l'article cité de la coutume du Nivernais; Louet, lett. D, somm. 2; et Molinæum, *de Usuris*, n° 671.

TITRE QUATRIÈME.

DE POSSESSION, SAISINE, COMPLAINTE, OU CAS DE NOUVELLETÉ, SÉQUESTRE, RECRÉANCE ET MAINTENUE.

POSSESSION, SAISINE. Grand Coutumier, liv. II, tit. des Cas de saisine et de nouvelleté : « Jaçoit ce que le droit de possession
« et saisine n'ayent point de différence expresse, toutefois par
« coutume ils ont telle différence que comme à juste cause et à
« injuste cause possession se peut acquérir par occuper seule-
« ment, mais s'acquiert momentanément ; et par icelle posses-
« sion continuée *non vi, non clam nec precario*, la saisine est
« acquise par an et jour. Et pour ce, par la coutume, saisine est
« réputée juste de soi, *propter temporis adminiculum*, mais

« possession, non; *quia temporis adminiculum non requirit.* Et
« emporte cette saisine grand effet, car si je m'allègue saisy par an
« et jour, si mon adversaire n'allègue saisine contraire, l'en
« présumera pour moy et non pour luy, tellement que pendant
« le plaid, la chose ne sera point mise en la main du roy, mais
« demourera à mon prouffit; et ainsi vous povez voir que sai-
« sine comprend et dénote possession, et naît saisine de posses-
« sion, *et non e contrario.* » — Et c'est pourquoi l'on dit que
in pari causa, melior est conditio possidentis. *

On remarquera ici qu'anciennement il y avait deux voies pour
intenter le cas ou le libelle de nouvelleté :

L'une par manière de complainte ;

L'autre par un simple ajournement.

Et il y avait plusieurs différences et avantages de procéder
entre une manière et l'autre ;

Car, en la première manière de complainte, l'opposition faite,
la chose contentieuse était mise en la main du roi, pour le débat
des parties ; mais par l'autre manière, non.

Si, par manière d'ajournement, la chose était commencée, le procureur du défendeur avait avis, et puis vue ; mais
par la complainte, non ; car l'opposition faite sur le lieu valait
vue.

Et parce que, par l'autre voie, c'est à savoir par manière de
complainte, l'opposition faite sur le lieu valait vue, en quelque
état de la cause qu'une des parties fût défaillante, elle perdait
sa cause, puisqu'elles étaient l'une et l'autre également acer-
tenées de la cause et du lieu. L'auteur du *Grand Coutumier*,
liv. ii, chap. 21, tit. *des Cas de saisine.* V. Charondas, sur le
même auteur, p. 414-415 ; Imbert, dans ses *Institutions forenses*,
liv. i.

I.

740. Possession vaut moult en France, encore qu'il y
ait du droit de propriété entremêlé.

Des Mares, décision 413 ; *Grand Coutumier,* cité *infra,* règle x.
V. les règles qui suivent.

POSSESSION VAUT MOULT EN FRANCE. Cette règle est prise du
Droit romain, qui a été reçu dans tous les États de l'Europe,
parce qu'en ce point il est conforme à la raison. Ainsi, si le propriétaire d'un fonds le vend à deux différentes personnes, dans
cette parité, la condition du possesseur sera la meilleure. Leg. 9,
D., *de Publiciana in rem actione;* leg. 31, D., *de Actionibus*

empti; leg. *Quotiens* 15, C., *de Rei vindicatione.* V. Louet, sous la lett. V, chap. 1.

Cette question s'est présentée, en 1726, en la quatrième chambre des enquêtes, sur l'appel interjeté d'une sentence du Châtelet de Paris, dans l'espèce qui suit.

En l'année 1723, un particulier vendit, au nommé Barreau, une maison située à Paris, et une ferme à la campagne, par un contrat sous signature privée, qui ne fut insinué que le 24 avril 1724, après les trois mois accordés par l'édit de 1705.

Quelque temps auparavant, ce particulier avait vendu cette même maison et cette même ferme au sieur Biseau, auditeur des comptes, par un contrat authentique passé par-devant notaire, contenant dessaisine au profit de l'acquéreur. Le sieur Biseau, plus diligent que Barreau, fit insinuer, suivant les édits et déclarations du roi, son contrat d'acquisition dans les trois mois. Comme la maison située à Paris était dans la mouvance de Saint-Martin-des-Champs, il fit ensaisiner, par les religieux, son contrat, le plus promptement qu'il put; et M. Amelot, de qui la ferme relevait, s'étant trouvé absent, le sieur Biseau le somma de recevoir ses droits, qui lui furent payés.

Y ayant eu procès entre ces deux acquéreurs, il y eut sentence au Châtelet, en faveur du sieur Biseau, fondée sur le droit et la raison, *quia in pari causa melior est conditio possidentis;* et Barreau en ayant interjeté appel, il y eut arrêt le 17 juillet 1726, par lequel la sentence fut infirmée, et le sieur Biseau condamné aux dépens.

Qu'il me soit permis de le dire : il me semble que cet arrêt est non-seulement contre les lois romaines, mais encore contre les dispositions de nos coutumes qui les ont reçues, et contre la jurisprudence des arrêts rapportés par Brodeau, sur Louet, lett. V, chap. 1, et contre le sentiment de nos auteurs; de Brodeau, sur l'art. 82 de la coutume de Paris, n° 9; de Tronçon, de Guérin, au même endroit; et d'Auzannet, dans son préambule sur l'art. 4 de la coutume de Paris. Et m'étant informé quelle pouvait avoir été la raison de cette décision, j'ai eu pour réponse que le Droit romain ne faisait pas loi dans nos pays coutumiers. V. la note sur la règle VII de ce titre; et Salvaing, dans son *Traité de l'Usage des Fiefs,* chap. 45, p. 218, 219; Guy Pape, ou, pour mieux dire, Guy de La Pape (car c'était son nom), dans ses *Questions,* chap. 22, 46, 81, 112.

II.

741. En toutes saisines, le possesseur est de meilleure condition ; et pour ce, *qui possidet et contendit, Deum tentat et offendit*.

* *Beati possidentes* est une maxime reçue dans toutes les législations d'Europe. *

Cette règle est prise de l'auteur du *Grand Coutumier*, liv. II, tit. *des cas de Saisine*. « En toutes saisines, » dit cet auteur, « le « possesseur est de meilleure condition. Car jaçoit ce qu'il soit « moins fondé selon droit, ou qu'il n'ait que possession telle « quelle ; toutefois si le demandeur, son adversaire, ne prouve « son droit, la saisine sera adjugée au possesseur. » V. tit. Institut. *de Interdictis*, § *Retinendæ*; Ulpianum, in leg. 1, § ult., et Paul in leg. seq., D., *Uti possidetis*, Cludium, p. 340. * C'est donc vraiment tenter Dieu que de s'inquiéter soi-même lorsqu'on est en possession. *

III.

742. Le viager conserve la possession du propriétaire.

* VIAGER est la même chose qu'usufruitier, c'est celui qui perçoit les fruits à vie. Nous disons dans le même sens, *rentes viagères, pensions viagères*. V. Beaumanoir, chap. 24, n° 4. *

Leg. *Acquiruntur* 10, § finali, D., *de Acquirendo rerum dominio*; leg. 1, § *Per eum*, D., *de Acquirenda vel amittenda possessione*; leg. *Certo*, 6, § 1, D., *de Precario*. V. Cludium, cap. 6, *Rerum quotidianarum*, p. 210, n° 112; les *Coutumes notoires du Châtelet de Paris*, art. 177, 179; Jean Des Mares, décisions 84 et 108.

IV.

743. Tout possesseur de bonne foi fait les fruits siens.

* Beaumanoir, chap. 20, *De ceux qui tiennent héritage par cause de bonne foi, et comment ils doivent estre wardé de damage*. *

Tit. Instit. *de Officio judicis*, § *Et si in rem* 2, versiculo *Si vero*, et le § 35, tit. *de Rer. Div.*, II, 1. V. ci-dessus, liv. IV, tit. 4, règle XIX; Zouchæum, classe 4, *Quæstionum juris*, cap. 9; Donellum, *Comment.*, lib. IV, cap. 25 et 26; Fachinæum, lib. 1,

57, 58; Hunnium, *tractatu* 1, *quæst.* 31 ; Grotium, *de Jure belli*, lib. II, cap. 8; Pacium, cont. 5, *quæst.* 44, 45; Bronchorst., assertion. 88, 89, cont. 2; Hagmesium, *de Fructibus*; Gallum, *de Fructibus.*

V.

744. Il ne prend saisine qui ne veut.

V. l'auteur du *Grand Coutumier*, liv. II, titre *des Cas de saisine et de nouvelleté*; Des Mares, décis. 189, 203, 234; et Paris, art. 82. Mais quand on ne prend point saisine, l'année donnée pour le retrait ne court pas. V. Des Mares, décis. 207; l'auteur du *Grand Coutumier*, liv. II, chap. 34, p. 226, 227, et *Stilum parlamenti*, part. 7, cap. 83, et la note sur la règle VIII de ce titre.

VI.

745. Appréhension de fait équipolle à saisine.

' Sur le sens de cette règle *Grand Coutumier*, cité *inf.* règle x. '

Ainsi, dans les coutumes où cette règle est en usage, l'année donnée pour le retrait court du jour que l'acquéreur s'est mis en possession de la chose, en présence de deux notaires, ou d'un notaire et de deux témoins voisinaux. V. l'art. 159 de la coutume de Touraine, et le 4 de celle du Loudunois, au titre *des Retraits.*

VII.

746. Dessaisine et saisine faite en présence de notaires et de témoins vaut et équipolle à tradition et délivrance de possession.

' DESSAISINE ET SAISINE sont les clauses d'investiture usitées dans les contrats translatifs de propriété, clauses qui tiennent lieu de la tradition des immeubles et droits réels, et qui ont le même effet que cette tradition. '

Cette règle est tirée de la coutume de Lorris, tit. XI, art. 7; et de celle d'Orléans, art. 278. Mais une telle tradition ne suffrait point dans une donation simple, qui est toujours nulle, quand le donateur meurt en possession de la chose donnée, suivant la règle *donner et retenir ne vaut.* V. les commentateurs sur les articles cités; de La Thaumassière, sur la coutume de

Berry, tit. vii, art. 1; Louet, lettre V, somm. 1; l'auteur du *Grand Coutumier*, *supra*, règle v.

Vaut et équipolle a tradition. Ainsi lorsque, de deux personnes qui ont acquis séparément le même héritage, il y en a une qui a eu telle saisine et dessaisine, il est évident qu'elle doit être préférée à celle qui n'a qu'un contrat de vente sous signature privée; et si celui qui a une telle saisine et une telle dessaisine a encore pour lui la saisine du seigneur ou la possession de fait, sa cause n'en est que meilleure; et en vain on opposerait à cela que le Droit romain ne fait pas loi dans le royaume, ou, pour mieux dire, dans nos pays coutumiers, parce que le bon sens et la raison, qui ne sont autre chose que le Droit romain, doivent prévaloir partout; et d'ailleurs parce qu'en ce point nos coutumes sont conformes au Droit romain. V., à ce sujet, ce qu'on a remarqué dans la *Dissertation sur le Tenement de cinq ans*, chap. 2, nomb. 22, 23; de sorte que l'arrêt rapporté sur la règle première de ce chapitre ne peut être tiré à conséquence.

Équipolle a tradition et délivrance de possession. Quand le seigneur foncier en baille la saisine à cause de vendition, échange, don, aliénation, ou autre titre, *quia facti traditio saisinam generat et inducit*. V. Joannem Fabrum, ad titulum Institut. *de Interdictis*, § *retinendæ*; et l'auteur du *Grand Coutumier*, cité *infra*, règle x.

VIII.

747. Toutefois l'on ne peut acquérir vraie saisine en fief sans foi, ou assentement du seigneur.

On ne peut acquérir vraie saisine en fief sans foi, ou assentement du seigneur. V. * Beaumanoir, chap. 6, n° 4; * l'art. 53 des *Coutumes notoires*. Lorsque le seigneur féodal était saisi du fief mouvant de lui par le décès de son vassal, ou lorsque le vassal, en aliénant son fief, s'en était dévêtu entre les mains de son seigneur, dans ces deux cas l'héritier ou l'acquéreur que le seigneur féodal avait reçus en foi avaient la pleine et entière saisine du fief; c'est-à-dire qu'ils avaient en même temps la possession de droit et de fait.

Mais si le vassal avait aliéné son fief sans devest, pour lors le seigneur féodal, qui n'avait pas la pleine et entière saisine du fief mouvant de lui, ` la pouvait donner à l'acquéreur, qui lui en offrait la foi. Ce qui a fait dire à Jean Des Mares, dans sa décis. 62, que « foi et hommage ne donnoient pas la possession, « s'il n'y avoit appréhension de fait. » V. les décis. 185, 189.

Mais si le fief se trouvait sans homme par le décès du vassal, comme le seigneur direct en était saisi avant l'héritier, pour lors l'héritier n'en pouvait avoir la saisine que par le seigneur, en lui faisant foi et hommage.

De là vient que, dans le chapitre 72 des *Coutumes notoires*, il est décidé « qu'aucun ne peut être propriétaire, s'il n'est « ensaisiné réellement et de fait, par le seigneur d'icelle pro-« priété, ou par les gens dudit seigneur, sous qui elle est; » où il y a cette note : *et est vera consuetudo, excepto in censu.* « Car, par la condition des lettres, la seigneurie de ce censive « s'acquiert sans être vêtu par le seigneur. »

Mais sitôt que le nouvel acquéreur du fief s'en était mis de fait en possession, il pouvait, sans attendre la possession d'an et jour, en cas de trouble, intenter la complainte, en cas de saisine et de nouvelleté. Ce qui est très-bien expliqué par l'auteur du *Grand Coutumier*, liv. ii, chap. 21, dont on rapportera encore ici les paroles.

« Si c'est fief noble, saisine de droit, ne autre, n'est acquise « sans foy; car le seigneur direct est saisi avant que l'héritier. « Mais par faire hommage et par relief, le seigneur direct doit « saisir l'héritier. Et la raison si est, car le seigneur féodal a la « seigneurie directe, à laquelle la profitable est adoncques con-« jointe et annexée par la mort du vassal.

« Et semble encore, selon la commune opinion, qu'à plus « proprement parler l'on peut dire que, par la mort du vassal, « le fief chet et gist par telle manière, qu'il ne peut estre pos-« sédé ne par le seigneur ne par l'héritier, fors quand il est « relevé par le seigneur direct; et de ce relief que le seigneur « fait à l'héritier en le prenant et laissant en sa foy, il a le droit « qui est appelé *relief*, que l'on dit aucune foys *rachat*.

« Item, en cas de fief, la saisine ne iroit jamais à l'héritier « par la mort de son prédécesseur tant seulement; mais l'on « peut bien dire que le droit lui compète par la mort, en telle « manière que l'hommage fait, il se peut de son autorité « ensaisiner sans danger. »

Joignez l'art. 53 des *Coutumes notoires* jugées au Châtelet de Paris.

IX.

748. Jouissance de dix ans vaut saisine.

C'est-à-dire que l'acquéreur qui a joui paisiblement pendant dix années est autant ensaisiné de la chose acquise que s'il en avait été ensaisiné par le bailli. Cette règle est prise de l'art. 265 de la coutume de Péronne. * Vermandois, 130; Reims, 68; Beaumanoir, chap. 24, n° 4. * Cependant, selon cette même coutume, dans l'art. 240, « si l'acheteur a différé de se faire « ensaisiner, ou investir par dix, vingt ou trente années, l'an du « retrait ne court, ains commence à courir après ladite saisine, ou « investiture seulement. » V., en cet endroit, les commentateurs et ci-dessus la règle XLI du titre *du Retrait*, liv. III, tit. v.

X.

749. Qui a joui, par an et jour, d'aucune chose réelle ou droit immobilier, par soi ou son prédécesseur, *non vi, non clam, non precario*, en a acquis la saisine et possession, et peut former complainte dans l'an et jour du trouble à lui fait.

* L'Allemand dit . *Jahr und Tag ist die rechte Gewœhr.* An et jour, c'est la juste saisine. Eisenh., p. 241. *

* *Cour des Bourg.*, chap. 29, 31. *

Paris, art. 96. V. Joannem Fabrum, ad tit. Institut. *de Interdictis*, § *Retinendœ.* L'auteur du *Grand Coutumier*, liv. II, *Des cas de nouvelletés.* « Ils sont trois espèces de possession suf-« fisant à saisine; c'est à savoir possession acquise par occupa-« tion, possession acquise par succession, possession acquise « par tradition de fait. Item à ce qu'occupation suffise pour « acquérir possession, trois choses sont nécessaires, c'est à « savoir que la chose ne soit mie occupée par force, ni clan-« destinement, ni par prière, mais paisiblement, publiquement, « et non à titre de louage ni de prêt. Et quiconque a une « chose par an et jour ainsi tenue et occupée, il acquiert saisine « d'icelle, tellement que si depuis ce il appert aucuns oppo-« sans ou empêchans, iceluy possident peut dedans l'an et « jour après l'opposition faite, ou empêchement mis en ou pour « ladite chose, intenter libelle d'interdit de possession que l'on « appelle vulgairement de nouveau trouble et empêchement « de saisine.

« Mais en titre de succession le hoir se peut dire, incontinent
« après la mort de son prédécesseur, en possession et saisine des
« biens du trépassé, dont il se dit hoir : *quia saisina defuncti*
« *descendit in vivum*, et si momentairement, et avant l'an et jour
« de saisine, ils se apparent aucuns opposans ou empêchans,
« iceluy peut contre eux intenter ledit libelle et soy aider de la
« saisine à cause de la saisine de son prédécesseur et devancier.
« Aussi fait celui qui possède la chose par tradition de fait,
« c'est à savoir quand le seigneur foncier luy en baille la sai-
« sine à cause de vendition, échange, don, aliénation ou
« autre titre : *quia facti traditio saisinam generat et inducit.* »
L'ordonnance de 1667 au titre *des Complaintes*, et la règle xxviii
de ce titre.

Qui a joui par an et jour, etc. De là vient que l'action en
retrait ne peut être intentée après l'an et jour, au préjudice de
la saisine de l'acquéreur. De là vient que la complainte ne
dure qu'un an, et que le privilége de gagerie pour cens et
rentes se perdait par an et jour. Ce qui est très-bien expliqué
par l'article qui suit, qui est le 44 des *Coutumes notoires*.

« Qui se dit estre en saisine de prendre aucune rente ou cens
« sur aucun héritage, et il délaisse à continuer sa saisine par
« an et jour, la maison étant continuellement ouverte et gar-
« nie, sans soi faire payer et faire aucun exploit par iceluí
« tems sur ladite maison, ne autrement, il deschiet de ladite
« saisine, quant à la gagerie, et discontinue icelle ; et est la
« coustume vraie à prendre et entendre l'an et jour dont l'ar-
« rest fait mention estre duement passez et accomplis avant le
« dernier exploit et le commencement du procès ; et que lors,
« et avant le procès et dernier exploit, tous les termes de l'an
« soient dus entièrement, et plus, et encore en l'autre année.
« Probata per 12 de Castelleto Parisiense. »

De là vient que l'art. 163 ne donne encore, aux créanciers
de rentes, le droit de gagerie, que pour trois quartiers, au
lieu que pour le cens, elle a étendu la gagerie à trois années,
V. la décis. 143 de Jean Des Mares ; et l'art. 42 des *Coutumes
notoires*, avec l'art. 81.

Peut former complainte. V. cette procédure dans l'auteur
du *Grand Coutumier*, liv. iii, titre *de Saisine et nouvelleté*.
Beaumanoir, chap. 6, n° 4.

XI.

750. En cas de nouvelleté, se faut bien garder de dire qu'on ait esté Spolié, mais simplement Troublé, ou Dejetté de sa possession par force.

V. l'auteur du *Grand Coutumier*, du cas *de Saisine.* « Celuy « qui se plaint en cas de nouvelleté se doit garder de dire qu'il « soit dessaisy ou dépouillé de sa saisine, car il ne pourroit pas « intenter la nouvelleté s'il ne possédoit, ou contendoit pos- « séder. Item en ce cas celuy qui s'oppose se doit dire saisy, « autrement il ne seroit mie légitime contradicteur. — En cas « de saisine et de nouvelleté chacun est demandeur et défen- « deur, et l'un contredisant à l'autre en toutes choses, ni celuy « n'est mie légitime contradicteur qui contend (conteste simple- « ment) son adversaire posséder, mais convient que luy-mesme « se die possesseur. » La *Dissertation sur le Tenement*, chap. 3, n°s 6 et 7; et le *Glossaire du Droit français*, sur le mot *Complainte.*

NOUVELLETÉ. Nouveau trouble. V. le *Glossaire*, sur ce mot. Et comme en complainte chacun se dit troublé, chacun est demandeur et défendeur. V. tit. Instit. *de Interdictis*, § 7; *Styl. Parlam.*, part. 1, cap. 18, § 3; J. Fabrum, ad tit. Inst. *de Interdictis*, § *Retinendæ*, n° 13, in fine. * « Narra in libello « factum tuum sapienter, et super omne cave quod non narres « tale factum per quod videaris compulsus vel expulsus desiisse « possedisse, quia te ipsum excluderes. * »

XII.

751. Trouble s'entend, non-seulement par voie de fait, mais aussi par dénégation judiciaire.

V. l'auteur du *Grand Coutumier*, liv. ii, chap. 21, titre *des Cas de saisine.* « Paroles de menaces ne suffisent point pour soy complaindre en cas de nouvelleté, ainsi comme l'en dit que *sauve garde n'est mie enfreinte par paroles mais de fait*, aussi faut-il que de fait l'empêchement soit mis ; autrement la complainte ne vaut rien. Et ci-après, liv. vi, tit. iii, règle viii, avec la note ; et règle xviii de ce titre, avec la note.

XIII.

752. Au roi, ou à ses baillifs et sénéchaux, appartient, par prévention, la connoissance des complaintes de nouvelleté en chose profane, et privativement à tous autres juges, en matière bénéficiale., par reconnoissance mesme des Papes de Rome.

Au roi ou a ses baillifs appartient par prévention la connoissance des complaintes de nouvelleté en matière profane. V. De Fontaines, c. 32, art. 17; * Olim, t. II, p. 56, x, et 408, xx; * et le *Style du Parlement*, part. 1, chap. 18, § 25. L'auteur du *Grand Coutumier* s'explique ainsi à ce sujet, liv. II, chap. 21.

« Tous cas de saisine et de nouvelleté sont de fait; et, pour « ce, le roi, par prévention, en a la cognoissance et n'en fera « point de renvoi au hault justicier ne à l'official mesmes, sup-« posé que la cause fût spirituelle. »

« Autrefois a esté plaid et procez de saisine et de nouvelleté, « entre certains marguilliers et leur curé, pour cause de repo-« sitoire du corps de Nostre-Seigneur. Mais il fut dit, par le « Parlement, que la cognoissance en demeureroit au roi. »

« Tout ainsi fut-il dit entre les marguilliers de Saint-Leu « Saint-Gilles de Paris, pour un poille qui avoit été osté de « dessus un corps, entre un évêque et une abbesse. Car à lui « appartenoit d'instituer un curé; et, sur ce, intentèrent libelle « de nouvelleté. *Dit fut comme dessus.* De certaines offrandes « et oblations fust dit comme dessus, et furent reçues par un « sergent, comme par la main du roi. Et la cause pourquoi « la juridiction temporelle a cette connoissance peut être pour « ce que, comme dit est, la possession est de fait, et la cause « de la nouvelleté ne décide point la cause de la propriété, « laquelle pourroit retourner à la cour spirituelle. » Aujour-d'hui les juges subalternes connoissent de ces complaintes dans leur territoire, pourvu qu'ils n'aient pas été prévenus par les juges royaux. V. l'art. 2 de la déclaration du mois de juin 1539 sur l'édit de Crémieu; et Brodeau, sur Louet, lettre B, somm. 11, n° 10 et 15.

Et privativement en matière bénéficiale. L'auteur du *Grand Coutumier* nous marque cette jurisprudence en ces termes:

« En Parlement et en Chastellet l'on cognoist des possessions « et saisines des bénéfices; pour ce qu'elles sont de fait : et « n'est mie nécessaire, mesme en cas de nouvelleté, que la

« main du roi soit toujours apposée en la chose contentieuse.
« Mais il suffit dire avoir esté et estre, par temps suffisant à
« avoir acquis saisine, saisi de la chose contentieuse, et par
« les ans et exploits derniers, et y avoir esté de nouvel troublé.
« Car ces deux moyens suffisent à intenter le libelle de nou-
« velleté; et par ces deux moyens, libelle est tout entier, et a
« tous ses membres. »

Et cet ancien droit du royaume est confirmé par l'ordonnance
de Louis XI, du 30 juillet 1464, et par celle de 1667, au tit. xv
des *Procédures des Bénéfices*, art. 4, en ces termes : « Les
« complaintes pour bénéfices seront poursuivies par ceux aux-
« quels la connoissance en appartient, privativement aux juges
« d'église et à ceux des seigneurs; encore que les bénéfices
« soient de la fondation des seigneurs ou de leurs auteurs, et
« qu'ils en aient la présentation et la collation. » Il y a un
autre usage touchant les bénéfices en régale. V. la même ordonnance, au même titre, art 19. * Févret, *Traité de l'Abus*,
liv. iv, chap. 2. *

PAR RECONNOISSANCE MESME DES PAPES DE ROME. V. Ferault, dans
son *Traité des Priviléges des rois de France*, chap. 12; Rebuffum, *ad Constitutiones regias de Causis beneficiorum possesso-
riis*; Felinum, ad capitul. *Sicut*, Extra., *de Re judicata*;
Aufrerium, in tractatu de *Potestate seculari super eccles.*;
Ranchinum, *ad Decisionem primam* Guidonis Papæ; Ferre-
rium, ibid., pag. 3, col. 2, etc.

XIV.

753. En complainte de nouvelleté, y a amende envers
le roi et la partie.

V. l'ordonnance de Charles VII, de l'an 1453, art. 78; celle
de Charles VIII, de l'an 1493, art. 49; de Louis XII, de l'an 1510,
art. 50; de François Ier, de 1535, chap. 9, art. 4; celle de
Louis XIV de 1667, tit. xviii, art. 6; l'auteur du *Grand Coutumier*,
liv. ii, tit. des *Cas de saisine*, liv. iii, au chap. 3 des *Défauts*;
et chap. 18 des *Pairs de France*; et *Styl. Parlament.*, part. 1,
cap. 18, n° 25.

* DAVOT. — Dans la pratique il n'est pas ordinaire de prononcer des amendes en ce cas; on se contente de condamner celui
qui a fait le trouble en des dommages-intérêts. *

XV.

754. Pour simples meubles, on ne peut intenter complainte; mais en iceux, échet aveu et contre-aveu.

* La possession de meubles n'a pas paru assez importante pour la protéger par l'action en complainte. *

V. *Grand Coutumier*, liv. II, chap. 21. V. *infra* la règle XVII; Paris, art. 97.

Aveu et contre-aveu. V. les coutumes de Touraine, art. 320; du Loudunois, chap. 2, art. 13; du Poitou, art. 385; de la Rochelle, art. 20; d'Anjou, 146, 420.

Avouer un meuble, c'est le réclamer, le vendiquer. V. l'auteur du *Grand Coutumier*, liv. II, tit. *de Rei vindicatione;* Imbert, liv. I, de son *Institution*, chap. 17, n° 12, 13; et le *Glossaire du Droit français*, sur *Aveu* et *Contre-Aveu*.

XVI.

755. Pour ce, les exécuteurs de testament ne peuvent former complainte.

* Parce que, suivant l'art. 197 de la coutume de Paris, ils ne sont saisis que des meubles. Il en serait autrement dans les coutumes qui leur donnent la saisine des immeubles, ou si le testateur, par une disposition expresse, l'avait étendue jusque-là.*

V. l'art. 290 de la coutume d'Orléans, avec le commentaire de Lalande; et Imbert, dans son *Manuel*, au titre *Exécuteur de Testament.* *

XVII.

756. Succession universelle de meubles, et généralement toutes choses qui ont nature d'héritage ou de droit universel, chéent en complainte.

V. l'art. 1 du tit. XVIII de l'ordonnance de 1667; la coutume de Paris, art. 97; l'auteur du *Grand Coutumier*, liv. II, chap. 21, tit. *de Cas de Saisine*. « Item jaçoit de que l'on die que pour meubles l'en ne puisse pas intenter le cas de nouvelleté toutefois si fait bien.... en cas d'une succession universelle combien que l'on ne fust pas à recevoir à demander par nouvelleté une pinte ou une robbe, toutefois l'on fait bien à recevoir à demander universellement la succession, supposé qu'il n'y ait que meuble. » * Masuer, en sa *Pratique*, tit. *de Possession*. *

XVIII.

757. Cessation, contradiction et opposition valent trouble de fait.

* DAVOT. — *Cessation* doit être entendu ici du refus de paiement accompagné de contradiction ; l'opposition est une vraie dénégation du droit, *Opposition vaut trouble du fait*, dit l'art. 488 de la coutume d'Orléans. Lorris, chap. 21 , art. 5. *

XIX.

758. Cas sur cas, ou main sur main n'a point de lieu ; ains se faut pourvoir par opposition.

C'est-à-dire que complainte sur complainte et saisie sur saisie n'ont point de lieu, mais qu'il faut se pourvoir par opposition. V. Papon, dans ses *Notaires*, liv. VIII, t. II, p. 584 ; Imbert, dans sa *Pratique*, liv. I, chap. 11 , p. 90, 91.

Cependant, quand un fief est saisi à la requête de créanciers, le seigneur féodal, quand le cas y échet, peut faire saisir féodalement. Pour lors, *main sur main a lieu*. V. Brodeau, sur l'art. 34 de la coutume de Paris , n° 12, 13 et 14 ; et ci-dessus, liv. IV, tit. III, art. 27 et 28 ; la coutume du Berry, tit. IX, art. 82 ; le commentaire de La Thaumassière ; et ci-après, liv. VI , tit. v, règle x ; *Codicem Fabrianum* , p. 52 ; définit. 95, n° 12.

XX.

759. L'on dit vulgairement qu'entre le roi , le seigneur et le sujet ou vassal n'y a point de nouvelleté.

* DAVOT. — Il n'y a point de complaintes entre le roy et ses sujets parce que le roy maintenant et gardant ses sujets, il n'est pas convenable qu'il demande à être maintenu contre eux , et que la complainte suppose un trouble qui ne peut ni ne doit être fait par les sujets. Papon, *Arrêts*, liv. VIII, tit. IV, art. 15. *

Anciennement il y avait complainte entre le sujet et le roi. V. * Olim , t. II , p. 400 ; * l'auteur du *Grand Coutumier*, liv. II, c. 21. Ce qui fut corrigé par arrêt du Parlement du 15 septembre 1534. V. ci-après, liv. VI, tit. v, règle IX.

ENTRE LE SEIGNEUR ET LE VASSAL. L'auteur du *Grand Coutumier*, liv. II, chap. 21; la coutume de Lorris, tit. XXI, art. 12; et du Berry, tit. II, art. 32, tit. V, art. 23. Cette règle est vraie, quand le seigneur agit comme seigneur contre son vassal en saisissant faute de foi ou de dénombrement * [le vassal pouvant se pourvoir plus honnêtement par opposition ou appel]. *Mais hors de ces sortes de cas, si le seigneur troublait le vassal, il y aurait lieu à la complainte. V. Papon, dans ses *Notaires*, t. II, p. 584; Jean Galli, dans ses *Questions*; et Dumoulin, dans ses commentaires sur l'ancienne coutume de Paris, § 1, glos. 4, quest. 5.

XXI.

760. De chose qui touche délit, ne se peut dire aucun ensaisiné, et ne fait à ouïr en complainte, ne par usage, ne par coutume.

*Cette règle est prise textuellement du *Grand Coutumier*, liv. II, tit. XXI, *des cas de Saisine*. *

C'est-à-dire que, dans les choses qui approchent du délit, la possession est inutile, tant pour acquérir la prescription, que pour avoir la complainte. V. ci-dessus, liv. V, tit. III, règles XXIII et XXVII; et ci-après ce qu'on a remarqué sur la règle XVIII du tit. *des Crimes*, liv. VI.

XXII.

761. Veuë a lieu en simple saisine, mais non en cas de nouvelleté; car l'opposition que l'on y forme vaut veuë.

VEUË A LIEU EN SIMPLE SAISINE. * Beaum., chap. 9, n° 1. *

* DAVOT. — *Le cas de simple saisine* est celui de la demande d'un possesseur de dix années qui n'aurait pas jouy pendant la dernière, et qui demande d'être rétabli dans son ancienne possession, au lieu que le *cas de nouvelleté* est lorsque le demandeur se prétend possesseur par le dernier an et jour qui a précédé le trouble. V. le *Glossaire du Droit français* au mot *Saisine*, *inf.*, règle XXV. *

MAIS NON EN CAS DE NOUVELLETÉ. L'auteur du *Grand Coutumier*, liv. II, p. 142, est précis à ce sujet. « Si, dit-il, par manière d'adjournement, la chose est commencée, le procureur du défendeur aura advis, et puis VEUE. *— *Olim*, t. I, p. 559, n° 19. *— Mais par la complainte, non; car l'opposition faite

II.   13·

« sur le lieu vault Veue. Et pour ce que, par l'autre voie, c'e[st]
« à sçavoir par manière de complainte, l'opposition faite su[r]
« le lieu vaut veue ; en quelque estat de la cause que l'une de[s]
« parties défaille, elle perd sa cause : car ils sont acertene[z]
« de la cause et du lieu. »

Où Charondas a mis cette note : « Parce que la forme d'exé[-]
« cuter la complainte sur le lieu est abolie, on peut demande[r]
« vue ; sinon que l'action fût intentée pour hérédité ou chos[e]
« universelle, ou telle que la vue ne s'en puisse facileme[nt]
« faire, comme d'un droit de justice, ou autre incorporel. »
V. l'art. 76 des Anciennes Coutumes de Bourges ; et l'ordon[-]
nance de 1667, tit. IX, *de l'Abrogation des Vues et Montrées.*

XXIII.

762. Qui chet en la nouvelleté, pour n'avoir joui a[n]
et jour avant le trouble, peut intenter le cas de simp[le]
saisine.

* *Grand Coutumier*, liv. II, tit. *de Cas de saisine.* « Qui su[c-]
« combe en la nouvelleté il peut intenter libelle sur simp[le]
« saisine, car il n'a pas pour ce perdu la saisine simpleme[nt]
« mais il en est reculé ou débouté en tant que touche ce[tte]
« qualité de nouvelleté seulement. » *

On a remarqué que, pour avoir la complainte en cas de sa[i-]
sine et de nouvelleté, il faut avoir possédé la chose conte[n-]
tieuse par an et jour avant le trouble. V. la règle X de ce tit[re]
Mais celui qui a succombé dans le cas de nouvelleté, pa[rce]
qu'il n'avait pas la dernière possession d'an et jour, a la vé[ritable]
d'action pour rentrer dans la possession de son fonds. Et c'e[st]
ce qui est appelé ici le cas de simple saisine, qui fut introdu[it]
comme le cas de nouvelleté, par messire Simon de Bucy [1]
V. l'auteur du *Grand Coutumier*, liv. II, chap. 21, in fi[ne]
l'art. 98 de la coutume de Paris ; Masuer, tit. XI, n° 63 ; la co[u-]
tume de Meaux, art. 208 ; et le *Guidon des Pratici[ens]*
p. 365, 366.

[1] * Simon de Bucy n'est pas l'inventeur du cas de nouvelleté ; c'e[st]
un emprunt du Droit romain déjà reconnu dans les *Établissements*, l[iv.]
c. 4, et dans Beaumanoir, ch. 6, n°° 10 et 11. V. *inf.*, règle XXV.

XXIV.

763. En simple saisine ne se fait aucun rétablissement : mais un simple ajournement ; et n'y a lieu de recréance ni sequestre.

La raison est qu'en simple saisine chacun ne se dit point saisi, et qu'il n'y a qu'un seul demandeur, qui est celui qui agit et qui reconnaît la possession de son adversaire. V. Lamarche, art. 7, et la règle xi de ce titre.

En complainte, en cas de saisine et de nouvelleté, il est juste, dit l'auteur du *Grand Coutumier*, qu'il y ait rétablissement, parce que celui qui avait la saisine a été spolié ; ce qui est bien expliqué par l'auteur du *Grand Coutumier*, liv. II, chap. 21.

« En cas de nouvelleté, il faut faire rétablissement de tout ce que celui qui doit rétablir aura levé toute l'année. Car, comme dit est, il faut qu'on se complaigne dans l'an, etc.

« Devant toutes choses, rétablissement est à faire réellement et de fait, si l'on peut ; sinon en estimation et par signe, selon la différence des cas

« Cette règle fault ès cas où la complainte est pour raison d'aucuns grands édifices et de grands coustemens. Car lors on ne doit abattre qu'un petit, et par signes. Mais si la nouvelleté est mue pour raison d'édifice détruit, *secus* ; car devant toutes choses, rétablissement doit être fait, et réédifié ce que l'on a démoli, etc. »

XXV.

764. Celui qui vérifie sa jouissance par dix ans, ou la plus grande partie d'iceux, avant l'an du trouble, recouvre, par le cas de simple saisine, la possession qu'il avoit perdue.

« Paris, 98, et les commentateurs. »

Ainsi, pour gagner sa cause, dans le cas de simple saisine, il faut vérifier, par titre, sa jouissance pendant dix années, ou la plus grande partie des dix années, avant le trouble ; au lieu que, dans le cas de la complainte en cas de saisine et de nouvelleté, il n'y a que la possession d'an et jour à prouver, sans titre. Il faut ici remarquer que, comme nous avons pris la complainte en cas de saisine et de nouvelleté, des lois romaines, nous en avons pris aussi la simple saisine.

XXVI.

765. En simple saisine, les vieux exploits valent mieux en cas de nouvelleté, les nouveaux ou modernes.

Cette règle est prise de l'auteur du *Grand Coutumier*, liv. II, chap. 21. Lorsqu'il y a parité de jouissance ou d'exploits, les anciens sont préférés aux nouveaux, en simple saisine; au lieu que les nouveaux sont préférés aux anciens dans le cas de complainte en cas de saisine et de nouvelleté.

« En cas de simple saisine, dit cet auteur, s'il y a plusieurs
« exploits, jaçoit ce qu'ils soient anciens, toutefois ils valent
« mieux : mais, en cas de nouvelleté, les nouveaux valent
« mieux. En cas de nouvelleté, les derniers exploits, dedans
« l'an de nouvelleté commencée vallent mieux quand ils sont
« prouvez; et en cas de simple saisine, les plus anciens exploits
« vallent mieux, supposé encore que la partie prouvât aussi
« largement en nombre de témoins, en suffisance de personnes,
« et nombre d'exploits. »

Et les choses étaient ainsi, parce qu'en simple saisine, celui qui avait la plus ancienne possession et les plus anciens exploits, avait toujours le meilleur titre. Car, en simple saisine, selon l'auteur du *Grand Coutumier*, au chapitre marqué ci-dessus, les parties devaient représenter leurs titres : ce qui n'avait pas lieu en complainte en cas de saisine et de nouvelleté. Cette simple saisine introduite par feu messire Simon de Bucy ne fut pas d'un long usage; car, si nous en croyons Bouteiller, dans sa *Somme*, liv. I, tit. XXXII, p. 112, lig. 5, elle n'avait lieu, de son temps, que pour trouble de servage, de servitudes, et de droits incorporels. Et de là vient que, selon l'art. 198 de la coutume de Paris, elle n'a lieu que pour rentes. V. Joan. Fabrum ad tit. Instit. *de Interdictis*, § *Retinendæ*, n° 22.

XXVII.

766. Car la recréance s'adjuge à celui qui prouve sa dernière possession par an et jour, et qui a le plus apparent droit.

Par an et jour. Cette règle est pour la complainte en cas de saisine et de nouvelleté; elle a été prise de l'auteur du *Grand Coutumier*, liv. II, chap. 21, p. 154, à la fin, et p. 156, au com-

mencement, où il dit que « la recréance doit estre faite à celui
« qui dernier est trouvé saisi, et qui montre son droit par titre,
« ou autrement, plus clairement, plus évidemment. » A quoi il
ajoute que « quand entre deux seigneurs est débat d'aucune
« haute justice, en cas de nouvelleté, l'on ne doit point faire
« recréance à l'un ni à l'autre : mais y doit le juge mettre un
« commissaire qui, par main souveraine, la gouvernera. » Où
Charondas met très-bien pour note : « sinon que, par titres et
« derniers exploits, apparoisse du droit de l'un plus appara-
« ment que de l'autre ; » et renvoie à Bouteiller, dans sa *Somme*,
p 193, lig. 25.

XXVIII.

**767. Si le recréancier perd la maintenue, il doit rendre
et rétablir les fruits.**

Car la récréance n'est qu'une possession provisionnelle. *
V. l'ordonnance de Henri III de l'an 1585, la *Conférence des
Ordonnances*, liv. III, tit. VIII, § 16, t. I, p. 570 et l'ordonnance
de 1667, tit. xv, art. 14.

La MAINTENUE. * DAVOT. — La maintenue est l'adjudication définitive de la pleine et entière possession que l'on adjuge à celui
qui a le meilleur droit ; on l'appelle autrement *pleine maintenue*. La récréance est la possession accordée par provision à
l'une des parties, pendant la durée du procès. *

XXIX.

**768. Quand les preuves des possessions sont incer-
taines, ou y a crainte que l'on ne vienne aux mains, la
complainte est fournie, et les choses contentieuses seques-
trées.**

L'auteur a pris cette règle d'un ancien style manuscrit qui
m'a été communiqué il y a quelques années, et dont j'ai déjà
fait imprimer les paroles qui suivent, dans mon *Glossaire*, sur
Ramener complainte.

« Celuy qui aura possédé biens immeubles par an et jour,
« paisiblement, publiquement et en son nom, sera maintenu et
« conservé, tant contre son auteur, que faisant trouble ; et ce,
« sans préjudice de la propriété. Et si les deux parties con-
« tendent et maintiennent avoir le droit possessoire, et que le

« cas soit douteux, sera procédé à sequestration de la chose
« contentieuse, pour estre réglée par un tiers à ce commis pen-
« dant le procez possessoire ; sauf à adjuger ladite jouissance
« par provision, après la preuve et vérification faite à celuy qui
« auroit le plus apparent droit, pour retenir ladite jouissance
« par ladite provision, en attendant le jugement définitif. Et
« s'il y a appel de ladite provision, sera néanmoins exécutée
« ladite ordonnance, sans préjudice dudit appel, en donnant
« caution de rendre les fruits. »

Les choses étaient ainsi, quand il y avait procès en complainte entre deux particuliers. Mais lorsque la contestation
était entre un sujet avec le roi, la saisine, pour la forme, était
toujours adjugée au roi, comme souverain : et dans ce cas,
selon l'auteur du *Grand Coutumier*, liv. II, chap. 21 *de Nouvelleté*,
on élisait un preud'homme qui gouvernait la chose au nom de
l'un et de l'autre. Ce que cet auteur, qui vivait sous le règne de
Charles VI, semble avoir pris d'une ordonnance de Philippe de
Valois, du mois de janvier 1338, faite à Vincennes, imprimée
dans le second volume des *Ordonnances*, p. 124, où ce prince
statue : « Ut si quis procurator noster, amodo movere voluerit
« vel moverit litem super re vel jurisdictione quacumque, con-
« tra aliquem eam possidentem, non dissaziantur, seu turben-
« tur possidentes, nisi prius causa cognita ; nec ad manum
« nostram res litigiosa ponatur, nisi in casu, quo si lis esset inter
« privatos, res contentiosa ad ipsam manum nostram, tanquam
« firmiorem, poni deberet. Et si possidens seu saisitus, lite pen-
« dente, utatur, in casu præmisso, jurisdictione vel re conten-
« tiosa, declaramus ipsum non posse vel debere de attemptatis
« condemnari propter hoc vel etiam molestari. » V. l'art. 31 de
la même ordonnance, et l'auteur du *Grand Coutumier*, liv. II,
chap. 21 *de Nouvelleté*, p. 150, à la fin ; * l'ordonnance de
Louis XII de l'an 1498, art. 86 ; de 1510, art. 54 ; celles de 1539,
art. 105—107 ; et de 1667, tit. xv, art. 7. *

XXX.

769. Séquestre garde, et la main de justice ne dessaisit
et ne préjudicie à personne.

V. Molinœum, in *consuetudines Paris.*, § 1, gloss. 4, n° 21,
in principio ; l'auteur du *Grand Coutumier*, liv. II, tit. xxi,
p. 150, à la fin.

Il faut excepter le cas de saisie féodale par faute d'homme, droits et devoirs non faits et non payés, qui, quoique faite par autorité de justice, avec établissement de commissaires, emporte confiscation des fruits au profit du seigneur. V. Dumoulin, au lieu marqué ; et Brodeau, sur l'art. 29 de la coutume de Paris.

TITRE V.

DE PREUVES ET REPROCHES.

Anciennement en France, sous la première, la seconde, et même la troisième race de nos rois, pendant quelques siècles, il y avait si peu de gens qui sussent écrire, qu'on passait souvent les contrats en cour d'église, par-devant les officiaux, selon le chap. 60 de la loi des Bavarois. Quand on ne trouvait personne pour rédiger les contrats, on les faisait verbalement en présence de témoins, entre lesquels on mettait toujours un nombre de jeunes enfants, auxquels on donnait des soufflets, ou à qui ou tirait les oreilles, afin qu'ils s'en souvinssent aux temps à venir. « Si quis villam aut vineam ab alio comparaverit, et testamentum accipere non potuerit, si mediocris res est, cum sex testibus, si parva cum tribus, si magna cum duodecim, ad locum traditionis cum totidem numero pueris accedat, et sic eis præsentibus pretium tradat et possessionem accipiat ; et unicuique de parvulis alapas donet et torqueat auriculas, ut ei in postmodum testimonium præbeant. » V. le *Glossaire du Droit français*, sur le mot *Notaire* ou *Tabellion*, avec la note, et l'auteur du *Grand Coutumier*, p. 142, 143.

Touchant le témoignage des femmes, V. * Beaum., chap. 39, n° 31, * et l'ordonnance de Charles VI, de l'an 1394, qui l'autorise tant en matière civile que criminelle, dans la *Conférence des Ordonnances* de Guenois, liv. IV, tit. III, part. 3, t. I, p. 588, et la note sur la règle XXXV du tit. I du liv. I : et touchant les reproches, V. l'auteur du *Grand Coutumier*, liv. III, tit. *des Reproches qui sont reçus selon le style du Parlement.*

I.

770. Il y a entre les [*al.* aux] proverbes ruraux, que *fol est qui se met en enquête ;* [car, le plus souvent, *qui mieux abreuve, mieux preuve.*]

* DAVOT. — L'enquête est l'acte judiciaire par lequel le juge,

ou autre personne commise par lui, reçoit la déposition des témoins en matière civile.

Le proverbe dit que c'est folie de se mettre en enquête, c'est-à-dire de faire dépendre sa cause d'une preuve testimoniale, parce que celui qui abreuve le mieux ses témoins fait la meilleure preuve ; et l'expérience n'apprend que trop la vérité de ce proverbe, surtout entre les gens de la campagne et de basse condition. C'est pour cela même que les ordonnances ont restreint la liberté des preuves testimoniales. *

V. la règle xvi, à la fin.

II.

771. Ouïr dire va par ville ; et en un muid de cuider, n'y a point plein poing de sçavoir.

* Leroux de Lincy, t. II, p. 356. Li vilains dit en son proverbe : Qu'en un mui de quidance n'a plain pot de sapience. Beaum., chap. 40, n° 12. *

V. Angelum de Perusio, *de Testibus*, n° 7.

III.

772. [Un seul œil a plus de crédit, que deux oreilles n'ont d'audivi.]

* ou

> Temoin qui l'a veu est meilleur
> Que cil qui la ouy, et plus seur. *

Strykius, *de Jure sensuum*, diss. 1. *de Visu*, cap. 4, n° 5. *

Horace a dit la même chose en meilleurs termes :

> Segnius irritant animos demissa per aurem,
> Quam quæ sunt oculis subjecta fidelibus.
> *Horat. in Art. poet.*, vers. 180.*

Cependant, selon Publius Syrus, vers 681,

> Sæpe oculi et aures vulgi sunt testes mali.

V. ibi Gruterum, et Angelum, *de Testibus*, n° 3.

IV.

773. [Voix du peuple, voix de Dieu.]

Ce proverbe a pris son origine des élections, quand elles étaient faites par inspiration; c'est-à-dire, quand toutes les voix concouraient en faveur de la même personne; car toutes ces voix réunies comme par miracle, étaient regardées comme celle de Dieu même.

Vita sancti Ambrosii a Paulino conscripta, n° 6.

« Per idem tempus, mortuo Auxentio Arianæ perfidiæ epi-
« scopo.... cum populus ad seditionem surgeret in petendo
« episcopo, essetque illi cura sedandæ seditionis, ne populus
« civitatis in periculum sui verteretur, perrexit ad ecclesiam,
« ibique, cum alloqueretur plebem, subito vox fertur infantis
« in populo sonuisse *Ambrosium episcopum* : ad cujus vocis
« sonum totius populi ora conversa sunt acclamantis *Ambro-*
« *sium episcopum*, etc. » V. capitulum *Quia propter*, Extra.,
de Electionibus, et Cironium, *in Parat.* ad hunc tit.

V.

774. Témoins passent lettres.

Joannes Faber, ad leg. *In exercendis*, 15, Cod., *de Fide in-*
strumentorum: « Quid ergo, si, ad invicem contrarientur testes
« et instrumenta ? *Glossa* dicit quod sunt necessarii tres vel qua-
« tuor testes ad reprobandum instrumentum publicum. *Ber.* quod
« quatuor. *Innocentius* et *Hostiensis* quod duo. Dic plenius quod,
« aut testes inscripti in instrumento producuntur contra instru-
« mentum, aut alii. Primo casu, aut omnes, aut aliquis de numero
« necessario contradicunt; et non creditur instrumento : aut
« qui supra numerum; et tunc, si unus, nihil facit : aut plures,
« et dic ut in secundo membro. In quo dic quod aut inscripti
« vivunt, et cum instrumento deponunt; et tunc requiruntur
« tot quod excedant. Aut sunt mortui; et tunc, aut instrumen-
« tum juvatum aliis testibus, et sunt tot necessarii ad repro-
« bandum quod excedant, aut non; et tunc sufficiunt duo, si
« sint homines autoritatis; vel si, secundum qualitatem negotii,
« melius probetur per testes quam instrumenta; vel si sit nego-
« tium recens. Hoc enim ex arbitrio judicis dependet, propter
« paritatem, etc. »

Dans la loi quinzième, au Code, *de Fide instrumentorum*,
l'empereur Constantin décide que l'autorité des titres et des

témoins est égale en justice : sur laquelle Maran, dans son commentaire manuscrit, a fait l'observation suivante, qui donne beaucoup de lumière à cette règle : « Aliquando soli testes « instrumenta vincunt, ut in lege *Cum precibus*, supra *de Probationibus*, et in capitulo *Cum Johannes*, Extra., hoc titulo. « Quod in capitulo tertio non committi videtur arbitrio et officio « judicis; ut ex variis causis personisque constituat quid potius « sequendum sit. Quod olim in testibus observandum fuisse « docet lex tertia. D., *de Testibus*. »

« Aliquando soli testes non sufficiunt, ut ex lege secunda, « supra, *de Testibus*. In conflictu vero instrumentorum et testium, aliquando instrumenta præferuntur testibus, ut in lege « prima supra, *de Testibus*, restituta ex Basilicis a domino Cujacio. » V. Beaumanoir, chap. 39, p. 214, lig. 27; et Bouteiller, p. 622, 623.

AUJOURD'HUI LETTRES PASSENT TÉMOINS. V. l'ordonnance de 1667, tit. xx, art. 2.

VI.

775. [Le titre ne fait pas le maistre.]

V. ci-dessus, liv. v, tit. III, règle VI, VII, VIII, x, XII, XVII, etc. Ce qui arrive lorsqu'on acquiert de bonne foi un bien, de celui à qui il n'appartient pas. V. Merilium, lib. II. Observ., cap. 13.

VII.

776. Les plus vieux titres ne sont pas les meilleurs.

La raison est qu'ils sont souvent de nulle valeur, parce qu'ils sont prescrits. Ainsi il faut tenir que les anciens titres ne sont bons que quand ils sont soutenus par une possession continuelle.

V. les règles citées sur la précédente.

VIII.

777. Les sergens messiers et forestiers sont crus de leurs prises et rapports jusqu'à cinq sols.

Cette règle est prise de l'art. 16 de l'ordonnance de Philippe le Long, à Anières, le 2 juin 1319, t. Ier des *Ordonnances*, p. 687. Rousseau, *des Eaux et Forêts*, art. 73, p. 110.

Melun, art. 307; Auxerre, 270; Troyes, 120; la Rochelle, tit. v, art. 11; le Maine, art. 181; Poitou, art. 205; Bourgogne, rubrique 1, § 6; Amiens, art. 205; Coquille, q. 212, et ci-après, liv. vi, tit. v, règle xii.

IX.

778. A face hardie, une preuve ne nuit.

* DAVOT. — On peut entendre ce proverbe en deux façons : Une preuve ne fait pas changer de visage un homme hardi ou coupable, ou : un seul témoignage ne nuit pas à un homme hardi et qui ne se déconcerte pas, mais une preuve complète nuit à tous, hardis ou timides, innocents ou coupables. *

V. la règle qui suit. Et Paganinum Gaudentium, lib. ii *Expositionum*, cap. 51, p. 125.

Tam facile et pronum est superos contemnere testes,
Si mortalis idem nemo sciat. Adspice quanta
Voce neget, quæ sit victi constantia vultus.
. . . .
Nam cum magna malæ superest audacia causæ,
Creditur a multis fiducia....

(JUVÉNAL, sat. xiii, vers 75, 109.)

X.

779. Voix d'un, voix de nul.

Vox unius, vox nullius. V. Nepot. de Sancto Albano, *de Testibus*, n° 67; Nellam, *de Testibus*, n° 85; Skenk, n° 56, 66. * L'allemand dit presque en mêmes termes : *Ein Zeug, kein Zeug. Testis unus, testis nullus*. *

Il faut donc au moins deux témoins, suivant les paroles de l'Évangile, dans saint Matthieu, chap. 18, vers. 16. * Giraud, t. II, p. 150. * Mais quand les deux témoins ont déposé, on pourra encore demander que la partie affirme qu'ils ont dit vérité, comme il est très-justement décidé par l'art. 147 de la coutume de Bretagne.

XI.

780. Une fois n'est pas coutume.

* DAVOT. — On ne peut alléguer comme coutume ce qui n'est

arrivé qu'une fois. *Una hirundo non facit ver.* Une hirondelle ne fait pas le printemps. V. l. 35, D., *de Legibus.* *

Avant que les coutumes fussent certaines par les rédactions, il y avait, à cet égard, beaucoup de contestations. Dans le XIIIe et le XIVe siècle, quand on doutait de la coutume sur quelque point, on la proposait au *parloir aux bourgeois,* c'est-à-dire, au lieu où le prévôt des marchands et les principaux bourgeois de Paris s'assemblaient pour les affaires de la ville ; ce que nous appelons aujourd'hui, l'hôtel de ville ; et le prévôt des marchands ; avec les principaux bourgeois, donnaient leur avis par écrit : dont Chopin, qui savait plus que le commun des avocats, a fait imprimer quelques-uns, V. eumdem, *in consuetud. Parisiens.*, lib. II, tit. I, *de Communicatione bonorum*, nº 30, lib. II, tit. V, *de Parentum hæreditate*, nº 14.

Et ensuite les coutumes furent vérifiées par tourbes, comme l'auteur l'a expliqué dans la règle XIII de ce titre, et comme il se voit dans les *Coutumes notoires.*

Or, quand il s'agissait de prouver une coutume, ce n'était pas assez de prouver qu'une chose eût été faite une fois ; car, suivant cette règle, *une fois n'est point coutume :* mais il fallait prouver qu'elle eût été longtemps pratiquée, leg. 32, 33, 34, 35, D., *de Legibus.* Et c'est pour cela que le prévôt des marchands et des bourgeois assuraient toujours qu'ils avaient vu pratiquer ainsi la chose, et que tel était l'usage. Voici un de leurs avis que j'ai tiré d'un ancien manuscrit.

« L'an de grace 1293, le dimanche après les huitaines de la « Chandeleur, fut lue au parloir des bourgeois de Paris, à la « requeste de l'official de Paris, une cédule en la manière qui « s'ensuit.

« P. avoit un fié, par la raison duquel il étoit tenuz servir à son « seigneur, chacun an, en moult de services. Ledit P., entre le « service, dona de ce fié en cette manière. C'est à sçavoir « que J. aîné, fils dudit P., à qui il donna ledit fié, tien- « droit et auroit ledit fié, sur les cherges et les servitutes que « ce fié devoit. Et se ledit J. mouroit sans enfans, que le fié, « par cette manière, viendroit à G., frère dudit J.

« Le père mort, J. épousa Perrenelle par mariage : à la parfin « dedans l'an dudit mariage, J. mourut sans hoirs de son propre « corps ; et ainsi le fié, de l'ordenance paternelle, vint audit « G. — Perrenelle demande que son douaire li soit assené en la « moitié du fié devant dit, tant comme cile vivra, suivant la « coustume de France.

« G. encontre dit : car il semble qu'il ne tienne pas ledit fié
« de la succession dudit J., mais par l'ordenance du père.

« Ce demande-lon sçavoir mon se ladite Perrenelle aura son
« douaire, oudit fié, ou non, et se cile doit avoir de coustume ?

« L'on demande, seconde fois, sçavoir mon se G. seul, qui
« antre loumage dou seigneur, pour ce fié, est tenu à tous les
« services qui sont dus au seigneur pour ce fié, ou se Perrenelle
« est tenuë à la moitié des fruits ?

« Laquelle cédule lûe et ouie diligemment de sires J. Popin,
« prevost des marchands, Adam Paon, Thomas de Saint Benoist,
« Etienne Barbette, Guillaume Pezdoc, eschevins, Guillaume
« Bordou, Marc Pezdoc, Jean Arrode, Pierre Marcel, Jean Point
« l'aisné, Thiboust de la Chapelle, Jacques le Queu, Jean de
« Greil, Estienne Andry, Geoffroy de Varry, et Raoul de Pacy,
« clers du parlouer, et plusieurs autres, y fût regardé et tes-
« moigné par eus, que ladite coustume est toute notoire en
« France, gardée et approuvée de tous jours, si come cile con-
« tenuë en ladite cédule, et que ladite Perrenelle, par ladite
« coustume, aura et tiendra, tant comme cile vivra, en douaire,
« la moitié dudit fié franchement, sans payer aucune chose des
« services, és quiex lidit fié est chargié, et dient, car aucun
« d'eux l'ont vû user et adjuger entre aucunes personnes. »

V. Joannem Stephanum Durantum, q. 108; Guidonem Papæ,
consilio 171, et *An consuetudo inducatur per non usum*; Panormitanum, ad cap. 7, Extra., *de Clericis conjugatis*, n° 9, p. 18;
Germonium, *de Immunitatibus*, p. 348.

XII.

781. Seel authentique fait foi par les coutumes.

V. J. Fabrum, ad leg. 12, Cod., *de Fide instrumentorum*, n° 3,
et ad leg. 15; et Coquille, sur la coutume du Nivernais, chap. 32,
art. 3.

Tel était l'ancien usage, si le sceau était entier; mais s'il était
tellement rompu, qu'il n'en restât plus la moitié, il ne faisait
plus de foi. Beaumanoir, chap. 35, n° 11. « Se plus de la moitié
« dou seel est despécié ou perdu, ou si effacié que l'en n'y con-
« noisse lettres, ne enseignes, la lettre doit être de nulle
« valeur. » V. La Thaumassière, dans son *Recueil des Coutumes
locales de Berry*, part. 1, chap. 44, p. 59; l'auteur du *Grand
Coutumier*, p. 380, lign. 21.

SEEL AUTHENTIQUE FAIT FOI. Il y avait anciennement trois sortes de lettres, qui faisaient foi.

Les premières étaient entre gentilshommes, et sous leurs sceaux. * Olim, t. II, p. 54, n. *

Les secondes étaient entre gens roturiers, ou gentilshommes, qui faisaient reconnaître leurs contrats par-devant les seigneurs, sous qui ils étaient levants et couchants; ou par-devant le seigneur suzerain qui y apposait son sceau.

Et les troisièmes étaient passés en cours de chrétienté, ce qui est expliqué très-bien par Beaumanoir, dans ses coutumes du Beauvoisis, chap. 35, n° 18.

On remarquera seulement ici que tous les seigneurs, quoique hauts justiciers, n'avaient pas droit de scel, comme l'on voit par l'art. 17 de la coutume de Blois, qui, limitant ce droit, porte que « le seigneur chastellain a seel à contracts et droit « de tabellionnage. » V. la coutume du Loudunois, au tit. des *Droits du seigneur chastellain*, art. 1; et la coutume de Senlis, tit. II, art. 93. Chez les Romains, les magistrats ne confiaient leurs sceaux à personne, et voulaient qu'ils fussent respectés comme la marque de leur autorité et de leur volonté, ce qui a fait dire à Cicéron, dans son épître à Quintus, son ami, n° 19, « sit annulus tuus non ut vas aliquod, sed tanquam ipse tu, « non minister alienæ voluntatis, sed testis tuæ, etc. » Il y a plusieurs traités sur les sceaux; mais les meilleurs sont celui de Heineccius, imprimé in-folio, à Francfort, et à Leipzig en 1709; et Hopingk, imprimé à Nuremberg, in-4°, en 1642, qui traite au long de l'authenticité des sceaux dans son chap. 10, p. 201. V. les notes sur les marbres d'Arundel, p. 43 et 44, où il est traité de l'antiquité des sceaux.

* DAVOT. — Quoique *seel authentique* signifie scel public qui mérite foy, nous distinguons le scel en royal, et seigneurial ou authentique. La coutume de Paris, art. 164, porte qu'une obligation faite et passée sous le scel royal est exécutoire sur les biens meubles et immeubles de l'obligé, et l'art. 166 que le semblable doit être gardé pour les obligations passées sous le scel authentique et non royal, pourvu qu'au jour de l'obligation les parties fussent demeurantes au lieu où ladite obligation est passée. V. les commentateurs et la Conférence; Brodeau, sur Louet, lettre N, sect. 10. Nivernais, chap. 32, art. 3 et les notes de Coquille. L'ordonnance de 1639, art. 66 et 67. Et il paraît que c'est dans ce sens que Loisel a dit que le scel authentique fait foi. *Grand Coutumier*, liv. III, tit. *de Reproches*.

M. Delaurière a donné à cette maxime un autre sens, qui est que les sceaux mis aux lettres doivent y faire ajouter foi ; et cela est vrai pour le temps auquel on se contentait de sceller les lettres au lieu de les signer ; mais, depuis que les ordonnances ont établi la nécessité des signatures, le sceau ne suffit plus. Dumoulin sur Paris, tit. I, § 8, v° *Dénombrement*, n° 11 et ss.

XIII.

782. Coutume se doit vérifier par deux tourbes, et chacune d'icelles, par dix témoins.

COUTUME SE DOIT VÉRIFIER PAR DEUX TOURBES. On a remarqué, sur la règle XI, que les coutumes qui étaient incertaines avant les rédactions, devaient souvent être prouvées par témoins. Mais la question a été de savoir combien il fallait de témoins pour prouver une coutume ; et Jean Faure, sur le titre des Instituts, *de Jure naturali*, § *Ex non scripto*, n° 20, in fine, § 21, et ad leg. *Consuetudinis 2*, Cod., *Quæ sit longa consuetudo*, lib. VIII, tit. LIII, n° 13, in fine, et n° 14, a été d'avis, après la glose, que deux témoins suffisaient, par l'argument de la loi, *Ubi numerus*, 12, D., *de Testibus*. Mais il ajoute, en l'un et l'autre endroit, que, suivant l'usage de la cour de France, les témoins étaient entendus par tourbe, et qu'un seul d'entre eux portait la parole pour tous les autres. « Sed per quot testes « probatur (consuetudo)? *Glossa* dicit quod per duos; D., *de* « *Testibus*, lege *Ubi numerus*. Sed secundum stylum curiæ « Franciæ, vocantur in turba, et unus pro aliis omnibus pre- « sentibus respondebit. »

Du temps de messire Jean Des Mares, qui était conseiller au Parlement en 1372, et qui était avocat général sous les règnes de Charles V et de Charles VI, les coutumes, comme du temps de Jean Faure, se prouvaient par une seule tourbe. « Item, dit Des Mares, pour prouver coustume deument, usage ou stile alleguiez, il convient nécessairement que ladite prove soit faite et rapportée en tourbe, par dix sages coustumiers, ren- dant certaine et affirmative cause de leurs dépositions, ou par plus : et se par mens de dix personnes en tourbe la coustume estoit témoignée, celle prouve ne suffiroit pas, mais seroit ainsi comme nulle de soy. » Décis. 275; Olim, t. II, p. 871; Marnier, *Cout. de Picardie*, p. 30; Jean Faber, sur le *Code*, in-4°, p. 420, sur le tit. n° 13 et 14, et sur les *Instituts*, p. 28. n° 20, 21.

Et de là vient que, dans le recueil des *Coutumes notoires*, depuis 1300 jusqu'en 1387, il y a si souvent, *probata per 14 advocatos*, *probata per 12 de Castelleto*, *probata in turba per multos consiliarios.* V. les art. 79, 81, 82, et surtout le 84, avec les trois suivants.

Mais Louis XII, par l'art. 13 de son ordonnance faite à Blois au mois de mars 1498, ayant statué « qu'une tourbe ne seroit « comptée que pour un témoin, ès cas où l'on avoit accoutumé « d'examiner témoins en tourbe, » les coutumes ont été ensuite prouvées par deux tourbes, parce que, suivant les jurisconsultes, deux témoins suffisaient pour prouver une coutume.

Et chacune d'icelles par dix témoins. *Quia decem turba dicuntur.* leg. *Prætor* 4, § *Turbam*, D., *Vi bonorum raptorum. Vel quia populus constituitur ex decem hominibus.* V. *Glossam* ad can. 1, 10, quest. 1; et ad cap. 1 *de Electione*; et ibi Panormit. Probum *ad Pragmat. Sanct.*, tit. *de Causis*, § 1, p. 357 editionis Paris., anni 1666, col. 1, lig. 36.

Brodeau, sur Louet, lettre R, som. 37, n° 2, rapporte les arrêts qui ont défendu aux présidiaux et autres juges royaux, d'appointer les parties à informer par tourbes, sur le fait, usage et interprétation des coutumes rédigées par écrit. V. les notes de Charondas sur l'auteur du *Grand Coutumier*, liv. IV, chap. 2, p. 492, lig. 5.

Et enfin les enquêtes par tourbes, touchant l'interprétation d'une coutume ou usage, ont été abolies par l'art. 1 du tit. XIII de l'*Ordonnance de* 1667.

Aujourd'hui les parties ne prouvent donc plus l'usage que par des actes de notoriété, et quelquefois même la Cour les ordonne. V. Bardet, t. II, p. 612, lig. 36.

XIV.

783. Reproches généraux ne sont admis, non plus que de familier ami et serviteur, s'il n'est domestique et ordinaire.

V. l'ordonnance de Louis XII de l'an 1517, art. 36; les art. 44 et 45 de la coutume du Bourbonnais, avec la note de Dumoulin; la coutume de la Marche, art. 62; la coutume d'Auvergne, chap. 8, art. 6; et l'ordonnance de 1667, tit. XXII, art. 1; et Masuer, *de Testibus*, n° 16.

XV.

784. Faits de reproches d'estre larron, parjure, infâme, ravisseur, et autres crimes, ne sont reçus s'il n'y a eu sentence ou composition.

* Grand Coutumier, liv. III, tit. de Reproches. *
Bourbonnais, art. 42 ; et la note de Dumoulin, sur la coutume d'Auvergne, chap. 8, art. 5. V. l'ordonnance de 1667, tit. XXIII, art. 2. Le sens de cette règle est, qu'en matière civile, les faits de reproches d'être larron, parjure, ne sont bons s'ils ne sont prouvés par sentence ou composition, auquel cas ils doivent faire rejeter le témoin. V. ci-dessus, liv. III, tit. I, règle VI et VII avec la note qu'on y a faite.

XVI.

785. Pauvreté n'est pas vice : mais en grande pauvreté n'y a pas grande loyauté, * ou honneste pauvreté est clersemée. *

Rara viget probitas ubi regnat grandis egestas.

V. le livre qui a pour titre, les Exceptions et défenses de Droits, chap. des Témoins, n° 33, fol. 31 vers., et pag. 31, n° 35; Ægidium, de Testibus, n° 8; Bulrigarium, de Testibus, n° 3, Crottum, de Testibus, cap. 3, in Causis criminalibus qui testes admittantur, n° 2 ; et Harmenopulum, lib. I, tit. VI.
Cette règle semble avoir été prise de Villon, dans le huitain 19 de son grand testament.

> Mais que veux-tu de ma fortune
> Conter, que ne puis bonement,
> Qui si durement me fortune,
> Me vient tout ce gouvernement.
> Excuses-moi aucunement,
> Et sçaches qu'en grand poureté,
> Ce mot se dit communement,
> Ne gist pas trop grand loiauté.

Philemon avait dit la même chose longtemps avant Villon.
Pauper quisquis vivit, miser vivere vult ; nam paupertas procliris ad mala facienda. In reliquiis, ex incertis comœdiis, n° 37, fol. 351, edit. Amst., an. 1712. V. Petrum a Bella Pertica,

quest. 275; et ci-dessus, liv. 1, tit. 1, règle XVI; et Hertium, *in paræmiis germanicis*, lib. 1, cap. 64, p. 514.

Cette règle, qui rend ainsi suspect le témoignage des pauvres, ne doit être entendue que de ceux qui sont mal contents de leur état, qui souhaitent des richesses; car, quant à ceux qui ne souhaitent rien, et qui seraient fâchés d'être riches, cette règle ne convient pas; ces derniers pouvant, au contraire, être dits heureux, ainsi que Diogène, au témoignage même d'Alexandre:

> Sensit Alexander, testa cum vidit in illa
> Magnum habitatorem. Quanto felicior hic, qui
> Nil cuperet, quam qui totum sibi posceret orbem.
>
>   (JUVÉNAL., sat. XIV, vers 297, 298, 299.)

XVII.

786. En matière criminelle, les reproches demeurent à l'arbitrage des juges.

C'est-à-dire qu'en matière criminelle, et quand il s'agit de crimes atroces, les reproches d'être larron, parjure, infâme, quoiqu'ils soient prouvés, ne font pas rejeter la déposition du témoin; mais que ces reproches sont à l'arbitrage du juge, qui y a tel égard que de raison. V. la règle XV et les art. 59 et 60 de la coutume de la Marche.

XVIII.

787. Reprobatoires de reprobatoires ne sont reçus.

Testes testibus refelluntur ex utraque parte. Leg. 3, Cod., *Si minor se majorem;* leg. penult., Cod., *de Contrahenda stipulat.;* leg. *Generaliter,* Cod., *de Non numerata pecunia.* « Tertia vero refutatio testium reprobatur, ut puta si primos secundi refutarunt, et secundos tertii, tertiorum refutatio non recipitur. » Cujacius, ad cap. *Licet dilectus.* Extra., *de Testibus.* V. Angelum. *de Testibus*, nos 10, 11, 12. Cette règle est prise de l'art. 47 de la coutume du Bourbonnais, et de la coutume d'Auvergne, tit. VIII, art. 2. *V. Néron, sur l'art. 157 de l'ordonnance de 1539. *

XIX.

788. Contre fort et contre faux,
Ne valent lettres ne sceaux (1).

Ce proverbe, omis par notre auteur, se trouve dans les
Mémoires d'Olivier de la Marche, liv. vi, p. 621, in-4°, et il
nous fait connaître que les contrats et les sceaux ont peu d'effet contre les personnes trop puissantes et contre celles qui
n'ont pas de bonne foi.

Anciennement, lorsque les guerres privées, dont on a tant
parlé dans cet ouvrage et dans la préface du premier tome des
Ordonnances, étaient tolérées dans le royaume entre les nobles,
toutes les maisons de gentilshommes étaient fortifiées, parce
que chacun craignait d'être assailli et surpris chez soi, lorsqu'il
y pensait le moins; ce qui arrivait très-souvent, comme nous l'apprenons de Philippe de Beaumanoir, dans ses coutumes du
Beauvoisis. Et dans ces temps-là, où il y avait moins de police
qu'aujourd'hui, il n'y avait pas de sergent assez hardi pour aller
chez un gentilhomme faire des saisies et mettre des lettres et des
sceaux à exécution. Henri III remédia à ce désordre par l'art. 35
de son ordonnance, faite à Melun; et ensuite Louis XIV, par son
ordonnance de 1667, au titre *des Ajournements*, art. 12, qui
porte que « ceux qui demeurent ès châteaux et maisons fortes
« sont tenus d'élire domicile en la plus prochaine ville, et d'en
« faire enregistrer l'acte au greffe de la jurisdiction royale du
« lieu; sinon que les exploits qui seront faits aux domiciles ou
« aux personnes de leurs fermiers, juges, procureurs d'office et
« greffiers, vaudront comme faits à leur propre personne. »

_____

(1) C'est Laurière qui a ajouté cet adage.

LIVRE VI.

DE CRIMES ET GAGES DE BATAILLE.

TITRE PREMIER.

I.

789. En demande de délit, n'échet jour de conseil.

V. * l'art. 162 de l'ordonnance de 1539, * les art. 2, 3 et 4 de l'ordonnance de 1670; le tit. iii de l'ordonnance de 1667; ci-dessus, liv. v, tit. i, règle vii; le *Formulaire des combats à outrance*, chap. 2, art. 2; *Ord.*, t. 1, p. 435 et ss., * et la règle xxi.

Demande de délit. Le délit est proprement une faute d'omission ou d'inadvertance, et le crime une faute commise ou une mauvaise action. Mais, dans l'usage, on confond ordinairement ces mots. V. les notes sur le tit. x, art. 9 de l'ordonnance criminelle, p. 133.

' Jour de conseil. V. *sup.*, liv. v, tit. i, règle vii. *

II.

790. Voies de fait sont défendues.

V. Brodeau, sur l'art. 1 de la coutume de Paris, nᵒ 15; Zouchæum, class. 9, quæst. 1; et les notes de Loisel sur l'art. 31 de la coutume de Paris; leg. 176, D., *de Regulis juris*; et ci-après, tit. v, règle i.

III.

791. La volonté est réputée pour le fait.

' Au civil, il y a des choses qui sont censées faites, quoique non accomplies, lorsque leur non-accomplissement n'a pas dépendu de la partie qui avait bonne volonté de les accomplir. l.. 39, D., *de Regulis juris*.

Quid en matière criminelle?

*DAVOT. — *Cogitationis pœnam nemo patitur*, dit la loi 18, D., *de Pœnis*; ce que porte notre règle, que la volonté est réputée pour le fait, ne doit donc être entendu que d'une volonté réduite en acte, quoique non suivie de succès. *A moins que l'acte prêt à se faire n'ait été arrêté ou empêché par des circonstances indépendantes de la volonté de celui qui s'apprêtait à le commettre. Code pénal, art. 2.*

Vide Cujacium, lib. VIII, *Obserr.*, cap. 22; lib. XV, *Obserr.*, cap. 25; Jacob. Goth., ad leg. 1, Code Th., ad leg. *Juliam de Ambitu*, t. III, p. 203, col. 2, et leg. 18, D., *de Pœnis*; Gratianum, *de Pœnitentia*, distinct. 1, quæst. 30, C., *Cogitationis*; leg. 9, Cod., ad leg. *Corneliam*; Bynkershœkium, lib. III, *Obserr.*, cap. 10, leg. 5, Cod., ad leg. *Juliam majestatis*, leg. 7, Cod., *de Sicariis*; et Zouchæum, class. 9, cap. 1 et 4; ordonnance de Blois, art. 195.

Ce n'est pas néanmoins que la résolution prise de commettre un crime ne mérite punition; mais comme il n'est pas possible de convaincre un homme d'une mauvaise volonté, il est difficile de l'en punir. Adde Farinacium, *de Pœnis*, p. 92; Damhouderium, in *Praxi*, p. 84, leg. 14, D., ad leg. *Corneliam*, *de Sicariis*, et ibi Guillel. Fornerium, lib. *Selectionum*.

Dans le crime de lèse-majesté et dans le parricide on regarde la seule volonté, quand on peut la connaitre, dicta leg. 5, Cod., ad leg. *Juliam majestatis*, et leg. 1, in fine, ad leg. *Pompeiam*, *de Parricidiis*. V. Jacob. Gothofredum, ad leg. 2, Cod. Theodos , *de Raptu virginum*, lib. IX, tit. XXV; et eumdem ad leg. 1, *de Ambitu*, lib. IX, tit. XXVI; et Ritthersh. lib. V *Sacrarum lectionum*, cap. 7, et lib. VII, cap. 12.

*Si la volonté est quelquefois réputée pour le fait, en revanche il n'y a point de crime là ou manque l'intention criminelle. *Larrechin n'est mie fès sans corage d'ambler*, dit l'ancienne traduction des *Institutes*. *

IV.

792. Qui peut et n'empesche, pêche.

Cette règle a été prise de Masuer, dans sa *Practique*, tit. XXXVIII, n° 13 : « Pone : video quod quidam vult interficere alium, et non « prohibui : an tenear et qua pœna, et an debeam me interpo- « nere? » et il renvoie au chap. *Dilecto*, *de Sentent. excom.*, in Sexto, qui se décide ainsi, conformément à cette sentence de

Démocrate : Hominem inique agentem impedire præstat. Id si
fieri nequeat, saltem non adjuvanda ejus iniquitas. Καλὸν μὴ
ἀδικέοντα κωλύειν, εἰ δὲ μὴ ξυναδικέειν. Inter *Opuscula mytholo-
gica*, impressa Cantabrigiæ, anno 1671. V. Rittershusium, libro
septimo *Sacrarum lectionum*.

V. Farinacium, lib. ıı, *Praxis crimin.*, quæst. 51, nº 4, leg. 50
et 109, *de Regulis juris*; l. 46, D., ad *Lege Aquilia; et ibi
J. Gothofred. Fabrum et Cujac.; Hertium in *Parœmiis*, lib. ı,
cap. 16; Roaldum, ad *Institutiones Justin.*, in verbis *Jus suum
cuique tribuere*; Rittershusium, lib. vıı *Lectionum*, cap. 20;
Fabrottum, lib. ı; Stromat., cap. 80; Bronchorstium, ad leg. 30,
de Regulis juris.

V.

793. Tel cuide férir, qui tue.

Interdum perimit, qui tantum cædere quærit.

(ÆGID. NUCERIENS. in *Adagiis Gall*. lit. F.)

* Davot. — Mais le cas est graciable. « Divus Adrianus rescripsit
eum qui hominem occidit, si non occidendi animo hoc admisit,
absolvi posse, et qui hominem non occidit, sed vulneravit ut
occidat, pro homicida damnandum. » Lib. ı, § 3, D., ad leg.
Corn. de Sic., car *in maleficiis voluntas spectatur, non exitus.*
L. 14, C., eod. tit., et *supra* règle ııı.*

VI.

794. Assez écorche, qui le pied tient.

Ceci est tiré des proverbes imprimés après le dictionnaire de
Nicot.

Pellem vellenti par pœna pedemque tenenti,
Excoriat vaccam qui tenet usque pedem.

Lex 11, D., ad *Lege Aquilia*, § 1 : « Si alius tenuit, alius
« interemit, is qui tenuit, quasi mortis causam præbuit; in fac-
« tum actione tenetur, etc. » V. la coutume de Tournay, titre
des Fiefs, art. 16; et Jacob, de Bellovisu, in *Practica criminali*, lib. ııı, cap. 7; leg. 4, D., *Vi bonorum rapt.*, § 14; et
ibi Goth. Noold, ad *Lege Aquilia*, cap. 9, p. 42; et Zouchæum,
class. 7, quæst. 10.

VII.

795. Il ne se donne plus ni trève ni paix entre les sujets du roi; mais on les met en asseurance et sauve-garde.

Il ne se donne plus ni trève ni paix. Parce qu'il n'y a plus de guerres privées. V. Du Cange, dans sa vingt-neuvième dissertation sur Joinville; Brodeau, sur la coutume de Paris, art. 7, n° 13; et Beaumanoir, dans ses *Coutumes du Beauroisis*, chap. 59 et chap. 60.

Mais on les met en asseurance. V. Beaumanoir, chap. 60; Brodeau, sur l'art. 7 de la coutume de Paris, n° 13, à la fin; *Stylum Parlamenti*, part. 1, cap. 34, et ibi Molinæus; l'auteur du *Grand Coutumier*, liv. 1, chap. 3, p. 19; liv. 2, chap. 46; Masuerum, in *Pract.*, tit. *de Assecuramentis*, qui mérite d'être lu.

Sauve-garde. Selon quelques-uns, le roi donne *sauvegarde*, et le haut justicier *asseurement*. V. le *Grand Coutumier*, p. 16, 18, 19; et le *Glossaire du Droit français*. Selon Des Mares, dans sa décision 267, « l'amende, ou peine de sauve-garde enfrainte, « étoit civile ou arbitraire; mais d'asseurement elle étoit crimi-« nelle. » Joignez la coutume du Loudunois, tit. xxxix, art. 3; les *Coutumes notoires*, art. 110; Masuer. in *Pract.*, tit. xi, *de Possessorio*, n° 5; Corneum, vol. II; *Consiliorum*, cap. 42, 118; Durantum, quæst. 45; Gutierrez, lib. iv, quæst. 13; Fachineum, lib. ix, *Controvers.*, cap. 33; Farinacium, in *Praxi criminali*, quæst. 107, 419; la coutume de Tournay, au titre *des Asseurances*; et l'ordonnance de Philippe de Valois, à Vincennes, au mois de juin 1338, t. II des *Ordonnances*, art. 27, p. 127. Louis XI, étant Dauphin, mit un impôt sur les héritages allodiaux, qui fut nommé *droit de sauvegarde*. V. Salvaing, dans son traité *de l'Usage des fiefs*, chap. 63, p. 274.

VIII.

796. Sauve-garde n'est pas enfrainte par parole, mais par fait.

L'auteur du *Grand Coutumier*, liv. ii, chap. 21, p. 144, lig. 9, s'explique ainsi à ce sujet : « Paroles de menaces ne suffisent « point pour soi complaindre en cas de nouvelleté; ainsi, comme « l'on dit que sauve-garde n'est mie enfrainte par paroles, mais « de fait; aussi faut-il que de fait l'empeschement soit mis :

« autrement la complainte ne vault rien. » V. l'art. 27 de l'ordonnance de Philippe de Valois, datée de Vincennes au mois
de juin 1338, t. II des *Ordonnances*, p. 127; l'ordonnance de
saint Louis, de 1254, au mois de février, art. 3, t. I, p. 76;
Beaumanoir, chap. 60; et ci-après, la règle ix du titre des
Peines; Jean Des Mares, décision 9; et ci-dessus, liv. v, tit. iv,
règle xii.

IX.

**797. Tous délits sont personnels; et en crime n'y a
point de garant.**

Cette règle est tirée de Masuer, dans sa *Practique*, tit. xxxviii,
de Pœnis, n° 17. « Si quis extitit fidejussor pro illo qui accusatur
« de crimine, et fuit relaxatus a carcere, et postea abiit et
« fugit, debet puniri civiliter et non criminaliter, maxime si
« non consensit fugæ, dato quod sit obligatus *corps pour corps,*
« *avoir pour avoir; lege ad commentariensem,* Cod. *de custo-*
« *dia reorum.* » V. l'auteur du *Grand Coutumier*, liv. iii, chap. 14,
p. 372, à la fin. Zouchæus, class. 10, *Quæst. juris*, quæst. 5;
Des Mares, décision 43, et l'art. 139 de la coutume de Bretagne.

ET EN CRIME IL N'Y A POINT DE GARANTIE. « Cum fidejussor obli-
« gatur,» dit Ulpien, « rei locum obtinet, et reus, si pœnæ cor-
« porali est obnoxius, fidejussor pro eo se obligare non potest.»
Parce que, selon le même jurisconsulte, « nemo suorum mem-
« brorum est dominus. » D., lib. xlvi, tit. i, leg. 4; et lib. ix,
tit. ii, leg. 13; Zouchæus, class. 10. *Quæst.*, cap. 52!

Et celui qui commet un crime par l'ordre ou le mandement
d'un autre n'en est pas moins punissable, et l'un et l'autre
doivent être châtiés. « Non ideo minus crimine sive atrocium
« injuriarum judicio tenetur qui in justam accusationem incidit,
« quia dicit alium se hujusmodi facti mandatorem habuisse.
« Namque, hoc casu, præter principalem reum, mandatorem
« quoque ex sua persona conveniri posse ignotum non est.»
Leg. 5, Cod., *de Accusationibus.* V. Zouchæum, class. 9,
quæst. 4.

Ainsi en vain celui qui s'est loué pour donner des coups de
bâton à un tiers, appellera en garantie celui qui l'a payé; car,
suivant l'ancien usage du royaume, il n'en sera pas moins pendu,
selon la décision 382 de Jean Des Mares : « Qui fait battre pour
« argent aucune personne; celui qui fait battre et celui qui bat,
« selon les ordonnances royaux, sont dignes de mort; c'est à
« savoir d'être pendus et traînés s'il y a eu trahison. »

X.

798. Encore qu'en tous crimes nous ne poursuivions que notre intérêt civil, sans qu'il soit besoin d'aucune inscription; si la gardons-nous en crime de faux.

CRIME DE FAUX. V. l'ordonnance de François Ier, à Ys-sur-Thille, de l'année 1535, chap. 5, art. 23, liv. II de la *Conférence des Ordonnances*, tit. IV, p. 453; et l'ordonnance de 1670, tit. IX, art. 7.

XI.

799. Qui [s'enfuit ou] brise la prison, estant du cas atteint, s'en rend coupable et quasi convaincu : [et qui fuit le jugement, condamné se rend.]

QUI BRISE LA PRISON. L'auteur du *Grand Coutumier*, liv. IV, chap. 6, p. 545 : « Si un homme est en prison pour cas civil, et « il rompt la prison, il sera réputé atteint et convaincu du cas, « ou des cas qui lui auront été imposez; et qu'il aura fait con- « testation, *et non aliter*, par l'usage et coutume de cour laye. » Ce qui a été pris de la loi première, D., *de Effractoribus*. V. Imbert, dans sa *Pratique*, liv. III, chap. 3, no 9; l'ordonnance de 1670, tit. XVII, art. 24, 25; Battandierum, in *Praxi*, règle CXLII; Jacobum de Bellovisu, in *Practica*, lib. III, cap. 16; Hippolytum de Marsiliis, in *Practica*, § *Attingant*, no 44, leg. 1, *de Effractoribus*; et leg. 13, *de Custodia reorum*; Curtium, t. II, *Conjecturalium*, lib. II, cap. 8; Papon, liv. XXII, tit. II; et l'ordonnance de Charles V de l'an 1355; le chap. 83 du premier livre des *Établissements de saint Louis*; et l'art. 31 des lois de Thibaud, comte de Champagne; Briton, chap. 12, p. 17.

XII.

800. Un malade blessé ne se laira pas visiter au mire ou barbier, si celui qui a fait le délit n'est prisonnier.

Cette règle peut être vraie, si le criminel ou défendeur requiert une seconde visite [pour contredire les affirmations de la partie plaignante, et le dire des médecins qui l'ont visitée]. V. Imbert, dans sa *Pratique*, liv. III, chap. 3, no 14; le tit. V de l'ordonnance de 1670; et la coutume de La Salle de Lille, au titre *des Remises-Sus*, art. 1 et 2.

Touchant la question de savoir si, en cas d'insolvabilité du criminel, la provision sera payée avant l'amende, ou l'amende avant la provision, vide Zillesium, *de Muleta*, cap. 11, n° 171; Papon, dans ses *Arrêts*, liv. XXIV, tit. XVI, art. 1. Au reste, touchant cette règle, voyez le commentaire de Bornier, sur l'ordonnance criminelle, au titre *des Rapports des médecins et chirurgiens*.

MIRE OU BARBIER. Mire, selon Nicot et Ménage, vient de μύρον, *unguentum*; c'est le nom que nos pères ont donné aux chirurgiens, à cause de l'onguent qu'ils ont toujours sur eux. V. Alain Chartier, dans son *Histoire de Charles VII*, p. 224. Nos pères les nommèrent aussi *barbiers*, parce qu'ils faisaient la barbe. Ainsi Rabelais, dans son *Pantagruel*, liv. I, chap. 32, dit que Grand Gousier fit donner à Marquet, pour ses intérêts, sept cent mille et trois philippus, pour payer les barbiers qui l'auraient pansé.

XIII.

801. [Pour crime,] on ne peut tenir le corps et les biens.

* L'allemand dit en mêmes termes : *Niemand kann sein Leib und Gut zusammen verbrechen;* et ce proverbe se retrouve dans la jurisprudence hollandaise. Matheus. *de Crim.*, cap. 2, n° 20; *Sachsensp.*, p. 11, 31 ; Eisenh., p. 617.

* Davot. — Cela est vrai pendant l'instruction du procès, l'art. 1er du titre *des Défauts et Contumaces* de l'ordonnance de 1670 ne permettant de saisir et arrêter les biens de l'accusé qu'au cas que le décret de prise de corps ne puisse être exécuté, et l'art. 26 du même titre voulant que si le condamné contumace se présente ou soit pris dans l'année, mainlevée lui soit donnée de ses meubles ou immeubles. Mais après la condamnation on peut cumuler les contraintes sur la personne et sur les biens. V. l'art. 48 de l'ordonnance de Moulins de l'an 1566.

XIV.

802. Tout prisonnier se doit nourrir à ses dépens, s'il a de quoi; sinon le roi ou le haut-justicier, en crime; et pour dette civile, sa partie.

* Ordonnance de Charles VIII de l'an 1485, chap. 14, art. 30.

TOUT PRISONNIER SE DOIT NOURRIR A SES DÉPENS. V. leg. 6, D., *de Bonis damnator.; et tit. Cod., de Privatis carceribus.*

SINON LE ROI, OU LE HAUT-JUSTICIER, EN CRIME. Cette jurisprudence est changée par la disposition de l'ordonnance de 1670, tit. XIII, art. 23, 24 et 25; voyez aussi la déclaration du 10 janvier 1680, où tout ce qui concerne les aliments des prisonniers est bien expliqué.

ET POUR DETTE CIVILE, SA PARTIE. Bombardinus, dans son traité *de Carcere,* imprimé à Padoue en l'année 1713, a recueilli ce que l'on pouvait dire des aliments des prisonniers, dans son chap. 18, p. 160; et parlant, à la p. 166, de ceux qui étaient prisonniers pour dettes, voici comme il s'exprime : « Hos quo-« que alendos esse, sed ab iis a quibus in carcerem impacti « sunt. Negabit nemo, quandoquidem feræ ipsæ ab illis sunt « enutriendæ, qui eas incluserunt. Extat autem hujus rei fun-« damentum in fragmento legis Duodecim Tabularum apud Au-« lugellium, lib. XX *Noctium atticarum,* cap. 1. Verum tamen « apud interpretes non convenit quæ sit verior illius legis lectio. « Fornerius non probat quod usu vertant *libras farris in dies* « *dato.* Infinitum quippe est, inquit, libras farris dare, multo « magis ex eo quod sequitur *si volet plus dato....* Quamobrem « adducitur ut legat : *si volet, suo virito : ni suo vivit qui eum* « *vinctum habebit, libras farris in dies dato,* id libræ semissem « seu selibram; quod et in medicorum usu est hodie ut S. pro « *senis* annotetur. Profecto ingeniose magis quam vere. Nam « littera S. non *selibram,* sed *sesquilibram* denotat, quæ sane « selibra angustior esset quolibet alimento diurno.

« Verum tamen non video quid scrupuli sit injiciendum huic « rei, et si *libras* contra Fornerium legamus. Si quidem si libras « conferas, cum in dies sensus et ordo erit, singulas libras in « dies singulos. Quod satis expresse et apposite ad rem de qua « quæritur indicat Horatii autoritas, lib. I, *Sat.* v, ut de libra « farris debeat fragmentum illius legis intelligi.

> Denique cur unquam fugisset cui satis una
> Farris libra foret, etc.

« Quare expedite magis Rivardus pro *libras, libram* reponit.... « Porro *legem* 12 *Tabul.* in hac parte fuisse observatam, probat « Terentius in *Phormione.*

> Mihi sciunt nihil esse. Dices, ducent damnatum domum.
> Alere nolunt hominem edacem....

« Cum autem in propatulo est farris libram diurnam vinctis
« fuisse præstandam , dubium adhuc pultisne an panis eam po-
« tius fuerit.

« At licet Cujacius, 11 observ., 22, putet panis libram esse
« dicendam, sunt plura tamen, quibus adducor ut statuam de
« pulte potius sensisse decemviros. » V. le traité sur l'*hémine*,
et la *livre de pain de saint Benoist*. Jacobum Gothof., ad *leg.*
12 *Tabul.*, lib. III; *probationum* tabul. 3, p. 70; Radulf. Fornerium, 3, 10.

XV.

803. Tous vilains cas sont reniables.

[*Nemo tenetur prodere se ipsum.*] *
Sed inficiatione peccatum crescit. V. Rittershus., lib. IV, lect. 6;
Farinacium, part. 1, t. 1; *Praxis criminal.*, quæst. 33, n° 15;
et *an reus negans delictum, teneatur ad restituendam famam
accusatori.* V. Ludovicum Molinam, disput. 43; cardinalem de
Lugo, *de Justitia et Jure*, disput. 15, sect. 1, n° 12, p. 402,
403; * et le procès-verbal de l'ordonnance de 1670 au titre *des
Interrogatoires*, art. 7.*

XVI.

**804. L'on tient maintenant que le cas privilégié attrait
à soi le délit commun ; ce qui n'avoit point de lieu jadis.**

Les ecclésiastiques peuvent commettre deux sortes de délits,
savoir, des délits comme *hommes* et des délits comme *clercs*.

Les délits que les ecclésiastiques commettent comme hommes
ont été, avec raison, nommés *délits communs*, parce qu'ils leur
sont communs avec tous les hommes. V. Jacob. Goth. ad leg. 23,
Cod. Theodos., *de Episcopis*.

Et les délits que les ecclésiastiques commettent comme *clercs*
et contre la discipline ecclésiastique ont été nommés *délits
ecclésiastiques*.

Anciennement la connaissance du délit commun était commune aux juges laïques et séculiers, comme il paraît par la
novelle de Justinien 183, chap. 21, vers. *Si vero*; et il n'y avait
que les juges ecclésiastiques qui connaissaient des délits ecclésiastiques. « Si vero ecclesiasticum sit delictum, » dit Justinien
dans sa novelle 83, « egens castigatione ecclesiastica, Deo
« amabilis episcopus hoc discernat. » V. leg. 2, D., *de Re mili-*

tari, leg. 6, Cod., *de Episcopali audientia* ; leg. 23, Cod. Th., *de Episcopis* ; lib. v *Capitular.*, cap. 387 ; lib. vi, cap. 366, 90 ; *Libertés de l'Église gallicane*, art. 33 (Dupin, *Droit public ecclésiastique*, p. 49 et 55).*

En France, on a donné aux juges d'église la connaissance du délit ecclésiastique et du délit commun. * Giraud, t. II, p. 95.* Mais, dans les cas où la peine que les juges d'église peuvent imposer ne serait pas suffisante pour punir justement les crimes, nos rois en ont réservé la connaissance aux juges séculiers ; et ce sont ces crimes réservés que nous nommons *cas privilégiés*.

Nous apprenons, de cette règle, que l'on tenait, du temps de l'auteur, que le cas privilégié attirait à soi le délit commun. Mais la déclaration de l'année 1678 a confirmé l'ancien usage en ordonnant que l'édit de Melun serait exécuté, et que l'instruction des procès criminels des ecclésiastiques, pour les cas privilégiés, sera faite conjointement, tant par les juges d'église que par les juges royaux. V. le procès-verbal de l'ordonnance de 1670, art. 20 de l'édition de Paris de l'an 1709 ; et Févret, *de l'Abus*, liv. viii, chap. 1, nos 6 et 7.

XVII.

805. L'on ne peut accuser une femme d'adultère, si son mari ne s'en plaint, ou qu'il en soit le maquereau.

L'ON NE PEUT ACCUSER, ETC. Leg. *Constante* 26, D., ad leg. *Juliam*, *de Adulteriis*. V. Forum Gothorum, seu *Fuero Juzgo*, lib. iii, tit. iv, leg. 3 ; Fornerium, lib. i, *Quotidian.*, cap. 24, 25 ; Rittershus., sect. 7, chap. 1.

Par le canon huitième du concile de Néocésarée, les maris des femmes adultères n'étaient pas promus aux ordres sacrés. Adde *eclogam basilicôn*, tit. lx, cap. 28 ; Hieronimum, ad cap. 19 ; Math. et Menagium, *amœnit.*, cap. 10 ; Panormit., ad tit. *Decretal. Ut lite non contestata*, cap. 1, et ibi notæ.

Ou qu'il en soit le maquereau. V. leg. 2, § *Marito*, et leg. 29, D., ad leg. *Juliam*, *de Adulteriis*, leg. 1, Cod. Theod., *de Adulteriis*, et ibi Jacob. Goth., t. III, p. 55, 56 ; leg. 2, et ibi Goth., p. 58, col. 1, in fine, et col. 2 ; *Fuero Juzgo*, lib. iii, tit. iv, leg. 7, et ibi Villa-Diego ; Lectium, *de Publicis judiciis*, p. 43 ; Dyonis. Goth., ad leg. 11, D., *de Adulteriis* ; Concil. Illiberitonum, can. 63 ; leg. *Si uxor* 15, Cod., *de Adulteriis* ; leg. 5, D., ad leg. *Aquiliam* ; Louet et Brodeau, lettre I, somm. 4 ; Despeisses, t. III, part. 1, tit. xii, sect. 2, art. 4, col. 134, 135.

Maquereau, selon quelques-uns, vient de *Mercurius*; ce qui est contredit par le petit dictionnaire du P. Labe. *Lenocinium* est rendu en vieux français par *Maquelerie*. V. Ménage et ses notes sur Rabelais, liv. II, p. 200.

XVIII.

806. Il est larron, qui larron emble.

Callidus est latro, qui tollit furta latronis.
(Egid. Nucer. in *Adagiis*, lit. F.)

'C'est un peu l'histoire du *loup plaidant contre le renard par-devant le singe*. Le malin les tenant tous deux pour voleurs, sans pouvoir y mettre de choix, les condamna l'un et l'autre par ce motif :

Car toi, loup, tu te plains, quoiqu'on ne t'ait rien pris,
Et toi, renard, as pris ce que l'on te demande.'

Celui qui prend frauduleusement ce qui appartient à un autre pour s'en rendre le maître est un larron. « Furtum fit, » dit Justinien, « cum quis alienam rem, invito domino, contrectat. » Tit. Inst. *de Obligationibus quæ ex delicto nascuntur*, § Furtum.

On a demandé si c'était être larron que de prendre à un larron la chose qu'il avait volée, parce qu'on lui prenait ce qui n'était pas à lui.

Cette règle décide très-bien qu'*il est larron qui larron emble*; c'est-à-dire, que celui qui vole un larron est lui-même un autre larron.

Mais la question est de savoir à l'égard de qui il est larron, ou du premier larron, ou du propriétaire; c'est-à-dire de celui à qui la chose volée appartient.

Et le jurisconsulte Pomponius, ad *Quintum Mucium*, a répondu qu'il était larron par rapport au propriétaire, parce que c'est, dans l'un et l'autre cas, au propriétaire que la chose est volée;

De sorte que, dans le Droit romain, l'*actio furti* n'était point pour le premier larron contre le second, mais toujours pour le propriétaire contre le second larron, comme contre le premier. « Si quis alteri furtum fecerit, et id quod surripuit alius « ab eo surripuerit, cum posteriore fure dominus ejus rei furti « agere potest. Fur prior non potest, ideo quia domini inter-

« fuit, non prioris furis, ut id quod surreptum est, salvum
« esset. Hæc Quintius Mucius refert, et vera sunt. » Leg. 78,
§ *Si quis*, D., *de Furtis*. V. Chumacerum *Selectar. juris*, disputatione 4.

Il semble néanmoins que, dans le cas proposé, le premier
larron aurait dû avoir action contre le second, parce que l'action
furti est donnée à tous ceux qui ont intérêt que la chose ne soit
pas volée; et le premier larron a intérêt qu'elle ne lui soit pas
volée, puisqu'il est tenu de la restituer par l'action nommée
condictio furtiva, que le propriétaire a contre lui.

Mais c'est une règle générale qu'on n'acquiert point d'action
en commettant des crimes; et, par conséquent, de ce qu'un
larron est tenu *condictione furtiva*, il ne s'ensuit pas qu'il ait
droit d'intenter cette même action contre un autre larron. Ainsi
quand on dit que l'action *furti* appartient à tous ceux qui ont
intérêt que la chose n'ait pas été volée, cela s'entend s'ils y ont
intérêt *ex justa causa*, leg. 11 et leg. 78, § *Si quis*, D., *de
Furtis*.

Il y a cependant deux cas où le premier larron peut intenter
l'action *furti* contre le second.

Le premier est lorsque le débiteur prend au créancier la chose
qu'il lui a donnée en gage, et que la chose lui a ensuite été
volée par un second larron.

La raison est que le débiteur, comme propriétaire de la chose
volée, aurait eu l'action *furti* quand la chose aurait été prise
au créancier, avant qu'il en eût lui-même commis le vol; et
d'ailleurs parce qu'il n'a point cette action à cause du vol qu'il
a commis, mais parce que la chose volée est à lui. Leg. 12,
§ *penultimo*, D., *de Furtis*;

Et le second cas est lorsqu'un ouvrier à qui l'on a donné, par
exemple, un habit à accommoder, l'a prêté à une autre personne à qui il a été volé. Leg. *Qui vas*, § *Si ego*, D., *de Furtis*.

La raison, qui est toujours la même, est que l'ouvrier n'a
point l'action *furti* contre le second voleur, à cause du vol qu'il
a lui-même commis, ni à cause de l'action *furti* que le propriétaire a contre lui; mais parce qu'en vertu du contrat ou du marché fait avec le propriétaire, il était tenu de la garde de l'habit;
et, en un mot, parce que l'action *furti* que l'ouvrier a ne lui
est pas donnée à cause de son vol, qui est une cause injuste,
mais pour raison du contrat fait avec le propriétaire; qui est
une cause honnête. Car, comme dit le jurisconsulte : « Is cujus
« interest, furti habet actionem, si honesta causa interest. »

Leg. 11, D., de *Furtis*. V. leg. 12, ibid.; titul. Instit. *de Obli-*
gationibus quæ ex delicto, § *Furti*, Cujac., ad *Julianum*,
lib. xxii, D.; leg. 14 *de Furtis*; et Fornerium, lib. ix *Selectio-*
num, cap. 24; Lessium, *de Justitia et Jure*, lib. ii, cap. 11,
dubio 3, p. 171; Hertium, in *Parœmiis germanicis*, lib. i, p. 541.

Nous avons nommé le larron voleur, parce qu'il vole ou
voltige autour de ceux à qui il veut prendre quelque chose; ce
que le poète Rutilius Numatianus Gallus a heureusement exprimé
dans les jolis vers de son premier itinéraire, v. 607, où il fait
ainsi l'éloge de Lucillus.

> Non olim sacri justissimus arbiter auri
>   Circumsistentes reppulit Harpyias,
> Harpyias quarum discerpitur unguibus orbis,
>   Quæ pede glutineo quod tetigere trahunt,
> Quæ luscum faciunt Argum, quæ Lyncea cœcum,
>   Inter custodes publica furta VOLANT.
> Sed non Lucillum Briareia præda fefellit,
>   Totque simul manibus restitit una manus.

Cette règle peut avoir un autre sens. Beaumanoir, chap. 31,
à la fin. « Si aucun tient un larron en prison, ou il l'emmaine
« pris, et l'en li brise sa prison, ou l'en li resqueult à force, par-
« quoi li lierres eschappe, chil qui le prison brisèrent, ou qui le
« resqueusse firent, doivent être pendus, car ils tolurent droite
« justiche. Et aussint entendons-nous de chaus qui dépendent
« les pendus. » Adde Averan., lib. i *Observ.*, cap. 28; Orozium,
de Apicibus juris, lib. ii, cap. 1, n° 4; Cujac., lib. xvi *Observ.*,
cap. 30; Fornerium, iii *Selectionum*, cap. 24.

XIX.

807. Encore que nier ne soit larcin, si est-ce de
larcin.

Cujas, à qui rien n'a échappé, a expliqué cette règle dans son
commentaire sur la loi 47, D., *de acquirenda possessione*,
lib. xxvi, quæst. *Papiniani*.

« Inficiando depositum, nemo furtum facit, sed contrectando
« lucri faciendi animo. Et subjicitur recte in leg., *Inficiando*,
« D.; de *Furtis* : nam ista inficiatio non est furtum, licet
« prope furtum sit. Et ex ea lege, ut puto, non ineleganter ita
« est scriptum in consuetudinibus Neustriæ, cap. 7 : jaçoil que
« l'on ne die pas que ce soit larrecin, que denier, si est-ce

« qu'il y a un peu de saveur de larrecin. Ipsa quidem inficiatio
« non est furtum, sed prope furtum, etc. »

V. Janum a Costa, ad leg., 5, § Tutelæ, D., de Obligationibus;
leg. 15, D., Ad exhibendum; Menagii Amœnitates, cap. 10; et
Bynkershoeckium, lib. I, Observ., cap. 3; Munnoz de Oroz, de Apicibus juris, lib. III, cap. 7, n° 12.

XX.

808. Pour larcin n'échet gage de bataille.

Avant que les Romains eussent étendu leurs conquêtes du
côté de l'Allemagne, l'usage était entre les peuples qui l'habi-
laient, de terminer leurs différends par l'épée, comme il se
voit par ce qui suit de Velleius Paterculus, liv. II, chap. 118.
« Mediam Quinctilius ingressus Germaniam, velut inter viros
« pacis gaudentes dulcedine, jurisdictionibus, agendo pro tribu-
« nali, ordine trahebat æstiva : at illi, quod nisi expertus vix
« credebat, in summa feritate versutissimi, natumque mendacio
« genus, simulantes factas litium series, et nunc provocantes
« alter alterum injuria, nunc agentes gratias, quod eas Romana
« justitia finiret feritasque sua, novitate incognitæ disciplinæ
« mitesceret, et solita armis discerni, jure terminarentur, in
« summam socordiam perduxere Quinctilium, usque adeo ut se
« prætorem urbanum in foro jus dicere, non in mediis Germa-
« niæ finibus exercitui præesse crederet, etc. »

Nos Français, les Bourguignons, les Lombards et les autres
peuples du Nord, qui inondèrent les Gaules et l'Italie, retinrent
cette coutume barbare; et quand ils furent chrétiens, loin de la
quitter, ils regardèrent ces combats comme un jugement de
Dieu. S. Gregorius Turonensis, lib. VII Historiæ Francor.,
cap. 14 : « Insontem me, ait Guntramnus-Boso, de hac causa
« profiteor. At si aliquis est similis mihi, qui hoc crimen impin-
« gat occulte, veniat nunc palam et loquatur. Tu, o Rex piis-
« sime, ponens hoc in Dei judicio, ut ille discernat, cum nos in
« unius campi planitie viderit dimicare. »

Fredegarius Scholasticus, in Chronico, cap. 51 : « Tunc unus
« ex legatariis, nomine Ansealdus, non quasi injunctum ha-
« buisset, sed ex se ad Charoaldum dixit : Liberare poteras de
« blasphemia hanc causam, jube illum hominem qui hujusce-
« modi verba tibi nuntiavit armari, et procedat alius de parte
« reginæ Gundebergæ, quique armatus ad singulare certamen,
« ut judicio Dei, his duobus confligentibus, cognoscatur utrum

« hujus culpæ reputationis Gundeberga sit innoxia, an fortasse
« culpabilis, etc. »

L'Église * après avoir elle-même autorisé, et laissé pratiquer
le duel judiciaire dans ses domaines, * s'opposa, autant qu'elle
put, à ce funeste abus ; mais Gondebaud, roi des Bourguignons,
qui était arien, et qui mourut l'an 516, loin d'avoir égard aux
plaintes des ecclésiastiques, autorisa tellement le duel, qu'il en
fit une preuve judiciaire, en ordonnant par son édit, qui se
trouve dans le chap. 45 de la loi Gombette, ou des Bourguignons, que les parties pourraient offrir le duel, en refusant
le serment.

« Multos in populo nostro, et pervicatione causantium et
« cupiditatis instinctu, ita cognoscimus depravari, ut de rebus
« incertis sacramenta plerumque offerre non dubitent, et de
« cognitis jugiter perjurare. Cujus sceleris consuetudinem sub-
« moventes, præsenti lege decernimus ut quotiens inter homi-
« nes nostros causa surrexerit, et is qui pulsatus fuerit, non
« deberi a se quod requiritur, aut non factum quod objicitur,
« sacramentorum obligatione negaverit ; hac ratione litigio
« eorum finem oportebit imponi : ut si pars ejus, cui oblatum
« fuerit jusjurandum, noluerit sacramenta suscipere, sed adver-
« sarium suum veritatis fiducia armis dixerit posse convinci, et
« pars diversa non cesserit, pugnandi licentia non negetur, ita
« ut unus de eisdem testibus, qui ad danda convenerant sacra-
« menta, Deo judicante confligat ; quoniam justum est ut, si
« quis veritatem rei incunctanter scire se dixerit, et obtulerit
« sacramentum, pugnare non dubitet. Quod si testis partis ejus,
« quæ obtulerit sacramentum, in eo certamine fuerit superatus,
« omnes testes, qui se promiserant juraturos trecenos solidos
« mulctæ nomine, absque ulla induciarum præstatione, cogan-
« tur exsolvere. Verum si ille qui renuerit sacramentum, fuerit
« interemptus, quidquid debebat, de facultatibus ejus Novigildi
« solutione pars victoris reddatur indemnis, ut veritate potius
« quam perjuris delectentur. Data sub die 5 kalend. Junias,
« Lugduni, Abieno V. C. consule. »

Saint Avite, archevêque de Vienne, célèbre par sa piété et ses
écrits, fit des remontrances à Gondebaud, pour faire abolir cette
loi ; mais Gondebaud n'y eut aucun égard ; de sorte qu'elle fut
non-seulement observée par les Bourguignons, mais encore
reçue par les Français et tous les autres peuples voisins, comme
il se voit par le tit. xLIV de la loi des Allemands, § 1 ; par le
tit. LVI, § 1 ; et par le tit. LXXXIV ; par la loi des Bavarois, tit. II,

chap. 2, tit. ix, chap. 4; et par celle des Lombards, liv. i, tit. ix,
§ 39; et liv. ii, tit. xxxv, § 3 et 4.

Saint Agobard ou Aguebaud, qui était archevêque de Lyon,
sous l'empire de Louis le Débonnaire, adressa à ce prince un
traité contre cette loi barbare de Gondebaud, et lui proposa
d'ordonner que les Bourguignons fussent gouvernés, à l'avenir,
par la loi des Français, ou la loi salique. Ce qui nous marque
que les preuves par le duel étaient alors peu usitées entre nos
pères. « Si autem placuerit domino nostro sapientissimo impe-
« ratori, ut eos transferret ad legem Francorum, et ipsi nobi-
« liores efficerentur, et hæc regio ab squalloribus miseriarum
« quantulumcumque sublevaretur. Horum enim causa accidit,
« ut frequenter, non solum valentes viribus, sed etiam infirmi
« et senes lacessantur ad certamen, et pugnant etiam pro vilissi-
« mis rebus. Quibus feralibus certaminibus contingunt homici-
« dia injusta, et crudeles ac perversi eventus judiciorum, non
« sine amissione fidei et caritatis ac pietatis, etc. » *Adversus
Legem Gundobadi*, cap. 7.

Agobard fit encore un autre traité contre les preuves par le
feu, par l'eau et par les armes, qui se trouve dans le recueil de
ses ouvrages.

Et enfin les Pères du troisième concile de Valence, de l'année
855, qui était la quinzième du règne de Charles le Chauve, ordonnèrent, contre la loi de Gondebaud, qu'on ne pourrait plus,
à l'avenir, opposer le serment au serment fait légitimement en
justice; que celui qui aurait tué son adversaire en duel serait
excommunié, et que celui qui aurait été tué serait regardé
comme homicide de lui-même.

Canon 11. « Quia impia, et Deo inimica.... quarumdam secu-
« larium legum consuetudo invaluit ut, in forensi judicio, liti-
« gantes ex utraque parte contendentium æqualiter juramentum
« dare cogantur, ubi, sine dubio, duobus contra se jurantibus,
« unus perjurus efficitur.... Statuimus ut quicumque uno jura-
« mento legitime dato, quod secundum legem divinam omnis
« humanæ controversiæ finis esse debet, alterum e contrario
« juramentum opponere præsumpserit, ab ipsis liminibus eccle-
« siæ.... exclusus, omnium christianorum consortio atque con-
« vivio reddatur extraneus, etc. »

Canon 12. « Et quia ex hujusmodi juramentorum, imo perju-
« riorum contentione, etiam usque ad armorum certamina solet
« prorumpi, et crudelissimo spectaculo effunditur cruor belli in
« pace.... Statuimus, juxta antiquum ecclesiasticæ observatio-

« nis morem, ut quicumque tam iniquæ et christianæ paci
« inimica pugna alterum occiderit, seu vulneribus debilem
« reddiderit, velut homicida nequissimus et latro cruentus, ab
« Ecclesiæ et omnium fidelium cœtu separatus, ad agendam
« legitimam pœnitentiam modis omnibus compellatur. Ille vero
« qui occisus fuerit, tamquam sui homicida et propriæ mortis
« spontaneus appetitor, a dominica oblationis commemoratione,
« habeatur alienus, nec cadaver juxta sanctorum canonum
« decretum, cum psalmis, vel orationibus ad sepulturam dedu-
« catur. Super quibus duobus titulis, propter tam funesta et
« horrenda animarum vel etiam corporum exitia, christianis-
« simi imperatoris pietas sacerdotali omnium nostrorum sup-
« plicatione imploranda est, ut tantum malum a populo fidelium
« suis publicis sanctionibus amoveat, et nostrum super hoc
« necessarium decretum propria autoritate confirmet. »

Mais ces remontrances et ces canons ayant été sans effet,
parce que les descendants de Louis le Débonnaire et de Charles
le Chauve furent presque sans autorité, les duels eurent plus de
cours en France, sous la troisième race de nos rois, qu'ils n'en
avaient sous les deux premières ; et l'usage en passa en Angleterre, comme il se voit par le chap. 16 des lois d'Édouard, et
par les chapitres 62, 68, 69, 70 et 71 de celle de Guillaume le
Bâtard. Joignez Thomas Rudborne, t. 1, *Angliæ sacræ*, p. 259,
260.

Le pape Grégoire neuvième fit un dernier effort pour abolir
cet usage, en mettant dans sa collection des décrétales les
constitutions des papes ses prédécesseurs qui avaient défendu
le duel, et les preuves par le feu, l'eau et le pain, et qui avaient
ordonné que les parties se purgeraient seulement par serment.
Toto tit. *de Purgatione canonica et vulgari*, lib. v *Decretal.*,
tit. xxxiv et xxxv. Mais on continua toujours, en France, d'en
user comme auparavant, et comme, par la loi de Goudebaud,
le duel avait lieu tant en matière civile que criminelle, il fut
aussi pratiqué en France dans l'un et l'autre cas. « Si bataille, »
dit Beaumanoir, chap. 61, n° 13, « est en la court d'aucun des
« hommes le conte, pour meuble ou pour héritage, entre per-
« sonnes de pooste, li vaincus perd la querelle pour quoy li
« gages furent donnés; et si est l'amende au seigneur, en quel
« court de bataille est, et est l'amende de 60 sols. Et si le bataille
« est de gentixhoms, chil qui est vaincus perd li querelle, et
« l'amende au seigneur de 60 liv. »

Saint Louis fut le premier de nos rois qui abolit, en 1260, les gages de bataille pour meubles et héritages, selon Beaumanoir, chap. 61, n° 15.

Et en 1306, Philippe le Bel corrigea encore cet ancien droit, en donnant une nouvelle forme aux gages de bataille, par l'ordonnance qui suit (*Ordonn.*, t. 1, p. 435) :

« Phelippe, par la grace de Dieu, roi de France, à tous ceux qui « ces présentes lettres verront, salut. Sçavoir faisons que, com-« me ença en arrière, pour le commun profit de notre royaume, « nous eussions deffendu généralement à tous nos subgez, « toutes manières de guerre et tous gages de bataille, et plu-« sieurs malfaiteurs se sont advancez par la force de leur « corps, et faux engins, à faire hommicides et trahisons, et « tous autres maléfices, griefs et excès; pource que quand ils « les avoient faits couvertement et en repost, ils ne pouvoient « être convaincus par témoins, dont par ainsi le malefice demeu-« roit impuni; et ce que en avons fait est pour le commun « proufit et salut de notre royaume. Mais, pour oster aux mau-« vais dessusdits, toute cause de malfaire, nous avons nostre « deffence dessus dite attrempée par ainsi : Que là où il aperra « évidemment homicide, trahison, ou autre griefve violence « ou malefice, excepté larrecin, par quoy peine de mort s'en « deut ensuivir, secretement ou en repost; si que celuy qui « l'auroit fait, ne peut estre convaincu par témoins, ou autre « manière suffisante, nous voulons que, à deffaut d'autre point, « celuy ou ceux qui, par indices ou présomptions semblables « à vérité, pour avoir ce fait, soient de tels faits suspicionez, « appelez et citez à gaiges de batailles : et souffrons, quant à « ce cas, les gaiges de bataille avoir lieu; et pour ce à celle « justice tant seulement, nous attrempons nostre deffense des-« sus dite, ès lieux et ès terres esquels les gaiges de bataille « avoient lieu devant nostredite deffence : car ce n'est mie « nostre intention que celle deffence fust rappellée, ne attrem-« pée à nuls cas passez devant ne après la date de nos presentes « lettres, desquelles les condamnations et absolutions ou enques-« tes soient faites, afin que on le puisse jugier, absoudre ou con-« damner, ainsi que le cas le requiert, et évidemment appa-« roîtra. En tesmoing de ce, nous avons ces lettres fait sceller « de nostre grand scel. » Donné à Paris le mercredy après la Trinité, l'an de grâce 1306.

V. *Stylum Parlamenti*, part. 1, cap. 16; *l'Ordonnance de saint Louis*, de l'an 1260; * *l'Ordonnance de Philippe III*, de 1280 (*Olim*, t. II, p. 163) *; le livre intitulé, *la Salade*, feuillet 59; Honoré Bonnor, dans son *Arbre des batailles*, depuis le chap. 146, jusqu'à la fin; Pasquier, dans ses *Recherches*, liv. IV, chap. 1, 2 et 3; * Brussel, 976 et suiv.; * La Thaumassière, dans ses *Anciennes Coutumes du Berry*, part. 1, chap. 24, 25; le *Formulaire des combats à outrance, à la mode de France*, dans le *Théâtre d'honneur* de La Colombière, t. II, fol. 26; l'*Avis de* Jean de Villiers de l'Isle-Adam, *touchant les gaiges de bataille, et les combats à outrance;* l'*Avis* de Messire Hardouin de La Jaille; le *Discours du combat en champ clos,* de Charles de Neufchaises; Beaumanoir, chap. 63; Petrum Jacobi, p. 391; Guidonem Papæ, q. 317, 318; Goffredum Saligniacum, ad legem *Cum pater,* § *Repetendorum,* D.; *de Legatis* 2, vol. IV, fol. 143, verso; Hotomannum, *de Duello;* Bractonum, lib. III, tract. 2, cap. 19, 20; Fletam, lib. I, cap. 34, 41; Stamfordium, *de Placitis coronæ,* lib. I, cap. 14; *Quoniam attachiamenta,* cap. 73; Speculum Saxon., lib. I, art. 63; Nicolaum Uptonum, *de Officio militari,* edit. Londin., an. 1654; Alciatum, *de Singulari certamine;* le *Traité du Duel,* de Savaron; celui de Scipion Dupleix; le *Théâtre d'honneur,* de Favin, p. 1690; celui de La Colombière; et Cangium in *Glossario,* V° *Duellum.*

Pour larcin. Ceci est pris de l'*Ordonnance* de Philippe le Bel, de l'an 1306, rapportée ci-dessus.

Le gage de bataille était un cas de haute justice; et de là vient, suivant la règle XLVII du tit. II du liv. II, que les seigneurs marquaient leur haute justice, en leur auditoire, par les tableaux, ou peintures de champions qui combattaient. V la note sur cette règle.

Quant au larcin qui faisait perdre la noblesse à celui qui en était convaincu, comme le remarque de La Roque, dans les chap. 156 et 157 de son *Traité de la Noblesse,* il était cas de basse justice : car anciennement, comme on l'a fait voir ailleurs, il n'y avait que deux degrés de juridiction contentieuse. Beaumanoir, chap. 58, n° 2, « L'en doit sçavoir que, de tout cas de « crime quelque ils soient, dont l'en peut et l'en doibt perdre « vie, qui en est attaint et condamnés, appartient à haute- « justice, excepté le larron; car tout soit ce que lierres pour « son larecin perde la vie, ne pourquant larecin n'est pas « cas de haute-justice. » C'est pour cela qu'en larcin, il n'y avait point lieu au gage de bataille; mais en Angleterre et ailleurs, le larcin, comme le meurtre, se prouvait par le duel ou le gage de bataille. Leges Willelmi Nothi, cap. 68. « Si Anglicus homo compellit aliquem Francigenam, por bellum, de furto, vel homicidio, vel aliqua re pro qua bellum fieri debeat, vel judicium inter duos homines, habeat plenam licentiam faciendi. Et si Anglicus bellum nolit, Francigena compellatus adlegiet se jurejurando contra eum, per suos testes, secundum legem Normanniæ. »

Nicolaus Upton, de Militari Officio, lib. II, cap. 7, § 7, p. 79.

Quando aliquis homo est accusatus de furto, licet ei, in prima vice, per sacramentum se idoneare, secundum legem, si possit. Et si, alia vice, duo vel tres eumdem de furto accusant, licitum erit, contra unum ex his, cum scuto et fuste, per pugnam in campo contendere, ut in Lombarda, de Furtis, leg. Si quis liber homo, et leg. Si quis alium de Furto, » etc. V. Beaumanoir, p. 324, lig. 15; et le chap. 80 du premier livre des Établissements.

Touchant la peine du larcin. V. D. Noodtum, lib. IV Probabilium, p. 240; Quisadam, cap. 19 Quæst.; Rittershusium, lib. VII Sacrarum lectionum, cap. 10, p. 158; Guil. Fornerium, lib. I Selectionum, cap. 19; et D. Hertium in Parœmiis; Capitulare Caroli Magni anni 779, art. 24; Novell. Justiniani 134; Gothofredum, in Praxi, vol. I, p. 413; leg. 11, D., de Pœnis; la coutume de Loudun, au tit. des Crimes, art. 7; D. Ludovicum Molinam, jesuitam, de Delictis, disputatione 695; Petronium, cap. 111; Petrum Fabrum, lib. II Semestrium, cap. 12; Savaronem in Notis ad Sidonium, lib. IV, epist. 23; et Gretzerum, de Cruce, t. I; et ci-après, au tit. des Peines, liv. VI, tit. II, règle XII; Masuerum, in Practica, tit. XXXVIII, num. 1; Anton. Guibertum, cap. 18, Polystor. Chez les Grecs, les vols étant devenus trop fréquents, pour la conservation des biens des familles, on fut obligé d'y pendre les voleurs ou larrons; et de là est venu ce proverbe :

Ποινὴν γὰρ μὴ γινώσκει, εἰ μὴ αἰωρεῖται.

Pœnam fur non agnoscit, nisi suspendatur. Chez les Romains, les larrons périssaient pendus à des croix auxquelles ils étaient attachés avec des clous, comme il est écrit dans saint Jean, chap. 19, vers. 18. V. le jurisconsulte Paul, dans ses Sentences, tit. XXII, de Seditiosis, lib. VI; Lactantium, lib. Divinarum institutionum, cap. 26; et Merillium, ad versiculum 16, cap. 19 Evangelii sancti Johannis. Mais en France nous avons, à ce sujet, une loi précise, qui est le chap. 29 des Établissements de saint Louis, le plus zélé de nos rois pour le bien public et pour le repos de ses peuples, où cette peine est approuvée. V. Despeisses, t. III, part. 1, tit. xii, sect 2, art. 6, p. 115, col. 2; et Britton, ou les *Institutes du Droit anglais*, en vieux langage français, feuill. 22, v°, de l'édition de 1640, chap. 15, lig. 10; et Gryphiandrum, dans son traité de *Weichbildis Saxonicis*, chap. 45, p. 112 de l'édition de 1666, n° 7.

Anciennement, chez tous les peuples du Nord, le vol fut un crime presque inconnu, tant qu'il ne fut pas sévèrement puni: ce qui nous apprend qu'il ne faut pas faire connaître, par la sévérité des peines, les crimes auxquels la plupart des hommes ne pensent pas; ce qui est très-bien remarqué par *Stiernhook*, imprimé à Stockholm en 1672, dans son traité *de Jure Sueonnum et Gothorum vetusto*, part. 2, cap. 5; *de Furtis*, p. 364, dont on rapportera ici les paroles, parce que ce livre ne se trouve pas.

« Nullum majoribus nostris crimen furto fuit odiosius, aut
« gravius, nullum olim quoque rarius, etc.

« In borealibus regni provinciis a cultu et commerciis pere-
« grinorum remotis, rara admodum furta, etc.

« Leges ergo in fures antiquitus non videntur habuisse, cum
« non essent qui furarentur, aut quælibet provincia suo sibi ar-
« bitrio castigandos sumeret. Unde hodie, in supra memoratis
« provinciis, nec patibula, nec ulla indicia tanti criminis publi-
« citus extant. Senecæ discursus ad Neronem, quamvis oratorio
« more, ad persuadendum compositus, multum etiam ex vero
« habere videtur.

« Videbis, inquit, ea sæpe committi quæ sæpe vindicantur.
« Pater tuus (Neronis) plures intra quinquennium culeo insuit,
« quam omnibus seculis insutos accepimus : multo minus aude-
« bant liberi ultimum nefas admittere, quamdiu sine lege cri-
« men fuit. Parricidæ cum lege cœperunt, et illis facinus pœna
« monstravit ; pessimo loco pietas fuit, postquam sæpius culeos
« vidimus, quam cruces. In qua civitate raro homines puniun-
« tur, in ea consensus sit innocentiæ et indulgetur veluti bono
« publico, putet se innocentem esse civitas, erit, etc. » lib. 1
« *de Clementia,* num. 23, p. 628.

« Sane si experientiam consulere velimus, atrocitati pœnæ
« raro frequentia delicti sublata fuit aut emendata, quamvis
« vulgo statuatur crescentibus delictis exasperandas esse pœnas,
« majores nostri nescio an non in hac parte aliquantulum erra-
« rint a vero, fine suo frustrati.

« Cum enim primitus furta legibus coercere cœperunt, plus

« nimio, fatendum est, severi fuerunt, tam mites in aliis omni-
« bus, etiam atrocissimis criminibus.

« Quid enim gravius quam concubitus cum parentibus, liberis
« sororibus? Quam parricidium in eosdem? His tamen vitam
« indulgent, contenti pecunia et pœnitentia.

« In fures vero, ubi deprehensi sunt, sententia hæc feralis
« concepta fuit : in furti reum securi, furca, defossione, vivi
« comburio animadverti posse, nec eo nomine vel heredibus,
« vel regi ullam satisfactionem deberi; et quantitas tamen
« quam exigua ad suspendium; dimidia scilicet marcha, aut
« ejus pretium, quantilla ad mortem hominis recusa? Quæ pœna
« etiam remansit post revisionem juris a rege Christophoro fac-
« tam, et alibi etiam hodie rigorose servatur.

« Feminæ vero defossæ sunt, si res furtiva suspendio digna :
« si vero minoris esset pretii, puta triente vel quadrante infra
« marcæ dimidium, cædebantur virgis, altera aure ampu-
« tata, etc. »

A l'autorité de Sénèque qui vient d'être rapportée, joignez
Cicéron, dans son oraison *pro Roscio Amerino*, cap. 13, n°⁵ 35,
36, 37, etc. Joignez les chap. 29, 30 et 31 du premier livre des
Établissements de saint Louis.

Ce que Gryphiander a remarqué est si véritable, que les
Français, comme les Lombards, ont été des peuples du Nord
qui ont communiqué beaucoup de leurs mœurs aux peuples
chez lesquels ils se sont établis. V. cet auteur, dans son traité
de *Weichbildis Saxonicis*, chap. 45, n°⁵ 6 et 10; et chap. 49,
n°⁵ 6 et 7; chap. 56, n° 13; Bignon, sur le tit. xiii de la *Loi
salique*, note 1°, et ci-après la règle xxxii de ce titre.

En quelques lieux, comme en Écosse, si le larron pendu tom-
bait de la potence étant encore vif, il avait grâce pour cette
fois.

« Si latro suspensus fuerit, et postea cadat de furca, quietus
« erit ulterius de illo furto : sed ille qui eum suspenderat finem
« faciet cum rege, salva ei vita, et membris, et exheredatione,
« licet magna sit transgressio ultramodum. »

Mais, en France, cet usage est entièrement aboli, parce que
les jugements par lesquels les voleurs sont condamnés à mort,
portent expressément *qu'ils seront pendus et étranglés jusqu'à
ce que mort s'ensuive.* V. leg. *Baronum*, seu *Quoniam attachiamenta*, cap. 108.

N'ÉCHET GAGE DE BATAILLE. Quand l'appelant, ou celui qui
accusait, avait fait sa plainte en jugement, et avait offert le duel

si l'appelé ou l'accusé niait le crime et acceptait l'offre, le juge
ordonnait le duel; chacun jetait par terre un gantelet que l'autre
levait, et le duel était ainsi accepté. Ces gantelets ainsi jetés
et levés, étaient appelés gages de bataille, et à l'imitation de
ces gages, les procédures en matière civile ont été nommées
erremens du plaid, c'est-à-dire *gages* ou *arrhes* du plaid.

XXI.

809. Ni pour autre crime où il n'échet peine de mort.

Le formulaire des combats à outrance, suivant l'ordonnance
de Philippe le Bel, chap. 1. « Des quatre choses appartenant
« à gage de bataille, avant qu'il puisse être adjugé.

« Premièrement, nous voulons et ordonnons qu'il soit chose
« notoire, certaine et évidente, que le maléfice soit advenu : et
« ce signifie l'acte où il apperra évidemment homicide, tra-
« hison ou autre vraisemblable maléfice, par évidente suspicion.

« Secondement, que le cas soit tel que mort naturelle en deust
« ensuivir, excepté cas de larecin, auquel gaige de bataille ne
« chiet point. Et ce signifie la clause : *par quoy peine de mort*
« *s'en deust ensuivir.*

« Tiercement, qu'ils ne puissent estre punis autrement que
« par voie de gaiges : et ce signifie la clause *en trahison reposte,*
« si que celui qui l'auroit faite ne se pourroit défendre que par
« corps.

« Quatrièmement, que celui qu'on veut appeler soit diffamé du
« fait par indices, ou présomptions semblables à vérité, et ce
« signifie la clause des indices. » (*Ordonn.*, t. 1, p. 435.)

V. La Colombière, dans son *Théâtre d'honneur*, part. 2,
chap. 8, et *Styl. Parl.*, part. 1, cap. 16; et le livre intitulé *la
Salade.*

XXII.

810. En fait de bataille, le défendeur est tenu de confesser ou nier le fait dès le mesme jour qu'il reçoit le
cartel.

Quand un crime avait été commis si secrètement qu'il était
impossible de le prouver par témoins, celui qui accusait, si
c'était un meurtre qui avait été commis, devait ainsi rendre sa
plainte, selon Beaumanoir, chap. 61, n° 3.

« Sire, je di sur tel (et le doit nommer), que il, mauvesement
« et en trahison, a murdri tele personne (et doit nommer le mort

« qui mes parens étoit ; et par son trait et son fait, et par son
« pourchas, se il le reconnoît, je vous requiers que vous en faciez,
« comme de murdrier. Se il le nie, je le vueil prouver de mon
« corps contre le sien, ou par homme qui fere le puist, et doie
« pour moi, comme chil qui ai essoine, lequel je montreray bien
« en temps et lieu. Et se il appelloit sans retenir avoué, il con-
« venroit que il se battist en sa personne, et ne pourroit plus
« avoir avoué, ou champion. »

Et quant au défendeur, il ne devait se départir de devant le
juge avant qu'il eût répondu à l'appel ; c'est-à-dire avant qu'il
eût nié ou avoué le crime dont il était accusé, ou qu'il eût proposé ses raisons pour faire voir qu'il n'y avait point lieu à l'appel
et au gage de bataille ; car, comme dit Beaumanoir, chap. 61,
n° 2 : « il convenoit que chil qui étoit appellé, se deffendist,
« ou qu'il demeurast atteint dou fait, duquel il estoit appelé. »

Le même auteur, chap. 61, n° 5 : « Chil qui est appellés, ne se
« doit partir de devant le juge, devant que il a respondu à l'ap-
« pel. Et se il a aucune raisons par lesqueïs il veuille dire que
« il ne doit point y avoir d'appel, il les doit toutes proposer et
« demander droit sur chascune raison si comme elle a esté
« proposée, de degré en degré. Et doit dire que se droit di-
« soit que ses raisons ne fussent pas bonnes, par quoy li gages
» ni fussent, si met-il sus toute vilaine euvre, et nie le fait
« proposé contre li, et se offre à deffendre par li, ou par homme,
« qui fere le puist, et doie, comme chil qui a essoine, et le mon-
« trera en temps et en lieux. Adonques, li juge doit penre les
« gages de l'appelleur et de l'appellé, sauf les raisons de celui
« qui est appellé. »

Il résulte manifestement de ces autorités que l'appelé ou
l'accusé ne devait proposer ses exceptions, et nier ou avouer
son crime, que devant le juge ; et ainsi il n'est pas véritable qu'en
fait de bataille, le défendeur fût tenu de confesser ou nier le
fait dès le même jour qu'il avait reçu le cartel. V. Petrum Jacobi
in *Practica*, rubrica 98, *de Duello seu Pugna*, n° 36, p. 390.

En l'année 1386, la question fut agitée au Parlement, de savoir,
si en cas de gage de bataille, l'accusé ou l'appelé était obligé
de nier le crime, ou de démentir l'appellant, sous peine d'être
réputé convaincu ; et Jean Le Coq fut d'avis que l'appelé n'était
pas même obligé de nier, après que l'avocat de l'appelant avait
conclu et offert le duel en jugement, comme il était ordonné par
le *Style du Parlement*, part. 1, chap. 16, *de Duello*, § 11, 12, 13
et 14. On rapportera ici toute la question se de cet auteur.

An sit periculum ex parte appellati, non dementiri
appellantem.

« Videtur quod sic.

« Primo. Quia videtur caveri in stylo quod sic fiat. Secundo,
« quia appellatus non dicens, vel dicere non faciens, videtur
« omittere, propter diffidentiam causæ. Tertio, quia dicitur in
« stylo, quod sufficit quod dementiatur appellans per appella-
« tum, post proposita per suum advocatum; et, si ante non fiat,
« non habetur pro convicto, ut habetur in titulo *pro duello*,
« rubrica *de propositione*. Sic innuere videtur quod dementiri
« debeat post proposita.

« Credo contrarium per sequentia.

« Primo. Quia quod dementiatur, est permissum appellato in
« ejus favorem, contra appellantem, qui contra omnia jura, et
« consuetudinem generalem regni Franciæ, cœpit viam vadii,
« et imponit ipsi appellato tanta crimina, sicut sunt illa quæ
« sunt apta ad vadia. Ergo, si omittat, non nocet sibi, quod est
« in ejus favorem.

« Secundo. Revera non permittitur in accusatione ordinaria,
« sive fiat a parte, sive ab officio, quod pars dementiatur. Ergo
« est, in causa duelli, in favorem appellati introductum, cui
« favori renuntiari potest absque præjudicio. Nec videtur non
« dementiens in causa duelli, plus puniri debere quam in accu-
« satione ordinaria.

« Tertio. Pars appellans non potest de hoc conqueri, eo quod
« non dementiatur, quia fiet ei honor, et fieret dedecus de
« contrario.

« Quarto. Non cavetur in stylo quod sit necesse quod demen-
« tiatur aliquis, alias quod ex hoc pars lucretur.

« Quinto. Quod ex hoc commodum potest reportare appellans,
« quod ex hoc adjudicaretur duellum; non quia hoc esset
« novum inducere casum adjudicandi duellum, quod esset
« contra omnia jura mundi, consuetudinem, et ordinationem
« regis Philippi Pulchri, quod pro confesso haberetur pars ap-
« pellata, non quia negavit proposita per partem suam adversam
« fore vera, et se defendere, etc. Ergo patet quod non confiten
« factum, non habetur pro convicto, quia non est habendus pro
« convicto, nisi in campo convincatur, vel nisi confiteatur fac-
« tum : sed constat quod in campo non fuit convictus nec con-
« fessus per prædicta. Ergo, etc.

« Sexto. Si aliquod commodum posset reportare, hoc esset

« in casu quod duellum adjudicaretur per curiam; quia in hoc
« casu concludit pars appellata in duello, vadium suum proji-
« ciendo : ergo ante præmature peteretur commodum, eo quod
« non fuit dementita.

« Per prædicta responderetur ad contraria. Et scias quod, in
« dicta causa duelli dicti domini Petri, non fuit dementitus
« dictus Leo, et nihil dixit, nec aliquod commodum petiit ejus
« advocatus; attamen fuerat dementitus in eadem causa coram
« commissariis qui prius de ea cognoverant, licet eorum pro-
« cessus fuerit frustratorius; et de novo fuit dicta causa in curia
« Parlamenti placitata, et finaliter per arrestum fuit dictum,
« quod non cadebat duellum. »

Les choses étaient ainsi dans les règles de la procédure; mais
comme, en cette matière, il y avait beaucoup de point d'honneur, celui qui était soupçonné de crime affectait de se rendre
en jugement, sans attendre qu'il fut ajourné : ce que nous
apprenons du chap. 2 du *Formulaire des combats à outrance*,
suivant l'ordonnance de Philippe le Bel. « Nota que, en gage
« de bataille, tout homme qui se dit vrai pour honnête, se doit
« rendre et présenter sans adjournement; mais on lui donne
« bien délai pour avoir ses amis. Et s'il ne vient sans adjourne-
« ment, pour ce son droit n'est amendry, ne son honneur avan-
« cié. » C'était pareillement par point d'honneur que, dès le
jour même du cartel, quand le duel se faisait sans formalité de
justice, l'appelé était tenu de nier ou confesser le crime dont
il était accusé. Touchant les cartels, V. La Colombière, part. 2,
chap. 10, p. 210 et 223.

XXIII.

**814. L'appellé en combat a le choix des armes et de
la forme du combat.**

Cette règle, comme la précédente, n'est pas pour les duels ou
combats qui étaient ordonnés par les juges, mais pour les duels
qui se faisaient par défis et par cartels. De sorte qu'en France on
n'a point pratiqué la constitution de Frédéric, rapportée dans
les *Constitutions de Naples*, liv. II, tit. XXXVII, § 4.

Comme celui qui était appelé en duel par cartel et sans autorité publique n'était obligé à combattre que par point d'honneur, il ne s'y exposait pas, à moins qu'il n'y eût entre lui et
l'appelant une parfaite égalité d'âge, de force et d'armes;

jusque-là que, si l'appelé était borgne, il exigeait que l'appelant eût le même œil bouché; et s'il était estropié d'un bras ou d'une jambe, il exigeait que l'appelant eût le même membre lié, afin qu'il ne pût point s'en servir contre lui. V. la *Constitution* de Frédéric, citée ci-dessus; et La Colombière, dans son *Théâtre d'honneur*, part. 2, quest. VII, p. 135.

L'usage était donc, dans ces duels, que l'appelant pouvait marquer le lieu du combat, mais que c'était à l'appelé à faire le choix des armes. Cela fut ainsi pratiqué au duel entre Veniers et Sarzay, sous François Ier. Car Veniers, qui était l'appelé, porta au champ de bataille les armes dont ils devaient combattre, savoir, un corcelet à longues lacettes, avec les manches de maille, des gantelets, le morion en tête, et une épée à chaque main.

Et le célèbre Jarnac, appelé par La Chataigneraye, sous Henri II, fit porter au champ de bataille un casque, un corcelet, un brassard pour le bras gauche, qui ne jouait point, afin que l'appelant ne pût se servir de sa force, ni de son adresse à la lutte, l'épée pour la main droite, un poignard pour la gauche, et encore un autre poignard à mettre dans la main droite. V. Dupleix, dans ses *Lois militaires touchant le Duel*, liv. II, chap. 10, p. 275; La Colombière, dans son *Théâtre d'honneur*, part. 2, chap. 36, p. 409; et chap. 37, p. 415; et Hotomanum, *de Duello*.

Il n'en était pas de même quand le duel était ordonné en justice, car, selon Nicolas Upton, *de Militari Officio*, lib. II, lig. 8, p. 83, en plusieurs lieux, la coutume était que le juge même qui avait ordonné le combat, ordonnait aussi des armes dont les combattants devaient se servir.

Qualia arma sint, in his casibus, duellantibus per consuetudinem concessa.

« In casibus istis, quando proceditur ad duellum, propter
« criminis purgationem, de consuetudine, judex habet provi-
« dere de fustibus cornutis, cum targiis, vel scutis, quæ fustes
« et scuta erunt æqualis longitudinis, et grossiciei. Et pars com-
« pellans habebit primam electionem armorum prædictorum,
« ut in Lombarda, *de Testibus*, lege *Si quis cum altero*, et lege
« proxima præcedenti. Sed utrum habere possunt gambrias, et
« galeas in capitibus, neque lege, neque consuetudine inveni-
« mus. Et si præfatæ fustes, sive scuta frangantur, non sunt
« alia eis aliquo casu præstanda. Aut si ceciderint fustes de ma-
« nibus pugnantium, nisi duellantes, poterint per se ipsos dictas

« fustes recolligere, novæ non dabuntur, sed sibi imputare
« debet qui fustem suam sic cadere permisit. Sed de jure scripto
« ista non habemus, quamvis de usu, et communi consuetudine,
« istud fuerit observatum, etc. »

En France, les juges ne prescrivaient point les armes dont
les combattants devaient se servir. Mais, suivant le chap. 80 du
premier livre des *Établissements de France*, faits par saint
Louis, on faisait la distinction suivante entre le noble et le roturier.

Lorsque les roturiers combattaient avec les roturiers, et les
nobles avec les nobles, ils avaient toujours armes égales.

Si c'était un roturier qui accusait un homme noble et qui
l'appelait en duel, le noble ne quittait point ses armes et combattait à cheval, et le roturier combattait à pied. Mais si le
noble appelait le roturier, le noble était obligé comme lui de
combattre à pied.

Beaumanoir explique ainsi cet ancien usage dans ses *Coutumes du Beauvoisis*, chap. 64, *des Présentations*, n° 2.

« Quant gage sont receus dou juge, et le juge leur a assiné
« jour de venir, ainsi comme il doivent : li appellé, et chil qui
« appelle, doivent regarder en quel estat il sont, en tele ma-
« nière, que chil qui appelle, se il est gentilshom, et il appelle
« homme de poote, bien se gard que il ne se présente pas armés
« à cheval, comme gentixhoms; car il se doit présenter à pied
« et en guise de champion. Et se il se présente à cheval et armés
« comme gentixhoms, et li païsans que il appela se présente à
« pied comme champion, li gentixhoms en a le pieur; car,
« puisqu'il perd les armes, ès quelles il se présente, il demeure,
« quand il est désarmés, en pure se chemise, et convient que
« il se combatte en icelle manière, sans armures, sans escu et
« sans baston. »

« 3. Pierres, qui gentixhoms estoit, appella Jehan, qui
« éloit homme de poote. Au jour de la présentation, après ce
« que gages furent reçus, et au jour qui leur fut assiné de venir
« ainsi comme ils doivent, l'une partie et l'autre se présentèrent
« nicement; car li escuiers se présenta à cheval, armés comme
« gentixhoms, et li home de poote se présenta à pied, en pure
« se cote, sans armeure, fors de baston et d'escu. Jehan, qui à
« pied se présenta, proposa contre Pierre, qui appellé l'avoit,
« que ledit Pierre s'étoit présenté en armes, ès quelles il ne se
« devoit pas combattre, pourquoi il requeroit que les armes li
« fussent ostées, et que il se combattist sans armes, à pied,

« comme chil qui s'étoit présentés sans armes soufﬁsans à com-
« battre contre li, selonc l'appel.

« A che répondit Pierres que soufﬁsaument s'étoit présentés,
« car gentixhoms étoit, et en armes de gentixhoms se devoit
« combattre; pourquoi il requiéroit le bataille, et plus requié-
« roit-il, car il requéroit que Jehan ne pust avoir nulles autres
« armeures, que celles ès quelles il étoit présentés, che est à
« entendre en se cote, son escu, et son baston tant seulement,
« et seur che se mistrent en droit.

« Il fut jugié que Pierre perdroit les armes et le cheval,
« comme meffès au Seigneur, et se combattroit au point où il
« seroit, quand les armes li seroient ostées; chest à sçavoir, en
« se chemise, sans escu et sans baston, et Jehan ensement en
« se cote, se combatteroit audit Pierre, ainsint comme il se
« présenta, si comme il étoit devant, et auroit l'escu et le bas-
« ton. Et, par cet jugement, peut-on sçavoir le péril qui est
« en présentation, et comment l'en doit regarder en quel état
« de personne l'en est, et qui est apelières ou appellé. Car se
« Jehan, qui étoit hons de poote, eût appelé ledit Pierre, Pierre
« se fut soufﬁsamment présentés : car en soy deffendant, il se
« combatist armé et à cheval, et li hons de poote si comme i'
« se présenta, ou en armes de champion, se il si fust pré-
« sentés. »

« 4. Quant li hons de poote appellent li uns li autre, il se
« doivent présenter au jour qui leur est assigné; après le gages
« receus, à pié et en armes de champion. Et se ils sont gentix-
« hons, ils se doivent présenter leurs chevaux armés de toutes
« armes; et qui se présente moins soufﬁsamment d'armeures
« que il ne doit, il n'y peut plus recouvrer. » V. la note sur la
règle qui suit, à la ﬁn, et Hotoman, *de Duello*, p. 903.

XXIV.

**812. En France, personne n'est tenu prendre, ni
bailler champion, quoique l'empereur Frideric ait ordonné le contraire.**

Frédéric, par son ordonnance *de Campionibus*, rapportée
dans le livre II des *Constitutions de Naples*, tit. XXXVII, § 4,
permit aux personnes âgées de soixante ans, et à celles qui
étaient mineures de vingt-cinq, de pouvoir combattre par
champions. « Nec illud prætermittendum videmus, quod neces-

« sario gratiam nostræ benignitatis exposcit, ut qui ætatis annum
« sexagesimum tetigerint, et qui nondum vigenti quinque anno-
« rum curricula impleverint, per se pugnare minime teneantur,
« sed possint ad deffensionem suam, non cum alios impetunt,
« subjicere campiones. Ne vel ætates, in altero naturali friges-
« cente calore, vel juveniles, virtutum in altero robore non
« impleto, non tam incerto, quam periculoso pugnæ judicio,
« quod esset asperrimum, relinquamus. » V. dicti libri tit. xxxi,
xxxii, xxxiii, et ibi Math. de Afflictis.

Et, suivant la remarque de Cujas, sur le paragraphe *Si rusticus* de la constitution de cet empereur, *de Pace tenenda*, le
noble ne combattait avec le roturier que par champion. « Si
« miles rusticum deferat, de calumnia dejerat, rusticus purgat
« se dato jurejurando cum septem aliis, vel probat innocentiam
« suam humano judicio, id est, testibus legitimis, vel divino,
« id est duello. Nam, per campionem, miles cum rustico
« pugnare poterit, vel etiam per se, si velit; alioquin rusticus
« militem ad pugnam compellare non potest : nam neque miles
« plebeius militem nobilem, etc. » V. Cujacium, ad lib. v
Feudor.

En France, tout accusé ou appelé était aussi obligé de combattre, à moins qu'il n'eût loyale exoine. Beaumanoir, chap. 61,
n° 6 : « Se chil qui appelle, ou qui est appellé, vieut avoir avoué
« qui se combatte pour lui, il doit montrer son essoine, quand
« le bataille sera jugiée. Pluriex essoines sont, par lesquelles,
« ou par l'une des quiex l'en peut avoir avoué.

« Li uns des essoines, si est se chil qui vieut avoir avoué,
« montre que il li faille aucun de ses membres, par lequel il est
« aperte chose, que li corps en est plus foible.

« Le second essoine si est, se l'en a passé l'âge de soixante ans.

« Le tiers essoine si est, s'il est accoutumé de maladie, qui
« vient soudainement, comme de goute artentique ou de vertin.

« Le quars si est, si l'en est malade de tierchaine, ou de
« quartaine, ou de autre maladie apertement sçue sans fraude.

« Le quint essoine si est, si femme appelle; car femme ne
« se combat pas.

« 7. Si un gentixhons appelle un gentixhons, et li un et li
« autre est chevalier, il se combattent à cheval, armés de toutes
« armeures, tèles comme il leur plait, excepté coustel à pointe
« et mace. D'arme molue, ne doit chacun porter que deux épées
« et son glaive. Et aussint, si sont escuier, deux épées et un
« glaive.

II.

« 8. Se chevalier ou escuier appelle homme de poote, il se
« combat à pied, armé en guise de champion, aussint comme li
« homme de poote ; car, parche que il s'abaissent à appeller si
« basse personne, se dignité est ramenée en tel cas à tes ar-
« meures, comme chil qui est appellé a de son droit. Et mout
« seroit cruel chose, se li gentixhons appelloit un homme de
« poote, et il avoit l'avantage du cheval et des armes. » *En
ce cas il

> Redescend par l'offense au rang de l'offensé.
> (CASIMIR DELAVIGNE, *École des Vieillards*.)*

« 9. Si hons de poote appelle gentilxhons, il se combat à pied
« à guise de champion, et li gentixhons à cheval armé de toutes
« armes ; car en aus deffendans, il est bien avenant que il usent
« de leur avantage.

« 10. Si uns hons de poote appelle un autre hons de poote,
« il se combattent à pied, et de toute tèle condition est li cham-
« pions à la gentilfame, se elle appelle, ou elle est appellée, etc.»
V. Des Fontaines, dans son *Conseil*, chap. 22, n° 7.

Hotoman s'est donc trompé, quand il a dit qu'il était permis
par le droit français, dans tous les duels, de combattre par
champions. « Jure autem Gallico, licet omnibus in duellis cam-
« pionem edere. » V. Hotomannum, *de Duello*, p. 901 ; et Alciatum, *de Singulari certamine*, cap. 35 ; * *Glossaire du Droit
français*, V° *Champions* ; Brussel, 963-988.*

XXV.

**813. Ni de combattre avant vingt et un ans de son
âge, [par l'ancienne coutume de la France.]**

On a remarqué sur la règle XXXIV du tit. I du premier livre,
qu'anciennement, en France et en Angleterre, on réputait majeurs tous ceux qui avaient l'âge suffisant pour s'acquitter de
leur profession ; et que les enfants mâles, à vingt et un ans,
étant en âge de porter les armes et d'aller à la guerre, ils sortaient de garde, et entraient en la pleine jouissance de leurs
fiefs, parce qu'ils pouvaient les desservir. « Ante ætatem porro
« viginti et unius annorum, » dit l'auteur, de Fleta, « robustos
« vel habiles ad arma suscipienda, pro patriæ deffensione, non
« reputantur ; et ideo *undres* dicuntur, et sub tutela dominorum
« interim remanebunt. » Fleta, lib. I, cap. 9, § 4.

C'est par cette raison que l'auteur a mis dans cette règle que

personne ne pouvoit combattre avant vingt et un ans de son âge,
par l'ancienne coutume de France. Beaumanoir, chap. 63, n° 4.
« Il n'y a point d'appel si cil qui appelle est dessous l'âge de
« quinze ans; car male chose seroit de souffrir enfans en gage,
« devant qui il aient âge; par quoi il doient connoître le péril
« qui est en gages, et en mout de pays il convient plus d'âge,
« et par notre coutume, croi-je qu'il auroit avoué duques à
« tant que il auroient vingt ans. »

Par la constitution de Frédéric, rapportée sur la règle précédente, il fallait avoir vingt-cinq années pour être tenu de combattre en champ clos, quand il y avait accusation de crime, et
avant cet âge l'accusé pouvait mettre un champion en sa place.
V. la note sur la règle précédente. Beaumanoir, p. 323 à la
fin; *Constitutiones Siculas,* p. 78, lin. 32.

XXVI.

814. Qui ne combat, quand la bataille est assignée et
jurée ès mains du prince, perd les armes, et est tenu pour
vaincu.

Le *Formulaire des Combats à outrance,* suivant l'ordonnance
de Philippe le Bel, chap. 2, art. 5.

« *Item.* Voulons et ordenons que, se l'une des parties se
« departoit de nostre court, après les gaiges jettés et receus, sans
« nostre congié, icelui departant ainsi, voulons et ordonnons
« qu'il soit tenu et prononcié convaincu.

« Article 15. Par les anciennes coutumes du royaume de
« France, l'appellant se doit présenter au champ premier, et
« avant l'heure de midy, et le défendant devant l'heure de none;
« et quiconque défaut de l'heure, il est tenu et jugié pour
« vaincu, se la grace et merci du juge ne s'y étend : lesquelles
« constitutions voulons et approuvons qu'elles tiennent et
« vallent. » V. *Stylum Parlamenti,* part. 1, tit. XVI, § 23 et 19.
V. le *Formulaire des Combats à outrance,* dans le *Théâtre
d'honneur* de La Colombière, chap. 15, p. 31, t. II; * et le
30ᵉ plaidoyer de d'Expilly.*

XXVII.

815. Et si le demandeur ne rend le défendeur vaincu
dans le soleil couché, il perd sa cause.

Le *Formulaire des Combats à outrance,* suivant l'ordonnance

de Philippe le Bel, art. 17. « Item, doit requérir et protester
« que se le plaisir de Dieu ne fut que, au soleil couchant, il
« n'eût déconfit et outré son ennemy, laquelle chose il entend,
« si Dieu plaît ; néanmoins peut requérir qu'il luy soit donné du
« jour, autant comme il en seroit passé en faisant les cérémo-
« nies selon les droits et anciennes coutumes ; ou autrement
« peut protester, s'il n'a l'espace d'un jour tout du long. »

V. l'ancien *Style du Parlement*, chap. 16, § 20, part. 1, et *ibi*
Aufrerius.

XXVIII.

**816. Le démentir et offre de combat sauve l'honneur
à celui qui est taxé de trahison.**

On a fait voir, sur la règle XXI de ce titre, que la trahison
était un cas de gage de bataille. Que l'on suppose qu'un homme
eût été appelé de trahison, qu'il eût nié le crime et accepté le
duel, et qu'enfin, par les soins des amis communs, il se fût
réconcilié avec l'appelant, aurait-il eu son honneur entier ? Il
faut dire que oui, parce que, suivant cette règle, *le démentir et
offre de combat sauve l'honneur à l'accusé*. Mais il faut remarquer que, quand les gages avaient été jetés et levés, et le duel
ordonné, les parties ne pouvaient plus s'accommoder sans la
permission du juge. V. le *Style du Parlement*, part. 1, chap. 16,
§ 23 ; * Brussel, p. 988 et ss.; * et ci-dessus, liv. III, tit. I,
règles VI et VII. Ç'a été autrefois une grande question, s'il était
préjudiciable à celui qui était appelé en duel de ne pas démentir
l'appelant : comme elle est traitée au long par Jean Galli, on
se contentera de renvoyer le lecteur à sa question 90. (V. *sup.*,
n° 810.)

XXIX.

817. Le mort a le tort, et le batu paye l'amende.

LE MORT A LE TORT. En gage de bataille, ou l'un des combattants était tué, ou mis hors des lices, vif ou mort, ou il était
forcé de confesser son crime. Et dans l'un et l'autre cas, le gage
de bataille était *outré*.

Celui des combattants qui était tué, était réputé avoir eu
tort, et son corps était traîné au gibet. Le *Formulaire des Combats à outrance*, suivant l'ordonnance de Philippe le Bel,
art. 24.

« Item, voulons et ordonnons que gaige de bataille ne soit

« point oultré, fors par deux manières. C'est à sçavoir, quand
« l'une des parties confesse sa coulpe, et est rendu ; et l'autre,
« qui est la seconde, quand l'un met l'autre hors des lices,
« vif ou mort. Dont mort ou vif, comme sera le corps, il sera
« du juge livré au mareschal, pour de luy faire justice, tout à
« nostre bon plaisir, etc. »

Messire Hardouin de La Jaille, dans son *Avis touchant les
Combats en champ clos*, cas 12.

« Si c'est pour trahison ou meurtre qu'est la querelle et gage
« jeté, le mareschal doit demander au seigneur juge, que c'est
« qu'il veut que l'on fasse de ce corps récréant, convaincu,
« rendu dédit et parjure, et se ledit seigneur juge sententie
« qu'il en soit fait selon que au cas appartient, sans rien muer
« ne changer, il sera traîné au gibet, et pendu par le milieu du
« corps, ou fait selon les coutumes du pays. Et s'il est de grand
« lignage et parenté, et que, à la prière d'eux, ledit seigneur
« juge luy fait grace de le laisser mettre en terre sainte, ledit
« mareschal va toucher la main en celle dudit seigneur juge,
« puis la met sur l'estomac du convaincu, et, par le sergent
« dudit prévost, est couché sur une table, et non sur une claie,
« et porté, les pieds devant, hors du champ où se trouvent les
« seigneurs de l'église à torches éteintes, que on a mandé
« quérir, et prier que, pour l'honneur du saint baptême, qu'il
« estoit chrestien, et que ledit seigneur son juge lui fait grace,
« à la requeste des siens, qu'il soit mis en terre sainte, qu'ils
« luy veuillent mettre. Ce dit, les seigneurs de l'église disent
« sur le corps certaines oraisons et suffrages appropriés à sem-
« blables cas, puis torches s'alument, et le prennent lesdits de
« l'église pour le porter en terre, avec lesquels convient que
« ledit prévost, accompagné de ses sergens, li voyant mettre
« en la fosse, et de terre le couvrir, puisse en faire le rapport
« au mareschal. Et tout ainsi doit aller au gibet et pilory, pour
« voir toute l'exécution faite selon la sentence du juge ; et le
« tout rapporter audit mareschal, etc. »

ET LE BATU PAYE L'AMENDE. Floris de Bellingen a mis cette
règle dans son *Recueil de proverbes*, liv. II, chap. 25, n° 60,
p. 208 de l'édition de 1656. Et voici comme il s'est avisé de
l'expliquer : « Lory est une petite ville de la province du Gati-
« nois, distante de Paris d'environ vingt lieues, dont les loix
« coustumières sont fort anciennes, et receues en plusieurs
« endroits de la France. Celle-ci en est une, et est faite contre
« ceux qui battent quelqu'un et l'outragent de coups, auxquels

« la loy s'adresse, en leur disant ces mesmes paroles par les-
« quelles elle leur ordonne de payer l'amende : *le batu paye*
« *l'amende;* » mais cet auteur n'y a rien entendu.

On a remarqué, sur la règle xx de ce titre, qu'avant le règne
de saint Louis les gages de bataille n'avaient pas lieu seulement
pour crimes, mais encore pour meubles et héritages ; et quand
ils avaient lieu pour héritages et pour meubles, celui qui
était battu perdait sa cause avec amende, qui était de 60 sols,
si la bataille avait été entre roturiers, et de 60 livres, si elle
avait été entre gentilshommes; de sorte que, par l'ancien droit
de la France, le battu payait l'amende. Beaumanoir, chap. 61,
n° 13.

Par la charte de Louis le Gros, accordée aux habitants de
Lorris, confirmée par Louis VII, dit le Jeune, et par Philippe
Auguste, cette règle fut établie. « Si homines de Lorriaco vadia
« duelli temere dederint, et præpositi assensu, antequam tri-
« buantur obsides, concordaverint, duos solidos et sex dena-
« rios uterque persolvat. Et, si obsides dati fuerint, septem
« solidos et sex denarios persolvat uterque. Si, de legitimis
« hominibus duellum factum fuerit, obsides devicti centum et
« duodecim solidos persolvant. »

Et ces coutumes ayant été ensuite accordées à plusieurs villes
de France, on a cru que la règle *le batu paye l'amende* avait
été prise de la coutume de Lorris, suivant ces vers anciens :

> C'est un proverbe et commun dis,
> Qu'à la coutume de Lorris,
> Quoy qu'on aye juste demande,
> Le batu paye l'amende.

Mais Philippe le Bel, par son édit du mercredi d'après la Trinité 1306, ayant aboli cet ancien droit, et ordonné que les gages
de bataille n'auraient plus lieu, que pour crimes qui mérite-
raient la mort, le battu, réputé criminel, fut mené au gibet.

Messire Hardouin de La Jaille, dans son *Avis touchant les
Combats en champs clos*, cas 10 :

« Si c'est pour trahison, ou meurtre, droit d'armes et justice
« veullent que le batu soit par le sergent criminel couché, lié
« et traîné sur une claye, les pieds devant hors du champ, et
« delà, par chevaux, au gibet, pour estre pendu, ou en la
« place de ville, avoir la teste tranchée.... Mais premier que
« officiers d'armes se mettent à couper éguillettes et désarmer
« le vaincu, le mareschal doit aller toucher de sa main en celle

« du seigneur juge, et puis la venir mettre sur l'estomac du
« dédit. Et, alors par lesdits officiers, luy est levée sa cotte
« d'armes et brulée au milieu du champ; puis désarmé, pre-
« mier le chef, après les mains, et le tout jetté ès quatre quar-
« tiers du champ. Et, ce fait, ledit sergent fait son office. Les
« pleiges sont rendus au vainqueur, les autres arrestez comme
« prisoniers, jusques à satisfaction de partie, et le reste de ses
« biens sont au prince confisquez. » V. le *Formulaire* de Philippe le Bel, art. 14 et 15. V. Pasquier, dans ses *Recherches*,
liv. vIII, chap. 29; Alciatum, *de Singulari certamine*, cap. 43.

XXX.

818. Maintenant toutes guerres et combats sont défendus : et n'y a que le roy qui en puisse ordonner.

MAINTENANT TOUTES GUERRES. En 1245, au mois d'octobre,
saint Louis fit à Pontoise une ordonnance contre les guerres
privées, portant que, depuis que le fait pour lequel les parties
entreraient en guerres serait arrivé, jusques à quarante jours
accomplis, il y aurait trêve de par le roi, appelée *la quarantaine le roi*, dans laquelle seraient compris tous les parents
des deux parties, *à l'exception des parties mesmes*, c'est-à-dire
de ceux qui seraient auteurs de la guerre, et que cependant
celle des parties qui serait coupable pourrait être arrêtée et
punie; et enfin que, si dans les quarante jours quelqu'un des
parents était tué, celui qui l'aurait tué serait réputé traître, et
puni de mort.

La même année il fit à Pontoise une seconde ordonnance,
par laquelle il enjoignit aux juges de forcer les parties qui
étaient en guerre à faire des trêves de cinq années.

Philippe le Bel en fit une autre à Poissy, par laquelle il
défendit dans tout le royaume les guerres privées, sous peine
de confiscation de corps et de biens.

En 1361, au mois d'octobre, le roi Jean en fit une à Paris,
par laquelle il renouvela ces défenses.

Et enfin Charles V abolit ce désordre par son ordonnance du
17 septembre 1367, qui est au reg. Olim, fol. 47. V. la 29ᵉ dissertation de Du Cange sur Joinville, fol. 344, 345, 346, 347.

ET COMBATS SONT DÉFENDUS. En 1260, saint Louis défendit les
duels et les batailles, et ordonna que les preuves se feraient par
titres et par témoins. Mais cette ordonnance n'eut lieu que dans
les terres du roi.

Philippe le Bel les défendit ensuite généralement; mais enfin il fut obligé de les permettre dans de certains cas spécifiés dans son ordonnance de l'an 1306, rapportée sur la règle xx de ce titre. Cette ordonnance fut longtemps observée, comme il parait par le titre xvi de la première partie de l'*Ancien Style du Parlement*. Et enfin nos rois les défendirent par plusieurs édits rapportés dans la *Conférence*, liv. ix, tit. xi, t. II, p. 833. V. l'ordonnance du roi Jean de l'année 1353, t. II des *Ordonnances*, et ce qu'on a remarqué à ce sujet dans la préface du tome I.

XXXI.

819. La peine du vaincu estoit la mort, ou mutilation de membres : mais la loi de talion fut, pour ce regard, introduite, par l'établissement du roi Philippe Auguste, tant contre l'appellant, que contre l'appellé.

Philippe Auguste fit cet établissement pour la Normandie, qu'il venait de conquérir sur les Anglais; et il y établit ainsi la peine du talion, qui était en usage alors dans tout le royaume, comme il se voit par ces vers de Guillaume le Breton, dans le livre viii de sa Philippide.

> Quædam autem in melius juri contraria mutans ,
> Constituit pugiles , ut in omni *talio* pugna ,
> Sanguinis in causis ad pœnas exigat æquas.
> Victus ut appellans , sive appellatus eadem
> Lege ligaretur , mutilari , aut perdere vitam.
> *Moris enim extiterat apud illos hactenus* , ut si
> Appellans victus in causa sanguinis esset ,
> Sex solidos decies , cum nummo solveret uno ;
> Et sic impunis , amissa lege , maneret.
> Quod si appellatum vinci contingeret , omni
> Re privaretur , et turpi morte periret ,
> Injustum justus hoc juste rex revocavit ,
> *Reque pares Francis Normannos fecit in istu.*

Henri de Bracton, dans son traité *de Legibus Angliæ*, lib. iii, cap. 21, § 4, 5, 6 et 7, parle de cet ancien droit des Normands en traitant du droit des duels, qui était pratiqué de son temps en son pays.

« Facto tali modo sacramento, statim fiat bannus regis sub « voce præconia; et facto silentio per hæc verba : Præceptum « regis et justitiariorum est quod nullus sit ita ausus, vel audax,

« quod quidquid audiat, vel videat, se moveat, vel verbis præ-
« ferat ; et si quis contra hoc fecerit, captus erit, et positus in
« prisonam, et ibi jacebit per annum et diem, usque dominus
« rex de eo præceperit voluntatem suam : iis igitur taliter
« pactis congrediantur campiones et pugnent.

« Et si appellans victus fuerit, vel si appellans se deffenderit
« contra ipsum tota die, usque ad horam qua stellæ incipiunt
« apparere, tunc recedit appellatus, quietus de appello, ex quo
« se obligavit appellans ad convincendum illum una hora diei,
« quod quidem non fecit, et non solum quietus dimittitur appel-
« latus de facto, imo omnes alii qui appellati sunt de forcia, etc.

« Si autem appellatus victus fuerit, ultimo supplicio punietur,
« secundum criminis qualitatem, cum exheredatione heredum
« suorum et omnium bonorum amissione.

« Si autem appellans victus sit in campo, ad gaolam mittendus
« est. Tamen fit ei aliquando misericordia, etc. »

V. Fletam, lib. 1, cap. 34, § 32 ; Petrum Jacobi, p. 399,
n° 41 ; Alciatum, *De Singulari certamine ;* et Petrum de Bella
Pertica, quæst. 145.

XXXII.

820. L'occasion fait le larron.

> La faim, l'occasion, l'herbe tendre, et, je pense,
>   Quelque diable aussi me poussant,
> Je tondis de ce pré la largeur de ma langue.
>
> (La Fontaine, liv. VII, fable 1.)

V. Hertium, in *Epidipnide parœmiorum juris Germanici*,
cap. 27, p. 459, t. III ; et la règle VI du titre suivant.

On a agité la question de savoir si celui qui volait une chose
de peu de conséquence était moins coupable que celui qui
volait un meuble précieux.

Jodocus Damhouderius, dans sa *Pratique criminelle*, a été
d'avis que celui qui volait une chose de peu de conséquence
était plus coupable que celui qui volait un effet de grand prix ;
et saint Chrysostome a été de cet avis dans son homélie 3, sur
la seconde épître de saint Paul à Timothée.

Il semble que Damhouderius ait encore pour lui l'autorité de
saint Jérôme, sur l'épître 2 à Tite ; parce que, dans le vol, on
a moins d'égard à la valeur de la chose volée qu'au mauvais
esprit du voleur.

Mais les souverains et les juges séculiers ont pensé autrement ;

ainsi, selon Justinien, dans ses *Lois géorgiques*, chap. 4, celui qui a volé la sonnette attachée au col d'un bœuf ou d'un mouton n'est puni que du fouet.

Saint Chrysostome, dans son homélie 24, sur saint Matthieu, agite une autre question, qui est de savoir lequel est le plus criminel du voleur ou de l'homicide. Et il décide que c'est le voleur, parce qu'il fait languir longtemps celui dont il a pris le bien; au lieu que l'homicide expédie promptement celui à qui il ôte la vie. Quand on joint ces deux sentiments de saint Chrysostome, il est évident qu'il se contrarie; parce que celui qui détourne et qui s'approprie un effet de peu de valeur n'ôte point la vie à celui qu'il vole, à moins qu'il ne soit dans une pauvreté et un besoin extrêmes; au lieu que celui qui commet un grand vol, renversant la fortune de celui envers lequel il commet ce crime, il le met à la mendicité et le fait périr misérablement avec sa famille : d'où il résulte que celui qui commet un grand vol est plus criminel que celui qui en fait un petit. V. Rittershusium, lib. vii *Sacrarum lectionum*, cap. 9 et 10; et Radulphum Fornerium, lib. ii *Rerum quotidianarum*, cap. 5.

TITRE II.
DE PEINES ET AMENDES.

De fine et utilitate pœnarum, vide Rittershusium, lib. vii *Lectionum sacrarum*, cap. 13, 14, 15.

I.

821. La peine du talion n'est point maintenant ordinaire en France.

Ceci a été pris de Masuer, ancien auteur, dans sa *Pratique*, tit. xxxviii, nomb. 8.

« Si quis accuset alium de crimine, illo requirente, ambo « debent incarcerari, et ambo relaxari cum cautione. Et maxime « tenetur accusator dare cautionem, qui, si convincatur de falsa « accusatione, non punitur pœna talionis, sed emenda est arbi- « traria, et condemnabitur ad injuriam et interesse partis. Et di- « citur pœna vel emenda arbitraria, eo quia excedit 60 solidos, et « quia judex eam arbitrabitur cum æquitatis temperamento. »

V. Jean Des Marcs, décision 89; Imbert, liv. iii, chap. 1,

n° 13; Hainaut, chap. 15; le *Glossaire du Droit français*, lettre T; Cangium, in *Glossario*, V° *Talio*; Petrum a Bella Per- tica, quæst. 145; ce que j'ai remarqué dans mon premier volume du *Recueil des Ordonnances*, sur le chapitre troisième du pre- mier livre des *Établissements* de saint Louis, lettre 2, p. 111; Fornerium, lib. II *Selectionum*, cap. 29; Scultetum, in *Exercit. evangelicis*, lib. II, cap. 39; et *Levitic.*, cap. 24, 19.

II.

822. Les amendes et peines coutumières ne sont à l'arbitrage du juge; les autres si.

AMENDES ET PEINES COUTUMIÈRES, sont celles qui sont fixées par les coutumes. V. la règle qui suit. V. Zouchæum, classe decima *Quæstionum juris*, cap. 10; * d'Argentré sur Bret. 696; * et l'autorité de l'ancien praticien Masuer, sur la règle précé- dente.

III.

823. Toutes peines requièrent déclaration.

C'est-à-dire que les peines et amendes, quoique coutumières, ne sont point encourues de plein droit sans jugement. V. Bro- deau, sur l'art. 43 de la coutume de Paris, n° 15; Glossam ad capitulum *Licet episcopus*, V° *Ipso jure*, cap. *in Pœnis* 49; et ibi Molinæum, *de Regulis juris*, in sexto.

IV.

824. Le fait juge l'homme.

Lorsqu'un homme a commis un crime les témoins ne font que l'en convaincre, et le juge ne fait que déclarer la peine qu'il a méritée. Ainsi *c'est le crime ou le fait qui juge l'homme.* Ce qui est certain quand la peine du crime est fixée par la loi. V. la *Conférence des Ordonnances*, liv. IX, tit. X, § 6.

Si celui qui a commis quelque crime était ivre il n'en est pas moins puni; et si nous en croyons Aristote, dans ses *Politiques*, liv. II, chap. 10, à la fin, Pittacus fit une loi, par laquelle il était statué *ut ebrii duplo majorem, quam sicci pœnam luerent*, p. 236 de l'édition de Hollande, avec la paraphrase d'Heinsius. V. Zillesium, *de Mulcta*, cap. 8, n°s 45, 46, p. 162, et cap. 12, n° 78, p. 429; Magerum, *de Advocatia armata*, cap. 17, n°s 404,

408; Menochium, lib. ii, de *Arbitrariis*, centuria 4, casu 326, Gallium, lib. ii *Observat.*, cap. 110, n° 20; Carpsovium, quæst. 146, n° 39. V. cependant la loi 6, paragrapho Digesti, *Per rinum*, tit. *de Re militari; et* Rittershusium, lib. viii *Lectionum sacrarum*, cap. 3.

V.

825. Qui fait la faute, il la boit.

* Davot. — *Noxa caput sequitur*. Boire sa faute ne signifie que souffrir la peine qu'elle mérite.*

V. la note sur la règle précédente.

VI.

826. Par compagnie on se fait pendre.

V. l'art. 194 de l'ordonnance de Blois; et la coutume de Hainaut, chap. 37; et ci-dessus au tit. *des Crimes*, liv. vi, tit. i, règle xxxi. 'Aussi dit-on : *Dis-moi qui tu hantes, je te dirai qui tu es.*

> Pour tenir à fol compagnie
> Est défaite mainte compagnie,

dit également un vieux proverbe qui ne manque pas de vérité.'

VII.

827. Pour saisie brisée, y a amende de soixante sols.

Touraine, art. 365; Loudunois, au tit. *des Amendes*, art. 4. V. l'art. 29 de la coutume de Paris, avec Brodeau et les autres commentateurs.

VIII.

828. Qui brise une franchise, brise toutes les autres.

* Franchise est ici synonyme d'asile.*

Cette règle est prise de l'auteur du *Grand Coutumier*, liv. iv, *des Peines*, p. 546, 547.

« Nota que si aucun tue un autre, en lieu profane, qui soit
« près d'aucune franchise, en intention de soi bouter en ladite
« franchise quand il auroit fait; la franchise ne le doit point
« sauver. Exemple de maistre Estienne Belin, item, de Belle-
« hache, sergent du roy, et aussi de Richart Barbel de la Géole,

« qui fut tué devant Saint-Merry : celui qui le tua se bouta dedans
« Saint-Merry, et pource qu'on lui dit que cette franchise ne lui
« valoit riens, il s'enfuit à Sainte-Geneviefve, où M° Thomas
« Dermenoville et Adrien Daiz, examinateurs, l'allèrent prendre;
« car *qui brise une franchise, il brise toutes les autres*. Et de
« tous les nommés les occiseurs furent pris en franchise et furent
« traînés et pendus. »

Comme l'ambition est sans bornes, les prélats et les archi-
diacres osèrent prétendre que leur cour et leurs hôtels étaient
aussi des lieux de franchise et d'immunités; et eurent pour eux
les avis de plusieurs docteurs. Mais en France, ces prétentions
chimériques furent, avec raison, rejetées, comme nous l'apprenons de ces paroles de l'auteur du *Grand Coutumier*, liv. IV,
chap. 3, p. 497 : « Maitre Jean Turcan a autrefois adjourné de
« mainmise l'official de Paris, séant en son siège; et le prévost
« commanda à aller prendre dedans l'hostel de l'archidiacre un
« homme criminel; et tous les conseillers sont d'accord qu'en
« la cour de l'évêque et de l'archidiacre, ne en leurs hostels,
« n'a point d'immunité, et partant l'on peut prendre partout. »
V. Germon., *de Immunitatibus*, lib. II, cap. 16; Radulphum
Fornerium, lib. VI *Quotidianarum*, cap. 7; Boetium Eponem,
de Immunitatibus, p. 111; Covarruviam, lib. XX *Variarum
resolutionum*, cap. 20, n° 5. Par la novelle de Justinien 17, de
l'édition de Scrimger, § « Cæterum, homicidis, et adulteris
« virginum raptoribus, et omnibus talia delinquentibus, ex
« sacris locis securitatem non servare debet præses; sed et inde
« eos abstrahere debet, et supplicium eis irrogare : neque enim
« his, qui ad hunc delinquunt modum, sed qui timuerunt ne ab
« improbioribus talia paterentur, convenit parcere; tum alias,
« tum vero maxime quia sacrorum locorum immunitas, a lege,
« non injuriantibus, sed affectis injuria concessa est. Neque
« fieri potest ut uterque, tam qui injuriam facit, quam qui
« patitur, eo in sacrosanctorum locorum immunitate fiduciam
« collocent, etc. » V. Julianum, constitutione, et cap. 72, p. 29.

Quant aux cimetières, qui furent regardés comme des asiles
pour les corps des fidèles contre les démons, quand on eut aboli
la combustion des morts, ils furent comparés aux églises et mis
au nombre des lieux saints; et par cette raison, ils servirent
aussi d'asiles aux vivants qui s'y réfugièrent.

On en voit un exemple dans les bas siècles, dans une ordonnance d'Audouin Chauveron, garde de la prévôté et vicomté de
Paris, de l'an 1385, qui est au liv. I des deux registres verts

vieux du Châtelet de Paris, feuillet 14 verso, où il dit que,
« comme n'aguerres pour ce qu'il estoit venu à sa connoissance
« que sous ombre de ce qu'aucuns billionneurs demourans à
« Paris tenoient leurs fenestres et tablettes dedens et près du
« cymetiere des saints Innocens à Paris, et là achetoient tout ce
« qui leur étoit offert à vendre, plusieurs larrons et autres
« malfaicteurs s'estoient enhardis et enhardissoient d'embler
« et de porter auxdits billionneurs et vendre leursdiz larrecins,
« dont plusieurs domaiges et inconveniens s'estoient ensuivis et
« ensuyvoient. Et yceux larrons demouroient impuniz; parce
« que, quand ils estoient aperceus, et suivis par les gens de
« justice, ou par ceux qu'ils avoient dérobez, ils se boutoient et
« tenoient en franchisse oudit cymetière; ce qui estoit en grande
« esclande et lezion de justice, et ou préjudice de la chose pu-
« blique; il avoit fait deffendre, de par le roy, et crier publique-
« ment, en la ville de Paris, que dès lors en avant aucuns bil-
« lionneurs ne tenissent, ne feussent si hardis de tenir leurs
« fenestres, ne tablettes prez dudit cymetiere, ny dedans
« iceluy, etc. »

V. Sponde, dans son traité *de Cœmiteriis sacris*, lib. I, part. 3,
cap. 15, art. 3 et 4, p. 294 et ss.; le concile de l'Illebonne, dans
la *Collection des conciles de Normandie*, du père Bessin, avec
les notes d'Ange Godin, p. 69, art. 16, 17, 18; et le Synode de
Lizieux, p. 516, art. 7; et Gothofredum Voigtum, *in Thysiaste-
rologia*, cap. 13, p. 233, 234; *Statuta* Alexandri II, regis Scotiæ
cap. 6; Kirkmannum, *de Funeribus Romanorum*, lib. I, cap. 2,
vers la fin, où il remarque que la combustion des cadavres
n'était déjà plus en usage sous le règne de Théodose; Herman-
num Hunninghium, *in Sepulchreto Westphalico*, cap. 30; Paganinum Gaudentium, lib. I *Expositionum judiciarium*, cap. 29,
et *de Sæculi Justinianæi moribus*, lib. I, cap. 11; Rittershusium,
lib. V *Lectionum sacrarum*, cap. 18, 19; et lib. VI, cap. 1; Fornerium, lib. III *Quotidianarum*, cap. 18; Millerum, *de Asylis;*
Anastasium Germonium, *de Immunitatibus*, p. 123, 124. V. Pau-
lum Sarpium; Rittershusium, *de Asylis;* Gothofredum Voigtum,
de Altaribus veterum christianorum, cap. 17; *de Asylis altarium*,
n° 34, p. 308; et Jean Des Mares, dans ses *Décisions*, art. 4, 5, 6,
7; Boctium Eponem, *de Immunitatibus*, cap. 6, *de Jure asylo-
rum*; Covarruv., lib. II *Resolutionum*, cap. 20.

Ces franchises ont été abolies par l'ordonnance de 1539,
art. 166.

IX.

829. Infraction de sauvegarde et d'assurance jurée, par la coutume de France, mérite la hart.

Sens, art. 171 : « Qui induement enfraint asseurement, il chet, « selon la coutume de France, en la peine capitale, qui est de « la hart; c'est-à-dire de la corde. » V. *Stylum Parl.*, part. 1, tit. XXXIV; et les règles VII et VIII ci-dessus, du tit. *des Crimes*, avec les notes.

Selon Bouteiller, liv. I, tit. V, p. 30, 31, et p. 51 et 52, le cas de *sauvegarde enfrainte* était de pur domaine et de majesté royale. C'est par cette raison qu'elle devait être baillée par un juge royal, qui seul connaissait de l'infraction. V. Joannem Fabrum, ad leg. *Denuntiamus*, Codice *de his qui ad ecclesiam confugiunt;* Guidonem Papæ, quæst. 418 ; et Bignonium *ad Marculfum*, colum. 941, 942; l'auteur du *Grand Coutumier*, p. 18, à la fin.

X.

830. Feu monsieur Marillac, avocat du roi souloit dire : *Que tout dol méritoit punition extraordinaire et corporelle; ores qu'il fust traité en matière civile.*

V. Dumoulin, des *Usures*, n° 111 ; et Coquille, quest. 195, et sur l'art. 22 de la coutume du Nivernais, au tit. des *Exécutions*, p. 380 et 381 de l'édition de 1665, d'où cette règle a été prise ; et en effet les lois romaines, dans ce cas, ordonnent la prison avec punition exemplaire; leg. *Quamvis*, D., *de Rebus eorum;* leg. *Ob fœnus*, D., *de Administratione tutorum;* leg. 1, § ultimo leg. 3, § *Tutores*, D., *de Suspectis tutoribus*, et leg. *Ossa de Religiosis.*

* DAVOT. — Gabriel de Marillac était avocat du roi au Parlement de Paris au milieu du XVI° siècle (V. le Pasquier de Loysel, édit. Dupin, p. 73). Il serait à souhaiter que son avis fût suivi pour maintenir la bonne foi; mais, quoi qu'en aient dit M. de Marillac et Coquille, cela se pratique rarement; tout dépend néanmoins de l'arbitrage du juge. *

XI.

831. Les amendes des mêlées ou forfaits commis de nuit, sont doubles.

Cette règle est prise du chap. 50, art. 1, 2, 3, 4, 5 et 12 de la coutume de Mons.

XII.

832. Messire Pierre de Fontaines écrit que les actions pénales n'ont point de lieu; et qu'on fait rendre les choses sans plus, avec l'amende au seigneur. Qui est ce qu'on dit : A tout méfait n'échet qu'amende.

* De Fontaines, chap. 15, n° 52, p. 103. *

V. les ordonnances de 1545, 1547, 1548, 1557, 1585, 1701.
* D'Argentré sur Bret. 274. *

LES ACTIONS PÉNALES. Ce sont ici les actions par lesquelles, dans le Droit romain, le demandeur concluait à la restitution de sa chose avec le double, ou le quadruple : comme dans le cas de vol manifeste, ou non manifeste, tit. Inst. *de Actionibus*, § *Discretis* 14. Anciennement le simple vol n'était pas puni de mort, comme le remarque Rittershusius, lib. VII *Sacrarum lectionum*, cap. 10; Guill. Forner., lib. I *Lectionum*, cap. 19; Noodt, lib. IV *Probabilium*, p. 240. V. Novell. Just. 134.

Les voleurs ne commencèrent, en France, d'être punis corporellement et de mort en cas de récidive que dans les moyens et les bas siècles, comme l'on peut voir par le capitulaire de Charlemagne de l'an 778, art. 23, et ci-dessus liv. VI, tit. I, règle xx.

XIII.

833. La longueur de la prison emporte une partie de la peine, et ne confisque point les biens, ores que la punition en fust perpétuelle.

V. Masuerum, tit. XXXVII, *de Pœnis*, n° 36 et 37; la coutume du Nivernais, chap. 2, art. 8; et Joann. Galli, quæst. 109. L. 25, D., *de Pœnis*; l. 5, Cod., *de Custodia reorum*; Bronchorst., cent. 4, cap. 79; et Guillelmum Fornerium, lib. I *Selectionum*, cap. 12, p. 96.

Par les lois romaines, la prison n'était pas faite pour servir de peine; mais pour s'assurer de la personne des criminels. Et, par cette raison, les juges ne pouvaient pas condamner à une prison perpétuelle. Leg. *Aut damnum*, § *Solent;* leg. *Mandatis*, Dig., *de Pœnis.* * Giraud, t. II, p. 79, 151. * Toutefois, selon Coquille, il y avait des cas où la prison tenait lieu de peine, comme lorsqu'un débiteur frauduleux avait tellement détourné ses biens, que les créanciers ne pouvaient les trouver pour les faire vendre. Leg. ultima, § ultimo, Dig., *Quæ in fraudem creditorum.*

Mais les décrétales des papes ont approuvé, en cour d'église, la condamnation des clercs à chartre, ou prison perpétuelle, quand le délit serait atroce, comme en fausseté de rescrits apostoliques, capitulo *Novimus*, in fine, *Extra.*, *de Verborum significatione*, et capitulo *Quamvis*, *de Pœnis*, in 6°, où il est dit que de tels criminels doivent être nourris avec le pain de douleur et l'eau d'angoisse.

L'Ancienne coutume du Nivernais de l'an 1534 avait une disposition singulière, par laquelle les biens meubles de ces sortes de condamnés étaient acquis à l'évêque, et les immeubles au seigneur haut justicier, parce qu'une telle prison équipollait au bannissement, et que, la perpétuité de la peine les privant de communion du droit civil, elle était regardée comme une espèce de mort civile.

Les ordres religieux ont eu aussi leurs prisons, qui n'ont pas été moins dures que les autres, car la cruauté de quelques abbés alla jusqu'à mutiler les membres et à crever les yeux des religieux qui étaient tombés dans des fautes considérables. Ce qui fut défendu par un capitulaire de l'an 780, et par un concile tenu à Francfort, cinq années après, en ces termes : « Abbatis, « qualibet culpa a monachis commissa, nequaquam permitti- « mus cæcare, aut membrorum debilitatem ingerere, nisi re- « gulari disciplinæ subjaceant. »

En l'année 817, tous les abbés de l'ordre de Saint-Benoît assemblés à Aix-la-Chapelle ordonnèrent que, dans chaque monastère, il y aurait un logis séparé pour les coupables, consistant en une chambre à feu, et une antichambre pour le travail, « qua, in hieme, ignis posset accindi, et atrium juxta esset, « in quo valerent, quod iis injungeretur operari. »

Dans la suite des temps, sous le beau prétexte du salut des âmes, on inventa une prison nouvelle, où l'on ne voyait point le jour, et où ceux qui seraient coupables finiraient misérablement leur vie. Ce lieu fut nommé *Vade in pace.* Et, selon Pierre le Vénérable, ce fut un prieur de Saint-Martin-des-Champs, nommé Matthieu, qui eut l'honneur d'être l'inventeur de ce nouveau supplice.

Le roi, averti de ces cruautés inouïes, *en eut horreur ;* et nous apprenons, des registres du Parlement, qu'en l'an 1350, il fut ordonné que les abbés et autres supérieurs les visiteraient deux fois par mois, et donneraient permission à d'autres religieux, à leur choix, de les aller voir, au moins une fois par semaine. V. les *Opuscules* de dom Mabillon, t. II, p. 321 ; Albericum, lib. II *Lectionum et Epistolarum,* cap. 10 ; et Antonium Bombardinum, *de Carcere,* parte 1, cap. 12 ; *de Carcere tædiali,* cap. 13 ; capite 17, *de Decanico, seu carcere reorum ecclesiasticorum, cujus occasione de origine et progressu jurisdictionis ecclesiasticæ in criminibus coercendis,* p. 153 ; ci-dessus, au titre *des Crimes,* règle XIV ; Mézerai, dans son *Abrégé de l'Histoire de Charles VII,* sous l'an 1431 ; librum *de Veteri disciplina monastica,* p. 478, 479 et 483 ; Cironium, lib. II *Observat.,* cap. 5 ; et *Provinciale Angliæ,* lib. V, tit. XV, *de Pœnis,* cap. *Item statuimus, de Pœnis,* p. 321.

* Cette maxime n'était vraie que de la prison préventive, c'est-à-dire de celle qui précède le jugement. Comme elle est non point une peine, mais seulement un moyen de s'assurer de l'accusé, elle n'emportait point confiscation, et néanmoins on avait égard à sa durée pour abréger l'emprisonnement qui suivait la condamnation, maxime pleine d'équité et qu'on devrait suivre aujourd'hui. V. Dupin, *Observ. sur la justice criminelle.* Mais quand la prison était prononcée comme peine, et qu'elle était perpétuelle, elle emportait la confiscation. *Inf.* R. XXIII. *

XIV.

834. **Jamais on n'avance les verges dont on est battu.**

C'est-à-dire, qu'en matière criminelle, l'accusé n'avance point les frais de son procès. V. l'art. 6 de l'ordonnance de 1670, au tit. de la *Compétence des juges ;* Covarruviam, cap. 11, *Practicarum quæstionum,* n° 11, leg. 22, Cod. Theodos., *de Pœnis,* t. III, p. 321 ; et ibi Jacobum Gothofredum, et leg. 2, Cod., *de Exactoribus tributorum.* Même en matière civile, *nemo tenetur edere contra se.*

XV.

835. **La peine du fouet infame.**

La peine du fouet irroge infamie par elle-même, parce que

anciennement elle n'était que pour les esclaves; et celui qui
est fouetté est encore infâme, à cause du crime qu'il a commis.
Chez les Romains, les coups de bâton n'étaient infamants que
si la cause pour laquelle ils étaient donnés emportait infamie.
*Ictus fustium infamiam non importat, sed causa propter quam
id pati meruit, si ea fuit, quæ infamiam damnato irrogat.*
Leg. 22, D., *de his qui not. infamia.*

On a dit aussi par allusion à d'injustes condamnations :

> Le crime fait la honte, et non pas l'échafaud.

V. Cujac. 13 *Observat.*, cap. 3, et ad leg. 4, D., *de Incendio,
ruina,* lib. LIV Paul. *ad Edictum;* l. *Infamem,* D., *de Publicis
judiciis;* Farinacium, quæst. 19, nᵒ 29, p. 251, t. I, *Prax. crim.;*
Goth. ad leg. 7, D., *de Pœnis;* Merillium, ad *Passionem Christi,
secundum Joannem,* nᵒ 10; le *Glossaire du Droit français,* sur
le mot *Fouetter;* Jacob. Goth. ad leg. 2, Cod. Th., *de Cursu
publico,* et can. Isaac Lingon., tit. VI, cap. 4.

XVI.

**836. Il n'est pas fouetté qui veut : car qui peut payer
en argent, ne paie en son corps.**

Qui veut, c'est-à-dire qui veut ne pas l'être.

Lorsque celui qui est condamné, pour crime, en une amende
ou peine pécuniaire, ne la peut point payer, il doit être fouetté;
et dans ce cas *qui non habet in ære, luit in cute.* Mais s'il a de
quoi payer, il n'est point en son option d'être fouetté. V. leg.
ult., D., *de in Jus vacando;* Des Fontaines, dans son *Conseil,*
chap. 21, art. 16.

V. Radulphum Forner., lib. *Quotidianar.,* cap. 17 in fine;
Heringium, *de Fide juss.,* cap. 10, nᵒ 175; Robertum, lib. *Rerum
judicatarum,* lib. II, cap. 15; Farinacium, *in Pract. criminali,*
part. 3, cap. 110, nᵒ 19, p. 351, col. 1; Berberium, *in Praxi* de
Incendio, cap. 22, nᵒ 2, part. 1; Zillesium, *de Mulcta,* cap. 8,
nᵒ 54, p. 144.

XVII.

**837. L'homme qui se met à mort par désespoir, con-
fisque envers son seigneur.**

Suivant les canons, la sépulture est déniée à ceux qui sont
homicides d'eux-mêmes, parce qu'ils sont morts en péché.
Canone *Placuit,* 23, quæst. 5.

Les lois civiles distinguaient : si celui qui était accusé de crime capital se faisait mourir, il était réputé convaincu, et ses biens étaient confisqués. Leg. 3, § 1, Dig., *de Bonis eorum qui ante sententiam mortem sibi consciverunt.* Mais si celui qui souffrait des douleurs continuelles, las de vivre, *tædio vitæ,* se faisait mourir, il n'y avait point de confiscation; leg. 3, § *Si quis autem,* leg. *Si quis filio,* § *Ejus qui,* Dig., *de Injusto rupto testamento;* Coquille, qui traite cette matière dans sa *Question* 16, dit que la justice peut faire leur procès; mais qu'il n'y a pas lieu à la confiscation de leurs biens, suivant l'avis de Decius, de Corneus et de Socinus. On peut voir ce qu'a écrit, sur cette matière, Paganinus Gaudentius, *de Sæculi Justinianæi moribus,* cap. 31, p. 41, et libro primo *Expositionum juridicarum,* cap. 24, p. 43.

V. Bacquet, *des Droits de justice,* chap. 7, n°° 16, 17; l'*Ordonnance criminelle,* tit. xxii, art. 16, et tit. D. et C. *de Bonis eorum qui mortem sibi consciverunt;* Coquille, sur l'art. 1 du chap. 2, de la coutume du Nivernais; l'auteur du *Grand Coutumier,* p. 248. *Il y a dans la *Bibliothèque des Chartres,* t. IV, une fort intéressante dissertation de M. Bourquelot *sur la législation du suicide au moyen âge.* V. aussi dans Ayrault, *des procès faits à la mémoire.* *

XVIII.

838. **Le corps du désespéré est traîné à la justice, comme convaincu et condamné.**

EST TRAÎNÉ. Mais si c'est le corps d'une femme, il est plus décent qu'il soit enfoui, selon la décision de l'art. 8 du titre xxxviii de la coutume du Loudunois, qui porte que « le « corps de celui qui se fait mourir à son escient doit être traîné « et pendu s'il est homme, et que femme doit être enfouie; « déclaration premièrement faite qu'il s'est fait mourir à son « escient. » V. Bacquet, *des Droits de justice,* chap. 7, n°° 16, 17.

* Le droit canon, C. *Si quis insaniens,* 15, q. 1, a fait cette exception : « Secus dicendum de his qui per furorem vel insaniam « mortem sibi consciverunt, hi enim cum nesciant quid agant, « et satis furore puniantur, culpa vacant. » *

XIX.

839. Qui confisque le corps, confisque les biens.

Qui confisque le corps, etc. On a vu, dans la règle xxvi du tit. i, liv. i, que *l'aveu emportoit l'homme*, lequel *étoit justiciable de corps et de châtel, où il couchoit et levoit;* de sorte que, soit en matière civile ou criminelle, l'homme qui s'avouait, ou qui était avoué et revendiqué, devait être renvoyé dans la justice de son seigneur. Et, comme les *meubles suivent le corps,* selon la règle xiii du tit. i, liv. ii, le seigneur haut justicier, qui, en matière criminelle, confisquait le corps de son homme, confisquait aussi tous ses meubles, en quelques lieux qu'ils fussent. V. la coutume de Paris, art. 183; celle de Poitou, art. 200, et de Tours, 378. Mais, en l'année 1566, cet ancien droit fut changé par Charles IX, qui ordonna, par l'art. 35 de *l'Ordonnance de Moulins,* que les crimes seraient punis où ils auraient été commis. Il est souvent arrivé que les criminels étaient condamnés à mort dans des territoires où ils n'avaient pas leurs domiciles; et la question fut de savoir si, dans ces cas, les meubles suivraient le corps du condamné à mort, à l'exclusion du seigneur haut justicier dans le territoire duquel le condamné avait son domicile et ses meubles. Et la jurisprudence s'est établie, que les meubles du condamné, exécuté à mort, appartiendraient aux seigneurs hauts justiciers dans le territoire desquels ils seraient, soit que les défunts y eussent leurs domiciles, ou non. En sorte qu'aujourd'hui, il n'est pas toujours vrai de dire que celui *qui confisque le corps, confisque aussi les biens;* puisque le seigneur haut justicier dans le territoire duquel le criminel a été condamné à mort n'a rien à la confiscation des meubles, s'il n'y en a pas dans sa justice.

Les confiscations ne pouvant préjudicier à de tierces personnes, les seigneurs n'en profitent qu'à la charge de payer les dettes, à raison de l'émolument, comme le remarque Bacquet dans son *Traité des Droits de justice,* chap. 13, n° 8, p. 54 de la dernière édition.

Il y a cependant un cas où la confiscation nuit à un tiers, qui est lorsque en guerre il se trouve dans un vaisseau ennemi, pris et enlevé, des marchandises qui appartiennent à des personnes qui ne sont pas en guerre avec nous. Et nous avons pour maxime, en ce cas, que,

> Le vaisseau pris sur l'ennemy
> Fait confisquer le bien d'amy.

V. la note sur la règle suivante, et les commentateurs sur l'art. 183 de la coutume de Paris.

XX.

840. La confiscation des meubles appartient au seigneur duquel le confisqué est couchant et levant ; et des immeubles aux seigneurs hauts-justiciers des lieux où ils sont assis.

LA CONFISCATION DES MEUBLES. V. ci-dessus, liv. II, tit. I, règle XIII. La première partie de cette règle n'est pas suivie, et les meubles appartiennent aux différents seigneurs hauts justiciers dans les territoires desquels ils se trouvent. V. Bacquet, dans son *Traité des Droits de justice*, chap. 13, n° 4. * Nivernais, tit. *des Confisc.*, art. 2. *

ET DES IMMEUBLES AUX SEIGNEURS. V. Bacquet, *des Droits de justice*, chap. 13, et les *Établissements*, liv. II, chap. 39.

XXI.

841. Sinon que ce fust pour crime de leze-majesté, où le roi prend tout : ou de fief, auquel le seigneur prend ce qui est en son fief, ores qu'il n'eust justice.

* Coquille sur Nivernais, tit. II, art. 1. Choppin, *du Domaine*, liv. III, t. XII, n° 14. *

* LEZE-MAJESTÉ. Olim, t. II, p. 616. V. ordonn. de 1539. *

* OU DE FIEF. Olim, t. II, p. 187. *

Ou pour fausseté commise au sceau et aux lettres de chancellerie ; auquel cas la confiscation appartient à M. le chancelier. V., sur cette règle, Brodeau, sur la coutume de Paris, art. 183, n° 26 et 27 ; Bacquet, *des Droits de justice*, chap. 11 ; la *Conférence des Coutumes*, p. 36 et 37.

XXII.

842. Crimes feudaux sont felonnie, ou faux avec à escient.

FELONNIE. « Qui est quand le vassal, par maltalent, met la « main sur son seigneur à tort, si il s'arme contre lui ; si, sans « son congié, il pesche en ses étangs, ou chasse en sa garenne ;

« ou s'il fortraict sa femme ou fille pucelle. » V. l'auteur du *Grand Coutumier*, liv. II, tit. *de Saisine en fief*, *in fine*; ci-dessus, liv. IV, tit. III, règle XCVI, XCVII; ci-après, liv. VI, tit. IV, règle VIII, avec la note à la fin; la coutume d'Anjou, part. 5, *des Cas aux-quels le vassal perd son fief envers son seigneur*, commençant à l'art. 187.

XXIII.

843. L'homme condamné aux galères, ou banni à per-pétuité, ou à plus de dix ans, confisque ses biens, et ne peut succéder.

L'HOMME CONDAMNÉ AUX GALÈRES, OU BANNI A PERPÉTUITÉ. Bourbonn., art. 322; Nivern., chap. 2, art. 3.

OU A PLUS DE DIX ANS. Celui qui est banni pour un temps, n'est pas mort civilement, parce qu'on ne peut mourir pour un temps, et l'on ne peut point dire que le corps de celui qui est condamné, pour un temps, aux galères, soit confisqué pour un temps : dans l'un et l'autre cas, les biens du condamné ne sont donc point confisqués. V. Brodeau, sur Louet, lettre S, sommaire 15, n° 15, 16 et 17. Mais ordinairement la peine des galères, et du bannissement, est pour neuf années et au-dessous, ou à perpétuité. V. l'Ordonnance *criminelle* de Louis XIV, tit. XXV, art. 13, avec les notes.

XXIV.

844. Le seigneur jouira des biens appartenans par usu-fruit à son sujet condamné, tant que le condamné vivra.

* Bacquet, *des Droits de justice*, chap. 13. Coquille sur Nivernais, tit. II. *

Cette règle n'est pas sans difficulté * quand la peine est per-pétuelle *. On appelle mort civile, une fiction par laquelle un homme qui vit est réputé mort. Or, comment peut-on conce-voir qu'un droit d'usufruit, qui est très-personnel, puisse être sur la tête d'une personne qu'on feint n'être plus. Si l'on veut que ce droit subsiste, il faudra donc dire que le condamné sera, en même temps, réputé mort et vivant; ce qui n'est pas pos-sible : et c'est par cette raison que, chez les Romains, l'usufruit finissait *media et maxima capitis diminutione*, Instit. tit. *de Usu-fructu*, § *Finitur*. Mais l'on peut dire qu'il n'y a nul inconvénient que la vie d'un homme réputé mort quant aux effets civils serve pour fixer la durée d'un usufruit dont le profit lui est ôté ; et il a été ainsi jugé par arrêt du 6 avril 1598. V. de Renusson, dans son *Traité du Douaire*, chap. 12, n° 31. V. la note sur la règle suivante.

Le Code civil, art. 1982, en offre un exemple en matière de *rente viagère.*

XXV.

845. Pour le méfait de l'homme, ne perdent la femme, ni les enfans, leur douaire et autres biens.

POUR LE MÉFAIT DE L'HOMME. Par l'ancien droit de la France, lorsqu'un seigneur, vassal du roi, était criminel de félonie, pour avoir pris les armes contre sa majesté, si ce vassal avait des enfants, non-seulement ils ne succédaient pas à leur père criminel, mais pas même à leur mère, tant que le père criminel vivait. Ce que nous apprenons des lettres suivantes de Louis VIII, de l'an 1225, accordées à Marie comtesse de Ponthieu, femme de Simon, frère de René, comte de Boulogne, dont Simon le mari était criminel envers le roi. En voici les paroles, qui méritent d'être remarquées, où le roi parle ainsi :

« Nos igitur motu pietatis ducti, ejusdem consanguineæ
« nostræ precibus nostrum animum inclinantes, filios et filias a
« dicto Simone ipsi comitissæ natos, et nascituros, maxime
« duximus successionis jure hereditario restituendos, qui totam
« hereditatem, cum proventibus ejus universis, tam ex parte
« patris quam ex parte matris, sibi provenientem, secundum
« usus et consuetudines Franciæ hactenus usitatas et obtentas
« in manu nostra tenere possemus de jure, quamdiu dictus
« Simon viveret, si vellemus.....

« Nos autem dictæ comitissæ, etc. » Ces lettres sont rapportées par D. Martenne, dans le t. I de sa grande Collection, col. 1198; et dans l'*Histoire des Comtes de Ponthieu.* V. la règle XXIV de ce titre.

Melun, chap. 1, art. 11, 12 ; Sens, 26 ; Mantes, chap. 17, art. 194; Laon, tit. I, art. 12. V. la *Conférence des Coutumes*, p. 37, 38, etc.; et l'art. 164 des *Coutumes notoires du Châtelet de Paris.*

XXVI.

846. Ni elle sa part des meubles et acquests de son mari, par l'avis de maistre Charles Dumoulin, suivi contre

les anciennes coutumes de la France : conformément au privilége octroié aux Parisiens en l'an 1431.

Amiens, art. 227.

Par l'ancien usage de la France, le mari, condamné pour crime, confisquait non-seulement ses propres, mais encore tous les meubles et conquêts, au préjudice de sa femme. Ce qui est encore ordonné par quelques coutumes. V. celle de Troyes, art. 134 ; et celle de Meaux, chap. 26, art. 208 ; l'ordonnance de saint Louis, de l'an 1259, rapportée par Caseneuve, dans son *Traité du Franc-aleu*, p. 292, lig. 15 ; celle de Philippe le Bel, de l'an 1303, dans l'*ancien Style du Parlement*, part. 3, tit. xx, § 4 ; et Froissart, vol. IV, chap. 48.

PAR L'AVIS DE MAISTRE CHARLES DUMOULIN. Sur l'art. 12 de la coutume du Vermandois. « Æquissima consuetudo, » dit-il, « et « secundum sententiam quam semper a XL annis contra veterem « rigidum stylum propugnavi Parisiis in Senatu. »

PRIVILÉGE OCTROIÉ AUX PARISIENS EN 1431. Ce prétendu privilége est de Henri VI, roi d'Angleterre usurpateur, qui vint, cette année, à Paris, comme l'écrit Jean Chartier. Aussi ce privilége se trouve-t-il entre les *Ordonnances Barbines*, pièce 26. Les termes en sont rapportés dans le commentaire sur l'art. 134 de la coutume de Troyes, attribué à M. Pithou, où il est mal donné à Charles VII.

XXVII.

847. Femme mariée, condamnée, ne confisque que ses propres ; et non la part qu'elle auroit aux meubles et acquests.

ET NON LA PART QU'ELLE AUROIT AUX MEUBLES ET ACQUESTS. Comme les femmes ordinairement contribuent moins que les maris à l'avantage de la communauté, on a toujours regardé les communautés comme un avantage, et une espèce de libéralité que les maris faisaient à leurs femmes ; et de là vient que, par plusieurs de nos coutumes, la femme mariée et condamnée pour crimes, ne confisque que ses propres, et non sa part dans les meubles et les conquêts qu'il a paru juste de laisser entièrement au mari. C'est la disposition précise des coutumes de Nivernais, au tit. *des Confiscations*, art. 4 ; de Sens, art. 26, 27 ; de Laon, art. 12 et 13 ; d'Auxerre, art. 28, 29 ; de Troyes, art. 135.

L'art. 228 de la coutume d'Amiens et l'art. 12 de celle de Melun ajoutent : *Sinon qu'il s'ensuive mort naturelle*, ce qui

II.

n'est pas raisonnable. Car si le mari exclut le fisc, dans le cas de la mort civile de sa femme, il est également juste qu'il l'exclue dans le cas de la mort naturelle. La coutume d'Orléans, dans l'art. 219, a une disposition toute différente, et veut que « la femme condamnée et exécutée pour ses crimes ne con- « fisque les meubles et les conquêts immeubles qu'elle et son « mari ont lors de la condamnation, et qu'ainsi demeurent aux « héritiers de la femme. »

Ce qui est, si on l'ose dire, ridicule ; car si le fisc exclut les parents de la femme condamnée de la succession de ses propres, il doit, à plus forte raison, les exclure de la succession des meubles et des conquêts, à moins que cette coutume, par le mot héritier, n'ait voulu entendre les enfants de la femme con- damnée ; comme le remarque Coquille, dans son *Institution*, au titre *des Droits de justice*, p. 17. Et d'ailleurs, où serait la raison d'ôter ces conquêts et ces meubles au mari et au fisc, pour les donner aux héritiers collatéraux de la femme ?

D'autres coutumes, qui ne font en ce cas nulle grâce au mari, excluent plus juridiquement les héritiers de la femme condam- née de la succession des conquêts et des meubles, pour les don- ner au fisc. V. celle de Bourbonnais, art. 206 ; et celle de Tou- raine, art. 255 ; et Coquille, dans son *Institution*, p. 17.

XXVIII.

848. En crimes qui méritent la mort, le vilain sera pendu, et le noble décapité.

Nobiles ex consuetudine non suspenduntur, nec patiuntur vili pœnas, dit Bartole, ad leg. 28, Dig., *de Pœnis*. V. Farinacium, *in Praxi criminali*, t. 1, quæst. 18, nos 85, 86 ; et Battandierum, *in Praxi*, regula xcIII. Touchant la *peine du vol*, V. le *Praticien françois* ; les auteurs cités sur la règle XX du tit. 1, du liv. II, sur ces mots *pour larcin* ; les lois de Canut, t. II, p. 1454, art. 5 ; *Regiam Majestatem*, liv. IV, chap. 19, art. 1 ; et la note sur la règle XXXII de ce titre.

* Aujourd'hui les *mêmes* crimes sont punis des *mêmes* peines quel qu'en soit l'auteur. »

XXIX.

849. Toutefois où le noble seroit convaincu d'un vilain cas, il sera puni comme vilain.

* DAVOT. — Quoique tout crime puisse être appelé *vilain cas*, il y en a qui ont un caractère plus spécial de bassesse et d'indignité. V. la *Conf. des Ordonnances*, liv. IX, tit. X, sur la peine des voleurs et assassins de guet-apens, soit nobles, soit roturiers. *

V. Coquille, sur l'art. 8 du titre *de Justice*, de la coutume du Nivernais, p. 14 de l'édition de 1665; Gothofred., *in Praxi*, p. 358 et 359.

XXX.

850. L'on disoit communément que les nobles paient soixante livres d'amende, où les non-nobles paient soixante sols.

Beaumanoir, chap. 30, *des Méfets*, et chap. 61, nº 13, à la fin. L'auteur du *Grand Coutumier*, liv. II, chap. 16. « Les non-« nobles, à cause de leur subjection, sont moins punis, en pareil « délict, que les nobles, si comme pour briser un arrêt, les « non-nobles doivent une amende de LX sols, et les nobles, de « LX liv. » V. Petrum a Bella Pertica, quæst. 276. * *Statuta Caroli secundi*. Giraud, t. II, p. 28. *

XXXI.

851. Mais en crimes, les villains sont plus griévement punis en leurs corps que les nobles.

V. la règle qui suit.

Zillesium, *de Mulcta*, cap. 8, nº 49, 50, 51, etc., où il explique, au long, cette règle; Noldenum, *de Statu nobilium*, § 102; Covarruviam, lib. II, *Variar. Resolutionum*, cap. 8, nº 3; Gaium, lib. II *Observationum*, cap. 110, nº ultimo; Loyseau, *des Ordres*, chap. 5, nomb. 84; et Novellam 12, cap. 1.

Les anciens étaient plus judicieux, qui voulaient, au contraire, que le noble, qui est présumé avoir eu une meilleure éducation, fût plus sévèrement puni que le roturier. Salvianus Massiliensis, lib. IV, p. 73, ultimæ editionis : « Ingenui ac nobiles magis « execrandi, si in statu honestiore pejores. Quo fit ut ad illum

« perveniri exitum rei hujus necesse sit, non ut servi sint a
« reatu nequitiæ suæ absolvendi, sed ut plurimi divites magis
« sint servorum comparatione damnandi. » Ce que Juvénal avait
bien dit dans ces deux vers :

> Omne animi vitium tanto conspectius in se
> Crimen habet, quanto major, qui peccat, habetur.
>
> (Satira VIII, vers. 138.)

Selon l'auteur du *Grand Coutumier*, au tit. *des Personnes*,
liv. II, chap. 16, p. 120, le noble était plus puni pécuniairement,
et le roturier corporellement.

XXXII.

852. Et où le vilain perdroit la vie, ou un membre de
son corps, le noble perdra l'honneur, et réponse en cour.

Des Fontaines, dans son *Conseil*, chap. 13, art. 22.
ET RÉPONSE EN COUR. Témoignage en cour. V. Beaumanoir,
chap. 2, p. 20, lig. 54 ; et Alvarottum, *de Feudis*, fol. 122,
col. 2, fol. 123, col. 1. V, au tome I, livre I, titre I, les règles XXXIII et XXXV.

XXXIII.

853. De toutes amendes estans en loi, les femmes n'en
doivent que la moitié.

Cette règle est prise de l'art. 460 de la coutume d'Orléans.
V. de La Lande, et le *Glossaire du Droit français*, sur *Emende
de Loi*. " Mais c'est une exception à la coutume générale de
France. "

XXXIV.

854. Mais les injures faites aux femmes se punissent
au double.

V. Rittershusium, lib. VII *Lectionum sacrarum*, cap. 21. « Cres-
« cunt enim injuriæ ex dignitate personarum quibus inferuntur,
« ex persona inferentis, nec non etiam a loci celebritate ubi
« inferuntur. »
Comme les méfaits sont plus grands quand ils sont commis
de nuit que quand ils sont commis de jour, ils sont aussi plus
grands quand ils sont commis à l'égard des femmes que quand

ils le sont à l'égard des hommes ; et c'est pour cela que, dans l'un et l'autre cas, les amendes sont doubles. V. la règle xi de ce titre.

Il se voit, dans le second capitulaire de Dagobert, qu'il fit pour les Allemands, et le troisième qu'il fit pour les Bavarois, que les amendes étaient doubles pour les injures faites aux femmes. *Lex Alamanor.*, cap. 48. « Si quis liberum, infra pro- « vinciam, vendiderit, revocet in pristinam libertatem, et cum « duodecim solidis componat. De fœminis autem, si ita conti- « gerit, dupliciter componat. » V. *Leg. Bajuvar.*, tit. III, cap. 13, art. 1 et 2 ; et tit. IX, chap. 1, art. 1, 2, 3. * Laboulaye, *Condition des femmes*, p. 169 et ss. *

XXXV.

855. La plus grande peine et amende attire et emporte la moindre.

Cette règle est tirée des art. 21, 22, 23, 24 de l'ancienne coutume de Bourges, au titre des *Coutumes concernant les juges.*

Suivant l'art. 21, si le débiteur ajourné confesse la dette avant contestation en cause, il doit, pour raison de la confession et de la condamnation qui a suivi, 30 deniers parisis d'amende. Mais si la confession est faite après que les parties ont contesté, le condamné doit l'amende de 7 sols 6 deniers, qui s'appelle *le ny atteint*, et il ne doit pas celle du clain, parce que la plus grande amende comprend la plus petite. V. le *Glossaire du Droit français*, sur le mot *Emende* *, et sur le mot *Fait* où Ragueau nous donne la maxime que *le plus grand fait emporte toujours le petit*. * Loyseau, *des Seigneuries*, chap. 12, n°° 71, 72, 73, 74, 75 ; Baudouin et Gosson, sur l'art. 6 de la coutume d'Artois, n°° 7, 8, 9, p. 217, 218 ; et la règle III du titre qui suit. * V. aussi le Code d'instr. crim., art. 365, § 2. *

XXXVI.

856. [Qui nie son scel, ou seing manuel, et est condamné par sentence, y a amende sur le roturier de soixante sols, et sur le noble, arbitraire.]

Qui nie son scel. Cette règle est prise du tit. xxxvii, art. 17 de la coutume du Loudunois, qui, selon Loyseau, est une des plus belles de France. L'auteur du *Grand Coutumier*, liv. II,

chap. 17, écrit « qu'oxécution ne se fait point, fors sur chose
« notoire; et pour ce que, si aucun est obligé sur son scel,
« jusques à ce qu'il l'ait reconnu, l'on ne fera pas exécution sur
« lui. »

Ou SEING MANUEL. Par l'art. 9 de l'édit de 1684, la peine de celui
qui nie sa propre signature et écriture, est de cent livres d'a-
mende envers le roi dans les cours, et de cinquante livres dans
les autres tribunaux.

TITRE III.

DE JUGEMENS.

Nous apprenons, de S. Chrysostôme, que les anciens avaient
deux usages singuliers, à l'égard des jugements publics.

Le premier était que le procès des criminels se faisait publiquement. V. cet auteur dans son sermon IV du Lazare.

Le second était que le juge ne parlait au criminel, que par
une personne interposée. Ce qui est encore remarqué par le
même Père, dans son *Homélie* 39, sur les actes des apôtres.

Il en était autrement dans les jugements particuliers. V. Rittershusium, lib. VI *Sacrarum lectionum*, cap. 7 et 8.

On remarquera ici que, chez les Romains et les Grecs, il n'y
avait pas autrefois cette multitude horrible de procès criminels
et civils, qui ruine en France tant de familles.

Rutilius Numatianus, qui fut préfet à Rome sous l'empire
d'Honorius, fut sans emploi dans son temps d'exercice, parce
que dans Rome on ne commit aucun crime; ce que nous apprenons de lui-même dans son premier itinéraire, versu 157.

> Si non displicui regerem cum jura Quirini,
> Si colui Sanctos consuluique Patres;
> Nam quod nulla meum strinxerunt crimina ferrum,
> Non sit communis gloria, sed populi.

L'empereur Basile fit un jour publier dans la ville de Constan-
tinople qu'il viendrait à une heure qu'il indiqua, pour rendre,
à la tête du sénat, la justice en personne. Il eut soin de s'y
rendre comme il l'avait promis; mais inutilement, parce que,
dans cette grande ville, capitale de l'empire, il ne se trouva
pas un seul procès.

Voici comment Constantin Porphyrogénète rapporte ce fait
dans la Vie de Basile, chap. 24, à la fin, p. 64 de la traduction

d'Allatius, lib. II *Opusculorum :* « Subsecutis deinde temporibus,
« fama est aliquando, eum in hunc eundem auditorii locum, ad
« vindicandos injuriam perpessos, accessisse ; cum autem nemo
« expostularet, suspicans a non nullis ingressum prohiberi,
« stipatores suos dimisit, qui in multis urbis partibus perquire-
« rent, si quis adversus alium expostulationem intentare vellet.
« Ubi rediere, dicentes nullum usquam se reperisse qui de ali-
« quo expostularet vel quereretur, tradunt generosum illum
« virum, ob gaudium in lacrymas effusum, Deo gratias reddi-
« disse, etc. »

I.

**857. Il plaide bel, qui plaide sans partie, * *ou* Tout
passe s'il n'est contredit. ***

> Litigat ex voto, qui secum litigat uno.

Cela était vrai anciennement ; mais ce droit, qui était général
dans toutes les provinces coutumières du royaume, a été aboli
par l'art. 27 de l'ordonnance de 1539, et depuis par l'art. 3 de
l'ordonnance de 1667, au tit. 5, *des congés et défauts*, art. 3,
à la fin, qui porte que « le profit du défaut et les conclusions
« seront adjugées au demandeur avec dépens, si la cause se
« trouve juste et bien vérifiée. » En sorte qu'aujourd'hui celui
qui plaide sans partie perd sa cause si elle n'est pas juste, et
s'il ne la vérifie pas. Voyez ci-dessus, liv. I, tit. V, règle IV, et
la règle XV de ce titre.

II.

**858. Les cautions judiciaires n'ont point de lieu entre
les François.**

LES CAUTIONS JUDICIAIRES. *Judicatum solvi, et rem ratam
dominum habiturum.* V. tit. Inst. *de Satisdationibus.*

N'ONT POINT DE LIEU ENTRE LES FRANÇOIS. V. Joan. Fabrum,
ad tit. Inst. *de Satisdationibus*, § *Sed hodie*, n° 1 et 2 ; et ad
Auth. *Generaliter*, Cod. *de Episcopis*, etc.; J. Galli, quæst. 49,
et Speculator., tit. *de Satisdationibus*, § 1, vers. *Verum*.

Il faut cependant excepter de cette règle quelques personnes
qui sont tenues de donner la caution [*judicatum solvi*] ; savoir :

1° Les aubains. V. Bacquet, *du Droit d'aubaine*, chap. 16, et
J. Fabrum, ad tit. Inst. *de Satisdationibus*, § *Sed hodie*, n° 9 ;

2° Les dévolutaires. V. l'art. 46 de l'ordonnance de Blois ;

3° Et ceux qui ont fait cession de biens. V. Chopinum , ad *Consuetudines parisienses*, lib. ii, tit. i, n° 16.

III.

859. Messire Pierre de Fontaines dit que nostre usage ne faisoit rendre aucuns dépens de plaids : ce qui estoit aussi porté par une ancienne ordonnance du roi saint Louis : mais, au lieu de ce, y avoit amende aux hommes et à la cour, et une peine de la dixième partie de la chose controversée, jusques à ce que, par l'ordonnance du roi Charles IV, dit le Bel, l'on a pratiqué le *victus victori* du pays de droit écrit; et la peine dessusdite a esté abolie.

DE FONTAINES, dans son *Conseil*, chap. 22, art. 3 et 8; Vrevin, *des Dépens*, chap. 1.

ORDONNANCE DE SAINT LOUIS de l'an 1254, au mois de décembre. V. *Styl. Parlamenti.*, part. iii, tit. vi, § 20.

AMENDE. V. la règle xxxv du titre précédent; et Loyseau, *des Seigneuries*, chap. 12, n°° 71 , 72, 73 et 74; * Glossaire du D. F., V° *Emende en cas d'appel.*

ET UNE PEINE DE LA DIXIÈME PARTIE, etc. V. Marculfum, lib. i *Formularum*, cap. 20, et ibi D. Bignonium; Cujac., lib. vii, *Observ.*, cap. 5; *Styl. Parlamenti*, part. iii, tit. vi, § 20; et Villa-Diego ad *Forum Gothorum*, seu *Fuero Juzgo*, lib. ii, leg. 14, fol. 98; V. Guy Pape, dans ses *Décisions*, liv. ii, sect. 4, art. 14.

PAR L'ORDONNANCE DE CHARLES LE BEL, du mois de janvier 1324, qui est au registre A du Parlement, fol. 3 v°. V. Fontanon, t. I, p. 641; le *Dialogue des Avocats*, p. 477, 478; *Forum Gothorum*, lib. ii, tit. i, leg. 44.

DU PAYS DE DROIT ÉCRIT. V. Goffredum Saligniacum, ad leg. 79, § *Etiam*, *de Legat.* 2; * et les *Constitutiones curiæ Aquensis*, Giraud, t. II, p. 18.*

IV.

860. Comme depuis, l'amende du fol appel des pays coutumiers a esté introduite par l'ordonnance du roi François Ier, contre ceux du mesme pays.

V. l'ordonnance de 1539, art. 114, 115 et 116; * et l'ordonnance de Philippe de Valois du 9 mai 1332.*

V.

861. Le roi et les seigneurs, en leurs justices, y plaident par leurs procureurs.

V. Loyseau, *des Seigneuries*, chap. 10, n°s 72, 73, 74, 75, 76, 77, 78; Coquille, sur la coutume du Nivernais, chap. 1, *de Justice*, art. 23, p. 28 de l'édition de 1665; et Bacquet, *des Droits de Justice*, chap. 17.

Brederode, dans son *Lexicon*, sur le mot *Nobilis*; et l'ordonnance de Philippe de Valois faite à Vincennes au mois de juin 1338, art. 29, t. II des *Ordonnances*, p. 127; Joannem Galli, et ibi Molin., quæst. 360; Despeisses, t. III, tit. II, p. 74, n° 11.

ET LES SEIGNEURS. Selon l'art. 11 du tit. xxiv de l'ordonnance de 1667, les juges des seigneurs peuvent connaître de tout ce qui concerne les domaines, droits, revenus ordinaires ou casuels, tant en fief que roture, des terres dont ces seigneurs sont propriétaires; des baux, sous-baux, jouissances, circonstances et dépendances, soit que les affaires soient poursuivies sous le nom des seigneurs mêmes, ou de leurs procureurs fiscaux. Mais, quant aux autres actions que les seigneurs peuvent avoir, ou auxquelles ils seraient intéressés, leurs juges n'en peuvent connaître. V. d'Argentré, sur l'ancienne coutume de Bretagne, n° 5, et sur l'art. 45, n° 9; Coquille, dans son *Institution*, au titre *du Droit de royauté*; Bérault, sur l'art. 53 de la coutume de Normandie; l'art. 67 de la coutume d'Anjou; et Bornier, sur l'art. 67 de l'ordonnance de 1667, transcrit ci-dessus.

VI.

862. Et n'y paient aucuns dépens, ni n'en reçoivent.

NI N'EN REÇOIVENT. Ce qui est fondé en raison, parce qu'il serait injuste qu'ils en reçussent et qu'ils n'en payassent pas. V. legem ultimam, Cod., *de Fructibus et litium expensis*, lib. VII, tit. LI; Julianum antecessorem, art. 68; Cujacium, lib. XII, *Observat.*, cap. 22; Cassiodorum, lib. IX, *Variar.*, cap. 14; et Peregrinum, *de Privilegiis et juribus fisci*, lib. VII, tit. IV, n° 14; Joannem Galli, quæst. 360, n° 32, et ibi Molinæum. V. Cujacium, ad tit. cod. *de Sportulis*, lib. III, tit. II.

VII.

863. Défaut ne se donne contre le procureur du roi.

Quia sententia contra Fiscum lata, absente fisci patrono, nulla est, leg. *Si fiscus alieni*, et leg. 3, § *Divus*, Digest., *de Jure fisci.* V. Joan. Galli, quæst. 360, n° 31.

L'auteur a pris cette règle de Bouteiller, liv. 1, tit. v, p. 30 et 31 : « Et est à sçavoir que par le style du Parlement, défaut, « en cas de sauve-garde enfrainte, ne se donne contre le procu- « reur du roi. La raison que, comme en cas où l'on traiteroit « du domaine du roi, défaut ne se donne point contre le pro- « cureur pour ce qu'il ne peut amoindrir le domaine, — mais le « peut bien garder et défendre —, non plus ne peut-il échoir en « défaut, en cas de sauve-garde enfrainte, qui est cas de pur « domaine et de majesté royale. » V. le même auteur, liv. 1, tit. x, p. 50, ligne 11, p. 51, ligne 16; et les notes de Charon-das, p. 54, sur les lettres *aa*, *bb*.

VIII.

864. L'on souloit dire : De l'homme mort le plait est mort. Mais cette disposition du droit romain a esté cor-rigée par les arrests et l'ordonnance de l'an 1539, [quand le procès est en état de juger.]

Suivant la loi célèbre des douze tables les jugements devaient être rendus entre les parties présentes. « In comitio, aut in « foro, ante meridiem, causam conscito, cum perorant ambo « præsentes. Post meridiem, præsenti litem addicito; si ambo « præsentes. » Et si une des parties était absente, les juge-ments étaient nuls. « De uno quoque negotio, » dit le juriscon-sulte Paul, « præsentibus omnibus, quos causa contingit, « judicare oportet; aliter enim judicatum, tantum inter præ- « sentes tenet, etc. » Leg. *de Unoquoque*, Dig., *de Re judicata.*

Or, si les jugements étaient nuls quand ils étaient rendus contre les absents, qui sont comparés aux morts, il s'ensuit, à plus forte raison, qu'ils étaient nuls lorsqu'ils étaient rendus contre les morts; parce que les formalités qui furent introduites contre les absents et ceux qui ne voulaient point se présenter, ne pouvaient point avoir lieu contre les morts.

C'est la décision du même jurisconsulte. « Paulus respondit,

« eum qui in rebus humanis non fuit, sententiæ dictæ tempore,
« inefficaciter condemnatum videri. Idem respondit adversus
« eum qui in rebus humanis non esset, cum judex datus est,
« neque judicis dationem valuisse, neque sententiam adversus
« eum dictam vires habere. » Leg. 2, D., *Quæ sententiæ sine
appellatione*. V. notas ad cap. cit., leg. XII Tab. Et, dans
ce cas, la sentence ou le jugement était nul, quand même
il y aurait eu quelqu'un qui aurait pris la défense de la personne que l'on croyait vivante, dans le temps qu'elle était
morte; comme nous l'apprenons du jurisconsulte Julien, dans
la loi suivante : « Cum absentem deffendere vellem, judicium,
« mortuo jam eo, accepi, et condemnatus solvi. Quæsitum est
« an heres liberaretur, item quæ actio mihi adversus eum com-
« petit? Respondi judicium, quod jam mortuo debitore per def-
« fensorem ejus accipitur nullum esse; et ideo heredem non
« liberari. Defensorem autem, si ex causa judicati solverit,
« repetere quidem non posse; negotiorum tamen gestorum ei
« actionem competere adversus heredem, qui sane exceptione
« doli mali se tueri possit, si ab actore conveniatur. » Leg. 74,
§ 2, *de Judiciis*.

Ainsi, par le Droit romain, *l'homme mort, le plait était mort.*
La mort emporte tout, dit le proverbe allemand : *Der Tod hebt
alles auf.*, Eisen., p. 508.

Nous avons longtemps suivi ce droit en France, mais enfin il
fut abrogé par l'art. 90 de l'ordonnance de 1539, qui décide
que, « quand un procès sera en état de juger, le juge, quel
« qu'il soit, pourra procéder au jugement, et prononcer sa
« sentence, nonobstant que l'une ou l'autre des parties soit
« décédée, sauf à ceux contre lesquels on le voudra faire exé-
« cuter, se pourvoir, si bon leur semble par appel, autrement
« fondé que sentence, comme donnée contre un décédé. »

Tel est l'usage en matière civile : mais en matière criminelle
la règle a toujours lieu, et *l'homme mort, le plait est mort*,
parce qu'il est impossible de punir l'homme qui n'existe plus.
Leg. 3, *De publicis judiciis;* leg. 3 penult. et ultim., Cod., *Si
reus vel accusator mortuus fuerit;* leg. *Si pœna* 20; leg. *Crimen*
26, Digest., *de Pœnis*, etc. V. Bornier, sur l'*Ordonnance criminelle*, p. 352 de la première édition; Janum a Costa M. S. ad tit.
Cod. de *Delictis defunctorum*, p. 128, cap. 2, lib. II; Sexti de-
crotalium, *Ut lite pendente*, tit. VIII, et ibi glossa.

Il y a néanmoins des crimes qui ne s'éteignent point par la
mort, à cause de leur atrocité, et pour lesquels on condamne

l&. mémoire et l'on confisque les biens, comme le crime de lèse-majesté, de sédition, de rébellion. V. leg. *Quisquis*, Cod., *ad legem Juliam majestatis*; legem ultimam, Digest., eodem, et leg. 20, Digest., *de Accusationibus*, et le tit. xxII de l'*Ordonnance criminelle, de la manière de faire le procès au cadavre, ou à la mémoire d'un défunt.*

IX.

865. En petitoire ne gist provision.

Parce que le défendeur, dont la possession n'est point contestée, a droit de percevoir les fruits de la chose contentieuse. V. ci-dessus, liv. v, tit. IV, règles II, xxIV et xxVIII.

X.

866. Au rapport des jurés foi doit estre ajoutée, en ce qui est de leur art, s'il n'en est demandé amendement.

* FOI DOIT ESTRE AJOUTÉE. *Peritis in arte credendum est.*

S'IL N'EN EST DEMANDÉ AMENDEMENT, c'est-à-dire la révision ou correction; ce qui a été rejeté par l'art. 184 de la coutume de Paris, qui a décidé, « qu'on ne pourroit demander amende- « ment; mais que le juge pourroit ordonner autre ou plus « ample visitation. » V. l'art. 14 de l'ordonnance de 1667, tit. xxI, *des Descentes sur les lieux*; et ce que j'ai remarqué sur les *Établissements* de saint Louis, liv. I, chap. 1. * Suivant le code de procédure, art. 323, les juges ne sont point astreints à suivre l'avis des experts si leur conviction s'y oppose.*

XI.

867. Les juges doivent juger certainement, et selon les choses alléguées et prouvées.

* « Ordonnons et décernons que tous les juges de notre « royaume, tant ceux de notre cour de Parlement que nos « baillifs et séneschaux et autres juges de nostre royaume juge- « ront certainement et selon les choses alléguées et prouvées « par-devant eux par les parties, donnant et proférant dores- « enavant leurs jugements et arrêts certains et clairs. » Charles VII, ordonnance de 1453, art. 123.*

« Bonus judex nihil ex arbitrio suo facit, et proposito
« domesticæ voluntatis, sed juxta leges, ac jura pronuntiat.
« Statutis juris obtemperat, et non indulget propriæ voluntati :
« nihil præparatum, et meditatum de domo defert, sed sicut
« audit, ita judicat, et sicut se habet negotii natura, decernit;
« obsequitur legibus, non adversatur; examinat causæ merita,
« non mutat, etc. » Gratianus, 3, quæst. 7. Can. *Judices*, ex
Ambrosio ad psalmum *Beati immaculati*. V. Zouchæum antecessorem Oxoniensem, lib. *Quæstionum juris*, classe 10, cap. 9;
Albericum, lib. *Lectionum*, cap. 13, p. 10; Bronchorstium,
centuria I, *Assert.* 14 ; Hotomanum, quæst. illustrium, cap. 26;
Hilligerum ad *Donellum*, lib. xxix, cap. 3 ; glossam et doctores
ad leg. 6, Digest., *de officio præsidis*. * Et saint Thomas, en sa
Somme, II, 2, quæst. 67.*

Chez les Romains, un mauvais juge était regardé comme un
larron, et un mauvais jugement comme un larcin. V. Cicero-
nem pro Roscio Amerino, art. 22, n° 71; Fornerium, lib. v
Quotidianarum, cap. 7.

* L'édition de 1637 donne ici la maxime suivante .

XI *bis.*

867 *bis.* Et ne peuvent être pris à partie en leurs
noms, s'il n'y a dol, fraude, ou concussion.

Ordonnance de François Ier de l'an 1540, art. 2. V. inf., tit. iv,
art. 4.*

XII.

868. Sage est le juge qui écoute, et tard juge. Car de
fol juge brieve sentence. [Et qui veut bien juger, écoute
partie.]

Écoute partie. Le demandeur et le défendeur : nam

Qui statuit aliquid parte inaudita altera,
Æquum licet statuerit, haud æquus fuit.
(Seneca, *in Medea*, act. II.)

V. Lucianum in Hermotino, t. I, edit. Amstelodamensis,
anni 1687, p. 727,* et les autorités analogues rapportées à l'occasion de cette règle de Loisel par Dupin, dans sa *Dissertation
sur les arrêts*, sect. 11, et dans sa *Libre défense des accusés*, dans
le *Manuel des Étudiants*, p. 522 et 365.*

II.

XIII.

869. [Qui tost juge, et qui n'entend, faire ne peut bon jugement.]

ET QUI N'ENTEND. Il serait à souhaiter que ceux qui jugent fissent attention à ce conseil du roi prophète, *Erudimini qui judicatis terram.* On ne doute pas que, lorsqu'ils entrent dans les charges de judicature, ils n'aient de bonnes intentions. Mais à quoi servent-elles, si l'on est presque dans l'impossibilité de bien juger, parce qu'on ne veut pas entendre, ni étudier les lois, ni se donner la peine d'approfondir les questions? V. la note sur la règle précédente, avec lés auteurs qu'on y a cités.

On ne peut trop leur mettre devant les yeux ce précepte de Josaphat aux juges qu'il venait d'établir dans les villes de Juda: « Videte quidquid faciatis: non enim hominis exercetis judicium, « sed Domini; et quodcumque judicaveritis, in vos redundabit. « Sit timor Domini vobiscum et cum diligentia cuncta facite. « Non est enim apud Dominum Deum nostrum iniquitas, nec « personarum acceptio, nec cupido munerum. » Paralip., II, 19, 6. * V. aussi l. 9, Cod., *de Judiciis.* *

XIV.

870. Nécessité n'a point de loi.

* L'allemand : *Noth hat kein Gebot.* *

V. ci-après, tit. VI, règle V. * Nettelbladt, *Diss. de necessitate ejusque in jure effectu.* *

XV.

871. Par le droit ancien de la France, le contumax perdoit sa cause bonne ou mauvaise, civile ou criminelle. Aujourd'hui, il faut justifier sa demande.

· Joannes Faber, ad § *Retinendæ*, Inst., *de Interdict.*, nº 31: « Quid si reus est contumax, et non vult comparere? Quidam « dicunt quod præfigitur sibi terminus intra quem compareat, « alioquin imponitur sibi silentium. Alii dicunt, ut Azo in « Summa, quod pronuntiatur pro actore, *et sic servat curia* « *Franciæ;* sed hoc periculosum de jure, quia ante litem con-

« testatam non fertur sententia. » Leg. *Properandum*, Cod., *de Judiciis*, *etc.*

L'auteur du *Grand Coutumier*, liv. III, chap. 10, p. 357: « Si « le demandeur est contumax par deux contumaces, il sera « condamné ès dépens, dommages et intérêts, et à la tierce il « perdra sa cause, *licet contra jus*, et avant contestation. » Et de là était venu le proverbe ancien : *il plaide bel qui plaide sans partie.* *Olim, t. II, p. 421, XII.* Ce qui a été aboli *contra veterem stylum Galliæ*, dit Dumoulin, par l'art. 27 de l'ordonnance de 1539, et depuis par l'art. 3 de l'ordonnance de 1667, au tit. v, *des Congés et Défauts*, avec la note de Bornier. Jean Galli traite de cet ancien droit dans sa question 300; et à Naples, où nous l'avions porté, il fut aboli par la constitution de Frédéric intitulée, *de jure Francorum in judiciis sublato.* Inter constitutiones neapolitanas seu siculas, lib. II, tit. XVII. V. ibi Barthol. de Capua, Lallum de Turcia, et Mathæum de Afflictis.

* CRIMINELLE. Cet usage est très-ancien en France, comme on en peut juger par le passage suivant de Mathieu Pâris, dans la vie de Jean sans Terre, p. 196 : « Consuetudo est in regno Franciæ, « quod ex quo aliquis accusatur coram suo judice de tam cru- « deli homicidio quod murdrum appellatur, et ille qui accusatur « non venit, verum modo non legitime se excusat, pro con- « victo habetur, et tanquam convictus per omnia judicatur et « etiam ad mortem, ac si præsens esset. »*

XVI.

872. Erreur de calcul ne passe jamais en force de chose jugée.

V. supr. liv. I, tit. v, règle VI.

Il faut ici distinguer : ou l'erreur de fait et de calcul n'a pas été exprimée par le juge dans sa sentence, ou elle a été exprimée.

Si elle n'a point été exprimée, et s'il y a eu procès sur l'erreur, on ne peut se pourvoir contre le second jugement que par appel, et non par voie d'erreur, ni par simple requête; car, comme il est dit dans la loi 2, Cod., *de Re judicata :* « Res judi- « catæ, si sub pretextu computationis instaurentur, nullus erit « litium finis; » et selon la loi 7, au Code, *de juris et facti ignoran-tia :* « Error facti, nec dum finito officio, nemini nocet; nam « causa decisa velamento tali, non instauratur. »

Ou l'erreur est exprimée et rédigée par écrit, en sorte qu'elle

232 INSTITUTES COUTUMIÈRES.

est claire et manifeste ; et, dans ce cas, il faut encore user de distinction ; car :

Ou l'erreur est de calcul, et a servi au juge de motif, et l'a déterminé à rendre sa sentence ; et pour lors il faut, contre un tel jugement, se pourvoir simplement par simple requête. Lege prima, § 1, in principio, *Quæ sententiæ sine appellatione, etc.*

Ou l'erreur n'a pas été de calcul, mais de fait ; et quoiqu'il ait servi de motif au juge pour décider, il n'y a que la voie d'appel contre sa sentence. Lege prima, et paragrapho primo in fine. *Quæ sententiæ,* etc. V. *Observationes* Antonii Contii. Ms. ad lit. Codicis *de Errore calculi.*

NE PASSE JAMAIS EN FORCE DE CHOSE JUGÉE ; quand même le compte aurait été rendu en justice, * car, en réalité, *erreur n'est pas compte.* * Touchant la question de savoir si cette erreur se prescrit, et pendant quel temps il faut se pourvoir contre, V. Escobar, *de Ratiociniis,* cap. 41, nᵒˢ 10, 11, 12 et 13, p. 677 ; Amayam, ad leg. 2, Cod., *de Jure fisci,* lib. x, nᵒ 43, p. 18, 19, 20, etc. ; Covarruviam, lib. I *Variarum,* cap. 9 ; et ibi Ybannes de Faria ; leg. *calculi,* Dig., *de Administratione rerum ad civitatem pertinentium* ; Osvaldum, lib. xxv, ad Donellum, cap. 6, lit. C ; Gilkenium, ad legem unicam, nᵒˢ 2 et 3, Cod., *de Errore calculi* ; Trintacinquium, lib. III *Practicar. resolut.,* cap. 7, nᵒ 16 ; Marantam, *de Ordine judicior.,* part. 4, nᵒ 5 ; Hubertum Gyphanium, ad legem unicam, *de Errore calculi* ; Brillon, dans son *Dictionnaire* sur *Erreur de calcul* ; Despeisses, t. I, part. 4, lit. xi, sect. 2, nᵒ 5, et Codicem Fabrianum, *de Errore calculi.*

XVII.

873. J'ai souvent ouï dire à feu M. l'avocat du Mesnil, que les belles offres faisoient perdre les beaux procès.

M. DUMESNIL. Il était avocat général, et oncle de Mlle Goulas, femme de M. Loysel. * Il mourut en 1568. *

* DAVOT. — On peut entendre ce que disait Dumesnil de deux manières : 1ᵒ Lorsque les offres sont justes, celui qui les refuse succombe lui-même. 2ᵒ Il est dangereux de trop offrir à son adversaire, et celui qui offre tant se fait souvent préjudice à lui-même ; ce dernier sens est le plus naturel. *

XVIII.

874. Et à feu M. Bruslard, président aux enquestes, qu'au jugement d'un vieux procès, il se falloit contenter de ce qui s'y trouvoit, sans y rechercher, ou interloquer davantage.

M. Bruslard. Il fut d'abord avocat des parties, substitut de M. le procureur général son cousin, ensuite conseiller, et enfin président en la troisième des enquêtes, qu'il régla si bien que, du temps de Pasquier, elle passait pour une des meilleures chambres du Parlement. * V. le Pasquier de Loisel. *

XIX.

875. Une voix n'empêche partage.

Par l'art. 126 de l'*Ordonnance de 1539*; *une voix empêchait le partage :* ce qui fut corrigé par la *Déclaration du 4 mars* 1549, par laquelle il a été. ordonné que « les jugemens des procès « pendans aux parlemens et cours souveraines, ne seront con- « clus qu'ils ne passent de deux voix. » V. le *Glossaire du Droit français*, sur le mot *Partage ;* Le Prêtre, *centurie première, chap. 74, avec les notes.*

XX.

876. En matière criminelle n'y a partage : ains passe le jugement à la plus douce opinion.

* Ordonnance de 1670, tit. xxv, art. 12. *

V. Jacobum de Bellovisu, *in Practica criminali*, lib. II, c. 14. n° 7; Jodoc. Damhouderium, *in Practica;* cap. 54, n° 13; Hippolit. de Marsiliis, *in Practica*, § *Opportune*, n° 40, et cap. 49, *de Regulis juris*, in sexto; Le Prêtre, *centurie première*, c. 74, avec les notes. * *Glossaire du Droit français*, V° *Partage*. *

TITRE IV.

D'APPELLATIONS.

Des appellations. V. l'auteur du *Grand Coutumier*, liv. III, chap. 27, p. 465, 466, 467, etc.

Anciennement dans les justices royales, ceux qui avaient été condamnés par des sentences ne se pouvaient pourvoir que par amendement de jugement, le jour même. Ce que j'ai expliqué sur les chap. 6, 78 du liv. i des *Établissements de saint Louis.* Mais nous apprenons du chap. 80 de ce même livre, que, dans ce temps-là même, l'usage des appellations fut admis en cour laye. « Nul hons ne puet demander amendement de jugement « en la cour le roi, si ce n'est le jor meismes que le jugement « sera fez. Car len doit maintenant appeller selonc l'usage de « la cour laye, car les choses qui sont jugiées dont len appelle « sont tenues, selonc droit écrit en Code de *Advocatis divers.* « *judiciorum,* en la loi première, car il n'auroit point d'amen-« dement de jugement se li jors passoit. .

« Et se il le requiert en suppliant, il doit dire et requierre : « Sires, il me semble que cest jugement me grieve ; et pour ce « en requiers-je amendement.... adonc le bailly doit mettre « termes, et doit faire semondre les hommes le roi, et ceuls qui « furent au jugement faire.... et se il egardent qu'il n'y ayt point « d'amendement, cil qui aura demandé amendement de juge-« ment, il gagera ses meubles, se il est gentixhons et hons le « roi. Et se li baillis ne voulloit faire l'amendement de juge-« ment, cil en puet appeller devant le roi. » V. ce que j'ai remarqué sur ce chap. 80 du premier livre des *Établissements,* et la note sur la règle viii de ce titre, à la fin.

I.

877. Les sentences ne se peuvent réformer que par appel, et non par nullités alléguées contre icelles.

V. ci-dessus, liv. v, tit. ii, règle v. Cependant si, dans une sentence, il y a erreur de calcul, on ne se pourvoit point par appel, et l'on demande seulement, par une requête, que l'erreur soit réformée. Il en est de même lorsqu'il y a erreur de calcul dans un arrêt.

Cette règle est prise d'Imbert, dans son *Manuel,* sur le mot *Nullités.*

II.

878. Les appellations sont personnelles.

Par les lois romaines : « in communi causa, quotiens alter « appellabat, alter non, alterius victoria ei proficiebat qui non

« provocaverat, » leg. 10, § ultimo, Dig., *de Appellationibus*, leg. 1, Cod., *Si in communi eademque causa.* Mais, suivant nos usages, les appellations sont personnelles, et ne servent qu'à ceux qui les ont interjetées. V. Rebuffum in prœmio, *ad Constitutiones regias*, gloss. 5, n° 98; Bugnonium, *de Legibus abrogatis*, lib. II, cap. 228; et Papon, dans son *Recueil d'arrêts*, liv. IX, tit. d'*Appellations*, art. 1.

III.

879. Par la coutume du royaume, on devoit appeller *illico;* autrement on n'y estoit jamais reçu.

ILLICO. L'auteur a pris ceci du chap. 20 de l'*Ancien Style du Parlement*, part. 1, § 2 : « Si appellatio emittatur in patria con-
« suetudinaria a sententia lata a judice, statim appellandum est,
« antequam judex surgat a sede pro recedendo, vel recedat :
« alias reputabitur non appellans. »

« Item si appelletur a sententia lata in patria juris scripti, siqui-
« dem in continenti et inter acta sufficit dicere : *appello*, etiamsi
« sine alia verborum expressione, et sine aliqua scriptura fiat;
« dum tamen de hoc constare possit inter acta. Sed secus si post,
« quod potest facere, dum tamen appellet infra decem dies;
« quia tunc opportet quod appellet in scriptis, et quod causas
« legitimas in eadem inserat, quæ, si probatæ essent, deberent
« legitimæ reputari. » V. la *Conférence des ordonnances*, liv. VII,
tit. VIII, § 11, et la note sur ce titre.

Mais aujourd'hui on a dix années, à compter de la signification, pour interjeter appel d'une sentence, à moins qu'après
trois ans, à compter de la signification de la sentence, celui qui
l'a obtenue n'ait sommé le condamné d'en interjeter appel;
car, dans ce cas, l'ordonnance de 1667, tit. XXVII, art. 12, décide
qu'après six mois, à compter du jour de la signification, faite
avec toutes les formalités requises pour les ajournements, par
l'art. 3 du tit. des *Adjournements*, il n'y a plus lieu à l'appel.
Joignez les art. 14, 15 et 16 de la même *Ordonnance*, au tit. de
l'*Exécution des Jugements*, et ce que j'ai remarqué sur le
chap. 80 du liv. I des *Établissements de saint Louis*, t. 1 *des Ordonnances*, p. 171; le chap. 15 du liv. II, p. 265; l'*Ordonnance
de Philippe de Valois*, régent, du mois de février 1327, art. 6,
t. II *des Ordonnances*, p. 5; et la règle VIII, ci-après; les *Coutumes notoires*, art. 66.

IV.

880. Les juges royaux, dont est appel, ne peuvent être pris à partie, s'il n'y a dol, fraude ou concussion.

Ne peuvent être pris a partie, etc. Il en était de même des officiers royaux inférieurs, comme les commissaires, les notaires et les huissiers, ainsi qu'il se voit par la décis. 343 de Jean Des Marcs, qui porte que « aucun commissaire ou officier, soit royal « ou autre, pour son exploit, ne doit être mis en procès, si « partie ne propose collusion ou mauvaistié, posé qu'il ayt été « négligent de faire son exploit dûment, par impéritie ou par « imprudence. » V. les arrêts de Louet, lettre N, somm. 9, et legem unicam, Dig., *Si mensor falsum modum dixerit* § 1, tit. vi, lib. xi; Rebuffe, dans son *Commentaire sur les Ordonnances;* Tractatu *de Sententiis executoriis,* in V° *Delinque;* le tit. xxv de l'*Ordonnance de* 1667, *des Prises à partie,* avec la *Conférence* et la note de Bornier, *et sup. règle n° 867 *bis.**

V.

881. Les juges non royaux sont tenus de soutenir leur jugé, au péril de l'amende sur eux ou leur seigneur.

Cette règle a été tirée de l'*Ancien Style du Parlement,* part. 1, chap. 4, § 1, 2 et 3. « Ubi appellatur ab aliquo judice terræ con- « suetudinariæ, adjornatur judex qui tulit sententiam princi- « paliter, et non pars, et fit intimatio illi pro quo lata est « sententia, ut ad dies ad quos citatus est judex intersit si sua « crediderit interesse. Item e contra fit in patria quæ regitur « jure scripto; quia adjornatur principaliter ille pro quo fuit « lata sententia, et fit intimatio judici. Si autem contrarium « fieret, ut puta judex patriæ juris scripti principaliter adjor- « naretur et fieret intimatio illi pro quo lata est sententia, ad- « jornamentum non valeret; imo appellans ab appellatione sua « caderet ut vidimus pronuntiari in Parlamento, anno 1327. » Lorsque, dans les pays coutumiers, les appellations étaient interjetées des sentences rendues par les juges des seigneurs, c'étaient les seigneurs mêmes qui devaient soutenir les sentences de leurs juges, sous peine de soixante livres d'amende comme l'on voit par l'art. 5 de l'*Ordonnance de Philippe de Valois,* du mois de décembre 1344, imprimée dans le t. II des *Ordonnances,* et l'art. 27 de celle de Roussillon.

Lorsque l'appel avait été interjeté *illico*, l'appelant, soit en pays de coutume ou de droit écrit, devait, dans les trois mois, impétrer adjournement au parlement prochain, car il ne le pouvait avoir au parlement présent, sans lettres ou grâce du roi, comme il est nettement expliqué dans l'*Ancien Style du Parlement*, part. 1, chap. 4, § 4.

Aujourd'hui tout ce droit est aboli, et pour connaître le nouveau, il n'y a qu'à lire l'*Ordonnance de* 1667, au tit. de l'*Exécution des jugements*, art. 12 et 17, où l'on verra qu'on peut se *pourvoir, par appel, contre une sentence pendant dix et vingt années, s'il n'y a eu sommation*: auquel cas, selon l'art. 12, il faut que l'appel soit interjeté dans les six mois, à les compter du jour de la sommation faite, et après les trois années qui sont écoulées depuis la signification de la sentence. Les appellations doivent être relevées dans trois mois au Parlement, et les amendes sont à présent à la charge des parties. V. Loyseau, *des Offices*, chap. 14, n° 33, *des Seigneuries*, chap. 10, n° 79; Bacquet, *des Droits de justice*, chap. 17; Louet, lett. E, n° 14.

VI.

882. Ceux qui ont failli en fait et en droit, doivent aussi l'amende, à la discrétion de la cour.

Cette règle est prise de l'art. 26 de l'*Ordonnance de Louis XII*, de l'an 1488, qui porte que les juges qui se trouvent avoir erré manifestement en fait et en droit, doivent être *mulctés* et punis par la cour. V. l'art. 36 de l'*Ordonnance de François I*er, faite à Fontainebleau en 1540, citée sur la règle IV; et Brodeau, sur Louet, lett. I, som. 14.

* DAVOT. — Mais aujourd'hui les juges ne sont plus tenus du simple mal jugé. *

VII.

883. En cause d'appel, ès pays coutumiers, on ne se pouvoit accorder sans lettres du roi.

* DAVOT. — Parce que l'amende était encourue par l'appel. *

Par ces lettres, le roi donnait congé « d'accorder et pacifier « ensemble, de, et sur la cause d'appel, et principal d'icelle, sans « amende, en rapportant, toutes voies par les parties par-devant « la Cour, l'accord et appointement qu'elles auront fait. » Il y a grand nombre de ces lettres, avec les transactions faites en

conséquence, dans les registres du Trésor des chartes. V. ci-dessus, liv. III, tit. I, règle VI.

VIII.

884. Le vilain ne pouvoit fausser le jugement de son
baron : mais, par l'établissement de la cour des Pairs (1)
à Paris, toutes appellations s'y sont relevées.

FAUSSER LE JUGEMENT DE SON BARON ; c'est-à-dire soutenir que
le jugement rendu par le baron ou seigneur était faux, mauvais
et rendu méchamment. Ce qui n'était pas permis au vilain, ou
roturier, suivant de Fontaines, dans son *Conseil*, chap. 21,
art. 21. Cependant, suivant ce même auteur, dans le chap. 22,
art. 7, le vilain, par chartre ou par usage, pouvait fausser
jugement de chevalier, et l'appel était décidé par le duel; en
sorte que le chevalier et le vilain combattaient l'un contre
l'autre en personne. V., touchant ces appellations, Beaumanoir,
chap. 61, p. 312, 313; chap. 67, p. 337, 338 ; et le chap. 8 des
Établissements de saint Louis, avec les notes qu'on y a faites.

MAIS PAR L'ÉTABLISSEMENT DE LA COUR DES PAIRS. Saint Louis, qui
s'était efforcé d'abolir les duels, avait ordonné, dès l'an 1270,
avant l'établissement de la Cour des pairs à Paris, que « si aucuns
« vouloit fausser jugement, il n'y auroit point de bataille, mès
« que li cleim, li répons, et li autre errement du plet seroient
« portez en sa Court. » V. le chap. 7 des *Établissements*, liv. I,
et le chap. 81.

Et selon de Fontaines, qui écrivait sous le règne de ce prince,
le vilain, qui ne pouvait fausser le jugement de son baron, en
pouvait appeler *selon loi écrite ;* et ces appellations allaient de
degré en degré, jusqu'en la Cour du roi : ce que nous apprenons aussi de Beaumanoir, qui finit ses coutumes du Beauvoisis
en 1283, avant l'établissement de la Cour des pairs à Paris. V.
de Fontaines, dans son *Conseil*, chap. 22, nos 7 et 8; Beaumanoir, chap. 61, p. 317, lig. 23 et 24, etc. ; et ci-dessus, liv. II, tit. II,
règle XLII, avec la note.

Anciennement il y avait, en Anjou et au Maine, un droit singulier à cet égard, c'est que quand aucun noble homme du
comté d'Anjou et du Maine succombait dans son appel, il perdait, durant sa vie, tout ce qu'il tenait du comté, et l'usufruit

(1) L'ancienne édition porte : *de la Cour de Paris.*

en était acquis au comte, comme par une espèce de félonie. V. les lettres de Philippe de Valois du mois de juin 1341, et celles qui y sont rapportées; t. II *des Ordonnances,* p. 162, 163; et le chap. 81 du liv. I des *Établissements de saint Louis.*

IX.

885. Toutes appellations ont effet suspensif et dévolutif, sinon que, par l'ordonnance, les jugemens soient exécutoires, nonobstant oppositions ou appellations quelconques.

V. l'*Ordonnance de Charles VIII* de l'an 1493, art. 8; celle de Louis XII de l'an 1498, art. 81, 82; celle de François Ier de l'an 1519, art. 6; et celle de 1535, chap. 16, art. 15; l'*Ordonnance* de 1667, au titre *des Matières sommaires*, art. 13, 14, 15, 16 et 17, avec les notes de Bornier.

X.

886. Ce qui est irréparable en définitive, ne s'exécute par provision.

Cette règle a été prise de l'*Ancien Style du Parlement,* part. 1, chap. 21, § 2. « Item a gravamine reparabili in deffini- « tiva, si appelletur in patria juris scripti, non admittitur appel- « latio nec recipitur per hanc Curiam; sed in dictis casibus « consuevit Curia, omisso appellationis articulo, concedere « literas illis judicibus a quibus se dicit gravatum, per quas « mandatur eisdem, vel quod gravamen revocent, vel quod « partibus justitiam fecerint. Sed si sit a deffinitiva appellatum, « vel a gravamine irreparabili in deffinitiva, admittitur appel- « latio. »

Où Dumoulin, sur le mot *irreparabili,* a mis cette note : « Puta quæstionis ubi est damnum corporale, vel si partes pro- « ponant suas rationes ponentes se in jure, et nihilominus pro- « cedunt. Est enim processus in fraudem sententiæ. *Hæc additio* « *marginalis registri curiæ.* » V. l'*Ordonnance de Charles VIII,* de l'année 1493, art. 53; et la *Conférence des Ordonnances,* t. 1, liv. VII, tit. II, § 10, p. 724, avec la note de Guénois.

XI.

887. Si celui qui est nommé (*al.* donné) tuteur, en appelle, il ne laisse d'en estre chargé pendant l'appel.

Ainsi, dans ce cas, l'appel n'est que *dévolutif*, et n'est point *suspensif.* V. l'art. 14 de la *Déclaration de Henri II* du mois de juin 1559, sur l'*Édit de Cremieu.*

XII.

888. Les appellations comme d'abus ont lieu, quand il y a contravention ou entreprise contre les saints décrets, libertés de l'Église gallicane, arrests des cours souveraines, jurisdiction séculière ou ecclésiastique. Et tient-on qu'elles sont de l'invention de messire Pierre de Cugnières, ores qu'elles semblent plus modernes.

* LES LIBERTÉS DE L'ÉGLISE GALLICANE, art. 79. (Dupin, *Droit public ecclésiastique*, p. 105 et ss., et 249-264, et les 83 articles de P. Pithou ci-après, p. 261 et suiv.) *

V. les traités du premier président Le Maître, de Richer et de Fevret, et le *Glossaire du Droit français.*

DE L'INVENTION DE MESSIRE PIERRE DE CUGNIÈRES. Il y a en une note, qui est à la page 651 du *Dialogue des avocats,* que l'auteur a ajoutée à son exemplaire de ces règles, que « les appellations « comme d'abus semblent plus modernes, n'en étant fait men- « tion au *Style du Parlement,* ains seulement de contrainte « contre les ecclésiastiques, par saisie de leur temporel, tit. XXIX, « § 9 et 11. »

En effet, l'arrêt le plus ancien qui se trouve dans les registres du parlement de Paris, rendu sur un appel comme d'abus, est du 7 juin 1404. Le second est du 7 juin 1449; et Pierre de Cugnières était grand conseiller ou vice-chancelier en 1329. V. le *Glossaire du Droit français;* et Fevret, liv. I, chap. 2, n° 1, 2, 3, 4, etc.

* D'autres auteurs en font remonter le principe jusqu'à saint Louis.*

XIII.

889. Le juge d'appel exécute le jugement par lui donné ou confirmé.

Imbert, liv. II, chap. 16, n° 2. V. Guidonis Papæ, décis. 436, n° 43 ; Speculatorem, tit. *de Executione sententiæ*, vers. *Nunc dicendum. Pone,* etc.

Cette règle n'est point pratiquée en matière criminelle. Et en matière civile, il est au choix de celui qui a deux jugements en sa faveur, de mettre à exécution celui qui lui plaît.

TITRE V.

D'EXÉCUTIONS ET DÉCRETS.

I.

890. L'on ne commence jamais par exécution ou saisie, si ce n'est en vertu d'un contrat garantigié, jugement, ou cause privilégiée : car voies de fait sont défendues.

Paris, art. 160, 161, 162 et 163 ; l'auteur du *Grand Coutumier*, liv. II, chap. 17, p. 127, au commencement.

Nota, qu'aucun ne peut aller par voie d'exécution, ni d'arrêt, si ce n'est en quatre cas.

1° Par lettres obligatoires * emportant l'exécution parée, c'est ce que la coutume de Bayonne, tit. XVI, appelle *instrument garentigionné*, et Loysel, *Contrat garantigié*. V. le *Glossaire du Droit français* au mot *Garantie.* *

2° Par vertu d'une sentence obtenue.

3° Par lettres de privilége, comme les bourgeois de Paris, sur les forains, ou pour louage de maison, ou pour censive d'hôtel.

4° Si ladite dette est privilégiée comme sont les dettes du roi. En nuls autres cas on ne peut procéder par voie d'exécution, et qui le fait, il doit l'amender.

VOIES DE FAIT SONT DÉFENDUES. V. ci-dessus, liv. VI, tit. I, règle II.

L'auteur du *Grand Coutumier*, liv. II, chap. 17, p. 126, rapporte une exception singulière à cette règle.

« Nota, dit-il, que, par la coutume de la prévôté et vicomté
« de Paris, celui qui a baillé ses terres à ferme, peut exécuter
« son fermier en cette manière ; c'est à savoir que lui-même
« peut arrêter les gagnages étant en la grange, et ôter les clefs
« au fermier aussi-tôt que la septembre est passée, si à icelui
« terme il doit payer, mais qu'il n'y ait autre terme : car s'il
« avoit St-Martin ou autre terme, la coutume n'auroit pas lieu,
« si le fermier n'étoit suspect : ce qui est aboli. » V. Guillelmum Maranum, et Janum a Costa, ad tit. Cod. *de Jure emphyteotico.*

II.

891. Le mort exécute le vif, et non le vif le mort : c'est-à-dire, que tout droit d'exécution s'éteint avec la personne de l'obligé ou condamné.

V. la coutume du Nivernais, chap. 32, art. 2 et art. 1, avec le commentaire de Coquille; Lorris, tit. xx, art. 2, 3 et 4; Orléans, 433; Desmares, décis. 162, 164 et 378; l'auteur du *Grand Coutumier*, liv. iii, chap. 9, p. 344, lig. 20, où il remarque que « quand l'obligé est mort, les titres ne sont plus exécutoires, « ni contre ses biens, ni de ses héritiers; mais que le tout y est « en action. » V. néanmoins l'art. 169 de la coutume de Paris. Pacianum, *Consil.* 43, n° 68; Ancharanum, quæst. 39, lib. iii; Coquille, dans son *Institution*, p. 139.* Lhommeau, iii, max. 328.*

Homme mort n'a porteur de lettres; Des Mares, décis. 164, 378. V. au t. I, liv. iii, tit. ii (*des Mandements*), règle vii.

III.

892. Par coutume et usance gardée en cour laie, garnison se fait ès mains du sergent porteur des lettres passées sous scel royal, nonobstant opposition, voire nonobstant l'appel, par l'ordonnance du roi Charles VI, de l'an 1384.

Charles VI de l'an 1384. Dans les précédentes éditions, il y avait mal *par l'Ordonnance du roi Charles VIII, de l'an 1484*. Celle de Charles VI est dans Fontanon, t. 1, p. 758. V. Imbert, dans sa *Pratique*, liv. 1, chap. 4, n° 14; le *Glossaire du Droit français*, sur *Garnir la main*, où cette règle est expliquée; l'art. 54 de *l'Ordonnance de Charles VIII, de l'an 1494*; Brodeau, sur l'art. 164 de la coutume de Paris, n° 1; le *Style gothique du Châtelet*, fol. 23.

IV.

893. Lettres une fois grossoiées, ne peuvent estre regrossoiées sans appeler la partie, et ordonnance de justice.

V. l'art. 178 de l'ordonnance de 1539; la note de Dumoulin;

et Masuer, tit. xviii, n°s 18 et 46; et l'art. 119 des placités du parlement de Normandie.

Cette règle est tirée des paroles suivantes de Jean Des Mares, décis. 40 : « Si aliquod instrumentum fuerit grossatum, si per-
« datur, non potest amplius grossari, vocatis vocandis, nisi de
« consensu partis adversæ, et judicis autoritate. Sed si nunquam
« fuisset grossatum, non potest grossari per alium notarium a
« primo, nisi judicis autoritate. »

V.

894. Lettres royaux et commissions ne sont valables, ni les jugemens exécutoires, après l'an et jour.

Selon Des Mares, décis. 383, « Mandemens royaux sont expi-
« rés, ne ils ne sont à recevoir, quand on passe un an, ne le
« juge ne les doit entériner ne accomplir, se ils ne leur sont
« présentés dedans l'an que ils furent donnés : » quod videtur contra legem *falso*, Cod., *de Diversis rescriptis*; et *Pragmaticam sanctionem*. V. omnino Germonium, lib. i *Animadversionum*, cap. 14, capitulum *Plerumque*, 23, Extr., *de Rescriptis*; Rebuff., *ad Const. reg.* tractatu *de Rescriptis*, n° 175, et in prœmio, gloss. 5, n° 44, Masuer, tit. xviii, n° 38.

Ni les jugements exécutoires après l'an. Ils sont toujours exécutoires comme les contrats, lorsqu'ils sont scellés. V. Loyseau, *des Offices*, liv. ii, chap. 4 *des Sceaux*, n°s 44, 45, 46, 47, 48 et 49.

VI.

895. Toutefois prise de corps ne se suranne point, et s'exécute nonobstant toutes appellations.

V. le *Glossaire du Droit français*, sur le mot *Suran*; l'art. 13 de l'*Ordonnance de Charles VII*, de l'an 1453; la *Conférence des Ordonnances*, liv. ix, tit. i, t. II, p. 781; Loyseau, *des Offices*, liv. ii, chap. 4, n° 48.

VII.

896. De Presles et de Mareuil tiennent que celui qui peut estre arresté, par la loi et privilége de ville, est tenu d'y élire domicile.

Élire domicile, *et bailler caution pour la discussion de l'arrêt,* ajoute Dumoulin, dans son apostille sur l'art. 173 de la coutume de Paris. V. le *Dialogue des avocats*, p. 739, dans les opuscules de Loysel.

VIII.

897. Ceux qui vont ou reviennent des foires, du jugement ou mandement du roi, ne peuvent estre arrestés pour dettes, quoiqu'elles soient privilégiées.

Cette règle est prise de l'art. 133 de la coutume du Bourbonnais, V. Gothofredum, ad leg. 1, Dig., *de Nundinis ;* le *Glossaire du Droit français* sur *Foire ;* et La Thaumassière, dans ses *Anciennes coutumes de Berry*, part. I, chap. 30, p. 37.

L'art. 3 de l'*Ordonnance de Philippe de Valois*, faite à Château-Thierry, au mois de juillet 1343 (second vol. des *Ordonnances*) est précis à ce sujet. « Toutes compagnies de marchans « et aussi li marchand singulier, Italien, Outremontain, Floren- « tin, Lucois, Milanois, Génevois, Almans, Prouvanceaux, et « d'autres païs qui ne sont de notre royaume, se marchander « veullent en iceluy, auront demourance pour euls et leurs fai- « teurs, honestes es dites foires, sans avoir mention principal « autre part, et seurement venrront, demoureront et retourne- « ront euls et leurs marchandises et les conduiseurs d'icelles, « ou sauf-conduit desdites foires, ou qu'il nous les prenons et « recevons dès maintenant ensemble leurs marchandises et « biens, sans ce que par autres que par les gardes d'icelles foires « soient pris et arretez ou empeschiez, se n'est pour meffect « present ; et se aucuns meffait contre ce, il sera punis par les « diz gardes. » V. la *Conférence des Ordonnances*, t. I, liv. IV, tit. XIII, feuill. 671.

Ou MANDEMENT DU ROI. L'auteur du *Grand Coutumier*, liv. I, chap. 3, p. 19. « Nota que, par toutes manières que le roi « mande un homme, il est en son sauf-conduit, et si l'on lui fait « grief, destourbier, ou injure, le juge royal en aura la cog- « noissance et des despendances. »

V. Coquille, dans son *Inst.*, p. 132 de l'édit. de 1665.

IX.

898. Le roi ne plaide jamais dessaisi.

Berry, tit. V, art. 27, et tit. VI, art. 15. La raison est, que le roi est souverain seigneur, et souverain fieffeux. V. La Thaumassière, sur ces articles, et ci-dessus, liv. IV, tit. III, règle XXVI.

L'auteur du *Grand Coutumier*, liv. II, tit. *de cas de Saisine*, « Quand aucun débat de nouvelleté est meu entre un sujet et le « roi, adonc la chose est mise en la main du roi comme sou- « veraine; mais il ne nuit point, car lors un preudhomme est « eslu qui gouverne la chose au nom de l'un et de l'autre. »

Philippe de Valois, par ordonnance du mois de juin 1338, faite en faveur des habitants des sénéchaussées de Toulouse, de Beaucaire, de Nîmes, de Rouergue statua au contraire en ces termes : « Ut si quis procurator noster amodo movere voluerit, « vel moverit litem super re vel jurisdictione quacumque, « contra aliquem eam possidentem, non dissaseantur seu tur- « bentur possidentes, nisi prius causa cognita. Nec ad manum « nostram res litigiosa ponatur, nisi in casu quo lis esset inter « privatos, res contentiosa ad ipsam manum nostram, tanquam « firmiorem, poni deberet, etc. » V. ci-dessus, liv. V, tit. IV, règle XX.

X.

899. Saisie sur saisie ne vaut.

V. ci-dessus, liv. V, tit. IV, règle XIX.

XI.

900. Les saisies sont annales, ou, pour le plus, trien-nales.

ANNALES. Poitou, art. 87, etc.

TRIENNALES. Paris, art. 31, etc. * [et c'est la coutume la plus générale.] *

XII.

901. Un sergent est cru du contenu en son exploit, et de sa prise, jusqu'à cinq sols.

V. Beaumanoir, chap. 30, p. 151, lig. 36; la coutume de la Rochelle, tit. V, art. 11; Poitou, art. 76; Amiens, art. 205; Bourgogne, rubrique 1, § 6; Maine, art. 181; Coquille, q. 212, et ci-dessus, liv. V, tit. V, règle VIII; Saint-Yon, *des Eaux et Forêts*, liv. II, tit. XV, p. 668 et 669, etc.

XIII.

902. Toute connoissance de cause lui est défendue.

* Car il n'est qu'exécuteur des mandements de justice. *

Ainsi, par arrêt du 19 avril 1608, il a été défendu aux sergents d'informer « ex ea ipsa causa perfidiæ venalis, vetiti sunt « a senatu in auditorio criminali, notorias ullas conscribere, « vulgus informationes, vocat, nisi authore judice. Imo et repe- « tendi sunt testes ab ipsomet judice, qui delegavit. » Morna- cius, ad leg. *Si pignora*, 50, Dig., *de Evictionibus*.

XIV.

903. Un décret adjugé vaut deshéritance.

Des Mares, décis. 390; les *Coutumes notoires*, décis. 35, 118, 121 et 127; Paris, art. 354, 355, etc.

DESHÉRITANCE. V. la règle XXXII du tit. *de Fiefs*, liv. IV, tit. III, et la note qu'on y a faite. C'est-à-dire que celui qui a omis de faire son opposition est spolié et privé de tout le droit qu'il pouvait avoir sur la chose adjugée : ce que Des Mares explique très-bien dans sa décis. 390. « Toutefois que aucuns héritage « est vendu par criées, subhastations, et par enchérissement, et « que, à ladite vendition, a été mis décret du juge compétent, « après ce, nul créancier ne vient à temps de y demander « aucune chose; ains a perdu tout son droit d'hypothèque ou « autre quelconque. Mais que ce seroit se aucuns créanciers « disoient et provoient que ils étoient absens quand lesdits ex- « ploits se faisoient? Je réponds que rien ne leur vaudroit, car « ils povoient et devoient laisser procureur. »

XV.

904. Un décret nettoie toutes hypothèques et droits, fors les censuels et feudaux.

FORS LES CENSUELS ET FEUDAUX. Paris, art. 355. Il ne purge point aussi le douaire, quand les biens du mari sont décrétés pendant sa vie. V. Dumoulin, sur l'art. 119 de la coutume du Perche; et de Renusson, dans son *Traité du Douaire*, chap. 10, nos 1, 2 et 3; ni les *substitutions* ou *fidéicommis*. V. Ricard, des

Substitutions directes ou fidéicommissaires, traité 3, chap. 13, part. II, nos 85, 86, 87, 88, 89, etc.

L'art. 444 de la coutume de Poitou est précis à ce sujet, en décidant que « seront forclos tous ceux qui se diront avoir droits, « rentes ou autres devoirs sur la chose adjugée, qui ne se seront « opposés, et en sera baillé possession audit acheteur, par « autorité de la cour, et est ladite acquisition, par telle adju-« dication par décret, de telle vertu que toutes personnes ainsi « appellées, ou préconisées, en sont forcloses, soit majeurs ou « mineurs, gens d'Église ou autres, présens ou absens, pourvu « que les solemnités introduites par les Ordonnances royaux « aient été gardées et observées, etc. »

Les gens d'Église prétendirent qu'ils devaient être, dans ce cas, de meilleure condition que les mineurs ; mais, par arrêt du 4 décembre 1597, rapporté par Goujet, dans son *Traité des Criées*, part. II, p. 536, ils furent déboutés. Depuis, ils ont obtenu quelques jugements plus favorables ; mais enfin, par deux arrêts, l'un du 1er juillet 1627, rapporté par Le Grand, sur l'art. 127 de la coutume de Troyes, nomb. 14, part. II, p. 148, et par un autre du 8 août 1637, rapporté par Dufresne dans son *Journal*, liv. III, chap. 39, la première jurisprudence, établie par l'arrêt du 4 décembre 1597, a été confirmée ; en sorte qu'il est constant aujourd'hui que les décrets purgent les droits réels des ecclésiastiques, comme les droits des mineurs. V. la note sur l'art. 17 de ce titre, et ce qu'a écrit Le Grand, dans son *Commentaire sur la coutume de Troyes*, art. 127, n° 14, part. II, p. 148. * La disposition de cette règle offrait une grande sécurité aux acquéreurs, et conciliait une grande autorité aux ventes judiciaires. La loi romaine disait aussi que *fides hastæ publicæ facile convelli non debet.* *

XVI.

905. Le poursuivant criées n'est garant de rien, fors des solennités d'icelles.

Cette jurisprudence fut établie par un arrêt du 4 mars 1554, cité par les commentateurs. V. l'art. 12 de l'arrêt de règlement de la Cour, sur les adjudications par décret de l'an 1598 ; et Brodeau, sur Louet, lett. D., somm. 26, vers la fin, et p. 370, n° 5.

XVII.

906. L'on se peut opposer sur le pris entre l'adjudication et le scellé.

Paris, art. 356. Et par grâce spéciale, les arrêts ont jugé que les gens d'Église pourraient venir sur les deniers consignés par les adjudicataires, dont l'ordre ne serait pas fait et qui ne seraient pas distribués. V. Du Fresne, dans son journal, t. 1, liv. III, chap. 38 et 39.

XVIII.

907. Tout acheteur, gardien et dépositaire de biens de justice, et obligé pour chose judiciaire, est contraignable par corps, sans qu'il puisse estre attermoié, ni reçu à faire cession.

V. l'art. 4 de l'ordonnance de 1667, au tit. de la *Décharge des contraintes par corps.*

Les étrangers qui n'ont pas obtenu des lettres de naturalité ou de déclaration de naturalité, ne sont point aussi reçus à faire cession, selon l'art. 2 de l'*Édit du Commerce* de 1673.

XIX.

908. Toutes dettes du roi sont payables par corps.

L'*Ordonnance de saint Louis* de l'an 1256, rapportée par Joinville, p. 122 et 123 de l'édit. de 1668, et qui est au *registre Croix* de la chambre des comptes, fol. 33, le statue ainsi : « Nous « deffendons, que nuls de nos subgez ne soient pris au corps, « ne emprisonnez, pour leurs debtes personnelles, fors que pour « les nostres, et que il ne soit levé amende sur nul de nos dits « subgez pour sa debte, etc. » V. Damhouder, dans sa *Pratique criminelle*, chap. 16 et 17 ; Julius Clarus, liv. v de ses *Sentences*, chap. dernier, quest. 50 ; Papon, liv. XXIII, tit. 1, art. 1 ; Robert, dans ses *Arrêts*, liv. II, chap. 6 ; et surtout Bombardius, dans son *Traité de Carcere*, chap. 12 et 13.

TITRE VI.

DE TAILLES ET CORVÉES.

Anciennement, en plusieurs provinces de la France, les seigneurs prenaient, à volonté, des biens de leurs serfs; ce que nous apprenons des paroles qui suivent de Beaumanoir, chap. 45, p. 258. « Plus courtoise est nostre coustume envers les serfs : « car en moult d'autres, li seigneur puéent penre de leurs serfs, « et à la mort et à la vie, toutes les fois que il leur plaît; et si « les puéent contraindre à toûjours demourer soubs eux. »

Et, sur le faux principe qu'ils ne devaient rendre compte de leurs vols et extorsions qu'à Dieu seul, ils pillaient ainsi impunément les biens de leurs vilains, quoique libres. « Bien t'ai dit « en quelle maniere tu pues semondre ton villain, et ton frank « home, dit De Fontaines, et saches bien que, selon Diex, tu n'a « mie plenière poosté sur ton villain. Donc, se tu prends du sien, « fors les droites redevances qu'il te doit, tu les prends contre « Dieu, et sur le peril de l'ame. Et che que l'on dit ke toutes les « coses que villain a, sont à son seigneur, c'est à garder : car si « elles étoient son seigneur propre, il n'auroit nulle différence, « kant à ceu, entre serf et villain. Mes, par nostre usage, n'a il « entre toi et ton villain, juge fors Dieu, tant comme il est tes « koukans et tes levans. » De Fontaines, dans son *Conseil*, ch. 21, art. 8.

Les seigneurs n'en demeurèrent pas là : ils établirent encore des péages et autres tributs dans leurs terres; et, comme ce désordre s'était répandu dans toute la chrétienté, les Pères du concile de Latran, de l'an 1179, se crurent obligés d'y remédier, en défendant aux seigneurs de lever de nouveaux impôts dans leurs terres, sans la permission des princes souverains, sous peine d'excommunication. « Nec quisquam novas pedagiorum exac- « tiones, sine autoritate et consensu regum et principum, sta- « tuere aliquo modo præsumat. Si quis autem contra hoc fecerit, « et commonitus non destiterit, donec satisfaciat, communione « careat christiana. » V. cap. 8, *Concil. Londinens.* anni 1151, et cap. *Innovamus*, Extr., *de Censibus*.

Les princes souverains firent aussi de semblables défenses dans leurs États, entre autres Alphonse, roi de Castille, dont l'ordonnance se trouve dans *las Siete partidas*, lit. VII, cap. ultimo; et en France, saint Louis, dont l'ordonnance est rapporté par Joinville, p. 123, de l'édition de 1668; et Charles VI en 1408, etc. V. *Styl. Parlamenti*, part. III, tit. XXXVI.

Ce fut dans ces temps malheureux que les tailles aux quatre cas, les loyaux aides, ou les cas impériaux, les tailles franches, les tailles serves, réelles, personnelles, haut et bas, et à volonté, et les corvées dont il est parlé dans ce titre, furent établies, pour la plus grande partie; ainsi qu'il paraît par le passage qui suit de Froissard, dont nous apprenons que, de son temps, ce désordre subsistait encore. « Les seigneurs se forment sur autre « condition et manière qu'ils ne faisoient pour lors, et trouvent, « pour le présent plus grande chevance que ne faisoient leurs « prédécesseurs du temps passé : car ils taillent leur peuple à « volonté; et, du temps passé, ils n'osoient, fors de leurs rentes « et revenues, etc. »

Et de là vient que, dans les testaments du XIII° et du XIV° siècle les seigneurs ordonnent presque toujours que les exactions faites sur leurs hommes ou sujets seront réparées, avec prières à leurs exécuteurs d'abolir toutes les nouvelles coutumes établies dans leurs terres.

V. *Probationes Historiæ Castillon.*, p. 58, 73; *Historiæ Corten.*, p. 77; *Historiæ Castrovil.*, p. 37 et 39; *Concil. Monspeliense*, anni 1195, can. 7; Rofredum, *in Practica*, part. 6, rubrica *Quo tempore census impo.*, n° 5, p. 504, etc.

Gousset, dans ses notes sur la coutume de Chaumont, art. 3, p. 11, 12 et 13 de la dernière édition; Baltazarem, *de Operis subditorum*, cap. 6; Potgieserum, *de Conditione servorum*, cap. 3 et 4; et Jacobinum de sancto Georgio, *de Feudis*.

On pourrait ici proposer la question de savoir si le droit de taille et de corvée est mobilier ou immobilier. Mais, comme elle est discutée amplement par Baltazar, dans son traité *de Operis servorum*, chap. 6, p. 90, on y renverra le lecteur. V. Clokium, *de Contributionibus*, cap. 2, n° 32; Tiraquellum, *de Retractu lineari*, § 1, glossa 5, n° 4; Knispschild, *de Fideicomissis*, cap. 5, n° 37.

L'auteur aurait dû parler, sous ce titre, de la garde des châteaux et des guets; et comme il n'en dit qu'un mot, dans la règle X, on verra, sur ce sujet, la coutume de Loudunois, au tit. VIII *des Loyaux aides*; le *Glossaire du Droit français*, sur ces mots; et l'*Ordonnance de Louis XI*, du 20 avril 1479, portant défense à tous châtelains d'imposer plus de cinq sols pour le droit de guet et garde.

I.

909. [Taille seigneuriale est le double des redevances.]

Est le double des redevances. Cette règle doit être entendue des loyaux aides, ou tailles aux quatre cas. V. ci-dessus les règles LIII, LIV, LV, LVI et LIX du tit. *des Fiefs*, liv. IV, tit. III, avec les notes; Salvaing, p. 232 et 233; La Thaumassière, dans ses *Anciennes coutumes du Berry*, part. I, chap. 27, p. 35; et Masuer, tit. XXXVIII, n°ˢ 3, 4, 5, 6, etc.

II.

910. Les tailles sont personnelles, et s'imposent au lieu du domicile, le fort portant le foible.

Les tailles sont personnelles. Cette règle et les quatre qui suivent doivent être entendues des tailles que le roi lève sur ses sujets pour le besoin de l'État; lesquelles sont personnelles en *langue d'oui*, et réelles en *langue d'oc*, et en Provence, etc. Touchant ces tailles, V. le *Glossaire du Droit français* sur ce mot; Bodin, *de la République*, VI, cap. 2; Coquille sur la coutume du Nivernais, chap. 8, art. 1 et 2; et Masuer, tit. XXXVIII, n° 20.

Quant aux tailles que les seigneurs lèvent sur leurs hommes, il y en a qui sont réelles, ou dues à raison des fonds; d'autres qui sont personnelles, c'est-à-dire qui s'imposent sur le chef des personnes. Des personnelles, il y en a qui sont dues par les personnes franches; d'autres qui ne sont point dues par les personnes franches, et qui rendent les personnes serves. V. les art. 189 et 190 de la coutume du Bourbonnais. Enfin il y en a qui sont dues tous les ans, et d'autres qui ne sont dues qu'au décès des gens de condition servile, lesquelles sont nommées par cette raison *mortailles*. D'où ceux sur qui elles se lèvent sont nommés mortaillables et mainmortables. V. les règles LXXI, LXXII, LXXIII, LXXIV, LXXV et LXXVI, du tit. I, du liv. I; les art. 3, 4, 5 et 6 de la coutume de Troyes. Et ces tailles, comme droits seigneuriaux, se lèvent sans lettres d'assiette. V. Masuerum, tit. XXXIX; et de Boissieu, dans son *Traité des Droits seigneuriaux*, part. I, chap. 49.

Le fort portant le foible. Ceci est pris de Masuer, ancien praticien français, tit. XXXIX, nomb. 1. « Talliæ, dit cet auteur, « imponuntur per parochias, ita quod quælibet parochia habet

« portionem suam taxatam per illos qui sunt ad hoc deputati.
« Et demum aliqui de parochia, ad id electi vel commissi divi-
« dunt eas super singulos de parochia, secundum cujusque
« facultates, *le fort portant le foible,* id est pro solido et libra. »
* Olim, t. II, p. 425, xix. *

III.

911. Le domicile s'acquiert par an et jour, et se prend
au lieu où l'on couche et leve, au jour S. Remi.

V. ci-dessus, liv. i, tit. i, règle xxi. Mais, par la *Déclaration
du 16 avril 1643,* art. 26, le taillable du roi, qui transfère son
domicile dans une ville abonnée, paie la taille pendant cinq
années dans la paroisse qu'il a quittée; et s'il va demeurer dans
une ville franche, comme Paris, il y a dix années de suite, pendant lesquelles il doit être imposé, suivant l'art. 27 de la même
déclaration. Joignez Masuer, tit. xxxix, n° 23, d'où cette règle
est prise. * Bacquet, *des Droits de justice,* chap. 8, n° 15. *

IV.

912. Qui n'a, ne peut; et où il n'y a que prendre, le
roi perd son droit.

* L'allemand : *Wo nichts ist, da hat der Kaiser sein Recht
verlohren.* Eisenh., p. 575. *
V. ce qu'on a observé sur la règle vi de ce titre, à la fin.

V.

913. Besoin ou nécessité [et volonté de roi] n'ont loi.
* Ou, nécessité n'a loi, foi, ni roi, *necessitas cogit legem.* *

Observat nullam res urgentissima legem.
Legibus impositis omne necesse caret.
(ÆGIDIUS NUCER., lit. D.)

VI.

914. Les collecteurs [ne] doivent estre tenus de faire
le mauvais bon.

Cette règle est prise de la *Pratique* de Masuer, tit. xxxix

nº 14, en ces termes : « Exactor, seu collector talliarum non
« tenetur solvere de suo illud quod non potuit ab aliquibus
« exigere propter paupertatem, aut alias ; nec ipse tenetur *faire*
« *du mauvais le bon*, nisi sit in culpa. Leg. 2, C., *de Aut. Tut.*
« Et etiam nisi consuetudo vel conventio aliud importet. »

Les collecteurs sont obligés de faire le mauvais bon, lorsque,
contre l'art. 11 de la déclaration de 1643, ils imposent des
mendiants et invalides ; car les collecteurs qui, dans ce cas,
sont en faute, paient pour eux.

Les mendiants doivent cependant être mis sur les rôles, mais
ils doivent être tirés à néant, ou pour un sol.

VII.

915. Corvées à la volonté sont limitées à douze l'année,
se doivent faire d'un soleil à l'autre : n'en peut-on prendre
plus de trois en un mois, et en diverses semaines.

CORVÉES. Cujas, sur la loi du Code, *Ne operæ a collatoribus
exigantur*, dit que ces sortes de servitudes ont été ainsi nommées
quasi opera corporalia, parce que VEE, dans le Lyonnais, est ce
qu'on appelle *opera*. D'autres dérivent ce mot à *corpore vehendo*,
d'autres de *corvada*, qui se trouve dans le capitulaire de Charlemagne, au titre *de Villis et cortis*, art. 3, qui est conçu en ces
termes : « Ut non præsumant judices nostram familiam in eorum
« servitium ponere, non corvadas, non aliud opus sibi facere
« cogant. »

Mais, comme les corvées ne sont point le travail du corps de
ceux qui les doivent, le père Sirmond, dans ses notes sur les
capitulaires de Charles le Chauve, dit que ce mot vient de
carropera.

« Carropera, dit cet auteur, sunt cum carri vecturæque opera
« debetur. Manopera servitium manuale dicitur, quia opus
« manu fit ; unde manoperar: inferior ætas *Curbadas* appella-
« vit, *corvées;* » et le père Labbe, dans son petit livre d'éty-
mologies, a été de cet avis. V. le t. II des Capitulaires, de l'édition
de Baluze, col. 794.

Par le droit romain, les affranchis devaient des corvées à leurs
patrons, tit. D., *de Operis libertorum* ; ce qui est expliqué par
Cujas, ad leg. 55, D., *ad Trebellianum*, lib. XX. *Q. Papiniani.*
« Et hæc accipienda sunt de operis officialibus ; hoc est, quas
« libertus, ut libertus, patrono debet officii causa, non tantum
« jure civili, puta ex stipulatione, vel ex jurejurando, quo solo

« casu ex jurejurando actio est; sed etiam eas debet patrono
« jure naturali, cujuscumque sint ministerii artificiive generis,
« quas modo libertus ipse edere patrono possit, et exhibere; et
« debentur, non quidem statim, ut promisit, vel juravit, etiamsi
« pure promiserit, sed cum eas patronus indixerit, cum com-
« modum erit patrono eas sibi edi : jubente puta patrono:
« *præsta mihi hodie illam operam struendo parieti; dato mihi*
« *hodie operam*, vel quid aliud. » V. eumdem, lib. xvii, *Obser-*
rat., cap. 14.

Voilà une preuve évidente que c'est des Romains que nous
avons pris l'usage des corvées, et de plusieurs autres droits
semblables, ainsi que l'a remarqué Cujas, dans son commentaire sur le tit. xlviii du liv. xi du Code, *de Agricolis.* « Servi,
« dit-il, qui capitationem debent, et coloni, et feuda, et census,
« et alia innumera prædiorum, hominumque onera, ex jure
« romano originem sumpsisse, interea testor dum me ad con-
« suetudinum nostrarum jus, eadem via explicandum paro qua
« reipublicæ romanæ vetus primum, deinde novum jus aperui
« et disposui (1). »

Mais au lieu que, chez les Romains, les patrons pouvaient
exiger les corvées de leurs affranchis, quand ils voulaient,
parmi nous les corvées à volonté sont dues, *arbitrio boni viri,*
et ont été fixées à douze par an, suivant cette règle, qui a été
tirée tout entière de la coutume d'Auvergne, tit. xxv, art. 18.
V. celle de la Marche, art. 134; du Bourbonnais, art. 339; Coquille, dans son *Institution*, p. 58 de l'édition de 1665, et sur
la coutume, p. 151; Brodeau, sur la coutume de Paris, art. 71,
nᵒˢ 44 et 47; La Thaumassière, dans ses *Anciennes coutumes du*
Berry, part. i, chap. 12; Dumoulin, sur l'art. 91 de la coutume
du Bourbonnais; Baltazar, dans son traité *de Operis subditorum,*
cap. 12, *de Quantitate operarum;* Potgieserum, *de Conditione*
servorum, cap. 3, *de Operis;* * Bretonnier sur Henrys, t. I, liv. iii,
chap. 3, quest. 32; * et Goussel, dans son commentaire sur la
coutume de Chaumont, art. 3.

(1) * Malgré l'autorité de Cujas et de de Laurière rien n'est moins prouvé
que cette origine romaine des corvées; et il n'y a que peu de ressemblance entre les *operæ libertorum* et les corvées de nos serfs. *

VIII.

916. Noble n'est tenu de payer taille, ni faire viles corvées à son seigneur, mais le servir en la guerre, et autres actes de noblesse.

NOBLE N'EST TENU PAYER TAILLE, etc. Cela est vrai, quand les tailles et corvées sont personnelles. V. ci-dessus, liv. IV, tit. III, règle LVIII; Masuer, dans sa *Pratique*, tit. XXXVIII, nᵒˢ 3, 4 et 17, et l'art. 91 de la coutume de Bretagne, tit. II. Mais si les tailles ou corvées sont réelles, ou dues à cause des fonds, les nobles ou les privilégiés qui possèdent ces fonds, doivent payer les tailles et l'évaluation des corvées, ou donner un homme qui les fasse. V. La Thaumassière, dans ses *Anciennes coutumes du Berry*, part. I, chap. 12, à la fin; de Salvaing, p. 247 et 248; la coutume de Bretagne, tit. II, art. 91, d'où cette règle est prise; Bertrand, dans ses *Conseils*, vol. 1, chap. 141, 143 et 207, et ci-dessus, liv. I, tit. I, règle LXXIX, avec la note.

IX.

917. Corvées se doivent faire aux dépens de ceux qui les doivent, sinon que l'on retienne les detteurs d'icelles pour le lendemain; auquel cas on les doit gister et nourrir.

AUX DÉPENS DE CEUX QUI LES DOIVENT. Leg. *Suo victu* 18, D., *de Operis libertorum*. « In hac quæstione, dit Baltazar, cujus « sumptibus operæ rusticorum exhibendæ sint, concludendum « est eas propriis sumptibus ac impensis adimplendas esse. « Pro qua decisione facit textus in lege *Suo victu*, D., *de Operis* « *libertorum*. 2ᵒ Quia unusquisque quod spopondit impendio « suo præstare debet, quamdiu id quod debet in rerum natura « est. Leg. *Quod nisi* 20, in principio, *de Operis libertorum*. « 3ᵒ Quia subditi ex administratione jurisdictionis, vel ex con-« cessione dominii utilis in prædio commodum recipiunt. Con-« sequenter in ejusdem compensationem tenentur proprio « sumptu onus sentire. 4ᵒ Quia ex receptissima et communis-« sima sententia, etiam vassallus propriis impensis ac sumptibus « domino feudi servitia præstare cogitur. Restringitur *a* si sub-« ditus ex inopia se ipsum alere nequit. *b* Si subditus extra ter-« ritorium domini exhibeat. *c* Si adeo procul, operæ red-« dendæ, ut alibi pernoctare cogatur. Cap. 15, *de Operis*

« *subditorum.* » V. Henrys, tom. I, liv. III, quest. 32, pag. 300, col. 1, vers le milieu; la coutume du Bourbonnais, art. 339; Bacquet, des *Droits de Justice*, chap. 29, n° 42; la coutume d'Auvergne, tit. xxv, art. 19. Tous les auteurs cités par Baltazar, au chap. 15 *de Operis subdit.*; Boisseau sur Poitou, p. 118 et 119; Ardison., *de Feudis*, cap. 5.

X.

918. Corvées, tailles, guets, gardes et questes n'ont point de suite, ne tombent en arrérages, et ne peuvent estre vendues ni transportées à autrui.

CORVÉES, TAILLES, etc. V. la note sur la règle III de ce titre; Gaspard Bailly, dans son traité *de Servis*, cap. 16, n° 2; Coquille, sur la coutume du Nivernais, p. 151; la coutume d'Auvergne, chap. 25, art. 22; Boerium, quæst. 211; Cujac., ad *Papinianum*, lib. xx *Quæstionum*, p. 600 de l'édition de La Noue, lett. B; La Thaumassière sur Berry, p. 392. * Salvaing, *du Plaid seigneurial*, chap. 4. *

Par la coutume du Bourbonnais, art. 197, la taille personnelle et serve est de suite, ainsi que dans le Nivernais, etc. V. Coquille sur l'art. 6 du tit. VIII de cette coutume.

* QUESTE. Sur le sens de ce mot, qui équivaut à taille, V. Bourbonnais, 343-345; Nivernais, tit. VIII, art. 7; les anciennes coutumes de Bordeaux publiées par les frères Lamothe; et les *Statuts de Beranger*, Giraud, t. II, p. 11. *

GUETS N'ONT POINT DE SUITE. Masuer, ancien praticien, parle ainsi de ce droit, chap. 39, nomb. 32. « Dominus habens castrum, « seu fortalicium, tempore guerræ potest compellere habitantes « in sua jurisdictione ut faciant excubias; et consequenter re- « parationes in suo castro, etc. »

ET NE TOMBENT POINT EN ARRÉRAGES. Bourbonnais, art. 339; à moins qu'il n'y en ait eu demande, ou qu'elles ne soient assises sur un fonds certain. V. la coutume d'Auvergne, tit. xxv, art. 18, 22, et tit. xxxi, art. 52; la Marche, art. 144; Henrys, t. I, liv. III, quest. 32, p. 300. V. Cujacium ad legem, 55, D., *ad Trebellianum*, lib. xx Q. *Papiniani.*

Mais, pour les tailles aux quatre cas, dont il est parlé dans la règle I de ce titre, elles tombent en arrérages, et les arrérages ne s'en prescrivent que par dix années, suivant l'art. 30 de la

coutume du Bourbonnais, et par trente années, par l'art. 10 du
tit. xvii de celle d'Auvergne.

Quant aux arrérages des dîmes, on suit la note de Dumoulin,
ad cap. *Tua nobis*, **Extra.** *de Decimis*, dont voici les paroles :
« Idem imperatores ubi tenent, quod etiam novus possessor non
« tenetur ad decimas præteritas non solutas per antiquum domi-
« num. Idem Federicus de Senis consil. 93. Et quod ecclesia
« habet electionem contra antiquum dominum vel novum pos-
« sessorem : sed hoc non servatur sive personali, sive hypothe-
« caria, vel quovis judicio agatur; quia debent singulis annis
« exigi. » V. *Codicem Fabrianum*, libro tit. ii, def. 66; la
jurisprudence de Guy Pape, p. 33. V. l'art. 3 de la déclaration
du mois de février 1657, rapportée dans le dictionnaire des
arrêts de Brillon, lettre D, p. 723. V. l'art. 52 de la coutume de
Montreuil ; de La Thaumassière, sur la coutume de Berry, tit. x,
art. 17, n° 41, p. 392.

Les Hébreux et les premiers chrétiens étaient convaincus
qu'en payant exactement les dîmes, ils attiraient sur leurs biens
la bénédiction du ciel ; et de là vient, que *in Tractatu Shabbath*,
feuill. 119, il y a : « decimas dato ut dives fias; » et dans Pirke
aboth, chap. 3, sect. 13 : « decimæ sunt sepes divitiarum. »

Et ne peuvent être vendues ni transportées, parce qu'elles
sont dues pour la nécessité du seigneur. V. la coutume d'Auvergne, tit. xxv, art. 18; la Marche, art. 165; de Chasseneuz
sur la coutume de Bourgogne, rubr. 9, § 18, sur le mot *Corvéables*,
n° 31; Bourbonnais, art. 339; La Thaumassière, dans son *Recueil
des Anciennes coutumes du Berry*, part. i, chap. 12, p. 14; Jean-
François Baltazar, *de Operis subditorum*, cap. 16 de l'édition
de 1656, p. 367; Gaspard Bailly, dans son traité *de Servis*, c. 16,
n° 2; et Talbert, *des Mainmortes*, § 19, art. 6, 7, 8, 9, 10, etc.

XI.

919. En assiette de terre, corvée ou peine de vilain
n'est pour rien comptée.

Le proverbe était ainsi conçu :

> En assiette, la corvée
> Du villain n'est point comptée.

' L'Italien dit aussi : *Pena di servo si conta per nullo.* '

Les assiettes de terres, qui étaient anciennement fréquentes
en France, se faisaient pour différentes causes.

Quelquefois, un mari qui recevait de sa femme la dot en argent, l'assignait ou en faisait l'assiette sur son héritage ; et cet héritage du mari était réputé vendu, jusqu'à concurrence de la dot.

Quelquefois un père, en mariant sa fille, promettait de lui donner une somme, et d'en faire l'assiette ; et dans ce cas, la fille et ses descendants avaient la propriété des terres sur lesquelles l'assiette avait été faite.

Quelquefois un père qui mariait sa fille, lui constituait en dot une somme qu'il ne pouvait payer que dans un certain temps ; et, en attendant, il lui donnait des terres en assiette pour en avoir les revenus ; et il est évident qu'une telle assiette n'était qu'une antichrèse, ou un engagement.

Quelquefois un débiteur, qui constituait une rente, s'obligeait d'en faire l'assiette sur un fonds, afin que la rente y fût perçue par le créancier ; et encore cette assiette n'emportait point aliénation : ce qu'on a expliqué au long dans la dissertation sur le tenement de cinq ans, chap. 2, n°s 7, 8, 9, 10, etc.

Enfin, souvent un aîné qui ne pouvait partager commodément une succession avec un puîné achetait sa part indivise, moyennant une somme, qui était une espèce de soulte dont l'aîné s'obligeait de fournir autant de livres de terres en assiette ; et cette assiette, qui était l'exécution de l'espèce de partage que les deux frères avaient fait, emportait toujours un transport de propriété et une aliénation perpétuelle, lorsque les biens étaient libres, comme il est expliqué ci-dessus sur la règle iii du titre des gages.

Il se trouvait souvent qu'il était dû des corvées aux terres sur lesquelles ces assiettes étaient faites. La question fut donc de savoir ce que ces corvées seraient estimées. Et ceux à qui les assiettes devaient être faites, n'ayant pas voulu les prendre, parce qu'elles ne produisaient point de revenu, l'usage s'établit, qu'en assiette, elles seraient comptées pour rien. * Coquille sur Nivernais, tit. xxxv. *

Il y a cependant des coutumes où elles sont comptées pour quelque chose.

Auvergne, tit. xxxi, art. 52 : « Charrois, corvées et manœuvres « personnels dus à mercy et volonté, ou autrement, et qui ne « sont assis sur héritage et fonds certain, ne sont baillez, sinon « que l'on baillât en assiette la seigneurie, ou chevance dont « lesdits droits dépendent ; car audit cas ils peuvent être baillez.» Et par l'art. 51, la corvée est estimée quatre deniers en hiver, et six en été.

Par l'art. 430 de la coutume de la Marche, la corvée, ou manœuvre de rente, est estimée six deniers.

Par l'art. 132 de celle de Saintonge, le bian d'homme de bras sans dépens lui faire, est estimé quinze deniers, et avec dépens dix deniers.

Par les art. 191, 192 de la coutume de Troyes, la corvée d'un homme vaut, pour un jour, douze deniers, et celle d'une femme six deniers. V. l'art. 31 et 499 de la coutume d'Anjou, avec les commentaires de Dupineau, et les auteurs auxquels il renvoie; de Chasseneux, dans son commentaire sur la coutume de Bourgogne, § 18 sur les mots *Corvéables à volonté*, nos 18 et 19; Baltazar, *de Operis subditorum*, cap. 6; et Jacobium de sancto Georgio de *Feudis*.

De Salvaing a cru que le sens de cette règle était, qu'en assiette et prisée de terre, on n'avait point d'égard aux corvées dues par le possesseur roturier, parce que la terre passant en main noble, les corvées personnelles sont éteintes en la personne du gentilhomme, qui en est exempt, liv. 1, chap. 46, p. 227, à la fin.

FIN.

LIBERTÉS

DE

L'ÉGLISE GALLICANE,

RÉDIGÉES EN QUATRE-VINGT-TROIS ARTICLES,

PAR PIERRE PITHOU,

EN 1594.

> « Petit livre qui sera trouvé un chef-d'œuvre
> « par ceux qui le considéreront comme il faut. »
> (ANT. LOISEL, *Vie de P. Pithou.*)

Aux *Règles du droit coutumier de la France* d'Antoine LOYSEL, précédées des principales *Maximes de notre ancien Droit public*, extraites de GUY COQUILLE, de Nivernais, nous avons cru devoir joindre les quatre-vingt-trois articles des *Libertés de l'Église gallicane*, rédigés par PIERRE PITHOU.

Ces trois jurisconsultes, unis par les liens d'une mutuelle estime et d'une étroite amitié, fortifiées par un égal amour de la patrie, un zèle ardent et éclairé du bien public, et une parfaite conformité de vues politiques, associés dans notre publication comme ils l'ont été dans leur vie publique et leurs relations privées, auront contribué à compléter ce recueil des *Règles de notre ancien Droit français*.

Les *Articles* de Pithou ont même cet avantage que, si plusieurs peuvent être relégués dans la classe des monuments purement historiques, cependant, parmi les règles qu'il a tracées, celles qu'on peut à bon droit regarder comme *fondamentales*, ont conservé toute leur force, et reçoivent même des circonstances présentes une sorte de nouvelle vie. Cet ouvrage continue ainsi de justifier l'éloge qu'en avait porté Loisel à son apparition, disant que « le livre seroit trouvé un chef-d'œuvre par ceux qui le « considéreront comme il faut (1). »

P. Pithou avait dédié ce recueil des Libertés à Henri IV, comme y ayant *le premier et principal intérêt*. En effet, rien n'est plus à plaindre que les rois et les peuples qui se laissent envahir et subjuguer par la théocratie, faute de savoir défendre leurs libertés et leurs droits. — Cette dédicace est une courte, mais excellente *introduction*.

Dans cette Épître, P. Pithou annonce qu'il avait réservé « à autre *plus ample* traité les *preuves* de ses arti-« cles, là où elles seroient jugées nécessaires.... » Les actes qu'il avait rassemblés et recueillis à cet effet, tombés après sa mort dans les mains de Dupuy, ont été publiés par ce dernier avec plusieurs traités de sa composition et d'autres empruntés à divers auteurs.

Ce Recueil, qui parut pour la première fois en 1639, faute d'être bien jugé, encourut l'improbation de quelques prélats qui se trouvaient alors réunis à Paris.

Mais, en 1651, le même ouvrage fut réimprimé avec un privilége du roi Louis XIV, qui en contient l'éloge le plus flatteur. Cette seconde édition renferme un plus grand nombre de *preuves* que celle de 1639, mais ne contient pas les *traités* que renferme celle-ci.

Enfin, en 1731, on a réimprimé la collection complète des *preuves* en y comprenant le volume des *Traités* de 1639, et en outre le *Songe du Vergier* et quelques autres pièces qui ne sont dans aucune des autres éditions.

Ainsi, les trois éditions diffèrent pour la pagination et

(1) LOISEL, *Vie de Pithou*, à la suite du *Dialogue des Avocats*, édit. Dupin, p. 328.

pour les matières; elles ne se ressemblent que par le nombre des chapitres qui est dans toutes de quarante.

Il était par conséquent fort difficile de se retrouver dans les citations et les renvois qu'on rencontre dans les divers auteurs, selon que chacun a travaillé sur l'une ou l'autre des trois éditions.

Dans le désir qu'il avait d'offrir un travail plus méthodique et d'un usage plus commode au public, Dupuy avait dans ses dernières années élaboré un *Commentaire* suivi des articles de Pithou, en marge de chacun desquels il avait indiqué la citation des preuves qui s'y rapportent et qui les justifient.

Mais ce travail lui-même, publié en 1651, laissait à désirer toutes les indications et pièces relatives aux affaires ecclésiastiques survenues depuis ; par exemple les démêlés sur la régale et la déclaration de 1682, les brefs sur les affaires de Pamiers et de Charonne; les refus de bulles aux évêques nommés en 1718, etc. , etc.

C'est ce qui a donné lieu à l'ouvrage publié en 1771 en cinq vol. in-4° par Durand de Maillane, qui est tout à la fois le plus commode et le plus complet.

Il contient : 1° Le texte des quatre-vingt-trois *Articles* des Libertés de l'Église gallicane ;

2° Les renvois aux trois recueils des *preuves* pour les trois éditions de 1639, 1651, 1731 ;

3° Un *Commentaire* suivi sur chacun de ces articles.

Ce commentaire contient lui-même distinctement : 1° celui de Dupuy, d'autant plus précieux qu'il avait été dressé en grande partie sur les notes mêmes de P. Pithou; — 2° l'analyse et quelquefois le texte entier (1) des pièces

---

(1) Par exemple le *Songe du Vergier,* quoique présenté en forme d'analyse, est plus complet dans l'édition de Durand de Maillane, parce qu'on y trouve le chap. 145 du livre II, longtemps resté inconnu aux autres éditeurs. V. t. III, p. 504 à 616, édit. D. de Maillane.

les plus importantes de celles qui sont contenues aux preuves, avec le renvoi aux autres; — 3° des pièces nouvelles et quelques traités qui ne se trouvent dans aucune des précédentes éditions dont celle-ci forme le *complément;* — 4° dans le tome V, page 189 et suivantes, on remarque un travail précieux de M. Gibert, savant canoniste, qui, sur chaque article des *Libertés de l'Église gallicane,* a entrepris de les justifier uniquement par *des citations tirées des textes du droit canonique.* — On trouve aussi à la suite (p. 235), un commentaire suivi et plus étendu du même auteur en vingt chapitres divisés en un assez grand nombre de paragraphes. Ce commentaire a un caractère particulier, en ce que l'auteur tire principalement ses preuves : 1° des canons de l'ancien Code de l'Église universelle; 2° des canons des anciens Codes des Églises particulières; 3° des anciens canons des conciles des Gaules.

Enfin le cinquième volume de Durand de Maillane se termine par deux tables : — l'une intitulée *Rapport général des preuves* contenues dans le Recueil de 1731, divisé comme nous l'avons dit en quarante chapitres; c'est une table par ordre des matières. — L'autre est une *table chronologique* de tous les actes intéressant les Libertés de l'Église gallicane avec un renvoi aux lieux où ces actes sont rapportés. Elle se termine en 1769.

Nous avons voulu donner toutes ces indications, et tracer pour ainsi dire cet *itinéraire* à ceux de nos lecteurs qui, après avoir lu le texte que nous leur offrons et les courtes notes dont nous l'avons accompagné, voudraient approfondir quelques questions particulières. C'est tout ce qu'on peut exiger de nous dans une publication qui doit conserver son caractère essentiellement analytique.

Pour le droit actuel, qui en très-grande partie n'est que la reproduction du droit ancien et sa continuation, voyez *Manuel du Droit public ecclésiastique français*, de Dupin, quatrième édition de mai 1845, — et les *Rapports et Travaux inédits*, de Portalis, sur le concordat de 1801, publiés par son petit-fils en 1845, in-8°.

On y trouve la complète justification de ces Maximes, sur lesquelles, dit Durand de Maillane : « Il n'y a jamais « eu qu'une voix, qu'un langage dans tous les Ordres, je « dirai même dans tous les Membres de la Nation fran- « çaise. »

Que penser après cela de ceux qui les déclinent avec tant de perfidie, ou les attaquent avec tant de violence aujourd'hui ?...

ÉPITRE DÉDICATOIRE

AU ROY TRES-CHRESTIEN.

« Sire, voyant qu'entre les désordres et confusions sur-
« venues en ce royaume, aucuns, par malice et ambition,
« calomnient; autres, par ignorance ou lascheté, mépri-
« sent indiscrètement, comme fantosme ou chimères, ces
« beaux droits et ce précieux *palladium* que nos plus sages
« et plus dévotieux ancêtres nous ont, avec tant de soin
« et de vertu, religieusement conservé jusques à présent
« sous le titre des *Libertez de l'Église gallicane*, j'ai pensé
« estre de mon devoir, pour en rafraîchir aucunement la
« mémoire à nostre âge, et en tout événement la trans-
« mettre à la postérité, de comprendre *en bref* le plus
« naïvement et simplement que le sujet peut porter ce que,
« à l'instante prière de plusieurs gens de bien et d'hon-
« neur de tous estats, j'en avois rassemblé et recueilli,
« réservant la preuve, où elle seroit jugée nécessaire (ce
« que toutesfois je ne pense pas mesmement entre vrays
« François), à autre plus ample traité. — Tel qu'est ce
« *sommaire*, Sire, j'ai pris la hardiesse de vous le pré-
« senter en toute humilité comme à celui qui, portant le
« titre de Roy très-chrestien, premier fils et protecteur
« de l'Église, et particulièrement estant patron de celle
« de vostre royaume, y avez le *premier et principal in-
« térest;* le sousmettant néantmoins au jugement de ceux
« qui en peuvent et en doivent juger, et protestant devant
« Dieu n'avoir eu de ma part autre but et intention que de
« satisfaire aucunement au devoir naturel et légitime que
« j'ay à son service et à celui de V. M., ensemble au bien
« commun de mon pays. — Sire, je supplie de tout mon
« cœur le Roy des roys qu'il lui plaise vous assister tou-
« jours de son Sainct Esprit, et vous faire la grâce de ré-
« tablir en vostre royaume la piété et la justice à son hon-
« neur et à sa gloire, au repos de vos sujets et à la
« confusion de vos ennemis. — 1594.   P. PITHOU. »

LIBERTÉS

DE

L'ÉGLISE GALLICANE.

I.

Libertez de l'Église gallicane.

Libertez.] Ce sont des droits, et non des priviléges; des défenses et non des attaques; des boucliers, et non des lances.

L'Église gallicane.] C'est-à-dire tous les catholiques français, y compris le roi et les simples particuliers, et non pas seulement les ecclésiastiques. On ne distingue pas ici entre l'Église enseignante et l'Église enseignée. Les libertés sont le patrimoine de tous, et surtout des faibles.

II.

Ce que nos peres ont appellé libertez de l'Eglise gallicane, et dont ils ont esté si fort jaloux, ne sont point passe-droicts ou privileges exorbitans, mais plustost franchises naturelles et ingénuitez ou droits communs *quibus* (comme parlent les prelats du grand concile d'Afrique, escrivants sur pareil sujet au pape Celestin) *nulla patrum definitione derogatum est Ecclesiæ gallicanæ* : esquels nos ancestres se sont très-constamment maintenus, et desquels partant n'est besoin monstrer autre tiltre, que la retenue et naturelle jouissance.

Si fort jaloux.] Toute notre histoire l'atteste.

Constammént maintenus.] Le droit primitif soutenu de la possession, et par conséquent le plus puissant et le plus certain de tous les titres.

III.

Les particularitez de ces libertez pourront sembler infinies, et neantmoins, estans biens considerees, se trouveront dependre de deux maximes fort connexes, que la France a toujours tenues pour certaines.

Preuves. — 1731. Chap. 1, n. 9; chap. 4, n. 34; chap. 7, n° 17, 19 et 22, art. 2, n. 53 et 54; chap. 9, n. 15; chap. 22, n. 21, p. 4 et 7; chap. 23, n. 13, 65, p. 109; chap. 36, n. 24, 38; chap. 39, n. 8 et 9; chap. 7. n. 54, 65, p. 65; chap. 7, n. 90, p. 188; chap. 23, n. 76; chap. 36, n. 38. — 1651. Chap. 1, n. 9; chap. 4, p. 67, 70, 71 et n. 34; chap. 7, n. 17, p. 248, n. 19 et 22, art. 2, n° 53, 54; chap. 9, n. 15, p. 420; chap. 22, p. 863; chap. 23, n. 13 et 65, p. 987; chap. 36, n. 24, 38; chap. 39. n. 8 et 9; chap. 7, n. 54 et p. 344, 345; chap. 7, n. 90, p. 384; chap. 23, n. 76, p. 1002; chap. 36, n. 38. — 1639. Chap. 1, O.; chap. 4, O.; chap. 7, n. 17, 19 et 22, art. 2, n. 42, O.; chap. 9, O. Vol. des Traités, p. 25; chap. 23, n. 12, 63; chap. 36, O., n. 21; chap. 39, n. 8 et 9; chap. 7, O., n. 47; chap. 7, O.; chap. 23, n. 72; chap. 36, n. 21.

DEUX MAXIMES.] 1° Que le pouvoir temporel est indépendant (art. 4, ci-après); 2° que le pape n'est pas infaillible, si le consentement de l'Église n'intervient; en d'autres termes, le concile universel est au-dessus du pape (art. 40). — *Déclarat. de la Fac. de Théolog.* de Paris de 1663. *Déclarat. du clergé de France,* de 1682. V. dans le *Manuel du droit publ. ecclés.* de Dupin, p. 103 et ss.

IV.

La première est, que les papes ne peuvent rien commander ny ordonner soit en general ou en particulier, de ce qui concerne les choses temporelles és pays et terres de l'obeissance et souveraineté du roi très-chrestien : et s'ils y commandent ou statuent quelque chose, les sujets du roi, encore qu'ils fussent clercs, ne sont tenus leur obéir pour ce regard.

Preuves. — 1731. Chap. 4, n. 26 et 41; chap. 7 entier; chap. 16, n. 33, art. 1 et 21; chap. 22, n. 14, art. 10; chap. 23, n. 65; chap. 24, n. 2; chap. 35, n. 11; chap. 36, n. 18, p. 158.

—1651. Chap. 4, n. 26, p. 63 et n. 41; chap. 7 entier; chap. 16, n. 33, art. 1 et 21; chap. 22, p. 842; chap. 23, n. 65; chap. 24, n. 2; chap. 35, n. 11; chap. 36, n. 18, p. 1387. — 1639. Vol. des Traités, p. 123, 447. Tout le chap. 7; chap. 16, n. 28, art. 1 et 21; chap. 22, n. 13, art. 10; chap. 23, n. 63; chap. 24, n. 2; chap. 35, n. 6; chap. 36, O..

SOUVERAINETÉ DU ROI.] Cela s'entend de la souveraineté en général; — de la souveraineté de chaque État, quelle que soit sa constitution politique, monarchique, aristocratique ou démocratique. — *C'est l'indépendance du pouvoir temporel.* Cette indépendance du pouvoir temporel n'est pas une simple prérogative de la couronne, un droit des gouvernements : c'est un droit national, un droit social inhérent à la nature et à l'ordre primordial des sociétés civiles. Si nous répétons encore l'ancienne formule de nos pères, que le *Roi de France ne relève que de Dieu et de son épée*, nous ne le disons pas pour lui constituer un *droit divin* absolu, à l'encontre des droits du peuple, et par opposition au droit de la souveraineté nationale, mais comme expression pittoresque de cette souveraineté. C'est par opposition aux prétentions du pouvoir spirituel, qu'on disait aux papes alléguant leur prétendue supériorité sur les rois : Mais le roi aussi est roi *de par Dieu*, car *omnis potestas a Deo*, la sienne aussi bien que la vôtre. — Et si l'on ajoutait *et de l'épée*, c'était pour montrer que le roi, expression du pouvoir temporel, ne reconnaissant point de juges sur la terre, c'est par la force des armes qu'il se fait rendre la justice qui lui est due et qu'il maintient son autorité et les droits de sa couronne, c'est-à-dire les droits de l'État dont la défense lui est confiée; tout cela est aussi vrai depuis 1830 qu'auparavant, seulement cela devrait paraître encore plus évident.

V.

La seconde, qu'encores que le pape soit recogneu pour suzerain és choses spirituelles : toutesfois en France la puissance absolue et infinie n'a point de lieu, mais est retenue et bornee par les canons et regle des anciens conciles de l'Eglise receus en ce royaume : et *in hoc maxime consistit libertas Ecclesiæ gallicanæ*, comme en propres termes l'Université de Paris (qui garde, comme dit l'an-

cien Roman François, la clef de notre chrestienté et qui
a esté jusques à cy tressoigneuse promotrice et conserva-
trice de ces droits) feit dire et proposer en pleine Cour de
Parlement, lors qu'elle s'opposa à la verification des bulles
de la légation du cardinal d'Amboise.

Preuves. — 1731. Chap. 9, n. 15; chap. 11, n. 9, 10 et 11;
chap. 12, n. 1, 2 et 4; chap. 13, n. 15, 16 et 17; chap. 22, n. 29;
chap. 23, n. 13. — 1651. Chap. 9, n. 15; chap. 11, n. 9, 10 et 11;
chap. 12, n. 1, 2, p. 474; chap. 13, n. 15, 16 et 17; chap. 22,
n° 29; chap. 23, n. 13. — 1639. Chap. 23, n. 13; chap. 11, n. 9,
10 et 11; chap. 12, n. 1, 2, n. 4, p. 258; chap. 13, n. 14 et 15;
chap. 22, n. 27; chap. 23, n. 12.

SUZERAIN ÉS CHOSES SPIRITUELLES.] Les libertés de l'Église
gallicane se concilient parfaitement avec les droits essentiels
du pape, la primauté du saint-siége, et les justes prérogatives
qui lui appartiennent comme chef spirituel de l'Église et centre
de l'unité catholique. Les gallicans diffèrent des ultramontains,
parce que ceux-ci *exagèrent* les droits de la cour de Rome, de
manière à *entreprendre* sur le pouvoir temporel, à *compromettre*
l'indépendance des gouvernements, à *méconnaître* la supériorité des conciles généraux, à *restreindre* le pouvoir des évêques,
autrement dit des ordinaires, de manière enfin à *menacer* la
liberté et les droits des fidèles.

VI.

De ces deux maximes dependent ou conjointement, ou
separement, plusieurs autres particulieres, qui ont esté
plustost pratiquees et executees qu'escrites par nos ancestres, selon les occurrences et sujets qui se sont
presentez.

De la premiere semble principalement dependre ce qui
s'ensuit.

VII.

Le roi très-chrestien oinct, premier fils et protecteur
de l'Eglise catholique envoyant ses ambassadeurs au pape
eleu pour luy congratuler sa promotion, et le recognoistre

comme pere spirituel et premier de l'Eglise militante, n'a accoustumé d'user de termes de si precise obeissance que plusieurs autres princes, qui d'ailleurs ont quelque special devoir ou obligation particuliere envers le sainct siege de Rome, comme vassaux, tributaires ou autrement : mais seulement se recommande, et le royaume que Dieu luy a commis en souveraineté, ensemble l'Eglise gallicane aux faveurs de Sa Saincteté. Et telle est la forme contenue és plus anciennes instructions de telles charges et ambassades, notamment és lettres du roi Philippe le Bel au pape Benedict XI, jadis envoyé par le sieur de Mercueil, messire Guillaume du Plessis, chevalier, et maistre Pierre de Belle-Perche, chanoine en Eglise de Chartres, ses conseillers et ambassadeurs à ceste fin : ausquels toutefois il donne encor pouvoir de rendre à Sa Beatitude, plus ample tesmoignage de toute reverence et devotion. Et plus grande submission que le roi Loys onzieme à son advenement à la couronne voulut faire par le cardinal d'Alby au pape Pie second, pour aucunes particulieres occasions, dont se trouvent encor quelques remarques, ne fut trouvée bonne par ses sujets, notamment par sa Cour de Parlement, qui luy en feit de fort grandes remonstrances et de bouche et par escrit dés lors publié, et depuis encor tous les trois estats du royaume assemblez à Tours en feirent unanimement plaintes, dont se peuvent voir le reste és cayers lors presentez par maistre Jean de Rely, docteur en la faculté de Theologie et chanoine de l'Eglise de Paris, député desdits estats. "

Preuves. — 1731. Des Obédiences. Chap. 3 entier. Chap. 22, n. 19 et 26. — Très-chrétien, chap. 1, n. 1, 2, 6, 9; chap. 2, n. 2; chap. 3, n. 2 et 3; chap. 4, n. 27 et 41; chap. 11, n. 18, 22, 26, 29; chap. 20, n. 35; chap. 22, n. 21; chap. 28, n. 21. — Oinct. Chap. 16, n. 33, art. 20; chap. 36, n. 17. Premier fils. Chap. 2, n. 8 et la note. — Protecteur. Chap. 7, n. 17, 49; chap. 11, n. 18; chap. 13, n. 5, 7, 10, 13, 15; chap. 35, n. 6;

chap. 3, n. 1. V. la note sur le n. 2 du chap. 3; chap. 22, n. 26.
— 1651. Chap. 3 entier. Chap. 22, n. 19, 26. — Très-chrétien.
Chap. 1, n. 1, 2, 6, 9; chap. 2, n. 2; chap. 3, n. 2, 3; chap. 4,
p. 68 et 150; chap. 11, n. 18, 22, 26, 29; chap. 20, n. 35;
chap. 22, p. 863; chap. 28, p. 1111. — Oinct. Chap. 16, n. 33,
art. 20; chap. 36, n. 17. — Premier fils. Chap. 2, n. 8 et la note;
chap. 7, n. 17, p. 230 et 314 ; chap. 11, n. 18 ; chap. 13, n. 5, 10,
13 et p. 516; chap. 35, n. 6; chap. 3, n. 1. V. la note sur le n° 2
du chap. 3. Chap. 22, n. 26, p. 887. — 1639. Chap. 3 entier.
Chap. 22, n. 19 et 25; chap. 1, n. 1, 2, 6, O. — Très-chrétien.
Chap. 1, n. 1, 2, 6, 9; chap. 2, n. 2. — Vol. des Traités, p. 135-
447 ; chap. 4, p. 68 et 150; chap. 11, n. 18, 22, 26, 29. — Vol. des
Traités, p. 25; chap. 28, n. 19; chap. 16, n. 28, art. 20; chap. 36,
n. 9 ; chap. 2, n. 6 et la note ; chap. 7, n. 17-40; chap. 11, n. 18;
chap. 13, n. 5, 7, 10, 12 et 14; chap. 35, n. 5; chap. 3, n. 1.
V. la note sur le n. 2 du chap. 3. Chap. 22, n. 25.

PREMIER FILS.] Fils aîné.

NE FUT TROUVÉE BONNE PAR SES SUJETS.] Dans ces questions, la
nation a toujours pris parti en soutenant les rois qui la défen-
daient, comme sous Philippe le Bel; ou bien en résistant et
protestant autant qu'elle le pouvait, selon les circonstances,
parce qu'en effet ces questions impliquent le droit de tous et de
chacun, et n'intéressent pas seulement la prérogative royale.
Quand elle s'efface ou qu'elle s'oublie, la nation la relève.

LES ESTATS EN FIRENT PLAINTE.] Il est très-vrai que trop souvent les rois pour des intérêts du moment, et en tolérant ou
même en provoquant par d'imprudentes démarches l'intervention de Rome dans les affaires du royaume, ont parfois
donné lieu à des précédents fâcheux contre lesquels les âges
suivants ont eu à se débattre et ont eu peine à revenir.

VIII.

En somme les rois très-chrestiens ayans exposé non
seulement leurs moyens, mais aussi leurs propres personnes pour mettre, restablir et maintenir les papes en
leur siege, accroistre leur patrimoine de très-grands biens
temporels, et conserver leurs droits et authoritez par tout,
les ont tousjours recogneus pour peres spirituels, leur ren-
dans de franche volonté une obeissance non servile, mais

vrayement filiale (et comme disoyent les anciens Romains en chose non du tout dissemblable), *sanctitatem apostolicæ sedis sic comiter conservantes, quemadmodum principes liberos decet, si non æquo jure* (comme il faut recognoistre qu'és choses spirituelles il y a preeminence et supériorité de la part du sainct siege apostolique) *certe non ut dedititios, aut fundos.*

Preuves. — 1731. Chap. 1 entier et note sur le n. 4 ; chap. 1, n. 1 et la note sur le n. 4 ; chap. 1, n. 1 et 4. — 1651. *Idem.* — 1639. — *Idem.*

Et conserver leurs droits.] Et encore à présent la France catholique n'est-elle pas le plus beau fleuron de la tiare ? et sous le rapport politique même, le nom et la puissance de la France ne sont-ils pas le plus ferme appui du saint-siége ?

IX.

Aucuns de nos docteurs françois ont aussi dit et laissé par escrit que les papes à leur advenement estoient tenus envoyer au roy très-chrestien la profession de leur foy telle qu'elle se trouve en l'ancienne collection du cardinal Deus-dedit, et en quelque registre du trésor du roy, sous le nom de Benedictus : adjoustans que le pape Boniface VIII l'envoya *sub plumbo*, à l'exemple de celle de Pelagius au roy Childebert, dont se voyent quelques eschantillons au decret de Gratian. Ce que je ne trouve avoir esté continué par forme de coustume louable ou autrement : et semble que cela aye esté faict par aucuns papes à la prière des rois de France, pour le devoir commun de tous chrestiens, qui sont admonestez d'estre tousjours prests à rendre compte de leur foy, quand ils en sont requis : sinon que quelcun vousist encores remarquer cela pour un reste de l'ancienne façon de faire qui se pratiquoit lors que les papes avoient accoustumé d'envoyer leurs elections aux rois de France pour les agreer et confirmer.

Preuves. — 1731. Chap. 2 entier ; chap. 2, n. 4 et 5. — 1651.

Chap. 2 entier; chap. 2, n. 5, in fine; chap. 2, n. 4 et 5;
chap. 2, n. 1. — 1639. Chap. 2 entier; chap. 2, n. 4 et 5.
Cet article est purement historique.

X.

Les rois très-chrestiens ont de tout temps, selon les
occurrences et necessitez de leur pays, assemblé ou fait
assembler synodes ou conciles provinciaux et nationaux,
esquels, entre autres choses importantes à la conservation
de leur estat, se sont aussi traitez les affaires concernans
l'ordre et discipline ecclesiastique de leurs pays, dont ils
ont faict faire reigles, chapitres, loix, ordonnances, et
pragmatiques sanctions sous leur nom et authorité : et
s'en lisent encor aujourd'huy plusieurs és recueils des
decrets receus par l'Église universelle, et aucunes approuvées par conciles generaux.

Preuves. — 1731. Chap. 1, n. 9; chap. 4, n. 27; chap. 6,
n. 16; chap. 11 entier; chap. 13, n. 1; chap. 35, n. 5; chap. 15,
n. 35; chap. 4, n. 2; chap. 11, n. 26. — 1651. Chap. 1, n. 9;
chap. 4, p. 72; chap. 6, n. 16; chap. 11 entier; chap. 13, n. 1;
chap. 35, n. 5; chap. 15, n. 35; chap. 4, n. 2; chap. 11, n. 26.
— 1639. Chap. 1, O. Vol. des Traités, p. 135, chap. 6, O.;
chap. 11 entier; chap. 13, n. 1; chap. 35, n. 4; chap. 15, n. 31;
chap. 4, n. 2; chap. 11, n. 26.

DE TOUT TEMPS.] A commencer du temps de Clovis. Concile
d'Orléans en 511.

ASSEMBLÉ OU FAIT ASSEMBLER.] Aujourd'hui, moins que jamais,
aucun concile ne pourrait s'assembler sans la permission préalable du gouvernement. Comment en serait-il autrement, quand
les chambres législatives elles-mêmes ne peuvent se réunir que
sur la convocation du roi? — Les conseils généraux ne peuvent
également s'assembler qu'en vertu d'ordonnances royales, et
les simples conseils municipaux avec l'autorisation des préfets
et sous-préfets. Cela tient à la police générale du royaume, et
intéresse notre ordre politique tout entier.

XI.

Le pape n'envoie point en France legats *a latere* avec faculté de reformer, juger, conferer, dispenser, et telles autres qui ont accoustumé d'estre specifiees par les bulles de leur pouvoir, sinon à la postulation du roy très-chrestien ou de son consentement : et le legat n'use de ses facultez qu'aprés avoir baillé promesse au roy par escrit sous son sein, et juré par ses sainctes ordres de n'user desdites facultez és royaume, pays, terres et seigneuries de sa sujettion, sinon tant et si longuement qu'il plaira au roy : et que si tost que ledit legat sera adverty de sa volonté au contraire, il s'en desistera et cessera. Aussi qu'il n'usera desdites facultez sinon pour le regard de celles dont il aura le consentement du roy et conformement à iceluy, sans entreprendre ny faire chose prejudiciable aux saincts decrets, conciles géneraux, franchises, libertez et privileges de l'Église gallicane et des universitez et estudes publiques de ce royaume. Et à ceste fin se presentent les facultez de tels legats à la **Cour de Parlement**, où elles sont veues, examinees, verifiees, publiees et registrees sous telles modifications que la Cour voit estre à faire pour le bien du royaume : suivant lesquelles modifications se jugent tous les proces et differends qui surviennent pour raison de ce, et non autrement.

Preuves. — 1731. Chap. 23 entier. Chap. 1, n. 9; chap. 13, n. 15; chap. 23, n. 71; chap. 23, n. 3, 12, 15, 20, 25, 30, 39, 42, 43, 70. — 1651. *Idem.* — 1639. Chap. 23 entier; chap. 1, O.; chap. 13, n. 14; chap. 23, n. 69; chap. 23, n. 3, 11, 14, 19, 24, 28, 37, 40, 41, 68.

Tous les termes de cet article sont précieux, et méritent d'être pesés. Voyez pour l'ancien droit les pièces contenues *aux preuves*; pour le même droit observé depuis le concordat de 1801, l'arrêté du 18 germinal an x, relatif à la mission du cardinal Caprara, et le discours de ce légat dans le *Manuel du droit publ. ecclés.*, p. 14 et 15. — V. aussi les art. 45, 58, 59 et 60 ci-après.

Universitez et estudes publiques.] Cette réserve, quant aux *études publiques*, est à remarquer. Elle constate le droit que l'État a *toujours* exercé sur l'enseignement.

XII.

Semblablement le legat d'Avignon, quand ses facultez s'estendent outre le comtat de Venixe et terres dont le pape jouit à present, auparavant qu'user de ses facultez és païs de l'obéissance et souveraineté du roy, fait pareil serment et baille semblable promesse par escrit, et notamment de n'entreprendre aucune chose sur la juridiction seculiere, ny distraire les sujets, interdire ou excommunier les officiers du roy, ou faire chose contre les libertez de l'Église gallicane, edicts, coustumes, statuts et privileges du pays. Et sous ses modifications et à la charge d'icelles, sont ses facultez et celles de ces vice-legats verifiees en la Cour de Parlement de Dauphiné, et autres respectivement pour ce qui est de leur ressort, après qu'elles ont été presentees par eux avec placet et lettres du roy.

Preuves. — 1731. Chap. 24 entier. Chap. 23, n. 28; chap. 24, n. 3; chap. 23, n. 81. — 1651. *Idem.* 1639. Chap. 24 entier. chap. 23, O.; chap. 24, n. 3; chap. 23, n. 78.

Cet article n'a plus d'objet. Avignon fait partie de la France et ne reconnaît que les lois françaises.

XIII.

Les prelats de l'Eglise gallicane, encore qu'ils soient mandez par le pape pour quelque cause que ce soit, ne peuvent sortir hors le royaume sans commandement ou licence et congé du roy.

Preuves. — 1731. Chap. 19 entier. — 1651. — *Idem.* — 1639. *Idem.*

Sans congé du roy.] Parce qu'ils sont *sujets français*. Aussi ne peut-on être nommé évêque sans être *originaire français*, et sans prêter au roi *serment de fidélité*. — La défense de sortir du royaume sans congé du roi est commune à la plupart des grands fonctionnaires de l'État.

XIV.

Le pape ne peut lever aucune chose sur le revenu du temporel des benefices de ce royaume sous pretexte d'emprunt, impost, vacant, despouille, succession, deport, incompatibilité, commande, neufiesme, decime, annate, procuration, communs ou menus services, propine ou autrement, sans l'authorité du roy et consentement du clergé, mesmes ne peut par ses bulles de pardons et indulgences charger les sujets du roy de donner deniers ou autres aumosnes pour iceux gaigner : n'y en donnant dispenses, se reserver ou attribuer à sa chambre les deniers des amendes : et sont telles clauses reputees abusives.

Preuves. — 1731. Chap. 22 entier. Chap. 7, n. 15, n. 22, art. 3; chap. 38, n. 8, p. 209. V. le chap. 7 depuis la page 129 jusqu'à 134; chap. 13, n. 16. Vacant. Chap. 7, p. 133; chap. 20, n. 9, 26, 29; chap. 22, n. 11, 15, 21, 26; chap. 36, n. 19. — 1651. Chap. 22 entier. —Chap. 7, n. 15, p. 242, n. 22, art. 3; chap. 7, depuis la page 282 jusqu'à 290; chap. 13, n. 16; chap. 7, p. 289; chap. 20, n. 9, 26, 29; chap. 22, n. 11, 15, p. 871, 872, et n. 26; chap. 36, n. 19. — 1639. Chap. 22 entier. Chap. 7, n. 15, p. 22, art. 3; chap. 38, n. 8, p. 1057, 1058; chap. 13, n. 15; chap. 20, n. 9, 26, 29; chap. 22, n. 10, 15. Vol. des Traités, p. 25 et n. 25; chap. 36. — V. Durand de Maillane pour les preuves relatives aux mots : *Dépouille, Incompatibilité, Commende, Décime, Annate, Procuration, Menus services,* et *Propine.*

Iмpôт.] Mettre impôt et lever deniers sur un peuple, c'est faire acte de *souveraineté temporelle.* (V. *Inst. cout.*, règles n. 14 et 23.) Ainsi en France « aucun impôt ne peut être établi ni perçu « s'il n'a été consenti par les deux chambres et sanctionné par « le roi. » (Charte, art. 40.) — Les *quêtes* mêmes doivent être permises et réglées par l'autorité temporelle; elles peuvent par conséquent être interdites. V. Vuillefroy, au mot *Quêtes.*

XV.

Le pape ne peut exposer en proye ou donner le royaume de France et ce qui en depend, ny en priver le roy ou en disposer en quelque façon que ce soit : et quelques monitions, excommunications ou interdictions qu'il puisse faire, les sujets ne doivent laisser de rendre au roy l'obéissance deue pour le temporel, et n'en peuvent estre dispensez ny absous par le pape.

Preuves. — 1731. Chap. 4 entier; chap. 1, n. 9; chap. 7, n. 74; chap. 22, n. 30. — 1651. Chap. 4 entier; chap. 1, n. 9; chap. 1, n. 74, p. 362; chap. 22, n. 30, p. 901 et 1264. Note. — 1639. Chap. 4 entier; chap. 1, O.; chap. 7, O.; chap. 22, n. 28.

V. la déclaration de 1682, art. 1.

DISPENSÉS PAR LE PAPE.] Dans ces derniers temps, les ultramontains ont voulu railler le principe contenu dans cet article, en se demandant comment on pouvait *le concilier* avec les révolutions opérées par la souveraineté du peuple! On leur a répondu que, si dans des cas extrêmes les peuples usent de leur droit, cela ne donne pas pour cela aux papes la faculté de l'usurper en quelque circonstance que ce soit. Les changements de gouvernement n'intéressent que les peuples; l'Église s'y accommode; elle n'est pas chargée de les accomplir.

XVI.

Ne peut aussi excommunier les officiers du roy pour ce qui concerne l'exercice de leurs charges et offices : et s'il le fait, celuy qui l'a poursuivy est contraint par peines et amendes et par saisie de son temporel, ores qu'il fust ecclesiastique, faire revoquer telles censures. Aussi ne sont lesdits officiers censez comprins és termes des monitions generales pour ce qui concerne leurs dites charges.

Preuves. — 1731. Chap. 5 entier; chap. 4, note sur le n. 18; chap. 6, n. 12; chap. 35, n. 13; chap. 36, n. 28; chap. 5, note sur le n. 3; chap. 24, n. 2. — 1651. Chap. 5 entier; chap. 4, note sur le n. 18; chap. 6, n. 12, p. 206; chap. 35, n. 13, p. 1263; chap. 26, n. 28, p. 1399; chap. 5, note sur le n. 3; chap. 24, n. 2. — 1639. Chap. 5 entier; chap. 4, note sur le n. 15; chap. 6, n. 10; chap. 35, n. 7; chap. 36, n. 16; chap. 5, note sur le n. 3; chap. 24, n. 2.

LES OFFICIERS DU ROY.] Autrement l'excommunication serait un acte politique. Cet article, qui ne cesse pas d'être vrai, le cas échéant, était nécessaire surtout dans les temps de superstition où l'excommunication produisait une espèce de *mort cirile*, équivalente à *l'interdiction de l'eau et du feu* chez les anciens. Aujourd'hui, comme l'excommunication a simplement pour effet spirituel de mettre en dehors de la catholicité, et que tous les dissidents sont citoyens au même titre politique, l'excommunication n'aurait pas les mêmes inconvénients qu'autrefois, mais elle n'en serait pas moins abusive si elle était prononcée contre des fonctionnaires publics, à raison de leurs fonctions. Quel abus, grand Dieu, n'en a-t-on pas fait, jusqu'à en user contre les débiteurs de l'Église pour les contraindre au paiement de leurs redevances! (V. note sur l'art. xxxv.)

XVII.

Les clauses inserees en la bulle *de Cœna Domini*, et notamment celles du temps du pape Jules II, et depuis, n'ont lieu en France pour ce qui concerne les libertez et privileges de l'Église gallicane et droicts du roy et du royaume.

Preuves. — 1731. Chap. 5, n. 18; chap. 7, n. 50-55 et la note. — 1651. *Idem.* — 1639. Chap. 5; n. 13; chap. 7, O., n. 43 et note.

Bulle in cœna domini,] parce qu'elle est, dans la plupart de ses dispositions, attentatoire aux droits de la puissance temporelle et aux libertés de l'Église gallicane.

XVIII.

Ne peut le pape juger ny deleguer pour cognoistre de ce qui concerne les droits, preeminences et privileges de la couronne de France et ses appartenances : et ne plaide jamais le roy de ses droicts et pretentions qu'en sa cour propre.

Preuves. — 1731. Chap. 7, n. 22, art. 1, 6 et 8; chap. 36, n. 23 et la note. — 1651. Chap. 7, n. 22, art. 1 et 6; chap. 36, n. 23 et la note. — 1639. Chap. 7, n. 22, art. 1 et 6; chap. 36, n. 11 et la note.

Cet article est une conséquence de la maxime générale exprimée dans l'art. iv.

XIX.

Les comtes qui s'appellent palatins, creez par le pape, ne sont recogneus en France pour y user de leurs pouvoirs ou privileges, non plus que ceux creez par l'empereur.

Preuves. — 1731. Chap. 7, n. 36 et la note; chap. 23, n. 81. — 1651. Chap. 7, n. 36 et la note; chap. 23, n. 81, p. 1011.— 1639. Chap. 7, n. 35 et la note; chap. 23, n. 78.

COMTES PALATINS.] Historique.

XX.

Les notaires apostoliques ne peuvent recevoir contracts de choses temporelles et profanes entre les sujets du roy: et ne portent les contrats par eux receus comme ventes, eschanges, donations, et tels autres, aucune hypotheque sur les biens assis en ce royaume, mais sont reputez sans effect pour ce regard.

Preuves. — 1731. Chap. 7, n. 45 et la note; chap. 23, n. 51, 52, 81; chap. 36, n. 28 et la note. — 1651. Chap. 7, n. 45 et note; chap. 23, n. 51, 52, 81; chap. 36, p. 1401 et note. — 1639. Chap. 7, n. 37 et note; chap. 23, n. 49, 50, 78; chap. 36, n. 16, sans note.

NOTAIRE APOSTOLIQUE.] (Loisel, règle, n. 496.) Il n'y en a plus en France.

XXI.

Le pape ne peut legitimer bastards et illegitimes pour les rendre capables de succeder ou leur estre succedé, ny pour obtenir offices et estats seculiers en ce royaume: mais bien les dispenser, pour estre pourveus aux ordres sacrez et benefices: ne faisant toutesfois prejudice pour ce regard aux fondations seculieres ou privileges obtenus en faisant icelles par les seculiers ou ecclesiastiques sur leurs patrimoines et biens seculiers: ny pareillement aux statuts, coustumes, et autres constitutions seculieres.

Preuves. — 1731. Chap. 7, n. 3, 36 et note; chap. 23, n. 16, 31, 46, 52, 81; chap. 24, n. 9. — 1651. Chap. 7, n. 3, 36 et note;

chap. 23, n. 16, 31, 46, 52, 81, p. 1012 ; chap. 24, n. 9. — 1639. Chap. 7, n. 3, 33 et note ; chap. 23, n. 15, 29, 44, 50, 78 ; chap. 24, n. 8.

LÉGITIMER.] Légitimer à fins civiles ne peut être que l'œuvre de la loi civile et de la puissance temporelle.

XXII.

Ne peut aussi aucunement restituer les laiz contre l'infamie par eux encourue : ni les clercs, sinon aux fins d'estre receus aux ordres, offices et actes ecclesiastiques, et non autrement.

Preuves. — 1731. Chap. 7, n. 49, 52 ; chap. 23, n. 50, 51. — 1651. *Idem.* — 1639. Chap. 7, n. 40 ; chap. 23, n. 48, 49.

CONTRE L'INFAMIE.] Le roi seul a le *droit de grâce* en France. — La même remarque s'applique à l'article suivant.

XXIII.

Ne peut remettre en ce royaume l'amende honnorable adjugee à un lay, encores que la condemnation fust de juge ecclesiastique et contre un clerc : comme faisant telle condemnation honnorable, partie de la reparation civile.

Preuves. — 1731. Chap. 7, n. 46, 49. — 1651. *Idem.* 1639. Chap. 7, n. 38, 40.

V. la note précédente.

XXIV.

Ne peut proroger le temps donné aux executeurs de testamens pour faire l'execution d'iceux, au prejudice des heritiers, legataires, creanciers, et autres y ayans interest civil.

Preuves. — Chap. 23, n. 49, 52, 54. — 1651. *Idem.* — 1639. Chap. 23, n. 47, 50, 52.

EXÉCUTEURS TESTAMENTAIRES.] Cet article rappelle et signale un des plus graves abus que se permettait la puissance spirituelle dans les actions purement de droit civil. — V. dans le *Manuel* des remarques curieuses sur cet article.

XXV.

Ne peut convertir aucuns legs, ores qu'ils fussent pitoyables, en autre usage contre la volonté des deffunts, sinon és cas esquels telle volonté ne pourroit estre accomplie formellement, ou qu'il fust besoin de faire ladite commutation : pourveu encores qu'esdits cas elle soit equipollente à ce qui avoit esté ordonné par le testament, ou autre disposition de derniere volonté, dont neantmoins, outre le cas de conscience, la cognoissance appartient au juge lay.

Preuves. — 1731. Chap. 23, n. 49, 52; chap. 36, n. 21, 29. — 1651. *Idem.* — 1639. Chap. 23, n. 47, 50; chap. 36, O., n. 17.

LEGS PIEUX.] Le règlement de ces legs se fait de concert entre les autorités séculières et les évêques.

XXVI.

Ne peut bailler permission aux gens d'Eglise estant de l'obeyssance du roy, ou à autres tenans benefices en ce royaume, mesmes aux reguliers et religieux profez, de tester des biens et fruicts de leurs benefices situez en ce royaume, au prejudice des ordonnances et droits du roy et des coustumes des pays et provinces d'iceluy : ny empescher que les parens desdits clercs decedez, ou religieux faisans profession, ne leur succedent en tous leurs biens, mesmes és fruits de leurs benefices.

Preuves. — 1731. Chap. 23, n. 47, 52; chap. 22, n. 22; chap. 32, n. 8; chap. 36, n. 42 et note. — 1651. *Idem.* — 1639. Chap. 23, n. 45, 50; chap. 22; chap. 32, n. 5; chap. 36, n. 24 et note.

Voici une autre trace d'empiétement de l'autorité spirituelle sur l'autorité temporelle. Que cet empiétement ne se renouvelle plus, l'article demeure inutile; mais que l'abus renaisse, l'article reprendra son utilité. En attendant, au point de vue historique, il atteste, par la nécessité de la défense, jusqu'où on avait porté la hardiesse des entreprises.

XXVII.

Ne peut aussi permettre ou dispenser aucun de tenir et posseder biens en ce royaume, contre les loix, statuts, ou coustumes des lieux, sans congé et licence du roy.

Preuves. — 1731. Chap. 7, n. 32 et note. — 1651. Chap. 7, n. 32 et la note, p. 296. — 1639. Chap. 7, n. 30 et la note. Loisel, règle n. 77.

CONTRE LES LOIS.] « Les immeubles situés en France, même « ceux possédés par des étrangers, sont régis *par la loi fran-* « *çaise* (C. civ., art. 7). » La possession des biens de France ne doit donc pas être régie par le *droit de Rome.* Sans cela, on verrait les congrégations non autorisées se prévaloir de la puissance du saint-siége pour posséder des biens en mainmorte dans le royaume sans que l'autorité politique pût y mettre obstacle, ou y apporter la modération convenable.

XXVIII.

Ne peut permettre aux ecclesiastiques d'aliener les biens immeubles des eglises et benefices assis en France, pour quelque cause d'utilité evidente, ou urgente necessité que ce soit, et par quelque forme de contract que ce puisse estre, comme par vendition, eschange, infeudation, bail à cens, ou à rente, emphytheose à longues annees : encor que lesdits benefices soyent de ceux qui se dient exempts, et immediatement sujets au sainct siege apostolique : mais bien peut bailler rescrit ou delegation à sujets et habitans de ce royaume, à fin de cognoistre, traicter et juger de l'utilité evidente ou urgente necessité : et ce faict, suivant la forme de droict interposer sa confirmation et son decret selon que la matiere le requiert, sans toutesfois entreprendre sur ce qui est de la jurisdiction seculiere.

Preuves. — 1731. Chap. 23, n. 16, 46, 47, 52; chap. 24, n. 9; chap. 40 entier; chap. 23, n. 46. — 1651. *Idem.* — 1639. Chap. 23, n. 15, 38, 45, 50; chap. 14, n. 9; chap. 40 entier; chap. 23, n. 38.

Biens d'Église.] Ces biens étant censés du domaine public avec la destination à laquelle ils sont affectés, on ne peut en disposer que conformément au *droit public*, c'est-à-dire en vertu d'une loi. — Ces biens, au reste, sont, selon leur nature, assujettis à l'impôt comme les autres propriétés.

XXIX.

Moins encor peut-il ordonner ou permettre aucune alienation desdicts immeubles avec clause *inuitis clericis*.

Preuves. — 1731. Chap. 40 entier. — 1651. *Idem.* — 1639. *Idem.*

Ordonner ou permettre.] Cela ne regarde que la législature et le gouvernement.

XXX.

Ne peut deroger ny prejudicier par provisions beneficiales, ou autrement, aux fondations laicales, et droicts des patrons laics de ce royaume.

Preuves. — 1731. Chap. 7, n. 15 et 22, art. 25; chap. 15, n. 35, art. 1 et la note; chap. 22, n. 8; chap. 23, n. 16, 31, 47, 52; chap. 24, n. 9; chap. 35, n. 13. — 1651. Chap. 7, n. 15, p. 242 et 258; chap. 15, n. 35, art. 1 et la note, p. 560; chap. 22, n. 8, p. 820; chap. 23, n. 16, 31, 47, 52; chap. 24, n. 9; chap. 35, n. 13. — 1639. Chap. 7, n. 15 et 22, art. 25; chap. 15, n. 31, art. 1 et la note; chap. 22, n. 7; chap. 23, n. 15, 29, 45, 50; chap. 24, n. 8; chap. 35, n. 7.

Fondations.] Les lois de France ont réglé de quelle manière on doit procéder en pareil cas.

XXXI.

Le pape ne peut par luy ny par son legat *a latere*, ou par ses subdeleguez exercer jurisdiction sur les sujets du roy, mesme de leur consentement, en matieres de petition de dot, separation de mariez quant aux biens, crimes d'adultere, de faux, de parjure, sacrilege, usure, ou restitution de biens mal prins par contracts illicites et usuraires, perturbation du repos public, soit par introduction de nouvelles sectes seditieuses ou heretiques, quand il n'est question que de faict, ny autrement en quelque matière que ce soit, és cas dont la cognoissance appartient au roy et aux juges seculiers : ny pareillement absoudre les sujets du roy desdits cas, sinon quant à la conscience et jurisdiction penitentielle seulement.

Preuves. — 1731. Chap. 7, n. 11; chap. 23, n. 46, 47, 52; chap. 36, n. 28. — 1651. *Idem.* — 1639. Chap. 7, n. 11; chap. 23, n. 38, 45, 50. — V. Durand de Maillane pour l'indication des preuves relatives aux mots : *Adultère, Sacrilége, Usure, Perturbation du repos public, Hérétiques.*

JURISDICTION SUR LES SUJETS DU ROY.] En France toute justice émane du roi. Charte, art. 18, et *supra*, liv. préliminaire, règle III. Les jugements rendus à l'étranger n'ont de force que par l'exequatur qui leur serait donné en France par l'autorité française. (V. ci-après, art. LXXVII.) En effet, exercer en France une juridiction étrangère, quelconque, ce serait faire acte de souveraineté et notre nationalité ne le permet pas.

DOT, etc.] L'énumération de ces matières prouve à quel point l'usurpation avait multiplié ses tentatives pour s'attribuer juridiction sur des objets évidemment temporels.

NOUVELLES SECTES.] C'est à la puissance temporelle à examiner et à décider si elle veut admettre de nouvelles sectes, corporations, associations, etc.

SÉDITIEUSES.] Par exemple celle des jésuites.

XXXII.

Ne peut user en France de sequestration reelle en matiere beneficiale ou autre ecclesiastique.

Preuves. — 1731. Chap. 23, n. 51, 52; chap. 36, n. 30. — 1651. *Idem.* — 1639. Chap. 23, n. 49, 50; chap. 36, n. 18.

NE PEUT.] Ce serait faire acte de puissance temporelle.

XXXIII.

Ne peut cognoistre des crimes qui ne sont purs ecclesiastiques, et non mixtes, à l'encontre de purs laics : mais bien à l'encontre des gens d'Église seulement, contre lesquels il peut user de condemnations selon les sanctions canoniques, decrets conciliaires et pragmatiques conformement à iceux. Et quant aux laics, pour les crimes purs ecclesiastiques, ne peut user contre eux de condemnations d'amendes pecuniaires, ou autres concernans directement le temporel.

Preuves. — 1731. Chap. 23, n. 51, 52, 81; chap. 28, n. 18; chap. 38, n. 9 in fine. — 1651. Chap. 23, n. 51, 52 et p. 1011; chap. 28, n. 18; chap. 38, n. 9, p. 1490. — 1639. Chap. 23, n. 49, 50, 78; chap. 28, n. 16; chap. 38, n. 9, p. 1082.

JURIDICTION CRIMINELLE.] Si le pape ou ses délégués n'ont pas la juridiction civile en ce royaume, à plus forte raison ils n'y ont pas la juridiction criminelle.

PURS ECCLÉSIASTIQUES.] Cela rentre dans les droits de la puissance ecclésiastique qui s'étend à tout ce qui est *purement* spirituel.

XXXIV.

Encores que les religieux mendians, ou autres, pour ce qui concerne leur discipline, ne puissent s'adresser aux juges seculiers sans enfreindre l'obedience, qui est le nerf principal de leur profession : toutesfois, en cas de sedition ou tumulte et grand scandale, ils y peuvent avoir recours par requisition de l'impartition de l'aide du bras seculier: et pareillement à la Cour de Parlement quand il y a abus clair et evident par contraventions aux ordonnances royaux, arrests et jugemens de ladite Cour, ou statuts de leur reformation authorisez par le roy et par ladite Cour, ou aux saincts canons conciliaires et decrets, desquels le roy est conservateur en son royaume.

Preuves. — 1731. Chap. 33 et 34; chap. 6, n. 12; chap. 33, n. 15; chap. 36, n. 29, 38. — 1651. *Idem.* — 1639. Chap. 33 et 34; chap. 6, n. 10; chap. 33, n. 13; chap. 36, n. 17, 21.

RELIGIEUX.] Aucune congrégation ne peut s'établir en France qu'en vertu d'une loi et avec l'autorisation du gouvernement. Quoique régulièrement établie, toute congrégation est soumise pour sa discipline spirituelle à l'inspection et à la direction de l'ordinaire, c'est-à-dire de l'évêque dans le diocèse duquel elle a son siége ; et pour la police, elle est sujette à la surveillance des officiers publics et aux visites que les magistrats jugent à propos d'ordonner ; car il n'y a pas un coin du territoire et pas un habitant qui puisse se soustraire à l'action de la loi et à la surveillance légitime des magistrats. Enfin, toute congrégation, même légalement autorisée, peut être supprimée, et chaque maison conventuelle fermée, si l'ordre public et l'intérêt de l'État en font sentir la nécessité.

XXXV.

Monitoires ou excommunications avec clause satisfactoires, qu'on appelloit anciennement *super obligatione de nisi*, ou *significavit*, comprenant les laics et dont absolution est reservee *superiori usque ad satisfactionem*, ou qui sont pour choses immeubles, celles qui contiennent clauses imprecatoires contre la forme prescripte par les conciles, et pareillement celles dont l'absolution est par expres reservee à la personne du pape, et qui emportent distraction de la jurisdiction ordinaire, ou qui sont contre les ordonnances du roy et arrests de ses Cours, sont censees abusives : mais est permis se pourveoir par-devant l'ordinaire par monition generale *in forma malefactorum, pro rebus occultis mobilibus, et usque ad revelationem duntaxat*. Et si le lay s'y oppose, la cognoissance de son opposition appartient au juge lay, et non à l'ecclesiastique.

Preuves. — 1731. Chap. 6 ; chap. 23, n. 81 ; chap. 2, n. 12, 15, 16 et la note sur l'art. 3 du chap. 5 ; chap. 36, n. 28. — 1651. Chap. 6 ; chap. 23, n. 81 ; chap. 6, n. 12, p. 206, n. 15, 16 et la note sur l'art. 3 du chap. 5 ; chap. 36, p. 140. — 1639. Chap. 6 ; chap. 23, n. 78 ; chap. 6 ; n. 10, 13, O., et note sur l'art. 3 du chap. 5 ; chap. 36, n. 16.

ABUSIVES.] Rien de plus abusif en effet que de faire servir des peines purement spirituelles à des fins purement civiles; telles, par exemple, que d'assurer le paiement d'une obligation payable en argent par la menace d'une excommunication. Il fut cependant un temps où de tels abus se commettaient fréquemment. V. note sur l'art. XVI.

XXXVI.

Pendant l'appel comme d'abus de l'octroy ou publication d'une monition, la cour du roy peut ordonner que sans préjudice des droits des parties, le benefice d'absolution à cautele sera imparty à l'appellant, soit clerc ou lay; et qu'à ce faire et souffrir l'evesque sera contraint mesmes par saisie de son temporel, et son vice-gerent par toutes voyes deues et raisonnables.

Preuves. — 1731. Chap. 8 entier; chap. 5, n. 7; chap. 6, n. 18, etc. — 1651. *Idem.* — 1639. Chap. 8 entier; chap. 5, n. 6; chap. 6, n. 15, etc.

ABSOLUTION A CAUTÈLE.] C'était un remède *provisoire* placé à côté de l'abus des excommunications pour assurer aux citoyens un refuge et une protection contre les effets extérieurs jadis attachés à ces sortes de censures.

XXXVII.

Un inquisiteur de la foy n'a capture ou arrest en ce royaume, sinon par l'ayde et authorité du bras seculier.

Preuves. — 1731. Chap. 7, n. 35; chap. 28, n. 15, 17, 19, 20. — 1651. *Idem.* — 1639. Chap. 7, n. 32; chap. 28, n. 11, 15, 17, 18.

INQUISITEUR DE LA FOI.] L'inquisition, Dieu merci! n'a jamais été reçue en France, et si l'un de ses délégués se permettait de porter atteinte à la liberté d'un citoyen, il serait lui-même passible de poursuite pour usurpation de pouvoir et pour crime d'arrestation arbitraire.

XXXVIII.

Le roy peut justicier ses officiers clercs, pour quelque faute que ce soit commise en l'exercice de leurs charges, nonobstant le privilege de clericature.

Preuves. — 1731. Chap. 27 entier. — 1651. *Idem.* — 1639. *Idem.*

OFFICIERS CLERCS.] Les ecclésiastiques comme les autres citoyens répondent devant la loi des faits qualifiés *crimes*, *délits*, ou *contraventions*. Il n'y a plus de privilége de cléricature. V. dans le *Manuel*, 4ᵉ édition, p. 258 et ss., les principales lois sur cette matière, et à la page 262, le mode de procéder contre les ministres du culte.

XXXIX.

Nul, de quelque qualité qu'il soit, ne peut tenir aucun bénéfice, soit en tiltre ou à ferme, en ce royaume, s'il n'en est natif, ou s'il n'a lettres de naturalité ou de dispense expresse du roy à ceste fin, et que ses lettres ayent esté verifiees où il appartient.

Preuves. — 1721. Chap. 7, n. 14, 16; chap. 15, n. 67; chap. 22, n. 24; chap. 30 entier; chap. 33, n. 31. — 1651. Chap. 7, n. 14, p. 238 et n. 16; chap. 22, n. 24; chap. 30 entier; chap. 33, n. 31. — 1639. Chap. 7, n. 14, p. 238 et n. 16; chap. 15, n. 60; chap. 22, n. 23; chap. 30 entier; chap. 33, n. 27. — Losiel, règles n. 73, 74.

Natif.] V. loi du 20 germinal an x, art. 32. Cet article de nos libertés a été surtout établi et invoqué pour se garantir de l'abus qui se pratiquait d'attribuer les meilleurs bénéfices du royaume à des étrangers, principalement à des Italiens, surtout ceux qui s'étaient montrés le plus ultramontains. L'ordonnance de Charles VII du 10 mars 1431 exclut les étrangers par ce motif que « le royaume de France avoit esté et estoit garny de notables « hommes natifs d'icelui, nobles, clercs et autres gens de grant « mérite et qu'il convenoit que de tels gens fust pourvu aux « dignités dudit royaume. » — Ils prenaient les bénéfices et n'en remplissaient pas les charges, ni pour l'entretien des biens ni pour l'exécution des fondations; ce qui faisait dire à Charles VII dans la même ordonnance : « Et si sont plusieurs « desdits benéfices tournés en très-grande ruine et désola- « tion, etc. » V. d'autres lois sur l'exclusion des étrangers des diverses fonctions publiques et sur l'abus des naturalisations dans le discours sur les lettres de grande naturalisation accordées au prince Hohenlohe à la séance de la chambre des députés du 25 avril 1828, à la suite des *Réquisitoires* de M. Dupin, t. III, p. 318.

XL.

De la seconde maxime depend ce que l'Eglise gallicane a tousjours tenu, que combien que par la reigle ecclesiastique, ou (comme dit sainct Cyrille escrivant au pape Celestin) par l'ancienne coustume de toutes les eglises, les conciles generaux ne se doivent assembler ny tenir sans le pape, *clave non errante*, recogneu pour chef et premier de toute l'Eglise militante et pere commun de tous chretiens, et qu'il ne s'y doive rien conclure ny arrester sans luy et sans son authorité : toutesfois il n'est estimé estre par-dessus le concile universel, mais tenu aux decrets et arrests d'iceluy, comme aux commandemens de l'Eglise espouse de Nostre Seigneur Jesus-Christ, laquelle est principalement representee par telle assemblee.

Preuves. — 1731. Chap. 12 entier; chap. 22, n. 26, 29; chap. 12, n. 4 et 7; chap. 13, n. 13, 10; chap. 23, n. 13. — 1651. Chap. 12 entier; chap 22, n. 26, p. 885 et n. 29; chap. 12, n. 4, p. 476 et n. 7; chap. 13, n. 13, 10; chap. 23, n. 13, p. 932, 934. — 1639. Chap. 12 entier; chap. 22, n. 25, 27; chap. 12, n. 4, p. 260 et ss., n. 7; chap. 13, n. 12 et 10; chap. 23, n. 12, p. 664.

CONCILE UNIVERSEL.] Cette maxime consacre le principe que le gouvernement de l'Église n'est pas un gouvernement arbitraire et despotique; c'est une monarchie constitutionnelle réglée par les canons qui sont les lois de l'Église universelle. V. la déclaration de 1682 dans le *Manuel*, avec la lettre circulaire d'envoi aux évêques de l'Église gallicane, p. 103–111, et le rapport sur les ouvrages inédits de Portalis, *ibid.*, p. 128 et ss.

XLI.

Aussi l'Eglise gallicane n'a pas receu indifferemment tous canons et epistres decretales, se tenant principalement à ce qui est contenu en l'ancienne collection appelee *corpus canonum*, mesme pour les epistres decretales jusques au pape Gregoire II.

Preuves. — 1731. Chap. 14; chap. 7, n. 80; chap. 12, n. 1 et note; chap. 31; chap. 35, n. 67. — 1651. *Idem.* — 1639. Chap. 14; chap. 7; chap. 12, n. 1 et note; chap. 31; chap. 35.

N'A PAS REÇU.] Entre les canons on distingue ceux qui ont été reçus en France et ceux qui n'y ont pas été reçus. V. loi du 18 germinal an x, art. 6 ; et *ibi*, les mots *Canons reçus en France*. De ces mots mêmes il ne faut pas conclure que tous canons jadis reçus en France doivent être admis aujourd'hui. Il en est de ces canons comme de toutes les autres lois antérieures à la charte, et qui ne sont maintenues qu'autant qu'elles ne lui sont pas contraires : *quatenus juri publico regni non adversantur*. Par exemple, toutes les dispositions canoniques qui, bien que sanctionnées par les édits royaux, ordonnaient de poursuivre et persécuter les hérétiques, en d'autres termes d'*exterminer l'hérésie*, sont évidemment sans force aujourd'hui. Il en faut dire autant de toutes celles qui seraient aussi contraires au principe constitutionnel de la *liberté des cultes* et de l'*égale protection* garantie à chacun d'eux ; tout ce qui regarde les anciennes *exemptions*, ce qui serait contraire à l'art. 10 de la loi du 18 germinal an x qui proclame sans exception le pouvoir des ordinaires.

CORPUS CANONUM.] François Pithou a donné une édition de ce Code sous le titre de *Codex canonum vetus Ecclesiæ romanæ*. Il y en a une fort belle édition in-folio *ex typographia regia*, 1687. Ce Code se trouve aussi réimprimé dans le recueil de Durand de Maillane, t. III.

XLII.

Le pape ne peut dispenser pour quelque cause que ce soit, de ce qui est de droict divin et naturel, ny de ce dont les saincts conciles ne luy permettent de faire grace.

Preuves. — 1731. Chap. 13, n. 19 ; chap. 20, n. 35 et la note. — 1651. *Idem.* — 1639. Chap. 13, n. 15 ; chap. 20, n. 35 et la note.

DISPENSER.] Il ne peut dispenser des serments, ni surtout des serments politiques. V. déclaration de 1682, art. 1, et le *Manuel*, p. 51.

XLIII.

Les reigles de chancellerie apostolique, durant mesmes le pontificat du pape qui les a faictes ou authorisees, ne lient l'Eglise gallicane, sinon en tant que volontairement elle en reçoit la practique, comme elle a faict des trois qu'on appelle *de publicandis resignationibus in partibus*, *de verisimili notitia obitus*, et *de infirmis resignantibus*, authorisees par les edits du roy, et arrests de son Parlement, ausquelles le pape ny son legat ne peuvent deroger, fors à celles *de infirmis resignantibus,* de laquelle on reçoit leur dispense, mesme au prejudice des graduez nommez en leurs mois.

Preuves. — 1731. Chap. 24, n. 8, in fine; chap. 36, n. 31; chap. 36, n. 29, 31; chap. 23, n. 11, 13, 49, 51, 52, 56; chap. 24, n. 8, in fine et 9; chap. 35, n. 34. — 1651. Chap. 24, n. 8, p. 1030; chap. 36, n. 31; chap. 36, n. 29, p. 1405 et n. 31; chap. 23, n. 11, 13, 49, 51, 52, 56; chap. 24, n. 8, p. 1030 et n.9; chap. 35, n. 34. — 1639. Chap. 24, n. 7, in fine. Chap. 36, n. 19; chap. 36, n. 17 et 19; chap. 23, n. 10; chap. 23, n. 12, 47, 49, 50, 54; chap. 24, n. 7 et 8; chap. 35.

Cette règle tient à ce qu'on appelait autrefois les *matières bénéficiales.*

·XLIV.

Bulles ou lettres apostoliques de citation executoriales, fulminatoires, ou autres ne s'executent en France sans *pareatis* du roy ou de ses officiers : et l'execution qui s'en peut faire par le lay après la permission, se faict par le juge royal ordinaire de l'authorité du roi, et non *authoritate apostolica,* pour eviter distraction et meslange de jurisdiction : mesmes celuy qui a impetré bulles, rescrits, ou lettres portans telle clause, est tenu declarer qu'il entend que les deleguez ou executeurs soyent clers ou laics, en cognoissent *jure ordinario :* autrement y auroit abus.

Preuves. — 1731. Chap. 10 entier; chap. 35, n. 28; chap. 36, n. 28, 29, p. 215, note sur le n. 1 du chap. 10. — 1651. Chap. 10 entier; chap. 35, n. 28, p. 1401, 1477, note sur le n. 1 du chap. 10. — 1639. Chap. 10 entier; chap. 35; chap. 38, n. 9, note sur le n. 1 du chap. 10.

NE S'EXÉCUTENT EN FRANCE.] Un simple jugement rendu à l'étranger ne peut pas produire hypothèque en France, ni y recevoir une exécution quelconque, sans *pareatis* du juge français. Code civ., art. 2123, et Code de procéd. civ. art. 546. Il en est de même, à plus forte raison, des actes de la cour de Rome, parce qu'ils tirent bien autrement à conséquence. V. la loi du 18 germinal an x, art. 1, et pour les exemples du droit ancien, les *preuves.* V. ci-après l'art. LXXVII et les notes.

XLV.

Le pape ou son legat *a latere,* ne peuvent cognoistre des causes ecclesiastiques en premiere instance, ny exercer jurisdiction sur les sujects du roy et demourans en son royaume, païs, terres, et seigneuries de son obeyssance, soit par citation, delegation ou autrement, posé ores qu'il y eust consentement du sujet : ny entre ceux mesmes qui se dient exempts des autres jurisdictions ecclesiastiques, et immediatement sujets quant à ce au sainct siege apostolique, ou dont les causes y sont legitimement devolues : pour le regard desquels, en ce qui est de sa jurisdiction, il peut seulement bailler juges deleguez *in partibus,* qui est à dire és parties desdits royaume, terres, et seigneuries, où lesdites causes se doivent traitter de droict commun, et au dedans des mesmes dioceses : Desquels juges deleguez les appellations (si aucunes s'interjettent) y doivent aussi estre traittees jusques à la finale decision d'icelles, et par juges du royaume à ce deleguez. Et s'il se fait au contraire, le roy peut decerner ses lettres inhibitoires à sa Cour de Parlement, ou autre juge, où se peut la partie y ayant interest, pourvoir par appel comme d'abus.

Preuves. — 1731. Chap. 9 entier ; chap. 4, n. 25 ; chap. 22, n. 17, 21 ; chap. 23, n. 46, 51, 52, 81 ; chap. 36, n. 29 et 19 ; chap. 34, n. 13 ; chap. 36, n. 28 ; chap. 26, n. 5 ; chap. 36, n. 28, 29 ; chap. 22, n. 21 ; chap. 1, n. 9. — 1651. Chap. 9 entier ; chap. 4, n. 25 ; chap. 22, n. 17, p. 870 ; chap. 23, n. 46, 51, 52, 81 ; chap. 36, n. 29, p. 1389, 1404 ; chap. 34, n. 13 ; chap. 36, p. 1401 ; chap. 26, n. 5 ; chap. 36, n. 28, p. 1399, 1404 ; chap. 22, p. 870 ; chap. 1, n. 9. — 1639. Chap. 9 entier ; chap. 4 ; chap. 22, n. 17, vol. des *Traités,* p. 25 ; chap. 23, n. 38, 49, 50, 78 ; chap. 36, n. 17, O., 2 ; chap. 34 ; chap. 36, n. 16 ; chap. 26, n. 5 ; chap. 36, n. 16, 17 ; chap. 22, vol. des *Traités,* p. 25 ; chap. 1.

NY EXERCER JURIDICTION.] C'est toujours la conséquence du principe de l'indépendance de l'autorité temporelle et de la plénitude de juridiction qui appartient au roi et aux lois de France pour la protection des choses et des personnes de France. V. les notes sur les art. IV, XXXI, XXXIII, XXXVII, XXXVIII.

XLVI.

Semblablement pour les appellations des primats et métropolitains en causes spirituelles qui vont au pape, il est tenu bailler juges *in partibus et intra eandem diœcesim.*

Preuves. — 1731. Chap. 36, n. 28. — 1651. V. p. 1399. — 1639. Chap. 36, n. 16.

PRIMATS.] Il n'y a plus de primats, quoiqu'il y ait encore des évêques qui en prennent le titre par réminiscence. La loi organique ne reconnaît que des évêques et des archevêques ou métropolitains. Cependant il y a encore des prélats qui, de leur chef, et sans autorisation légale, ont repris le titre de primats; par exemple, M. l'archevêque de Lyon, qui s'intitule primat des Gaules; mais cette primatie n'a rien de réel. L'archevêque de Lyon n'*est en réalité* que le métropolitain de ses cinq suffragants, qui sont Autun, Langres, Dijon, St-Claude et Grenoble. C'est Grégoire VII qui, en 1079, avait donné à Gebrin, archevêque de Lyon, et à ses successeurs, la primatie sur les archevêchés de Rouen, de Tours et de Sens, et par suite sur Paris, qui n'était encore que simple évêché dépendant du la métropole de Sens. Dans une occasion où cette primatie de l'archevêque de Lyon causait quelque embarras au gouvernement de Louis le Gros, parce qu'alors Lyon ne faisait pas encore partie du royaume de France, ce prince, qui avait pour ministre l'abbé Suger, regardant « *comme un affront* pour la couronne, « que la métropole de sa capitale relevât d'un prélat étranger, « fit des représentations au pape Callixte II. Il fit valoir que la « liberté de l'Église de Sens était beaucoup plus ancienne que la « prétendue primatie de Lyon; que le seul archevêque de Sens « (Daimbert), qui s'y était soumis, l'avait fait *sans le consente-* « *ment de son clergé, des évêques et du roy*; que le public ne doit « point *souffrir de la lâcheté d'un particulier*; qu'il exposerait « plutôt son royaume aux fureurs de la guerre et sa propre vie « aux hasards, que de soumettre l'Église à cette nouvelle ser- « vitude. » *Ancienne et nouvelle discipline de l'Église* extraite de THOMASSIN, par d'HÉRICOURT, édit. in-4, de 1717, chap. 4, p. 34. — M. Dupin a rappelé ce fait à la séance de la chambre des députés du 30 juin 1845, dans la discussion du projet de loi concernant la restauration de la basilique de Notre-Dame.

XLVII.

Quand un François demande au pape un benefice assis en France, vacant par quelque sorte de vacation que ce soit, le pape luy en doit faire expedier la signature du jour que la requisition et supplication lui en est faite, sauf à disputer par après de la validité ou invalidité par-devant les juges du roy, ausquels la cognoissance en appartient : et en cas de refus fait en cour de Rome, peut celuy qui y pretend interest presenter sa requeste à la cour, laquelle ordonne que l'evesque diocesain ou autre en donnera provision, pour estre de mesme effect qu'eust esté la datte prise en cour de Rome, si elle n'eust esté lors refusee.

Preuves. — 1731. Chap. 21 entier, — 1651. *Idem.* — 1639. *Idem.*
Article historique quant à présent.

XLVIII.

Le pape ne peut augmenter les taxes de provisions qui se font en cour de Rome des benefices de France, sans le consentement du roy et de l'Eglise gallicane.

Preuves. — 1731. Chap. 22, n. 27, 30, 36, 37, 38, 39; chap. 35, n. 71. — 1651. Chap. 22, n, 27, 30, p. 898, etc., n, 36, 37, 38, 39; chap. 35, n. 71. — 1639. Chap. 22, n. 28, 33, 34, 35, 36; chap. 35, n. 32.

Taxes.] Dès le temps de Charles VI, en 1406, le 18 février, un arrêt notable avait déjà dit que : « toutes exactions nouvelles venant de Rome cesseront. »

XLIX.

Le pape ne peut faire aucunes unions ou annexes des benefices de ce royaume à la vie des beneficiers, ny à autre temps : mais bien peut bailler rescrits delegatoires à l'effect des unions qu'on entendra faire selon la forme contenuë au concile de Constance et non autrement : et ce avec le consentement du patron et de ceux qui y ont interest.

Preuves. — 1731. Chap. 23, n. 16, 46 et 52; chap. 34, n. 10; chap. 36, n. 29, 32 et note; note sur les n. 38, 41, 45; chap. 38, n. 9, p. 215. — 1651. Chap. 23, n. 16, 46, 52; chap. 34, n. 10; chap. 36, n. 29, 32 et note; note sur le n. 38, p. 1415 et n. 41, 45, p. 1477. — 1639. Chap. 23, n. 15, 44, 50; chap. 34; chap. 36, n. 17, 20 et note; chap. 38, n. 9, p. 1073.

UNION.] D'Héricourt, *Lois ecclésiastiques*, lettre F., chap. 21, traite à fond de *l'union et de la division des bénéfices*.

L.

Ne peut creer pensions sur les benefices de ce royaume, ayans charges d'ames, ny sur autres, ores que ce fust du consentement des beneficiers, sinon conformément aux saincts decrets conciliaires et sanctions canoniques, au profit des resignans quand ils ont resigné à ceste charge expresse; ou bien pour pacifier benefices litigieux : et ne peut permettre que celuy qui a pension creée sur un benefice, la puisse transferer en autres personnes, ny qu'aucun resignant retienne au lieu de pension tous les fruits du benefice resigné, ou autre quantité desdicts fruicts excedans la tierce partie d'iceux, ores que ce fust du consentement des parties, comme dict est.

Preuves. — 1731. Chap. 7, n. 14; chap. 22, n. 8, 26; chap. 23, n. 46, 51, 52, 54; chap. 24, n. 9; chap. 36, n. 29; chap. 23, n. 16, 51, 54; chap. 24, n. 9; chap. 36, n. 25, 26. — 1651. Chap. 7, n. 14, p. 238; chap. 22, n. 8, p. 817, 886. — *Idem*, pour les 7 dernières indications. — 1639. Chap. 7, n. 14, p. 238; chap. 22, n. 7, 25; chap. 23, n. 44, 48, 50, 52; chap. 24, n. 8; chap. 36, n. 17; chap. 23, n. 15, 48, 52; chap. 24, n. 8; chap. 36, n. 15, 16.

CRÉER PENSIONS.] Cet article et les suivants, jusques et compris l'art. 56, ne se rapporte qu'à un système de *bénéfices* qui n'existe plus. Ces articles doivent sommeiller dans l'histoire, à moins que le retour de faits et d'abus semblables n'autorise dans l'avenir le recours au même remède.

LI.

Ne peut composer avec ceux qui auroyent esté vrais intruz és benefices de ce royaume, sur les fruits mal prins par eux, ny les leur remettre pour le tout ou en partie au profit de sa chambre, ny au prejudice des Eglises ou personnes au profit desquelles tels fruits doivent estre convertis.

Preuves. — 1731. Chap. 23, n. 49, 51, 52. — 1651. *Idem.* — 1639. Chap. 23, n. 47, 48, 50.

LII.

Les collations et provisions des benefices resignez és mains du pape ou de son legat, ne doivent contenir clause par laquelle soit ordonné que foy sera adjoustee au contenu des bulles, sans qu'on soit tenu d'exhiber les procurations, en vertu desquelles les resignations sont faictes, ou sans faire autre preuve valable de la procuration au prejudice du resignant, s'il denie ou contredit telle resignation.

Preuves. — 1731. Chap. 23, n. 49, 52. — 1651. *Idem.* — 1639. Chap. 23, n. 47, 50.

LIII.

Aussi ne se peut és collations et provisions de benefices mettre clause *anteferri,* ou autre semblable au prejudice de ceux ausquels paravant et lors de telle provision seroit acquis droit pour obtenir le benefice.

Preuves. — 1731. Chap. 22, n. 6, 24, 26; chap. 23, n. 49, 52. — 1651. Chap. 22, n. 6, 24, 26, p. 886; chap. 23, n. 49, 52. — 1639. Chap. 22, n. 5, 23, 25; chap. 23, n. 47, 50.

LIV.

Mandats *de providendo,* graces expectatives generales ou speciales, reservations, regrez, translations, mesmes de prelatures, dignitez, et autres benefices estans à la nomination du roy, ou presentation de patrons laics, et telles autres usances de cour de Rome declarees abusives par les edits du roy et arrests de son Parlement, ne sont receues et n'ont lieu en France.

Preuves.—V. Durand de Maillane, pour l'indication des preuves relatives aux mots : *Mandats, Grâces expectatives, Réservations, Regrez, Translations.*

LV.

Et quant à la prevention, le pape n'en use que par souffrance au moyen du concordat publié du très-exprès commandement du roy contre plusieurs remonstrances de sa Cour de Parlement, oppositions formees, protestations et appellations interiettees. Et depuis encore tous les trois estats du royaume assemblez en firent plainte, sur laquelle furent envoyez ambassadeurs à Rome pour faire cesser cette entreprise, qu'on a parfois dissimulee et toleree en la personne du pape, mais non d'autre, quelque delegation, vicariat, ou faculté qu'il eust de sa saincteté : et si l'a-t-on restraint tant qu'on a peu, jusques à juger que la collation nulle de l'ordinaire empesche telle prevention.

Preuves. — 1731. Chap. 22, n. 34, 35; chap. 23, n. 13, 65; chap. 24, n. 8; chap. 22, n. 34, 35; chap. 23, n. 65; chap. 28, n. 21. — 1651. Chap. 22, n. 34, 35; chap. 23, n. 13, 65, p. 987; chap. 24, n. 8, p. 1029; chap. 22, n. 34, 35; chap. 23, n. 65, p. 988; chap. 28, p. 1110; chap. 23, n. 63. — 1639. Chap. 22, n. 31, 32; chap. 23, n. 12, 63; chap. 24, n. 7; chap. 22, n. 31, 32; chap. 23, n. 63.

LVI.

Resignations ou procurations portans clause *in favorem certæ personæ, et non alias, aliter, nec alio modo,* et les collations qui s'en ensuivent sont censees illicites et de nulle valeur, comme resentant simonie, et ne tiennent, mesmes au prejudice des resignans, encor que les collations eussent esté faites par le legat *a latere,* en vertu de ses facultez. Toutesfois celles faictes par le pape mesmes, s'exceptent de ceste reigle et maxime.

Preuves. — 1731. Chap. 24, n. 8. — 1651. Chap. 24, n. 8, p. 2018. — 1639. Chap. 24, n. 7.

LVII.

Le pape ny son legat ne peuvent dispenser les graduez, des temps et cours de leurs estudes, ny autrement, pour les rendre capables de nominations de benefices, et tels autres droits et prerogatives.

Preuves. — 1731. Chap. 23, n. 33, 46, 52. — 1651. *Idem.* — 1639. Chap. 23, n. 31, 44, 50.

Dispenser.] Dispenser c'est donner capacité à ceux qui ne l'ont pas; c'est paralyser la loi qui existe, ou en faire une qui n'existe pas.

LVIII.

Le legat *a latere* ne peut deputer vicaire ou subdeleguer pour l'exercice de sa legation sans le consentement exprès du roy, mais est tenu exercer luy-mesmes son pouvoir tant qu'il dure.

Preuves. — 1731. Chap. 23, n. 26, 27, 52, 81 ; chap. 24, n. 8, 9. — 1651. Chap. 23, n. 26, 27, 52, 81, p. 1010; chap. 24, n. 8, p. 1027, n. 9. — 1639. Chap. 23, n. 25, 26, 51, 78; chap. 24, n. 7, 8.

V. l'art. xi ci-dessus et la loi du 18 germinal an x, art. 2.

LIX.

Et si ne peut user de la puissance de conferer les benefices de ce royaume, quand il est en pays hors d'obeyssance du roy.

Preuves. — 1731. Chap. 23, n. 40 et la note; n. 62, 64. — 1651. *Idem.* — 1639. Chap. 23, n. 49 sans note, 50; 52.

Hors du royaume]. Et dans le royaume, il n'a que les pouvoirs definis par l'art. xi.

LX.

Et à son partement, est tenu laisser en France les registres des expeditions faictes du temps de sa legation, pour ce qui concerne le royaume de France, ensemble les seaux d'icelle, ès mains de quelque fidelle personnage que le roy depute, pour expedier ceux qu'il appartiendra. Et sont les deniers procedans desdites expeditions convertis en œuvres pitoyables, selon qu'il plaist à sa majesté en ordonner.

Preuves. — 1731. Chap. 23, n. 29, 35, 45, 52, 57, 60, 62, 66, 86 et dans tout le chap. 23. — 1651. Chap. 23 entier. — 1639. Chap. 23 entier.

LXI.

Le pape ne peut conferer ny unir hospitaux, ou leproseries de ce royaume, et n'a lieu en iceux la reigle *de pacificis.*

Preuves. — 1731. Note sur le n. 32 du chap. 36. — 1651. *Idem.* — 1639. Note sur le n. 20 du chap. 36.

LE PAPE NE PEUT.] Tout cela est d'administration intérieure du royaume. V. l'art. XLIX.

LXII.

Ne peut creer chanoines d'eglise cathedrale ou collegiale, *sub exspectatione futuræ præbendæ,* etiamdu consentement des chapitres, sinon à fin seulement de pouvoir retenir en icelles dignité, personat, ou office.

Preuves. — 1731. Chap. 23, n. 54. — 1651. *Idem.* — 1639. Chap. 23, n. 52.

Historique. V. l'art. LXVIII.

LXIII.

Ne peut conferer les premieres dignitez des eglises cathedrales *post pontificales majores,* ni les premieres dignitez des eglises collegiales, esquelles se garde la forme d'election prescrite par le concile de Latran.

Preuves. — 1731. Chap. 23, n. 54. — 1651. *Idem.* — 1639. Chap. 23, n. 52.

LXIV.

Ne peut dispenser au prejudice des louables coustumes et statuts des eglises cathedrales ou collegiales de ce royaume, qui concernent la decoration, entretenement, continuation et augmentation du service divin : si sur ce y a approbation, privilege et confirmation apostolique octroyee pour la susdite cause ausdites eglises à la requeste du roy patron d'icelles : encore que lesdits privileges ainsi octroyez, fussent subsequents les fondations desdites eglises.

Preuves. — 1731. Chap. 23, n. 16, 49. — 1651. *Idem.* — 1639. Chap. 23, n. 15, 47.

LOUABLES COUTUMES.] Par opposition à mauvaises coutumes. « Les *usages* de nos pères doivent rester inébranlables. » Décl. de 1682, art. 3.

LXV.

On peut en France prendre possession d'un benefice en vertu de simple signature, sans bulles expediees soubs plomb.

Preuves. — 1731. Chap. 22, n. 36. — 1651. Chap. 22, n. 27, p. 913. — 1639. Chap. 22.

LXVI.

Le droict qu'on appelle de Regale, approuvé par aucuns saincts decrets, semble se pouvoir mettre entre les libertez de l'Eglise gallicane, comme dependant du premier chef de la maxime generale cy-dessus. Car encores qu'aucuns grands personnages ayent voulu faire deux sortes ou espece de regale, distinguans le temporel du spirituel : ce

II. 26

neantmoins le considerant de plus près, il ne se trouven qu'un procedant de mesme source, et se pourra dire droict, non à la verité de rachapt ou relief, mais plustos de bail, garde, protection, mainbournie, ou patronage, et emporter la collation des prebendes, dignitez et benefices non curez vacants de droit et de faict ensemble, ou de faict, ou de droit tant seulement, comme faisant à present telle collation aucunement partie des fruits de l'evesché, ou archevesché, lesquels se partagent au reste entre le roy et les heritiers du defunt prelat, au prorata de l'annee, mesmes pour le regard des ja perceus auparavant le decez. Mais outre, ha ce droict quelques singularitez et privileges particuliers, comme de durer trente ans, d'estre ouvert par la promotion au cardinalat ou patriarchat, de n'estre clos par souffrance ny autrement jusques à ce que le successeur evesque ou archevesque ait faict et presté au roy le serment de fidelité, et presenté, et faict registrer les lettres d'iceluy en la chambre des comptes, après avoir baillé les siennes adressantes au roy, et que le receveur ou commissaire de la regale ait receu mandement de ladite chambre pour luy delaisser la plaine jouissance de son benefice. Aussi ha la regale ceste preeminence de ne se cumuler d'autres droits que du roy, non pas de ceux du pape mesmes : de n'estre sujette à la jurisdiction et cognoissance d'autre que du roy, et de sa Cour de Parlement, ny pareillement aux reigles de la chancellerie de Rome, mesme à celles *de verisimili notitia obitus*, ny encor à celle *de pacificis*, sinon quand le differend est entre deux regalistes qui s'aident de leur possession : ny aux facultez de legats, dispenses devolutz, nominations, et pareilles subtilitez du droict canon.

Preuves. — 1731. Chap. 16 entier; chap. 6, n. 7; chap. 7, n. 22, art. 7, 9, 10, 11, 12, 13, 14, 16, 17, etc., et n. 30; chap. 15, n. 25, 28, 31, 33, 43, 45, 47, 67; chap. 26, n. 5, 7; chap. 16, n. 32, 33; chap. 16, n. 38, 39, 45; chap. 16, n. 26, 33, art. 24, n. 41, 49 et note ; n. 52, 53, 55 ; chap. 16, n. 34 et note sur l'art. 44 ; chap. 36, n. 17 ; chap. 16, n. 50, 51 et note sur le n. 44 ; chap. 26, n. 5 et 6 ; chap. 16, n. 30, 56. — 1651. *Idem.*, plus chap. 7, n. 22, art. 7, 9 et p. 255, 271. — 1639. Chap. 16 entier ; chap. 7, n. 6 ; chap. 7, n. 22, art. 7, 9, 10, 11, 12, 13, 14, 16, 17 et n. 28 ; chap. 15, n. 23, 26, 36, 38, 40, 60 ; chap. 16, n. 4, 5 ; chap. 16, n. 27, 28 ; chap. 16, n. 31, 32, 38 ; chap. 16, n. 21, 28, art. 24, n. 34, 42 et note ; n. 45, 46, 47 ; chap. 16, n. 29 ; chap. 36, n. 9 ; chap. 16, n. 43, 44, sans note, n. 51 ; chap. 26, n. 5, 6 ; chap. 16, n. 25, 48.

Régale.] Sur l'historique du droit de *régale*, les discussions auxquelles il a donné lieu sous Louis XIV, et qui, finalement, ont amené la *Déclaration* de 1682, V. l'*introduction* placée en tête du *Manuel du Droit public ecclés.*, p. xiv et suiv., et l'article 33 du décret du 6 novembre 1813.

Serment de fidélité.] Comme sujets du roi. Sur la *formule* ancienne et nouvelle de ce serment, V. *Manuel*, p. 73 et suiv. — V. aussi ce qui est dit au même endroit du serment surérogatoire que les évêques sont dans l'usage d'envoyer au pape, et sur la formule très-moderne : évêque *par la grâce du saint-siége apostolique*. Bossuet se disait évêque *par la Miséricorde divine*. — Ceux qui voudront pousser plus loin la curiosité n'ont qu'à voir dans Durand de Maillane, t. V, p. 452, au *rapport général des preuves*, le chap. 22, intitulé : *Formulaires de divers serments de fidélité des évêques français aux rois de France*. Et dans le *Manuel*, p. 491, la dissertation historique sur l'*institution canonique des évêques*.

Dans un recueil de lettres autographes que possède la bibliothèque de la ville de Chartres, il s'en trouve quarante-neuf de M. de Loménie, comte de Brienne, ministre d'État sous Louis XVI ; et parmi celles-ci, une, en date du 7 août 1748, adressée au marquis de Fontenay, ambassadeur de France à la cour de Rome, renferme le passage suivant au sujet du serment des évêques :

« Aïant été averty que depuis ce pontificat (1) ou bien éz dernières années du précédent (2), il s'estoit estably une *nouveauté* éz serments qui sont envoïez de la cour de Rome aux évesques de ce royaume, en ne les obligeant à la vérité qu'aux premiers devoirs, mais qu'on en retranche ce qui les modifioit, j'ay creu estre de mon devoir de vous le faire savoir, afin qu'il vous plaise en prendre information ; et s'il se trouvoit qu'il eûst esté innové

(1) D'Innocent X.
(2) D'Urbain VIII.

quelque chose au serment, et surtout qu'il fûst préjudiciable au service de Sa Majesté et contraire aux *libertez, privilèges et franchises de l'Église gallicane*, de nous en donner avis et joindre le vostre de ce qui seroit à faire, l'ayant pris des gens de bien entendus dans la matière, car il seroit fascheux de souffrir une nouveauté, et saurois grand regret qu'elle se fûst establie pendant que je suis en la place où j'ay l'honneur de servir le Roy, lequel doit avoir pour le saint-siége les derniers respects, et *un zèle esgal à maintenir les droits de sa couronne et les libertez du clergé de son royaume.* »

LXVII.

Se peut aussi mettre en ce mesme rang le droit de donner licence et congé de s'assembler pour elire, et celuy de confirmer l'election deuement faicte, dont les roys de France ont tousjours jouy tant que les elections ont eu lieu en ce royaume, et en jouissent encor à present en ce qui reste de ceste ancienne forme.

Preuves. — 1731. Chap. 15 entier; chap. 13, n. 12; chap. 16, n. 4; chap. 20, n. 4; chap. 22, n. 10, 13, 16, 21; chap. 36, n. 38. — 1651. Chap. 15 entier. Des élections aux prélatures depuis la p. 282 jusqu'à 293, et pages 706, 510, 511; chap. 16, n. 4; chap. 22, n. 10, p. 824 et n. 13, 16, et p. 866; chap. 36, n. 38. — 1639. — Chap. 15 entier; chap. 13, n. 11; chap. 16, n. 3; chap. 20, n. 4; chap. 22, n. 9, 12, 15; chap. 36, n. 21.

LICENCE DE S'ASSEMBLER. | « ..... Aucune assemblée délibérante « n'aura lieu sans la permission du gouvernement. » Loi du 18 germinal an x, art. 4. Il en est de même pour toutes les assemblées électorales, dans l'ordre administratif et politique. C'est le droit commun du royaume.

LXVIII.

Mais on pourroit douter si le droict de nomination doit estre mis entre les libertez, plustost qu'entre les privileges, d'autant qu'il peult sembler tenir quelque chose de passedroit, attendu mesme ce que Loup, abbé de Ferrieres, prelat fort sage, et des plus sçavans du temps du roy

Charles le Chauve, tesmoigne que les Merovingues et Pepin eurent encor sur ce le consentement du pape Zacharie en un synode, à ce que le roy pour maintenir son Estat en repos, peut nommer aux grandes et importantes dignitez ecclesiastiques, personnes de son royaume ses subjets dont ils s'asseurast, dignes neantmoins de la charge. Et toutesfois ce droict se voit indifferemment pratiqué par les moindres patrons laïcs : ce qui le doit faire trouver plus legitime et tolerable en la personne du roy treschrestien, premier et universel patron et protecteur des eglises de son royaume, pour le regard duquel on a tenu et pratiqué ceste maxime, mesme depuis les derniers concordats.

Qu'en tous archeveschez, eveschez, abbayes, prieurez, et autres benefices vrayement electifs, soit que ils ayent privilege d'elire ou non, resigner en cour de Rome *in favorem*, ou bien, *causa permutationis*, est requise et necessaire la nomination du roy, sous peine de nullité : sinon qu'il y eust possession triennale paisible depuis la provision : Et que lesdicts droicts de regale et nomination ont lieu, encores que le beneficié soit mort à Rome et que le benefice ait vacqué *in curia Romana*.

Preuves. — 1731. Chap. 15 entier ; chap. 11, n. 4, 12 ; chap. 16, n. 58 ; chap. 7, n. 22, 30 ; chap. 9, n. 5, 6 ; chap. 16, n. 33, art. 19 ; chap. 22, n. 8 et 21, n. 22, 26, 34, 37 ; chap. 23, n. 81 ; chap. 28, n. 15 ; chap. 30, n. 1 ; chap. 35, n. 16 ; chap. 39, n. 29 ; chap. 36, n. 19 B ; chap. 15 entier ; chap. 16, n. 58 ; chap. 7, n. 22, art. 12 ; chap. 16, n. 58. — 1651. Chap. 15 entier ; chap. 11, n. 4, 12 ; chap. 16, n. 58 ; chap. 7, n. 22, 30 ; chap. 9, n. 5, 6 ; chap. 16, n. 33, art. 19 ; chap. 22, n. 8, p. 866, n. 22, 26, 34, p. 905, 1912 ; chap. 23, p. 1011 ; chap. 28, n. 15 ; chap. 30, n. 1, p. 1126 ; chap. 35, n. 16 ; chap. 39, p. 1537, 1389 ; chap. 15 entier ; chap. 16, n. 58 ; chap. 7, n. 22, art. 12 ; chap. 16, n. 58. — 1639. Chap. 15 entier ; chap. 11, n. 4, 12 ; chap. 16, n. 50 ; chap. 7, n. 22, 28 ; chap. 9, n. 5, 6 ; chap. 16, n. 28, art. 19 ; chap. 22, n. 7, O., 21, 25, 31, 34 ; chap. 23, n. 78 ; chap. 28, n. 14 ; chap. 30, n. F, p. 1126 ; chap. 35, n. 9 ; chap. 39,

p. 1587, 1389 ; chap. 36, 0. ; chap. 15 entier ; chap. 16, n. 50 ; chap. 7, n. 22, art. 12 ; chap. 16, n. 50.

Nomination.] Sur les formes suivies en divers temps pour les élections et nominations aux offices et dignités ecclésiastiques, V. dans le *Manuel*, les notes sur cet article, et les diverses pièces rapportées aux *preuves*.

LXIX.

Je comteray plustost entre les privileges les indults d'aucunes cours souveraines, encores qu'ils soyent plus anciens qu'aucuns ne pensent, et qu'il s'en trouve quelques remarques dès le temps du pape Sixte IV voire et sous le regne de Philippes le Bel.

Preuves. — 1731. Chap. 23, n. 52, 54 ; chap. 26, n. 1 ; chap. 36, n. 24. — 1651. *Idem.* — 1639. Chap. 25, n. 50, 52 ; chap. 26, n. 1 ; chap. 36, n. 12.

Indult.] Ancien moyen d'influence et de corruption — abrogé.

LXX.

Et pareillement plusieurs autres privileges octroyez particulierement aux rois et roines de France, à leurs enfans, princes du sang, et à leurs serviteurs familiers et domestiques, dont le rapport n'a semblé estre de ce memoire.

Preuves. — 1731. Chap. 5, n. 2. — 1651. *Idem.* — 1639. *Idem.* Historique. V. dans Du Tillet *l'inventaire* de ces priviléges.

LXXI.

Mais je n'y obmettray les exemptions d'aucunes eglises, chapitres, corps, colleges, abbayes, et monasteres, de leurs prelats legitimes et ordinaires qui sont les diocesains et metropolitains, lesquelles exemptions ont autresfois esté octroyees par les roys et princes mesmes, ou par les papes à leur poursuite, et pour tres-grandes et importantes considerations depuis debattues et soustenues ès conciles de Basle et de Constance : dont furent dés lors publiez quel-

ques memoires. Tant y a qu'on peut dire avec verité pour
ce regard, que nul monastere, eglise, college, ou autre
corps ecclesiastique ne peut estre exempté de son ordinaire, pour se dire dependre immediatement du sainct-
siege, sans licence et permission du roy.

Preuves. — 1731. Chap. 38 entier; chap. 14, n. 1; chap. 35,
n. 11. — 1651. *Idem.* — 1639. Chap. 38 entier; chap. 14, n. 1;
chap. 35, n. 6.

EXEMPTION.] C'était un moyen à l'aide duquel les papes se
réservaient une juridiction directe sur certaines personnes et
certaines localités, principalement des couvents dont ils faisaient des espèces *d'oasis sacrés* soustraits à la juridiction des
ordinaires et aux lois du pays. C'était comme autant de *forts
détachés* établis dans le cœur du royaume, et dont *la garnison*
recevait des consignes du dehors. L'ancien régime avait travaillé à restreindre les exemptions. La loi organique les a
complétement *abolies* par son art. 10.

LXXII.

Je ne puis aussi obmettre en ce lieu, ce que le pape
Alexandre IIIe en une sienne epistre decretale remarque
pour une coustume ancienne de l'Eglise gallicane, de pouvoir tenir ensemble plusieurs benefices : ce qu'il dit toutefois estre contre les anciennes reigles ecclesiastiques,
notamment pour le regard des benefices qui ont charge
d'ame, et requierent residence personnelle et actuelle.

Preuves. — 1731, In collectione II *Decretalium*, lib. III, tit. v,
cap. 1. — 1651. *Idem.* — 1639. *Idem.*

PLURALITÉ DES BÉNÉFICES.] C'est le *cumul* en matière spirituelle. Ce cumul était défendu, mais il n'y a guère eu de règle
plus scandaleusement violée! L'auteur de l'*Histoire des Confes-
seurs des rois*, p. 123, cite l'exemple d'un bâtard de Henri IV,
évêque à l'âge de sept ans et chargé de dix riches abbayes. De
tels excès ne sont heureusement plus possibles aujourd'hui. —
Mais *l'ancien* abus explique et justifie *l'ancienne règle*.

LXXIII.

Et neantmoins la vérité est, que la mesme Eglise galli-cane a tenu, et la cour de France jugé, que le pape ne peut conferer à une mesme personne plusieurs benefices *sub eodem tecto,* soit à vie ou à certain temps, mesmes quand ils sont uniformes, comme deux chanoinies, pre-bendes , ou dignitez en mesme eglise cathedrale ou colle-giale : et a modifié les facultez d'aucuns legats pour ce regard.

Preuves. — 1731. — Chap. 23, n. 49, 52; chap. 23, n. 49. — 1651. *Idem.* — 1639. Chap. 23, n. 47, 50 ; chap. 23, n. 47.

LXXIV.

J'oseray encor mettre entre les privileges, mais non ecclesiastiques, le droit de tenir dixmes en fief par gens purs laics. Ce qu'on ne peut nier avoir prins son origine d'une licence et abus commencé sous Charles Martel, maire du palais, continué principalement sous les rois de sa race, et neantmoins toleré pour aucunes considerations, mais avec tel temperament sous les derniers , que le lay peut rendre ou donner tels fiefs à l'Eglise, et l'Eglise les rece-voir et retenir sans permission du prince : et qu'estans retournez en main ecclesiastique, ils ne sont sujets à re-traict de personne laye, sous pretexte de lignage, feudalité, ny autrement : et dés lors en appartient la cognoissance au juge ecclesiastique pour le regard du petitoire.

Preuves. — 1731. Chap. 36, n. 5, 6, 7 et la note; n. 17, 29. — 1651. *Idem.* — 1639. Chap. 36, n. 3, 4, 5 et la note, n. 9, 17.

DÎMES INFÉODÉES.] Il y a deux bonnes raisons pour que cet article ne soit plus nécessaire; 1° il n'y a plus de dîmes; 2° il n'y a plus de fiefs.

LXXV.

Or, pour la conservation de ces libertez et privileges

(que nos rois très-chrestiens, qui portent la couronne de franchise sur tous autres, jurent solemnellement à leur sacre et couronnement de garder et faire garder inviolables) se peuvent remarquer plusieurs et divers moyens sagement practiquez par nos ancestres, selon les occurrences et les temps.

Preuves. — 1731. Chap. 7, n. 17. — 1651. Chap. 7, n. 17, p. 247. — 1639. *Idem.*

A LEUR SACRE.] Le sacre a pris son origine dans les monarchies de droit divin. C'était une espèce *d'institution canonique* lors de laquelle l'Église prenait, tant qu'elle pouvait, ses avantages sur les rois. Sous le régime actuel la dynastie s'appuie sur la souveraineté du peuple et le roi prête devant les deux chambres assemblées le serment politique : De gouverner selon les lois, d'observer fidèlement la Charte, dont un des principaux articles consacre *la liberté et l'égalité des cultes,* par opposition à l'ancien serment qui était *d'exterminer les hérétiques.*

LXXVI.

Premierement par conferences amiables avec le sainct-pere, ou en personne, ou par ambassadeurs. Et à cest effect se trouve que les anciens rois de France (mesmes ceux de la race de Pepin, qui ont eu plus de sujet de communication avec le sainct-siege que leurs predecesseurs) avoyent comme pour marche commune la ville de Grenoble, ou encores le roy Hugues, pere de Robert, invita le pape par forme d'usance et coustume, par une epistre escrite par Gerbert, lors archevesque de Rheims, depuis pape, sur le differend de l'archevesché de Rheims.

Preuves. — 1731. Chap. 22, n. 30; chap. 36, n. 1. — 1651. Chap. 22, n. 30, p. 902; chap. 36, n. 1. — 1639. Chap. 22, n. 28; chap. 36, n. 1.

CONFÉRENCES AMIABLES.] Dans lesquelles toutefois il faut bien se garder de laisser mettre en doute ce qui est certain en droit, comme par exemple la question de savoir si on fera exécuter en France les lois concernant les congrégations non autorisées. C'est là une question de droit public intérieur pour laquelle *l'État se suffit.* On ne peut négocier alors que sur des *expédients;* le gouvernement qui y a recours, en éprouve toujours quelque affaiblissement. — En ce qui touche les rapports du gouvernement et des évêques, on trouve dans un Mémoire de l'avocat général Joly de Fleury, rapporté par Malesherbes, ce conseil salutaire transcrit dans le *Manuel*, p. 250. « Les évêques doivent « certainement être consultés par le roi sur ce qui intéresse la « religion; mais, sous quelque aspect qu'on les considère, on « ne doit point *négocier* avec eux. Comme ministres de l'Église, « il ne leur est point permis d'avoir aucune condescendance; « et comme sujets du roi, il ne leur appartient pas d'exiger des « conditions. » Il y a dans cette recommandation un grand sentiment de la dignité du pouvoir royal.

LXXVII.

Secondement, observans soigneusement que toutes bulles et expeditions venans de cour de Rome fussent veues, pour sçavoir si en icelles y avoit aucune chose qui portast prejudice en quelque maniere que ce fust, aux droits et libertez de l'Eglise gallicane, et à l'auctorité du roy. Dont se trouve encores ordonnance expresse du roy Loys onziesme, suivie par les predecesseurs de l'empereur Charles cinquiesme lors vassaux de la couronne de France, et par luy-mesmes en un sien edict faict à Madril et pratiqué en Espagne et autres pays de son obeissance, avec plus de rigueur et moins de respect qu'en ce royaume.

Preuves. — 1731. Chap. 10 entier; chap. 7, n. 55, 87; chap. 16, n. 59; chap. 33, n. 41, 42; chap. 36, n. 28; chap. 35, n. 101; chap. 10, n. 2. V. la note sur le n. 2 du chap. 10. — 1651. *Idem,* plus chap. 16, n. 56, p. 646. — 1639. Chap. 10 entier; chap. 7, n. 43; chap. 16, n. 51; chap. 33, n. 36, 37; chap. 36, n. 16; chap. 35; chap. 10, n. 2 et la note.

Examen des bulles.] Un simple jugement rendu à l'étranger ne peut pas recevoir une exécution quelconque en France sans *pareatis* du juge français. (V. *supra,* art. XLIV.) A plus forte raison il en doit être de même des lois, décrets et ordonnances émanés de gouvernements étrangers. Les bulles et brefs qui sont des ordonnances des papes sont dans ce cas. Elles ne peuvent être reçues, publiées, imprimées, ni autrement mises à exécution en France sans l'autorisation du gouvernement français. La loi du 18 germinal an x rappelle ce principe; le législateur en a fait son art. 1. On peut voir un exemple de l'application de cette règle dans un fait relatif à l'évêque de Pamiers, rapporté au *Manuel*, p. 54.

Il en faut dire autant des décrets des *Synodes étrangers*, même de ceux des *Conciles généraux*; ils ne peuvent être publiés en France sans que le gouvernement en ait examiné la forme et leur conformité avec les lois, droits et franchises du royaume. Loi du 18 germinal an x. Le conseil d'État a fait application de cette règle au mandement du cardinal de Bonald qui s'était prévalu de la bulle *Auctorem fidei* non reçue en France. V. l'ordonnance royale du 10 mars 1845 qui supprime ce mandement, etc. Elle se trouve dans le *Bulletin des Lois*, et dans le *Manuel*, p. 559 et 560. V. dans ce dernier ouvrage, 4° édit., p. 480, 482 et 483, la défense des art. 1 et 3 de la loi organique. Ces précautions n'ont pas encore paru suffisantes ; car, même pour les pièces dont le conseil d'État autorise la publication et l'importation en France, comme il y a toujours certaines expressions dont on peut craindre que la cour de Rome ne tire conséquence, on ajoute que c'est « sans approbation des clauses, formules, etc.
« et expressions qu'elles renferment, et qui sont ou pourraient
« être contraires aux lois du royaume, et aux libertés, franchises
« et maximes de l'Église gallicane. »

Dans le *Manuel*, p. 507, on trouve encore, à l'occasion des bulles que le pape avait données à Rome pour la ratification du concordat essayé en 1817, cette clause remarquable qui formait l'art. 11 du projet de loi présenté aux chambres. —
« En aucun cas, la réception et publication desdites bulles ne
« pourront préjudicier *aux dispositions de la présente loi, aux*
« *droits publics des Français* garantis par la Charte constitu-
« tionnelle, *aux maximes, franchises et libertés de l'Église*
« *gallicane, aux lois et règlements sur les matières ecclésiastiques,*
« et aux lois concernant l'administration des cultes *non catho-*
« *liques.* »

LXXVIII.

Tiercement par appellations interiettees au futur concile, dont se trouvent plusieurs exemples, mesmes és derniers temps de celles interiectees par l'Université de Paris;

des papes Boniface VIII, Benedict onziesme, Pie deuxiesme, Leon X, et autres. Qui fut aussi le moyen que maistre Jehan de Nanterre, procureur general du roy, pratiqua contre les bulles du cardinal de Balüe, appelant d'icelles *ad papam melius informatum*, *aut ad eos ad quos pertinebat :* et pareillement maistre Jehan de sainct Romain contre certaines censures, avec protestations de nullité et de recours *ad illum, seu ad illos, ad quem, seu ad quos,* etc.

Preuves. — 1731. Chap. 13 entier; chap. 9, n. 15; chap. 15, n. 66; chap. 26, n. 6, Boniface, chap. 13, n. 1, 2, 3, 4, 5. Benoit, chap. 20, n. 19. Pie, chap. 13, n. 19. Léon, chap. 13, n. 19; chap. 4, n. 15; chap. 13, n. 12. — 1651. *Idem.* — 1639. Chap. 13. entier; chap. 9; chap. 15; chap. 26, n. 6. Boniface, chap. 13, n. 1, 2, 3, 4, 5. Benoît, chap. 20, n. 19; chap. 13, n. 18; chap. 4, n. 13; chap. 13.

FUTUR CONCILE.] V. maints exemples de ces appels, aux *preuves.*

LXXIX.

Quartement par appellations precises comme d'abus, que nos peres ont dit estre quand il y a entreprise de jurisdiction ou attentat contre les saincts decrets et canons receuz en ce royaume, droicts, franchises, libertez et privileges de l'Eglise gallicane, concordats, edìts et ordonnances du roy, arrests de son Parlement : Bref, contre ce qui est non seulement droict commun, divin ou naturel, mais aussi des prerogatives de ce royaume, et de l'Eglise d'iceluy.

Preuves. — 1731. Chap. 4, n. 27; chap. 7, n. 28 et la note n. 30; chap. 9, n. 15; chap. 35, n. 23; chap. 36, n. 3, 4, 8, 14, 15, 28, 29. — 1651. Chap. 4, p. 76; chap. 7, n. 28 et la note, p. 271, 272; chap. 9, n. 15; chap. 35, n. 23; chap. 36, n. 3, 4, 8, 14, 15, 28, 29. — 1639. Vol. des *Traités.* Mém. de Duménil. Chap. 7; n. 27 et la note; n. 29; chap. 9; chap. 35; chap. 36, n. 2, 16, 17. — Loisel, règle n. 888.

APPELS COMME D'ABUS.] V. *Manuel*, p. 244, 471. Les évêques ont beau se soulever contre ce droit, il existe, il a été pratiqué constamment depuis saint Louis. M. Arthur Beugnot, cité dans le *Manuel*, p. 243, revendique pour ce grand roi l'honneur de la statue que l'avocat général Servin proposait d'ériger à celui qui avait introduit les appels comme d'abus. M. de Cormenin, dans son *Droit administratif*, édit. 1840, *appendice*, p. 18, fait l'éloge de cette procédure et rappelle les règles qui en dirigent l'application. Fleury, Frayssinous, Edm. Richer, Fevret, D'Héricourt, tous nos grands canonistes ont également proclamé les salutaires effets de ces appels, institués pour brider la puissance des prélats sans scandale (expression d'Étienne Pasquier), et protéger les libertés et les maximes françaises, et l'ordre civil tout entier contre les entreprises du pouvoir spirituel soit ultra ou citramontain. Un noble pair, dans son dépit contre la juridiction du conseil d'État, disait qu'on avait voulu en faire *la chambre de discipline du clergé*. Ces expressions à certains égards ne manquent pas de justesse, si on l'entend, non de la discipline purement spirituelle, mais de la discipline ecclésiastique dans ses rapports avec la police des cultes et l'ordre public du royaume.

LXXX.

Lequel remede est reciproquement commun aux ecclesiastiques pour la conservation de leur authorité et jurisdiction : si que le promoteur ou autre ayant interest, peut aussi appeller comme d'abus de l'entreprise ou attentat faict par le juge lay sur ce qui luy appartient.

Preuves. — 1731. Chap. 36, n. 39, 40. — 1651. *Idem.* — 1639. Chap. 36, n. 22, 23.

RÉCIPROQUE.] Dans l'ancien droit on a vu les ecclésiastiques recourir souvent à cette voie. V. aux *preuves*. — Depuis la loi de l'an x, on en a vu aussi des *exemples* en exécution de son art. 7 et suivant la forme autorisée par l'art. 8. — Mais, actuellement, la dépendance du clergé du second ordre vis-à-vis des évêques est telle, qu'un prêtre n'oserait pas recourir à cette voie ; il ne le ferait pas au moins sans exciter contre lui de vives rancunes. Bref, une grande partie du clergé actuel écrit et proteste contre les appels comme d'abus, c'est-à-dire qu'il s'insurge contre la tradition qui nous les a légués, contre la loi organique qui les a maintenus, et contre l'autorité du conseil d'État et du roi qui prononce. V. les écrits publiés à ce sujet en 1845 par plusieurs prélats, notamment les archevêques de Lyon et de Reims.

LXXXI.

Et est encores très-remarquable la singuliere prudence
de nos majeurs, en ce que telles appellations se jugent
non par personnes pures layes seulement, mais par la
grande chambre du Parlement, qui est le lict et le siege
de justice du royaume, composee de nombre egal de personnes, tant ecclesiastiques que non ecclesiastiques, mesme
pour les personnes des pairs de la couronne.

Preuves. — 1731. Chap. 13, n. 10, vers la fin; chap. 40, n. 6,
p. 259. — 1651. Chap. 13, n. 10, p. 507. V. la page 1551. — 1639.
Idem.

V. les notes insérées sur cet article dans le *Manuel*.

LXXXII.

Qui est un fort sage temperament, pour servir comme
de lien et entretien commun des deux puissances, si que
l'une et l'autre n'ont juste occasion de se plaindre, et
beaucoup moins que des inhibitions et autres moyens qui
se pratiquent ailleurs, mesmes par ceux qui se vantent
d'extreme obeyssance plus de parole que de faict.

1731. O. — 1651. O. — 1639. O. — Les preuves de cet article
lui sont communes avec les précédents et particulièrement avec
l'art. LXXIX.

SAGE TEMPÉRAMENT.] Et comme le dit Étienne Pasquier à l'endroit déjà cité : « c'est un moyen de *brider sans scandale* la
« puissance des prélats. » V. la note sur l'art. LXXIX.

LXXXIII.

Au surplus, tous ceux qui jugent droictement des choses,
peuvent assez recognoistre de quelle importance a esté, et
est encores autant et plus que jamais, la bonne et entiere
intelligence d'entre nostre sainct-pere le pape et le roy de
France, lequel pour très-justes causes et très-grandes me-
rites, a emporté sur tous autres le tiltre de très-chres-

ien, et premier fils et protecteur de l'Eglise. Et pour ce
doivent-ils en general et en particulier estre d'autant plus
soigneux d'entretenir les liens de ceste concorde par les
mesmes moyens qui l'ont faict durer jusque à cy, suppor-
ans plustost les imperfections qui y pourroient estre, que
l'efforçans de roidir outre mesure les cordes d'un nœud
si franc et volontaire : de peur que par trop serrer et res-
raindre, elles ne se relaschent, ou (qui pis seroit, ce que
Dieu ne veuille permettre) rompent tout à fait, au danger
et dommage certain de toute la chrestienté, et particulierement du sainct-siege, duquel un de ses plus sages prelats a tres-prudemment recognu et tesmoigné par escrit
que la conservation des droits et prerogatives de la couronne de France estoit l'affermissement.

Preuves. — 1731. Chap. 7, n. 15; chap. 7, n. 4; chap. 23, n. 80.
— 1651. *Idem.* — 1639. *Idem.*

CONCORDE.] Aussi la plupart des arrangements entre les souverains et les papes ont-ils reçu le nom de *Concordats*,
quoiqu'ils n'aient pas toujours réuni tous les suffrages.

Par ce dernier article, qui est comme le couronnement de
tous les autres, on voit que les *libertés de l'Église gallicane*
en elles-mêmes et dans l'esprit de ceux qui les ont formulées et
défendues, n'ont rien qui ne se concilie parfaitement avec *les
droits essentiels de la papauté.* Les gallicans sont *orthodoxes.*
Ils ont toujours reconnu et vénéré la puissance spirituelle du
saint-siège comme centre de l'unité catholique, dont il est le chef.
mais non pas le monarque absolu. Leur doctrine a été formulée
par M. l'évêque d'Hermopolis lorsqu'il a dit : « Le saint-siége
est pour nous le centre où tout aboutit, et non pas la source
d'où tout émane. » Les *vrais principes de l'Église gallicane*,
édit. de 1826, p. 93.

TABLE
DES MATIÈRES

CONTENUES

DANS LES DEUX VOLUMES.

Le chiffre indique le numéro de la règle (1).
Les renvois aux *Libertés de l'Église gallicane* de P. Pithou sont désignés
par le chiffre des articles, précédé d'un P.

A

---

(1) Le premier volume finit avec la règle 504. Les maximes de Pithou sont dans le second volume et commencent à la page 261.

B

C

D

H

I

J

M

Q

R

T

GLOSSAIRE
DU DROIT FRANÇAIS,

CONTENANT L'EXPLICATION DES MOTS VIEILLIS OU HORS D'USAGE
QU'ON RENCONTRE LE PLUS ORDINAIREMENT
DANS LES MONUMENTS DE NOTRE ANCIENNE JURISPRUDENCE.

———

AVERTISSEMENT.

Donner un dictionnaire complet de notre ancienne langue juridique serait une entreprise de longue haleine, à laquelle nous
n'avons pas même songé. Notre but, beaucoup moins ambitieux,
a été de réunir, dans un lexique de peu d'étendue, les mots et les
locutions qu'on trouve communément dans les Coutumes ou les
Ordonnances, de façon à mettre la lecture de ces pièces curieuses à
la portée des personnes les moins familières avec notre vieux langage
et nos anciennes institutions. Aujourd'hui que le goût de l'histoire
se réveille parmi nos jurisconsultes, rien ne nous a semblé plus
immédiatement utile qu'un pareil travail. Le temps n'est pas éloigné
où les Assises, Beaumanoir, de Fontaines, etc., prendront dans la
bibliothèque de nos magistrats et de nos avocats la place qui leur
appartient parmi les sources de notre législation, et bientôt, sans
doute, l'étude de ces anciens *seigneurs de lois* sera un des principaux éléments de toute éducation complète. Cette étude d'ailleurs
est assez attrayante pour récompenser de quelques difficultés premières ; difficultés faciles à surmonter avec un peu d'attention, et
que notre glossaire rendra, nous l'espérons, encore plus légères.

Le *Glossaire du Droit français* de Ragueau et Laurière a fait le
fond de notre travail. Nous y avons joint tout ce que nous ont
fourni d'intéressant les dictionnaires de Nicod, de Cotgrave, et de
Ménage, le *Trésor des Antiquités gauloises* de Borel, *les Terms
de la Ley* de Rastall, curieux lexique du droit anglo-normand,
dont Laurière seul a fait usage en France, le *Law dictionary* de
Cowel qui complète Rastall, et enfin le *Glossaire de la langue
romane* de Roquefort. En outre nous avons recueilli un assez
grand nombre de mots dans des publications nouvelles, inconnues

par conséquent de nos prédécesseurs, telles que la nouvelle édition des ASSISES DE JÉRUSALEM, le PHILIPPE DE NAVARRE, le ROISIN, coutumier lillois qui ne manque pas d'importance, le PIERRE DE FONTAINES, texte tout nouveau donné par M. MARNIER, le MIROIR DE SOUABE, et quelques autres coutumes récemment imprimées. En somme, nous n'avons rien négligé pour rassembler le plus grand nombre possible de mots et d'acceptions juridiques, et notre glossaire, malgré son peu de volume, et la concision de ses explications (1) est plus riche dans sa spécialité que la plupart des dictionnaires du vieux langage français, comme on pourra facilement s'en assurer par la plus superficielle comparaison.

Borné par l'espace et le temps, nous n'avons pu songer à reproduire toutes les formes orthographiques, que la variété des dialectes ou l'arbitraire de l'écrivain a pu donner à un même mot. Il faudrait plusieurs in-folio pour reproduire, même incomplétement, cette diversité qui va à l'infini, puisqu'il s'agit d'une époque dans laquelle chaque province de France, et on pourrait dire chaque canton, avait son dialecte particulier, sa prononciation spéciale, et une orthographe aussi variable que sa prononciation. Il nous a donc fallu prendre, souvent au hasard, une ou quelques-unes des formes du mot, supposant que le lecteur saura reconnaître dans le mot que nous avons adopté, celui dont la forme ou l'acception l'embarrassent. Apprendre au lecteur à se reconnaître au milieu de ces mille modifications qui rendent souvent méconnaissable le substantif le plus facile, c'est ce que la lecture et l'usage feront mieux que toutes les règles et tous les grammairiens; voici seulement quelques conseils pratiques, et qui, tout en n'ayant aucune valeur scientifique, ne seront peut-être pas sans utilité.

Le premier soin, quand on veut se familiariser avec un de nos anciens auteurs, c'est d'étudier son dialecte; nous entendons par dialecte certaines formes, certaines terminaisons qui indiquent de façon constante quelques parties du discours, telles que le pronom, le substantif, certains temps du verbe, etc., et permettent ainsi de les reconnaître et de les ramener promptement à la langue d'aujourd'hui. C'est ainsi, par exemple, que les nombreux substantifs qui finissent en *eur* dans notre langue se terminaient en *or*, *our*, *eor*, *eour*, dans l'ouest et le midi de la France, en *eux*, *ères*, *ières* dans le nord; ainsi que nos infinitifs en *er*, en *ir*, en *oir*, étaient souvent

(1) Pour le lecteur qui désire de plus longs détails, nous avons indiqué le mot latin du Glossaire de Ducange, sous lequel on trouvera réunies toutes les explications désirables. Ce mot latin (compris entre parenthèses) étant non point l'étymologie, ou la traduction latine du mot français, mais un renvoi à Ducange, on comprendra pourquoi c'est quelquefois un verbe qui se trouve joint à un substantif, ou un substantif qui explique un verbe.

remplacés dans certaines provinces par des infinitifs en *erre, eir, ier, oyer*, etc. Une fois au fait des terminaisons que revêt le substantif ou l'infinitif, le lecteur saura bientôt deviner le mot de notre langue caché sous la forme hors d'usage. *Donor, donour, donéor, donéour, donères, donnière*, seront pour lui le mot DONNEUR; *jugières, jugiers, jugère, jugeor*, le mot JUGEUR ou JUGE; *querer, querre, quérir*, un même infinitif dans trois dialectes différents, comme: *trister, trister, tristoyer*, trois formes du verbe ATTRISTER. Une seule page analysée avec attention donnera la clef des terminaisons et des formes particulières au dialecte suivi par l'auteur, et, sans recourir au dictionnaire, permettra de reconnaître les mots les plus essentiels, les substantifs, les verbes, et surtout les pronoms souvent difficiles à distinguer, non seulement parce qu'ils se prononcent et s'écrivent de vingt façons différentes (1), mais encore parce qu'ils se combinent et se confondent quelquefois avec le mot qui les suit (2).

Une fois au courant des formes du dialecte, formes qu'un glossaire ne peut indiquer qu'imparfaitement et confusément, le lecteur ne sera plus arrêté que par des difficultés d'orthographe qui l'empêcheront de ramener le mot qui l'embarrasse, soit à quelqu'un des mots restés dans notre langue, soit à quelque mot ancien écrit dans le glossaire avec une orthographe sensiblement différente. En ce cas, voici comment, par un procédé tout machinal, il sera possible de résoudre la difficulté.

Il faut d'abord se persuader qu'au moyen âge il n'y avait point de règles orthographiques; autrement dit, qu'on écrivait en général comme on prononçait. Toutes les fois donc que la prononciation d'un mot n'est pas altérée, peu importe la manière dont ce mot est écrit dans le livre, et la manière dont il est imprimé dans ce glossaire; c'est toujours la même chose. *Talant, tallant, talans, talanz, talens, talent, talenz* sont des formes différentes d'un même vocable, dont une seule, *talent*, est restée dans la langue moderne. Ainsi en est-il de *ré, rei, reis, reiz, réz*, roi, de *demaigne, demaiene, demaine, demainne, demengne*, formes diverses du mot *demaine* ou *domaine*. Par une conséquence du même principe, on ne doit faire nulle attention aux lettres parasites, ou qui ne modifient pas sensiblement la prononciation, telles que les e muets, les lettres doubles et même certaines diphtongues; nos

(1) Exemple: *Son, sa, ses* se trouve sous la forme *se — sei*, fem. *seie. — ses* au singulier des deux genres, — *seu*, fem. *seue. — si — soé*, fem. *soe, soie — sos — soue*, fem. — *Suen*, fem. *sue*.

(2) Exemples: *Same, samie*, mon âme, son amie. *Mante, tante, saule*, ma ante ou ma tante, *ta ante* ou ta tante, *sa ante* ou sa tante. *Jamasse*, j'aimerais, *taumaille*, ton aumaille, tes bestiaux.

pères doublaient volontiers la plupart des consonnes et même des voyelles, exprimant sans doute par cette orthographe un accent qui s'est perdu. C'est ainsi que *gagner* s'écrit en différents dialectes *gaagnier*, *gaaugner*, *gaaingnier*, *gnaingner*, et que *âgé* se trouve sous les formes *aagé*, *aagié*, *aagiés*, *aagiez*, *aaigé*, *aaigié*, *eagé*, *eagiez*, etc. Un peu d'usage permettra bientôt de se retrouver dans cette apparente confusion.

Quant aux mots qu'on ne pourra reconnaître par le retranchement ou l'addition des lettres muettes (nous disons l'addition, car quelquefois, quoique plus rarement, on retranche des lettres qui se prononcent faiblement dans la langue moderne, et l'on trouve écrit, par exemple, *resnablement* pour *raisonnablement*, et *réon* pour *rayon*), voici un tableau à l'aide duquel on pourra souvent ramener la forme orthographique suivie dans le livre, à celle qu'on a adoptée dans le glossaire :

A se trouve souvent au commencement d'un mot, comme euphonique ou augmentatif. *Acacher*, *aceindre*, *acclore*, *apaier*, *apenser*, *aconvenancer*, CHERCHEZ : cacher, ceindre, etc.

AA = A (1), AI, AE, EA. *Aage*, âge; *aamplir*, aemplir; *maaing*, méaing; *raambrer*, raembrer.

A = E. *Ambler*, embler; *aau*, eau; *vandue*, vendue; *chaptel*, cheptel, *amblaver*, emblaver.

   = O *Pramesse*, promesse; *appresser*, oppresser.

AI = A. *Aigié*, âgé; *couraige*, courage; *raicheter*, racheter.

AL = AU. *Falseté*, fausseté; *malvais*, mauvais; *palmée*, paumée; *realme*, réaume ou royaume.

AU = A. *Gaugner*, gagner; *laurme*, larme.

   = AL ou AR. *Maufaiteur*, malfaiteur; *aubre*, arbre; *saucler*, sarcler.

AULE = ABLE. *Taule*, table; *diaule*, diable; *coupaule*, coupable; *désiraule*, désirable; *resnaule*, raisonnable.

C = CH. *Acater*, acheter; *escange*, échange; *cief*, chief ou chef; *coses*, choses; *escarcement*, escharsement; *ciffre*, chiffre.

   = G. *guce*, juge; *cresse*, graisse; *clas*, glas.

   = K. *Cane*, kane, mesure de liquides.

   = S. *Largèce*, largesse; *rescouce*, rescousse; *apencer*, apenser.

CH = C. *Forche*, force; *larrechin*, larcin; *chatels*, catels.

   = G. *Granche*, grange; *carchier*, charger.

   = Q ou K. *Vesche*, vesque, veske ou évêque.

(1) Le signe AA = A signifie ici remplacez AA par A, ce qui ne veut pas dire que telle forme est plus correcte que l'autre; mais simplement que le mot s'écrivant de ces deux manières, l'explication donnée pour l'une vaut pour l'autre.

CI = TI, SI. *Torcion*, extorsion.

D est souvent euphonique : *desserpiller*, esserpiller; *ademplir*, aemplir; *advenant*, avenant; *adjourner*, ajourner. Disparaît facilement devant R : *venredi*, vendredi; *venra*, viendra; *vorroit*, voudrait.

= T, *Reséandise*, reseantise.

E = A. *Menoir*, manoir; *menière*, manière; *teche*, tache.

= AI. *Malves*, mauvais; *per*, pair; *reson*, raison.

EI = AI. *Mein*, main; *meindre*, maindre, de *manere*, demeurer.

= OI. *Meindre*, moindre; *lei*, loi.

EIR = ER dans les infinitifs. *Infirmeir*, infirmer.

EL = EAU ou EU. *Mesel*, meseau, meseuz; *lambel*, lambeau.

EM, EN, l'IN des Latins est souvent augmentatif. *Emboiser*, boiser ou tromper; *enarrher*, arrher, donner des arrhes; *enconvenancer*, convenancer.

= IM. *Emportant*, important; *emmatriculer*, immatriculer.

ERES, IÈRES. Forme du nominatif dans les dialectes du Nord. *Acateres*, acheteur; *accuseres*, accusateur.

EU = U. *Preudhomme*, prud'homme; *seurcot*, surcot; *seurcroit*, surcroît; *recreu*, recru.

F = U ou V. *Malfez*, mauvais; *vefve*, veuve.

G = J. *Gachère*, jachère; *giu*, jeu.

GUA = GA. *Guarder*, garder; *guarnison*, garnison.

H s'ajoute et se retranche facilement. *Habandon*, abandon; *aeriter*, aheriter ou adheriter; *éritage*, héritage; *cercher*, chercher.

I est euphonique au commencement des mots *Iawe*, eau; *ice*, ce; *iest*, est; *iestre*, estre; *itel*, tel.

= E ou EI. *Minu*, menu; *ordine*, ordène ou ordre; *iretage*, héritage; *millour*, meilleur; *pignier*, peigner.

= J. *Maieur*, majeur; *veniance*, venjance ou vengeance.

IE = E. *Chief*, chef; *cieux*, ceux; *legier*, léger; *liever*, lever.

J = G. *Jehine*, gehenne; *jaiant*, géant; *jenoiller*, genouiller.

K = C. *Kabal*, cabal; *koillir*, ceuillir; *kointise*, cointise.

= CH. *Kerkier*, cherchier; *cloke*, cloche; *kien*, chien.

= QU, KI, QUI. *Kil*, qu'il; *joska*, jusqu'à.

L = R. *Paller*, parler; *maller* marler ou marner.

O = AU. *Otel*, autel; *otretel*, autre tel.

= OU. *Corage*, courage; *doer*, douer; *fornir*, fournir; *oblie*, oublie; *ovrer*, ouvrer.

= U. *Jostice*, justice; *sor*, sur.

OE = OUE. *Roe*, roue; *noer*, nouer.

= EU, OEU. *Oefs*, œufs; *noef*, neuf; *cœr*, cœur.

= UE. *Moer*, muer.

OI = AI, EI ou E. *Lirroison*, livraison ; *malvois*, mauvais ; *oroison*, oraison ; *recoiter*, recetter ou receler ; *oirre*, erre.

   = I. *Oissues*, issues ; *toisserant*, tisserant ; *loien*, lien ; *noier*, nier.

OU = O. *Coumme*, comme ; *ousier*, osier ; *louier*, loyer ; *fourconseiller*, forconseiller.

OUE = OI. *Reservouer*, réservoir ; *ratouere*, ratoire.

PAR, POR ou POUR sont augmentatifs. *Parachever, parfournir, porchasser, poursuivre, pourguerre*, c'est achever, fournir complétement, chasser, suivre avec acharnement.

QU = C. *Quider*, cuider ; *quaresme*, carême ; *quœr*, cœur.

   = CH. *Oquoison*, ochoison ; *marquié*, marchié.

R au commencement des mots est augmentatif. *Rengreger*, reconroyer, *il raffiert* : quelquefois il est simplement euphonique : *Radveu*, adveu ; *restoubles*, estoubles.

   = L. *Marancolie*, mélancolie ; *merlier*, mellier.

S s'ajoute ou se retranche avec une grande facilité devant les consonnes. *Esbattre*, ébattre ; *eschoite*, échoite ; *lesdangier*, ledanger ; *isnel*, inel ; *despens*, dépens ; *coustume*, coutume, etc.

   = C. *Justise*, justice ; *pursevoir*, percevoir ; *rainsel*, rainceau (rameau).

SI = CI ou TI. *Infoursiat*, infortiat.

TI = CI. *Nontier*, noncier.

U = F. *Relieu*, relief ; *caitiu*, caitif ou chétif.

   = O. *Uvrer*, ovrer ; *umbrage*, ombrage ; *ume*, homme ; *purtraire*, portraire ; *purchase*, porchas.

   = OU. *Manburnie*, manbournie.

   = V. *Rouer*, rover ; *prouer*, prover (1) ; *rouoisons*, rovoisons ou rogations.

   = EU. *Liu*, lieu ; *abuvrement*, abeuvrement.

UE = EU, OEU. *Muese*, la Meuse ; *muete*, meute ou émeute ; *muers*, mœurs ; *cuer*, cœur.

UN = ON. *Livraisun*, livraison ; *raisun*, raison.

V = B. *Vachelle*, bachelle ou bachelette ; *vasquine*, basquine.

   = G. *Vaignage*, gaignage ; *varenne*, garenne ; *vait*, guet.

W = G. *Warder*, guarder ; *nawaires*, naguères ; *werpir*, guerpir ; *rewarder*, regarder.

X = S. *Poxance*, puissance ; *dixmes*, dismes ; *dextrier*, destrier.

Y = I. *Ylle*, île ; *ymage*, image ; *ydoine*, idoine ; *lyce*, lice.

(1) Dans les anciennes éditions I et J, U et V ne sont point distingués ; dans les éditions modernes c'est souvent une faute d'impression qui a conservé une lettre au lieu de l'autre.

GLOSSAIRE

DU DROIT FRANÇAIS.

A

A, avec. *A tout*, avec tout.

AAGE, AAINSNÈCHE, etc. V. AGE, AINSNÉSCE.

ABANDON OU ABANDONNEMENT (*abandonium*), délaissement; acte par lequel on se dessaisit d'une chose ou d'un droit. *Abandon de biens par un père à ses enfants.* — *Contrat d'abandonnement*, acte par lequel un débiteur délaisse tous ses biens à ses créanciers.

— (*Abandum*), prise de gage (*in bandum res missa*). V. BANDON.

ABANDONNER, littéralement : *donner à ban*, c'est délaisser une chose à qui voudra la prendre. V. BAN et BANDON.

ABATRE, rabattre, diminuer, supprimer. *Li cousts (les frais) doivent être abatus* (Beaum). — *Coustumes abatues*, ban abatu.

ABDICATION (*abdicta*), abandon volontaire et définitif, renonciation absolue. *Abdiquer son rang, sa charge.* — *Abdiquer ses biens*, les délaisser sans espoir de retour, renoncér à son droit de propriété.

ABEIANCE, DROIT EN (*Abeyantia*), c'est un droit qui est suspendu, du verbe *béer* (cout. anglo-norm.). *Tenir aucun en abay*, tenir quelqu'un en suspens.

ABENEVIS (*benevisum*), emphytéose, et non point abonnement comme l'a cru Laurière.

ABEVRER, ABEVERIR, ABOVRER, ABUVRER (*abovragium*), abreuver. *Abeuvrage*, droit de mener les bestiaux à une fontaine; — impôt sur les boissons. — *Abevrement* (Ass.), torture par l'eau. —V. PAST.

ABIANXEURS OU ABIENNEURS, séquestres ou dépositaires dans la coutume de Bretagne.

ABIGEAT (*abigeatus*), crime de celui qui vole des bestiaux en les chassant devant lui.

AB INTESTAT, SUCCESSION, celle d'une personne morte sans testament. *Héritier ab intestat*, celui qui est appelé par la loi à la succession d'une personne morte sans testament.

AB IRATO, par une personne en colère, *testament*, *donation ab irato*.

ABLADER, ABLAIER (*abladiare*), emblaver, ensemencer en blé. *Ablais* (*abladium*), blés coupés qui sont encore sur le champ.

ABOILE, abeille. — **ABOILAGE, ABEILLON** (*abollagium*), droit seigneurial sur les abeilles et leurs produits.

ABOLIR, casser, annuler, abroger. *Abolir une coutume, des impôts. Lettres d'abolition*, lettres de grâce qui détruisent entièrement la condamnation et ses effets, ou qui effacent toute trace de l'accusation intentée. (*Institutæ actionis peremptio.*)

ABONDANT, D', de plus, en outre.

ABONDER PLUS GRANDE SOMME, c'est déclarer dans le contrat une somme supérieure au prix réel de vente pour empêcher le retrait lignager.

ABONNAGE, ABOMMAGE, ABONNEMENT, ABOURNEMENT, stipulation à forfait.

— Bornage. Limitation.

ABONNER, ABOSMER, ABOURNER (*abonare*), composer, stipuler un droit fixe. (*Se borner par accord de ce qu'on doit payer.*) *Taille* ou *queste abonnée* : Taille fixe, à la différence de la taille arbitraire, dont la quotité dépend de la volonté du seigneur. *Serfs abonnés, loyaux aides abosmés, roncins de service, fiefs abonnés.*

ABONNER, ABOSMER, ABOURNER, borner.

ABOUT (*abbotum, adboutamentum*). « Fundus, dit Du Cange, creditori « designatus per suas vicinitates « et confinia, ut in hunc creditor « speciale jus postea acquirat. » Assignation hypothécaire et hypothèque. — *Abouter*, assigner par manière d'about. (Carpentier.) — *Abous* ou *habous* de l'Algérie, biens affectés au service des mosquées, des écoles.

ABOUTISSANS (*abuttare*), qui touchent par un bout. *Les tenans et aboutissans d'un héritage*, sont les fonds qui tiennent et confinent par un bout à cet héritage.

ABRÉGER SON FIEF, le diminuer, en aliéner ou amortir une partie.

ABROGER, annuler, anéantir une loi, un usage, une coutume.

ABSCONS (*absconsa*), caché, secret. V. ESCONDRE.

ABSENT, celui qui est hors de son domicile, et dont on n'a point de nouvelles.

ABSOLUTION A CAUTELLE OU SOUS CAUTION (*absolutio ad cautelam*), absolution sous condition qui se donne par le supérieur légitime à celui qui se prétend injustement excommunié.

ABSTENTION, renonciation tacite d'un héritier qui ne s'immisce point dans les affaires de la succession.

ABUS, entreprise injuste de la puissance ecclésiastique sur les droits de la puissance séculière.

ABUS, APPEL COMME D', recours contre les actes des personnes ecclésiastiques en cas d'usurpation ou d'excès de pouvoir.

ACAPTES, RÉACAPTES, ARRIÈRE ACAPTES (*accaptare*), droits de relief dus par l'emphytéote à chaque mutation.

ACARER (Esp., *cara*, visage), littéralement : mettre face à face, confronter. *Acarement* (*accarratio*), confrontation.

ACASER, donner une terre à rente ou à cens.

ACAT, ACCAT, ACQUET, ACHAT, achat. *Acater* (*acatare*), acheter. *Acatères, acateur, achepteur*, l'acheteur.

ACCAPIT, emphytéose.

ACCENSE, ADCENSE, ACCENSEMENT, ADCENSEMENT, ACCENSISSEMENT (*accensa, adcensa*), héritage donné à cens ou à ferme, *contrat de fief* dans les coutumes normandes. *Accense, acensie*, fermage.

ACCENSER, ACENSIR (*adcensare, assensare*), donner à cens, — prendre à cense ou ferme. — abonner. *Droit de gîte accensé. Accensement de tailles.*

ACCEPTANCE, ACCEPTATION, action d'agréer, de recevoir ce qui est offert ou déféré ; *acceptation d'une donation, d'une succession, d'une communauté, d'un transport, d'une lettre de change.*

ACCESSION est l'acquisition de la chose qui s'unit ou s'incorpore à la chose dont nous sommes déjà propriétaires. — C'est la chose incorporée, ou l'incorporation elle-même.

ACCESSOIRE (*accessorium*), ce qui est une suite, une dépendance de la chose principale.

ACCINS ET PRÉCLOTURES, principales dépendances du manoir seigneurial. V. VOL DU CHAPON.

ACCISE (*accisia*), impôt.

ACCOISER, apaiser, terminer. *Accoiser le débat.*

ACCOMPAIGNER, s' (*associare*), se mettre en compagnie, en société, en communauté.

ACCORDER, convenir, consentir. *Accordailles*, fiançailles, signature du contrat.

ACCROISSEMENT est le droit qui appartient aux cohéritiers ou colégataires, de prendre ou de retenir la part de celui qui refuse ou ne peut accepter.

ACCRUE (*accessa*) est l'augmentation d'une chose par l'adjonction d'une autre. Ainsi les alluvions, les atterrissements sont des accrues. Les accrues de bois (Troyes, 117) sont l'espace de terre qu'un bois a gagné en croissant hors de ses limites.

ACCUSEMENT, accusation.

ACCUSERES, ACCUSEUR, accusateur.

ACERTAINER, informer d'une façon certaine.

ACHAISON, ACHOISON, ACOISON, ACHOISE (*occasio*), cause, occasion.

A petite achaison
Se saisit le loup du mouton.

— querelle, procès, accusation.

Cil a moult tous ses hons laidement démenés
De plais et d'achosons domagiés et grèves.
(R. de Rou.)

ACHAISONNER, AQUOISONNER, occasionner.

— actionner, inquiéter, accuser, vexer. *Acoisoné*, accusé.

ACUILLIR, ACUILLIR, accueillir.

— se charger d'une chose, prendre sur soi, tenir compte.

ACOINTS, ACOINTÉS, amis, familiers. *Les acointés de la cour* (Ass.), ceux qui suivent les audiences.

ACOUCHER, se coucher. *Acoucher, malade*.

ACOUSTUMANCE, habitude, coutume, usage.

ACQUERRE, ACQUESTER, ACQUÉSER, acquérir. *Acquesteur*, acquéreur

ACQUEST, AQUEZ (*acquestus*), acquisition.—Immeubles qui nous sont venus par toute autre voie que de succession, ou de don en ligne directe.

ACQUIESCEMENT, adhésion à un acte, un jugement, une demande.

ACQUIT (*acquitatio*), quittance, décharge mise au bas d'un compte ou d'un titre négociable.

ACQUITTANCE (*acquietantia*), délaissement, abandon.

ACRÉANTER, V. CRÉANTER.

ACRÉER, ACROIRE (*accredere*), faire crédit.

Or regny je Dieu, se j'accrois
De l'année drap.

(Pathelin).

Acréor, (Ass.). Prêteur, créancier. V. CROIRE.

ACTE (*instrumentum*), écrit constatant un fait ou une convention ; *acte authentique, acte sous seing privé*.

— tout ce qui se fait en justice. *La cour donne acte. Acte judiciaire*.

— action ; *faire acte d'héritier*.

ACTEUR, ACTOUR (*actor*), demandeur en justice. — Auteur.

ACTIF, ce qui appartient à une personne, déduction faite de ce qu'elle doit, ou de son *passif. Dettes actives*, créances.

ACTION (*actio*), demande, poursuite judiciaire ; droit de poursuivre en justice ce qui nous est dû. *Actionner*, poursuivre.

ACTORNÉ. V. ATTORNÉ.

AD, à; *adce*, à ce; *adreque*, afin que; *adcase*, à cause.

ADAMAGIER, ADAMER (*addamnare*), endommager ; *adamagié*, qui a éprouvé un dommage.

ADE, exempt, affranchi (Roisin).

ADEMPLIR, AEMPLIR, accomplir.

ADÉNERER (*denarius*), mettre à prix.

ADÈS, AMÈS (Ital. *adesso*), dès ce moment, aussitôt, toujours.

ADEVANCIER, prévenir, *præoccupare*.

ADEXTRER (*addestrare*), se tenir à la droite, — se rendre adroit, s'adextrer aux armes.

ADHÉRITER (*adhæredare*), mettre en possession, ensaisiner, investir, saisir de.

ADHÉSION, consentement, acceptation, acquiescement. *Demande en adhésion*, action formée par un des époux pour obliger l'autre à reprendre la vie commune.

ADIRER (*adirare*), égarer. *Lettres de change adirées*. — Rayer. Son nom est adiré de l'estat des officiers.

ADITION D'UNE SUCCESSION, acceptation d'une succession. (*Ire ad hereditatem*.)

ADJACENCE (*adjacentia*), proximité, voisinage, *lieux adjacents*.

ADJOUR, ADJOURNEMENT, assignation à comparaître en justice à un jour donné.

ADJOURNER (*adjornare*), faire jour, assigner.

ADJOUSTER, ADJOUXTER (*adjustiare*), approcher, assembler, ajuster.

ADJUDICATION, vente ou bail fait aux enchères publiques ; *adjudicataire*, celui en faveur duquel a été prononcée l'adjudication.

ADJURER (*adjurare*). V. CONJURER.

ADJURÉ, celui qui s'est obligé par serment. — Juré.

ADMALLER (*admallare*), appeler en justice.

ADMINICULE (*adminiculum*), moyen qui aide à la preuve ; — preuve imparfaite.

ADMINISTRATION, gestion des affaires et des biens d'autrui; *administration du mari, du tuteur, du curateur; administration d'une succession, d'un hôpital, d'un couvent.*

ADMINISTRER, gérer. — Fournir; *administrer des titres, des preuves, des témoignages.*

ADMISSIBLE, recevable. *Preuves admissibles.*

ADMODIER, AMOIER (*admodiare*), donner à ferme moyennant partage des récoltes. *Admodiateur,* celui qui donne à ferme. — abonner. *Taille admodiée* (*amoissonata tallia*).

ADMOISONER, ADMOISEINEIR, amodier.

ADMONNESTER, avertir, reprendre, — ordonner sous peine d'excommunication. *Admonition,* avertissement.

ADMORTISSEMENT. V. AMORTISSEMENT.

ADNUITIER, METTRE A NUISTER, c'est séquestrer les biens du débiteur pendant un certain nombre de nuits, passé lesquelles on procède à la vente. — faire nuit.

ADONC, ADONCQUES, dès lors, alors, ainsi.

ADOUBER (*adobare*), équiper, armer. *Appareillés et adoubéz comme serjanz champions.* As.

ADRACIER, ADRECIER, ADRECHIER (*addretiare*), redresser, rectifier, — rendre justice, faire droit.

Et se il a le tort, bien li adrecera
Hautement en sa court, si com il li plaira.
(PERCEVAL).

ADRAS, APRÈS, droits, amendes, dommages, intérêts dans les coutumes messines.

ADROIT, jugement, sentence.

ADULTÉRER, falsifier les monnaies.

ADUNER. V. AUNER.

ADVENANT. V. AVENANT.

ADVENTIF, ADVENTICE (*adventitius*), qui vient du dehors. *Biens adventices* (*advenimentum*), biens venus par toute autre voie que la succession directe. *Biens adventices* dans la coutume d'Auvergne sont les paraphernaux.

ADVERSE PARTIE, c'est la personne contre qui on plaide.

ADVEST (*advestitura*), investiture, ensaisinement.

ADVESTIR, mettre en possession.

ADVEU. V. AVEU.

ADVISER (*advisare*), consulter, délibérer. — Avertir.

ADVOUÉ, ADVOUERIE, ADWOUSON. V. AVOUÉ, AVOUERIE.

ADVOUTRERIE. V. AVOUTRERIE.

ADWESTURES, grains, récoltes sur pied.

AE. V. AGE.

AEMPLIR, accomplir, remplir. *Aemplement,* accomplissement.

AERDRE, AHERDRE (*adhaerere*), attacher, joindre, saisir. *Aert,* il saisit, il s'attache.

AESMER, AASMER, estimer. *Aesmance,* estime, opinion, valeur.

AESNIE (*Aesnecia*), ainesse.

AFAITIER, AFETER (*afeitare*), parer, arranger, instruire. *Afaitié,* habile, exercé. *Champion afaitie* (Ass.).

AFEUR. V. FEUR.

AFFAIRE, entreprise, spéculation financière, convention, marché; — procès, contestation civile ou criminelle.

AFFAN. V. AHAN (Ital. *affanno*), AFFANNER (*affannare*), fatiguer, travailler.

AFFÉAGER, inféoder, donner en fief (*afficaragium*).

AFFECTER, obliger une chose au paiement d'une dette.

AFFÉRER, AFFÉRIR, convenir, être sortable. *Affiert moult que les riches homes apreignent lettres* (Ass.). — *Part afférente,* part qui revient à chaque héritier. — *Affèrue,* portion.

AFFERMER, donner à ferme. — affirmer

AFFEURER ou AFFORER (*afforare*), mettre à prix, taxer, estimer. *Affeurer selon le cours du marché* (Ord. de la ville). *Afferage, afforage, aforement* (*afforagium*), prix de la mercuriale, prix légal.

AFFICHE ou AFFIXE (*affixio*), placard apposé dans un lieu public pour rendre quelque chose connu de tout le monde. *Affiches à la quarantaine,* affiches qui se posaient quarante jours avant l'adjudication par décret.

AFFIER (*affidare*), donner sa foi.

Par tel convenans vous li afferez
Quel lendemain du jour qui ci vous est mandés.
Rendercs le chastel.

AFFIER, afûrmer, certifier, promettre par serment. *Affiage (affidamentum)*, sûreté, assurance. *Affirmation*, assurance donnée par serment. *Affidavit*, serment dans les coutumes anglo-normandes. — Fiancer. *Affiance, affiailles*, fiançailles.

AFFIES, AFFIDÉS (*affidati*), amis, parents, recommandés. *Affidée*, fiancée.

AFFILIER (*adfiliare*), adopter. *Affiliation*, adoption.

AFFINER, finir. *Affiner un compte*.

AFFINITÉ, alliance, espèce de parenté que le mariage produit entre un des conjoints et les parents de l'autre conjoint.

AFFINS (*adfines*), alliés, parents.

AFFOLER (*affolare*), blesser. *Qui navre autrui ou affole; il lui doit rendre ses damages* (Beaum.). *Affolure*, blessure.
— devenir fou.

AFFOUER (*affocare*), faire du feu. *Droit d'affouage (affocagium)*, droit de prendre du bois de chauffage dans une forêt.

AFFOYS, promesses. V. AFFIER.

AFFRANQUER (*affrancare*), affranchir, racheter, dégager, amortir.

AFFRAYREMENT (*affrayramentum*), association, communauté.

AFIERT. V. AFFÉRIR.

AGAIT, AGUAIS, AGAITANCE. Voyez AGUET.

AGARD. V. ESGARD.

AGASTIS, dégât causé par les bestiaux. *Action d'agastis*.

AGE, AÉ, AAIGE (*œtas*), âge. *Age parfait, droit âge*, majorité. *Faire preuve de son aage* (Ass.), prouver sa majorité. *Agié, eagié*, majeur. *Agier, ageer*, émanciper; *sous agié, merme d'age*, mineur; *estre en non age*, être en minorité. — *Bois aagié*, bois bon à être coupé.

AGENCEMENT (*agentiamentum*), donation à cause de noces; augment de dot.

AGER, AGRIER, AGRÈRE (*agrarium*), droit de champart ou terrage.

AGGRAVER et RÉAGGRAVER, excommunier.

AGUAIS, MARCHÉ A; c'est un marché à terme, dont il faut *guetter* l'échéance.

AGIR, poursuivre en justice. *Agir civilement, criminellement*.

AGNATION, parenté par les mâles.

AGRÉMENT, accord, ratification.

AGUET, AGUAY, surprise, embûche, piège. *Aguetter*, guetter.

AGUET APANSÉ, EMPENSÉ, POURPENSÉ, ou GUET-APENS; c'est la préméditation. *Murtre si est*, dit Beaumanoir, *quand aucun tue autrui en aguet apensé*.

AHAITIR, SE (Ass.), se prendre à quelqu'un, le poursuivre, l'accuser.

AHAN (Ital. *affanno*), peine, fatigue, travail. *Terres ahanables*, terres de labour. *Ahans*, terres nouvellement défrichées. *Ahanier*, laboureur.

AHANER (*ahanare*), peiner, fatiguer, labourer.

AHERDRE. V. AERDRE.

AHERITER. V. ADHÉRITER.

AHT, HAST (All. *Ahteid*), dans le *Miroir de Souabe*, c'est la mise au ban de l'Empire.

AIDES (*aidæ*), subsides. *Cour des aides*.

AIDES, AIVE, AYUWE, LOYAUX AIDES, AIDES CHEVELS, AIDES AUX QUATRE CAS (*auxilium*), redevances payées au seigneur ou au roi en certains cas.

AIDEOURS (*consacramentales*), jureurs, témoins. — Soutien.
« Je de cestui jour en avant serai ton « féel aideour, et deffendeor de ta per- « sonne. » (Assises.)

AIGUE, eau. *Aiguerie*, réservoir. *Aiguet*, petit canal.

AINS, AINÇOIS, avant, mais, au contraire. *Ains que*, avant que.

AINSNÉ (*ante natus*), aîné. *Qui ains naist, ains paist*.
« Fuir vaine gloire et vantance, ennorer « ses ainsnes, aimer ses maisnnes. »
(Règle de saint Benoît.)

AINSNESSE, AINSNÉAGE (*ainescia*), droit d'ainesse. *En villenage il n'y a point d'uainsnèche*. (Beaum.)

AISANCE, AISEMENT (*asancia, aisantia*), droit d'usage. — Servitudes, dépendances.
— facilité, utilité, convenance. *S'aisier, s'aider*, user.

AISCEAU, AISSIL (*ascia*), bardeau, petites planches avec lesquelles on couvre les maisons, en guise de tuiles. En Nivernois, *aiscionnes*.

AISTRANGER. V. ESTRANGIER.

AIUDE, AIUWE. V. AIDE, AYUWE.

ALBERGEMENT (*albergamentum*), bail emphytéotique en Dauphiné.

ALBERGUE (*albergo*), droit de gite. — Logis. *Alberger*, héberger.

ALÉATOIRE, ce qui dépend du hasard.

ALÉACTER, ALEUTER, S' (*adlegiare*), se justifier. *Aléauter et défendre quelqu'un*. (Ass.)

ALEIER, ALEGER, ALEGIR, S' (*adlegiare*), se purger par serment, se justifier.

ALEU, FRANC-ALLEU, ALOES, ALLOET, ALUEL, ALUEF, ALOY (*alodis*), terre franche, propriété qui n'est tenue de personne.

ALEUTIERS, ALLOUÉS (*alodiarii*), propriétaires d'alleus.

ALIBI, ailleurs. *Prouver son alibi*, c'est prouver qu'on n'était point présent sur les lieux où le crime s'est commis. « *Chercher des alibi* « *forains*, faire des incidents frus-« tatoires, jeter plusieurs appella-« tions frivoles. » (Nicod.)

ALIÉNATION, ALIENTEMENT, toute manière de transmettre à autrui la propriété de ce qui nous appartient.

ALIGNAGER, prouver la parenté. *Bien alignagé*, bien apparenté.

ALLÉGIANCE (*alligantia*), lien du serment par lequel on promet fidélité, aide, secours.

ALLODIAL, qui a la nature d'alleu. *Héritage allodial ; allodialité.*

ALLOUÉ, ALOEZ (*allocatus*), procureur. *Quand homme qui s'appelle alloué ou procureur d'autrui, se plège, etc.* (A. C. de Bret. 90.)

ALLOUER, ALOER (*allocare*), louer, approuver, accorder. *Comptes alloués.*

ALLUVION. V. ALVETS.

ALMOIGNE. V. AUSMONE.

ALOY (*alleium*), titre légal de la monnaie.

ALTRESI (Esp. *otrosi*), item, aussi.

ALUES, ALUEX, alleu.

ALUMELLE, lame d'épée, de couteau, etc.

ALVETS, AVUELZ, ALLUVION (*alluvio, incrementum latens*), accroissement qui se forme imperceptiblement et s'ajoute peu à peu au fonds riverain. *En très fonds et en alvets.*
— acquisition par accroissement.

ALVINER UN ÉTANG, c'est le peupler de poisson nouveau ou *alvin*.

AMANDER. V. AMENDER.

AMASER, AMASUER, AMAISONNER (*admasare*), donner à ferme un héritage bâti ou *amaisié*.

AMBEDEUX, AMBERUI, ANDEUX, ANDUI (*ambo*), tous deux.

AMÉNAGEMENT, ordre suivi pour l'exploitation d'une forêt ; *Observer, garder, suivre l'aménagement d'une forêt.*

AMENDE, AMANDISE, AMENDANCE (*emenda*), peine pécuniaire.
— réparation, amende honorable.
— faute.

Se ung borgeois fait une amende, Soixante sols en lui demande.

AMENDER (*emendare*), payer l'amende ; réparer le tort fait.
— corriger, d'où *amendement*.
— améliorer, augmenter, profiter, amender *d'une succession*.

AMENRIR, AMENUER, AMERMER (*minorare*), amoindrir, affaiblir, diminuer.

AMERCEMENT (*amerciamentum*), amende arbitraire.

AMERCIER, condamner à l'amende.

AMESUREMENT (*admensuratio*), estimation, limitation faite par justice.
— tempérance, modération.

AMEUBLIR, donner à un immeuble la qualité de meuble à l'effet de le faire entrer dans la communauté. *Clause d'ameublissement*, stipulation par laquelle on fait entrer des immeubles en communauté en leur donnant fictivement la qualité de meubles ; c'est le contraire de la clause *d'immobilisation*.

AMIABLE COMPOSITEUR, arbitre dispensé de juger selon la rigueur du droit. V. COMPROMIS.

AMINISTREUR, administrateur.

AMIS, PROCHAINS AMIS, AMIS CHARNELS, parents.

AMISTÉE, AMITIÉ (*amicitia*), commune jurée (Roisin).

AMODIER, AMODIATION. V. ADMODIER.

AMOILLÉRER, légitimer. *Enfans sont amoilléré par le mariage fait enprès.*

AMOISONNER. V. MOISON.

AMONT, au haut, au faite, en montant. *Tant amont qu'aval*, tant en montant qu'en descendant.

AMONTER, monter, s'élever, toucher à.

AMORTIR (admortizare), éteindre, anéantir un droit, une charge. *Amortir une rente, un héritage, la foi et l'hommage. Héritage amorti*, bien affranchi des droits féodaux ou utiles qui le grevaient.

AMORTISSEMENT (admortizatio), c'est l'indemnité payée au seigneur pour obtenir l'extinction des droits et profits qui lui appartiennent sur l'héritage qu'on veut affranchir.

AMPARLIER (*amparlarii*), avocats.

AMPLAIDIER ou EMPLAIDIER, plaider, actionner.

AMPLIATION, extension, augmentation d'un bénéfice, *obtenir des lettres d'ampliation.*
— Copie d'une première expédition, double d'une quittance.

AMPRENDRE ou EMPRENDRE, entreprendre. *Amprise*, entreprise.

AMUCER (*amicire*), cacher. V. MUCER.

AN ET JOUR (*annus et dies*), c'est le temps régulier après lequel la saisine est acquise. — C'est aussi un délai de prescription très-fréquent.

ANATOCISME, stipulation qui fait produire intérêt à des intérêts capitalisés, ce qui n'est pas permis.

ANCELLE (*ancilla*), servante.

ANCESSEURS, ANCHISSEURS, ANTÉCESSEUR, AUNCESTRES (*ancessor, antecessor*), ancêtres.

> Pour remembrer des ancessours
> Les fez, et les diz, et les mours,
> Doit-on les livres et les gestes,
> Et les estoires lire as festes.
>
> (R. de Rou.)

ANCESSERIE, ANCESSORIE, ANCHISERIE, ancienne et noble race.

ANCIENS HÉRITAGES, sont les propres de succession, les héritages venus en ligne directe.

ANEMI, LI (*inimicus*), l'ennemi, c'est-à-dire le diable.

ANNATE (*annata*) ou DÉPORT, est le revenu d'un an que le pape prétendait lui appartenir de tous les bénéfices dont il donnait provision, apparemment pour lui tenir lieu du relief qui est dû au seigneur féodal à chaque mutation.

ANNICHILER, ANÉANTIR, réduire à néant.

ANNOTATION DE BIENS, saisie des biens du contumax.

ANNUITÉS, capital ou rente qui se paie par années.

ANTAIN, oncle ; ANTE (Angl. *aunt*), tante.

ANTAN, l'autre année, l'an dernier. « *Anténoises* sont bestes d'antan, « c'est-à-dire de plus d'un an « d'aage. » (Nicod.)

ANTICHRÈSE, nantissement d'une chose immobilière.

ANTICIPER, FAIRE ANTICIPER UN APPELANT, c'est assigner l'appelant à bref délai, demander jugement avant le terme donné par la loi.

ANTIDATER UN ACTE, c'est mettre à un acte une date antérieure à sa passation.

ANTINOMIE, opposition, contrariété de deux lois ; loi contre loi.

ANUIT (*hac nocte*), cette nuit, c'est-à-dire aujourd'hui. (Nos ancêtres comptaient par nuit.) V. ADNUITIER.

AOLZ (*aostagium, augustaticum*), août, moisson.

> Jo vous paieral, dit la cigale,
> Avant l'août, fol d'animal,
> L'intérêt et le principal.
>
> (La Fontaine.)

Aouster, faire l'août, c'est-à-dire la moisson. (Anjou, 499.) *Aoustage*, rente qui échoit en août.

APAIER (*apacare*), payer, satisfaire, contenter. — Régler.

APAISIER (*appeysamentum*), se réconcilier, faire la paix. Voyez APATISER.

APANAGE, APPENNAGE, EMPANAGE (*apanamentum*), c'est la portion donnée aux fils puînés, ou filles, pour *leur soutenance*, comme dit De Fontaines. Il se dit surtout des biens attribués aux fils de France, à titre de dotation. *L'apanage d'Orléans*, aujourd'hui réuni à la couronne.

APANER, APANAGER (*apanare*), littéralement donner du pain, nourrir. *Apaner une fille*, la doter.

APARAGÉE ou EMPARAGÉE, FILLE, fille qui s'est mariée avec un époux de sa condition et de son rang, *quœ cum pari nupsit.* V. PARAGE et AVENANT MARIAGE.

APARAGEON. V. PARAGEAUX.

APATISER, pactiser, APASTIS, PASTIS (*apatisatio*), pacte, traité, contribution, rançon.

APAUTER, louer, engager, sous-inféoder. (Ass.) *Apaus*, bail.

APEL, APELLATION. V. APIAUS.

APENSER, APENCER (*appensare*), réfléchir, préméditer. *Apences de dire leur avis.* (Ass.) *Jour d'apensement*, jour d'avis (*consultandi tempus*).

APENS, manifeste, *Larrechins apers* (*furtum manifestum*). *En apert*, publiquement.

APERT, savant, connaisseur, expert. *Apertise*, science, expertise.

APIAUS, APPEAUX (*appellatio*), appel. Voie par laquelle on demande au juge supérieur la réformation de la sentence du juge inférieur. La demande se dit *appel* ou *appellation*, le demandeur *appelant*, et le défendeur *intimé* ou *appelé*.

— Provocation en duel. *Apiaus de murtre, d'omecide, de traison.*

APOSTILLE, note marginale.

APOSTOILLE, L' (*apostolicus*), le pape.

APOSTRES, « lettres que le juge, du « quel il est appelé, baille à l'appe « lant, adressant au juge par-de « vant lequel sortira l'appel. » (Nicod.)

APPARAISSANT, visible, évident.

APPARÇONNIER, S', se mettre en communauté.

APPAREILLÉ, équipé, préparé, prêt à. *Appareillé de payer.*

APPARIER (*colligere*), associer.

APPARITEUR, sergent, huissier.

APPARÔIR, FAIRE, exhiber, faire preuve. *Il appert*, il est évident, il résulte.

APPARTENANCES ET DÉPENDANCES (*pertinentiœ*), tout ce qui tient à un héritage, tout ce qui en fait partie. On dit aussi *appendances*.

APPELÉS, ceux qui doivent recevoir une substitution.

APPELLATION, appel. *Folles appellations*, appel téméraire. *Frivoles appellations*, appel frustratoire. *Appellation déserte*, appel sur lequel l'appelant ne suit pas.

APPLÈGEMENT (*appligiamentum*), c'est la caution donnée pour obtenir mainlevée d'une saisie prétendue injuste, en attendant la décision judiciaire.—Par suite, ce mot d'*applègement* est pris dans le sens de complainte. *Contrapplègement* est une opposition à l'applègement ou complainte de celui qui veut rentrer en possession d'un héritage.

APPLÉGER, APPLÉGIER, donner plège ou caution. Cautionner.

APPOINTEMENT (*appointamentum*), jugement interlocutoire par lequel le juge, pour s'éclairer, ordonne que les parties écriront et produiront sur les *points* de fait ou de droit qui n'ont pu être suffisamment éclairés à l'audience.

— accord, traité.

APPORT (*apportum*), ce qu'on met en société. —Les biens et créances que les époux apportent en se mariant.

APPORTIONNER (*apportionamentum*), partager. *Apportion*, portion.

APPRÉCIATION, APPRÉCY, expertise, prisée.

APPRÉHENSION, prise de possession.

APPROPRIANCE ou APPROPRIEMENT. c'est le nom de la saisine dans la coutume de Bretagne.

APPROUVER (*approbare*), prouver.

APPURER, épurer, mettre à jour, liquider. *Appurer un compte* c'est le débattre, l'arrêter, le clore.

APRISE (*apprisia*), enquête, information.

AQUIAUDER, accueillir. (Ass.)

ARAISONNER, ARAISNER, ARAINER (*aresniare, arrationare*), proposer ses raisons, haranguer, parler, accuser, citer en justice. *Être araisonné*, être interrogé. (Ass.)

ARBITRATEURS, ARBITRES (*arbitrator*), simples particuliers qui ont reçu de la loi ou de la volonté des parties le droit de juger un différend. *Arbitrage*, juridiction et jugement des arbitres. *Arbitrer*, estimer, liquider : *arbitrer les dépens, les dommages-intérêts.*

ARCHE (*arca*), coffre, caisse. *Archive*, coffre où l'on met les papiers publics.

ARDRE, ARDOIR (*ardere*), brûler. *Art-on*, on brûle.

ARER (*arare*), labourer.

ANUE, âme. *Sur le péril de s'arme.*

ARRAMIR (*adramire*), promettre, jurer. *Aramir bataille*, promettre le duel.

> Mult les oyssiez arramir,
> Serement faire, et foy plevir
> Que par murir ne li faisont.
> (Constitution de Charlemagne.)

— rassembler, convoquer, réunir.

ARRÉER. V. ARROIS.

ARREMENTS (*arramenta*), errements.

ARRENTER (*arrentare*), donner à rente. *Arrentement*, bail à rente.

ARRÉRES, ARRÉRAGES (*areragium*), termes échus, *arriérés*, d'une rente, pension, ou redevance quelconque.

ARREST (*arestum*), dernier et souverain jugement contre lequel il n'y a voie d'appel.

— saisie, *briser l'arrêt du seigneur. Arrest de meubles*, saisie-gagerie.

ARRHES (*arra*), ce qui est donné comme signe, gage ou dédit de l'exécution du marché.

ARRIÈRE-BAN. V. BAN.

ARRIÈRE-FIEF, c'est le fief tenu médiatement, à la différence du *proche fief* ou *plain fief;* et comme dit Auxerre, 52, c'est le fief servant qui tient d'un autre fief servant.

ARRIÈRE-VASSAL, *sous-vassal*, celui qui tient un arrière-fief, mouvant par moyen de quelque fief supérieur.

ARROIS (*arraiatio*), ordre, ligne. *Aroyer, arayer, arréer* (*araiare*), mettre en ordre, ranger en bataille.

ARROYÉES, TERRES. V. ROIE.

ARS (*ardere*), brûlé.

Mal s'est chauffé qui tost s'est ars.

ARSIN, ARSON (*arsura*), incendie. *Droit d'arsins*, c'est le droit donné à la commune par nos coutumes du Nord, de mettre à feu la maison de certains condamnés. V. *le Glossaire du D. F.*, h. v.

ARTICLES, FAITS ET (*articulus*), ce sont les conclusions de la demande, les points sur lesquels porte le procès. *Articuler les faits*, les exposer, en donner le détail.

ARTICLES DE MARIAGE, projet des clauses et conditions du contrat.

ASCENDANTS (*ascensores*), parents dont on descend en ligne directe, le père, la mère, les aïeux, etc.

ASILE, lieu de sûreté dont il n'était pas permis de tirer les criminels qui s'y étaient réfugiés. Les églises autrefois étaient un lieu d'asile.

ASSAILLIR DE PLET (*assaillare*), attaquer en justice.

ASSASSINAT (*assassinatus*), meurtre, homicide commis avec préméditation.

ASSAUT (*assaltus*), attaque. *Assaulter*, assaillir, attaquer.

ASSENER, assigner.

ASSÈNEMENT, ASSÈNE, ASSEING (*assenatio*), assignat ou hypothèque. *Bezans assénés.* — Douaire, ou assignat fait à la femme sur les biens du mari. (*Assenamentum.*)

— Saisie féodale, mainmise.

— Désignation, vue et montrée.

ASSENS, ASSENTEMENT (*assensio*), consentement, accord, aveu. *Assentir*, consentir, donner son approbation. *Être d'assent*, être d'accord.

ASSEOIR (*assedare, assetare*), imposer la taille. — Établir une rente sur des immeubles; hypothéquer. *Asséable*, imposable; *asséeurs*, répartiteurs d'impôts.

ASSÉRIR, asseoir. *Asserir bournes*, placer des bornes.

ASSESSEURS sont ceux qui aident le juge ou le président de leurs conseils, ou qui le remplacent au besoin. *Conseillers assesseurs, lieutenant assesseur.*

ASSIETTE (*assieta*), assignat, hypothèque. *Assiette de tailles*, c'est le rôle de contributions, la quote-part attribuée à chaque contribuable par les répartiteurs.

ASSIETTE DE COUPES DE BOIS, c'est la désignation de la partie de la forêt destinée à être coupée.

ASSIGNAL ou ASSIGNAT (*assignare*), affectation d'un héritage au paiement d'une redevance quelconque. *Rentes par assignat.*

— déclaration d'emploi fait par un mari sur ses propres pour les deniers dotaux de sa femme.

ASSIGNATION, exploit, citation en justice. V. ADJOURNEMENT.

— En termes de finances, c'est une délégation de paiement sur un fonds ou une recette déterminée.

Assignation sur la douane, sur les tailles, sur la capitation, etc. C'est en ce sens qu'on a nommé *assignats* le papier-monnaie de la révolution, au remboursement duquel étaient affectés les domaines nationaux.

ASSIGNER, ASSINER (*assignare*), indiquer, déterminer. *Assigner jour, lieu, temps.*

— attribuer, donner. *Argent assigné.* V. ASSIGNAT.

ASSISES (*assisiæ*), sessions, cour de justice. *Assises du bailli, du sénéchal, Cour d'assises.*

— établissements, lois, ordonnances. *Assises du royaume de Jérusalem. Assise du comte Geoffroy.* V. Dupin, not. bibliog., p. 675, éd. 1832. *Assise parée*, loi certaine. *Briser l'assise*, échapper à la loi. *Fournir l'assise*, se conformer aux prescriptions de la loi.

— impôt, amende établie par la loi.

ASSOCIATION, union de plusieurs personnes dans un but convenu.

— Communauté.

ASSURER (*assecurare*), donner sûreté, garantir judiciairement. *Assurement* (*assecuramentum*), promesse de ne point se faire de guerre privée. V. le chap. 59 de Beaumanoir.

ASSURANCE, CONTRAT D', contrat par lequel l'*assureur* garantit, moyennant une prime, certains risques auxquels la personne ou les biens de l'assuré peuvent être exposés. *Assurances maritimes, assurances contre l'incendie, assurances sur la vie.*

ASTINE, ATAINE, ATINE (*atia.* En anglais, *hate*), querelle, haine. *En l'abbaye sont défendues toutes ataines*, dit la règle de Saint-Benoît. *Ataineux*, fâcheux. *Atayneuses paroles*, injures.

ATANGER, ATARGIER (*attargare*), retarder.

ATENDUE DE CONSEIL, délai accordé au défendeur pour consulter.

ATENIR, S', s'abstenir.

ATERMOIER (*adterminare*), fixer le jour, donner terme. *Atermoiement*, contrat par lequel les créanciers donnent un délai à leur débiteur.

ATRAIRE, attirer, amener.

ATREMPEMENT, modérément, et aussi modération. *Atrempement avenant*, modération convenable. *Attrempance*, tempérance, modération.

ATREMPER, modérer, accorder, régler.

ATTACHES, affiches. *Attacher*, inscrire (Ass.).

ATTEINDRE, juger, convaincre.

« Li champions est recréant par deux
« maulères : l'une par dire : je me rends
« récréant et coupaule, et atains du fait. »
(Ass.)

ATTEMPTAT, entreprise faite contre l'autorité des lois ou de la justice. *Attenter au préjudice de l'appel*, passer outre, nonobstant l'appel.

— Excès de pouvoir. — Prise de possession violente.

ATTINER, quereller, provoquer. V. ASTINE.

ATTOURNÉ (*atturnatus.* En anglais, *attorney*), mandataire, procureur; *ad turnum, id est ad vicem alterius constitutus*, dit Spelmann.

ATTOURNER, disposer, préparer,

— nommer un procureur.

ATTRAIÈRES OU ESTRAYÈRES (*attractus*), biens laissés par des aubains ou étrangers.

ATTRAIRE, attirer.

AUBAINETÉ, AUBENAGE (*aubenagium*), ou DROIT D'AUBAINE, droit prétendu par le fisc sur les biens que des étrangers décédés ont laissés en France.

AUBAINS (*advenæ, aubani*), étrangers.

AUCUN, quelque. *Aucunement*, en quelque façon. *Aucunes fois*, quelquefois, parfois.

AUDIENCE (*audientia*), séance du tribunal. *Demander audience, poursuivre audience.*

— lieu des séances. *Audiencier*, huissier qui fait la police de l'audience.

AUDROIT. V. ENDROIT.

AUGMENT, augmentation. *Augment de fief. L'augment de dot* est l'avantage que le mari fait à la femme, en cas qu'elle survive, avantage à prendre sur ses biens, et proportionnellement à la dot qu'il a reçue. *Augment coutumier, conventionnel. Le contre-augment* est un gain nuptial et de survie, en vertu duquel le mari survivant retient une portion de la dot de sa femme.

AUMAIL (*animalia*), gros bétail. *Bêtes aumailles. Aumaulx.*

AUMONES FIEFFÉES. V. FRANCHE AUMONE.

AUMOSNE, testament. *Aumosnier*, légataire.

— peines pécuniaires, amendes qui profitent aux hôpitaux et aux pauvres.

AUNER (*adunare*), assembler, réunir en corps.

AUTEL, AUTRETEL, tel, autant. « Le « sousétabli (le mandataire), a « antel pouvoir comme ledit Pierre « se il estoit présent. » (Beaum.)

AUTEUR (*auctor*), celui dont on tient une chose ou un droit.

AUTHENTIQUE, revêtu des formes solennelles. *Acte authentique* est celui qui a été reçu par des officiers publics, et qui fait foi jusqu'à l'inscription de faux.

AUTHENTIQUES, LES. Extraits des Novelles insérées dans le Code par les glossateurs, et qui ont eu force de loi comme cette compilation. *Peine de l'authentique*, c'est la peine infligée à la femme adultère par l'authentique *sed hodie, ad legem Jul. Cod. de adulteriis. Authentiquer une femme*, c'est lui appliquer la peine de l'authentique, c'est-à-dire la mise au couvent.

AUTORISER, c'est consentir à un acte qui ne peut être fait sans notre approbation. *Autorisation maritale.*

AUTORITÉ, pouvoir légitime auquel on doit soumission. *Autorité de la loi, du juge, autorité paternelle.*

AUTRETANT, autant. *Autresi* (Esp. *otrosi*), aussi. *Autretel*, semblable.

AVALER (*avalare*), aller à val, c'est-à-dire descendre. *Lignage avalant*, ligne descendante. *Avallage*, droit perçu à la descente d'un fleuve ou sur la mise en cave des vins. *Aval*, souscription mise *au bas* d'une lettre de change, par laquelle on en garantit le paiement.

AVANCEMENT D'HOIRIE (*avansamentum hœreditatis*), ce qu'un ascendant donne par avance, par anticipation, à ses enfants pour les établir. Donation faite sans dispense de rapport, et seulement à valoir sur la succession future.

AVANCIER, devancier.

AVANCIÈRES, procureur fiscal, promoteur.

AVANT FAIRE DROIT, jugement interlocutoire. *Avant que procéder*, ordonnance de non lieu.

AVANTAGE (*avantagium*), donation, libéralité, don entre époux.

AVARIE (*averagium*. En anglais, *average*). Toute espèce de dommage faisant ou pouvant faire l'objet d'une assurance.

AVENAGE, droit que les vilains paient aux seigneurs dont ils s'avouent.

— droit sur les avoines.

AVENANT, convenable, régulier, légitime. *Avenant court*, juridiction compétente.

AVENANT BIENFAIT, PART ADVENANTE (*avenimentum*), c'est la légitime des enfants. *Advenanter*, partager.

AVENANT MARIAGE (*maritagium rationabile*). « Avenant mariage, dit « la coutume de Normandie, si est « se li maris est convenable per-« sonne selonc son lignage et ses « possessions. »

AVENEMENT, JOYEUX (*adventus jocosus*), impôt extraordinaire payé au roi lorsqu'il monte sur le trône.

AVENTURE (*adventura*). Les biens caducs ou confisqués dévolus au seigneur.

Lors iert receveur des rentes
Des aventures et des ventes
Par Paris, par Senlis, par Rains.
(GUIL. GUIART.)

AVERER, AVÉER (*adverare*), prouver, vérifier. *Appel en avèrement.*

AVERS. V. AVOIR.

AVERTIN, folie, vertige.

AVETTES, AVILLYES, abeilles.

AVEU (*advocare*). Reconnaissance d'un supérieur. *S'avouer bourgeois du roi, serf de tel seigneur.*

— reconnaissance de la seigneurie féodale. *Professio fidei, cum quis se vassallum profitetur, et feudum suum a superiore agnoscit.*

— ET DÉNOMBREMENT. V. DÉNOMBREMENT.

— reconnaissance de la vérité d'un fait, d'une dette, d'une convention. *Aveu de maternité. Aveu judiciaire*, aveu fait en justice.

AVIS, conseil, consultation. *Jour d'avis.* « Le défendeur comparant « en personne, ou par procureur, « aura advis de quarante jours, et « puis aura vue. » (G. Cout.) *Avis de parents.* Conseil de famille. — Division, partage.

AVITINS, BIENS (*aviatica hereditas*), propres. *Biens avitins; vulgairement dits pappoaux,* dit la coutume d'Acs.

AVOIR, AVERS (*averium*), les biens, les facultés. *Punir de corps et d'avoir. Ploiger corps pour corps, avoir pour avoir.* — Dans les coutumes anglo-normandes, *avers* se prend aussi pour le bétail, les animaux domestiques.

AVOITRE. V. AVOUTIRE.

AVOUERIE, ADVOISON, ADWOUSON, VOUERIE (*advocatia, avoeria*), protection, bail, tutelle, droit de patronage. — droit payé au seigneur à raison de sa protection.

AVOUÉS, AVOYERS (*advocati*), gardiens, tuteurs. — vidames, patrons du temporel des abbayes et monastères ou des villes et communautés.

AVOUÉS, AVOYERS, mandataires représentant aussi bien en champ clos qu'en justice. Champions, procureurs.

AVOUEN, S' (*avoare*), se reconnaître client, vassal, serf, etc.

AVOUTIRE, AVULTRERIE (*adulterium*), adultère. *Avoultre,* bâtard. *Li avoutres,* dit Beaumanoir, *sont chil qui sont engendrés en femmes mariées, d'autrui que de leurs seigneurs.*

Luxure confond tout là où elle s'aoultre,
Car maint droit héritier déshérito tout
　　　　　　　　　　　　　[oultre
Et hérite à grand tort maint bastard,
　　　　　　　　　[maint advoultre.
　　　　(Codic. de J. de Mohun.)

AYANTS CAUSE. Ceux auxquels les droits d'une personne ont été transmis à titre singulier. Ce mot est opposé à Héritier ou successeur universel.

AYDES, AYUWES (*auxilium*). V. AIDES. — contrat, instrument authentique dans les coutumes du Nord.

B

BACELE, chastellenie.

BACHELIERS, BACHELORS (*baccalarii*), jeunes écuyers qui aspirent à chevalerie et à bannière, comme *bas chevaliers.* — étudiants qui ont obtenu dans une faculté le premier des trois degrés qui s'y confèrent. — Jeunes gens. *Bachelette,* jeune fille.

BACON, lard, jambon. *Un bacon de porc.*

BAGUES ET JOYAUX, présents mobiliers faits à la future épouse, par le mari ou ceux qui la dotent. — Dans quelques coutumes du Midi c'est aussi un gain de survie.

BAIL, BAILLIE, BAILLISTERIE, BAILLAGE (*balia, bajulia, bajulatio*), puissance, garde, tutelle, puissance maritale, régence. *Chose qui est en ma baillie,* chose qui est en ma puissance. *Dieu qui a tout en baillie.* — A FERME, A LOYER, location d'un héritage. *Bailleur,* celui qui donne à bail.

BAIL, BAYLE, BAUX, BAILLISTRE, BAILLISSEUR (*bajulus*), gardien, tuteur, protecteur, régent, maire.

BAILLER, donner, fournir. *Bailler caution, bailler des contredits. Bailleur de fonds,* prêteur.

BAILLI, BAILLIF (*ballivi*), officier chargé de l'administration et de la justice.

BAILLIAGE ou BAILLIE (*baillivia*), étendue de la juridiction du bailli, ressort. *Bailliefiévée (ballivia feodata),* juridiction inféodée.

BALÈVRE, BANLIEURES, BANLÈVRES, mâchoire inférieure. « Voulons « que celuy ou celle qui de Dieu « ou de la Vierge Marie dira mal, « ou jurera le villain serment, « pour la première fois, soit mis « en pillory au jour de marché « solennel, et puis que l'on lui « fende la lèvre de dessus avecque « un fer chaud, si que les dents

« lui apparent; et pour la tierce
« fois tout le hanteuvre. »
(Grand cout.)

BALIVEAUX , arbres réservés lors de
la coupe du bois taillis, et qui
doivent croître en futaie. *Balli-
vage* , compte ou marque des
baliveaux.

BAN, BANNÉE (*bannum*, Ital. *bando*),
édit, proclamation. *Crier au ban,
la cloche au ban ou bancloque.
Bans de mariage* (*banna*).

— droits seigneuriaux qui s'annon-
çaient à cri public. *Ban de bierre*
(*bierbannum*). *Ban de vendange.*
« Item , dit une vieille coutume ,
« mondit seigneur a droit de ban ,
« en sorte que nul ne peut ven-
« danger sans son consentement. »
Banvin , ban à vin, monopole
que le seigneur s'attribuait pour
être seul à vendre son vin pendant
dant un certain temps.

BAN et ARRIÈRE - BAN , convocation à cri public de tous ceux
qui doivent le service militaire.

BAN, BANNIE (*bannum*. 2.), est encore l'amende qui sert de sanc-
tion aux injonctions de l'édit.

BAN, TERROUERS et FINAGE (*bannum*. 3.), BANNIE, BANALITÉ, c'est
le territoire d'une ville, d'un pays;
l'étendue de la juridiction et des
droits du seigneur. *Seigneur banier, sergent banier.*

BANAGE, BANIE, BANALITÉ, droit de
contraindre les sujets à venir moudre à un moulin, cuire à un
four, etc., en payant un prix ou
une redevance. *Moulin banal,
taureau bannier.*

BANDON, cri public. *Vendre gage
a bandon.* (Ass.)

— Liberté , licence. *Bailler trop de
bandon à quelqu'un.*

BANLIEUE (*banleuca, banum leu-
ga*), c'est la lieue autour de la
ville , le territoire dans lequel le
seigneur de la ville a droit de ban
et justice.

BANNERET, CHEVALIER (*banerettus*),
est celui qui a droit de lever bannière. (*Miles vexillatus*.)

BANNIR (*bannire*), publier, proclamer. *Ost banni, contrat banni,
espave bannie. Banissement, ban-
nies,* publications.

·· citer par proclamation publique.

Ajourner, assigner à ban; le ban
de l'évêque.

BANNIR, exiler ; *mettre au ban* ou
bannir, c'est interdire au condamné le ban ou territoire de la
ville, de l'empire. *Bandits,* bannis.

BANQUE, commerce et trafic d'argent par escomptes , traites ou
remises de place en place ; *faire
la banque. Banquiers,* ceux qui
font profession de se livrer à des
opérations de banque.

BANQUEROUTE , faillite provenant
de faute grave ou de fraude. *Banqueroute simple, banqueroute
frauduleuse.*

BANS, BIENS, DIANS, ARBANS (*bienna*),
corvées, tant d'hommes que de
bêtes. *Biennables,* corvéables.

BAPTISER POSSESSION CONTRAIRE ,
c'est déclarer, alléguer possession
contraire à celle prétendue par le
demandeur. *Baptiser le temps,*
fixer le délai.

BARAT, BARATERIE (*barataria*),
vol, tromperie, fraude. *Qui barat quiert , baraz lui vient.*

BARDEAU (*scindula*). V. AISCEAU.

BARETEURS (*baraterii*), trompeurs, chicaniers. *Bareté,* trompé. *Barateressement,* frauduleusement.

BARGUINER (*barcaniare*), marchander. (*Bargain,* en anglais, achat ,
marché) et au figuré être incertain.

BARON ou BERS (*baro,* homme dans
les lois barbares), grand vassal,
seigneur de fief tenant immédiatement du roi.

— mari. « Femme sans le congé de
« son baron ne se peut mettre en
« cour pour appeler. »

BARONNAGE, BARNAGE, BERNEZ (*bar-
nagium*), les vassaux, la cour
du roi. *Le roi et son barnage.*

— droit payé au seigneur par les
vassaux de la baronnie.

BARONNIE (*baronia*), seigneurie ,
terre où il y a toutes justices.

BARRAGE, BARRIÈRE, DROIT DE (*bar-
ragium*), droit de transit, ainsi
nommé de la barre qui traverse
le chemin pour empêcher le passage.

BARREAU est le lieu où l'on plaide,
ainsi appelé de la barre qui sé-
pare les avocats des juges.

— corps des avocats. *Consulter le*

barreau ; — profession d'avocat, *suivre le barreau.*

BARRES, BARROYEMENS (*barræ*), exceptions, défenses. *Barroyer* (*barrare*), proposer ses défenses, plaider. — Saisie dans les cout. suisses.

BASOCHE était la communauté des clercs du Parlement de Paris.

BASTARDS, ENFANS DE BAS (*bastardus*), enfants illégitimes. *Bastardie, bastardage* (*bastardia*), naissance illégitime.

BATAILLE (*batalia*), escadron. *Mener la première bataille.* — combat, guerre publique. *Bataille campal, estour champal.* — duel judiciaire. *Gages de bataille* sont les objets (ordinairement les gants) que les plaignants remettaient au seigneur de la cour pour déclarer qu'ils acceptaient le duel. *Tourner garens par gages de bataille* (Ass.), c'est récuser les témoins en offrant le duel.

BATONNIER, chef de l'ordre des avocats.

BAUT, S'IL, s'il baille ou donne.

BAUX (*bajulus*). V. BAIL.

BEDELS, BEDEAUX (*bedelli*), sergents, huissiers, valets d'église.

BÉER, désirer, appéter, vouloir.

BEFFROY, BERFROY OU BANCLOQUE (*belfredus*), tour de la cloche du ban. Avoir beffroi était un privilége des villes de communes.

La bancloche retentit et sonna
Et la quemugne à tant s'appareilla.
(DUC. V° Campana.)

BEHOURT (*bohordicum*), joute, lutte à la lance. C'est aussi le nom du premier dimanche de carème. *Behourder, boorder,* jouter, lutter. V. QUINTAINE.

BÉNÉFICE, en général est un don ou privilége accordé à quelqu'un par une loi ou par un contrat. *Bénéfice d'inventaire,* privilége accordé par la loi à l'héritier qui fait dresser inventaire, de n'être pas tenu des dettes de la succession au delà des biens qu'il y trouve. *Bénéfice de division :* Exception au moyen de laquelle le débiteur cobligé, mais non solidaire, force le créancier à diviser son action. *Bénéfice de discussion :* Exception qui oblige les tiers détenteurs et cessionnaires à discuter d'abord les biens du débiteur principal. *Bénéfice d'âge,* dispense de l'âge exigé pour remplir une fonction.

BÉNÉFICE ECCLÉSIASTIQUE (*beneficium*), portion de biens de l'Eglise assignée à un ecclésiastique sa vie durant, comme rétribution de ses services. *Bénéfice simple, bénéfice à charge d'âmes.*

BENÉIR, BÉNOIER, bénir. *Benéïson,* bénédiction.

BER, baron. *Bernage,* baronnage.

BERNIER. V. BREN.

BERSER, BROSSER (*bersare*), chasser, courir à travers les bois.

BERTESCHE. V. BRÉTESCHE.

BESTORNER, tourmenter, altérer.

Convoitise qui fait les avocats mentir.
Les drois bestornor et les tors consentir.

BEVRAGE (*biberagium*), vin du marché, pot-de-vin.

BEZANTS, FIEF DE, fief de bourse ou de deniers. Le bezant est une monnaie d'Orient.

BIANS. V. BANS.

BIÉ, BIEF, canal qui conduit l'eau à un moulin. — Fossé pour saigner les prés ou clore les champs.

BIENFAIT, AVENANT (*benefactum*), légitime.

BIENS, toutes choses qui se trouvent dans le domaine de l'homme. *Biens meubles, immeubles, substitués, vacants, biens paternels, adventices, dotaux, paraphernaux.*

BIENTENANT, possesseur légitime, et dans un autre sens, possesseur, détenteur.

BIERS ou BER, berceau.

Ce qu'on apprend au ber
Dure jusques au ver.

BIFFER, rayer, effacer une écriture.

BIGAME, celui qui a deux femmes légitimes en même temps.

BILAN, état passif et actif des affaires d'un négociant.

BILLET, engagement, promesse sous seing privé.

BILLETS A ORDRE, sont des billets par lesquels le souscripteur s'oblige à payer au créancier ou à son ordre une certaine somme échéant à une époque déterminée.

BLAIRIE, BLERIE OU BLADADE (*blairia*) est un droit qui appartient au seigneur haut-justicier (ou blayer), pour la permission de pâture qu'il accorde aux habitants sur les terres dont les blés sont coupés.

BLANC, espace non rempli dans les actes.

BLANC SEING, signature mise au bas d'un papier blanc, destiné à recevoir un acte au-dessus.

BLANC-BOIS. V. BOIS-MORT.

BLASMER UNE SENTENCE (*blasphemare*), c'est la déclarer fausse et mal rendue, c'est *fausser le jugement*. *Blâmer le dénombrement fourni par le vassal*, c'est le déclarer incomplet.

BOBAN, orgueil, luxe, faste.

Li chaperon partis, longue robe vergie
Sont li aornement dont bobande Clergie.

BOUORDER. V. BEHOURT.

BOIS-MORT (*buschus mortuus*), et MORT-BOIS. « *Mortbois* est tenu et « réputé bois non portant fruits « (à la différence du bois vif et « portant fruits), et *boismort* est « bois cheu, abattu, ou sec debout « qui ne peut servir qu'à brûler. »

BOISDIE, BOISE, BOIS, VOIDIE (*baudia*), fraude, tromperie, vol, artifice. « Barat ne *boidie* ne doit « aler avant en jugement ne au- « tre part. » — « Renonçant à toute « exception de déception, de « fraude, *de boisdie*, de tricherie, « de paor, de machination, de cir- « cumvention. » — *Boiser* (*bausiare*), tromper. *Boisdivement*, frauduleusement. *Boiseor*, *boissières*, trompeur.

BOISSELÉE, la mesure de terres qu'ensemence un boisseau de grains.

BON, mandat de paiement, billet de très-courte échéance.

BON PLAISIR (*beneplacentia*), consentement, agrément.

BONDAGE, servitude dans les coutumes anglo-normandes.

BONNES (*bonna*), bornes. *Bonnage*, bornage.

BONNIER (*bonnarium*) est une mesure de terre d'une contenance limitée ou bornée.

BONS HOMMES OU PRUDHOMMES (*boni homines*), jurés de la commune, experts.

BORDE, BORDAGE, BORDERIE, BOURDELAGE, BOURDILS (*borda*. 5.), petit héritage concédé à charge de services vilains à un tenancier ou *bordier*. *Héritage bordelier*, *seigneur bordelier*. La redevance se nomme *bordage* ou *bordelage*.

BORDEREAU, c'est le résumé, l'analyse d'un compte ou d'un acte. *Bordereau de caisse*. *Le bordereau de collocation* est l'extrait du procès-verbal d'ordre délivré aux créanciers utilement colloqués ; *le bordereau d'inscription hypothécaire* est l'état des créances pour lesquelles on requiert inscription.

BORNAGE, plantation de bornes ou limites entre deux héritages.

BOTTAGE OU BOUTAGE, BOITELLAGE (*botagium*), droit seigneurial sur la botte ou tonneau de vin.

BOUADE, BOVADE, BOUADE (*boada*), corvées de bœufs.

BOUCHE ET LES MAINS, LA, en matière de fiefs, signifie la foi et hommage. « Symbole d'aimer et « servir quand il n'est pas dû d'ar- « gent. » (GUY COQ.)

BOUGETTE, bourse, d'où les Anglais ont pris le mot *budjet*.

BOULLER, sceller, plomber. V. BULLE.

BOURGAGE, BORGHEZIE (*burgagium*, *burgensatica*), tenure bourgeoise et par conséquent roturière.

BOURGEOIS (*burgenses*), libres habitants des villes. *Bourgeois du roi* sont ceux qui s'avouent du roi.

BOURGEOISE, CAUTION, « qui est d'un « bourgeois solvable et de facile « convention pour pléger un dé- « biteur. » On dit dans le même sens : *Main bourgeoise pour faire consignation de deniers*, c'est-à-dire *main solvable*.

BOURGEOISIE, DROIT DE, c'est la jouissance des priviléges accordés aux habitants des villes.

— DEVOIR DE, redevance payée au seigneur qui protége la ville.

BOURSE (*bursa*), argent. *Clameur de bourse* ; *retraire* ou *ravoir par la bourse*, c'est l'action de retrait.

— lieu où s'assemblent les commerçants, capitaines de navire, agents de change et courtiers, pour traiter de leurs affaires.

BOUTTER, mettre. *Boutefeu*, incendiaire.

BRAHAIGNE. V. BREHAIGNE.

BRAN, BREN (*bren*), son. *Brennage*, droit seigneurial sur le son, ou redevance en son pour la nourriture des chiens du seigneur. *Bernier*, celui qui nourrit les chiens.

BRANC, DRANCE, épée. *Branc d'acier.*

BRANCHE ou BRANCHAGE, en généalogie, est une portion des descendants d'une famille qui a une origine ou souche commune. Mon aïeul, voilà une souche, mon père et mon oncle, voilà deux branches.

BRANDON (*brando*, 2), bâton garni de paille. *Brandonner*, saisir et arrêter les fruits pendants par les racines, et en signe de la saisie, ficher en terre un bâton garni de paille, ou brandon.

— torche faite d'une branche de pin. Flambeau, tison.

BRAS SÉCULIER, puissance civile.

BREF, BRIÉS (*breve*), lettre, écrit, acte. *Bref du pape, bref de cession.* V. BULLE.

— dans le droit anglo-normand, c'est une formule d'action. *Le livre de la Natura brevium de M. Fitz Herbert.*

BREHAIGNE (*brana*), stérile. *Bréhaigneté*, stérilité.

BRETESCHE (*brestachia*), forteresse, fortification. *Un château bien breteschê.*

BREVIL (*brolium, broilum*), bois taillis, parc, buisson.

BREVET, expédition en bref à la différence de l'acte grossoyé. *L'acte en brevet* est un acte passé par-devant notaire dont il ne reste point de minute. *Procuration en brevet. — Écrire par brevet*, abréger.

— Acte non scellé par lequel le roi accorde un titre, une pension. *Brevet de général, brevet de pension, officier à brevet.*

BRIS, rupture, effraction. *Bris de prison, de clôture, de scellés.*

BROCHE, broc, robinet, fausset.

BUER, blanchir le linge. *Buanderie*, blanchisserie. *Buresse*, blanchisseuse.

BUFFE ou BUFFET, soufflet.

BUIES (*boia*), fers, ceps, ferrements.

BULLE (*bulla*), c'est un sceau (*la bulle d'or*); et par extension, l'acte auquel le sceau est apposé.

BULLES, lettres du pape, scellées. V. BREF.

BUREAU, tribunal. *Mettre le procès sur le bureau*, déposer les pièces pour que les juges délibèrent et prononcent.

BURSAL, ÉDIT, loi qui établit un impôt.

C

ÇA, DE PIÉÇA, ÇA EN ARRIÈRE, ci-devant.

CABAL (*cabale*), capital, fonds de marchandises.

CABOTAGE, navigation de cap, de port en port, le long des côtes, à la différence de la *navigation au long cours*, qui traverse l'Océan.

CADASTRE, CATASTRE, CAPDASTRE (*capitastrum*), papier terrier.

— registre public qui sert à l'assiette de l'impôt foncier. Ce registre contient en détail la quantité, la qualité, la valeur des fonds de chaque commune, et le nom des propriétaires. Dans les cout. anglo-normandes : *Domesday Book.*

CADUQUES, DISPOSITIONS, LEGS CADUCS (*caduca*), sont des dispositions qui, bien que régulières en la forme, se trouvent sans effet, et finissent par tomber (*cadere*) d'elles-mêmes.

CAHIER DES CHARGES, acte qui règle les conditions d'une adjudication publique.

CAHIERS, demandes et remontrances faites au prince par les assemblées du clergé, ou les pays d'états.

CAIERE, CHAYÈRE, chaire, chaise.

CAIRE, tomber, choir. *Caïs*, tombé.

CAIRE, CHIÈRE (Esp. *cara*), visage.

CAITIF. V. CHÉTIF.

CAITIVOISON. V. CHÉTIVOISON.

CALENGE, CALONGE, CHALENGE, CHALUNCHE (*callengia, calumnia*), demande en justice, action.

— Retrait lignager. (Ass.)

CALENGER, CALUMPNIER, CHALEN-

GIEU (*calumniari*), demander, actionner, retraire, revendiquer, quereller, reprocher.

CAMBAGE (*cambagium*), droit qui se lève sur la bière. *Cambe*, bière, *Cambier*, brasseur.

CAMBISTE, agent de change, banquier.

CANCELLER (*cancellare*), bâtonner, raturer, effacer.

CANGE (*cambium*), échange. *Cangier*, échanger. *Cangeur*, changeur, banquier.

CANON (*canon* 1), rente, pension. *Canon emphytéotique*.

CANONS (*canones*), lois de l'Église. *Droit canon ou canonique*.

CANTONNEMENT, espèce de partage qui fait cesser le droit de l'usager sur la forêt entière par l'abandon d'une part en toute propriété.

CAORSINS (*caorcini*) ou LOMBARDS, banquiers, usuriers.

CAPACITÉ, habileté, aptitude. *Capacité de succéder, de contracter, de donner, de recevoir, de se marier.*

CAPITAL (*cabale*), c'est le sort principal, le fonds d'une rente qui produit des arrérages, le principal d'une dette qui produit des intérêts. *Payer le capital et les intérêts.*

— CRIME, est celui qui mérite peine de mort.

CAPITATION, imposition personnelle, imposition par tète.

CAPITOULS, échevins ou premiers magistrats municipaux de Toulouse.

CAPITULAIRES, lois rendues par les rois de la première et de la seconde race.

— décisions prises par les assemblées régulières, ou chapitres.

CAPTATION, tous moyens déshonnêtes par lesquels on cherche à provoquer la bienveillance d'autrui, et à lui suggérer l'idée de quelque libéralité. *Legs captatoire*, legs provoqué par la captation.

CARENCE (du latin *carere*), manquement, absence de biens. *Le procès-verbal de carence constate qu'il n'y a rien à saisir ou à inventorier.*

CAROLE (*charolare*), danse, concert, assemblée.

CARTEL, acte de défi, appel en duel.

CARTULAIRE, CHARTULAIRE OU CACHEREAU, livre terrier, registre qui contient les titres de propriété, les priviléges, etc., d'une église, d'une communauté. *Officier chartulaire* est celui qui a la garde du registre.

CAS (*casus*), événement. *Cas incertain, cas d'aventure, ou fortuit.*

— royaux et prérogaux, ou priviiégiés, crimes réservés à la juridiction du roi et de ses officiers à la différence du *cas* ou *délit commun* qui peut être de la compétence des juges inférieurs.

CAS DE SAISINE ET DE NOUVELLETÉ, complainte.

CASAL (*casale*), ferme, métairie.

CASEAUX (*casales*), censiers.

CASEMENT, CHASEMENT (*casamentum*), censive.

CASÉS, HOMMES, CHASIERS (*homines casati*), censiers, vassaux.

CASSATION, arrêt qui annule un jugement, un acte ou une procédure, pour cause de violation de la loi.

CASSER UN ACTE, l'annuler. *Casser un mariage*, c'est le déclarer nul et sans valeur.

CASTOIER, CHASTOIER, instruire, conseiller, corriger. *Gastoiement*, instruction, avis, correction.

CASUEL, revenu éventuel, irrégulier, à la différence du revenu ou traitement fixe. Les offrandes des fidèles, les rétributions des messes, services, etc., font le casuel des curés.

CATELS, CHATEL, CATEULS, CATEUX, CATIEX, CHASTEILS (*Catallum*), a des significations qui varient suivant les coutumes. Ce sont les meubles dans certains pays (Normandie, ch. 20-24), en d'autres, comme en Flandre, ce mot désigne tout ce qui n'est point *propre*; *les choses immeubles qui ne sont pas héritages*, comme dit Bouteiller.

— capital, avoir; *Catel de sers* (*peculium*) dans l'ancienne traduction des *Institutes*.

— DROIT DE MEILLEUR (*catallum melius*), c'est le droit qu'avait le seigneur de prendre dans la succession du vassal ou du serf le meilleur meuble ou la meilleure tète de bétail, ce que les Allemands nomment *bestehaupt* (*melius caput*).

CATELS, JURÉS, anciens échevins qui en l'honneur de leur charge remplie, avaient le droit de recevoir et passer tous contrats et reconnaissances mobiliaires.

CATIVOISON. V. CHÉTIVOISON.

CAUSE (*causa*, t), procès. *Cause civile, cause criminelle. Cause sommaire, cause grasse.*
— instance, *cause d'appel, mettre en cause.*
— motif, raison. *Cause de l'obligation, du legs. Causes et moyens d'appel ou d'opposition.*
— AYANS. V. AYANTS CAUSE.

CAUT, CAUET (*cautus*), prudent, adroit, fourbe. *Caut fait*, délit commis traîtreusement, à couvert.

CAUTELLE (*cautela*), adresse, prudence, fourberie.

CAUTION (*cautio*), assurance, sûreté. Engagement d'un tiers qui garantit au créancier l'exécution de l'obligation prise par le débiteur si ce dernier n'y satisfait lui-même.
— la personne même qui garantit.
— BOURGEOISE, bonne et solvable caution.
— *judicatum solvi*, celle qu'on exige de l'étranger demandeur dans un procès, pour garantir le paiement des frais et des condamnations.
— JUDICIAIRE, ordonnée par justice.
— JURATOIRE, consiste dans le serment fait en justice d'accomplir ce que le tribunal a ordonné.

CAUTIONNAGE, CAUTIONNEMENT, l'acte par lequel s'engage la caution.
— le dépôt d'argent qui sert de garantie au cautionné.

CAVAGE. V. CHEVAGE.

CAVILLATION (*cavillatio*), ruse, finesse. *Cavilleux*, chicanier, fourbe.

CAX, CEAX, ceux.

CAYMAND, mendiant. *Caymander*, mendier.

CÉDULE, obligation sous seing privé.
— Requête. — Permis d'assigner.

CELLE (*cella*), c'est la maison, demeurance et mélange de biens de personnes de servile condition.

CELLERIER (*cellerarius*), celui qui, dans un monastère, a soin des affaires domestiques et de la dé-

pense ordinaire de la maison, l'économe.

CENS, CENSE, CENSUEL, CENSIVE (*census*), redevance annuelle et seigneuriale, foncière et perpétuelle dont un héritage roturier est chargé envers le fief ou francalleu dont il est mouvant. *Cens abonné, cens requérable* ou *portable, cens cottier* (*census codarius*). — Rente, fermage.
— CHEF (*census capitalis*), ou premier cens, droit cens, c'est la redevance imposée lors de la concession primitive, à la différence du *surcens, contre-cens* ou *croist de cens*, qui est un second cens consenti au profit d'un tiers par le tenancier.
— TRUANT OU CENS MORT; CENS STÉRILE est celui qui ne porte lods ni ventes, ni aucun profit au seigneur censuel.

CENSE, CENSEL, CENSIF, CENSIVE (*censa*), héritage chargé de cens.
— Ferme, métairie.

CENSE, rente, intérêts. *Prendre argent à cense.*

CENSIER, RENTIER, CENSITAIRE, celui qui doit le cens; *seigneur censier, censable* ou *censuel*, celui auquel le cens est dû.

CENSIR, donner à cens.

CENSIVE, cens, ferme; *héritage tenu en censive.*
— étendue de la seigneurie d'un seigneur foncier.

CEPS (*cippus*), morceaux de bois dans lesquels on serrait les pieds et les mains des prisonniers.

CERCHER, CERQUIER, chercher, enquérir :

Sont ensanble au conseil allé ;
Asses i ont dit et parlé,
Lois et decres cerquent et quierent
Les capitiax recommencé ent.
(Rom. de Dolopatos.)

CERQUEMANAGE (*circamanaria*), bornage; *cerquemaner*, borner; *cerquemaneurs*, arpenteurs.

CERTIFICAT, CERTIFICATION, témoignage, attestation par écrit. *Certificat de propriété, de capacité. Certificateur*, celui qui délivre le certificat. *Notaire certificateur.*

CERTIFICATEUR DE CAUTION OU CONTRE-PLEIGE est celui qui affirme judiciairement et à ses risques et périls, la solvabilité de la caution.

CERVOISE (*cerevisia*), bierre.

CESSION, transport d'un droit fait à une autre personne. *Cession de bail, d'actions.* Celui qui transporte le droit se nomme *cédant*, celui en faveur duquel est fait le transport, se nomme *cessionnaire.*

CESSION DE BIENS, abandon qu'un débiteur insolvable fait de ses biens à ses créanciers, pour se mettre à couvert de toutes poursuites de leur part.

CHAIRE, chaise.

CHAITIVETÉ (*captivitas*), esclavage. V. CHÉTIVOISON.

CHALAN, bateau.

CHALENGER. V. CALENGER.

CHALOIR, importer. *Il ne m'en chaut*, il ne m'importe. *Ne vous chaille*, ne vous inquiétez point.

CHAMBELLAGE, CHAMBELLENAGE, CAMBRELAGE, droit qu'en certaines coutumes le vassal payait au seigneur, lors de l'investiture, et que recevait le chambellan.

CHAMBELLAN, CAMBERLAN, CHAMERLIN (*cambellanus*), officier qui couche en la chambre du roi ou du seigneur, et qui ordinairement a la garde du trésor. Le prévôt de Paris s'intitulait *chambellan ordinaire du roi*, et à ce titre avait accès à toute heure auprès de la personne royale.

CHAMBRE (*camera*), cour, tribunal. *Chambre des comptes (computorum camera), du trésor* ou *du domaine, des monnaies. Chambre ardente* pour la recherche des financiers.

— subdivision des tribunaux, *chambre du plaidoyer* ou *grand'chambre, chambre des enquêtes, chambre des vacations,* etc.

— assemblée d'un corps, d'une compagnie. *Chambre des avocats, chambre du commerce.*

— CHAMBRE AUX DENIERS (*camera denariorum*), trésor; *chambrier, chambellan (camerarius),* trésorier.

— BASSE ou QUOYE, aisances.

CHAMPART, AGRIER OU TERRAGE (*campi pars*), c'est le droit qui appartient au seigneur de prendre et d'enlever du champ un certain nombre de gerbes, avant que celui qui tient la terre en champart enlève ce qui doit rester pour lui. *Champarter, champartir,* prendre le droit de champart.

CHAMPIONS (*campiones*) ceux qui se battent en duel judiciaire. Le plus souvent ce mot désigne ceux qui combattent pour autrui; et en ce sens il est synonyme d'*advoué* ou *garant.*

CHAMPIS, bâtards.

CHAMPOYEN, droit de vaine pâture à travers les champs non clos, après la récolte.

CHAMPS FRAIS, novales, terres nouvellement défrichées.

CHANCELIER (*cancellarius*), grand officier chargé de dresser les actes du seigneur et de les sceller. *Chancelier de la reine, de l'Université, de Sainte-Geneviève,* etc. On dit encore dans le même sens, *chancelier de légation, de consulat. Chancellerie,* bureaux du chancelier.

— DE FRANCE, chef de la justice et des conseils du roi.

CHANDELLE ALLUMÉE, CHANDELLE ÉTEINTE, forme d'adjudication publique à l'extinction des feux, encore suivie aujourd'hui.

CHANGE, échange.

CHANTEAU (*cantellus*), morceau; morceau de pain. *Être au même chanteau,* c'est-à-dire au même pain, est signe de communauté.

CHANTEL, CHANTELAGE (*chantellagium*), impôt sur la vente en détail du vin.

CHAOIR (*cadere*), tomber, *chaanz, tombans, chauz,* tombé, *chaoiz,* perte.

CHAPEL DE ROSES est un léger don que les père et mère font à leur fille quand ils la marient, pour lui tenir lieu de sa légitime.

CHAPITRE, collége de chanoines, réunion de moines (*tres faciunt capitulum.*) *Chapitrer quelqu'un,* le réprimander dans l'assemblée capitulaire.

CHAPTEL ou CHEPTEL (*capitale catallum*), est un bail de bétail dont le profit se partage entre le bailleur et le preneur.

CHAPUIS, charpentier. *Chapuser,* charpenter.

CHARGE, office, fonction, commission. *Charge de notaire*, *charge municipale.*

CHARGE, condition imposée à un contrat. *Vendu à la charge de telle servitude, de telle rente. Charge d'un testament.*

— devoirs dus par les héritages, redevances, servitudes. *Charges réelles.*

CHARGER, accuser. *Charges et informations.*

CHARITÉ (*caritas* 3), pot-de-vin. Vin du marché.

CHARNAGE, temps où il est permis de manger de la viande.

CHARROI (*carreda, carropera*), service de transport, corvée de charroi. *Charrier*, transporter.

CHARRUAGE, CHARRUÉE (*carruca*), espace de terre que laboure une charrue. — Droit seigneurial sur ce lot de terre.

CHARTE (*carta*), titres ou lettres, — acte écrit constatant les droits reconnus, concédés, ou vendus par les souverains ou les seigneurs, à une corporation, à une communauté, à une province ou une contrée.

CHARTE PARTIE (*chartæ divisæ*), acte d'affrètement rédigé sur un parchemin partagé entre les parties contractantes. V. ENDENTURE.

CHARTRE (*carcer*), prison. *Tenir en chartre privée. Chartrier*, geôlier.

— charte. *Chartrier, trésor des chartres*, archives.

CHASTEL. V. CATEL.

CHASTELAIN (*castellanus*), c'est le seigneur qui a droit d'avoir maison forte, chastellenie et haute justice annexée à sa seigneurie. *Chastellenie*, étendue de la justice du seigneur chastelain. *Juge chastelain*, celui qui rend la justice dans ce ressort.

CHASTELET de Paris, d'Orléans, sont d'anciens manoirs seigneuriaux qui, plus tard, ont servi de palais de justice ou de prison.

CHASTIÈRES, qui instruit ou qui châtie. « Il est bien mestier que « li maris soit chastières de sa « femme resnablement. »(Beaum.)

CHASTOI, CHASTOIEMENT. V. CASTOIEMENT.

CHASTRONS, CHASTRIS (Ital. *castrato*), moutons.

CHAUDE CHASSE, CHAUDE SUITE, poursuite du coupable saisi en flagrant délit. V. RASTALL, V° *Fresch suit.*

CHAUDE COLLE (*calida colera*), CHAUDE MÊLÉE, rixe, querelle.

CHAUFFE DOS, CHAUFFEPANCE, cheminée.

CHEDEUL, catel, avoir, dans le Miroir de Souabe. *Prester de son propre chedeul.*

CHEDEUL, CHEDEAU, CHEDELIÈRES, tuteur.

CHEF, CHIEF, tête, commencement, extrémité, bout. *Venir à chief*, venir à bout. V. CHEVIR. *De chief en chief*, d'un bout à l'autre. *A chief trere*, parvenir à son but, réussir. *Au chef de douze ans*, au bout de douze années.

CHEF MEIX, CHEF METS, CHEF MOIS, QUEMEZ, LIEU CHEVEL, CHEF LIEU, manoir seigneurial.

CHEF SEIGNEUR, seigneur supérieur, suzerain.

CHEIR, choir, tomber, arriver.

CHEMIER OU CHEMIEZ, CHIEF D'OSTIEX, CAPMAS (*caput mansi*), l'aîné, le chef de la maison.

CHENU (*canus*) blanc, tête chenue.

CHEOIR (*cadere*), tomber. *Cheus*, chute.

CHEPTEL, CHETEL. V. CHAPTEL.

CHESÉ, CHEZAL, CHÉSEAU, CHESEOLAGE, CHEVEDAGE (*casale, casalagium*), habitation, tenure du censier.

— Vol du chapon.

CHÉTIVOISON, CATIVOISON, captivité, prison, d'où *chetif*, et *caitif.*

CHEVAGE, CHEVELAGE, CAVAGE, QUEVAGE, QUEVAISE (*capitale, caragium, chevalligium*), capitation, droit payé par les vilains à leur seigneur, en reconnaissance de leur sujétion. — Droit annuel que le roi percevait sur les bâtards, épaves ou aubains. — *Chevagier*, qui doit le chevage.

CHEVAL OU ROUCIN DE SERVICE, cheval dû par le vassal en cas d'ouverture de fief, ou en cas de guerre, qu'on nomme aussi *cheval traversant.* Chez les tribus arabes, il y a *le cheval de soumission*

CHEVALERIE (*caballaria*), tenure de chevalier. — Service de chevalier.

CHEVANCE, CHEVISSANCE (*chevan-*

cia), les biens d'un homme, les facultés, la richesse. *Honneur et chevance. Querre sa chevance*, chercher fortune. Guy Coquille, cout. de Niv., p. 321, dit : *seigneurie ou chevance.*

CHEVANCE, Atermoiement, accord. V. CHEVIR.

CHEVAUCHÉE, CHEVAUCHIE (*cavalcata*), service de cheval. Anc. cout. *d'Anjou* : « Il y a différence « entre host et chevauchie, car « host est pour défendre le pays « qui est pour le proffit commun, « et chevauchie est pour défendre « son seigneur. »

CHEVEL, capital, principal. *Aides chevels.*

CHEVESTRE, corde, licou. *Le chevestre au col*, d'où *enchevêtrer*, gêner, empêcher.

CHEVETAIN, CHEVETAINE, capitaine; *chevetainerie*, capitainerie.

CHEVIR (*cheviare*), venir à chef, venir à bout.

— composer, capituler. *Chevir à ses créanciers* (Amiot).

— se nourrir, s'entretenir.

CHIEF, tête, *Chief enclin*, tête baissée.

— bout, extrémité. *De chief en chief*, d'un bout à l'autre. V. CHEF, CHEVIR.

CHIÈRE, CHÈRE (*cara*), visage. *chière lie*, figure joyeuse; *chière morne, mate*, figure triste. « Les « gardes dou champ doivent partir « le soleil, si que il ne soit contre « la chière de l'un plus que de l'au- « tre. » (Ass.)

CHIFFRE OU CIFFRE (*cifræ*), chiffre, zéro.

CHIROGRAPHE (*chirographum*), acte sous seing privé. *Créancier chirographaire*, celui qui n'a point de reconnaissance authentique de sa dette; celui qui n'a point d'hypothèque.

CHOPER (*intersistere et offensare*), buter à ou contre un obstacle. De là *pierre d'achoppement.*

CHOSES, COSES, biens, facultés, droits.

— cause, procès.

CHOSE JUGÉE, point décidé par le juge, et devenu inattaquable par les voies ordinaires.

CHOSER, accuser, blâmer, gronder. *Chosement*, réprimande.

CHRESTIENNER, baptiser. *Chrestiennement*, baptême.

CHRESTIENTÉ, COUR DE, cour d'Église.

CI, ici, ce, ces. *Cil*, ce, celui. *Ciex*, ceux.

CIRCONSTANCES ET DÉPENDANCES, tout ce qui est adjacent ou accessoire à une maison, à une terre, à une seigneurie.

CIRCONVENTION, dol, intrigue, manœuvres frauduleuses. *Circonvenir et tromper quelqu'un.*

CIROGRAPHE. V. CHIROGRAPHE.

CITADINAGE (*citadinagium*), bourgeoisie. *Citadin*, bourgeois, homme de la cité.

CITATION, CITER, assignation; assigner.

CITOYEN, DROIT, droit civil. *Cause citoienne*, cause civile.

CIVIL, en termes de palais, est la procédure ordinaire, dans laquelle il ne s'agit que d'intérêts pécuniaires, par opposition à la procédure criminelle. *Agir au civil. Civiliser une affaire*, c'est convertir un procès criminel en procès ordinaire.

CLAIM, CLAIN (*clameum, clamor*), demande en justice, action. *Clamer droit*, déchoir de clain.

— Amende.

CLAMANT, demandeur, par opposition au *plaintif* ou défendeur.

CLAME (*clama*), demande, action, citation.

— droits seigneuriaux. *Payer les clames au seigneur.*

CLAMER (*clamare*), demander, se plaindre. *S'en clamer à la justice.*

— déclarer, nommer.

CLAMER QUITTE (*clamare quietum*), déclarer quitte, décharger.

CLAMEUR, CLAMOUR, CLAMOR (*clamor*), demande, action, plainte. *Fausse clameur*, demande mal fondée. *Clameur de haro.* Voyez HARO.

CLAMEUR D'HÉRITAGE, retrait lignager. *Bien clamable*, bien sujet à retrait.

CLAUSE, disposition particulière d'un acte, d'un contrat, qui en explique ou modifie l'effet. *Clause pénale, révocatoire, dérogatoire. Clause irritante*, c'est-à-dire emportant nullité.

CLAVAIRE (*clavarius*), receveur, officier domanial, trésorier.

CLÉMENTINES, collection des décrétales du pape Clément VI.

CLERC (*clerici*), tonsuré, homme d'Église, et figurément homme instruit, magistrat.

On dit communément es villes et villages
Que les grans clercs ne sont pas les plus sages.

Après avoir les déesses,
Toutes légistes et clergesses,
Qui sçavoient le décret par cœur.
(Arrets d'Amour.)

— notaire, greffier, commis, secrétaire. *Clerc de la ville*, *clerc des arrêts*, *Clercs jurés*, commis greffiers.

CLERGIE, science.

Un poignet de bonne vie
Mieux vault qu'un muy de clergie.

— office de clerc ou greffier.

— PRIVILÉGES DE, DE CLÉRICATURE OU DE TONSURE. Ce sont les priviléges qui protégeaient, en les soumettant à la juridiction ecclésiastique, les clercs ou tonsurés, ce qui comprenait une foule de gens qui n'appartenaient au clergé que par la tonsure.

CLIENTELLE, ensemble des clients, ou des affaires habituellement fournies par les clients.

CLIENTS, parties à l'égard de leurs avocats, leurs procureurs ou leurs notaires.

CLORE, fermer, arrêter, *Clore un compte*. — *Cloyt*, clos, fermé.

CLOSEAU, CLOSET, CLOSERIE (*Clausum*), héritage clos. *Closier*, métayer. *Closeaux*, bornes ou limites des communaux.

CLOSTURER, fermer, terminer. *Closture de compte*, *d'inventaire*.

CO, en composition, exprime l'association, la communauté; du latin, *cum* : cocréanciers, codétenteurs, codonataires, cohabitants, cofidéjusseurs, cohéritiers, colégataires.

CODE, recueil de lois. *Code Michaut*, ordonnance publiée par Louis XIII en 1629, et rédigée par le chancelier Michel de Marillac. *Code Louis*, ordonnances civiles et criminelles de 1667 et de 1670, *Code marchand*, ordonnance du commerce de 1673. *Code noir*, édit de 1685 touchant la police des iles de l'Amérique française.

CODICILLE, appendice à un testament antérieur; dispositions additionnelles qui augmentent, modifient, révoquent des dispositions précédentes.

COENS, CUENS, comte.

COERCITION, contrainte légitime. *Pouvoir coercitif.*

COGNATION, parenté. *Cognat*, parent par les femmes. *Agnat*, par les hommes.

COGNISSANCE, compétence, ressort.

CONUE (*cohua*, à *coeundo*), assemblée, marché. *Cohuage*, droit sur les halles.

COI, tranquille, secret. *Coiment*, sans bruit. *Coie vérité*, enquête secrète. *Chambre coye*, cabinet d'aisances.

COINS (*conus*), sceaux, monnaies. *Coin du roy.*

COINTE, poli, orné, instruit, sage. *Cointise*, politesse. *Cointoier*, *cointir*, orner. *Cointement*, poliment, sagement.

COITIVIER, cultiver.

COLLAGE, droit de collier. Impôt sur l'attelage servant au labour.

— quantité de terre que cultive un attelage ou collier de bœufs.

COLLATÉRAUX, parents qui descendent d'un auteur commun, sans descendre les uns des autres.

COLLATION (*collatio* 1), don d'un bénéfice. *Collateur*, celui qui nomme au bénéfice.

— (*Collatio* 2), comparaison de la copie et de l'original, pour s'assurer de la conformité des deux pièces. *Collationner les pièces en présence des parties. Collationner une copie et la doubler avec son original.*

— rapport en partage de succession. V. RAPPORT.

COLLE, COLLÉE, coups. V. CHAUDE COLLE. *Coleors*, querelleurs, batailleurs.

COLLECTE, levée des tailles ou impôts dans une paroisse. *Collecteur*, celui qui asseoit et lève les tailles.

COLLÉGE, corps, société. *Collége des cardinaux*, *des secrétaires du roy.*

COLLIGER, recueillir, ramasser.

COLLOCATION, c'est le rang de paiement attribué aux créanciers; *collocation utile.*

COLLUDER, se concerter frauduleusement. *Prævaricari.*

COLLUSION, accord frauduleux entre deux parties au préjudice d'un tiers.

COLOIGNE, quenouille. *Partir par coloigne,* c'est entre sœurs seules héritières, partager la succession également, sans préciput, sans droit d'ainesse.

COLOMB, COLON, COULON, pigeon.

COLOMBIER A PIED (*columbarium*) est celui qui est bâti en forme de tour, et qui a des boulins ou paniers à tenir pigeons depuis le haut jusqu'au rez-de-chaussée, à la différence du *volet* ou de la *fuye,* qui est un pigeonnier superposé à quelque bâtiment inférieur, tel qu'un cellier ou une étable.

COLON PARTIAIRE, fermier qui cultive à moitié fruits, métayer.

COMBAT DE FIEF, contestation entre deux seigneurs qui prétendent la même mouvance, ou se disputent la même censive.

COMBE, vallée, grotte.

COMBRE, pêcherie. V. GORDS.

COMMAND ou COMMANDE, commandement. — Commettant, celui qui a donné à autrui l'ordre d'acheter. *Faire déclaration de command,* c'est déclarer celui pour le compte duquel on s'est porté acquéreur.

COMMANDE, COMMANDISE, COMMENDE (*commenda,* 1). Dépôt. *Prendre en charge et commande. Commende de bestiaux,* cheptel.

COMMANDEMENT, sommation faite par huissier.

— ordres, défenses. *Faire commandement de par la cour.*

COMMANDER (*commendare,* 2), donner en garde, recommander. « Qui « se viaut partir dou pays, ou en au- « cune manière laissier son flé, il « le deit commander au seignor. » (Ass.)

— DROIT DE (*commendatio,* 3). Taille que paient les personnes de condition servile en reconnaissance de la protection seigneuriale (*quasi commendati*).

— DONNER EN (*commenda,* 4). C'est donner comme en garde des biens d'églises ou d'abbayes à des laïques ou à des ecclésiastiques séculiers qui ne peuvent en être titulaires.

Commanderies, bénéfices des Templiers et des chevaliers de Malte.

COMMETTRE SON FIEF, c'est le confisquer, c'est-à-dire le perdre par confiscation.

COMMINATOIRE, clauses ou peines qui menacent, mais qui ne sont pas exécutées rigoureusement.

COMMIS ou COMMISE (*commissio,* 2). Confiscation du fief. *Droit de commise, danger de commise, tomber en commise.* V. CONFISQUER.

COMMISSAIRE (*commissarius*), personne chargée momentanément d'une fonction publique.

— séquestre, dépositaire judiciaire.

COMMISSION, pouvoir donné à temps, délégation. *Commettre commissaire pour informer et faire enquête. Commission rogatoire,* mandat adressé par un tribunal au juge d'un autre tribunal, quand il convient de mettre à exécution dans ce dernier ressort quelque mandement, décret ou appointement de justice, d'informer de quelque fait, etc.

COMMITTIMUS (*committimus*), DROIT ou PRIVILÉGE DE, privilége accordé par le roi aux officiers de sa maison, et à quelques personnes ou communautés, de plaider en première lustance aux requêtes du palais ou de l'hôtel de Paris, en matière personnelle. *Lettres de committimus.*

COMMODAT (*commodatum*), prêt à usage.

COMMUER, changer une peine en une autre plus douce.

COMMUN, LE, le peuple, la commune, la communauté.

COMMUN, COMMUNISTE. Qui possède par indivis, copropriétaire. *Le mari et la femme sont uns et communs en biens meubles et conquêts immeubles.*

— JUGEMENT DÉCLARÉ, est le jugement déclaré exécutoire contre plusieurs personnes qui ont figuré dans l'instance.

COMMUNAGES, communaux.

COMMUNAUTÉ. Association de personnes, qui résulte non point d'un contrat, mais d'une cohabitation, d'une copropriété ou d'intérêts communs.

COMMUNAUTÉ DE BIENS ENTRE CON-

JOINTS , RÉGIME EN COMMUNAUTÉ. Société de biens entre époux , établie par la loi ou le contrat de mariage.

COMMUNAUTÉ CONTINUÉE. C'est la communauté existant entre le mari et la femme, qui, après la mort de l'un des conjoints , se continuait *entre les enfants mineurs issus du mariage*, et l'époux survivant , quand ce dernier n'avait point fait inventaire des biens communs.

COMMUNAUTÉ RELIGIEUSE , confrérie, couvent.

COMMUNAUTÉ TAISIBLE OU TACITE (*communio*, 3). Communauté qui *existe entre plusieurs personnes par le mélange des biens*, et surtout par le fait de la cohabitation et vie commune au même pot, pain et sel. Les communs se nomment aussi *parsonniers*.

COMMUNAUX (*communale*). COMMUNES (*communia*, 2), terres qui appartiennent à une paroisse ou communauté d'habitants, et que le seigneur du lieu ne peut s'approprier.

COMMUNE, FEMME , celle qui est mariée sous le régime de la communauté.

COMMUNE RENOMMÉE, PREUVE PAR. C'est la voix publique qui sert de preuve en plusieurs occasions.

COMMUNES , COMMUNITÉS (*commune*, 2), sont les villes qui ont obtenu par charte une libre administration municipale. *Communiers*, habitants ou officiers de la commune.

COMPAGERIE, COMPAGNIE. Société , communauté, assemblée.

COMPAGNIE D'HÉRITAGES, communauté d'héritages.

COMPAGNIES SOUVERAINES, juges en dernier ressort. Parlement. *La cour en bonne compaignie*, toute la cour assemblée. (Nicod.) En grosse compagnie. (BOILEAU.)

COMPAIN, COMPANS, COMPOING (*companium*), compagnon, associé, communier.

COMPARER, COMPÉRER (*comparare*); acheter, payer, récompenser.

Folie qui a corte durée
Après est si cher comparée.
(Helinand.)

Ne le compère ; ne l'achète pas.

COMPAROIR , COMPARAITRE, se présenter sur une assignation devant la justice ou devant un officier public. *Comparuit*, certificat de comparution. *Demander comparuit et congé.*

COMPARTIR, partager. V. PARTIR.

COMPATIBLES, CHARGES OU BÉNÉFICES qui peuvent se cumuler.

COMPENSATION, COMPENSE, extinction simultanée de deux dettes liquides entre deux personnes qui se trouvent mutuellement créancières et débitrices l'une de l'autre. *Compenser les dépens* c'est condamner chacune des parties au paiement des dépens qu'elle a faits.

COMPERSONNIERS. V. PARSONNIERS.

COMPÉTENCE est le droit qu'a le juge de connaître d'une affaire civile ou criminelle. *Le juge compétent* est celui à qui la loi donne le pouvoir de juger le litige.

COMPLAINTE (*complainta*), plainte. *Complaignant*, plaignant. Complainte se dit principalement de l'action possessoire par laquelle le possesseur d'un héritage, ou droit réel, se plaint du trouble apporté à sa jouissance, et demande à être maintenu dans sa possession. *Former complainte, se complaindre. — Demander le fournissement de la complainte*, c'est demander que la chose litigieuse soit séquestrée judiciairement. *Fournir la complainte*, établir le séquestre.

COMPLANT (*complantum*), bail de longue durée, espèce d'emphytéose , à charge de planter le terrain d'arbres et particulièrement de vigne. *Complanterie*, héritage donné à *complant*.

COMPOSITION, accord, traité par lequel on fait à quelqu'un grâce ou remise de quelque chose.

COMPROMIS (*compromissum*), acte écrit par lequel on soumet à des arbitres désignés la décision d'un litige. V. AMIABLES COMPOSITEURS. *Compromettre*, faire un compromis.

COMPTABLES sont ceux qui, ayant manié des deniers particuliers ou publics, sont obligés de justifier de l'emploi de ces deniers sitôt que leur gestion est finie, comme tuteurs, procureurs, curateurs, fermiers des impôts, etc.

COMPTE, état de la recette et de la dépense des biens qu'on a eu en maniement. *Apostiller un compte,* marquer d'une note ou apostille les articles à justifier. *Solder* ou *clore un compte,* convenir des articles qui le composent, et en arrêter le reliquat. *Affirmer un compte,* c'est jurer qu'il est exact et véritable.

COMPTE COURANT, celui que deux négociants en relation d'affaires tiennent de leur *doit* et *avoir* mutuel.

COMPULSOIRE OU LETTRES DE COMPULSOIRE, commission que décerne le juge pour contraindre quelque officier public à délivrer les titres dont les parties se veulent aider en production.

COMTE (*comes*), gouverneur de ville sous les deux premières races, seigneur féodal sous la troisième.

CONCLUSIONS OU FINS, demandes dont les parties sollicitent l'adjudication en justice. *Conclusions préparatoires, définitives.*

— DES GENS DU ROI, avis et réquisitions du ministère public.

CONCORDAT, accord entre le saint-siége et le gouvernement, pour régler les rapports de l'Église et de l'État. Concordat de 1516, entre Léon X et François Ier. Concordat de l'an IX, entre Napoléon et Pie VII.

— accord, transaction. — Traité entre le failli et ses créanciers.

CONCUEILLIR, cueillir, colliger, réunir.

CONCURRENCE est une égalité de droit, d'hypothèque ou de privilége sur une même chose.

CONDAMINE (*condamina*), espèce de fief, domaine.

CONDAMNATION, dans les affaires civiles, est la sentence qui fait déchoir une partie de ses prétentions, *subir condamnation. Passer condamnation,* c'est se désister de ses prétentions. — En matière criminelle, c'est le jugement qui prononce une peine contre l'accusé.

CONDITION, clause insérée dans un acte, qui fait dépendre la validité de l'acte d'un événement futur et incertain. *Condition suspensive, résolutoire, casuelle, potestative.*

— clause, charge d'un marché. *Condition expresse, tacite.*

CONDITION (*conditio*), redevance payée par les serfs. *Gens de condition, conditionnés* (*conditionales*), serfs.

CONDITIONNER UN HÉRITAGE, le charger d'usufruit ou de quelque autre servitude.

CONDUCTEUR (*conductor*), locataire.

CONDUIRE, mettre en possession. *Conduiseur,* curateur; chargé de procuration.

CONFÉRER, rapporter en partage de succession.

CONFERMENCE, CONFERMENT (*confirmatio*), confirmation.

CONFÈS, confessé. *Mourir repentant et confès.* Le déconfès est celui qui meurt sans confession et sans testament, car l'un n'allait point sans l'autre.

CONFESSER (*confessare*), avouer, déclarer. *Confesser un dépôt. Confession,* déclaration, reconnaissance de la vérité d'un fait.

CONFINS DES HÉRITAGES sont les extrémités où les héritages finissent et se touchent.

CONFIRMER UN ACTE, le ratifier, l'approuver une seconde fois pour couvrir quelque nullité.

CONFISCATION, attribution au fisc des biens d'un condamné, de marchandises prohibées, etc.

CONFISCATION DE FIEF OU COMMISE, est la réversion du fief servant au fief dominant, par suite du désaveu ou de la félonie du vassal.

CONFISQUER, FORFAIRE OU COMMETTRE SON FIEF, le perdre par sa négligence ou sa faute. *Confisquer* est ici verbe neutre et signifie *perdre par confiscation.*

CONFLIT, c'est la concurrence de deux juridictions qui se disputent le droit de connaître d'une affaire, ou qui toutes deux prétendent la refuser. *Conflit de juridiction, conflit d'attribution.*

CONFORTEMAIN, commission du roi, obtenue en chancellerie par le seigneur féodal ou censier, pour *fortifier* la saisie du fief servant ou de la censive, et empêcher le vassal ou censier d'enfreindre la mainmise ou saisie seigneuriale. Blois, a. 39.

CONFRAIRIE (*confraternitas*), communauté, association religieuse.

CONFRONTATION, mise en présence de l'accusé et des témoins.

CONFRONTATION D'ÉCRITURES, comparaison d'écritures.

CONFUS, qui n'est point séparé ni divisé.

CONFUSION D'ACTIONS ET DE DROITS, ou CONFUSION simplement, anéantissement du droit par la réunion dans la même personne des qualités de débiteur et de créancier.

CONGÉ, permission, dispense. *Congé d'accorder. Congé d'adjuger*, autorisation de vendre aux enchères. *Congé d'élire, congé d'entrée.*

— ou CONGÉ DÉFAUT, jugement rendu contre le demandeur qui ne suit pas sa plainte. *Congé faute de se présenter, faute de venir plaider, faute de conclure. Le défaut se donne à l'acteur, et le congé au défendeur.*

— mise en demeure de reprendre ou de quitter la chose louée.

CONGÉABLE, DOMAINE, tenure usitée en Bretagne, et dont le possesseur doit se dessaisir à la volonté du seigneur bailleur, à la charge par ce dernier de rembourser au tenancier ses améliorations.

CONGÉER, CÓNGIER (*congeare*), remercier, expulser, exiler.

CONGRÈS, preuve juridique qui se faisait autrefois dans les procès de mariage quand on en prétendait la nullité pour raison d'impuissance. Cette preuve, aussi immorale que ridicule, fut abolie par arrêt du Parlement de Paris du 18 février 1677.

CONILS, CONINS (*conillus*), lapins.

CONJOINTS, mari et femme.

— ceux qui sont compris dans une même disposition. *Légataires conjoints.*

CONJURER (*conjurare*, 2), citer, semondre. *Conjurer ou gager ou semondre le seigneur de sa foi*, (Ass.), c'est le sommer de remplir ses obligations envers le vassal. *Conjurement*, sommation du bailli ou du prévôt. *Semondre et conjurer de loy les hommes du fief*,

c'est convoquer le jury féodal, les pairs du fief, ou *cour de conjure.*

CONNESTABLE (*comestabuli*), premier officier des armées après le roi. « Dans l'ost le connestable « doibt estre chevetaigne après le « roi. » (Assises.) *Connestablie*, dignité du connétable. — Régiment. — Juridiction militaire des maréchaux de France.

CONNEXION, CONNEXITÉ, liaison de plusieurs affaires qui rend nécessaire de les joindre pour prononcer un jugement commun.

CONNOISSANCE DE COUR (*cognitio placiti*), juridiction. *Se mettre en l'esgart* ou *connoissance de cour*, se mettre en jugement. *La court esgarde* ou *connoist.* V. ESGARD.

CONOILLE (*conucula*), quenouille. V. COLOIGNE.

CONOISTRE (*cognoscere*), connaître, juger. *Gens à ce connoissans*, experts.

CONQUEST, CONQUERRE, CONQUISE (*conquestus*); acquisition, et plus spécialement acquisition faite par les conjoints constant le mariage. *Conquester, conquérir, conquerre*, acquérir. *Conquéreur, conquéreor*, celui qui le premier a mis le fief dans la famille.

CONROI (*conredium*), compagnie, ordre, appareil. *Conroyer*, arranger, disposer, prendre soin. V. ARROY.

CONSANGUINITÉ, parenté du côté du père. *Frères consanguins*, fils d'un même père, mais non d'une même mère.

CONSAULS, CONSOLS, échevins, consuls, conseillers.

CONSAUS, CONSEIL, CONSOIL (*consilium* 1.) avis, délibération. *Jour de conseil.* V. AVIS.

— tribunal. *Conseil des affaires du roi, secret. d'État, étroit, privé, grand conseil.*

— assemblée municipale ou de famille. *Conseil de ville, conseil de discipline, de famille. Conseil judiciaire*, personne sans l'avis de laquelle un incapable ne peut faire certains actes.

CONSEILLERS, membres d'un conseil ou d'un parlement.

CONSENS, consentement. *Consenteres*, complice.

CONSERVATEUR DE L'ENREGISTRE-MENT, DES HYPOTHÈQUES, officier chargé de l'administration des formalités hypothécaires, etc. Conservateurs des privilèges des universités, juges et gardiens des privilèges de l'Université. Conservateurs des privilèges des foires ou gardes des foires, juges consulaires. Conservation de Lyon, tribunal qui jugeait de toutes affaires, même criminelles, concernant le commerce; telles que banqueroute frauduleuse, etc.

CONSIGNATION, dépôt de deniers dans une caisse publique quand il y a impossibilité de se libérer valablement. Consignation d'amende, dépôt d'une amende possible, préalable ordinaire de certains procès.

CONSIGNATION DE DOT. V. ASSIGNAL.

CONSIEVIR, CONSUIR, poursuivre, atteindre.

CONSOLIDATION, réunion de la nue propriété et de l'usufruit dans une même main.

CONSORS (comportionarii), associés, complices, voisins. — Parties qui ont des intérêts semblables dans une affaire.

CONSTANT, durant, pendant. Constant le mariage.

CONSTATER, établir un fait, le rendre constant et certain.

CONSTER, être constant, être certain. Il conste, il est constant.

CONSTITUER, assigner, créer, établir une rente.

— PROCUREUR, établir un procureur chargé de représenter en justice le constituant. Constitution de procureur.

CONSTITUT, déclaration qu'on détient une chose sans en avoir la propriété ni la possession civile. Posséder à titre de constitut et de précaire.

CONSTITUTION, CONTRAT DE, acte par lequel on établit une rente ou une hypothèque sur son fonds.

CONSTITUTIONS, lois, ordonnances, chartes. Constitutions féodales (libri feudorum).

CONSULS (consules), officiers municipaux dans le Midi. V. CONSAUS.

— JUGES, juges de commerce.

CONSULTATION, avis motivé d'un avocat, d'un jurisconsulte. Consulter, donner des consultations. Avocat consultant.

CONTEND, CONTENTION, CONTESTATION, CONTEST, CONTENÇON (contestus), discussion, débat, procès. Contentieux, sujet à contestation, litigieux. Contentier, contester, contendre, avoir contend ou différend, débattre.

CONTEUR CONTÉOR, CONTIÈRES, avocat. « Conteor est que aucun esta-« blit pour conter pour lui en « cort. » (Anc. cout. de Norm.)

CONTINUATION DE COMMUNAUTÉ. Voir COMMUNAUTÉ.

CONTRACTUEL, qui dérive d'un contrat. Institution contractuelle, institution d'héritier faite dans un contrat de mariage.

CONTRADICTEUR LÉGITIME, celui qui a qualité pour surveiller un acte, un inventaire, le partage d'une succession, etc.

CONTRADICTOIRE, JUGEMENT, jugement rendu en présence de toutes les parties ou de leurs représentants.

CONTRAINTE, violence légitime qui se fait par les ordres de la justice. — Actes ou jugements qui autorisent cette voie d'exécution. Contrainte par corps, droit de faire emprisonner le débiteur.

CONTRAIRE. Les parties sont contraires en faits quand elles proposent des faits opposés, et le juge ordonne d'informer sur la contrariété.

CONTRAIT, CONTRAT, CONTRAUX (contractus), toute convention faite entre deux ou plusieurs personnes, par laquelle une ou plusieurs parties s'obligent envers une ou plusieurs autres à donner, à faire ou à ne pas faire quelque chose.

CONTRARIÉTÉ D'ARRÊTS, opposition entre deux décisions suprêmes, concernant les mêmes parties, ayant le même objet, et appuyées sur les mêmes moyens.

CONTRAT JUDICIAIRE, accord des parties devant le juge.

CONTRAT PIGNORATIF, prêt usuraire, coloré des titres de vente et de relocation.

CONTRAT DE MARIAGE, acte qui précède la bénédiction nuptiale (aujourd'hui l'acte civil), et qui contient les conventions faites, quant au régime des biens durant le mariage.

CONTRAT DE MARIAGE se dit aussi pour l'acte solennel par lequel le mari et la femme se prennent pour époux, et se promettent la foi conjugale.

CONTRAT D'ABANDONNEMENT, D'A-TERMOYEMENT, DE CONSTITUTION. V. ABANDON, ATERMOIER, CONSTITUTION.

CONTRAVENTION, inobservation d'une loi, d'une convention. Infraction légère de quelque règlement.

CONTRE-AUGMENT, CONTRE-ÉCHANGE, CONTRE-PLEIGE, etc. V. AUGMENT, ÉCHANGE, PLEIGE.

CONTREBATTRE, contester. (Ass.)

CONTREDITS, écritures fournies par une des parties, pour combattre les assertions ou dits de la partie adverse. *Bailler contredits.*

CONTRE-LETTRE, CONTRE-PROMESSE, acte secret, destiné à modifier ou rendre nul un acte ostensible. *Lettre* est pris ici dans le sens de *contrat.*

CONTREMAND (*contramandatum*), c'est une excuse proposée pour faire remettre l'ajournement à un jour certain. *Contremandières* (Ass.), celui qui porte l'excuse. *Contremander;* s'excuser. V. Beaumanoir, ch. 11.

CONTRE-MUR, petit mur qu'on adosse contre le mur mitoyen pour que le voisin ne souffre aucun dommage de certaines constructions, telles qu'une fosse, une étable, etc.

CONTREPAINNER, saisir quelqu'un pour le forcer à faire recréance ou restitution des biens qu'il a lui-même indûment saisis.

CONTRE PAN ou CONTRABOUT, terre qu'on donne pour sûreté d'une rente ou d'un cens dû sur un autre fonds. V. ABOUT et PAN.

CONTRE-SCEL ou PETIT SCEAU est un cachet que l'on applique à gauche des lettres sur un tiret qui attache les pièces ensemble, afin d'empêcher qu'on n'en détache aucune.

— second sceau qu'un juge appose sur des effets déjà scellés par un juge d'une autre juridiction.

CONTRE-SIGNER, signer l'ordre d'un supérieur, en qualité de secrétaire.

CONTRESTANT, NON, nonobstant.

CONTRESTER, ENCONTRESTER, résister, s'opposer. *Contra stare.*

« Deux manières sont de torffait, li uns
« est qui le fait, li autre est qui mie na
« contreesté a ciaus qui le font aux au-
« tres ; et c'est aussi blasmable cose. »
                              (Brunetto Latini.)

CONTRIBUTION, partage, répartition au marc le franc, au sol la livre, au prorata, entre des créanciers ou des débiteurs. *Contribution de dettes d'un défunt entre plusieurs héritiers. Contribution de dettes communes entre les habitants d'une paroisse. Créanciers venant à contribution.*

— Paiement. *Contribution de légitime,* obligation de payer la légitime imposée au frère, dernier avantagé.

— impôt. *Contributions directes,* établies sur les biens et les personnes; *indirectes,* établies sur la consommation.

CONTRÔLE, CONTRE RÔLE ou DOUBLE REGISTRE qu'on tient des actes de finance et de justice pour en assurer la conservation et la vérité, et empêcher les antidates. Le contrôle des actes civils et de justice est ce que nous nommons aujourd'hui l'*enregistrement.*

— vérification. *Contrôleur,* vérificateur.

CONTUMACE (*contumacia*), c'est le refus que fait de comparaître en justice celui qui est ajourné ou décrété pour cause de crime ou délit. Ainsi la contumace en matière criminelle est ce qu'on nomme *défaut* en matière civile. *Contumace* ou *contumax* se dit aussi de l'accusé qui se dérobe aux poursuites judiciaires.

CONVENANT, COVENANT, CONVENT, CONVENANCE (*convenium*), convention, accord entre deux ou plusieurs parties sur une même chose, dans la vue de s'engager, de contracter. *Covenant vaint lei.*

« Li mestres qui prent aprentiz, il
« doit bucher (appeler) aux con-
« venances du marché deus des
« mestres et deus des valès, por

« oïr les convenances faites entre
« le mestre et l'aprentiz. »
(Mestiers de Paris.)

CONVENIR, tomber d'accord. Convenir et appoincter de quelque affaire doubteuse, transiger. Convenancé, convenu.

CONVENT, couvent. Prieuré conventuel, celui dans lequel il y a des religieux, par opposition au prieuré simple.

CONVERSION, changement d'un acte ou d'une procédure en un autre acte ou une autre procédure. Conversion d'une obligation en une rente constituée. Conversion d'information en enquête, changement d'un procès criminel en procès civil. On dit dans le même sens aujourd'hui, conversion de saisie immobilière en vente sur publications judiciaires.

CONVOLER EN SECONDES NOCES, contracter un second mariage.

CONVOYER, accompagner.

COPIE, écrit qui n'est que la reproduction d'un autre, le double de quelque écriture. Copie de l'original. Copie de copie. Copie collationnée est celle qui est certifiée conforme à l'original. Copie figurée, fac-simile.

CORDOUAN, cuir de Cordoue. Cordouanier, cordonnier.

CORNAGE, HORNEGELD (cornagium), droit seigneurial sur les bœufs.

CORPS, PRENDRE AU, saisir quelqu'un pour le mettre en prison; s'obliger corps et bien, c'est engager sa liberté, si l'on ne satisfait pas à l'obligation qu'on a contractée.

CORPS DE DÉLIT, ensemble de faits et de circonstances qui attestent l'existence d'un délit.

CORPS ET COMMUNAUTÉS, corporations soit laïques, soit ecclésiastiques, municipalités, universités, chapitres, colléges, etc.

CORRUPTÉLE (Ass.), abus, mauvaise coutume.

CORT, cour, tribunal. Cort de sang, haute justice.

CORVÉE, COURVÉE (corvada), services vilains (la plupart du temps services agricoles), dus par les serfs et les vilains à leur seigneur.

COSE (causa), chose, cause.

COSTIERS, collatéraux. Et se l'es-
chaete li est venus par costières. (Ass.)

COSTIVEMENT, éducation, culture. Costiver soi est li premiers commandement des lois (De Font.).

COTE, COTISE, COTTE (quota), la part que chacun doit payer d'une dépense — Réglement de la part que chacun doit payer. Cotte mal taillée. Cotisation. Cotte morte, succession d'un religieux curé.

— lettre ou numéro d'ordre qu'on met au dos d'une pièce inventoriée ou comprise dans un dossier pour la distinguer et la reconnaître au besoin. Cote d'inventaire. Coter une pièce.

COTERIE (cota), héritage vilain tenu à rente ou à cens. Gens de cote. Homme cottier, est celui qui tient en coterie.

COTTIER, FIEF. VILAIN FIEF, TERRE COTTIÈRE, HÉRITAGE COTTIER, tenure roturière. Cens cottier, surcens.

COUART ou COUARD, poltron. Couardise, lâcheté.

COUCHANT ET LEVANT, ÊTRE, c'est être domicilié.

COUCHER EN COMPTE, EN RECETTE, écrire en compte, porter en recette.

COULOMS, pigeons.

COULPE, faute. Battre sa coulpe, dire son mea culpa. Coupaules, coupables. Coupoler, accuser, inculper.

COUR (curia), tribunal. Cour féodale, cour laie, cour ecclésiastique. Cour des aides, des monnaies.

— lieu où les juges exercent leur juridiction.

COURONNE (corona), tonsure. Couronné, tonsuré.

COURRATIER (corraterius), courtier.

Lors a estre advocat m'asis
Et courretier et procureres,
Pour ce ne fus-je pas moins terres.
(Renart.)

COURTIL, COURTIEUX, COURTILLAGE (curtile), jardin, enclos.

— héritage donné à cens. Courtillage, redevance due par le tenancier ou courtillier (curticularius).

COUSTS, COUSTANGES, COSTEMENTS (custus), frais, dépens. Loyaux coûts, tout ce que l'acquéreur est tenu de payer outre le prix principal de l'acquisition.

COUSTUME (*consuetudo*, 1), loi non écrite, usages du pays. (Le recueil de ces ouvrages se nomme aussi *Coutumes* ou *Coutumiers*.) *Coutumes souchères, coutumes d'estoc et ligne*. V. SOUCHÈRES, ESTOC.

— (*Consuetudo*, 4), redevance, fermage en nature. *Héritage tenu en coustume. Lever la coustume* (*custumare*). *Coustumes de bled ou de vin.*

COUSTUMIER, HOMME, SERF, VILAIN, c'est celui qui paie une redevance fixée ou abonnée.

— HOMME, FEMME, FILLE, PERSONNE, c'est le roturier par oppostion au noble. On dit que l'héritage se partage *coutumièrement* entre roturiers, à la différence du fief qui se partage *noblement*.

COUSTUMIERS, HOMMES, sont quelquefois les anciens praticiens qui témoignent en justice des usages du pays.

COUTURE (*cultura*), champ cultivé. *Une couture de terre.*

COUTURIER, tailleur.

COUVRIR LE FIEF, c'est empêcher la saisie féodale en faisant foi et hommage pour *ouverture* ou mutation de fief avenue.

COUVRIR L'ENCHÈRE, enchérir.

COUVRIR signifie encore empêcher, défendre. On *couvre* une nullité en défendant au fond; la prescription nous *couvre* de la demande d'un adversaire, c'est-à-dire nous en garantit.

COVANT, COVENANT. V. CONVENANT.

COVINE, pensée, intrigue.

CRANTER, CRANT. V. CRÉANTER.

CRÉANCE, CREDENCE (*credentia*), crédit. *Lettre de créance.*

— chose due. Titre de celui à qui on doit, ou *créancier. Abolition des créances et vieilles scédules.*

CRÉANTER, CRÉANCER (*creantare*), promettre, donner sa foi, cautionner. *Créand, crand,* garant, garantie. *Créantement*, promesse, caution.

CRÉDITEUR, créancier.

CREISSANCE, CREISSEMENT, croissance, augmentation. — Conclusions nouvelles. (Ass.)

CREMEUR, CRIEMEUR, crainte. *Crémeur de Dieu est le commence-

ment de sapience. Criemer, crembre*, craindre.

CRÉTINE, accroissement, alluvion.

CRI PUBLIC, CRIE OU CRIAGE (*crida*), ban, publication à son de trompe. — Vente aux enchères.

LE CRI ET LES ARMES PLEINES, c'est le privilége de l'aîné. Chaque maison noble avait son cri de guerre, et l'aîné héritait du cri, des armes, de la devise, etc.

CRIÉE, cri. Publication que le sergent faisait à la porte de l'église des biens saisis et exposés en vente. *Crier par quatre quatorzaines.*

CRIÉES ET SUBHASTATION, vente aux enchères publiques.

CROIRE, prêter, de *credere*, d'où *créancier* prêteur. *Chose creue*, chose prêtée. *Creuz*, créance.

CROISER, marquer d'une croix. *Croiser aucuns articles des despens.*

CROISTRE (*crescere*), augmenter. *Croissement*, augmentation, accroissement. *Croix de cens*, augmentation du cens ou de la rente.

CROIST (*crissementum*), produit des bestiaux. *Bail de bêtes à croix et à cheptel.* V. CHEPTEL.

CRUE (*creuta*), accession, accroissement. *Crue des meubles*, est l'augmentation du prix des meubles porté dans l'inventaire, augmentation qui a pour but d'obtenir la juste valeur des objets ordinairement prisés trop bas. À Paris cette augmentation était du quart.

— Augmentation d'impôts, *superindictio.*

CRUEUS, cruel, excessif. CRUALMENT, excessivement.

CUEILLETTE, levée d'impôts, recettes. *Cueilleur*, collecteur. *Cueilloir*, livre terriers.

CUENS, comte.

CUER, cœur, courage, chœur.

CUERE OU CEURE (*cora*), coutume dans les pays flamands. *Coriers, ceuriers, quœriers,* hommes coutumiers.

CUIDER, penser, imaginer, présumer. *Tel cuide venger sa honte qui la croist. Ce cuit*, je pense. *Cuider fait souvent l'homme mentir. Cuidance*, présomption.

CURE, soin, garde, surveillance. *Cureur, curateur,* celui qui est commis pour régir et administrer les biens d'autrui. *Curatelle*, charge, fonction de curateur.

CENTAUX, notaires et greffiers municipaux.

CUSTODE, garde, gardien, sacristain.

CUVERT, CUIVERT, CULVERT, traître, félon. *Cuivertise, cuvertage (culverta)*, perfidie, bassesse, servilité.

D

DABLÉE. V. DEBLAVER.

DAM, DAMAGE (*damnum*, 2), dommage, préjudice, dégât causé par les bestiaux. *Damagier*, causer préjudice.

DAME (*domina*), femme. *Dame ou pucelle*.

— seigneur. *Dame Dex*, Seigneur Dieu.

DAMNÉ, DAMPNÉ, condamné. *Sang damné. Dannement*, condamnation.

DAMOISEL, DAMOISEAU, DAMOISELLE, DEMOISELLE (*domicellus*), fils ou fille de bonne maison.

DAMP, DOMP, don, seigneur.

DANGER, FIEF DE (*dangerium*). V. FIEF.

— TIERS ET (*dangerium*, 2), droit payé au roi pour avoir la permission de vendre certains bois. Les *sergents dangereux* étaient les inspecteurs des bois sur la vente desquels le roi avait le droit de *tiers et danger*.

DARREIN, DERREIN, dernier. *Darriennes voulontés. Darrainement*, dernièrement.

DATAIRE, officier de la chancellerie romaine qui mettait la date sur les suppliques.

DATE (*data*), indication du jour, du mois et de l'année dans lesquels un acte a été passé. *Date certaine*, celle qui est devenue inattaquable par la mort d'une des parties.

DATION n'est pas donation, mais délivrance; paiement, libération. *Dation en paiement*.

DATIVE, TUTELLE. V. TUTELLE.

DAUBER, doubler, redoubler, augmenter.

DÉABLE, DÉAUBLE, le diable.

DEAN (*decanus*, en anglais *dean*), doyen.

DEBAIL, cessation du bail ou de la puissance maritale.

DÉBAT, contestation. *Débatieres*, celui qui conteste. *Débats*, la partie du procès civil ou criminel qui se porte à l'audience.

DÉBATS DE COMPTE, contestation élevée par celui qui reçoit le compte.

DÉBETS, sommes restées entre les mains des comptables. *Enregistrement en débet*, est celui qui se fait sans paiement actuel du droit, qui sera perçu plus tard.

DÉBIT, ce qu'on doit dans un compte courant.

DÉBITEUR, celui qui doit, celui qui est obligé.

DÉBITIS (*debitis*), commission royale ou lettres de chancellerie pour exécuter un débiteur par toute l'étendue du Parlement. Pour exécuter dans le ressort d'un autre Parlement il fallait lettres de *parealis*.

DEBLAVER, DEBLAER, DÉBLAYER (*blada, debladare*), couper les blés, faire la moisson. *Desbleds, dablée, deblavure*, récolte.

DÉBOURSÉS, avances faites pour la gestion des affaires d'autrui.

DÉBOUTER, rejeter. *Débouté de son opposition, de sa demande. Déchu de son opposition, de sa demande. Débouter un juge*, le récuser.

DEBS, dettes. V. DETTES. DEBTEUR, DETTEUR, débiteur.

DÉCERNER, donner l'ordre de prise de corps ou de contrainte en matière criminelle ou civile.

DÉCHARGE (*descharga*), libération, quittance, absolution. *Décharge d'un accusé, décharge de la contrainte par corps*.

DÉCHÉANCE, perte d'un droit, faute de l'avoir exercé à temps, ou d'avoir rempli certaines formalités. On est *déchu de son appel* quand on laisse prendre un *congé* par l'*intimé*.

DÉCIMES (*decimæ*), dîme ou impôt payé au roi par le clergé.

DÉCIMALES OU DÉCIMABLES, CHOSES,

biens sujets à la dime. *Décima-*
teur, décimier, le seigneur qui a
droit de percevoir les dimes; ou
le fermier qui les lève.

DÉCISOIRE, SERMENT, serment qu'une
partie défère à l'autre pour en
faire dépendre le jugement de la
cause.

DÉCLARATION, manifestation de volonté. *Déclaration au profit d'un*
tiers. — Attestation d'un fait. *Dé-*
claration d'accouchement. Dé-
claration d'héritage par tenans
et aboutissans, c'est la désignation des bornes et des limites d'un
immeuble.

— D'ABSENCE, jugement qui constate
l'absence.

— AFFIRMATIVE, reconnaissance que
doit faire le tiers saisi des sommes
qu'il doit à la partie saisie.

— D'HYPOTHÈQUE, signification de
l'hypothèque au tiers détenteur de
l'héritage hypothéqué. — Reconnaissance de l'hypothèque par le
tiers détenteur.

DÉCLINATOIRE, EXCEPTION (*declina-*
toria exceptio), est celle par laquelle on attaque la compétence
du juge devant lequel l'affaire est
portée. *Décliner, proposer le dé-*
clinatoire, c'est refuser de reconnaître la compétence du juge,
et demander le renvoi devant
une autre juridiction.

DÉCOMBRER. V. DESCUMBRER.

DÉCOMPTE, FAIRE LE, c'est déduire
et retenir par ses mains une
somme due sur une plus grande
qu'on doit.

DÉCONFÉS (*intestatus*). V. CONFÉS.

DÉCONFITURE (*disconficere*), c'est
l'insolvabilité, la faillite du non
commerçant.

DÉCRET, DÉCRÉTALES, c'est la législation canonique. *Décrétistes,* sont
les jurisconsultes canoniques.

  « Bien a veu, bien a appris,
  « Que pour leur âme grant pecur,
  « Doivent avoir tuit traiteur.
  « Tuit plédeeur, tuit décrétiste,
  « Tuit avocat, et tuit légiste;
  « Et trestuit cil qui pœur avoir,
  « De voir sont faus, et de faus voir. »
             (Gautier de Coinsi.)

DÉCRET, ordonnance du juge en matière civile ou criminelle. *Décret*
d'assigné pour être ouï; décret
d'ajournement personnel; décret

de prise de corps. *Décréter,* c'est
rendre un de ces trois décrets.

DÉCRET, c'est l'ordonnance qui autorise la vente aux enchères, et par
suite cette vente même. *Décret*
d'adjudication Décret volontai-
re, espèce de purge par vente
simulée. *Décret forcé,* vente sur
saisie immobilière.

DÉCROIRE (*decredere*), mécroire,
discrédit.

DÉDIT, peine stipulée contre celui
des contractants qui se refuse à
exécuter son engagement.

DÉFAILLIR, manquer. *Femme qui*
est defalie de son baron, veuve.
(Roisin.)

— mourir.

— ne pas comparaître sur l'assignation. *Défaillans par quatre défauts.*

DÉFAUT ou DEFAULTE (*defectus,* 4).
« C'est, dit Rastall, une offense en
« omettant ce qui doit être fait
« (défaulte de droit, *defectus jus-*
« *ticiæ,* défaut de paiement), et
« plus communément est pris pour
« non apparence en cour au jour
« assigné. » V. CONGÉ.

DÉFENDÈRES, DÉFENDEUR, celui contre lequel est intentée une demande judiciaire.

DÉFENSES. V. DEFFENS.

DÉFÉRER, dénoncer, accuser.

DEFFENS, DEFFOYS, DÉFENSES DE
DROIT (*defensa,* 2), exceptions.—
Moyens que le défendeur oppose à
la demande formée contre lui.

— prohibition. — *Défenses généra-*
les : lettres ou jugement de répit
obtenues par le débiteur.

— TERRES EN (*defensa,* 3). Terres
sur lesquelles la vaine pâture est
interdite. *Terres sont aucuns*
temps en deffens, dit la coutume
de Normandie, *et en autres sont*
communes. Prés défensables. Bois
de deffens, bois vetés (*defensæ fo-*
restæ et silvæ), bois gardés.

DEFFERMER (*diffirmare*), ouvrir,
délier.

DEFFIER, DESAFIER (*diffidare*), renoncer à la foi. — Provoquer en
duel. *Déffaille,* défi.

DEFFORCIER (*deforciare*), forcer,
violenter, expulser. V. EFFORCIER.

DEFINER, finir. *Jugement définitif,*
celui qui termine entièrement le
procès. *Definaille,* mort.

DEFORCER JUSTICE, LE SERVICE (*dif-*

forciare rectum), c'est refuser de faire droit ou de rendre le service dû.

DEGOUST, égout, gouttière.

DÉGRADATION, dommage, détérioration.

— destitution ignominieuse d'une fonction publique. *Dégradation de la qualité de noble* : perte et déchéance de la noblesse.

DÉGRAVER, DEGRÉVER, décharger, libérer, faire remise.

DEGRÉ (*gradus*), rang, distance, ordre. *Degré de parenté, degré de substitution. Degré de juridiction.* — Grade, *prendre ses degrés dans une faculté.*

DÉGUERPIE, veuve, femme qui vient de perdre son mari.

DÉGUERPIR (*deguerpitor*), délaisser, abandonner, céder la possession. On dit aussi *guerpir, guesver, werpir, esponcer.*

DÉHAIT, maladie, affliction. *Déhaitié,* malade.

DÉLAI, DÉLAIANCE, DÉLAIEMENT, retard, temps accordé par la loi ou l'usage. *Délais d'assignation, délais de paiement, délais pour faire inventaire et délibérer.*

DÉLAIER, délaisser, différer, négliger.

DÉLAISSEMENT, abandon, désistement, renonciation. *Délaissement par hypothèque,* abandon de l'immeuble hypothéqué pour se décharger des poursuites intentées par les créanciers d'un précédent propriétaire.

DE LÉGER, DE LÉGIER, facilement.

DÉLÉGUER, substituer quelqu'un à sa place. *Juge délégué. Délégation de paiement,* l'acte par lequel un débiteur charge un sien débiteur de payer en son lieu et place.

DE LEZ, près, proche de.

DÉLIBATION, distraction d'une chose sur la masse des biens d'une succession ou d'une communauté.

DÉLIBÉRÉ, examen d'un procès par les juges. *Affaire en délibéré.* — Jugement qui ordonne cet examen.

DÉLIMITATION, bornage.

DÉLINQUANT, celui qui a commis un délit.

DÉLIT (*delictum*), toute infraction

aux lois pénales. *Délit commun, délit privilégié.*

DÉLIT (*delectamentum*), joie, plaisir, délices.

DÉLIVRANCE (en anglais, *livery*), tradition. Mise en possession. *Délivrance de legs. Délivrer au plus offrant,* adjuger.

DÉLIVRE, libre. *Délivre poeste,* libre puissance. *A délivre, délivrement,* librement.

DEMAINE, DEMAIGNE, DEMESNE (*demanium*), domaine, — pouvoir, autorité.

DEMANDE (*demanda*, 2), action intentée en justice. *Demander,* actionner. *Demandeur, demandierres,* celui qui réclame.

DÉMEMBRER LE FIEF (*demembrare*), diviser le fief, en détruire l'intégrité par des sous-inféodations. D'un fief en faire plusieurs. V. DÉPIÉ.

— UNE JUSTICE est en créer une avec réserve de ressort.

DÉMENER, conduire, gouverner. *Démenement,* état, condition, conduite.

DEMEURE, DEMEURANCE, DEMEURÉE (*demeura longa.* En anglais, *demurrer*), délai, retard. *Mettre en demeure* : constater le retard. *Péril en la demeure* : danger dans le retard. *Le demeurant,* le restant. *Au demeurant,* au reste, pour le surplus.

— domicile, habitation.

DEMI-SANG, parenté utérine ou consanguine.

DÉMISSION, DEMISE, abandon. *Démission de biens,* abandon anticipé qu'un homme fait en son vivant de sa succession au profit de ses héritiers.

DÉMISSION DE FOI, aliénation que fait un vassal d'une partie de son fief, sans retenir à lui la foi de l'ancien vassal.

DÉNI, DENOI, refus. *Déni de justice. Denoier,* dénier, refuser.

DENIER, monnaie. — Taux de l'intérêt. *Rentes au denier vingt* sont celles qui donnent chaque année la vingtième partie du capital ou 5 pour 100 d'intérêt.

DENIER A DIEU, arrhes d'un marché. *Deniers d'entrée* : épingles, pot-de-vin, argent payé en sus du prix convenu.

DENIERS, argent. *Deniers clairs et liquides : deniers qui tiennent nature de propre : deniers pupillaires. Deniers francs ou francs deniers* sont ceux qui sont exempts de toute déduction ou retenue. *Vendre deniers francs,* c'est mettre à la charge de l'acquéreur tous les frais de vente.

DÉNOMBREMENT, DÉNOMBRANCE (*denombramentum*), déclaration de l'étendue et de l'importance du fief, fournie au seigneur par le vassal, l'état et l'énumération détaillée de tout ce que le vassal avoue tenir du seigneur dominant.

DÉNONCER (*nuntiare*), signifier un acte, — indiquer à la justice qu'un crime a été commis.

DÉNONCIATION DE NOUVEL OEUVRE (*nuntiatio novi operis*), action contre celui qui a commencé sur son fonds une nouvelle construction contre l'ancienne forme de l'édifice et la disposition des lieux.

DENRÉE, DÉNERÉE (*denarata*), toute espèce de marchandise ; tout ce qui se vend à beaux deniers comptants.

DÉPAISÉ ou FORPAISÉ, qui est hors du pays. — Exilé, égaré.

DÉPARAGER (*disparagare*), marier une fille à une personne de condition inférieure, la mésallier.

DÉPARTAGER, faire cesser le partage, l'égalité des opinions qui empêche les juges de rendre jugement.

DÉPARTIR, diviser, partager. *Départir des procès,* partager entre les juges les pièces du procès soumises à leur examen.— *Départie,* séparation. *Département, départissement,* répartition.

—, SE, quitter, abandonner une prétention, un droit, une demande, *se départir de son opposition. Départer de son plea,* changer ses conclusions dans les coutumes anglo-normandes.

DÉPENDANCES (*dependentia*). V. APPARTENANCES.

DÉPENS, frais du procès. *Dépens compensés,* frais laissés à la charge de chaque partie. *Dépens réservés,* c'est lorsqu'en prononçant un jugement interlocutoire on garde la question des dépens pour le jugement définitif.

DÉPIER, DÉPIÉCER, DÉPÉCHIER, diviser, séparer, desunir.

DÉPIÉ DE FIEF, c'est le démembrement, le morcellement, le *dépiècement* du fief par le vassal. *Dépiécer le fief,* c'est le mettre en pièces, et d'un en faire plusieurs.

DÉPLEGER, décharger la caution ou plège.

DÉPORT, délai. *Payer sans déport,* payer sur le-champ.

— droit du seigneur sur le fief qu'on tarde à desservir.

— OU ANNATES. V. ANNATES.

DÉPORTER (*deportare*), souffrir, supporter. *Se déporter,* s'abstenir. *Déport du juge,* abstention du juge quand il y a quelque raison qui lui défend de prendre connaissance du procès.

DÉPOSITAIRE, celui qui est chargé d'un dépôt.

DÉPOSITION DE TÉMOINS, c'est la déclaration qu'ils font en justice.

DÉPOSSÉDÉ, celui à qui on a ravi violemment la possession.

DÉPÔT, acte par lequel on reçoit en garde la chose d'autrui, à la charge de la conserver et de la rendre en nature. *Dépôt de pièces, d'une sentence,* apport de pièces au greffe ou chez quelque officier public.

DÉPOUILLEMENT, NOUVELLE DESPOUILLE (*spoliatio*), éjection de la propriété, nouvelleté dans le grand Coutumier.

DÉPOUILLES, DESPUILLES, fruits, récoltes. — Droit seigneurial sur les successions.

DÉPRI (*despropriamentum*), accord fait avec le seigneur ou le fermier d'impôts pour le paiement des lods et ventes, ou des droits de douane. *Dépri,* signifie également la déclaration faite au seigneur ou au fermier. *Faire dépri, déprier.*

DERAISON, DESRÉSON, tort, injustice. V. RAISON.

DÉROGATION, abrogation partielle, modification d'une loi ou d'une convention. *Clause dérogatoire. Déroger à ses droits, à son privilége,* c'est y renoncer.

DÉROGER A NOBLESSE, c'est la compromettre par des actes indignes d'un gentilhomme, notamment par l'exercice d'une honorable industrie.

DERRAINE, serment fait en justice. V. DESRAINER.

DÉSAGIÉ, mineur.

DÉSAPPOINTÉ DE SA POSSESSION, ÊTRE, c'est perdre sa possession pendant l'instance. *Desapoincté de son office*, destitué. (Nicod.)

DÉSARRESTER, donner mainlevée.

DÉSATREMPÉ, excessif. *Douaire ou don désatrempé. Destrempance*, déréglement.

DÉSAVENANT, déraisonnable, non convenable. *Désavenant demande; mariage désavenant (maritagium desavenans).* V. AVENANT.

DÉSAVÈU DE PATERNITÉ, refus du mari ou de ses héritiers de reconnaître un enfant né dans le mariage, mais prétendu adultérin.

DÉSAVEU DE PROCUREUR, refus de reconnaitre ce qu'un procureur a fait sans mandat, ou hors des limites de son mandat.

DÉSAVOUER (*disadvocare*), refuser de reconnaitre pour seigneur celui qui prétend avoir ce droit.

DESCENDANCE, filiation, généalogie.

DESCENDANS, tous ceux qui sont nés d'un père commun, enfants, petits - enfants, arrière - petits-enfants, etc.

DESCENDEMENT, DESCENDUE, DESCENTE, succession directe, à la différence de l'*écheoite* ou succession collatérale.

DESCENTE SUR LES LIEUX, visite qu'en fait le juge.

DESCEU, insu.

DESCONFÉS, intestat. V. CONFÉS.

DESCUMBRER (*combri*), décharger, débarrasser, désencombrer, — lever une hypothèque.

DÉSERTER L'APPEL, ne pas le relever, y renoncer. *Appel désert. Désertion de cause.*

DESERVIR, « mériter soit bien, soit « mal, d'où vient *dessert*, mérite « soit de bien, soit de mal. »
(Nicod.)

DESEVRER, DESSEURER, DESSOIVRE, séparer, distinguer. *Desevrer lo bien dou mal, et lo maul dou bien* (Miroir de Souabe). *Desevrance, desevraille*, privation d'un profit, perte.

DESHAICT, « tristesse, marrisson, « content, débat, désordre. *Des-* « *haité*, fâché, ennuyé. » (Nicod.)

DESHÉRENCE, défaut d'héritiers. *Le droit de deshérence ou d'es-chéance*, est le droit qui appartenait au roi ou aux seigneurs de succéder à ceux qui mouraient sans laisser d'héritiers.

DESHÉRITANCE, dépossession. *Déshériter, deshireter*, déposséder. (V. ADHERITER), et aussi exhéréder, c'est-à-dire priver un successible de tout ou partie de ses droits.

DESISTEMENT, renonciation, abandon d'un droit, d'une plainte, d'une action.

DESLIGEMENT DE CENS (*disligare*), paiement de cens.

DESLOER, blâmer, faire des reproches.

DESOIVRE. V. DESEVRER.

DESPENDRE, dépenser. *Il est à moi à rendre et à despendre. Despens*, dépenses. V. DÉPENS. *Despensier*, économe.

DESPÉSIÉ. V. DÉPAISÉ.

DESPIT (*despitus*), mépris, colère. *Despitaule*, courroucé.

DESPITER, DESPISER, DESPIRER, mépriser.

> Ichil n'a guères de savoir
> Qui le grain despit pour la paille.

DESPOETIR (*desapoderare*), déposséder. V. POESTE.

DESRAINER, DÉRAIGNER, DERESNIER (*dirationare*), se purger par serment. V. ESCONDIT, — dénier. — défendre en justice, revendiquer, parler, haranguer. *Desrenement*, discours, contestation.

> Ainsi dit, puisque par jugement
> Voulés faire desrenemont
> D'avoir les armes d'Achille.
> (*Métam.* d'OVIDE.)

DESRENE, DESRAME, déni, purgation par serment. Preuve, défense.

DESROI, DÉSARROI, désordre, écart, trouble.

DESSAISINE (*dessaisinatio*), trouble de possession. « Disseisin, » dit Rastall, « est quand un homme « entre en aucunes terres ou te-« nemens, lorsque son entrée « n'est pas congéable (légitime), « et oustre celuy qui a le franc « tenement. »

DESSAISIR, ôter la possession — Lover la saisie.

—, SE (*desesiare se*), céder la possession.

DESSOUVRE, séparation, limite. V. DESEVRER.

DESTINATION DE PÈRE DE FAMILLE, disposition des lieux faite par le propriétaire commun de deux héritages, et qui, se conservant après la séparation des deux fonds, établit une servitude au profit de l'un d'eux.

DESTOURBER, troubler, évincer. *Destorber le damage*, écarter le dommage. *Destourbance, destourbier* (*disturbium*), trouble, empêchement, vexation, — excuse.

DESTRAINDRE (*distringere*, 2), contraindre, forcer. *Destraingnement, destrainte, destresse*, contrainte, punition.

DESTRIER (*dextrarii*). « Il y a, » dit Brunetto, « chevaus de plusieurs « manières, à ce que li un sont « *destrier* grant pour le combat, « li autre sont *palefroy* pour che-« vaucher à l'aise de son corps, « li autre sont *rouci* pour somme « porter. »

DESTROIT, DISTRAIT, DISTRICT (*districtus*), étendue de la juridiction ou ressort. *Distroit et territoire*.

DÉSUÉTUDE, non-usage.

DESVÉER. V. DÉVÉER.

DÉTENTEUR, celui qui possède de fait. *Détention*, possession de fait, et, dans une autre acception, captivité.

DÉTRIER, retarder, différer. *Detriance, détriment*, obstacle, retard, dommage.

DETTES, DEU, tout ce que nous devons payer. *Dettes actives*, ce qu'on doit nous payer, nos créances. *Dettes passives* sont celles que nous devons acquitter. *Dette claire et liquide*, dette qui consiste dans une chose certaine et déterminée, et qui est immédiatement exigible. *Dette publique*, emprunts faits par l'État. — *Detteur, detor*, débiteur.

DEUIL, habits de deuil ; — somme allouée à la femme pour porter le deuil de son mari. — *L'an de deuil*, l'an de veuvage.

DEUVE, douve.

DEVALER (*dovalare*), descendre, aller à val.

DEVANCIE, retrait lignager.

DEVÉER (*vetare*), défendre, refuser.

DÉVÉER, DEVER, DEVIER (*deviare*), devenir fou, être hors des voies de la raison. *Desverie*, folie.

— mourir, aller de vie à trépas. *Devier sans issue*, mourir sans héritier. *Dévie*, trépas.

DEVEST. « C'est, » dit Rastall, « une « parole contraire à l'*Invest* (ou « *Vest*), car, comme *Invest* signifie « *trader* (délivrer) la possession « d'une chose, issint (aussi) « *Devest* signifie l'auferance de « ceo. » *Se devestir* (*devestire se*), abdiquer la possession.

DEVIS, état détaillé d'ouvrages à faire, et détermination du prix qu'ils doivent coûter.

DEVISE (*divisa*), testament, partage. *Devisor*, testateur. *Devise*, légataire dans les coutumes anglonormandes.

> Quand li Dus a fait sa devise,
> Et à ceus rendu leur service
> Qui en sa court l'ourent servi,
> L'ame du corps se départi.
>
> (Rom. de Rou.)

— bornage *Diviseor* (Ass.), celui qui fait le bornage.

DEVOIR DE FIEF, FRANC DEVOIR, c'est la foi et hommage dû par le vassal, à chaque mutation, ou le service qui remplace l'hommage.

DEVOIRS (en anglais, *duty*), droits, redevances. « Le seigneur féodal « par faute d'homme, droits et de-« voirs non faits et non payés, « peut mettre en sa main le fief « mouvant de luy. »

DÉVOLU, provision qu'on obtenait à Rome pour avoir le bénéfice que le titulaire ne pouvait conserver.

DÉVOLUTION, transport héréditaire à la ligne paternelle ou maternelle des biens affectés à l'autre ligne.

— transport d'un bénéfice. *La dévolution d'un bénéfice appartient à l'évêque*.

DÉVOLUTIF, EFFET. On dit que l'appel d'une sentence a un effet dévolutif, parce qu'il porte devant un tribunal supérieur la connaissance de l'affaire.

DICTON, DICTUM D'UNE SENTENCE OU D'UN ARRÊT, c'est le dispositif.

DIFFÉRENT, débat, controverse.

DIGESTE ou **PANDECTES**. Compilation de la jurisprudence romaine faite et érigée en loi par Justinien.

DILAIER, retarder, *différer la partie dilaiante*. V. **DELAIER**. *Dilations*, délais.

DILATOIRE, EXCEPTION, exception qui tend à retarder, à différer l'instruction ou le jugement d'un procès.

DIME ou **DIXME** (*decima*), portion de fruits prélevée au profit du clergé. *Dixmes réelles*, qui se perçoivent sur les fruits de la terre; *dixmes personnelles*, qui se lèvent sur l'industrie; *dixmes anciennes*, qu'on a coutume de lever; *dixmes novales*, qui se prennent sur les terres nouvellement mises en culture; *dixmes inféodées*, qui ont été données en fief à des laïques.

DIRE, DIRES, observations, conclusions, *dire des parties. Dire de prud'hommes* ou *d'experts*, c'est ce que les experts ont fixé pour la valeur de la chose.

DIRECTE, c'est la seigneurie, c'est-à-dire la propriété supérieure de laquelle relève un autre héritage, le *domaine éminent*.

— LIGNE, c'est la ligne des ascendants et des descendants.

DIRECTION DE CRÉANCIERS, union. *Directeurs*, syndics.

DIRIMANT, EMPÊCHEMENT, c'est l'obstacle, le défaut qui emporte la nullité du mariage.

DISCUSSION, BÉNÉFICE DE, c'est le droit qui appartient à la caution d'exiger, avant de payer, que les créanciers *discutent* le principal débiteur, c'est-à-dire recherchent, saisissent et vendent les biens du principal obligé.

DISEUR, DISOR, DISOUR (*dictores*), arbitre. **— Juge**.

DISFAME, DIFFAME, mauvaise réputation, infamie. V. **FAME**.

DISJONCTION, séparation de deux demandes jointes ensemble.

DISPENSACION, DISPENSE, exemption de la loi commune. *Dispense d'âge, de parenté.*

DISPERGER LE FIEF, c'est le démembrer. V. **DÉPIÉ**.

DISPOSITIF, partie du jugement qui contient le jugement proprement dit, c'est-à-dire ce que les juges ont décidé.

DISPOSITION DE LA LOI, DE L'HOMME. C'est tout ce que la loi ou l'homme ont ordonné. *Dernières dispositions*, testament.

DISSOLUE, dissoute. *Communauté dissolue.*

DISSOLUTION, rupture d'un lien, anéantissement d'un acte. *Dissolution de mariage, de communauté.*

DISTRACTION, séparation. *Demande en distraction*, ou retranchement de ce qui a été mal à propos compris dans une saisie; *distraction de dépens*, demande du procureur qui a eu gain de cause, pour prélever ses frais sur les dépens adjugés à sa partie.

DISTRAIER, DISTRAIRE, séparer, enlever et mettre à part, ôter: *distraire de la juridiction.*

DISTRIBUTION, partage, attribution.

DISTROIT, DISTRICT. V. **DESTROIT**.

DIT, sentence arbitrale. *Diseurs*, arbitres.

— offre, enchère. *Mettre en dit*, mettre à l'enchère.

DITS, conclusions, allégations des parties. V. **DIRE**. *Prouver en dit* (Ass.), faire preuve verbale.

DIVERTIR, détourner et enlever des effets en fraude. *Divertissement*, détournement, soustraction.

DIVIDENDE, quote-part afférente à chacun des ayants droit dans une liquidation.

DIVIS, partagé, divisé. *Indivis*, indivisé. *Mariage divis*, dot donnée, constituée, assignée par le père ou la mère.

DIVISE. V. **DEVISE**.

DIVISION, partage, séparation d'une chose en plusieurs parties.

DIVORCE, dissolution du mariage judiciairement prononcée.

DOE. V. **DOUVE**.

DOER. V. **DOUER**.

DOINT, donne. *Dieu vous doint longue vie.*

DOISIL, DOUZIL, fausset, robinet. *Broche à mettre à un muy.* (Nicod.)

DOL, fraude, artifice, ruse. *Manœuvres dolosives.*

DOMAINE, DEMAINE (*dominium*), seigneurie, propriété. *Seigneur propriétaire et domanier.*

DOMAINE CONGÉABLE. Voyez CON-
GÉABLE.

— DIRECT, DOMAINE UTILE. V. DOMI-
NANT.

— principal manoir, chef-lieu du fief.

— DU ROI, DE LA COURONNE
(*domanium*), propriétés de la
couronne, biens de l'État. *Do-*
maine particulier du roi ou
domaine privé, ce sont les biens
que le roi possédait lorsqu'il est
parvenu à la couronne, et dont il
conserve aujourd'hui la libre disposition.

— PUBLIC, biens qui, destinés à
l'usage public, ne sont pas suscep-
tibles d'être possédés par les particuliers.

DOMAINES ENGAGÉS, biens de la
couronne aliénés dans des cas de
nécessité pressante, mais toujours rachetables.

DOMANIAL se dit des biens qui sont
du domaine de la couronne.

— se dit aussi de ce qui tient à la
propriété. *La rente foncière est*
un droit domanial; la justice
est un droit seigneurial, mais
non pas domanial.

DOMESTIQUE, familier. *Domestiquer*,
apprivoiser.

DOMICILE, lieu où l'on a son principal établissement.

DOMINANT, SEIGNEUR, celui à qui on
doit l'hommage et auquel appartient la seigneurie de la terre,
à la différence de celui qui doit
l'hommage et jouit des droits utiles, c'est-à-dire des fruits du sol.
Fief dominant, fief servant.

— FONDS, celui en faveur duquel
existe une servitude.

DOMMAGE. V. DAM. *Dommages in-*
térêts, perte qu'on a soufferte
par le fait d'autrui, et gain dont
on a été privé. *Quod nobis abest*
quodque lucrari potuimus.

DON, largesse, libéralité. *Don ma-*
nuel, don alimentaire.

DONATAIRE, DONNÉ, celui au profit
duquel est faite la donation. *Do-*
nateur, donneur, donnières, celui qui fait la libéralité.

DONATION, DONATIF, DONOISON,
libéralité, don gratuit. *Donation*
entre-vifs, libéralité faite du vivant du donateur, à la différence
de la *donation à cause de mort*
qui n'a d'effet qu'après le décès

de celui qui donne. *Donation*
universelle, mutuelle, en avan-
cement d'hoirie; par préciput,
hors part et sans partage.

DOSSIER, c'est la feuille de papier
qui couvre une liasse de pièces.

— La liasse des pièces elle-même.
Communiquer le dossier, c'est
communiquer les pièces de l'affaire.

DOT, ce que la femme apporte en
mariage. *Dot de religieuse*, ce
qu'une religieuse donne au couvent pour y être admise. *Dot*
d'une église, ce qui est donné
pour l'entretien du culte et du
clergé. *Doter*, douer, donner
une dot. *Dot d'une place de*
guerre, son artillerie et ses muni-
tions.

DOTAL, qui appartient à la dot. *Biens*
dotaux, deniers dotaux. Régime
dotal, régime sous lequel l'apport
de la femme reste inaliénable, et
les biens des époux distincts et
séparés.

DOTE, crainte, doute. *Doter, doub-*
ter, craindre, redouter.

DOUAIRE (*dos*), c'est une part des
biens du mari que la loi donnait
en viager à la veuve pour lui procurer une subsistance honnête,
suivant la condition du mari.
Douaire coutumier, c'est-à-dire
fixé par la coutume; *préfix ou*
conventionnel, c'est-à-dire accordé par le contrat de mariage.
Douaire sans retour est un
douaire en toute propriété.

DOUAIRIÈRE, DOUAGIÈRE (*doageria*),
FEMME ENDOUAIRÉE, c'est la veuve
qui jouit du douaire.

DOUAIRIERS sont les enfants qui
ont renoncé à la succession de
leur père pour se tenir au douaire
de leur mère.

DOUBLAGE (*doublerius*), c'est le
double des devoirs et services que
les vassaux étaient obligés de
payer au seigneur, au cas de
loyaux aides.

DOUBLE, petite monnaie de cuivre
qui valait deux deniers.

— copie. *Le double collationné à*
l'original.

DOUBLE LIEN, c'est le lien qui existe
entre ceux qui sont parents du côté
de père et de mère, comme les
frères germains. *La prérogative*

du double lien, est le droit donné par la loi aux collatéraux qui sont joints au défunt des deux côtés, d'exclure les collatéraux qui ne sont parents du mort que d'un côté seulement.

DOUBTE. V. DOTE.

DOUER, DOUAIRIER, ENDOUVER, constituer douaire.

DOULOIR, se plaindre.

Femme se plaint, femme se deult.
Femme pleure quand elle veult.

DOUTER (*dubitare*). V. DOTE. Craindre, redouter. *Doutanche*, crainte.

DOUVE ou DOUHE (*doga*), le côté du fossé où sont les terres jectices.

DOYENNÉ, dignité, charge de doyen.

DRAPEAU, linge, lange.

DREIT, DROIS, DROIT (subst.), signifie la loi divine ou humaine. *Droit naturel, droit des gens.*

— la législation. *Droit romain, droit canonique, droit coustumier.*

— justice. *Faire droit à une demande. Fournir droit,* répondre, comparaître en justice. *Droitoier,* ester en justice.

— prérogative donnée par la loi. *Droit de succession, droit d'aînesse.*

— titre. *Avoir droit et cause. Meilleur droict,* meilleure cause.

— (adjectif), ce qui est juste, légitime. *Droit prix, droite cause. Droit hoir,* héritier légitime.

DRESSE d'un acte, c'est sa rédaction suivant certaines formules. *Dressement des créanciers,* ordre, situation d'une faillite.

DROITES AVENTURES, succession directe.

DROITS, DROITURES (*directum, dretura, rectitudo*), redevances, péages. *Droits de douane, droits d'entrée.* V. DEVOIRS.

— honoraires. *Droit de consultation, de plaidoirie.*

— charges imposées sur des héritages. *Droits réels, droits seigneuriaux.*

— NOMS, RAISONS et ACTIONS, tout ce qu'une personne peut prétendre ou demander en justice.

DROITURE (*rectitudo*), justice. DROITURES, rentes.

DROITURIER, juste, légitime. *Droicturier seigneur, conseil droicturier.* « Dex est dreituriers, comme « cil qui rent à chascun selonc ce « qu'il désert. »

DROMONS (*dromones*), navires.

DRU ou DRUD (*drudes*, allemand *treue*), fidèle, ami.

Avons perdus, et je, et vous, assez
Amis et drus et parens et privés.
(R. DE GUILLAUME AU COURT NEZ.)

DRUE, amie, amante; *drurie*, amitié.

DUCASSE ou KERMESSE, fête, foire.

DUEMENT, convenablement, suffisamment.

DUIRE, convenir. *Cela me duit. Se duire,* s'accoutumer.

DUPLICATA, double ou seconde expédition d'un acte.

DUPLIQUES, les écritures qu'on fournit pour répondre à des répliques.

DUREMENT, excessivement, grandement

DUSQUES, DISQUES, DESQUES, INSKES, jusqu'à.

E

EAGE. V. AGE.

EAIGE, EAWE, eau.

ECHANGE, contrat par lequel on donne une ch... pour une autre. *Échangiste,* qui a fait un échange.

ECHÉANCE, jour auquel on doit payer ou faire quelque chose.

ÉCHÉES, amendes, droits échus au seigneur.

ECHELLE ou ESCHIELE (*scala*, 1),

espèce de pilori. *Echeller,* exposer sur l'échelle.

ECHELLE ou ESCHELLE (*scala*, 3), escadron, corps de troupes.

—, DROIT D', ou ÉCHELAGE, droit de poser une échelle sur la propriété d'autrui, pour refaire un bâtiment, un mur, etc. Espace laissé pour l'exercice de ce droit.

ECHEVINS (*scabini*), officiers municipaux. *L'échevinage*, la municipalité. *Echevins de paroisse*, marguilliers.

ECHEOITE, ESCHEATE, ECHUTE (*escaeta*), succession collatérale; —biens dévolus au seigneur.

ECHEVER, ECHIVER, esquiver.

ECHIQUIER (*scaccarium*), cour suprême, Parlement.

ECLIPSE. V. ESCLESCHE.

ECLISSER, éclipser, diviser, partager, démembrer, ôter de.

ECRITURE (*scriptura*), toute espèce d'écrits ou d'actes. *Ecritures publiques, écriture privée.*

ECROUE, registre de la geôle.

EDIT, loi, ordonnance. *L'édit des présidiaux* de l'an 1551 est la loi par laquelle Henri II établit sous le nom de *présidiaux* des tribunaux inférieurs aux parlements. *L'édit des mères* ou de *Saint-Maur* de Charles IX, en 1567, concerne la succession de la mère aux enfants; *l'édit des secondes noces*, de 1560, a été fait contre les veuves qui se remarient.

ÉDITER, ÉDICTER, rendre un édit, proclamer, publier.

EFFESTUER (*effestucare*), déguerpir, délaisser. A la différence d'*enfestuquer* (*festucare*), adhériter, mettre en possession.

EFFETS MOBILIERS, meubles. *Effets de commerce*, billets de commerce. *Effets publics*, dette de l'Etat.

EFFINER (*affinare*), terminer un compte, l'apurer.

EFFORCEMENS, violence, viol. *Fille efforciée*.

EFFORSER UNE COURT, la renforcer, la compléter. (Ass.) V. ESFORCIER.

EFFOUAGE. V. AFFOUAGE.

EFFOUCH, EFFOUIL, EFFOEL, profit et croit du bétail dans les coutumes d'Anjou.

ÉGALITÉ, COUTUMES D', sont celles qui ne permettent pas d'avantager un héritier au préjudice de l'autre.

EGANCES, parage, division d'une même tenure.

EGARD DE COUR, ESWART, ESGART, ESGARDINE (*esgardium*), examen, jugement. *Se mettre en égard*. *Esgarder un serment*, c'est le déférer. *Egardeur, esgardeor*, juge, arbitre. *Egards*, maîtres et gardes jurés.

EHLONGNER (Ass.), différer, retarder le procès. V. ESLOIGNES.

EIDE. V. AIDE. *Edières*, aideur.

EIGNÉ, aîné. *Eignesce* (*enecia*), ainesse.

EINÇOIS. V. AINÇOIS. EINS. V. AINS.

EIRE, EYRE (*errare*). V. ERRE.

EISSIR, EISSUES. V. ISSIR, ISSUES.

EJECTION DE MEUBLES, mise de meubles sur le carreau.

ELARGIR (*elargare*), faire sortir de prison. *Elargissement*, mise en liberté.

ELECTION D'AMI, déclaration de commande.

ELIDER, soustraire, faire disparaître. *Elider la production de la partie adverse*.

ELUS, ELECTIONS; à l'origine on appelait élus ceux qui avaient été choisis au pays pour la garde des deniers qu'on levait sur le peuple pour la solde des gens de guerre; plus tard ce nom a désigné les officiers royaux qui répartissaient l'impôt.

ÉMANCIPER, mettre hors de sa main, ou de sa puissance. L'émancipation d'un mineur lui confère le droit d'administrer sa personne et ses biens.

EMBANNIR, EMBANNIE. V. BANNIR, BANNIE.

EMBARGO ou ARRÊT DE PUISSANCE, arrêt des navires dans un port par ordre du souverain.

EMBLADER, EMBLAVER (*bladare*), ensemencer en blé. *Emblaves, terres emblavées*, terres où le blé est déjà levé. *Emblaveures*, blé sur pied. *Emblure*, champ ensemencé.

EMBLER, (*imbladare*), voler. *Chose trouvée non restituée est comme emblée*. *D'emblée*, furtivement.

L'avoir d'autrui tu n'embleras
Ne retiendras à escient.

EMBRIEVER, enregistrer, insinuer. *Embrieffeure*, minute.

EMENDE (*emenda*), amende. *Emender*, amender, corriger, réformer.

EMOLOGUER. V. HOMOLOGUER.

ÉMOLUMENTS, profits, revenus.

EMPAN, mesure de longueur, à peu près les deux tiers du pied de roi.

EMPARAGÉE. V. APPARAGÉE.

EMPARLIERS ou AMPARLIERS, PARLIERS, POURPARLIERS, avocats qui ont été dits aussi *conteors* et *plaidours.*

EMPATRONER, ensaisiner, mettre en possession.

EMPÊCHER, mettre obstacle, saisir, arrêter. *Fief empêché.*

EMPERIÉRE, impératrice. *Emperiaux*, impériaux. *Statuts empériaux.*

EMPHYTÉOSE, bail à longues années d'un héritage à la charge d'améliorations et moyennant une redevance annuelle appelée *canon emphytéotique.*

EMPLAIDER, intenter un procès, appeler en justice.

EMPLOI DE DENIERS, placement de deniers.

EMPRENDRE, entreprendre. *Emprise, empressure (imprisia)*, entreprise.

> Une folie est tôt emprise,
> Mais d'en sortir, c'est la maîtrise.

EMPRÈS, après, ensuite.

ENCAN (*encanum*), enchères publiques. *Vendre à l'encan* (*incantare*). *Biens encantés.*

ENCÉMENT, de même, en outre, pareillement.

ENCENSIVE, censive, fermage. (Ass.)

ENCHANTEMENT (Ass.), enchère.

ENCHEOIR, déchoir, tomber. (Ass.) *Enchu en la merci du seigneur.*

ENCHERCHER, ENCERQUER, rechercher, s'enquérir, informer.

> « N'encherke point les coses sacrées,
> « n'aies cure de savoir chou ke il ne te
> « loist. »
>
> (MIROIR DU CHRÉTIEN.)

ENCHÈRE, mise à prix. *Augmentation et crue de prix* (Nicod). *La première, la seconde enchère. Enchérir*, porter à un taux supérieur le prix d'adjudication. *Enchère, n'oblige que le dernier enchérisseur. Vendre au plus offrant et dernier enchérisseur.*

ENCHESON. V. ACHOISON.

ENCHUE. V. ÉCHEOITE.

ENCIS (*intuscisum*), meurtre de la femme enceinte ou de son fruit; avortement.

ENCLAVE (*inclavatura*), ce qui est compris dans le territoire. *Sujets enclavés dans un fief; les enclavements et appartenances de la duché de Bourgogne.*

ENCOMBRER (*combri*), empêcher, embarrasser. *Encombrer le mariage de sa femme* dans la coutume de Normandie, c'est dessaisir sa femme du bien qui lui appartient, aliéner sa dot. « *Encombre*, « *encombrier*, nuisance, empeschement, adversité, destourbier. » (Nicod.)

ENCOSTE, interlocutoire, enquête.

ENCOULPER, ENCOUPER, inculper, accuser.

ENCUSEOUR (Ass.), accusateur, indice, dénonciateur. *Encuzeours et enquéreours. Encusement*, indice. *Encuser*, accuser.

ENDEMENTIERS, ENTREMENTIERS (Ital. *mentre*), cependant, tandis que.

ENDENTURE (*indentura*). Autrefois on détachait de l'acte une bande de parchemin destinée à servir comme de talon ou de souche, c'est-à-dire destinée à constater par le rapprochement exact des deux parties divisées que c'était bien l'original même qu'on représentait. Comme ce talon se découpait d'ordinaire en forme de scie ou dents on nommait l'acte *endenture* (*indentura*).

ENDITER (*indictare*), indiquer.

> « Si li enditié Estienne Boyliaue, le-
> « quel maintint et garda si la provosté
> « que nul malfaiteur, ni larro, ni mur-
> « trier, n'osa demourer à Paris. »
>
> (JOINVILLE.)

— accuser. *Enditement*, délation.

ENDOSSEMENT (*indossamentum*), écriture mise au dos d'un acte; — quittance mise au dos de l'obligation; — transfert d'une lettre de change, ou mandat d'en toucher le montant par une mention mise au dos du billet.

ENDOUAIRER, ENDOWER, ENDOUER, douer.

ENDROIT, environ, selon. *Endroit moi*, selon moi. *En vostre endroit*, en ce qui vous regarde. *Endroit soi*, selon sa charge et son office.

ENFEOFFEMENT, inféodation, *enfiever*, inféoder.

ENFRAINTURES, infractions.

ENGAGEMENT, toute espèce de promesse verbale ou écrite de donner ou faire quelque chose.

— gage. *Tenir quelque héritage par engagement.*

ENGAGEMENT, aliénation de biens appartenant au domaine de la couronne, à la charge de rachat perpétuel. Les acquéreurs à ce titre sont dits *engagistes*.

ENGIN (*ingenium*), esprit, génie. *Papinian homme de grand engin*. (Trad. mss. des Inst.)
— Il se prend aussi pour tromperie comme l'*inganno* italien.

Tel, comme dit Merlin, cuide engeigner autrui
Qui souvent s'engeigne lui-même.

— machine, machine de guerre. *Engeigneur*, ingénieur.

ENGROISSER, devenir grosse, rendre grosse.
— grossoyer, expédier un acte en grosse.

ENHERBER, empoisonner.

ENHEUDÉ, entravé.

ENLIGNAGÉ, apparenté.

ENNORTEMENT, exhortation.

ENNUIT. aujourd'hui. V. ANUIT.

ENOR, ENNEUR (*honor*), honneur, domaine, seigneurie, fief.

ENPRESTANCES (Ass.), emprunts.

ENQUESTION, enquête (*inquesta*), preuve par témoins, recherche. *Enquesteur*, celui qui examine les témoins produits au procès. *Enquerir, enquerre*, interroger quelqu'un sur des faits pour en découvrir la vérité. — *Enquête de commodo et incommodo*, recherche des avantages ou des inconvénients de quelque entreprise industrielle ou publique. — *Enquête par turbes*, preuves d'une coutume par témoins. — *Enquête d'examen à futur* était une enquête qui se faisait par avance pour empêcher de périr certaines preuves dont on prévoyait avoir besoin plus tard.

ENQUI, D', de ce moment. *D'enqui en avant* ; d'ici là.

ENREGISTREMENT, description sur un registre public d'un acte dont on veut assurer la conservation.
— droit perçu par le fisc à cette occasion.

ENROLLER, ENROTULER, enregistrer.

ENS, dedans.

ENSAISINER, ENSAISIR, mettre en possession. *Ensaisiner un contrat*, c'est en recevoir l'exhibition.

ENSEIGNE (*signum*), marque, indice.

ENSÉMENT. V. ENCÉMENT.

ENSERRÉ (Ass.), embarrassé, empêché.

ENSIEVIR, ENSEVRE, ENSUIR, suivre.

ENSOIGNE. V. ESSOINE.

ENTALENTÉ, disposé, résolu. V. TALENT.

ENTENÇON, ENTENTE, intention.

ENTÉRIN, entier. *Entérinement*, entièrement. *Restitution entérine* (*restitutio in integrum*).

ENTÉRINER ou INTÉRINER (*interinare*), rendre entier, confirmer, accomplir. *Entérinement*, jugement par lequel on approuve un acte, et on en ordonne l'exécution.

ENTIERCER, ENTIERCHER (*intertiare*), mettre en main tierce, séquestrer.

ENTRAVERTISSEMENT. V. RAVESTISSEMENT.

ENTRECOURS (*intercursus*). Convention seigneuriale qui permettait aux bourgeois de deux seigneuries de s'établir librement de l'une dans l'autre, sans crainte de perdre leur franchise. — Convention seigneuriale qui permettait au serf d'une seigneurie d'épouser la serve d'un autre seigneur, sans encourir la peine de formariage.

ENTRÉE, prise de possession.

ENTRÉES, recettes, revenus. *Droits d'entrée* (*intragium*), droits perçus sur les marchandises à l'entrée du royaume, ou d'une ville.

ENTREPÔTS, lieux où l'on dépose des marchandises pour les reprendre au besoin.

ENTRETENEMENT, entretien. *Dépenses d'entretenement*.

ENVIS (*invitus*), à contre-cœur.

ÉPARGNE, trésor, caisse.

ÉPAVES ou ESPAVES (*epava*), choses égarées et qui ne sont réclamées par aucun propriétaire. — Aubains.
— *Épaves foncières*, qui appartiennent au seigneur du fonds ; *mobilières*, qui appartiennent au justicier.

ÉPICES, honoraires payés au juge. Sportules.

ÉPINGLES, don fait en sus du prix de la vente, ou du marché conclu.

ÉPONCE. V. ESPONSE.

ÉPOUSAILLES, fiançailles, mariage.

EPS, ÈS OU ADEBTZ (*apes*), abeilles.

ÉQUIPOLENT, équivalent. *A l'equipolent*, au prorata.

ERÉGE, ÉRITE, hérétique.

ERMES, TERRES, TERRES BREHAIGNES (*eremus*), terres désertes, terres stériles.

ERRAME, défaut, amende de défaut. V. DERRAME et DESRAINER.

ERRE, ERREMENS (*erramenta*), précédents, derniers actes de procédure.

— Ordre, manière, conduite.

ERRE (en anglais *eyre*), signifie encore marche, hâte, diligence; du latin *errare*. *Aller grant erre*, aller grand train.

ERRES (*erra pro arrha*), assurance, certitude. *Il a moult grand erres de vilenie avoir*. Il est assuré d'avoir affront.

— arrhes, gages.

ERREUR, méprise, ignorance. *Erreur de fait, erreur de droit*, ignorance de ce qui a eu lieu, ignorance de la loi. *Commune erreur est la fausse opinion qui, dans un lieu donné, passe pour vraie et certaine.*

ERT, IERT, il était.

ÈS, dedans, en, aux.

ESBERGER. V. HÉBERGER.

ESCAÉTE, ESCHOITE, ESCHUTE (*escaeta*), succession collatérale. V. ÉSCHÉETE.

— (*escaanchia*), biens dévolus au fisc; biens confisqués; biens caducs.

— (*scazudia*), redevances.

ESCAMPÉE, ESCAPE, ESCHAMPE, subterfuge, faux-fuyant, échappatoire.

ESCARS, ESCHARD (*scardus*), avare, chiche. *Escarcement (scarsamente)*, mesquinement.

ESCHAMPIR, employer des subterfuges; échapper.

ESCHANDOLE. V. ESSAULE.

ESCHARGAITES, ESCHAUGUETTES (*scaraguayta*), guet.

ESCHÉETE (*escaeta*), succession collatérale, et quelquefois aussi toute espèce de succession. (ASS.)

ESCHÉRIR, enquérir, demander, déclarer.

ESCHERPILLER OU ESSERPILLER, voler; DESSERPILLEUR, voleur, de *serpeau*, trousseau. *Escharpelerie*, vol de grand chemin.

ESCHETS, ESCAS, redevances.

ESCHEVER, ESCHIVER (*eschivere*), esquiver, échapper, se dérober. *Eschiver le jugement*, le décliner.

ESCIENT, ESSIANT, sens, raison, connaissance.

« Pour émander à leur pooir et à lor
« esciont les assises et les usages dudit
« royaume. »

(Assises.)

ESCLANDRE, ESCHANDLE (ASS.), (*scandalum*), scandale; *au grand esclandre de la justice*.

ESCLARCIR, déclarer.

ESCLÈCHE, ESCLICHE, ESCLIPSE, démembrement, depié du fief. *Esclescher, eclicher*, démembrer.

ESCOMPTER, payer une dette non échue, déduction faite de l'intérêt. L'*escompte* se dit aussi de la déduction elle-même.

ESCONDIT, excuse, ESCONDIRE (*excondicere*), s'excuser; se purger par serment.

ESCONDRE, ESCONSER, cacher. *Soleil esconsant*, soleil couchant.

ESCOUSSE, ESQUEUSSE, rébellion, assaut. V. RESCOUSSE.

ESCOUVER (Ass.) (*scopa*), balayer.

ESCRIS DE LA COUR (Ass.), registres, procès-verbaux. *Et lors la court qui en ce jour seroit, ci feroit querre les escrits, ou le recort de la court.*

ESCRITURES, écrits, actes d'un procès. *L'intendit, ou escritures principales. Doubler une escriture*, faire une copie.

ESCRIVENAGE, charge, office d'écrivain.

ESCU, SERVICE D' (*scutum*). L'écu étant l'arme défensive du chevalier, servait à désigner le service militaire. *Tenir sa terre par service d'escu ou escuage (scutagium)*, c'est la tenir par service de chevalerie. — *Escuyer (scutifer)*, celui qui porte l'écu du chevalier.

ESFORZIER OU EFFORCIER (*efforciure*), contraindre, violer, vexer.

ESGARDER, EWARDER, examiner, considérer, juger. V. EGARD.

ESLOIGNES (Ass.), subterfuges, faux-fuyants pour retarder le procès.

ESMER, estimer. *Esmé*, estimation.

ESNETER (Ass.), nettoyer; tenir net.

ESPÈCE, c'est le fait ou cas particulier qui fait l'objet du procès.

ESPÈCES, monnaie, argent ; *payable en espèces, et non en billets.*

ESPLÈCHES, vaines pâtures.

ESPLETS. V. EXPLOITS.

ESPOIR, peut-être. *Espérer*, attendre.

ESPONCE, déguerpissement. *Esponcer*, quitter, abandonner.

ESPRIT DE RETOUR, intention, résolution de revenir.

ESPURGEMENT (*purgatio*), excuse; purgation par serment. *Espurger*, se justifier.

ESQUERRE, ENQUERRE, faire une perquisition, une enquête.

ESQUIÈRES (*scara*), escadrons.

ESQUIÈRES DES CLOCHERS, points de repère pour limiter les pâturages communs.

ESSART (*essartus*), défrichement; — menu bois qui tombe dans les forêts.

ESSARTER, DESSARTER, défricher.

ESSAULE, ESSEAU, ESSIEF (*scindula*), bardeau, planches avec lesquelles on couvre les toits.

ESSILLER, détruire; ESSIL, dégât (*exilium*).

ESSOINE, ESSOINEMENT, ESSONIEMENT, ENSOINE, EXOINE, SOINE (*sunnis, essonia*), excuse, empêchement; *essonier*, excuser; *essonières, exoniateur*, celui qui propose l'excuse. Rastall. V° ESSOIN.

ESSORILLER, couper les oreilles.

ESTABLES (Ass.), immeubles.

ESTABLIE, BREF p', édit, ordonnance, établissement. — Action accordée à celui qui était troublé dans la possession de son fief (*stabilia*).

ESTAGE, ESTELAIGE, domicile. — garde du château seigneurial par les vassaux, en temps de guerre. (*Custodia, estagium.*)

ESTAGIERS, ESTAGERS ou MANSIONNERS, sont les sujets d'un seigneur, qui ont estage et maisons en son fief; et qui sont obligés à la résidence. V. RESSÉANS.

ESTAIANT, ESTANT, étant, situé sur. *En son estant*, debout, droit sur ses pieds.

ESTAIL, ÉTAL, ÉTAU, boutique, place au marché. *Vendre à l'estail*, vendre au détail. *Estaller*, exposer en vente des marchandises.

« Si une personne bargaine devers à

« l'estail ou à l'ouvrouer d'un marchand
« où il veult achepter. »
(Anc. cout. de Paris.)

ESTER EN JUGEMENT, EN JUSTICE, ESTER A DROIT, comparaître, *stare in judicio*, soit en demandant, soit en défendant.

ESTEULES, ESTOEBLES (*restischia*), chaumes nouveaux, pailles. *Estoblage*, droit payé pour mener les porcs paître dans les chaumes.

ESTEVOIR, ESTOVOIR, ESTOUVIER (*estoverium*), le nécessaire. « Le « mari doigne à sa feme honorée- « ment et convenablement lor vi- « vre et lor estovoir, chascun se- « long son pooir. » Rastall. V. ESTOVERS. *Par estouvoir*, de nécessité.

ESTIMATION, appréciation; valeur à laquelle une chose est portée.

ESTIVAUX (All. *Stieffel*), ESQUEMBAUX, HEUSES (*osa*), bottes.

ESTOC, la souche, le tronc de l'arbre généalogique, la personne à laquelle toute la famille rapporte son origine. Les *Coutumes d'estoc et ligne* sont celles dans lesquelles, pour succéder à un propre, il suffit d'être parent du défunt du côté et ligne du premier acquéreur, sans qu'il soit requis d'être descendu du défunt en ligne directe.

ESTOPPER (*estoppare*), empêcher, arrêter, fermer. *Estoppel*, exception dans les coutumes anglo-normandes.

ESTORRE, ESTORER, orner, décorer, former. *Dieu qui le monde estora. Chambre estorée*, chambre garnie de ses meubles.

ESTOUR, combat, mêlée.

ESTRAIN, ESTRAN (*stramen*), paille, chaume.

ESTRAIRE, ESTRÉER, ESTRANGIER (*extraneare*), aliéner, délaisser, abandonner. *Estrangement*, aliénation.

ESTRAYERS, BIENS (*estrajeriæ*), épaves, biens laissés par un aubain. Rastall, V° ESTRAY. Biens caducs ou confisqués. *Espaves ou estrajers, estrejures de bastards.* V. ATTRAIÈRE.

ESTREPER, arracher, détruire. *Estrepement* (*estrepamentum*), arrachage, dégât.

ESTRIF, lutte, querelle, discussion. *Contention et estrif. Estriver*, disputer, résister.

Fox est qui vers seignor estrive.

ESTROUSSER, adjuger, vendre aux enchères. *Estrousser les fermes.*

ESTUET, il faut, il convient. V. ESTEVOIR.

« A tel maître estuet tel valet. »

ESTUIER (Ass.), cacher, serrer, réserver.

ESVIER, égout.

ÉTABLISSEMENT, ordonnances, lois. *Les Établissements de saint Louis. Établissement perdurable (edictum perpetuum).*

— institution, nomination. *Établissement de commissaires.*

ÉTAPE, magasin de vivres.

ÉTAT (*status*, condition des personnes. *État civil, possession d'état.*

— ordre, disposition, arrangement.

— mémoire, inventaire. *État de compte, de lieux, de services.*

— Budget, compte.

— profession. *Choisir un état.*

— LETTRES D', lettres de surséance ou de répit. (Duc. V° ELONGARE.)

ÉTAT, en matière de régale c'est la récréance.

— avenir, invitation à comparaître. *Prendre estat par ajournement accepté.* (Grand. Cout.)

ÉTATS, LES, sont les trois ordres qui distinguaient le peuple en France : le clergé, la noblesse et le tiers état.

— assemblées de certaines provinces, ou *pays d'états*, qui s'imposaient elles-mêmes, à la différence des *pays de généralité* ou *d'élection* qui ne votaient point l'impôt qu'ils payaient.

ÉTUDE, cabinet, office. *Étude de notaire.*

EUE, EVE, eau.

EURÉE, EUR. V. ORÉE.

ÉVÉNEMENT DU PROCÈS, issue, résultat du procès.

ÉVENTUEL, qui dépend d'un événement incertain.

ÉVICTION, dépossession juridique par suite d'une action réelle exercée par un tiers. *Évincer*, faire prononcer l'éviction, faire déguerpir le tiers acquéreur d'un fonds

ÉVIDENCE, preuve dans les coutumes anglo-normandes.

qui nous appartient, ou qui nous est obligé.

ÉVOCATION DE CAUSE, dévolution à une cour supérieure d'un procès pendant devant un autre tribunal. *Évocation d'un parlement à un autre; évocation au grand conseil*

EXAMEN A FUTUR, enquête ou interrogatoire de témoins obtenu avant le procès, en vertu de lettres royales. V. ENQUÊTE.

EXAMEN, enquête. *Examen à futur; examiner, recoler et confronter tesmoings.*

EXAMINATEURS, qui ont charge de faire les enquêtes.

EXCEPTIONS, moyens de défense. *Exciper*, défendre, fournir des exceptions. *Exciper de chose jugée.*

EXCÈS, SÉVICES, INJURES GRAVES, violences qui mettent la vie en danger, mauvais traitements, accusations calomnieuses qui attaquent la probité ou les mœurs.

EXCOMMENGEMENT, EXCOMMÉNIE, excommunication.

EXEAT, permis donné à un ecclésiastique pour sortir du diocèse.

EXÉCUTEUR TESTAMENTAIRE, la personne à qui le défunt a commis l'exécution de son testament.

EXÉCUTION, accomplissement d'un acte, d'un jugement. *Exécution provisoire*, celle qui a lieu nonobstant opposition ou appel, sous la réserve du fonds.

— saisie, vente des meubles saisis.

— PARÉE, celle qui a lieu sans recourir aux tribunaux. Les actes notariés, les jugements en dernier ressort emportent exécution parée.

EXÉCUTOIRE, ce qu'on peut mettre à exécution.

— acte du juge qui autorise l'exécution.

EXÉCUTOIRE DE DÉPENS, commission du juge ordonnant l'exécution des dépens par lui adjugés.

EXEMPT, officier subalterne de justice ou de police.

EXEMPTION, immunité, privilège qui dispense de la règle générale. *Exemption d'hommage, de tailles.*

EXFESTUCATION (*festuca*), déguerpissement, dessaisissement qui se faisait par le symbole d'un fétu rompu.

EXHÉRÉDER, déshériter, ôter à l'héritier légitime sa succession.

EXHIBER, produire des pièces, des écrits dans une affaire. *Exhibition de contrat*, communication de contrat faite au seigneur ou à un officier public, pour payer les droits de mutation. *Exhibition publique*, exposition, spectacle.

EXIGIBLE, dette dont le paiement est échu.

EXOINE. V. ESSOINE.

EXPAYSÉ. V. DÉPAISÉ.

EXPÉDITION, copie d'un acte délivrée par un officier public.

EXPERT, homme de l'art chargé de donner son avis sur la valeur et la façon des travaux, objets du litige. *Expertise*, examen fait par l'expert.

EXPLETS, EXPLOITS, EXPLEES, dit Rastall, « est le profit ou commodité « qui est à prendre d'une chose. » — Revenus.

EXPLOICTER, mettre à exécution quelque mandement de justice.

— saisir, mettre en la main du roi ou du seigneur. *Exploicter les meubles des debiteurs*.

— cultiver, faire valoir. « Le sei- « gneur féodal exploite en pure « perte le fief mouvant de lui, et « fait les fruits siens pendant la « main-mise. »

EXPLOIT (*expleta*), jouissance, exploitation. *Fief qui chiet en exploit; posséder, tenir et exploiter un héritage*.

— (*expletum*), assignation, acte judiciaire. *Esplet de cour, exploit libellé*.

EXPLOIT DE FAIT, exécution, saisie. (Grand Cout.)

EXPOSITION DE PART, abandon d'un enfant nouveau-né.

EXTERMINER, bannir, exiler.

EXTINCTION, anéantissement d'une dette, d'une obligation.

EXTRAIT, abrégé, analyse, copie partielle d'un acte, d'un jugement, d'un registre. *Grand extrayeur et rapporteur de procès*.

— issu. *Extrait de noble race; basse extraction*.

EXTRAJUDICIAIRE, EXTRAJUDICIEL, qui se fait hors justice. *Signification, acte extrajudiciaire. Opposition extrajudicielle*.

EXTRAVAGANTES, constitutions des papes postérieures aux Clémentines, non comprises dans le décret. (*Vagantes extra decretum.*)

F

FABRICE, FABRIQUE (*fabrica*), le temporel, les biens possédés par une église.

— l'assemblée chargée d'administrer ces biens. *Fabriqueurs, fabriciens*, marguilliers.

FACTEUR, celui qui a commis le fait ou le crime.

FACTEURS (*factores*), préposés ou mandataires. — Commis préposés à la vente de certaines marchandises ou denrées.

FACTUM, mémoire publié par les parties.

FACULTÉ, droit. *Faculté de s'obliger, de tester*.

FAIDE. V. FÉDE.

FAILLE, FAILLANCE, FAILLIE (*fallum*), défaut, manquement, exception. *Cette règle reçoit plu-* sieurs *faillances*. (Grand Cout.) *Sans faille*, sans faute.

FAILLIR, FALIR (*fallire*), manquer. *Falt, fault*, il manque. *Faillite*, état d'un commerçant qui a cessé ses paiements.

FAINTE, FAINTISE, tromperie, dissimulation.

FAISANCES, redevances.

FAIT, acte, action, chose faite. *Fait d'autrui*, acte, action d'autrui. *Fait de charge*, acte coupable commis par un officier public dans l'exercice de ses fonctions.

FAIT, circonstances qui sont l'objet du procès. *Point de fait, point de droit*, question de fait ou de droit à juger. *Faits et articles* sont les questions sur lesquelles une partie fait interroger sa partie adverse.

FAIT (*factum*), se prend quelquefois pour acte. *Par aucun fait ou contrat entrevifs* (Grand Cout.), et *Deed* a le même sens dans les coutumes anglo-normandes.

« Mari et femme ayant enfans , ne peu- « vent par faict spécial, ravestir l'un « l'autre. »

(Cout. de Valenciennes, art. 82.)

— VOIE DE (*factum*, 5), violence.

FAITE (Ass.), fait.

FAITURE (*factura*, 2), façon, forme. *Faitis, fetis,* qui a bonne façon, beau , bien fait.

FALCIDIE. V. QUARTE FALCIDIE.

FAME , femme.

— réputation. *Diffame,* infamie.

FAUCHÉE DE PRÉ (*falcata prati*), l'étendue qu'un homme peut fau- cher en un jour. *Fauchage, faucil- lage,* corvée de fauchage.

FAULDAGE, fauchage des herbes dans les rivières et fossés. *Faulder,* faucher.

FAUSSER LA COUR (Ass.), ou le JUGE- MENT (*falsare curiam*), c'est sou- tenir que le jugement est faux et déloyalement rendu.

FAUSSERES, celui qui fausse le juge- ment.

FAUSSONNIER (*falsonarius*), faus- saire.

FAUT , défaut. *Il faut,* il manque.

« Cil n'est pas vrais amis qui faut à son « ami quand il est poures et au besoing. »

FAUTÉ. V. FÉALTÉ.

— faculté, communauté. *Assembler la faulté.*

FAUX, supposition frauduleuse pour détruire , altérer ou obscurcir la vérité. *Faux principal* est l'accu- sation qui s'intente directement contre une personne avec la- quelle on n'est pas en procès, et qui a par devers elle une pièce fausse ; *Faux incident* est celle qui est dirigée contre une pièce produite dans le cours d'un procès engagé.

FAUX FRAIS, dépenses qui n'entrent point en taxe et qui restent à la charge de celui qui les fait, quelle que soit l'issue du procès.

FAYE (*fagia*), forêt de hêtres. *Fayne, foisne,* c'est le fruit du hêtre.

FÉ, FIÉ, fief,

FÉ, foi, hommage. *Par ma fé,* par ma foi.

FÉAGE, contrat d'inféodation. *Bail- ler à feage, afféager.*

— Héritage inféodé.

FÉAL, FÉABLE (*fideles*), fidèle, vas- sal, celui qui doit la foi. *Les féaux du roi.*

FÉALTIE, FÉAULTÉ, FÉAUTÉ, FEUTÉ, FIANCE (*fidelitas*), foi , fidélité. *Faire feauté et hommage.*

— Devoirs auxquels la foi oblige le vassal.

FÈDE (*faida*), inimitié , vengeance de famille. *Si vous y estes de fède mortel, vous ne pouvez mie y estre reçu bourgeois* (Roisin).

« Se alcun home de forain à ces trives « ne se voelt tenir, il convient ke cils qui « les trives aront fiancés , u li kief de la « faide. amène devant eskevins celui ou « cels ki a ces trives ne se volront tenir « en plainne halle , parquoi les eskevins « parolent a als de bouke. »

(Registre de l'hôtel de ville de Douai , an 1254.)

FÉE, FEI (*fides*) (Ass.), foi , fidélité. *Foi mentie,* félonie. *Feimenti ,* qui a manqué à son serment féo- dal. *Fementido,* en espagnol veut dire encore aujourd'hui félon , dé- loyal. (Duc. V° *Fidemmentiri.*)

FÉLONIE , FÉLENIE (*felonia*), infidé- lité, manque de foi du vassal ou du seigneur, qui fait perdre au vassal son fief, et au seigneur son hommage. *Fel, félon,* perfide, traitre, cruel.

FÈME OU FEMME DE CORPS (*femina de corpore*), serve. — *Feme de reli- gion* (Ass.), religieuse. — *Femme commune,* femme mariée sous le régime de la communauté. — *Feme coverte,* femme mariée.

FENAGE (*fenagium*), droit du sei- gneur sur les foins. *Fenaison,* récolte des foins ; *fenier,* vendeur de foins. *Fenil,* grenier.

FENESTRAGE (*fenestragium*), droit payé par ceux qui vendent du pain , ou d'autres marchandises exposées sur la fenêtre.

FÉODAL , tout ce qui concerne le fief. *Droits féodaux, saisie féo- dale, retrait féodal. Féodalité,* ré- gime des fiefs.

FÉOFFER, donner en fief. *Féoffor,* celui qui concède le fief. *Féoffee,* le concessionnaire.

II. 38

FÉRIR (*feritare*), frapper. *Feru*, battu.

FER MAILLÉ, treillis dont les trous doivent être de quatre pouces en tous sens.

FERMANCE (*firmancia*), plége, caution.

FERME, CONTREFERME, affirmation, confirmation.

FERME (*firma*, 3), héritage rural donné à location — la location même. *Fermage*, prix de la location. *Fermes du roi*, les baux que fait le roi des droits qui lui appartiennent. *Fief ferme*, terre noble donnée à ferme perpétuelle.

FERMER, CONTREFERMER (*fermare directum*), affirmer, confirmer. *Leurs convenans ont si fermés.* — Fiancer; *fremailles*, fiançailles.

FERMETÉ, FERTÉ, FIERTÉ (*firmitas*), forteresse.

FES, fois. *De fès*, parfois.

FESTAGE (*festagium*), cens payé au seigneur pour avoir droit de construire ou d'élever le *faîte* d'une maison.

FESTUCATION (*festuca*). V. EXFESTUCATION.

FETU, ROMPRE LE (*festuca*), déguerpir, abandonner.

FEU (*focus*), famille, maison. — *Feu et lieu*, ménage, vie commune; *tenir feu, pain et domicile permanent.* — *Partage par feux.* V. *Affouage.*

FÉUDAL. V. FÉODAL.

FEUDATAIRE (*feudatarius*), qui tient en fief, vassal.

FEUILLE D'AUDIENCE, cahier qui contient la rédaction des jugements et arrêts.

FEUR, FUR (*forus*), prix. *Que son labor soit conté au fuer corsable* (prix courant) *des laborors.* (Ass.) *Au fur*, à mesure. V. AFFEURER.

FEURE. V. FÈVRE.

FEURMARIAGE. V. FORMARIAGE.

FEURRE, FEURS, FOUARRE (*fodrum*), foin, fourrage, fumiers. *Aller en fuerre*, fourrager; — *feurs* se prend aussi pour les frais de culture.

FEURRE, FOURRAGES, USTENSILES, ÉTAPES (*fodrum*), sont les fournitures faites au soldat. *Fourrier* est celui qui fait préparer le logement et la nourriture de l'armée.

FEUTÉ, FEZ, FI. V. FEAUTÉ.

FEVRE (*faber*), forgeron. *En forgeant on devient febvres.*

FIANCE, FIANCHE (*fidancia, fiducia*), fidélité, promesse, caution. *Fiancer*, promettre. *Fiancer et plévir*, cautionner.
— Fiançailles.

Li prestre fut appereillé,
A leur entré les a seigné,
Ains ni fut douaire nommés,
Ne seremons un seul jurés,
Fiance faite ne plevie,
Mais le vassal reçut sa mie
(Rom. d'Achis.)

FICTION, supposition autorisée par la loi qui donne à une personne ou à une chose une qualité qui ne lui est pas naturelle.

FIDÉICOMMIS, disposition par laquelle on donne à une personne, à charge par cette personne de transmettre le don à un tiers. Le *fideicommissaire* est celui qui est gratifié à la charge de rendre.

FIDEJUSSION, caution. *Fidejusseur*, celui qui cautionne.

FIDÉLITÉ, foi et hommage que le vassal doit à son seigneur.

FIDUCIAIRE, HÉRITIER ou LÉGATAIRE, est celui qui est chargé d'administrer et tenir en dépôt une succession jusqu'à ce qu'elle soit remise au véritable héritier.

FIÉ, FIEF, FIEU, FIÉS, FIÉMENS (*feudum*), héritage concédé par le seigneur au vassal, à charge de services nobles, avec rétention de foi et d'hommage et de seigneurie directe.

— ABONNÉ ou AMÉTÉ est celui dont les profits éventuels, tels que les reliefs, les quints, et quelquefois l'hommage, ont été convertis, d'un commun accord entre le vassal et le seigneur, en rentes ou redevances annuelles.

— ABRÉGÉ ou RESTRAINT (*feudum tailliatum*). V. ABRÉGEMENT et DÉPIÉ.

— BOURSAL ou BOURSIER (*feudum bursæ*), apanage en argent constitué sur le fief au profit des puinés.

— CHEVEL ou EN CHEF (*feudum capitale*), qui est tenu noblement à cour et usage.

— COUVERT est celui pour lequel le vassal a fait la foi et hommage au seigneur duquel il relève. *Fief ou-*

vert est celui qui n'est point desservi, pour lequel aucun vassal
n'a fait la foi.

FIÉ DE DANGER (*feudum dangerii*),
qui se confisque si le vassal se
met en possession avant d'avoir
prêté la foi et l'hommage.

— DOMINANT, c'est le fief dont relèvent les autres.

— DE HAUBERT (*feudum loricæ*),
qui doit le service de chevalerie.

— LIGE. V. LIGE.

— NOBLE, est celui qui a haute,
basse et moyenne justice, ou
qui a fief ou censive mouvant
de lui; *fief roturier* est au contraire celui qui n'a aucune de ces
prérogatives.

— PLEIN, ou FIEF PUR ET SANS
MOYEN (*feudum planum*), est
celui qui ne relève point d'un autre, à la différence du *fief servant*,
qui dépend en foi et hommage
d'un fief supérieur; *arrière-fief*
est celui qui relève médiatement
du fief dominant.

— DE PLÉJURE (*feudum plejuræ*),
est celui dont le tenancier doit se
porter *plége* ou caution pour le
seigneur.

— S REVANCHABLES, ÉGALABLES,
ÉCHÉANS ET LEVANS. Ces fiefs sont
ainsi appelés dans les coutumes
de Bretagne, parce que tous ceux
en général qui les possèdent, et
chacun d'eux en particulier, sont
de la même condition, et également astreints aux mêmes devoirs envers le seigneur.

— DE REVENUE, FIEF EN L'AIR, FIEF
VOLANT (*feudum de camera* ou *de
cavena*), fiefs sans terres, rentes
assignées sur la chambre ou trésor
du roi, à la charge de l'hommage.

FIEF dans la coutume de Normandie,
et FEE dans les coutumiers anglo-
normands, signifie toute espèce
d'héritage. *Le fief noble*, qui est
le fief proprement dit, *le fief roturier* ou *rural* (*feudum burgense*),
chargé de vilains services ou de
rentes, espèce de censive. *Le fief
ferme* (*feudofirma*), qui est le
bail à ferme ou plutôt l'emphytéose. *Le fié simple* (*feudum simplex*), qui est la pleine propriété.
Le fié entail (*feudum taillatum*),
qui est la propriété laissée sous

certaines conditions, telles que
de supporter une substitution.

FIEF FRANC OU FRANC FIEF, DROIT
DE, taxe que paient les non-nobles
pour avoir le droit de posséder
les fiefs.

FIEFFE, bail à rente.

FIEFFÉ ou FIEFVÉ, qui a été concédé
en fief quand il s'agit des choses.
Domaine fieffé; — qui a reçu en
fief, quand il s'agit des personnes.
Homme fieffé, c'est le vassal. *Héritiers fiefvés*, c'est-à-dire ensai-
sinés. *Officiers fieffés*, officiers
qui dépendent d'un fief.

FIEFFER, FIEVER, bailler en fief.
Fiement, inféodation.

FIÉGARDS, FLÉGARS, communaux,
places publiques.

FIENS, fumiers.

FIERT, il frappe, de *férir*.

FIERTE (*feretrum*), châsse, bière.

FIERTÉ. V. FERMETÉ.

FIEU, FIEX, FIUS, fils.

FIGURE ACCORDÉE, plan des lieux en
litige, reconnu par les deux parties.

FILETS DE MUR, rebords, saillies
placées en haut du mur.

FILIASTRE (*filiaster*), beau-fils; enfant d'un premier lit.

FILIATION, descendance de père en
fils.

FIMPORT, dans les coutumes de Bretagne, c'est la mise en cause de
tous ceux qui peuvent être intéressés dans la querelle. (Anc.
cout. de Bret. 155.)

FINAGE, FINEROY, ban et territoire
d'une justice et seigneurie, d'une
paroisse. *Chemins fineroz*, chemins vicinaux.

FINAISON (*finis*, 1), accord, composition, transaction : *ou l'argent
faut, finaison nulle*.

FINANCE, Droit, argent. *Grande
finance et chevance*. Revenus
royaux.

FINANCIER, fermier des droits du roi.

FINE (*finatio*), amende, droit.

FINER, FINANCER (*finare*), payer les
droits ou l'amende.

— finir, terminer. *Finer à son
adversaire, à son créancier* (Ass.)
(*finem facere*), s'accorder avec
son adversaire ou son créancier.

FINITÉ (Ass.), affinité, alliance.

FINS, raisons, motifs, conclusions.

Défendre à toutes fins. Fins ci-viles, exceptions. *Fins de non-recevoir, fins de non-procéder*.

FISC (*fiscus*). « C'est, » dit un vieux glossaire « sac ou bourse du roy « où l'on met publiques cens ou « revenues, ou fourfaitures. » *Procureur fiscal*, représentant du fisc.

FISICIEN (*physicus*), médecin. *Fisique*, la medecine.

FLAEL, FLAYEL (*flagellum*), fléau.

FLAGRANT DÉLIT, ÊTRE PRIS EN, c'est être pris sur le fait même.

FLASTRY, FLATRÉ, FLAITRE (Ass.), flétri, marqué.

FLEURDELISER, flétrir un criminel en le marquant d'une fleur de lis sur l'épaule.

FOI, promesse de fidélité faite par le vassal au seigneur. *Entrer en foi, tenir en foi*.

FOI MENTIE, félonie. V. FEI.

FOIABLE, FOYAULE, homme qui doit la foi, fidèle.

FOIRES (*nundinæ*), marché.

FOL APPEL, appel interjeté témérairement, sans motif.

FOLC, FOUC, FONC DE BÈTES, troupeau.

FOLIER, FOLOIER (*fallire*), railler, faire injure, faire folie.

— s'égarer, se tromper, errer.

> Qui par soi velt ouvrer,
> Sans conseil demander,
> Sovent foloiera.

FOLLE MISE, FOLLE ENCHÈRE, enchère que l'adjudicataire ne peut réaliser.

FOLLIE (*follia*), injure. *Dire lait et folie*.

FOLURE, blessure. V. AFFOLER.

FONCIER, qui vient du fonds, qui est inhérent à la terre. *Seigneur foncier*, seigneur du fonds. *Rente foncière, justice foncière*.

FONDALITÉ, droit de directe qui appartient au seigneur foncier.

FONDATION, donation faite à l'Église ou à une institution de charité, à la charge d'en employer le revenu à quelque œuvre pie.

FONDE, FONDIQUE (Ass.) (*funda*), bourse, lieu de réunion des marchands. — Entrepôt. — *Cour de la fonde*, tribunal chargé des procès commerciaux en Orient.

FONDÉ DE POUVOIR, mandataire.

FONDER, établir, autoriser, appuyer. *Il est fondé en arrêt*.

FONDS, BIEN-FONDS, TRÈS-FONDS, c'est le sol et tout ce qui en dépend en superficie et en profondeur: les immeubles. *Fonds dotal*, immeuble constitué en dot à la femme.

— capitaux. *Fonds perdu*, capital aliéné sans retour, moyennant un revenu.

— DE COMMERCE, établissement commercial.

— l'objet même de la contestation. *La forme emporte le fond*, c'est-à-dire que la procédure décide quelquefois de l'objet même du procès.

FONGIBLE, CHOSE, chose qui périt par la consommation, et qui peut être remplacée par des objets de même nature, tels que vin, huile, blé, etc.

FOR (*forum*), tribunal. *Le for l'Evêque* était le lieu où s'exerçait autrefois la justice de la temporalité de l'archevêque de Paris. *For extérieur*, justice humaine, *for intérieur*, tribunal de la conscience, autorité de la loi naturelle ou divine.

— Marché, foire.

FORAGE, FOURAGE (*foragium*), ou JALAGE, droit seigneurial sur la vente du vin en détail. V. FEUR.

FORAINS (*foraneus, forasterius*), aubains, étrangers, gens du dehors, marchands qui ne sont pas bourgeois de la ville dans laquelle ils viennent vendre ou acheter. Rastall, V° FOREIGN.

FORBANNIR (*forisbannire*), bannir, exiler, reléguer. *Sentence de forban*, arrêt d'exil. *Forbain, forbanni, forban*, banni, bandit.

FORCE (*vis*), usurpation, violence, viol. *Force paleise* (Ass.), violence ouverte, nouvelle dessaisine. *Femme efforciée*, femme violée.

FORCE MAJEURE, celle à laquelle on ne peut résister. Cas fortuit.

FORCE DE CHOSE JUGÉE, autorité de la chose jugée.

FORCENÉ. V. FORSENEZ.

FORCLORE, exclure. « Denier justice, fermer la porte de justice. » (Nicod.) *Forclusion*, exclusion défaut, déchéance faute de produire dans un procès d'ordre ou de contribution.

FORCLOS, dit Rastall, *est celui qui est barré et ousterrement* (entièrement), *excluse par tout temps.*

FORCONSEILLER (*forisconsiliare*), mal conseiller.

FORESTIER (*forestarius*); garde des bois. *Forestage* (*forestagium*), droit d'usage dans les forêts.

FORFAIRE (*forisfacere*), perdre par sa faute ou son délit. *Forfaire son fief (feudum perdere), sa seigneurie, sa justice, son douaire, sa marchandise.* — Commettre un crime, malfaire.

FORFAIT, FORFAITURE, FORFACTURE (*forisfactura*), crime, délit. — Amende qui suit le délit. *Forfaire l'amende.* l'encourir.

— MARCHÉ A, à perte ou gain, sans garantie.

FORFAMILIER (*forisfamiliare*), émanciper.

FORGAGE, en Normandie, est le droit qu'a le débiteur de retirer son gage vendu par autorité de justice, en rendant le prix à l'acquéreur dans la huitaine de la vente.

FORGAGER, saisir. *Fourgagnement, saisie, confiscation.*

FORIER, fermier du marché ou de la foire. V. FOR.

FORJUGER (*forisjudicare*), condamner, proscrire, confisquer. Rastall, V° FORJUDGER.

FORJUGIÉ (*forisjudicati*) (Ass.), banni.

FORJURER (*forisjurare*), quitter, abandonner, abjurer, renoncer à.

Thomas de Weglande en banc primes nommé
Par agard de la court le régne a forjuré.

Forjurer son héritage, c'est l'abandonner, y renoncer. *Faire forjure,* renoncer en justice, faire cession.

FORLINER ou FORLIGNER, FOURLONGNER (*furlongus*), dégénérer, se mésallier.

FORMALITÉS, règles à suivre pour la régularité et la validité des actes. *Forme* se dit de l'observation de ces règles. *Condamné sans forme de procès.*

— procédures.

FORMARIAGE ou FEURMARIAGE (*foris-maritagium*), droit d'empêcher le serf d'une seigneurie d'épouser une personne franche ou serve d'une autre seigneurie. — Amende encourue par le serf qui s'est formarié. — Droit payé pour avoir le droit de se marier à son gré.

FORME EXÉCUTOIRE, celle qui confère l'exécution parée.

FORMEL, fait dans toutes les formes, exprès. *Désaveu formel, partage formel. Garant formel.* véritable garant, à la différence du *garant simple,* qui n'est nommé ainsi qu'improprement.

FORMENER, malmener, surmener.

FORMENT, fortement.

FORMETURE, FOURMORT, FORMORTURE (*formortura*), succession du vilain ou du bâtard dévolue au seigneur par faute d'héritier légitime.

FORMULE, modèle d'acte, règles prescrites pour les procédures. *Formulaire,* recueil de formules. *Les Formules de Marculfe.*

FORNOIER, nier.

FORPAISIER, FORPASSER (Ass.), quitter, abandonner le pays. — *Forpaisé (forispatriatus),* hors du pays, absent, banni.

FORS (*foris*), hors, excepté, hormis. *Fors voie,* hors voie, d'où est venu notre mot *fourvoyer.*

— (*forus.* 2. Esp., *fueros*), coutumes.

FORSENEZ, hors de sens.

Plein de forsen et de folie.
(OVID. mss.)

FORT, SE PORTER, s'engager à faire exécuter une convention par un tiers.

FORTRAIRE, soustraire, emmener.

FORTUITS, CAS, OU AVENUS PAR FORTUNE, cas imprévus, événements de force majeure, tels que grêle, feu du ciel, guerre.

FORTUNE D'OR, FORTUNE D'ARGENT (*fortuna*). trésor. *Fortune de mer,* sinistre.

FOSSE, JETER LES CLEFS SUR LA, c'est renoncer à la succession, à la communauté.

FOUAGE, FOUÉE (*focale*), impôt ou taille qui se lève par chaque feu ou maison.

— AFFOUAGE. V. ce dernier mot.

FOUIR, fouiller.

FOULE, oppression. *Fouler, fouloir*, opprimer, surcharger.

FOURCHE (*furca*, 1), gibet, droit d'avoir gibet, haute justice.

FOURCHAGE ou BRANCHAGE, c'est la branche de l'arbre de parenté.

FOURNAGE (*furnagium*), droit payé par ceux qui se servent du four banal. *Fournier*, celui qui tient le four banal, boulanger.

FOURNIR, c'est faire ou faire avoir (*præstare*). *Fournir et faire valoir. Fournir des griefs, des défenses*, les produire.

— garnir, soutenir. *Procès fourni de bons titres. — Fournir la complainte*, séquestrer.

FOURRIE, FOURRIÈRE, c'est l'écurie. *Mettre en fourrière*, séquestrer, dans l'écurie communale, les bêtes prises en contravention.

FRAIRIE (*fraternitas*), confrairie, communauté.

FRAIS, toute dépense et particulièrement la dépense faite à l'occasion d'un procès. *Frais de justice*, ceux faits en plaidant, ou par ordre du juge. *Frais et mises d'exécution*, ceux faits pour parvenir à l'exécution d'un acte ou d'un jugement. *Frayer*, fournir aux frais et à la dépense de quelqu'un.

FRANC, FRANC HOMME (*franci*), libre.

Garin mes père fu frans hom et gentis.

— exempt, affranchi. *Un héritage franc et libre de toutes charges.*

FRANC-ALEU. V. ALEU.

FRANC DEVOIR, abonnement fait avec le seigneur pour remplacer par une redevance annuelle les droits dus à l'ouverture du fief. V. FIEF ABONNÉ.

FRANC ET QUITTE, qui n'est chargé d'aucunes dettes ou hypothèques.

FRANC TENANT ou FRANC TENANCIER (*francus tenens*), c'est celui qui est propriétaire d'un fief, et qui y habite, qu'il soit noble ou roturier.

FRANCHE AUMONE, terre donnée à l'Eglise avec toute franchise des droits qui appartiennent au seigneur sur les autres concessions féodales ou censières.

FRANCHES TERRES, terres communes.

FRANCHISE (*franchisa*), liberté.
— exemption, immunité.
—asile. *Franchir*, affranchir, rendre franc. *Franchissement*, extinction ou rachat d'une rente.

FRARESCHEUX, FRERESCHEURS, FRAREUX, FRARESCHEURS, FRERAGEURS, sont ceux qui possèdent des biens en commun, de quelque manière que ce soit, ou qui doivent en commun quelque redevance. Un *frérage*, une *fraresche* (*frareschia, fraternitas, fratriagium*), c'est un partage; *frarescher, frérager*, partager en frères, c'est-à-dire également. *Héritages frareux*, héritages obligés solidairement.

FRAUDE, manœuvres pratiquées pour tromper, fourberie. *Contrat frauduleux. — Sans fraude ne malengin.*

FRAUX, FRÉZ, FRIEZ, FROCS, FROUS (*frocus*), friches, landes.

FRÉRASTRE, beau-frère.

FRESANGE, FRESCENGAGE (de *friscinga*, porc), droit sur les porcs.

FRET ou NOLIS, loyer d'un vaisseau; droit de tonnage. *Fréter*, donner un vaisseau à louage.

FRÉVEL, FRÉVELIE (*frevela*) (Mir. de Souabe), délit, félonie.

FRUITIER, FRUTTUAIRE, usufruitier.

FRUITS, ce que produit une chose; revenus d'une terre, d'une maison; *fruits naturels, civils, industriels. Fruits pendants par les racines* sont ceux qui ne sont pas encore séparés du fonds, comme le blé avant d'être coupé.

FRUSTRATOIRE, tout acte simulé, collusoire, qui ne tend qu'à retarder le paiement d'une dette. *Frais frustratoires*, frais inutiles, et qui n'ont aucun rapport au procès.

FUER, FUR. V. FEUR.

FUITE (Ass.), échappatoire, exception dilatoire. *Fuir et delayer.*

FUITIS, fugitif.

FURT (*furtum*), vol. *Furt qualifié. Furtivement*, clandestinement, à la dérobée.

FUST (*fustis*), bâton, douves de tonneaux, bois.

FUSTER ou FRUSTER (Ass.), bâtonner. *Fustée*, fustigée.

FUYE, colombier ouvert, à la différence de la *tryie*, volière ou colombier fermé. V. COLOMBIER.

G

GAB (Ital. *gabbia*), raillerie. *Gaber*, railler, plaisanter.

GABEL, GABLE, GABELLE (*gablum*), rente, devoir, impôt, et plus spécialement impôt sur la vente du sel. (Duc. V° *Salina*.)

GACHIÈRES, GUASQUIÈRES, jachères.

GAGE, GAGIÈRE, GAIGEMENT (Ass.) (*vadium*, *gageria*), sûreté donnée par le débiteur, — nantissement d'une chose mobilière; — la chose même donnée en nantissement. *Ploier son gage (plicare wadia).* Voyez PLOYER. *Gage mort ou mort gage*, est celui dont on laisse jouir le créancier engagiste qui profite des fruits sans les imputer sur la dette, à la différence de *vif gage* dont les fruits sont imputés sur le principal de la dette.

— GAGÉE, saisie.

— traitement, appointements (*gagium*), *gages de domestiques*, *gages d'officier*.

— (*gatgium*), amende, peine pécuniaire.

GAGER (*gagiare*), saisir. *Gager les fruits*, *saisie-gagerie*, *Gager le duel, la bataille, le rachat*, c'est l'offrir. *Gager la loi*, offrir le serment. Rastall, V° *Ley. Gager partage*, offrir en jugement le partage à ses puînés.

GAGES DE BATAILLES (*gagium duelli*), c'est l'objet au moyen duquel on propose le duel.

GAGNAGE, GAIGNAGE, GAIGNERIE (*gagnagium*), culture, récoltes, terres cultivées. *Arrêter les gaignages estant en la grange* (Grand Cout.), saisir les récoltes. *Mettre terres en gagnage*, les mettre ou faire mettre en culture. *Terres gaignables* ou *gaignaules*, terres affermées, terres labourables. *Gaigne*, sole. *Gaignières*, métayer, laboureur.

GAGNAGE, GAINS, REGAINS (*gaignagium*), fruits de la terre, récoltes. *Prez gagnaux* ou *gaigniaux*, prés qui produisent des regains.

GAGNER, GAIGNER, cultiver, labourer, — l'emporter. *Gaigner sa cause par arrest.*

GAIN, GAIGNE, produit d'un travail, d'une industrie.

GAINS NUPTIAUX OU DE SURVIE est un avantage que la loi, ou le contrat de mariage, accorde au survivant des conjoints.

GAITER (*wacta*), prendre garde, observer. *Gaites* ou *Waites*, guetteurs, sentinelles.

GANTS ET VENTES, droits dus au seigneur par le nouvel acquéreur. C'était avec le gant que se faisait souvent l'investiture. (Du Cange, V° *Chirotheca*.)

GARANT, GARANTIE. V. GARENT, GARENTIE.

GARANTIGIÉ, INSTRUMENT, acte authentique.

GARDE DE JUSTICE, DU SCEL ROYAL, c'est celui qui a la juridiction ou l'office en dépôt, et non point à ferme ou en fief.

GARDE DE LA PRÉVÔTÉ, c'est le prévôt de Paris qui remplace comme mandataire le roi, véritable juge et prévôt de Paris.

GARDE GARDIENNE, LETTRES DE, lettres attributives de juridiction privilégiée.

GARDE, GARDE NOBLE, GARDE BOURGEOISE, tutelle privilégiée en ce sens que le tuteur fait les fruits siens. *Garde roturière*, simple tutelle. Le tuteur privilégié se nomme GARDIEN.

GARDE LIGE, service de corps dû par les vassaux.

GARDE NOBLE, ROYALE OU SEIGNEURIALE, tutelle qui appartient au roi ou aux seigneurs sur les mineurs possesseurs de fief.

GARDE-NOTE, notaire.

GARDES, GARDEMANEURS, gardiens de scellés, garnisaires.

GARDES DES LIVRES, DES MONNAIES, DES SALINES, DES PONTS, officiers publics qui ont la charge de surveiller et conserver les bibliothèques, monnaies, etc.

GARDIEN, tuteur, séquestre. *Gardien de scellés.*

GARENNE (*garenna*, de l'allemand *warden*, garder), c'est une réserve. On met une forêt, un étang en garenne quand on défend de chasser ou de pêcher sur le terrain réservé. *Les rivières sont garennées ; il y a garenne d'eau comme de terre, bois ou forêt.*

GARENS (Ass.) (*garandus*), témoins. *Je vous trais à garent; rebuter un garend. Destreindre garend de porter garentie,* empêcher un témoin de rendre témoignage. *Lever garend,* démentir le témoin et le provoquer au combat (le témoin se mettait à genoux pour déposer).
— champion.

GARENT, GARENTISSEUR, GARIEUR, GARENDISSIÈRES (*garendizator*), celui qui prend le lieu et place d'une autre personne, et la défend de tous troubles ou évictions. (Rastall, V° *Garranty* ; Du Cange, V° *Warrantia.*) *Appeler à garant, tirer à garant, clamer garant, refuser la garendie, prendre en garentage.*

GARENTIE OU GARIMENT (*garendia*), défense, responsabilité, obligation de défendre et d'indemniser quelqu'un d'un trouble, d'une éviction, d'un dommage quelconque.

GARENTIE DE DROIT OU GARENTIE FORMELLE est celle qui regarde la propriété ou l'existence de la chose vendue. *Garantie de fait* est celle qui regarde la solvabilité du débiteur ou la qualité de la chose vendue.

GARENTIR, GARIR (*garire*), protéger, défendre. *Gariz, garniz,* garanti.

GARENTIR EN OU SOUS SON HOMMAGE, GARANTIR DE FOY ET HOMMAGE, GARENTIR OU GARIR EN PARAGE, c'est porter seul la foi et l'hommage au seigneur, et couvrir par cet hommage les possesseurs des parties demembrées du fief, les puinés, par exemple, en cas de succession. *Garentie de fief.* On dit dans le même sens *garentir de profit de rachat,* parce que l'aîné qui seul porte la foi paie seul aussi le rachat.

GARNIR LA MAIN DE JUSTICE, fournir somme ou garantie mobilière suffisante pour couvrir la demande. — *Garnir une accusation,* la fournir, l'appuyer de pièces et de témoins.

GARNISAIRES, GARNISON, hommes qu'on met chez le saisi qui ne donne point de gardien.

GARRIGUES (*garricæ*), friches.

GARS, GARCE, garçon, fille.

Le mâle est gars à quatorze ans
Et la femelle est garce à douze.

GAS, faux.

GAST (*gastum*), dégât, *faire ravage et gast.*

GASTES, GASTINES (*gastina*), friches.

GASTEURS ET MANGEURS (*comestores*), garnisaires.

GASTIER (*gasterius*), messier.

GAUDENCE, jouissance, emphytéose.

GAULEURS, arpenteurs, mesureurs.

GAYVER ou GUESVER, délaisser, abandonner.

GAYVES, CHOSES, épaves, choses égarées ou aditées.

GAZAILLE (*gasalia*), bail de bétail à moitié.

GAZON. *Mettre le gazon de l'héritage en sa main,* saisir, séquestrer. (Grand Cout.)

GEHENNE, GESNE (*gehennæ*), torture, prison.

GEHIR, GEHEINGIER, torturer.

GELDE, GELDON (*gilda*), association, collége, confrairie, troupe.

GELINE (*gallinagium*), poule. *Geline de coutume,* redevance de poules.

GÉNÉALOGIE, suite des degrés de parenté. *Arbre généalogique.*

GÉNÉRALITÉS, bureaux des trésoriers de France établis pour faciliter la recette des tailles. *Genéraux des monnoyes, des finances,* les directeurs de ces bureaux.

GENGLER. V. JANGLER.

GENOU (*genu*), génération, degré.

GENRE, gendre.

GENS DE CORPS OU DE MAINMORTE, serfs.

GENS D'ÉGLISE ET DE MAINMORTE, ecclésiastiques et moines.

GENS DE POSTE, DE POESTE (*homines potestatis*), roturiers, serfs. V. POESTE.

GENS DE ROBE, tous ceux qui portent la robe au palais, juges, avocats, procureurs, etc.

GENS DU ROI, ministère public.

GENT, peuple, nation, famille.

GENTIL HOMME, GENTIL FAME (*gentilis*), noble. *Héritages gentiaux,* héritages nobles.

GENTILECE, noblesse. *Gentilece vient d'hoirie.*

GEOLE (*caveola*), prison. *Geolage*, droits payés au geôlier.

GERBIER (*columna bladi*), meule de blé, meulon.

GERMAINS, FRÈRES, ceux qui ont le même père et la même mère.

GESIR, coucher, accoucher. *Gesine*, accouchement. *Geu*, couché, accouché.

GESTEUR DE BESOGNE. (Grand Cout.) *Negotiorum gestor.*

GESTION, administration.

GETER, jeter, repousser, écarter.

GETTE, taille, impôt, redevance.

GETTER, *compter avec des jetons*, additionner.

GILLE. V. GUILLE.

GIRON, TENDRE LE (*laisowerpire*), c'est l'acquiescement que l'acquéreur d'un héritage donne en justice à la demande du retrayant.

GITE, DROIT DE (*gistum*), droit de logement et de nourriture chez le vassal.

GIU, juif. — Jeu. *Giu de dez.*

GLAIVE, puissance. *Glaive temporel ; glaive spirituel.*

— (*merum imperium*), droit de vie et de mort. *Jus gladii.*

GLANAGE. Usage établi en certains lieux, de prendre sur les champs d'autrui ce qui a pu y rester après l'enlèvement des récoltes. V. GRAPILLAGE.

GLANDÉE (*glandis*), c'est le gland ou la faine qui sert de nourriture aux porcs.

GLANDÉE, GLANDAGE, droit payé pour la paisson.

GLASSOIR, GLASSOUERS, aisances.

GLÈBE, terre, fonds. *Serf de la glèbe*, serf qui fait partie du fonds.

GLISE, église. *Sainte Glise. Glisier*, marguillier.

GLOSE, notes ajoutées au Corps du droit civil ou du droit canonique par les premiers interprètes.

GORS, GOURS, REGORT (*gordus*), creux de l'eau naturels ou artificiels dans lesquels se retire le poisson, Rastall, Vᵒ GORT.

GOUPIL, renard. *A goupil endormi, rien ne chiet en la gueule.*

GRACE EXPECTATIVE, rescrit du pape qui ordonne au collateur de donner le premier bénéfice vacant de sa collation à la personne que le rescrit désigne.

GRADUÉS, ceux qui ont pris les degrés universitaires. *Gradués simples, gradués nommés.*

GRAINER, mettre les porcs à la glandée.

GRAIRIE. V. GRUERIE.

GRAMMENT, grandement. *Bourse sans argent ne vaut pas gramment.*

GRANDELETS, enfants déjà grands, pour adolescents (G. Coquille).

GRANGER, métayer. *Donner terre à grangeage.*

GRANTER, GRAUNTER, GRÉANTER, concéder, donner. V. CRÉANTER. *Grant*, don.

GRAPILLAGE, GRAPTAGE (*grapetura*), glanage. V. ce mot.

GRÉ (Esp. *grado*), vouloir, volonté.
— Bonne grâce, reconnaissance. *Rendre gré*, remercier, *faire gré*, s'accorder. *Promesse grée* (*gratum*), promesse garantie.
— degré (*gradus*).

GREFFE, dépôt des actes de justice. *Greffe civil, criminel, des geôles*, etc.

GREFFIER, officier qui tient le greffe. Il assiste à l'audience, écrit les actes et procès-verbaux du ministère du juge, en garde les minutes et en délivre les expéditions *Greffier garde-sac*, celui qui reçoit les productions des parties pour en faire la distribution au conseiller-rapporteur. *Greffier à la peau*, est celui qui met en grosse les arrêts et sentences. *Greffier des geôles*, celui qui tient les écrous des personnes emprisonnées. *Greffiers de l'écritoire ou des bâtiments* sont ceux qui reçoivent et expédient les rapports des experts.

GREGIER (Ass.), grever, nuire, porter préjudice.

GREIGNOR, GREIGNEUR, GREINDRE, le plus grand. *Prescription greigneur. Greigneur de vingt-cinq ans*, majeur. *Greignor partie.*

GRENETIERS, officiers de la gabelle qui jugent de la bonté du sel, et en ordonnent la répartition.

GRENIER A SEL, dépôt public où l'on vend le sel. — Juridiction fiscale pour tout ce qui concerne le monopole du sel.

GREVÉ, chargé. *Grevé de substitution*, chargé de rendre.

GREZ, GRIEFS, GRIES (*gravis*), grief, dommages, préjudice. *Les griefs sont les moyens esquels l'appellant prétend être grevé, les moyens contre le jugement dont est appel.* — (adj.), pesant, lourd, grave. *Griément, gravement.*

GRIEVANCES, GRAVERIES (*gravaria*), exactions, peine, tort, injure.

GROSSE, expédition d'un acte authentique ou d'un jugement, écrite en gros caractères, et en forme exécutoire.

GROSSOIER (*ingrossare*), écrire la grosse.

GRUERIE, GRAIRIE, GRUAGE (*gruarium*), droit de juridiction forestière, et de part des fruits d'une forêt.

GRUIER, GRAIER, SEGRAIER ou VERDIER (*gruarius*), forestier, garde.

GUENCHIR, tergiverser, gauchir.

GUÉRANCE, garantie, jouissance.

GUERD, dans la coutume de Bretagne, c'est le droit de faire pâturer ses bêtes sur les terres de ses voisins.

GUERPIR ou CURPIR (*guerpire*), délaisser. La veuve dans Froissart se nomme *la guerpie* (*derelicta*.)

CUERREDON, GUERDON (Ital. *Guiderdone*), récompense, loyer.

GUESVER. V. GAYVER.

GUET A PENS. V. AGUET.

GUET, ARRIÈRE-GUET (*guetus*), service militaire dû par les vassaux ou sujets. *Sujets guetables. Gueter*, faire la garde du mur. *Guetteurs de chemins*, voleurs de grand chemin.

GUIAGE (*guidagium*), charge imposée aux habitants de la côte, de tenir la nuit des lumières ou phares pour guider les navigateurs.

— sauf-conduit.

GUIER, guider. *Guionnères*, conducteur.

GUILLE ou GILLE (*guillator*), tromperie.

> Tel pense guiller Guillot,
> Que Guillot lou guille.

GUISARME, GISARME (*gisarma*), hache à deux tranchants.

CULPIR, GURPIR. V. GUERPIR.

GULPINE, GUERPINE, déguerpissement.

GURPISON (*gurpizo*), abandon, délaissement, déguerpissement.

H

HABILE, qui réunit toutes les conditions requises pour avoir un droit. *Habile à se porter héritier.*

HABILITER (*habilitare*), mettre en état, rendre capable. *Habiliter un mineur*, c'est le pourvoir d'un curateur pour le rendre capable d'ester en justice.

HABOUTS. V. ABOUTS.

HACIE, HASCHE (*hachia*), peine, amende.

HAIT, souhait, bon gré, **HAITER**, souhaiter.

HALBERGUE. V. HÉBERGEMENT.

HAMEDDE, écluse, droit d'écluse.

HANAP, HENAP (*hanapus*), gobelet, pot, mesure de vin.

HANSE (*hansa*), compagnie commerciale. *Marchand hansé, hansé de la marchandise de l'eau. Lettres de hanse.*

HAPPÉE, SAISINE, saisine prise de force, possession usurpée.

HARNOIS, HERNOIS (*harnaschia*), armure, équipement.

— voitures. (Ord. de la Ville.)

HARO, CLAMEUR DE, HAREU, HAROU (*haro*), cri de force, appel à la justice, devant lequel chacun doit s'arrêter. (Norm. 6. 24. 54.)

HART (*hardes*), lien d'osier, la corde. *Sous peine de la hart*, sous peine d'être pendu.

HATINE. (Ass.) V. ATINE.

HAUBERT, HAUBERGEON (*halsberga*), cotte de mailles, cuirasse. *Et maille à maille fait-on le haubergeon. Service de haubert, fief de haubert*, service, fief de chevalier.

HAULTBAN (*halbannum*), droit payé par quelques métiers de Paris.

HAULT-JUSTICIEN, seigneur qui a la

suprême juridiction, à la différence du moyen ou bas-justicier.

HAUSSE, enchères.

HAVAGE (*havagium*), droit sur le mesurage de grains.

HAVER, enclore d'une haie.

HEAUME (*helmus*), casque. *Heaumier*, armurier.

HERBERGEMENT, HERBERGE, HERBREGERIE, HERBREGEMENT, HERBEIGE, HERBREGAGE (*hereberga*), maison, logis, édifice, manoir.

— gîte, auberge. *Herbergières*, aubergiste.

— point où le mur séparatif de deux édifices cesse d'appuyer l'un sur deux.

HEBERGER (*hebergare*), loger. — construire.

HEIR. V. HOIR.

HENNOURS (Ass.) (*honores*), honneurs, prérogatives.

HENOUARTS, porteurs de sel. (Ord. de la Ville.)

HERBAGE, DROIT D' (*herbagium*), droit seigneurial sur les bestiaux qui pâturent.

HÉRÉDITAIRE, qui provient d'une succession. *Biens, portions héréditaires*.

HÉRÉDITÉ, succession, biens qu'on a recueillis dans une succession.

HERÉGE, HERÉSE, HÉRITE, hérétique.

HERIBAN (*heribanum*). V. BAN ET ARRIÈRE-BAN.

HÉRITABLES, HÉRITALLES, HIRETAULES, CHOSES, biens héréditaires, immeubles.

HÉRITAGE (*hereditagium*, 2), fonds de terre, immeuble; *héritage feudal, censuel, noble, rural, roturier, cottier, bordelier, franc, serf*.

— (*hereditagium*, 1), immeuble venu par succession. *Héritage propre, naissant, ancien, avitin, de ligne*.

— succession.

HÉRITANCE, HÉRITE, hérédité, succession.

HÉRITER, ADHÉRITER (*hœreditare*, 3), ensaisiner. *Douaire si n'erite pas enfans*.

HÉRITIER, celui qui est appelé à la succession. *Héritier simple*, à la différence de l'*héritier par bénéfice d'inventaire*. *Héritier conventionnel*, qui a été institué par contrat de mariage. *Héritier bénéficiaire*, qui se porte héritier par bénéfice d'inventaire. *Faire acte d'héritier*, disposer des objets de la succession.

HÉRITIER (adj.), foncier, immobilier. *Rentes héritières, successions mobiliaires et héritières*.

HERMES, TERRES. V. ERMES.

HEUSES (*osa*), bottes.

HIRETÉ, héritage.

HIVERNAGES (*hyvernagium*), hiver.
— Blé ou fourrage d'hiver.

HOCHE. V. OUCHE.

HOIR ou HEIR, héritier. *Hoirie*, succession. *Avancement d'hoirie, déclaration d'hoirie. Droit hoir*, héritier légitime.

HOLERIE, débauche. V. HOULIER.

HOM, HOMS, homme.

HOMMAGE ou HOMENAGE (*hominium*), promesse de fidélité et de devoirs faite au seigneur par le vassal. *Hommage de bouche et de mains*.

HOMMAGE PLEIN OU LIGE (*homagium planum*), est la promesse de servir et défendre son seigneur envers et contre tous, à la différence de l'*hommage simple*, qui n'emporte point d'aussi étroites obligations.

HOMME ou HOME DE FOY, DE FIEF, HOMME LIGE, vassal. *Défaut d'homme. Haus homs* (Ass.), grands vassaux. *Homes des homes* (Ass.), arrière-vassaux.

HOMME DE PLÉJURE (*hominia plevita*), le vassal qui se porte caution pour son seigneur.

HOMME VIVANT, MOURANT, CONFISCANT, c'est l'homme que les gens de mainmorte doivent fournir au seigneur, pour qu'il serve le fief en leur place, et après le trépas duquel le seigneur peut user de ses droits, comme si le défunt eût été le véritable tenancier.

HOMMES ALLODIAUX, qui tiennent terres en alleu.

— ET FEMMES DE CORPS OU DE SERVITUDE (*homines de corpore*), serfs.

— DE RELIGION, moines, religieux.

— DE COUR OU FRANCS HOMMES, jurés féodaux.

— SAGES, PRUD'HOMMES, juges, experts.

HOMMES COUCHANTS ET LEVANTS, vilains domiciliés dans la seigneurie.

HOMOLOGATION, consentement, approbation de justice.

HOMOLOGUER (*homologare*), confirmer, autoriser judiciairement.

HONNEUR, HONOR (*honores*), fief.

> N'a droit au fieu ne à l'onor
> Qui se combat à son seignor.

— honneur.

HONORAIRES, rétribution de ceux à qui l'honneur de leur profession ne permet pas de recevoir un salaire.

HONTAGE, honte, opprobre, déshonneur.

HORD. V. ORD.

— HORDÉIS, HOURDIS, HORT (*hurdicium*), barrière, palissade, échafaud. *Horder*, réparer, fortifier.

HORS DE CAUSE, HORS DE COUR, rejet d'une demande intentée mal à propos, ou non suffisamment instruite. *Horsbouter*, mettre hors de cour, débouter.

HORS LA LOI, METTRE, déclarer qu'un individu n'est plus protégé par elle.

HORS PRIS, excepté, réservé. *Hors prise*, réserve.

HOSCHE. V. OUCHE.

HOST, armée. V. OST.

HOSTAGE (*hostagiarius*), otage. *Ostager*, se dit du débiteur forcé de rester enfermé jusqu'à ce qu'il ait satisfait au créancier. (Bret. 112.)

HOSTEIS, HOSTIEX, OSTEIX, maison, hôtel. *Hosteler*, loger.

HOSTES (*hospites*), hôtes, manants, tenants. *Hostes couchans et levans.*

HOSTIEUX, ustensiles, outils.

HOSTISE, demeure de l'*hoste* ou censitaire.

— droit qui se lève sur les maisons concédées à cens.

HOULIER, HOURIER, débauché, ribaud.

HOUSES, HOUZEAULX (*osa*), bottes, brodequins. *Houser*, se chausser.

HUAGE, c'est une corvée qui consistait à faire lever en criant les animaux que chassait le seigneur. V. HUE.

— HUCHAGE, HUCHÉE, HUERIE, clameur, cri public, proclamation.

HUCHE, HUGE (*hucha*), coffre, bahut.

HUCHER, LEVER HUS (*hucciare*), crier. *Huichié par bannissement* (*præconia voce citatus*), dans De Fontaines.

HUCHIERS (*hullarii*), ébénistes, faiseur de huches ou bahuts.

HUE (*huesium*), cri, huée. « *Hue et* « *crie*, » dit Rastall, « est la pour- « suite de un ayant commis fé- « lonie par le haut-chemin. » *Huard*, crieur, braillard.

HUES, HOES. V. OES.

HUI, le jour présent.

HUIS (*huisserium*), porte. *Juger à huis clos*, juger portes fermées.

HUISSIERS (*hostiarius*), sergents qui gardent l'huis. — Officiers ministériels chargés de faire tous exploits nécessaires pour l'exécution des conventions, ordonnances, jugements et arrêts. *Huissier audiencier*, huissier attaché au service des audiences. *Huissiers priseurs et vendeurs de meubles*, commissaires-priseurs.

HUITIÈME, droit de détail sur le vin.

HUMIÈRE, HUMIERS, usufruit, usufruitier.

HURT, heurt, choc.

HUSTIN, HUZ, bruit, querelle. *Hutin*, querelleur, opiniâtre.

HYPOTHÈQUE (*hypothecare*), obligation par laquelle les immeubles d'un débiteur sont affectés au paiement d'une dette.

— droit réel résultant de cette obligation. *Hypothèque légale, conventionnelle; générale, spéciale; simple, privilégiée.*

I

ICE, ICELLE, ce, celle, cette. *Iceque*, ce que.

IDENTIQUE, CHOSE, c'est la chose même. *Prouver l'identité d'une personne ou d'une chose, c'est* prouver que telle personne ou telle chose est bien celle dont il s'est agi dans telle ou telle circonstance.

IDOINE (*idoneus*), capable, suffisant. *Apte et idoine. Idonéité,* aptitude.

IERT, il était. *Ièrent,* ils étaient.

IGAL, égal. *Igaument,* pareillement.

ILLEC, ILLUEC (*illic*), là.

ILLICO, RELIEF D', LETTRES D', lettres de chancellerie pour être relevé du défaut de n'avoir pas appelé sur-le-champ (*illico*) d'une sentence.

IMMATRICULER (*immatricularе*), inscrire sur le registre matricule. *Notaire immatriculé.*

IMMEUBLES, IMMOBLES, biens fixes qui ne peuvent se transporter d'un lieu dans un autre, fonds de terre, maisons, bâtiments. *Immeubles par destination,* meubles qui ont pris la qualité d'immeubles.

IMMISCER, s', s'entremettre, se mêler des affaires d'autrui.

IMMIXTION, maniement des effets d'une succession en qualité d'héritier.

IMMOBILIER, qui a pour objet des immeubles. *Action immobilière, droits immobiliers.*

IMMOBILISATION, caractère d'immeubles conféré à des meubles. *Rente immobilisée.*

IMMUNITÉ, exemption de juridiction, de charges, d'impôts.

IMPARTABLE, IMPARTAULE, qui ne peut être partagé.

IMPARTIR, donner, accorder, départir.

IMPARTI, indivis.

IMPENSES, dépenses faites pour l'entretien ou l'amélioration d'un héritage. *Impenses boluptuaires,* sont celles qui embellissent la chose sans en augmenter la valeur ni l'utilité.

IMPERTINENT, ce qui est en dehors de la question. V. PERTINENT.

IMPÉTITION, demande en justice.

IMPÉTRER, demander, obtenir une grâce. *Impétrant,* celui qui sollicite, celui qui obtient.

IMPLORATION, adresse du juge ecclésiastique au juge laïc pour que ce dernier fasse exécuter les jugements rendus par le premier.

IMPUBERE, qui n'a pas atteint l'âge de puberté, c'est-à-dire quatorze ans pour les mâles et douze ans pour les femmes.

IMPUTATION, déduction d'une somme sur une autre. *Imputer,* déduire, tenir compte.

INCAPABLE est celui qui n'a pas les qualités et les dispositions nécessaires pour faire ou pour recevoir quelque chose.

INCESTE, mariage ou commerce criminel entre parents au degré prohibé.

INCIDENT, contestation survenue entre les parties pendant la poursuite de la cause principale. *Faux incident.* V. FAUX *Se deroyer du principal et cercher à faire des incidens.* (Nicod.)

INCOMBER, être chargé de. *C'est à lui qu'incombe la preuve.*

INCOMPÉTENCE, défaut de compétence; manque de juridiction.

INCORPORELLES, CHOSES, sont les droits et actions qu'on ne peut toucher comme les choses corporelles.

INDEMNITÉ, dédommagement. *Indemne,* dédommagé, non lésé.

— droit payé au seigneur par les gens de mainmorte pour le dédommager des droits de mutation que l'immobilisation lui fait perdre.

INDENTURE (*indentura*), c'est un acte dont on détache un talon coupé en dents de scie, de façon a pouvoir toujours constater son authenticité en rapprochant l'écrit de sa souche. (Cout. anglo-normande.) V. CHARTE PARTIE.

INDICTEMENT, assignation à un jour donné. *Indict,* assigné, dénoncé.

INDICTION (*indictio*), tribut, subside, impôt. — Espace de quinze ans.

INDIGNITÉ, état de ceux qui, pour avoir manqué au défunt ou à sa mémoire, sont privés de la succession à laquelle ils étaient appelés.

INDIRE (*indicere*), commander, ordonner, enjoindre.

— mettre un impôt, exiger une aide. *Droit d'indire.*

INDISPONIBLE, CHOSE, portion de biens dont on ne peut disposer par testament.

INDIVIS. V. DIVIS.

INDU, non dû, illégitime. *Voies indues.*

INDUCE, INDUGE, INDUIS, INDUS (*induciæ*), délai, retard, congé, vacance.

INDUEMENT. V. DUEMENT.

INDULT (*Indultum*), droit de nommer à un bénéfice. *Indultaires*, ceux qui ont droit d'indult.

INFÉODER (*infeodare*), donner on fief, saisir d'un fief. *Inféodation*, infeudation, acte d'inféoder.

INFESTUATION, INFESTUCATION (*festuca*), mise en possession par le symbole d'un fétu.

INFIRMER, casser, annuler une sentence, un contrat.

INFORMATION (*informatio*), enquête. *Informer*, enquérir.

INFRACTION, violation d'une loi, d'un contrat, d'un traité.

INGÉNU, homme libre de naissance.

INGRÈS (*ingressus*), mise en possession d'un bénéfice. *Bulle d'ingrès*.

INHIBITION (*inhibitio*), défense, prohibition.

INNOCENTER, déclarer non criminel. *Lettre d'innocentation*, déclaration d'innocence, réhabilitation.

INNUER, faire entendre, accorder.

INQUANT, encan. *Inquanter*, vendre à l'encan.

INQUERELLER, assigner, poursuivre.

INQUIÉTER, troubler quelqu'un dans sa possession.

INQUISITION (*inquisitio*), enquête.

INSCRIPTION DE FAUX, acte passé au greffe par lequel on déclare fausse une pièce produite.

INSCRIPTION HYPOTHÉCAIRE, déclaration sur un registre public du privilége ou de l'hypothèque qui grèvent les biens du débiteur.

INSINUER (*insinuare*, 2), enregistrer. *Insinuation*, enregistrement.

INSOLVABILITÉ, état de celui qui n'a pas assez de biens pour payer ses dettes.

INSTALLER (*installare*), mettre en possession.

INSTANCE (*instancia*), demande, poursuite judiciaire, litige.

INSTEUR, celui qui intervient dans l'instance.

INSTITUTION D'HÉRITIER, c'est l'établissement d'un héritier ou successeur universel fait par le testateur.

INSTITUTION CONTRACTUELLE, don irrévocable de tout ou partie d'une succession, fait par contrat de mariage au profit de l'un des deux époux, ou des enfants à naître du futur mariage.

INSTRUCTION, se dit des procédures et formalités nécessaires pour mettre une affaire en état d'être jugée. *Procès instruit et mis en état de juger*.

INSTRUMENT (*instrumentum*), acte, titre, écrit. « Obligations, lettres, « titres et enseignements. » (Nicod.) *Instrument public*, acte reçu par un officier public. *Instrument privé*, acte sous seing privé. *Instrument confessé*, *garantigié*, titre emportant exécution parée.

INSTRUMENTER, faire, dresser actes publics qui fassent foi en justice.

INTENDITS, faits articulés par les parties dans un procès par écrit. « Écritures principales. » (Nicod.)

INTENTER UNE DEMANDE, c'est la former.

INTERDICTION, suspension de certains droits civils, d'une charge, d'un office. *Interdit*, celui contre lequel l'interdiction est prononcée.

INTERDIT, action possessoire, complainte, réintégrande.

INTÉRÊTS, fruits civils d'une somme due, dédommagement.

INTÉRIM, en attendant, provisoirement.

INTÉRINER. V. ENTÉRINER.

INTERLIGNE, ce qui est écrit entre deux lignes.

INTERLOCUTOIRE, jugement qui ne décide point le fond de la cause, mais règle seulement certaines mesures préparatoires.

INTERLOQUER, ordonner une mesure interlocutoire, faire des incidents, incidenter.

INTERMISSION, interruption, discontinuation.

INTERPELLER, sommer quelqu'un.

INTERVENIR, survenir incidemment dans un procès, dans un contrat.

INTESTAT, qui est mort sans avoir testé, ou sans testament valable.

INTIMATION, injonction de comparaître.

INTIMÉ, défendeur en appel, celui qui a gagné sa cause en première instance.

INTIMER (*intimare*), signifier, notifier, dénoncer, assigner. *Ajourner avec intimation*, c'est avertir que faute de comparaître on perdra sa cause. *Intimer un juge en son nom*, c'est le prendre à partie.

INTITULÉ D'INVENTAIRE, préambule de l'inventaire qui énonce les qualités et les droits des parties.

INTRAIGE, INTROIT (*introitus*), droits d'entrée; — droits payés pour mener les bestiaux pâturer dans une forêt.

INTRODUIRE, commencer, engager. *Exploit introductif d'instance.*

INTRUSION (*intrusio*), entrée illégale en possession. *Intrus*, celui qui s'est emparé injustement de la possession.

INVALIDER, déclarer nul, sans force, sans effet.

INVENTAIRE, INVENTOIRE (*inventarium*), description détaillée des biens d'un défunt, d'un absent, d'un interdit, d'un failli, etc. *Inventaire de la production*, état des pièces contenues dans un dossier de procédure. *Inventorier*, décrire, comprendre un objet dans l'inventaire.

INVESTITURE (*investitura*), tradition, mise en possession. *Investir*, mettre en possession, ensaisiner.

IRE, IREUR (*ira*), colère. *Iréer*, mettre en courroux.

IRETAGE, IRETIER. V. HÉRITAGE, HÉRITIER.

IRRITANTE, CLAUSE, est celle dont l'inexécution emporte la nullité de l'acte.

ISNEL, ISNEUS, égal, prompt, actif. *Isnelement*, également, promptement.

ISSIR, ESSIR, USCIR (Ital. *uscire*), sortir.

> Quand Dieu veut quelqu'un punir
> De son sens le laisse issir.

Il ist, il sort. *Isteroit*, sortirait.

ISSUE (*exitus*), enfants, descendants.

— fruits, revenus. *Issues de la terre*. *Droits d'issue*, droits payés par celui qui quitte la saisine.

— résultat. *L'issue du procès.*

ITEM est un terme dont on se sert pour séparer chacun des articles d'un compte ou d'un inventaire.

IVERNAGE, IVER. V. HIVERNAGE.

J

JACENCE (*jacentia*), vacance. *Jacent*, abandonné, sans possesseur. *Hérédité jacente.*

JACTURE (*jactura*), perte, dommage.

JALAGE. V. FORAGE.

JALE, JALÉE, jatte, mesure de liquide.

JANGLER, JONGLER (*joculari*), mentir, caqueter, bavarder. *Toute fème est jangleresse de sa nature. Jangleres*, *procax*, dans De Fontaines.

JA SOIT ou JAÇOIT, quoique. *Ja fust*, il y a longtemps.

JECT, JETTEIS; JECTICES, TERRES, terres jetées hors du fossé; exhaussement qui fait *la douve.*

JEHINE (Ass.), prison. V. GEHENNE.

JÉSIR, JETTER. V. GÉSIR, GETTER.

JET À LA MER, sacrifice de la cargaison pour alléger le navire en péril.

JEU DE FIEF. V. JOUER.

JOESNE, JONE, jeune. *Joenece*, jeunesse.

JOIGNANT, près, proche, auprès.

JOINDRE, s'unir, s'assembler, s'accorder. *Jointement*, en même temps, conjointement.

JOINT QUE, outre que, ajoutez que.

JOINTURE, tenure en commun. *Jointenant*, possesseur en commun.

JONCTION, union d'une instance à une autre, ou d'un incident à une instance principale pour qu'il soit statué sur le tout en même temps.

JONCTION DU PROCUREUR DU ROI, intervention de la partie publique.

JOUER, SE, DE SON FIEF, c'est aliéner une partie de son fief, moindre des deux tiers, avec rétention de foi.

JOUISSANCE, possession, droit de retirer d'une chose le profit qu'elle peut procurer. *Jouissance légale* est l'usufruit que la loi donne au père ou à la mère sur les biens de leurs enfants mineurs.

JOUR, JOR (*dies*), terme, délai.

JOUR FRANC est celui qui ne se compte pas dans les délais.

— SERVANT, c'est le jour de l'assignation.

— Séance, assise, assemblée.

—, GRANDS, réunions judiciaires qui se tenaient extraordinairement en certaines provinces, et qui prononçaient souverainement. *Les grands jours d'Auvergne.* (V. Fléchier.)

JOUR DE COUTUME, DE SERVITUDE, ouvertures qu'il est permis de faire dans un mur pour en tirer des vues.

JOURNAL (*jornale*), JOUG DE TERRE (*jugum terræ*), l'étendue de terres qu'un attelage peut labourer en un jour.

— LIVRE, mémoire de ce qui se fait chaque jour.

JOUXTER (*juxtare*), approcher. *Jouxte*, auprès, selon.

JOYAUX. V. BAGUES.

JU, je.

— jeu.

— IL, il coucha.

— FAIRE (*juvare*), secourir, aider.

JUCE, juge. Jucier, juger.

JUDICATURE, profession de ceux qui rendent la justice. *Offices de judicature.*

JUDICIAIRE, JUDICIEL, se dit de tout ce qui appartient à la justice. *Judiciairement, judiciellement*, par autorité de justice, devant le tribunal.

JUERS, juifs.

JUGE, magistrat chargé de rendre la justice. *Juges souverains* sont ceux qui prononcent en dernier ressort, à la différence des *premiers juges* ou *juges inférieurs* qui prononcent en première instance. *Juges royaux*, juges nommés par le roi. *Juges seigneuriaux*, nommés par le seigneur du fief ayant justice. *Juge a quo*, juge dont on appelle.

JUGEMENT, décision des tribunaux sur une contestation. *Jugement interlocutoire, provisionnel, définitif, contradictoire, par défaut.*

JUGERIE (*jugeria*), juridiction, ressort, territoire.

JUIS, JUISE, JOUISE (*juisum*), jugement.— *Jugement de Dieu*, épreuves judiciaires.

JURAT, consul, échevin dans les coutumes du Midi.

JURÉ, qui est lié par serment; confédéré, allié. — Bourgeois d'une ville de commune.—Expert assermenté. — Juge.

JURÉE, enquête juridique. *Mettre en jurée*, décréter, mettre à l'encan.

JURÉE, DROIT DE (*jurata*, 3), droit dû au seigneur par les bourgeois qui s'avouent de lui.

JURERIE, JURÉE (*jurata*), fonctions de jurés.

JURÉS DE MÉTIER, experts, contrôleurs. *Maîtres jurés*, chefs de corporation.

JUREURS, JURORS (*juratores*), témoins qui viennent affirmer par serment l'innocence de l'accusé.

JURIDICTION, droit de connaître et de juger le différend. *Juridiction contentieuse, volontaire*, etc.

— Tribunal.

JURIDIQUE, ce qui est selon les lois et la justice.

JURISPRUDENCE, l'ensemble des lois et des usages qui gouvernent un pays,— certaines de ces lois et usages. *Jurisprudence civile, criminelle, militaire, féodale, canonique.* — L'usage suivi dans une juridiction sur certains points de procédure ou sur certaines questions. *Recueil de jurisprudence*, recueil d'arrêts.

JUS (*jusum*), bas. *Mettre les armes jus. Jusant*, reflux de la mer.

JUSTES ET MESURES (*justa*), c'est une mesure de liquides.

JUSTICE (*justicia*), juridiction, *justice haute, moyenne et basse*, ou *haute, vicomtière et foncière, justice censuelle.*

— droit. *Se faire rendre justice.*

— tribunal. *Comparaître en justice.*

JUSTICEMENT, mise à exécution d'un jugement.

JUSTICHAULES, JUSTICIABLES, ceux qui sont soumis à la juridiction.

JUSTICIER, maîtres et possesseurs de la justice. —Juges.

JUSTICIER, JUSTISER (*justificare*), exécuter un arrêt criminel, punir les coupables, juger.

JUVEIGNERIE, JUVEIGNEURIE, TENURE EN (*junioratus*), tenure du cadet ou juveigneur.

JUVEIGNEUR, c'est le puîné, le cadet en Bretagne.

K

Pour les mots qui commencent par un K, et qui appartiennent presque tous au dialecte picard, remplacez le K par C, CH ou QU.

Exemple :

KABAL, KAROLER, KASAL, KEMANT.

KEMUN, *cherchez* CABAL, CAROLER, CASAL, COMMANT, COMMIS. KACHIER, KAIÈRE, KAOIR, KASCUN, KEVAL, KIEF, KIERKER, *cherchez* CHACIER, CHAIRE, CHAOIR, CHASCUN, CHEVAL, CHIEF, CHIERCHIER. KANT, KATRE, KERRE, *cherchez* QUAND, QUATRE, QUERRE.

L

LABEURER, LABOURER, travailler, — décharger. *Salaire de vin labouré en Grève.* (Ord. de la Ville.)

LACÉRATION, destruction d'un acte ou d'un écrit. *Livre lacéré par les mains du bourreau.*

LACHER (*laxare*), manquer de, négliger, dégager. *Laches* (cout. anglo-norm.), abandon, négligence.

LADRE (*lazari*), lépreux.

S'il est battu de la maladie Saint-Ladre, il aura la bonne maison (l'hospice).
(ROISIN.)

LAGAN (*laganum*), droit de bris et naufrage. V. WARECH.

LAI (*laicus*), laïque, séculier, homme du peuple.

LAIANS, LAIENS, LÉANS, LENS, ici, céans, là-dedans.

LAID, LAID DIT, LAIDANGES, LAIDURES, LAIS, LET (*lœdere*), injures, calomnies, ignominie.

LAIDANGER, LAIDIR, LEDOYER (*lada, ladare*), dire de laides paroles, injurier, calomnier.

LAIDE OEUVRE, crime, délit.

LAIDE, aide, droit, impôt.

LAIGNE, LAINGNE, LEIGNE, LINGNE (*lignum*), bois.

LAIRE. V. LERRES.

LAIRER, laisser.

LAIS (*laicus*), laïc. *Li laie gens.*

— LAISSE (*lessa*), legs.

— LAISSE, chanson.

— LAYES, LAIÉE, LAISSEMENT (en anglais, *lease*), baux à cens.

— injures. V. LAIDANGES.

— ET RELAIS, croissance, alluvion que la rivière donne aux seigneurs justiciers.

LAISSER, manquer à. « Mieux est

« que l'en lest a punir les malfaic- « teurs, que il n'est que len ne « condampne ceux qui n'ont rien « meffet. » (Anc. cout. d'Orléans.)

LANDE, LANDON (*landa*), friche, terre non cultivée.

Et de mener à son bandon
Si comme bestes en landon.

LANDI, LANDICT (*indictum*), la foire Saint-Denis, et au figuré, joie, divertissement, plaisir.

LANDIER, chenet.

LANGE (*langeolum*), laine, linge, vêtement.

LANGUEYEUR, LANGOYER DE PORCS, officier qui visite la langue des porcs pour s'assurer qu'ils ne sont pas ladres ou mezeaux.

LANSAGE (*lansagium*), aliénation. *Lansager* (all. *lossagen*), aliéner.

LARDAGE, impôt sur le lard.

LARDIER (*lardarium*), endroit où se conserve le lard.

LARGE, libéral. *Largier* (*largitio*), redevance, présent.

LARRIS (*larricium*), friches, terres incultes.

LARRON, voleur. Il se prend aussi dans le sens de vol, ou plutôt de droit de juger les voleurs.

Et tant franchise leur donna.
Comme le duc en sa terre a,
Ils ont le murdre et le larron,
Le rap, l'omécide, l'arson.
(ROMAN DE ROU.)

LASTAGE (*lastagium*), impôt sur le poids ou charge (*last*) des marchandises.

LATINIER (*latinarius*), interprète.

LATITER, cacher, receler.

LAUDE, LAUS (*laudemium*). V. LODS.

On trouve aussi LAUDE, LOVADE, LEUDE, LEYDE (*leuda*), signifiant une prestation féodale quelconque.

LAVANDIER (*lavanderius*), blanchisseur. *Lavanderie*, blanchisserie.

LAY, LÉ, LÉE (*leda*), largeur. *Tant qu'il a en long et en lé. Rooles d'un pied de lé et de deux pieds de long.*

LAYE, LAYETTE (*layetta*), cassette.

— (*leia, lia*), bois. — droit de prendre du bois dans la forêt. *Laier les bois*, les diviser par coupes.

LÉ, LEZ, côté. *Enterré fu de lez son père. Lesli, auprès de lui. Andiu cherauchent lèz à lèz.*

LÉAL (*legalis*), fidèle, loyal.

LÉALTÉ, LÉAULTÉ (*legalitas*), fidélité. *Leaument*, fidèlement, loyalement.

LÉANS, LÉENS, là dedans.

LEASE (*lessa*) (cout. anglo-norm.), concession de terres. *Lessor*, celui qui fait la concession, le seigneur; *lessee*, celui qui la reçoit, le vassal.

LECHEOR, LECHIÈRES, LESCHEUR (*leccator*), luxurieux, débauché.

LECHERIE (*leccacitas*, en anglais *lechery*), luxure, gourmandise.

LEDANGE, LÉDI. V. LAIDANGE, LAIDIT.

LÉGAL, ce qui est conforme à la loi ou établi par elle. *Hypothèque légale. Légalisation*, attestation d'un magistrat qui certifie la vérité des signatures apposées sur un acte. *Légaliser un acte*, c'est en attester l'authenticité pour qu'on y ajoute foi en un autre ressort.

LEGAT (*legatum*), legs. *Légataire*, celui qui est gratifié par testament.

— (*legatus*), ambassadeur du pape.

LÈGE, LEGEMENT. V. LIGE.

LÉGIER, facile. *Légièrement* ou *de légier*, facilement.

LÉGITIMAIRE, personne qui a droit à la légitime — chose qui en fait partie.

LÉGITIMATION, fiction de la loi qui place un enfant naturel au rang des enfants légitimes.

— acte qui confère cette qualité. *Légitimer*, rendre un enfant légitime.

LÉGITIME (subst.), portion indisponible, part donnée aux héritiers par la loi.

— (adj.), ce qui est conforme à la loi.

Enfant légitime, celui qui est né d'une union consacrée par la loi.

LÉGITIMITÉ, état de l'enfant né d'un mariage régulier.

LEGNIER, corvée qui consiste à charrier le bois du seigneur. V. LAIGNE.

LEGS (*legatum*), don fait par testament. *Legs universel*, qui comprend l'universalité des biens du défunt; *à titre universel*, s'il ne comprend qu'une quote-part, ou qu'une quotité déterminée des biens de la succession. *Legs particulier*, qui ne comprend qu'un objet déterminé. *Legs pieux*, fondation religieuse ou charitable.

LEI (*lex*), loi.

— lui, elle.

LEIAST, QU'IL, qu'il fut permis. V. LOISE.

LEN, l'on.

LERRER, laisser. *Je leroye*, je laisserais. V. LAIRREB.

LERRES, LIERRES (*latro*), voleur. *Lérerie*, vol, larcin.

LÉSION, préjudice éprouvé. *Lésion d'outre moitié de juste prix* est le préjudice éprouvé par celui qui a vendu son héritage au-dessous même de la moitié de sa juste valeur.

LES, legs.

— LEZ, auprès.

— côté, ligne, parenté. *Les héritages patrimoniaux retourneront au lez du trépassé.*

LET. V. LAIDANGE.

LETTRES, titres, contrats. *Lettres authentiques. Lettres antidatées.*

— ordres royaux. *Lettres de cachet, de grâce, de justice, lettres d'anoblissement, de naturalité*, etc.

— PATENTES, lettres délivrées ouvertes avec le sceau du roi, pour des actes de la juridiction gracieuse.

— PENDANTS, lettres scellées.

— ROYAUX, lettres obtenues en chancellerie pour se faire relever de la perte d'un procès, causée par quelque faute ou quelque inadvertance. *Enteriner unes lettres royaux.*

LEU, LEUS, LEUC, LIEX, lieu.

LEUD, LEUDE (*laudimium*). Voyez LOD.

— impôts, redevances. *Leudier*, celui qui perçoit le droit. *Leudaire*, le bureau où on le reçoit.

LEUDES, sous la première race, seigneurs attachés à la cour.

LEVANT ET COUCHANT (*levantes et cubantes*), domicilié.

LEVÉE, revenu, fruits. *Leveur*, collecteur.

— impôt, saisie. *Levation de gages*, saisie, hypothèque.

LEVER (*levare*) a des sens fort divers. *Lever un acte*, s'en faire délivrer expédition. — *la main*, prêter serment en justice. — *une opposition*, se désister. — *un corps mort*, faire le procès-verbal de l'état dans lequel on l'a trouvé. — *un tesmoing*, le récuser. — *le cri*, appeler au secours, crier. — *les fruits*, les récolter. — *les scellés*, les ôter. — *de gage*, saisir.

LEVANCE, LIANCE, LIEGECE. V. LIGEANCE.

LEYDE (*leuda*), c'est la tête, l'épaule et le pied droit de la bête fauve qu'on est tenu de présenter au seigneur. (Coutume de Vaud., 1, p. 208.) V. LAUDE.

LÈZE-MAJESTÉ, majesté offensée. Le *crime de lèze-majesté* est un attentat contre les droits du souverain.

LI, le, les, lui.

LIAGE, droit sur les lies du vin.

— engagement.

— LIUAGE, loyer.

LIASSE, paquet de papiers.

LIBELLE (*libellus*). « Autant vaut de-« mande comme libelle, » dit Beaumanoir. — Livres, écrits diffamatoires, satiriques.

LIBELLER, rédiger par écrit. *Adjournement libellé ; opposition libellée ; le libellé de la demande.*

LIBÉRALITÉ, toute espèce de don.

LIBÉRATION, décharge d'une dette, d'une poursuite, d'une servitude ou de quelque autre droit. *Libérer*, décharger, rendre quitte.

LIBERTÉS de l'Eglise gallicane font partie de notre ancien droit français qui s'est maintenu contre les usurpations des papes.

LIBRAIRIE, bibliothèque.

LICE, barrière, champ clos.

LICENCE (*licencia*), permission, liberté.

— degré donné par une faculté, qui suit celui de bachelier et précède celui de docteur.

LICENCIÉ, celui qui a satisfait aux examens de *licence* dans quelque faculté.

LICITATION, vente aux enchères d'un immeuble indivis. *Licitation amiable ou volontaire; licitation forcée.*

LICITE, ce qui est permis par les lois. *Non omne quod licet, honestum est.*

LICITER, vendre par licitation.

LIÉ (*lætus*), content. *Liesse*, joie. *Chiere lie*, figure joyeuse. *Liement*, joyeusement.

LIEN, engagement. *Lier*, obliger, engager.

LIÈVE ou CUEILLERET, extrait du papier terrier constatant la redevance du tenancier, comme la *copy* des Anglais.

LIEUTENANT CIVIL, LIEUTENANT CRIMINEL., sont des officiers qui remplacent le prévôt de Paris dans l'administration de la justice civile ou criminelle.

LIGE (*ligius*), pur, absolu. *Hommage lige, hommage plein*, promesse de servir et d'aider son seigneur envers et contre tous, sans exception ni réserve. *Hommage lige proprement appartient au roy. — Fieftenu enplein lige*, c'est-à-dire à plein hommage. *Seigneur lige*, qui ne reconnaît point de supérieur. *Hommes liges*, vassaux, serfs. — *Preuves liges*, preuves décisives. *Lige estage*, *gardelige*, résidence permanente. *Quitter purement et ligement*, c'est-à-dire sans réserve.

LIGEANCE, dit Rastall, *est une voire et loyale obéissance du sujet due à son souverain.*

LIGESSE, LIGENCE, LIGEITÉ (*ligeitas*), hommage lige.

LIGNAGE, LIGNÉE, LIN, parenté, ligne. *Par ligne, per stirpes. Lignage avalant*, ligne descendante.

LIGNAGER, LINAGER (*lignagerius*), parent du côté dont l'héritage est venu dans la famille. V. RETRAIT.

LIGNIER. V. LAIGNE.

LIMINAIRE, préliminaire.

LIMITER, borner. *Limitation*, modification, restriction.

LIMOGES, OEUVRE DE, émail.

LINCEUL, drap de lit.

LINE (*linea*), ligne.

LINGE, LINGRE, faible, menu.

LIQUIDATION, règlement, fixation, évaluation. *Liquidation de succession, de dépens*, etc. *Liquider*, rendre liquide, faire la liquidation.

LIQUIDE, ce dont la quantité ou la valeur sont exactement déterminées.

LIT, mariage. *Enfant du premier lit.*

— DE JUSTICE, tribunal sur lequel le roi prend place quand il siége au parlement. — Séance extraordinaire du parlement, présidée par le roi.

LITIGE, procès. *Litigieux*, ce qui est sujet à contestation.

LITISPENDANCE, durée du procès. Il y a litispendance depuis que la justice est saisie jusqu'à ce qu'elle ait prononcé.

LITTÉRALE, PREUVE, celle qui résulte d'un écrit.

LIVRAISON, LIVRÉE (*libero*), tradition. Mise en possession. *Livrer*, mettre en possession.

LIVRÉE, LIVRAISONS, LIVROISONS (*liberatio*), présents, gages, salaires.

— DE TERRE (*librata*), terre rendant une livre de revenu. — *Livrer*, arpenter, mesurer.

LOCATAIRE, LOCATIF, LOUAGIER, qui tient à loyer.

LOCATERIE PERPÉTUELLE, emphytéose, bail à rente perpétuelle.

LOCATION, CONDUCTION, bail, louage. Aliénation pour un certain temps et moyennant un certain prix de la jouissance d'une chose.

LODS (*laudes*), VENTES OU HONNEURS, sont les droits payés au seigneur lors de la mutation d'une tenure autre que le fief. V. QUINTS.

LOER. V. LOUER.

LOI, coutume, *la loi d'Amiens*, *loi vilaine*. *Loi simple*, preuve par serment. *Passer par la loi*, *venir à la loi*.

— *Loi apparaissant ou oultrée* (*lex apparens*, *paribilis*, *plenaria*), preuve par le duel dans les coutumes anglo-normandes. — *Loy probable et monstrable*, preuve par jureurs. — *Loi de crédence*, enquête.

LOI, AMENDE DE (*lex major*), c'est l'amende fixée par la coutume, à la différence de l'amende arbitraire qui dépend du juge.

LOI signifie justice dans les coutumes du Nord. *Jours de loi*, *œuvres de loi*, *jugement de loi*. *Villes de loi*, c'est-à-dire siéges de juridiction. Les échevins eux-mêmes se nomment aussi *lois Lois de ville jurée*.

LOIS, SEIGNEURS DE, professeurs, *chevaliers ès lois*, jurisconsultes (*legum domini*).

LOI, ALOI (*liga*), titre des monnaies.

LOIAL, légitime. *Enfant loial, femme loyale, mariage loyal.*

— fidèle. V. LÉAL.

LOIGNES, excuses.

LOISE, LOIST (*licet*), il est permis.

Qui prend à d'autre lieu provende
Loist-il de luy en faire autant ?

LOMBARD, mont-de-piété. — Banquier, prêteur sur gages.

Par quoi scet comment on doit
Chascun jour vivre lono son droit.

LONC, selon.

LORAIN (*lorenum*), courroie, bride. *Lormier*, harnacheur.

LOS, LOEMENT, honneur, renom

— (*laus*), agrément, consentement,

— louange.

LOSANGER (*lusinghar* en ital.), flatter, tromper, jouer quelqu'un.

LOSANGERIE (*losinga*), flatterie, tromperie.

LOSANGIER, LOSANGEUR, perfide, trompeur. *Amours est cruel losangiers.*

LOTHIER, la Lorraine.

LOTS. V. LODS.

— portion d'une chose partagée.

LOTTIR, faire les lots, les parts. *Fief lotizé en partie.* — *Lotties*, les lots, les parts (*lottum*).

LOUAGE. V. LOCATION.

LOUAGIER, locataire.

LOUER (*laudare*), approuver. *Louer le vendaige.*

Et loa qu'il teniat justice
Seur bas et haut, et pauvre et rice.
　　　　　　　(PHIL. MOUSKES.)

Desloer, désapprouver.

— donner à bail.

LOYAL, LOYAUTÉ. V. LOIAL et LÉAL.

LOYAUX COUTS. V. COUSTS.

LOYER, LOUIER, LUIERS (*loertum*), gages, récompense. *Qui mauvais seigneur sert, mauvais loier attend.*

LOYER, prix convenu de la location.

LOZANGER. V. LOSANGER.

LUCRATIF, qui donne du gain, du profit. *Acquérir à titre lucratif,* c'est acquérir une chose sans qu'il en coûte rien, comme par donation, legs, etc.

LUES, aussitôt.

M

MAAING, MAHAING. V. MEHAING.

MACECLIER (*maceclarius*), MAISEL, boucher. *Macelerie, maiseloire,* boucherie.

MACTIERN (*mactiernus*), fils de prince, titre honorifique que les barons portaient autrefois en Bretagne.

MAGISTRAT, officier qui rend la justice ou maintient la police. *Magistrature,* dignité du magistrat, — corps des magistrats.

MAGISTRAT, LE, l'autorité municipale dans les villes libres d'Allemagne.

MAGNIAN, MAGNIEN, chaudronnier.

MAGNIE, MAIHNÉE. V. MESGNIE.

MAGNIER, MASNIER, meunier.

MAIER, MAIEUR (*major*), maire.

MAIHEM OU MAIM. V. MEHAING.

MAILLE (*macula, mailla*), petite monnaie qui valait la moitié d'un denier. *Pauvre qui n'a ni sou ni maille.* — Redevances. *Mailles de tavernes.*

MAIN (*mane*), matin.

Tel rit au main qui le soir pleure.

MAIN (*manus*), puissance, possession. *Avoir en main.* — condition. *Gens de bassemain (mediæ et infirmæ manus homines),* vilains, gens de basse condition. (Ass.) « Chevaliers ne doi- « vent pas être ainsi menés comme « bourgeois ni bourgeois et *gens* « *de bassemain* comme cheva- « liers. »

MAIN DU ROI, MAIN SOUVERAINE, MAIN DE JUSTICE, METTRE EN, c'est séquestrer, ou mettre *in manu* d'un dépositaire au nom du roi ou de la justice. On dit aussi et dans le même sens *main de commissaire, main de créancier, main tierce. Rapporter main pleine,* c'est garnir la main de justice.

MAIN-FORTE, secours prêté à la justice, exécution par force.

MAIN GARNIE, AVOIR LA, c'est avoir la possession de la chose contestée, soit comme possesseur, soit comme séquestre. *Le roi plaide toujours main garnie* (en matière féodale ou domaniale). *Main-garnie* se dit aussi de la saisie-arrêt que peut faire un créancier dont le titre est sous seing privé. *Garnir la main du roi,* c'est nommer un gardien de la saisie.

MAINBOUR (*mainburnus*). MAINBOUR, MAINBURNISSIÈRES, gardien, tuteur. *Mainbournie, meinbourgie (mundiburdium),* garde, tutelle.

MAINBOURNIR, MAINBORNIER, garder, administrer.

MAINDRE (*manere*), demeurer. *Qui maindrait dessus villenage.* — (*minor*), moindre, plus petit.

MAINEMENT (*mainamentum*), habitation, domicile.

MAINFERME (*manufirma*), espèce de censive, bail à cens, ou cotterie. *Fiefs tenus ruralement dans Bouteiller,* c'est-à-dire tout ce qui n'est pas fief, tout héritage roturier. *Rentes héritières de mainferme, terres cotières de mainferme.*

MAINMETTRE (*manumittere*), affranchir. *Mainmis,* affranchi.

MAINMISE, saisie, *main-mise* féodale. *Main assise, mainprise,* c'est la saisie et le séquestre. *Mainlevée,* c'est la cessation de la saisie et du séquestre. *Mettre et asseoir la main du roi sur un héritage,* c'est le saisir et le séquestrer au nom du roi.

MAINMORTE OU MORTEMAIN (*manusmortua*), a un double sens : 1° Biens des gens d'Eglise, communautés, ou collèges. *Héritages de mainmorte, tenir en mainmorte.* 2° La personne et les biens du serf. *Héritages mainmortables, gens de mainmorte, homme de mortemain.*

MAINS (*manum dare*), une des formes de l'hommage féodal. *Ne devoir que la bouche et les mains ; — être fidèle et servir.*

Rou devint hons li rois, et ses mains li
(livra.
(Rou.)

MAINSNÉ, MAISNÉ, puiné, cadet.

MAINTENANCE, MAINTENEMENT, garantie, protection,

Oncques puis n'en eusmes de vous maintenement
Ains nos aves esté en tout temps en nuisement.

MAINTENIR (*manutenere*), c'est attribuer définitivement la possession dans un procès possessoire. *Maintenue*, possession définitive pendant l'instance pétitoire, à la différence de la *récréance* qui n'est que la possession provisoire adjugée à l'une des parties baillant caution.
— défendre, soutenir. *Maintenir fausse une pièce produite.*
— garder en possession.

MAINTENUE, PLEINE MAINTENUE, juste possession. V. MAINTENIR.

MAIRAN, MARRIEN. V. MERREIN.

MAIRE ou MAJEUR (*major*), chef de l'administration et de la juridiction municipale, comme était à Paris le prévôt des marchands.
— Bas-justicier (*villicus*). *Mairie*, basse justice.

MAIS, jamais. *Oncques mais*, jamais plus. *Mais que*, hormis, excepté. *Ne mais*, à moins.

MAISELLE (*maxilla*), joue, mâchoire.

MAISHUI, d'aujourd'hui.

MAISIÈRES (*maceria*), clos. *Longues parois, de quoi vignes ou autres choses sont closes, c'est maizières.*

MAISNETÉ, MAINETÉ, condition du puiné, droit du puiné dans l'héritage.

MAISNIE. V. MESGNIE.

MAISON FORTE, forteresse. *Maison d'arrêt, de force,* prison. — *Maisons de ville, maison de la paix, maison commune,* hôtel de ville, siège de l'administration municipale. *Maison-Dieu,* Hôtel-Dieu, hôpital.

MAISONNER, édifier construire.

Vieillesse acquiert, bastit, maisonne,
Jeunesse du bon temps se denne.

MAISTRE ou MAITRE, titre donné aux avocats, aux procureurs, aux notaires, aux greffiers. *Maistres du parlement,* conseillers.

MAISTRES DES COMPTES, officiers du premier ordre de la chambre des comptes. *Maîtres des requêtes,* rapporteurs au conseil d'État, ou au conseil privé.

MAISTRIE, MAISTRISE (*magisterium*), domination, puissance, science. *Maistrement,* magistralement.

MAISTRIER, MAISTROIER (*magistrare*), dominer, seigneurier, maîtriser.

MAISTRISE, qualité qu'on acquiert quand on est reçu maître dans quelque corps d'industrie, et qui donne le droit d'exercer cette industrie librement et pour son compte. *Il faut être apprentif avant que d'être maître.*

MAJEUR (*major*), maire. *Majeurs des mestiers, des poestés,* chefs des métiers, des poestés.
— celui qui a accompli les années fixées par la loi pour avoir le plein exercice de ses droits civils. *Majeur de vingt-cinq ans, de dix-huit ans,* etc.

MAJEURS (*majores*), ancêtres, prédécesseurs.

MAJORAT, substitution perpétuelle d'un bien en faveur de l'aîné de la famille.

MAJORITÉ, âge auquel on est maitre de ses droits.

MALADRERIE, hôpital, léproserie.

MALAIT, MALADIT, MALÉDICT, maudit.

MALE, mauvais. *Malan,* malheur. *Malebeste,* mauvaise bête. *Malebouche,* calomniateur. *Malencontre,* mauvaise rencontre, malheur. *Malefaçon,* mauvaise façon, faute. *Malefaite,* mauvaise action. *Malemort,* mort tragique. *Malengin,* dol, fraude, tromperie. *Malfeu,* la foudre, la maladie du charbon.

MALEIR, maudire. *Maleiçon, Maudisson,* malédiction.

MALETOTE ou MALETAULTE (*malatolta*), subside extraordinaire. *Malum aut indebitum telonium,* dit Rastall. *Maletotiers, maltoltiers,* ceux qui perçoivent cet impôt.

MALIGNER, tromper, frauder.

MALTALENT, MAUTALENT, déplaisir, mauvaise volonté, méchanceté.

MALVERSATION, concussion, faute grave commise par un officier public dans l'exercice de sa charge.

MANABLE, habitable.

MANAIE (*manus?*), puissance, protection. « Je mets mon corps et « ma vie en vostre manaie. » (Rom. des Sept Sages.)

MANANDIE (Duc. sub. V° *massaricia*), richesse. *Manant*, riche.

Gentil fu de parage, et d'avoir fu manans.

— demeure, habitation.

MANANTS (*manentes*), habitants.

— vilains, roturiers.

MANBOUR, MANBOURNIE. **V. MAIN-BOUR.**

MANCUSE (*mancœ*), monnaie valant un marc d'argent.

MAND, mandement, commandement.

MANDAT, contrat par lequel une personne se charge de faire quelque chose pour et au nom d'une autre personne; celle-ci s'appelle *mandant*, celle-là *mandataire*.

— ordonnance du juge. *Mandat d'amener.*

MANDE, MENDE, demande.

MANDÉ (*mandatum*), c'est le lavement de pieds qui se fait au soir du jeudi saint, ou *jeudi absolut.*

MANDER (*mandare*), envoyer, ordonner, faire venir.

MANDEMENT, ordre.

— juridiction, territoire dans les coutumes du Dauphiné.

MANDERIE, charge, office de mandataire.

MANDEUR, huissier, sergent, envoyé.

MANÈCHE, MANECHER, menaces, menacer.

MANÉE (*manata*), une poignée.

MANGEURS, GARDES ET (*comestores*). GARDEMANEURS, garnisaires.

MANIANCE, mandement, administration.

MANICLES, manches, menottes.

MANOEUVRES, MANEUVRES (*manopera*), corvées. — Travaux.

MANOIR, MANERS (*manerium*), demeure, habitation. Communément, c'est *l'hôtel noble*, la maison où demeure le seigneur du fief.

— (verbe), demeurer.

MANSE, MANSION, MENÇION (*mansio*),

maison. *Mansionnier, maisonnier*, est un tenancier.

MANTE, MANTEL (*manta*), manteau.

MANUEL, de la main à la main, *don manuel.*

MANUMIS, affranchi.

MANUTENTION, maintien, conservation du bon ordre.

— administration, maniement.

MARANCE (*marancia*, de *mœrere*), affliction.

— Amende, punition.

MARASTRE, belle-mère.

MARAUDAGE, vol des fruits de la terre. *Maraud*, pillard.

MARBOTIN, MORABATIN (*marabotinus*), monnaie d'Espagne, maravédis.

MARC D'OR est un droit qui se levait sur tous les offices de France à chaque changement de titulaire.

MARC LE FRANC, quote-part proportionnelle attribuée à chaque créancier, lorsque les fonds sont insuffisants pour payer la dette intégralement.

MARÇAISCHE. V. MARS.

MARCHAGE, DROIT DE (*marchagium*), société établie entre des communautés limitrophes pour faire marcher et paître les bestiaux sur le territoire des deux pays.

MARCHAND, LOIAL ET (*marchabilis*), régulier, légitime.

MARCHANDISE, MARCHÉANDIE (*mercandisa*), commerce.

MARCHE (*marcha*), limite, frontières, d'où *marquis* ou *seigneur marcher* (en anglais, *lords marchers*.) *Marches communes*, paroisses frontières qui séparent deux provinces, et sont soumises à la juridiction de l'un et l'autre de ces pays.

MARCHÉ, MARCHIÉ, halle, lieu public où l'on vend les denrées.

— prix et condition d'une vente ou d'un ouvrage quelconque. *Marchés à aghais*, marchés faits à terme et de paiement et de livraison.

— contrat. *Il n'y a au marché que ce qu'on y met.*

MARCHER, MARCHIR, MARCIR, MARCHISER (*marchisani*), borner, confiner, toucher à. *Marchissans*, joignant à, voisins; *les marchisans des héritages.*

MARCHER, marquer.

MARCHETTE (*marcheta*), droit du seigneur.—Droit payé au seigneur pour le mariage de la fille du serf.

MARCIAGE, MARCIER, droit seigneurial en cas de mutation (*marciagium*).

— corvées.

MARÉCHAUSSÉE, gendarmerie.

MAREGLIER, MARGLIER (*marcaclarius*), marguillier, celui qui administre les revenus de la fabrique.

MARESCHERIE, MARESCHIÈRE, MARESQ (*marescheius*), marais.

MARIAGE, union de l'homme et de la femme.

— (*Maritagium*), dot de la femme. Donner en mariage. Bref de mariage encombré. Mariage divis. Mariage avenant. Mariage à mortgage, immeuble donné en dot pour, par les enfants, en jouir et percevoir les fruits jusqu'à ce que les parents l'aient racheté.

— douaire.

— rachat dû par le mari pour les fiefs de sa femme.

— (*auxilium*), droit exigé par le seigneur lors du mariage de sa fille.

MARIAGE, DEVOIR LE — SERVICE DE (*maritagii servitium*), c'est l'obligation de se marier dans un délai donné, obligation imposée par la loi féodale à la veuve ou à la fille qui possèdent des fiefs, pour qu'il y ait un vassal capable de desservir la tenure.

MARIAGES RÉCHAUFFÉS (*maritagia recalefacta*), secondes noces, noces réchauffées.

MARLE (*marla*), marne. Marler, marner.

MARLIER (*marrelarius*), marguillier. Marlage, droit payé au marguillier.

MARLIÈRES, marnières.

MARMENTEAU (*materiamen*), bois de haute futaie.

MARONNIER, marinier.

MARQUE, DROIT DE (*marcæ*), droit de représailles. Lettres de marque, lettres du prince qui autorisent à courir sus, et à saisir la personne et les biens des ennemis.

MARRE (*marra*), bêche, hoyau. Marre de vigneron. Vignes mar-

rées. Prise de marres, saisie des instruments de culture.

MARREIN (*marimentum*), MARRIONAGE. V. MERREIN.

MARREMENT, MARRIMENT (*marritio*), douleur, déplaisir. Marrison, fâcherie. Marrir (marrire), s'affliger.

MARRONAGE OU PESSELAGE, droit de prendre dans une forêt du marrein ou bois de construction.

MARS, MARSAGE, MARSÈCHE, MARSOIS (*marseschia*), blés de mars, grains qu'on sème en mars ; grains marsois ou bleds trémois

MARSOLLIER (*macellarius*), boucher.

MAS (*masa*), MASURE (*mansura*), maison, tènement vilain.

— tenure en commun en Normandie, comme la Frateresche en Anjou et la Pagésie en Bourbonnais.

MASNAGE (*managium*), manoir.

MASONAGE, cens dû par le masonier ou censitaire qui occupe l'habitation.

MASQUE (*masca*), sorcière.

MASSE, réunion de plusieurs sommes, de plusieurs choses formant un tout. La masse de la succession, de la faillite, c'est tout ce qui compose la succession, la faillite. Masse active, valeurs et créances. Masse passive, dettes.

MASUIER (*mansionarius*), économe, procureur d'un couvent.

MASURIER, tenancier d'une masure. Masurage, cens que paie le masurier.

MAT, triste, abattu, mélancolique Chière mate, visage morne et affligé. Mater (en espagnol, matar, tuer), vaincre, abattre.

MATIÈRES, affaires, procès. Matières civiles, matières criminelles. Les matières sommaires sont les causes qui, d'après leur nature ou la médiocrité de leur objet, doivent être instruites plus simplement et jugées plus promptement que les autres.

MATRICULE (*matricula*), registre, catalogue. Tableau des avocats.

MATRIMONIAL, qui appartient au mariage. Conventions matrimoniales.

MATRONE, sage-femme.

MAU, mal. Mauvais mau, mal caduc, épilepsie. Mauffacterre,

malfaiteur. *Mauparler*, mal parler. *Mauclerc*, mauvais clerc, ignorant. *Maugain*, mauvais gain.

MAUDAILLER, léser, mal administrer.

MAUFES, LI, le mauvais, le diable.

MAUGRÉ, malgré.

MAUMIS, mis à mal, gâté. *Maumettre son vœu*, manquer à son vœu.

MAUTALENT. V. MALTALENT.

MAUTÉ, MAUVAISTIÉ, malice, méchanceté.

MAUTOLUE, chose enlevée ou prise contre droit. V. MALETOTE.

MEASMER, MÉSAESMER, mésestimer.

MEAUS, mieux.

MÉCANIQUE (en anglais, *mechanic*), artisan, ouvrier.

MÉCHAING. V. MÉHAIN.

MÉCHANCE, MECHEF, MESCHIEF, mauvaise chance, accident.

MÉCHEOIR, avoir du malheur, décheoir.

MECTES. V. METES.

MÉE, même, semblable. *La forfaiture n'est pas d'une mée nature.*

MÉENER, moyenner, se faire médiateur.

MEFFAIRE (*meffacere*), mal faire, se rendre coupable. *Meffait*, délit, peine, amende encourue.

MÉGE ou MIÉGE (*medicus*), médecin. *Méger, meigier*, soigner. *Et celui qui fut seignor du serf est tenus de faire méger celui qui est naffré.* (Ass.)

MEGNÉE. V. MESGNIE.

MEHAIGNER, MEHAIMER, MEHAINGNIER, MAHAIMER, blesser, rendre malade.

MEHAING (*mahamium, mehemium*), blessure, mutilation, maladie.

MEILLEX, MELLIER. V. MERLÉE.

MEINDRE. V. MENDRE.

— MEINER (*manere*), demeurer.

MEINS (*minus*), moins.

— MAINTS, plusieurs, beaucoup.

MÉITÉ, MEIÉTÉ, moitié.

MEIX, MEX (*mansus*), tenure vilaine, héritage mainmortable, closerie, metairie.

MÉLIORATIONS, dépenses d'amélioration.

MELTE, MÉTE (*meta*), borne, limite, juridiction, territoire.

MEMBRER, se souvenir. *Membrance*, souvenance.

MEMBRES D'UNE CHASTELLERIE, démembrements, parties d'une sei-

gneurie. *Tenir par membre*, posséder à titre du partage.

MÉMOIRE, factum, écrit contenant les faits et circonstances d'un procès.

— Détail par article des frais et des fournitures dont on réclame le paiement.

— *Ménage des champs* (*managium*), métairie. *Ménager*, métayer.

MENANS. V. MANANS.

MENCAULDÉE (*mencaldata*), mesure de terre.

MENDRE D'ANS, MENRE D'AGE, MENEUR (*minor*), mineur. V. MERME.

MENÉE (*minatio*), semonce faite au vassal d'aider son seigneur en justice ou en guerre. *Menée de fief*, assemblée du jury féodal. *Plaids de la menée.* — Assemblée. *Menées illicites.*

MENER, régir, gouverner. *Mener par court*, faire droit, rendre justice.

MENESTRAL, MÉNESTRAU (*ministerialis*), ouvrier, serviteur.

MENSE (*mensa*), la portion du patrimoine de l'église qui sert à l'entretien de la communauté.

MENSE ABBATIALE. V. TABLE.

MENU, petit, mineur. V. MINCE. *Menu vair.* V. VAIR. *Frères menus* (*menudila*), frères mineurs.

MENUERIE (*minutia*), bijouterie.

MERCS, MERE (*marcha*), marques, bornes, limites. *Mercs de justice, de chastel, de gibier. Mercher*, marquer.

MERCURIALES, réunions disciplinaires du parlement qui, suivant l'ordonnance de Louis XII de l'an 1499, art. 27, devaient se tenir de trois mois en trois mois, le mercredi après dîner.

— Discours prononcés à cette occasion par les procureurs et avocats généraux.

— Relevé des ventes de denrées dans les marchés pour en constater le prix moyen.

MERIN (*majorinus*; en espagnol *merino*), sergent, maire.

MERIR (*merere, remerire*), bien mériter, reconnaître un bienfait, récompenser. *Dieu le vous sçaura bien mérir. Meriz*, récompense.

MERLÉE, MESLÉE (*mesleia, t.*), querelle. *Merlif, meslis, meslier, mesliu, mellieus*, querelleur.

MERME, MERMIAU, MERME D'AGE (*mi-noritas*), moindre, mineur.

MERREIN, MERRIEN, MARISME (*materiamen*), bois de construction, de charpente, matériaux. *Gros merrain.*

>Merriens attraire, et fust porter,
>Chevilles faire, et bois doler.

MES. V. MAIS.
— mon. *Mes baton*, mon marl.
— (*Missus*), messager.

MES, en composition signifie mal. *Mesacensier*, mal affermer. *Mesesmer*, mésestimer. *Mesaise*, malaise. *Mesdit*, calomnie. *Mesestance*, mauvaise situation. *Mezlaier*, mal faire une *laisse* ou location. *Mesoir*, mal entendre.

MESCHÉANCE, MESCHIEF, méchanceté, mal. *Faire meschief sur meschief.*
— Accident, catastrophe.

MESCHÉER, MESCHEVER, MESCHEIR, MESCHIVER, échouer, venir à mal.

MESCHINE (*meschinus*); ital. *meschina*), jeune fille, servante. On trouve aussi *meschin*, jeune homme.

MESCLE (*mescalia*), mélange d'orge, de froment et d'avoine.

MESCRÉANT, hérétique, infidèle.

MESCROIRE, soupçonner, douter. *Mescréance* (*mescredentia*), soupçon.

MESEAU, MESEL, MESIAX (*mazellus*), ladre, lépreux, et par extension corrompu, impur. *Mozellerie* (*mesclaria*), léproserie. — (*Misellaria*), lèpre.

MESGNIE, MESNIE, MEHNÉE (*maisnada*), famille, maison, compagnie, suite.

>La mesnie à maistre Michaut,
>Tant plus a l a, et moins vaut.

« Li nom de mesnie (*familia*) contient
« les sers et tos cex qui servent, quique ils
« soient, ou franc home, ou autre serf,
« qui servent par bone foi. »
(Livre de Justice et de plet.)

MESIÈRE. V. MAISIÈRE.
MESLIS. V. MESLÉE.
MESMARIAGE, formariage.
MESNIL (*mansionile*), maison, habitation.

>La bonne forme du mesnil
>A ouvert l'uis de son courtil.

MESPRENDRE (*mesprisiare*), méconnaître, forfaire, *Méprendre de sa foi*, manquer à sa foi. *Personnes mesprenans sciemment en leurs offices.*

MESPRENTURE, MESPRESURE, MESPRISON, faute, crime, erreur, mépris.

MESSAGE, MESSAGERS, sergent, huissier. (Le *frohnbote* allemand.)
— Procureur.
— (*Messagium*), redevance payée par le messier.

MESSELIER, MESSIER, MESSILIER (*messarius*), garde des récoltes. *Messerie*, office de messier.

MESSIONS, MANSIONS, MENCIONS, MISSIONS (*messio, missio*), redevances, frais, dépenses. *Faire messions pour autrui; servir à ses propres messions.* V. MOISONS.

MESSUAGE (*mesuagium*), manoir.

MESTIER (*ministerium*; ital. *mestiere*), besoin. *Mestiers est, il faut.*

MESTIVER, moissonner. *Mestive* (*mestiva*), moisson. — Redevance en blé. *Mestiviers*, moissonneurs.

MESTROYER. V. MAISTROIER.

MESTUET pour M'ESTUET, il me convient. *M'estut*, il me fallut.

>Mestuet soeir à bouche mue.

MESUS, MESUSANCE, abus, mauvais usage, dégradation. *Mesuser*, user mal.

MÉTAYER, MOITOIER, MOITESSIER (*medietarius*), colon partiaire, fermier à moitié fruits. *Métairie*, habitation, possession du métayer.

METEIL, METAIL (*mixtum, mestallum*), mixture de froment et de seigle.

METES, bornes (*mota*). V. METTE.

METTRE (*mittere*), employer, dépenser; — *en dit*, enchérir; — *en bannie*, défendre, ordonner par un édit; — *en uy* ou *en ne*, nier, s'inscrire en faux; — *a néant*, anéantir, abolir; — *en sa main*, saisir; — *en voir*, prouver, mettre en preuve; — *jour*, assigner jour certain; — *peine*, prendre de la peine; — *sus*, charger, reprocher; — *sur le dict de quelqu'un*, compromettre, faire un compromis.

MEUBLES, MOBLES (*mobile*), tout ce qui se meut, tout ce qui ne tient pas au sol. *Moublier*, mobilier.

MEURETÉ, MEURISON, maturité.

MEUTE (ital. *mota*), émeute, entreprise militaire.

MÉVENTE, mauvaise vente.

MEZEL. V. MESEAU.

MIDVENIER, moitié des deniers de la communauté employés pour améliorer l'héritage d'un des conjoints.

MIDOUAIRE, pension adjugée à la femme séparée, ou dont le mari est absent, et qui est communément de la moitié du douaire.

MIE (*mica*, esp. *miga*), point, pas.

MIÉGE. V. MÉGE.

MIERT (*mihi erit*), me sera.

MILODS, demi-lods; c'est un droit de mutation par décès, qui est ordinairement la moitié de ce qui se paie lorsque la mutation résulte d'une vente.

MINAGE, MINIAGE, MUTAGE (*minagium*), mesure de blé, droit de mesurage. *Tenir à minage*, c'est être fermier moyennant tant de mesures de blé.—*Minage de vin*, conduite de vins.

MINCE, MISU, MENU, aveu, dénombrement, *déclaration par le menu*. *Minuter*, écrire par le menu.

MINE, mesure de blé.

— mesure de terre valant un demi-arpent.

— jeu de dés.

MINEUR, celui qui n'a pas encore accompli l'âge fixé par la loi pour être majeur.

MINISTÈRE PUBLIC, magistrats qui représentent la société devant la justice et surveillent l'application des lois. C'est ce que nous nommons aujourd'hui le *parquet*, les procureurs et avocats généraux, et procureurs du roi.

MINORAGE, MINORITÉ, âge, condition du mineur. *Excuse de minorité.*

MINU. V. MINCE.

MINUTE, original du jugement ou de l'acte, à la différence de la grosse ou copie.

MINUTER, écrire la minute, — écrire en petits caractères.

MIPARTIR, partager, diviser par moitié.

MIRE, MYRE, médecin, chirurgien. *Qui est blecé sy voise au mire.*

MIROIR DE FIEF, c'est la branche aînée que les seigneurs *mirent* ou considèrent seule pour régler les devoirs du fief.

MIROIR DE SOUABE, DE SAXE, coutumiers allemands du XIIIᵉ siècle.

MIS, dépôt au greffe.

MISE (*misa*, *mesa*), arbitrage, compromis. *Miscurs*, arbitres. *Procureur ne peut faire paix ni mise. Soi mettre en mise.*

— (*missio*), dépenses. *Pro misis et custagiis. Mise en fait de compte.*

— EN CAUSE, appel d'une personne dans un procès.

— EN DEMEURE, interpellation faite au débiteur de remplir son obligation. — Constatation de son refus de satisfaire.

— DE FAIT, MISE EN POSSESSION, envoi en possession.

MISEN, faire sa mise, s'associer, contribuer.

MISPRISION (*misprisio*), forfaiture, négligence grave, mépris. V. MESPRENDRE.

MISSIONS. V. MESSIONS.

MITAN, milieu. *Mité*, moitié. *Mitanier*, fermier à moitié.

MITOYENNETÉ, MITOYERIE, propriété commune d'un mur séparatif de deux héritages. *Mur mitoyen*, mur qui appartient aux deux propriétaires voisins.

MOBILIAIRE, MOBILIER, tout ce qui est réputé meuble par la loi, — tout ce qui concerne les meubles.

MOBILISATION ou AMEUBLISSEMENT, c'est la qualité de meuble conférée par fiction à certains immeubles qu'on veut faire entrer dans une communauté de biens.

MOBLE, MOEBLE, meuble.

MODIFICATIONS, changements, adoucissements, restrictions, apportés à un contrat, à une loi, etc.

MOHATRA, contrat usuraire par lequel on vend très-cher à crédit ce qu'on rachète à vil prix au comptant.

MOIE, mienne. *La raison en est moie et non vostre.*

MOILLIER (*mulier*), femme.

MOISONS (*moisso*), loyers, revenus. *Moison de grains*, fermage payable en nature. *Moisonier*, fermier. *Moison* (*moiso*), signifie aussi mesure, jauge. *Des moisons que les futailles doivent tenir.* (Ord. de la Ville.) V. MESSIONS.

MOITOIRIE. V. MITOYENNETÉ.

MOLAGE, mouture. *Grain molable*, grain qui doit être moulu au moulin seigneurial.

MOLE, meule. *Moire*, moudre.

MOLLEQUINIER, tisserand.

MOLLER, MOLLIER, MOULIIE (*mulier*), femme, épouse.

MOLUES, ARMES, armes aiguisées sur la meule, fer tranchant.

MOMON, de *Momus*, mascarade. *Mommer*, se déguiser.

MON, MONS, donc, pour lors.

MONITOIRE, mandement de l'official adressé à un curé pour avertir les fidèles de venir à révélation sur les faits y mentionnés, à peine d'excommunication.

MONNÉAGE (*monetagium*), droit payé au seigneur pour qu'il n'altère pas les monnaies.

MONOPOLE, assemblée factieuse. — privilège d'un marchand d'être seul à vendre une denrée.

MONS, pour Monseigneur; *Mons l'Evêque* dans les lettres du Roi aux prélats.

MONSTIER, MOUSTIER (*monasterium*), monastère, église.

MONSTRE (*monstrum*), revue. Exhibition. — intérêts. V. MONTE. — Échantillon.

MONSTRÉE, MONSTRANCE (*monstra*), c'est une descente sur les lieux, lors de laquelle l'un des plaideurs désigne sur place l'objet du litige; *L'ordonnance de 1667 a abrogé l'usage des vues et montrées*; quelquefois aussi c'est l'aveu du vassal désignant au seigneur l'étendue de la tenue (*ostensio*).

MONTANCE, valeur, estimation. *Monter*, valoir, — enchérir.

MONTE (*montare*), intérêts. *Monts de monts*, intérêts des intérêts. — enchère.

MORATOIRES, INTÉRÊTS, ceux qui ne courent que par l'effet d'une mise en demeure ou d'une demande en justice. — LETTRES, lettres de surséance ou de répit.

MOREL, MORON (esp. *moreno*), brun, noir.

MORRE (*molere*), moudre, *morront*, ils moudront.

MORS (*mores*), mœurs, usages. — (*morsus*), mordu. — (*mors*), mort. *Mors namps.* V. MORT GAGE.

MORT BOIS. V. BOIS MORT.

MORT CIVILE, perte des droits civils.

MORTAILLE (*mortalia*), droit du seigneur de s'emparer de la succession du serf décédé sans parents vivant en commun avec lui. *Mortaillables*, serfs, hommes de mainmorte. — *Mortaille*, mortuaille, se prend aussi pour obsèques, funérailles. *Banquet de mortuaille ou de mortuaire.* (Nicod.)

MORTEMAIN. V. MAINMORTE.

MORT GAGE (*mortuum vadium*), antichrèse. V. GAGE.

MORTIER, bonnet que portent les présidents du parlement.

MORTUAGE (*mortuarium*), droit que prétendaient les curés sur la succession de leurs paroissiens. Rastall. V° *mortuary*.

MORTUAIRE, acte de décès.

MOSCHETTES, MOUCHETTES, abeilles.

MOSTRE. V. MONSTRÉE.

MOTE (*mota*), manoir, habitation. *Mote seigneuriale.*

MOTE FERME est le terrain que la rivière n'a pas couvert.

MOTIR (*motitio*), déclarer, désigner quelque chose en jugement, *Motir le jour, le terme, la querelle, la dette, le lieu*, d'où *motif*, raison, cause. *Cour motie*, tribunal désigné.

MOTOIRIE (*medietaria*), moitié. *Blé moitangé*, méteil. — Métairie. — Mitoyenneté.

MOUILLÉ (*mulier*), femme.

MOULT (*multum*), beaucoup.

MOULTE (*molta*), MOULANGE, MOULURE, MOUTURE, la quantité de blé que le meunier a le droit de retenir pour son travail.

MOULU. V. MOLU.

MOUNIER, MONIER, MOSNIER, MOULÉ, meunier.

MOUSTOILE, MOUSTÈLE (*mustela*), belette.

MOUVANCE DU FIEF, dépendance du fief. *Mouvant*, dépendant.

MOUVIMENS (*movimentum*), motifs.

MOUVOIR UN PROCÈS, l'intenter.

MOYEN, milieu, intermédiaire. *Ressortir au parlement nuement et sans moyen; moyen justicier.*

MOYENNER, traiter, transiger, préparer, accorder. *Moyenneur*, pacificateur, médiateur, intermédiaire.

MOYENS, raisons, motifs par lesquels on établit sa demande ou sa défense. *Moyens de nullité, de faux.*

MUABLÈCE, MUABLETÉ, inconstance.

MUANCE, MUAGE, MUESON (*mutagium*), changement. *Muance de tenancier*, droit de relief ou rachat. V. PLAIT. — Droit sur les marchandises.

MUARDIE, MUSARDIE (*musardus*), paresse, stupidité.

MUCER, MUCHIER, MUSSER (*amicire*), cacher.

MUER, changer.

MUETTE (*mota*), émeute, sédition, mouvement.

MULE, MULLON (*mullio*), meule de foin.

MULERIE, ENGENDRÉ EN (*mulieratus*), enfant légitime, à la différence de celui qui est engendré en bâtardise.

MUMIE (*mumia*), momie.

MURDRE (*murdrum*; angl. *murder*), meurtre, homicide commis volontairement.

MUS (*mutus*), muet. *Mue*, muette. *Bestes mues*, bêtes sauvages.

MUSART (*musardus*), fainéant, mauvais sujet. *Musage*, retardement.

MUSNIER, meunier. *Aucun ne sera musnier et boulanger ensemble*. (Ord. de la Ville 1, 18.)

MUSSER. V. MUCER.

MUTATION, changement de propriétaire. *Mutation de fief. Mutation par décès*, *par donation*; — droits payés à cette occasion.

MUTUEL, ce qui est réciproque entre deux personnes. *Testament mutuel*, *don mutuel*.

MYSTIQUE, TESTAMENT, celui que le testateur signe et présente clos et cacheté au notaire pour qu'il le garde en dépôt.

N

NACION, naissance, extraction.

NAFRER. V. NAVRER.

NAGIER, NAIVIER, naviguer. *Nager à vent, à voile*.

NAIF, NAIS, NAYTE (*nativus*), serf d'origine. *Nayte d'estrasion*. (Assises.) — *Naiverie*, servitude de naissance.

NAISAGE, droit de faire rouir le chanvre; — droit perçu sur le rouissage.

NAISSANT. *Héritage propre et naissant*, c'est le propre, le bien venu par succession. *Naissant roturier*.

NAM, NAMPS, NAMS, NANS, NANTS (*namium*), gages. *Vifs namps et mort namps* sont le bétail et les meubles pris par exécution. *Nans mangeans*, garnisaires. *Obligation par namps*, consignation.

NAMPTISSEMENT. NANTISSEMENT (*nantissamentum*), gage, sûreté, caution. — C'est aussi une manière de constituer hypothèque dans quelques provinces appelées *pays*, *ou coutumes de nantissement*. Dans ces pays l'hypothèque n'est acquise que par *devest* du vendeur et *nantissement* ou saisine de l'acquéreur.

NANTIR (*nampmiare*), assurer par gages ou *nants*, consigner. *Nantir et emplir la main de la cour*, nantir le cens, la rente, nantir en deniers ou meubles.

— Se faire inscrire dans un registre public pour avoir hypothèque sur les biens du débiteur.

— saisir.

NASCENS, croit des animaux. *Dîme des nascens*.

NATURALISER, donner à un étranger tous les droits d'un Français. *Lettres de naturalisation*, acte qui confère à un étranger la qualité de Français. *Déclaration de naturalité*, lettres qui constatent qu'un Français n'a point perdu sa qualité de citoyen.

NAU, NAUÉ, NAUF, NOE, NOUE (*navis*), vaisseau, barque.

NAU, noël.

NAUFRAGE (*naufragium*), DROIT DE BRIS ET, droit du seigneur sur les biens naufragés.

NAULISER (*naulizare*), fréter un navire.

NAVIE (*navilium*), flotte, barque.

NAVIER, naviguer.

NAVRER, blesser. *Navrure*, blessure. *Navreur, navré*.

NAYTE. V. NAIF.

NE. V. NI.

NÉANT, NÉENT, NIANT, NOAN, NOIANT, rien. *Procès de néant tournent souvent à grande conséquence* — *Mettre l'appellation au néant*, c'est confirmer le jugement de première instance. *Mettre nihil* ou *néant*, c'est rejeter certains articles d'un compte. *Mettre néant au bas d'une requête*, refuser d'y répondre.

NÉCESSITÉ JURÉE (*necessitas*), besoin de vendre son patrimoine attesté par serment pour avoir le droit d'aliéner son bien sans le consentement de l'héritier. (Duc. v° *Paupertatem jurare*.)

NECHEDANT, NEPOURQUANT, néanmoins, cependant.

NÉER, NÉGER (*negare*), nier, refuser. *Nul ne doit néger plégerie.* (Ass.)

NEIF. V. NOIF.

NEIS, NEIX, NES, NIIÉ (*nitidus*), net, blanc.

NEL, NELE, ni lui, ni elle. *Nes*, ni les.

NEMAIS, NEMÉS, NEMI, excepté, sinon. « Avocas doit jurer que il ne sous-« tendra a son essient nemès que « de bonne querelle et loyàle. » (BEAUM.)

NEPOURQUANT. V. NECHEDANT.

NEPS, NIÉPS, NIÉS, NEVOUS (*nepos*), neveu, petit-fils. *Niepce*, nièce.

NEQUANT, NEQUE, NEQUEN, NÉTANT (*neque*), non plus que.

NES, ne les. *Nes même*, pas même.

NEUFME (*nonagium*), droit du neuvième, espèce de *mortuage* que les curés prétendaient sur les biens de leurs paroissiens trépassés.

NI, NIANCE, NIANCHE (*negatio*), déni. *Mettre en ni*, dénier.

NICE, NICHE (en espagnol, *necio*), simple. *Promesse nice*, simple promesse, faite sans sûreté, sans gages.

NICEMENT, simplement. *Cesser nicement.*

NICETÉ (*niceptitas*), simplicité.

NIEF. V. NAIF.

NIENS, NIENT. V. NÉANT.

NIERE (*non erat*), n'était pas.

NIERT (*non erit*), ne sera pas.

NIÉS, NIEPS. V. NEPS.

NIHIL. V. NÉANT.

NIS, même.

NISI, OBLIGATION DE, (*nisi, Clausula de*), engagement par lequel on se soumettait à l'excommunication en cas d'inexécution.

NOBILIAIRE, registre où sont in-scrites toutes les maisons nobles d'une province.

NOBILITÉ (*nobilitas*), noblesse.

NOBLE A LA ROSE (*nobile*), monnaie anglaise.

NOBLESSES (*regalia*), droits royaux, prérogatives royales. — Privilèges, *Les noblesses et coutumes de la mer* (*nobilitates*).

— dons, largesses.

NOC, NOGUIÈRE, NOCHÈRE (*noccus*), gouttière, plomb. *Tenure de noc, sor mur communs ne vault riens.* (Anc. cout. de Reims.)

NOÇAGES (*fercula*), droits exigés à raison des mariages. — Droit d'assister au repas nuptial.

NOECES, noces. *Don de noeces.*

NOEF, neuf.

NOIANT, NOIENZ. V. NÉANT.

NOIER (*negare*), nier.

> Or te veuil si à moi loier (lier)
> Que tu ne me puisse noyer
> Ne promesse, ne convenans.
> (R. de la Rose.)

NOIF, NOIS (*nix*), neige.

> Rose sur raim, ne noif sur branche
> N'est si vermeille, ne si blanche.
> (R. de la Rose.)

NOISE (*noscia*), querelle, bruit. *Noiser*, quereller. *Noisant*, querelleur.

NOMBRÉE, NOMMÉE (*nominatio*), aveu et dénombrement.

NOMBRER, compter. *Exception de pécune non nombrée* (exceptio non numeratæ pecuniæ).

NOMINATAIRE, celui qui est nommé à un bénéfice. *Nominateur*, celui qui nomme.

NON, FAIRE PREUVE DE, prouver l'impossibilité du fait imputé. *Se-non*, sinon.

> À venimeux et a félon
> Ne doit-on faire se mal non.

NONAGE, minorité. *Non aagé*, mineur.

NONCER, NONCHIER, NONTIER (*nunciare*), annoncer, dénoncer. *Nonciation*, dénonciation.

NON CHALOIR, ne pas se soucier de quelque chose, rester indifférent, nonchalant.

NON CONTRESTANT, nonobstant, malgré.

NONE (*nona*), la neuvième heure du jour, trois heures après midi.

— NONAGE (*nonagium*), neuvième denier, dîme.

NONNERIE (angl. *nunnery*), couvent de religieuses ou nonnes.

NONPER, non pareil, sans pareil.

NON PORTANT, NON POURTANT, cependant, néanmoins.

NON PRIX, bas prix.

NON SACHANCE, ignorance.

NON-VALEUR, valeur perdue, recette manquée.

NORE (*nora*), bru, belle-fille.

NORRETURE, NORRICE, NORIN, bétail qu'on nourrit. *Faire norrin*, élever des bestiaux. *Norrequier, nuyriguier* (*norriguerius*), nourrisseur.

— éducation.

NOTAIRE OU GARDE-NOTE (*notarius*), officier public qui passe et reçoit les actes, leur confère l'authenticité, en conserve le dépôt, en délivre des grosses ou expéditions. *Notaire instrumentaire* ou *en premier*, celui qui reçoit l'acte par opposition au notaire *en second* qui ne fait que le signer. *Notaire certificateur*, celui qui est commissionné pour délivrer des certificats de vie. *Notaires royaux, seigneuriaux*, notaire du roi, des seigneurs. *Notaires apostoliques*, notaires des évêques exerçant en matière bénéficiale.

— secrétaire.

NOTE (*nota*), musique. *Messe sans note*.

NOTES, NOTULE (*rota*), des notaires, sont leurs minutes.

NOTIFICATION (*notificatio*), signification d'un acte, déclaration. *Notification de la vente d'un fief, d'une saisie féodale*.

NOTORIE (*notaria*); office de notaire.

NOTORIÉTÉ, NOTICE (*notitia*), se dit des faits qui sont publics et connus de tous. *Acte de notoriété*, attestation d'un fait connu, reçue par un officier public. *Notoirement*, publiquement.

NOUER, nager. *A nou*, à la nage.

NOURRISSEMENT (*nutritio*), éducation. *Nourris* (*nutriti*), famille.

Tint grand feste et grand court, mout y ont de déduits.

Moult y ont des estranges, et mout de ses norriz.

NOURRITURE. V. NORRETURE.

NOUVELLE ŒUVRE, travaux entrepris sur un héritage, et qui changent les rapports de cet héritage avec les héritages voisins. V. DÉNONCIATION DE NOUVEL ŒUVRE.

NOUVELLETÉ (*novitas*), innovation, trouble dans la possession. *Cas ou matière de nouvelleté*. *Complainte en cas de saisine et nouvelleté*, c'est la complainte possessoire intentée pour cause de nouveau trouble. *Oster la nouvelleté, trouble et empeschement mis en la chose*. (Nicod.)

NOVATION (*novatio*), changement d'une obligation en une obligation nouvelle; *Veteris obligationis in novam translatio et confusio*.

NOVE, NOUE, NOE, NOVALES, NOVALIE (*noa, novale*), terres nouvellement défrichées et mises en culture.

NU À NU, NUÉMENT, EN NUESSE ou NUEPCE, TÉNIR, tenir sans moyen. *La nuesse du seigneur foncier*, c'est le territoire et les juridictions tenues de lui sans moyen.

NUE PROPRIÉTÉ, la propriété séparée de l'usufruit.

NUEF, NUEVISME, neuf, neuvième.

NUISANCE, NUSANCE (*nocumentum*), préjudice, dommage.

NUITÉE, nuit, service de nuit.

NUITS, ATTENDRE LES (*nox*). Quelques anciennes coutumes comptent les délais par nuits au lieu de les compter par jour. V. ADNUISTER.

NULLE FOIS, jamais. *Nulle riens, nulle chose. Nullui, nului, nuls, nuns, nuz, nûls*, aucuns, personne. *Nuns nés*, nul homme vivant.

NULLITÉ, vice d'un acte qui l'empêche de produire son effet.

NUN, nul, personne.

NUNCUPATIF (*nuncupativum*), testament fait de vive voix.

O

O ou OD, avec. *O armes et sans armes. Od les bons alez. O intimation. O devoir ou sans devoir.*

OANCE. V. OUANCE.

OBÉDIENCE, OBÉIE (*obedientia*), obéissance, services. *Pays d'obédience*, pays qui n'étaient point compris dans le concordat de 1516, et dans lesquels le pape avait droit de nommer aux bénéfices.

OBÉISSANCE, hommage, reconnaissance de la supériorité féodale. *Fief et obéissance.* — Redevance.

OBICER, OBICÉIR, OBICIER, OBISSIER, OBJICER (*objicere*), objecter, opposer, reprocher. *Objects de témoins.* reproches de témoins.

OBITUAIRE (*obituarium*), registre sur lequel s'inscrivaient les décès. *Obits* messes anniversaires.

OBJURGATIONS, reproches.

OBLAT OU MOINES LAIS (*oblati*), RELIGIEUX LAÏCS, FRÈRES CONVERS OU LAIS, soldat invalide que le roi mettait dans chaque abbaye ou prieuré de sa nomination.

OBLIAGE, OBLIC, OBLIAL, OUBLÉE, OUBLIAGE, OUBLIAL, OUBLI, DROIT D', amende payée par le vassal en cas de retard, d'*oblivio;* ou plutôt redevance payée au seigneur qui, à l'origine, consistait en pains ou *oublies* (*oblata*).

OBLIGER, engager. *s'obliger corps et biens. Obligation*, engagement, acte qui constate l'engagement. *Obligation passée sous scel royal et authentique.*

OBREPTION, réticence frauduleuse à l'aide de laquelle on a obtenu quelque titre ou concession. *Titres obreptices*, titres obtenus par une réticence frauduleuse.

OBS, OPS (*opus*), nécessité, besoin, désir. volonté.

OBSTANT QUE (*obstare*), s'opposant, étant empêché par, *non obstant*, malgré.

OBTEMPÉRER, obéir.

OBVENTIONS, OBVENUES (*obventio*), fruits, revenus, profits seigneuriaux. — Rétributions ecclésiastiques, offrandes.

OCCISIERES, OCHISSERES, assassin, homicide.

OCCUPANT, possesseur : *premier occupant. Occuper dans une affaire*, c'est représenter une personne dans un procès en qualité de procureur ou d'avoué.

OCCURRENTES, CHOSES, QUESTIONS, choses, questions qui surviennent.

OCHE. V. OSCHE, — coche, échancrure. *Oche d'espée. Ocher*, faire une échancrure.

OCHIER, OCHIRE, OCIR, OCCIR (*occidere*). tuer. *Ochions*, tuons. *Occisistes*, vous tuâtes. *Occise, ochision*, meurtre.

OCHOISON. V. ACHOISON.

OCLAGE, OCLE (*ocleum*). V. OSCLE.

OCQUISENER. V. ACHOISONNER.

OCTRISE, OCTROIEMENT, OCTROI (*auctoritas*), concession, permission. V. OSTROIER. *Deniers d'octrois, droits d'octroi*, droits mis à l'entrée des villes sur certaines denrées.

OD, avec. V. O.

OE, OES, OUE, OUEZ (*occa, auca*), oie.

OEFS, OES, œufs.

OELLE, aile.

OELS, OEULS, OIEL, œil.

OES, eux.

— gré, volonté, choix. « *Je ne vol rien faire qu'à ton oes ne soit.* » V. OBS.

ŒUVRE (*opera*, 2), fabrique, biens destinés à l'entretien de l'église, *banc d'œuvre.*

OFFICE (*officium*), dignité, fonction publique. *Office de justice, de finances, office de notaire. Officier*, celui qui exerce un office. *Officier ministériel*, officier qui prête son ministère aux juges ou aux parties. *Officiers municipaux*, magistrats des villes ou communes.

OFFICE, OFFICIALITÉ (*officialatus*), cour ecclésiastique. *Official*, officier qui exerce la juridiction ecclésiastique au nom de l'évêque.

OFFICIAL (*officialis*), dans un sens général signifie officier.

OFFRES, propositions de paiement. *Offres labiales* ou *verbales*, qui ne sont pas accompagnées des deniers offerts, à la différence des *offres réelles* qui se font l'argent à la main, ou comme on dit à *deniers découverts*. Offrir, Droit d', privilége accordé aux créanciers hypothécaires d'offrir le remboursement aux créanciers inscrits devant eux pour être subrogés en leur lieu et place.

OIANCE, OANCE (*audientia*, 7), audience. — Redevance qui se payait au jour indiqué à cri public.

OILLE, brebis.

OIR, OUIR, OYER, écouter. *Oir droit*, recevoir jugement. *Oiant compte*, celui à qui on rend le compte.

OIR, héritier. V. HOIR.

OIRRE. V. ERRE.

OISSUES. V. ISSUES.

OLERIE, libertinage. V. HOUILLER.

OLOGRAPHE, TESTAMENT, celui qui est écrit en entier, daté et signé de la main du testateur.

OLTRE, outre.

OMAILLES. V. AUMAILLES.

OMÉCIDE, homicide.

OMNI, OMNIE, semblable, égal, pareil. *Les mesures ne sont pas omnies. Entre sereurs doivent estre les parties omnies. Partir omniement*, partager également.

ONC, ONCQUES MAIS (*unquam*), jamais.

ONÉRAIRE, celui qui a le soin et la charge d'une chose. *Marguillier onéraire, tuteur onéraire*, ceux qui ont l'administration, à la différence du *marguillier honoraire* ou du *tuteur honoraire* qui n'ont que l'honneur du titre sans les fonctions.

ONÉREUX, TITRE, c'est le contraire du *titre lucratif*, c'est ce qui nous coûte, ou nous oblige à faire ou donner quelque chose.

ONNIMENT. V. OMNI.

OPINER, donner son avis, son opinion.

OPPOSANT, celui qui forme opposition à quelque acte ou jugement.

OPPOSITION, acte judiciaire ayant pour objet d'empêcher un contrat, une vente, un jugement, etc. *Opposition à un mariage, à un arrêt, à un décret.*

OPS. V. OBS.

OPTION (*optio*), choix.

OQUISENIR, OQUOISON. V. ACHAISON.

ORAINS, naguères, il n'y a qu'un instant.

ORBE (*orbus*), caché. *Coup orbe* (*ictus orbus*), coup qui ne fait que meurtrissure sans ouverture de playe. (Nicod.) *Tenir orbement*, c'est *clam possidere.*

ORD, ORDI, ORS (*horridus*), sale, malpropre, déshonnête. *Ordement*, salement.

ORDEL, ORDALIE (*ordela*, en all. *Urtheil*), jugement de Dieu.

ORDENE, ORDENANCE, ORDENEMENT, ORDENNÉE, ORDINE (*ordinatio*), ordre, ordonnance. *Ordener*, ordonner, établir.

ORDINAIRE, JUGER A L', jugements qui se rendent à la charge de l'appel. *Procédure ordinaire*, procédure civile à la différence de la procédure *extraordinaire* ou criminelle. *Juge ordinaire* (*ordinarius*), juge naturel du territoire où le défenseur est domicilié.

ORDINAIRES, LES (*ordinarius*), en fait de juridiction ecclésiastique sur les évêques, juges naturels de leurs diocèses.

ORDONNANCE, loi, statut. *Ordonnances royaux.*

— Ordre, mandement du juge. *Ordonnance de prise de corps.*

— En termes de finance, mandat, ordre de payer.

— *Ordonnance de dernière volonté.* Disposition dernière, testament, codicille, etc.

ORDONNER (*ordinare*), commander. *Ordre*, mandement, commission.

— Disposer.

ORDRE, arrangement, disposition. *Ordre de compte. Ordre des créanciers*, rang assigné d'après la date de leur inscription, ou la nature de leurs créances, aux créanciers hypothécaires ou privilégiés, sur le prix de la chose appartenant à leur débiteur. — Etat dressé pour déterminer ce rang.

— Compagnie (*ordo*, 6). *Ordres religieux, ordre judiciaire, ordre des avocats.*

ORDRES, LES TROIS, qui composaient l'ancienne monarchie étaient le clergé, la noblesse et le tiers état.

ORE, ORES (*hora*, ital. *ora*), présentement, maintenant.

ORÉE (*ora*), bord.

ORENDROIT, dorénavant, désormais.

ORER (*orare*), prier.

ORFANS, ORFÈNE, ORFENIN, orphelin.

ORFRAIS, ORFROIS (*orfra, orifrisium*), galon doré, broderie d'or.

ORGEUS, ORGUIEX, ORGUILLEX, orgueilleux.

ORIGINAL (*originale*), est la minute de l'acte, sur laquelle on fait des expéditions ou copies.

ORIGNE, ORINE, OURINE (*originales servi*), origine. *Royal orine, franc ouriné.*.

ORLE, OURLER (*orlum*), bord. Voyez ORÉE.

ORREZ, vous entendrez. *Orra*, il écoutera.

OSCHE, OSQUE, OUCHE (*olca*), jardin, verger, enclos, terre d'élite.

— Coche, entaille.

OSCLE ou OCLE (*osculum*), présent de noces, espèce de *Donatio ante nuptias.*

OST ou HOST (*hostis*), armée. *Service de l'ost, aide de l'ost, ost banni. Ostoyer*, faire la guerre.

OSTAGE, prise de corps, prison pour dettes. *Tenir ostage*, se soumettre à la contrainte par corps.

— saisie.

OSTAGER, OSTAGIER, OSTAIGER (*ostagia*), donner gage et caution.

— Arrêter la personne ou les biens.

OSTAL, OSTEL, OSTEX, OSTIEX, maison, logis. *Ostellerie*, hôpital. Demeure.

OSTE, OSTIZE (*hospes*), colon, locataire. *Ostelage*, loyer, prix de l'habitation. *Oster*, loger, habiter.

OSTISE (*ostisia*), droit payé au seigneur pour obtenir la permission d'habiter sur ses terres. Maison sujette à ce droit.

OSTROIER, OTRIER, OTROIER (*otriare*), octroyer, approuver. *Otroiance*, consentement.

OT, eut. *O lui ot grant compaignie.*

OTEL, OTRETEL, autant. V. AUTEL.

OTER LA MAIN (*amovere manum*), lever une saisie.

OU, au, à la. *Ouquel*, auquel.

OUANCE (*audientia*), audience. V. OIANCE.

OUBLIAGE. V. OBLIAGE.

OUCHE. V. OSCHE.

OUE, OES (*auca*), oie.

OUELLE, OILE, huile.

OULTRAGE (*oltragium*), excès, soit de fait ou de parole. *Don oultrageux*, don excessif. *Bataille oultrée*, duel à mort. *Oultré*, rendu, vaincu. *Oultrer gaiges*, exécuter un duel pour lequel les gages ont été donnés. *Outrer un marché*, l'exécuter. *Outrées*, enchères.

OURINE. V. ORINE.

OUSTER, faire l'août, moissonner.

OUTRECUIDANCE, présomption.

OUVERT, FIEF, le fief s'ouvre quand il y a mutation de seigneur ou de vassal; il est *vide* ou *découvert* tant qu'il n'est point desservi, il est *couvert* quand le seigneur a reçu l'hommage.

OUVERTURE, époque à laquelle remonte l'acquisition de certains droits ou actions. *Ouverture d'une succession, d'une faillite.* — *Ouverture de clameur*, c'est le moment où il est permis d'intenter la clameur ou action de retrait. — *Ouverture de regale*, c'est le moment où le bénéfice devient vacant. — *Ouverture de requête, ouvertures à cassation*, moyens sur lesquels on s'appuie pour réclamer la cassation d'un jugement.

OUVRAIGNE, OUVRÉE, OVRANGE (*ovragium*), ouvrage.

OUVRÉE, la quantité de vignes qu'un homme peut labourer dans un jour.

OUVRER, OVRER, travailler. *Linge ouvré* (*operatus*).

— User.

OUVREUR, ouvrier.

OUVROUER, OUVROIR, boutique. *Ouvroir d'escriptures*, greffe.

OVAILLES, OUAILLES, brebis. *Le bestial et l'ouaille*, le gros et le menu bétail.

OVEC, OVESQUES, avec.

OYANT COMPTE. V. OIR.

P

PAC, PACHE, PACT, PACTION (*pactum*), traité, accord, convention.

PACAGE (*pascasium*), lieu où l'on fait paître les bestiaux. Droit de les envoyer pâturer.

PADOUENS, POSTICII (*paduagia*),

pâtures. *Padouir (paduire)*, pâturer.

PAENNIE, PAYENNIE, PAENISME (*pagania*), pays de païens, — paganisme.

PAGESIE (*pagus, pagenses*), tenure en commun. *Copageniaires*, communiers, parçonniers, vilains.

PAIN (*panem*, *Esse ad*), vie commune. *Etre à pain et à pot. Mettre hors de pain*, faire sortir de la communauté, émanciper.

PAIRS OU COMPAGNONS DE FIEF (*pares*), vassaux d'un même seigneur; ces pairs formaient le jury féodal. *Hommes et pairs de la cour, pairs et hommes de fief, pairs compagnons et vassaux.*

— DE LA COMMUNE (*pares communia*), échevins.

— DE FRANCE (*pares*), étaient à l'origine douze grands seigneurs relevant nuement du roi, et qui formaient sa cour féodale.

PAISSEAU, PAISSEL (*paxillus*), échalas.

PAISSON, PESSON ET PANAGE, PAIX ET GLANDÉE (*paisso, pascia*), droit de mener les porcs à la glandée dans les bois. — Redevance payée pour cet usage.

PAIX (*pacem proclamare*), tranquillité, silence, — permission, liberté.

> Pais de venir et pais d'aller,
> Et pais de viande acheter.
>
> (R. de Roy.)

PAIX FAIRE, s'accorder, transiger.

PAIX DE LA VILLE (*pax villæ*), banlieue.

PALEFROI (*paraveredus*), cheval de service. V. DESTRIER.

PALEISE, CHOSE (*palezare*), chose publique. *Palesement*, publiquement, *palam*.

PALLAGE, PELLAGE (*palagium*, d'app. 'lere), droit seigneurial sur les bateaux qui abordent au rivage pour y décharger leurs marchandises.

PALMÉE, PAUMÉE (*palmata*, 2), bail, enchères, marché conclu en se donnant la main. *Palmieurs*, enchérisseurs.

— Mesure de la grandeur ou de la capacité de la main.

PAN, EMPAN (*pannus*, 1), mesure de l'étendue de la main. *Pan de mur*, partie de mur.

PAN (*pandum*, allemand : *Pfand*), gage, saisie.

PAN, PANNON (*pannoncellus*), enseigne, bannière. *Panonceaux*, affiches aux armes du roi qu'on attache aux portes des maisons saisies, pour marquer que ces maisons sont en la main de justice. On donne aussi ce nom aux enseignes des notaires.

PANAGE, PAWNAGE (*panagium*). V. PAISSON.

PANEL, morceau, figurément, page ou rôle. *Impanneller*, enregistrer, enrôler dans les cout. anglo-normandes.

PANCARTE, tarif d'impositions. — imposition.

PANTONNIER. V. PAUTONNIER.

PAOUR, peur.

PAPEGAUT, PAPEGAY (ital. *papa—gayo*), perroquet.

PAPELARDIE (*papelardia*), hypocrisie.

PAPIER MONNAIE, effet créé par l'Etat pour avoir cours comme une valeur métallique.

PAPIER TERRIER, cadastre, registre domanial ou seigneurial contenant la déclaration par le menu de tout ce que doivent les sujets ou tenanciers.

PAPIERS DOMESTIQUES, registres sur lesquels les particuliers inscrivent leurs recettes et leurs dépenses.

PAPIERS ROYAUX, papiers signés par le roi ou par des officiers publics.

PAPOAUX, BIENS ou HÉRITAGES, propres. *Pappoage, aviatica hereditas.*

PARADE (*parata*), redevances en nature payées au seigneur.

PARAGE, PARENTAGE (*paragium, parentatus*), parenté, race. *Noblesse de parage; une dame de haut parage; afférans de parage.*

PARAGE (*paragium*), égalité de nom, de noblesse, de dignité. V. EMPARAGER.

— Égalité de tenure; *tenir en parage*, c'est être pair de celui duquel on tient. Ancienne coutume de Normandie. « Les fiefs sont tenus « par parage quand le frère ou la « cousin prend l'héritage à ses

« prédécesseurs, et il le tient de
« son ainé, et li (celui-ci) répond
« de toutes les choses qui appar-
« tiennent à la partie de son fief,
« et de toutes les droitures que
« le fiement de sa partie devra, il
« en répond, et fait les redevances
« aux chefs seigneurs. » *Tenir de
son ainé en parage et ramage.*
(Cout. de Bret.)

PARAGEUR, PARAGEAU, qui tient en
parage.

PARAMONT, SEIGNEUR, seigneur supérieur. (En angl. *lord para-
mount.*)

PARANGONNER (*paragonizare*), comparer. PARANGON, chef-d'œuvre,
modèle; *le parangon des advo-
cats.*

PARAPHE, traits de plume qui terminent la signature, et qu'on en
isole quelquefois pour remplacer
la signature au bas de certains
actes. *Parapher par première et
par dernière,* c'est parapher chaque pièce d'un dossier en la cotant
par un numéro d'ordre.

PARAPHERNAUX, BIENS, sont les
biens qu'une femme mariée sous
le régime dotal s'est réservés
pour en avoir la jouissance pendant son mariage. Dans la coutume de Normandie les *paraphernaux* sont une espèce de
préciput légal que la coutume défère officieusement à la femme
qui a renoncé à la succession de
son mari.

PARASTRE, beau-père.

PAR AVAL, TENANT (en angl. *tenant
paravayle*), dernier vassal. Tenancier au dernier rang.

PARCAGE (*parcagium*), droit dû au
seigneur par les habitants qui ont
un parc où ils mettent leurs bestiaux.

PARCENIERS, PARCHONNIERS, PAR-
SONNIERS (*parcennarii. — Parceners* dans les cout. anglo-norm.),
sont les membres d'une communauté. *Tenir en parchonnerie,*
tenir en commun. *Parchonniers
de meurtre,* complices. *Parçon-
nière,* fille publique.
— Héritiers (*participes*).

PARÇON, PARCION, PARCHONNERIE,
PARCIÈRE, part, portion.

PARÇONNERIE, PARÇONNIERTÉ, communauté, société.

— Partage.

PARÇONNIER, copropriétaire ou co-
partageant dans une communauté
villageoise. V. PARCENIERS.

PARCOURS ET ENTRECOURS (*percur-
sus*). V. ENTRECOURS.
— DROIT DE, usage qui permet à
deux communes d'envoyer respectivement leurs troupeaux pai-
tre sur le territoire voisin.

PAR DESSOUS, inférieur. *Fief par
dessous; tenant paraval.*

PAR DESSUS, supérieur. *Seigneur
par dessus, avant seigneur, seigneur paramont.* « Aucun ne puet
« franchir son serf, sans l'aucto-
« rité de son pardessus. »
(BEAUM.)

PARDONNER (*perdonare*), remettre
la peine, l'amende, le droit. *Pardons et remissions.*

PARÉAGE. V. PARIAGE.

PARÉATIS, permission qu'on est tenu
de demander au juge du lieu pour
exécuter des arrêts rendus, ou des
contrats passés dans une autre juridiction.

PARÉE (*parata*), parcours. V. EN-
TRECOURS.

PARÉE, EXÉCUTION. V. EXÉCUTION.

PARENTAGE, PARENTÈLE, la famille,
la parenté tout entière.

PARENTÉ, lien du sang qui unit les
personnes descendues d'une souche commune.

PARER, PAREIR, préparer.

PARÈRE, avis de négociants sur un
point d'usage en matière de commerce.

PARFAIRE, PARFOURNIR, achever,
compléter. *A la parfin,* à la fin.

PARIAGE (*pariagium*), c'est un partage ou plutôt une association de
juridiction et de seigneurie entre
deux seigneurs d'un même pays,
l'évêque et le roi, par exemple.
Le but de cette association, c'est
d'assurer au plus petit seigneur la
protection du plus grand.

PARISIS (*parisienses*), monnaie
frappée à Paris, et valant le cinquième en sus du *tournois* qui
était frappé à Tours. 20 sols parisis valaient 25 sols tournois, et
il fallait 5 livres tournois pour
faire 4 livres parisis.

PARLEMENT (*parlamentum*), discussion, délibération, conférence.
« Les croisés le lendemain quand

« ils oreat la messe oic , s'assem-
« blèrent à parlament, et fu li
« parlament à cheval , cami le
« champ. » (VILLEHARDOUIN.)

PARLEMENTS , conseils souverains,
cours suprêmes de justice.

PARLIERS , AMPARLIERS , POURPAR
LIERS (prælocutor), avocats, procureurs.

PARLOIR (parlura), salle basse.
Parloir aux bourgeois, salle de
l'hôtel de ville , où les bourgeois
de Paris se réunissaient pour déli
bérer.

PARMENTIER (parmentarius), tail
leur d'habits.

PARMI, au moyen de quoi.
— au milieu, au travers.

PAROCHE (parochia), paroisse. *Pa-
rochiage*, territoire de la paroisse.
— Droits du curé.

PAROI (paries), mur, cloison.

PAROLER (parabolare), parler.

PARPAINGS, JAMBES PARPEIGNES, sont
des pierres de taille qui excèdent
l'épaisseur du mur.

PARQUET (parquetum), auditoire du
juge ainsi appelé, parce que le
tribunal est fermé comme un
parc.
— lieu où les officiers du ministère
public s'assemblent pour délibérer, et reçoivent les communica-
tions ;— ces officiers eux-mêmes.
— DES HUISSIERS, vestibule de la
grand'chambre où se tenaient les
huissiers lorsque la Cour délibé-
rait.

PARSON, PARSONNIERS V. PARÇON,
PARCENIERS.

PART (partus), enfant. *Exposition
de part, suppression de part.*
— (pars terræ), portion. *Part
avantageuse*, préciput, portion
plus forte que celle des autres
héritiers.
— D'ENFANT LE MOINS PRENANT, celle
qui revient à l'enfant le moins
avantagé.

PARTAGE (partagium), division
d'une chose commune, attribution
de part, acte qui opère cette séparation. *Partage de succession
de communauté. Partage anticipé, provisionnel*, celui qui est
fait par les ascendants de leur
vivent.

PARTAGE D'OPINIONS, division égale
des suffrages qui empêche la

décision du procès. *Les juges
sont partis, ou autant d'une
opinion que d'une autre.* (Nicod.)
Départeurs de procès partis.

PARTANS, partageants.— *Partables,
partables*, partageables. *Parture*,
division.

PARTI , traité, accord, concession
d'impôts. *Partisan*, traitant.

PARTIAIRE. V. COLON.

PARTICIPATION (participatio), société, communauté.

PARTIE (pars), en terme de palais
se dit de tous les plaideurs. *Partie principale , partie interve-
nante.* La *partie civile* (ainsi
nommée par opposition à la *partie publique* qui requiert l'application de la peine) est celle qui ,
dans un procès criminel , demande une réparation pécuniaire.

PARTIE FORMELLE , partie civile.

PARTIE, PARTISSON, PARTITION, PAR-
TISSEMENT (pars), partage. *Partir*, partager. *Parteur*, partageant.

PARTIES (partes), redevances, ce
qu'on paie pour sa part.
— CASUELLES, deniers provenant des
offices vénaux et casuels qui ont
vaqué par la mort ou la démission
du titulaire.

PARTIR (partiri), partager, prendre
part.
— Partage. « On saura par le partir
« combien chascun aura. »
(BEAUM.)

PARTISAN, fermier des impôts, celui
qui fait des *partis* ou traités avec
le roi.

PAS (passus), détroit, passage. *Lettre de pas*, sauf-conduit, passe-
port.

PASCUAGE (pascuagium). V. PAS-
QUIER.

PASNAGE, PARNAGE OU PEINNAGE
(pastio). V. PANAGE.

PASQUIER (pasquerium), PASQUIS,
PATIS, pâturage. *Terres hermes
qu'on appelle chaumes et pas-
chiers de bêtes*, dit la coutume
de la Marche, A. 425. — Redevance payée pour le droit de pâturage.

PASSAGE (passagium), chemin,
route. — Droit qu'on exige des
personnes ou des choses qui passent sur un chemin.
— Expédition en terre sainte. *Pas-
seurs croisés.*

PASSER UN CONTRAT, UN ACTE, UN TRAITÉ (*passare*), le conclure, l'achever. *La passation de l'acte. Passeur*, le notaire qui reçoit l'acte.

PASSIF, ensemble des dettes. Frais et charges d'une communauté, d'une succession, d'une faillite, etc.

PAST (*pastus, convivium*), repas. *Pastoier*, dîner, prendre part au repas. *Past et entrée* ou *abreuvement*, droit ou repas qui se payait en entrant dans certains offices.

— livraison de vivres que les vassaux devaient faire au seigneur, à certaines occasions.

PATARD, monnaie de compte flamande qui valait cinq liards ou quinze deniers tournois.

PATARIN, PATELIN (*paterinus*), hérétique.

PATENÔTRES (*pater noster*), chapelet.

PATENT, ouvert; — certain, évident.

PATENTE, droit payé par ceux qui exercent une industrie; — extrait du rôle qui constate l'impôt.

PATENTES, LETTRES. V. LETTRES.

PATERNITÉ, condition, qualité de père.

PATIBULAIRE, qui concerne le gibet. *Fourches patibulaires, face patibulaire.*

PATREMOIGNE, PATRIMOINE (*patrimonium*), bien ancien dans la famille, *immeuble patrimonial*.

÷ Universalité des biens possédés par un individu.

PATROCINER (*patrocinari*), plaider.

Prêches, patrocinez jusqu'à la Pentecôte.

PATRON (*patronus*, 2), celui qui a fondé, bâti ou doté une église. *Patronage*, droits qui appartiennent au patron.

PATURAGE, VAIN, VAIN PATURAGE (*pastura vana*), à la différence de la *vive pâture*, est le pacage des bestiaux sur les terres dépouillées de leurs fruits.

PAULETTE, droit annuel que les officiers payaient au roi pour assurer la transmission héréditaire de leurs charges.

PAUME (*palma*), palme. PAUMIER, palmier. — Pèlerin revenu de la terre sainte, rapportant avec lui des branches de palmier.

PAUMÉE. V. PALMÉE.

PAUTONNIER (*paltonarius*), orgueilleux, superbe, méchant, débauché.

PAVAGE, péago. *Pavageur*, fermier du péago. — Droit payé pour le pavage des rues.

PAVIE, pêche, fruit du pêcher.

PAYS D'OBÉDIENCE, DE NANTISSEMENT. V. ces mots.

PAYS DE DROIT ÉCRIT, provinces de France dans lesquelles le droit romain est observé comme loi, par opposition aux *pays coutumiers* qui étaient régis par les coutumes.

PÉAGE, PAYAGE (*pedagium*), toute espèce de redevance, et plus particulièrement droit de passage. Ce droit reçoit différents noms, comme *barrage*, à cause de la barre de bois qui traverse la route; *billette*, quand il y a un petit billot de bois pendu à un arbre; *branchière*, à cause de la branche à laquelle le billot est pendu; *travers*, parce que cet impôt est un droit de passage ou de *traverse* dans la terre du seigneur.

PEAGEAU, PEAGIER, CHEMIN (*pedagariæ viæ*), chemin où l'on paie le droit de passage. — Grande route. *Péager*, fermier ou receveur du péage.

PEAU, COMMIS GREFFIERS A LA, ceux qui expédient les arrêts en grosse sur parchemin.

PECOY (*peceium*), droit de bris et naufrage.

PÉCULAT, détournement des deniers de l'État par un officier public.

PÉCULE (*peculium*), les biens dont un fils de famille a la libre disposition. On dit aussi dans le même sens le *pécule des religieux*.

PÉCUNE (*pecunia*), argent, biens.

PEINE (*pœna*), châtiment, amende.

PEL, VERGE ET COUVERTURE, ou PELLE, TORCHE ET COUVERTURE, désignent les réparations d'entretien dont la douairière est tenue.

PELIÇON (*pellicium*), robe, jupon. « Monsieur sainct Loys, jadis roy « de France..., ordonna que les ri- « baudes communes fussent bou- « tées hors des bonnes villes par « les justiciers des lieux, et si « depuis les prohibitions à elles

« faites, elles estoient si hardies
« de retourner, qu'elles fussent
« prinses par lesdits justiciers, et
« dépouillées jusqu'à la cote ou
« pliçon. »   (Grand. Cout.)

PELLAGE. V. PALLAGE.

PENER, PENOIER (*inpœnare*), punir,
faire souffrir un châtiment.

Selono lor follonie fesoit chascun pener.
(R. DE ROU.)

— SE, se donner de la peine, avoir
regret.

PÉNAL, qui inflige une peine, qui
punit. *Loi pénale. Clause pénale*,
est celle qui emporte une peine
pécuniaire, c'est-à-dire des dommages-intérêts.

PENRE, prendre. *Penre le contens
en sa main*, garder la connaissance d'une affaire.

PENSION (*pensio*), rente, revenu.
Pension viagère.

— (*Pensio*, 2), paiement, loyer, salaire.

PER, pareil. *Non per*, non pareil,
différent.

— Pair. *Les douze pers de France
ont leurs causes commises en
parlement.*

PERDREAUX, PERDRIAUX, OU TÉMOINS
DE BORNES, sont des cailloux ou
tuileaux brisés, placés à côté des
bornes lorsqu'on les plante après
l'arpentage terminé, et dont on
rapproche les fragments lorsqu'ensuite on les visite. On les nomme
aussi *garants.*

PERDURABLEMENT, éternellement.

PÈRE DE FAMILLE, ADMINISTRER EN
BON, c'est gérer avec l'ordre et l'é-
conomie d'un bon chef de maison.

PÉREMPTION, anéantissement d'un
droit ou d'un procès pour n'a-
voir point été exercé ou poursuivi pendant le temps défini par
les lois.

PÉREMPTOIRE, EXCEPTION (*Per-
emptoriæ exceptiones*), exception
décisive et qui emporte la péremption, ou anéantissement de
l'instance.

PERGIE, PARGÉE (*pergia*), amende
due pour dégâts de bestiaux.

PÉRIER (*petrarius*), tailleur de pierres. — Poirier.

PÉRIL EN LA DEMEURE. On dit qu'il y
a *péril en la demeure*, lorsqu'il y
a urgence de faire des actes con-
servatoires ou d'exécution. V. DE-
MEURE.

PÉRILS ET FORTUNES, risque, hasard.

PERMANER, demeurer. *Permanau-
lement*, perpétuellement.

PERMUTATION, échange.

PEROTS (du mot : *père*), arbres qui
ont passé deux coupes. V. TAIONS.

PERPETRER, commettre, faire.

PERPRENDRE, PURPRENDRE, prendre;
PERPRISE, l'usurpation de terres
communes et franches. V. POUR-
PRESTURE.

PERQUISITION, recherche, visite do-
miciliaire.

PERS, couleur intermédiaire entre
vert et bleu (*cœruleus*).

PERSONNAGE (*personatus*), cure, bénéfice ecclésiastique. *Personne*
(*persona*, angl. *parson*), curé, bé-
néficier.

PERSONNIER (*personarii*). V. PAR-
CENIERS.

PERTE, privation d'une chose ou
d'un droit, dommage.

PERTINENT, qui a un trait direct à
la chose, qui lui appartient, qui
en dépend. *Répondre pertinem-
ment et à propos.*

PERTUIS (*pertusus*), trou, ouverture.

PERTUISAGE (*pertusagium*), droit
payé au seigneur pour avoir le
droit de mettre le vin en perce.

PESSELAGE. V. MARONAGE.

PESSON (*pessona*). V. PAISSON.

PETIT, un peu. *Petit à petit. En petit d'heures.*

PÉTITION (*petitio*), demande. *Pétition d'hérédité*, action accordée
à l'héritier véritable contre celui
qui détient la succession en qualité d'héritier ou possesseur.

PÉTITOIRE (*petitorium*), demande
qui a pour but d'obtenir la propriété d'une chose, à la différence
de *l'action possessoire*, qui a pour
objet de se faire maintenir ou réintégrer dans la possession.

PEUTURE, pâture, nourriture. *Peu*,
repu.

PHYSICIEN (*physicus*, en ang. *physi-
cian*), médecin.

PHYSIQUE (*physica*), médecine.

PICHER, PÉCHIER (*picarium*, ital.
bicchiere), vase, verre.

PIEÇA, GRAND PIÈCE A, depuis longtemps.

PIÈCES, actes, papiers, titres produits à l'appui d'une demande. *Pièces inventoriées, paraphées et cotées.* V. COTE, PARAPHE.

PIEDS CORMIERS OU CORNIERS, arbres qu'on laisse aux coins des ventes pour enseigne, afin de connaître l'étendue et les limites de la partie du bois qu'on doit abattre. Quand ces arbres se trouvent sur des angles rentrants, on les appelle *pieds tournants.*

PIED FOURCHÉ, bétail.

PIED SENTE OU PIED SANTE, chemin de piéton, sentier.

PIEUR, pire.

PIGNORATIF, CONTRAT, contrat par lequel un débiteur vend, sous faculté de rachat, un héritage à son créancier, qui le lui laisse en location.

PIGNORER, saisir, gager par autorité de justice.

PILER, PILIER, PILORI (*pilorium*), tréteau tournant sur lequel on exposait les condamnés. *Pilorier, piloriser,* attacher au pilori.

PILLAGE, dans la coutume de Bretagne, est un droit de préférence sur certains immeubles de la succession ; attribué à l'aîné.

PIS, PECT (*pectus*), gorge, poitrine. « Si ont reconnu et juré lesdits « frères, est assavoir ledis tré-« sorier se main au pix comme « prestre, et lidis Evrard par se « foy, que sur ledis heritage « vendu et werpi, ne ont fait « about, ne emprunt, ne assene-« ment. » (Anc. contr. de vente de l'an 1403.)

PITE, PICTE, POITEVINE, petite monnaie frappée à Poitiers, qui valait le quart d'un denier.

PLAÇAGE OU PLASSAGE (*plassagium*), droit payé par ceux qui vendent sur la voie publique.

PLACARD, est une feuille de papier étendue, une affiche. Dans les coutumes de Belgique ce mot signifie lois, édits, ordonnances. C'est ainsi qu'on dit : *les placards de Charles-Quint.*

PLACET (*placeti litteræ*), supplique adressée au magistrat à l'effet d'obtenir audience.

— Droit de visa sur les bulles venues de Rome.

PLACITÉS DU PARLEMENT DE NOR-MANDIE, arrêtés du parlement de Rouen sur quelques points de jurisprudence.

PLAGE. V. PLÈGE.

PLAGIAIRE, celui qui vole et s'attribue les œuvres d'autrui.

PLAID, PLAIZ, PLEZ (*placita*), justice, audience. *Le grand plet,* le jugement dernier.

Tous les jours le premier au plaid, et le dernier.

— *Servir les plaids de son seigneur* (*servitium placiti*), siéger dans la cour féodale. *Jours de plaids, jours plaidoyables,* jours d'audience. *Tenir les plaids,* présider le tribunal.

— D'ÉPÉE (*placitum spadæ*), haute justice.

— RURAUX, justice vilaine à la différence de la cour féodale.

— (*placitum*). Procès. — Traité, accord. V. PLAIT.

PLAIDER, PLAIDOIER (*placitare*), contester judiciairement, soutenir une cause devant le tribunal. *Plaider par procureur. Plaideur* (*placitator*), celui qui plaide. *Plaidoyer, plaiderie,* le discours prononcé à l'audience.

— Tenir les plaids.

PLAINTE (*querela*), demande. Déclaration en justice d'un crime ou d'un délit. *Plaignant, plaintif,* demandeur. V. COMPLAINTE.

PLAISIR (*placitum*), volonté.

PLAISSAY, PLAISSE. V. PLESSIS.

PLAIT, PLECT OU PLAISIR (*placitum*), relief ou rachat en Dauphiné. *Plait à mercy, plect conventionnel, plait seigneurial, plait de morte main.*

PLANTÉ (*plenitudo*), abondance. *grand planté de paroles. Plantureux,* fertile.

PLÉDÉOR, avocat. « Le plédéor doist « estre loyau et féable, que il doit « bien et loyaument conseiller « tous ceaus et toutes celles a qui « conseil il est donés, et pleidéer « pour eaus loyaument. » (ABS.)

PLEDIER. V. PLAIDER.

PLEECT. V. PLAIT.

PLÈGE, PLENGE OU PLEIGE (*plegius*, angl. *pledge*), caution, garant, fidejusseur. « Pledge, » dit Rastall, « sont surêties ou real ou « formal, que le plaintif trove à « (pour) prosecuter son suit (ac-

« tion). » *Plègement est querre garant*, dit l'anc. cout. de Bret. *Plège de droit ou de fournir droit*, caution d'*ester à droit*, c'est-à-dire de comparaître au jour donné. *Plège dette*, caution obligée solidairement dans les Ass.

— PLÈGEMENT, gage. *Former plègement*, établir un gage.

PLÉGER, PLEIGER (*plegiare*), bailler gages ou caution. *Pléger l'amende*.

PLÉGERIE, PLEIGAIGE, caution.

PLEIN, entier. *Plein âge*, majorité. *Plein fief*, fief non démembré. *Plein possessoire*, pleine maintenue, adjudication définitive de la possession pendant le procès, à la différence de la récréance qui n'est que provisoire. *De plein droit*, par la seule force de la loi.

PLENTÉ. V. PLANTÉ. *Pleinteif, pleintieu*, abondant, fertile.

PLESSIS (*pleisseicium*), bois entouré de haies pliées ou *plessées*.

PLET, procès. V. PLAID.

PLEVIE, MAIN (*manus plegiata, manus plicata*), c'est un gain de survie qui appartient au dernier mourant quand il n'y a point d'enfants du mariage.

PLÉVINE, PLÉVISAILLE (*plevina*), cautionnement, plège.

PLÉVIR (*plevire*), cautionner, promettre, garantir. *Plévir sa marchandise bonne et loyale*.

— fiancer. *Fille plévie*, fiancée.

PLOIER L'AMENDE, la payer, GAGE PLOIÉ (*plejus*), gage fourni.

PLOIGE. V. PLÉGE.

PLOMÉE, bâton plombé.

— règle, niveau.

PLUME, ET RELIEF DE PLUME, redevances ou relief de volaille.

PLUMETIS, PLUMITIF, minute du greffier, des experts. *Greffiers plumitifs*, ceux qui tiennent la plume à l'audience. *Plumeter la substance du plaidoyer*. (Gr. Cout.)

PLUS PÉTITION, demande trop forte et qui excède ce qu'on a droit d'obtenir en justice.

PLUS VALUE, ce que vaut une chose au delà de sa valeur primitive, ou de ce qu'elle a été estimée.

PLUVISSAGE, cautionnement. V. PLÉVINE.

POESLE, PAISLE, PAILE (*pallium*), drap qui se met sur la tête des mariés pendant la messe du mariage. *Mettre les enfants sous le poéle*, est la manière de légitimer les enfants nés avant le mariage.

Li dus qui les enfans aima,
Gunnor adoncques épousa,
Et li fi ki ja furent grant
Furent entre eux deux en estant,
Par dessous le mantel la mère
Furent fait loial li trois frères.

(PHIL. MOUSKES.)

POÈTE, POESTÉ, PÒTÉ, POEIR, POTÉ (*potestas*), puissance, juridiction, territoire. *Homme de poote*, vilain, serf. *Délivre pooste*, libre puissance : *En sa délivre pooste (sui juris.)* « Cil qui est en la poesté « son père, n'a pas poer de faire « testament. »

(Liv. de justice et de plet.)

POI, PO, peu. *Poifait*, négligence ; *poifaisant*, fainéant.

POIDS LE ROI, sont les droits qui se lèvent pour le roi sur toutes les marchandises qui se pèsent lorsqu'elles entrent dans les ports et dans les villes. — C'est aussi l'étalon des mesures. — *Avoir de poids*, marchandises qui se vendent au poids.

POIER, payer.

POIGNEIS, PUGNEIS (*pugna*), combat, bataille. *Poigner, poindre* (*pungere*), frapper, maltraiter.

POINE, peine, chagrin, amende. *Poine forfaite*. (*Pœna commissa*.)

POIZAGE (*pondus*), pesage. *Poiser*, peser, et dans le sens figuré, fatiguer, chagriner, opprimer.

POLICE, de *polliceri*, promesse, contrat. *Police d'assurance*.

POLICE (πολιτεία), gouvernement, administration. *Police judiciaire*, cette partie de l'administration intérieure de la cité qui consiste dans la recherche et la poursuite des crimes et des délits.

POLLICITATION, promesse, donation par simple promesse.

POLYPTYQUE, livre terrier, contenant le détail des possessions, rentes et redevances appartenant à un monastère. *Le polyptyque d'Irminon*.

PONTAGE, PONTENAGE (*pontaticum*), péage, droit de passage sur un pont.

POOIR, POOIS (*potestas*), tenir d

plein *podis*, avoir la pleine et absolue propriété de son fief.

POULOIGNER, prolonger, éloigner, proroger.

PORPORT DU FIEF (*prportus*), état du fief ; la manière dont il se comporte ; — déclaration de ses revenus.

PORSIER, POSSEUR, PORSEOIR, posséder. *Porseur de biens (Bonorum possessor.) Porsise,* possédée.

PORT D'ARMES (*portatio armorum*), réunion illicite de plusieurs personnes en armes. *Le crime de port d'armes est cas royal.*

PORTABLE, cens ou rente qui doit être portée par le débiteur, à la différence du cens *quérable* ou *requérable*, que le seigneur censier envoie chercher.

PORTAGE, PORTEMENT (*portagium*), droit d'entrée ; — droit que prend celui qui lève et apporte les droits au seigneur ; — droit sur le transport à dos de certaines marchandises.

PORTER, comporter. *Se porter héritier,* se présenter pour hériter.

PORTION CONGRUE (*portio congrua*), c'est une part suffisante du revenu du bénéfice attribué à celui qui le dessert réellement.

PORTION DISPONIBLE, part de biens dont il est permis de disposer à titre gratuit au préjudice de l'héritier légitime.

PORTIONNAIRE, partageant. Voyez PARCENIERS.

PORTIONS VIRILES, sont des portions qui sont égales.

PORTURE, PORTÉE, grossesse, — l'enfant dans le sein de sa mère.

POSSÉDER, détenir une chose et en jouir, *Posséder à titre de propriété, d'usufruit. Posséder en fief, en roture.*

POSSESSEUR, celui qui détient une chose sans en être le propriétaire. *Possesseur de bonne foi,* celui qui a acquis à titre translatif de propriété, et se croit légitime propriétaire.

POSSESSION, détention, jouissance d'une chose. *Possession de fait,* simple détention de la chose. *Possession civile,* celle du possesseur de bonne foi. V. SAISINE.

POSSESSION D'ÉTAT, série de faits établissant que telle personne a été considérée et traitée comme enfant légitime.

POSSESSORE (*possessorium*), le procès sur la possession. *Action possessoire,* poursuite qui ne concerne que la possession d'un héritage ou d'un droit.

POSTE (*posta*, 4), pouvoir. Voyez POÊTE. — Volonté, caprice. *Faire à sa poste.*

POSTEIS (*potestativus*), puissant. V. POÊTE.

POSTHUME, enfant né après la mort de son père.

POSTULER (*postulare*), plaider, ou advocasser. *Postulation,* procédures et actes judiciaires faits pour une partie. *Délit de postulation,* usurpation des fonctions de procureur. *Avocat postulant,* avocat qui plaide devant les justices inférieures.

POT-DE-VIN, est, en fait de bail, ce qu'est *le vin de marché* en fait de vente ; c'est un présent fait par le preneur en dehors du prix du bail.

POTE. V. POÊTE. *Main pote,* main gauche.

POTÉES, héritages roturiers occupés par des gens de pote. *Potées de Reims,* terres dépendant de l'église de Reims.

POUAIR, POUEIR, pouvoir.

POUILLÉ (*polyptychum, pulegium*), livre terrier d'un évêché, d'une abbaye, etc. Registre des possessions et des revenus. V. POLYPTYQUE.

POUILLES (*Ampullæ*), injures. *Chanter pouilles,* injurier.

POULTRAIN, POULTRE (*poledrus*), poulain, pouliche.

POURCAS, POURCHAS, PURCHASE (*porchaicia*), acquêt, poursuite, entreprise. *Ne par moi, ne par mon pourchas.*

— *Conçu de pourchas (vulgo conceptus).*

POURPARLIER (all. *fursprecher*), avocat.

POURPARTIE (*per pars*), portion héréditaire, part.

POURPENSÉ, prémédité. *Aguet pourpensé (pensatæ insidiæ).*

POURPRENDRE (*porprendere*), envahir, s'approprier.

POURPRESTURE (*perprisio*), enclos. *Purprendre,* dans les coutumes anglo-normandes, c'est encore frauduleusement ou violemment la propriété d'autrui.

POURPRIS, POURPRISURE (*purprisia, atriamentum*), l'enclos du manoir. *Pourpris et Préclosture.*

POURQUERRE, POURCHASSER, POURSUIR, POURSUIVIR, poursuivre, rechercher.

POURSUITE, action, procédure. *Poursuite civile, poursuite criminelle. Poursuivant,* celui qui fait les procédures pour parvenir à une vente judiciaire, une licitation, un ordre et distribution de deniers.

— ou SUITE, droit qu'avait le seigneur de poursuivre en tout lieu les serfs de son domaine pour les réunir à la terre dont ils faisaient partie.

POURTRAIRE (*protractus*), amener en justice. — Dessiner, faire le portrait.

POURVÉANCE, POURVOYANCE (*providentia*), providence, prévoyance, précaution. — Provisions.

POURVOIR, aviser, prévoir. *Pourveu,* prudent, sage, avisé. — Fourni de.

POYPE (*poypia*), hauteur. — Château, maison bâtie sur la hauteur. (Cout. de Bresse.)

PRACTICIEN (*practicus*), jurisconsulte. *Les praticiens du lieu.* — Solliciteur de procès, agent d'affaires.

PRAEL, PRAIEL (*prada*), pré, herbe.

PRATIQUE (*practica*), usage, coutume, façon d'agir sur un point de fait, de procédure ou de droit. — Procédure, style des actes.

— *Pratique d'un notaire, d'un procureur,* ses affaires, sa clientèle.

PRÉ en composition signifie devant, paravant, au-dessus, par préférence. *Précellence, prééminence, précompter, préemption.*

PRÉAGE ET FAULTRAGE (*preagium*), droit sur les prés.

PRÉALABLE, ce qui doit être fait en premier. *Il est préalable de juger le possessoire avant le pétitoire.*

PRÉAU, pré, cour d'une prison.

PRÉBENDE, PROVENDE, PROUVENDE (*præbenda*), bénéfice ecclésiastique.

— Distribution quotidienne des vi-

vres dans un monastère. V. PROVENDE.

PRÉCAIRE (masc.) (*precarium*), prêt révocable à la volonté de celui qui l'a fait. *Posséder à titre précaire.*

PRÉCAIRE (fem.) (*precaria*), emphytéose de biens appartenant à l'Eglise.

PRÉCIPUT (*præcipuitas*), ce qu'on obtient en sus de sa part. Cet avantage est appelé *préciput, quod præcipitur seu ante capitur. Préciput de l'aîné.*

PRÉCLOTURES (*præcipuitas*), enclos qui, en succession de fief, sont donnés par préciput à l'aîné, avec le principal manoir. V. POURPRIS.

PRÉCOMPTER, déduire, prélever.

PRÉCONISER, citer en justice, ajourner à cri public.

PRÉDIAL, foncier, qui concerne le sol. *Rentes prédiales, servitudes prédiales.*

PRÉFIX, arrêté, fixe, déterminé. *A produire dedans trois jours, pour toutes préfixions et delais. Préfiger un certain temps et delai.* (Prat. de Lizet.)

PRÉIR (*preagium*), mettre en pré.

PRÉJUDICIAUX, FRAIS qu'il faut rembourser avant d'être reçu à se pourvoir contre le jugement.

PRÉJUDICIELLE, QUESTION. V. QUESTION.

PRÉJUGÉ, jugement préparatoire qui sert de règle et d'autorité pour juger le fond de la contestation.

PRÉLATION (*prælatio*), droit de préférence en vertu duquel le seigneur peut racheter le fief vendu par le vassal.

PRÉLEGS, legs fait à l'un des héritiers pour être par lui prélevé hors part et sans confusion avec sa portion héréditaire.

— Legs dont on ordonne la délivrance avant le partage de la succession.

PRÉLEVER, prendre hors part, prendre avant les autres partageants.

PREME, PREUME, PRAM, PRESME, PROISME (*proximus*), proche, prochain, le parent le plus près du défunt, celui qui a le droit de retrait lignager.

PREMESSE, PROISMESCHE (*proximi-*

tas), c'est le retrait lignager V. PROESME.

PREMIER, d'abord, premièrement, avant que.

PRÉMORT (*præmortuus*), le premier mort.

PRENEUR A BAIL, A FERME, locataire, fermier.

PRESCRIPTION, moyen d'acquérir ou de se libérer par un certain laps de temps, et sous les conditions déterminées par la loi.

PRÉSÉANCE, rang, place d'honneur qu'on a droit d'occuper dans quelque assemblée.

PRÉSENT MEFFAIT, flagrant délit.

PRÉSENTATION, déclaration que fait au greffe le procureur pour annoncer qu'il occupe pour sa partie.

PRÉSIDIAUX, tribunaux institués par Henri II en 1551, dans chaque siége des grands bailliages du royaume, et qui jugeaient en dernier ressort jusqu'à 250 livres en principal. *Juger présidialement*, juger en dernier ressort.

PRÉSOMPTIF, présumé, supposé. *Héritier présomptif*.

PRÉSOMPTIONS, conjectures, conséquences probables qu'on tire d'un fait connu à un fait inconnu.

PRESTATION, fourniture, redevance, exécution d'un engagement. *Prestations personnelles, prestation de foi et hommage*.

PRÉTÉRITION, omission dans un testament d'un héritier à réserve. *Enfant prétérit*.

PRÉTOIRE, auditoire.

PREU, PROU (*preu*), profit.

> Car certes c'est fol vassolage
> Faire son prou d'autrui dommage.

PREUX, PREX (*probus*), vaillant, loyal. V. PRUDHOMMES.

PRÉVENTION (*præventio*), préférence, anticipation. *Nommer par prévention à un bénéfice. Les baillis ont droit de prévention sur les prévôts royaux en matière de complainte*.

— accusation. *Prévenu*, accusé.

PRÉVÒT (*præpositus*), juge inférieur, lieutenant du bailli. *Prévôt de Paris*, premier bailli de France, juge de la prévôté de Paris. *Prévôts des mareschaux* (*præpositus guerræ*), juges d'épée établis dans les provinces pour maintenir la paix publique, juger les vagabonds et les gens de guerre. *Prévôt de l'isle*, prévôt de la maréchaussée dans l'île de France. *Prévôt des Marchands*, maire.

PRÉVÒTÉ, juridiction, ressort. *Prévôsté de la marine*.

PRIÈRES, PROIERES, (*preces*, т), aides, corvées, impôt.

PRIME. V. PREMIER.

PRIMOGÉNITURE (*primogénitura*), aînesse. — droit d'aînesse.

PRINCIPAL, le capital, le fonds de la dette.

— le sujet du procès. *Gagner le principal sans despens*.

PRINSE ou PRISE (*prisæ*), tout ce que les seigneurs avaient droit de prendre à leurs sujets, à charge de les rembourser.

— Saisie de la personne ou des biens. *Un décret de prise de corps*.

PRISE A PARTIE, procès fait au juge par le plaideur qui se prétend lésé par la prévarication ou la faute lourde du magistrat.

PRISE, PRISÉE, estimation, évaluation. *Priser*, estimer, mettre à prix.

PRISME. V. PREME.

PRIVÉS (*privatus*), amis, familiers. *Les baillis ne donneront rien à leurs femes, enfans, ou privés*. (Grand. Cout.)

PRIVILÉGE (*privilegiu*), grâce, faveur spéciale des lois. *Privilége de cléricature*. V. CLERGIE.

— Préférence. *Privilége du propriétaire*, c'est le droit d'être payé sur les meubles du locataire, de préférence aux autres créances.

PRIVILÉGIÉS, personnes au profit desquelles la loi établit certaines exceptions au droit commun, telles que les mineurs, les femmes, les substitués, etc.

— CAS ROYAUX ET, crimes réservés à la connaissance des juges royaux à cause de leur atrocité.

PROCÉDER, faire des actes, des poursuites, une instruction judiciaire. *Procéder juridiquement*, instruire régulièrement un procès. *Fins de non procéder*, exceptions déclinatoires.

— Passer devant.

PROCÉDURES, règles à observer, actes à faire pour parvenir au jugement.

PROCÈS, procédure. *Procès civil, procès criminel.*

— (*processus*, 2), action, instance, poursuite judiciaire.

PROCÈS-VERBAL, acte dressé et certifié par des officiers de justice, constatant ce qui s'est dit ou fait en leur présence. *Procès-verbal d'apposition de scellés, de réception de caution, d'enquête*, etc.

PROCHAINETÉ (*proximus*), proximité, — parenté. *Prochain ami,* le parent le plus proche.

PROCOURS(*procursus*). V. PARCOURS.

PROCURATION, PROCURE (*procura*), pouvoir donné à un mandataire pour nous représenter ou agir en notre nom. — Acte contenant ce pouvoir. *Procuration générale, — particulière, — en blanc,* dans laquelle le nom du mandataire n'est pas rempli. *Procuration ad resignandum,* pouvoir donné par le titulaire d'un office à une personne dont le nom est en blanc, de résigner et remettre l'office entre les mains du roi. V. PROCURER.

PROCURER (*procurari*, 1), fournir le nécessaire, donner la nourriture et le logement. *Procuration (procuratio*), droit de gîte.

PROCUREUR (*procurator*, en angl. *proctor*), représentant, mandataire ; — (aujourd'hui avoué), officier qui postule, et qui défend en justice les intérêts de ses clients.

— *Procureur général, procureur du roi,* chefs du ministère public, représentants de l'État, le premier devant les cours souveraines, le second devant les juridictions royales. *Procureur fiscal,* officier qui remplissait dans les justices seigneuriales les mêmes fonctions que remplissaient les procureurs du roi dans les justices royales.

PRODES HOMS. V. PRUDHOMMES.

PRODUCTION, présentation de pièces dans un procès réglé par écrit, ou dans un ordre. *Production principale, production nouvelle.* — Ensemble des pièces produites. — *Acte de produit* ou *jour du mis,* acte qui constate le jour où la présentation et le dépôt des pièces ont été faits au greffe.

PRODUIRE DES PIÈCES (*producere*),

les mettre en la main du juge. *Produire des témoins,* les faire comparaître en justice. *Produire des lois, des témoignages,* les citer, les alléguer.

PROESME ou PROISME, PRESME, PRISME (*proximus*), c'est le parent, le proche. V. PRÈME. *Promesche,* proximité, parenté.

PROFIT, gain de cause. *Défaut emportant profit.*

PROFITS FÉODAUX, sont les avantages pécuniaires qui adviennent au seigneur d'un fief dominant, à raison de sa directe seigneurie, comme sont les droits de relief, de quint et de requint, etc.

PROMESSE, PROMISSION, PROMISE, engagement de donner ou de faire quelque chose. *Promesse verbale,— sous seing privé.*

PROMOTEUR (*promotor*), ministère public dans les tribunaux ecclésiastiques.

PRONONCÉ, PRONONCIATION (*pronuncia*), jugement, sentence.

PROPOSER, alléguer, mettre en avant, prétendre. *Proposer fins de non recevoir.*

PROPRES, sont les immeubles qui nous sont échus par succession ou par donation en ligne directe ; les héritages anciens et patrimoniaux, à la différence des acquêts et biens adventifs. *Propre ancien,* qui est dans la famille depuis plusieurs générations. *Propre naissant,* immeuble qui était acquêt pour la personne dont nous héritons. *L'acquêt du père est propre à l'enfant. Propres de communauté,* par opposition aux biens communs, sont tous les biens qui restent propres à chacun des conjoints et n'entrent pas dans la communauté.

PROPRIÉTAIRE (adj.), qui concerne la propriété. *Jugement propriétaire.* (Grand. Cout.)

PRORATA (*prorata portione*), à proportion.

PROROGATION (*prorogatio*), remise, extension, continuation de délai. *Prorogation de juridiction,* c'est l'attribution ou la reconnaissance volontaire de juridiction consentie par les parties en faveur d'un juge dont elles ne sont pas naturellement justiciables.

PROSME. V. PROESME.

PROTEST (*protestum*), sommation constatant le refus de paiement.

PROTESTATION, défense, réserves. V. OPPOSITION.

PROTOCOLE (*protocollum*), registre des minutes des notaires.

— formulaire d'actes publics.

PROUVE, PROUVANCE, PRUEVE (*prova*), preuve. *Prouveur*, celui qui fait la preuve.

PROVENDE (*præbenda*), prébende ; — provisions de bouche, portion, pitance.

PROVISION (*provisiones*), somme de deniers adjugée *provisoirement*, en attendant le jugement définitif.

— possession durant l'instance qui s'adjuge à celui qui a la possession la plus apparente.

— exécution préalable ordonnée avant tout examen du fond. *La provision est toujours due au titre.*

PROVISOIRE, se dit des choses qui requièrent célérité et qui doivent être faites ou payées par provision. *Les aliments et les réparations sont des matières provisoires.*

PROVOIRES, PROUVAIRES (*præbendarius*), clercs, prêtres, curés.

PRUDES GENS, sages. *Prudefemme*, honnête femme.

PRUDHOMMES, PRODHOMMES (*probi homines*), experts, arbitres, jurés. *Dict de prudhommes*, dire d'experts.

PUBERTÉ, âge auquel on est réputé capable de contracter mariage. *Pubère*, celui qui a atteint cet âge.

PUBLICATION, lecture solennelle, publique. *Publication des bans*, notification qui se faisait au prône des noms, surnoms et qualités des personnes qui se doivent marier ensemble, afin que ceux qui auraient connaissance de quelque empêchement eussent à le déclarer. *Publication des lois, des coutumes*, notification faite en parlement, solennité différente de l'enregistrement qui est la description de la loi ou de la coutume sur les registres publics.

PUBLIER, interroger les témoins, — faire preuve.

PUCELLE (*virgo*), jeune fille.

PUCH, puits.

PUGNEIS. V. POIGNEIS.

PUISAGE, droit de prendre de l'eau chez autrui.

PUISNÉS ou MAINSNÉS (*postnatus*), enfants venus après l'aîné.

PUISQUE (*postquam*), après que.

PUISSANCE, autorité, pouvoir. *Puissance paternelle, maritale*, autorité du père, du mari sur la personne et les biens des enfants et de la femme.

— DE FIEF, seigneurie, privilége du seigneur.

PULVÉRAGE (*pulveraticum*), droit sur le passage des moutons en Dauphiné.

PUNAISIE, puanteur. *Punais*, infect.

PUPILLE, qui est en tutelle.

PUR, ce qui n'est chargé d'aucune clause ni condition. *Bail pur et simple. Quittance, donation pure et simple. Pure perte*, perte absolue, sans ressource. *Terre tenue à pur*, terre tenue du seigneur directement, sans moyen.

PURGE, formalités suivies pour affranchir un immeuble des priviléges et hypothèques qui le chargent.

PURGER, ôter, éteindre. *Purger un héritage*, remplir les formalités nécessaires pour le décharger des hypothèques qui le grèvent.

PURGER LES ARRÉRAGES, LES DETTES, LA CAUTION, c'est payer.

— LE DÉFAUT, LA CONTUMACE, c'est l'éteindre en se présentant en justice.

— PAR SERMENT, SE (*purgatio*), se justifier.

— Éteindre l'accusation. *Purger la mémoire d'un défunt*, la réhabiliter.

PURPART. V. POURPARTIE.

PUTATIF (*putativus*), présumé, réputé tel. *Héritier putatif, père putatif.*

Q

QUALITÉ, état des personnes, capacité, droit d'agir. *Agir en qualité de tuteur.*

QUALITÉS DE JUGEMENT. On nomme ainsi l'énonciation qui précède le dispositif, et qui contient les noms des parties, le titre en vertu duquel elles ont agi, les conclusions, les points de fait et de droit.

QUANQUES, tout ce que. *Quanqu'il a,* tout ce qu'il possède.

QUARANTAINE DU ROY, LA (*quarantena*, 4), trève des XL jours ordonnée par Philippe Auguste et saint Louis, pendant laquelle ceux qui avaient le droit de se faire la guerre devaient s'abstenir de toutes vengeances et de toutes agressions contre les parents et amis de leur adversaire. Beaum. c. 60. *Jeter la quarantaine,* déclarer, dénoncer la trève.

QUARREL, QUARRIAUX (*quadrum*), traits, flèches.

QUARTE FALCIDIE, retranchement d'un quart que l'héritier a droit de faire subir aux legs dans les pays de droit écrit. *Quarte Trébellianique,* le quart que peut retenir à son profit l'héritier grevé de fidéicommis.

QUARTELAGE (*quartagium*), droit du quart prétendu par certains seigneurs sur les récoltes de leurs vassaux.

QUARTENIERS (*quaternio*, 2), officiers municipaux commandant un quartier ou portion de la ville.

QUARTIER, terme de loyer. — Partie de maison à louer.

— (*quadrellus*), morceau, *Quartier de vignes.*

QUASI CONTRAT, fait qui produit les effets d'un contrat. *Quasi délit, quasi crisme,* fait non criminel, mais qui oblige à indemniser la partie lésée, comme un délit.

QUATORZAINES, criées ou publications de saisies qui se faisaient de deux dimanches à deux dimanches, ou de quatorze jours en quatorze jours.

QUATRE QUINTS, quatre cinquièmes. *Les quatre quints des propres.*

QUEMANDEMENT, commandement, ordre.

QUEMUNS, communs. QUEMUNE, commune.

QUENOUILLE. V. COLOGNE.

QUENS OU CUENS, comte.

QUÉRABLE. V. PORTABLE.

QUERELLE (*querela*), plainte, demande, procès. *Querelle criminelle de dict,* c'est-à-dire d'injures. *Querelle criminelle de faict. Querelles fieffaux. Querelleur,* processif, chicanier. *Quereler,* se plaindre, accuser.

QUERIR, QUERRE (*quærere*), chercher, demander. *Querre journée,* ajourner, donner jour pour un duel. — Acquérir.

QUERQUIER, DESQUERQUIER, charger, décharger.

QUESTABLES, QUESTAUX, QUESTANS (*questales*), hommes taillables.

QUESTE (*quæsta*), taille, impôt. *Queste courant, terre de queste, queste abonnée. Quester,* exiger l'impôt.

— (*Questæ générales*), loyaux aides, taille aux quatre cas.

— acquêt dans Beaumanoir.

— CENS A, cens quérable.

— quête. *Lettres de queste.*

— enquête.

QUESTION (*questio*, 2), toute espèce de contestation. *Question de droit, question de fait.* La *question d'état* est celle qui concerne l'état ou condition civile d'une personne. *Questions préjudicielles,* celles qui doivent être décidées les premières, parce qu'elles en préjugent d'autres; telles sont les questions d'état.

— torture. *Question préparatoire* est celle qui se donnait à l'accusé pour lui faire avouer son crime. *Question définitive,* se faisait souffrir au condamné pour lui faire déclarer ses complices.

QUESTIONNAIRE (*quæstionarius*), celui qui donne la question, le bourreau.

QUEUX (*coquus*), cuisinier.

QUEVAGE (*cavagium*), chef cens en Picardie. V. CHEVAGE.

QUEVAISE, QUEVÈSE, QUENÈSE, tenure usitée en Bretagne, qui passe au plus jeune de préférence aux autres enfants.

QUIÈCHE, gouttière.

QUIEF. V. CHIEF.

QUIEMEZ. V. CHEMIER.

QUIEX, QUIEZ, qui, lesquels.

QUI FUIT, défunt, feu.

QUIGNETS, coins, bornes.

QUIGNON DE PAIN, un morceau de pain.

QUINQUANNION, QUINQUENELLE, répit et surséance de cinq années. *Bénéfice et octroy d'annion et quinquannion.*

> Qui ne leur faisait nul respit
> Delay, grâce, ne quinquernelle.
> (COQUILLARD.)

QUINQUIENNIUM, certificat de cinq années d'études théologiques.

QUINT (*quintum*, 3), cinquième. *Quint denier,* droit qui se paie au seigneur féodal pour toute aliénation du fief faite à prix d'argent. Le *requint* est le cinquième du *quint.*

QUINTAGE, disposition du cinquième du fief. Part des puinés. *Quinter les fiefs, quinter son bien,* c'est disposer de la cinquième partie de son bien.

QUINTAINES (*quintana*, 2), joute contre un poteau ou mannequin, espèce de course de bagues.

QUINTERES (*quinteriæ*), terres payant le cinquième de leur produit. *Quintero* en espagnol est le nom de certains colons partiaires.

QUINTES (*quinta*, 1), banlieue, juridiction. *Les quintes d'Angers.*

QUINTOYER, disposer du cinquième de son bien. V. QUINTAGE.

— payer le droit de cinquième ou quint.

QUIS, enquis, requis, recherché. *Témoins quis et administrez.* (Grand. Cout.)

QUIST, il cherche. QUISTRENT, ils cherchèrent. V. QUERIR.

QUITTANCE (*quitantia*), acte par lequel un créancier libère son débiteur.

QUITTE (*quietus*), libéré, affranchi.

QUITTEMENT, don, abandon.

— (Adv.), entièrement, librement, sans retour, gratuitement.

QUITTER (*quietare*), laisser, abandonner, céder, remettre.

QUITUS, quittance pour solde d'un compte en matière de finance, décharge définitive.

QUOISIER, cesser, se tenir coi.

QUOTE ou QUOTE-PART (*quota*), part, portion, portion proportionnelle à toucher ou à payer. V. COTE.

QUOTITÉ, portion, quantité. *Quotité disponible. Quotité du cens se peut prescrire.*

R

RAAMBRER, RAEMBRER, RAIEMBRER, REYMBRER (*redimere*), retirer, retraire. — Amender.

— Rançonner. — Racheter.

RABAIS, RABATEMENT, diminution de prix ou de quantité.

RABATEMENT DE DÉCRET, annulation de la vente faite par décret.

RABATTRE UN DÉFAUT OU CONGÉ, faire rapporter ou rétracter le jugement par défaut.

RABROUER, parler d'un ton dur et impératif. *Rabrouer un avocat* en interrompant durement sa plaidoirie.

RACAT OU RACHAT (*rachatum*), recouvrement de la chose qu'on a vendue en remboursant le prix de vente. *Le domaine du roi est rachetable à perpétuité.* — Remboursement du sort ou principal d'une rente constituée.

— retrait lignager.

— OU RELIEF, droit d'entrée payé au seigneur par le vassal auquel le fief est échu par succession. *Rachat abonné, rachat rencontré.*

— rançon.

RACINES, FRUITS PENDANTS PAR LES, fruits qui n'ont point encore été détachés du sol.

RACOINTEMENT, procès-verbal des arpenteurs ou des experts.

RACQUIT DE RENTE, rachat.

RADEUR, roideur, rigueur.

— MESUREUR ET RADEUR DE SEL, celui qui mesure le sel à raz. V. RAZ.

RADIATION (*radiare*), rature, anéantissement d'un acte ordonné par justice. *Radiation d'une hypothèque, d'un écrou.*

RADVEU, RADVOUER, aveu, avouer.

RAEMBERES, rédempteur. V. RAAMBRER.

RAIE, sillon. V. ROIE.

RAIEMBRE, RAJEMBRE (*redemptio*), amende, rachat, rançon. *Raiens*, racheté.

RAIGNER (*ratiocinari*), plaider, défendre en justice. V. DESRAIGNER.

RAIN (*rama*), rameau, marque et symbole de l'investiture ou mise en possession. *Ramade*, feuillée. *Ramé*, branchu.

RAIS, RAIZ (*radius*), rayon.

— (Adj.), tondu, rasé; de *raire*, raser. *Un barbier rait l'autre.*

RAISON (*ratio*), droit. *Raison escrite*, droit écrit. *L'action c'est la resons du demandeur.* (DE FONT.) On dit en ce sens *raison d'état, raison de famille*, pour droit ou intérêt d'état ou de famille.

— Droits, titres. *Actions, noms, raisons. Quitter toutes ses raisons*, renoncer à ses droits. *Perdre sa raison par droit* (C. des B.)

— (*ratiocinium*), compte. *Livres de raison.*

— mesure. *Raison de meunier.* V. RAZ.

RALER, retourner.

RAMAGE (*ramagium*), droit des usagers de couper des branches dans les bois. — Redevance payée pour ce droit. *Ramageur*, le garde qui perçoit le droit.

RAMAGES, RAMEAUX, branches d'une même famille sortant d'une souche ou tronc commun.

RAMENTEVOIR (*rementus*), faire ressouvenir, recorder, répéter.

RAMON, balai, d'où *ramoner.*

RAMPOGNE, RAMPOSNE, raillerie, blâme, chicane.

RANCHEOIR, retomber. *Rancheute*, récidive.

RANCOEUR (*rancor*), rancune, désir de la vengeance.

RANÇON (*redemptio*), rachat.

RANDE, rente.

RANDERES, RANDEUR, caution, répondant.

RANDON, roideur, rapidité, force.

RAPLEGER, cautionner.

RAPOSTIR, RAPOESTIR, remettre en poste ou puissance.

RAPPEL DE SUCCESSION, disposition par laquelle le testateur rappelle à sa succession l'héritier exclu par la coutume, tel que la fille dotée, ou celui qui ne peut succéder par défaut de représentation, etc.

— DE BAN ET DE GALÈRES, ordre de revenir de l'exil ou du bagne, grâce.

RAPPELER PAR BOURSE, retraire.

RAPPORT (*rapportum*), récit, exposition de l'affaire faite par un des juges. *Conseiller rapporteur. Rapporteurs de chancellerie. Rapporter* (*rapportere*), faire le rapport. *Son affaire se rapportera ce matin.*

— se dit des sommes ou des héritages que l'héritier est obligé de remettre dans la succession avant de le partager. *Choses rapportables.*

— ET DÉNOMBREMENT, aveu.

— SOLENNEL, c'est la dessaisine faite en main de juges. *Rapporter son fief dans la main de son seigneur.*

— ET HYPOTHÈQUE D'HÉRITAGE, nantissement.

— (*portus*), revenu. *Rapporter*, produire.

RAPPROPRIER A SA TABLE, unir à son fief. V. TABLE.

RAPPROXIMER (*reapproximare*), retraire, racheter.

RAPTEUR, ravisseur.

RASTELAGE (*rastellagium*), corvée qui consiste à étendre et faner les foins seigneuriaux. — Glanage.

RASTELER ESTEULE D'AUTRUY, glaner.

RASTOUBLE, RASTOUL, chaume, paille.

RAT (*raptus*), rapt, enlèvement par force ou par séduction. *Rat si est fame efforciée.* (Établ.)

RATE (*rata*, 3), portion. V. PRORATA.

RATIFICATION, RATIHABITION (*ratificatio*), confirmation, approbation d'un acte.

— **LETTRES DE**, sont des lettres du grand sceau que l'acquéreur d'une rente sur le roi obtient à l'effet de purger les hypothèques que son auteur aurait pu constituer sur ladite rente.

RAVAL, rabais, diminution.

RAVESTISSEMENT D'HÉRITAGE (*reinvestire*), l'ensaisinement fait devant le magistrat. *Ravestissement entre deux conjoints*, c'est le don mutuel. *Ravestissement ou entravestissement de sang*, est un droit en vertu duquel le survivant des conjoints jouit en usufruit de la moitié des héritages cottiers des enfants. V. **REVESTISSEMENT**.

RAVOIER, remettre dans la voie, redresser.

RAVOIR, RAVOIRER, recouvrer, obtenir. *Ravoir sa cour*, obtenir le renvoi devant sa cour.

RAZ, RASIÈRE, REZEAUX (*rasa*), mesure de grains ou de sel. Mesure raze, sur laquelle on a passé la pellette, à la différence de la mesure comble, ou affaitée.

RE en composition signifie une seconde fois, derechef. *Reavoir*, *reavoat, rebail*.

RÉAGGRAVE (*reaggravatio*), seconde excommunication qui aggrave les peines de la première. *Fulminer une réaggrave. Réaggraver.*

RÉAJOURNEMENT, nouvelle assignation. *On l'a réajourné sur le défaut.*

RÉAL, réel. *Réalment*, réellement. — Royal.

RÉALISER, rendre réel, effectif. *Réaliser un contrat*, c'est reconnaître le contrat par-devant le seigneur, afin d'acquérir droit réel et hypothèque, et d'être nanti. *Rente réalisée et nantie. La clause de réalisation* est celle par laquelle on stipule que des meubles resteront propres à l'un des futurs époux, et n'entreront point dans la communauté.

REALME, RÉAUME, royaume. *Réalment*, royalment.

RÉAPROPRIER, retirer par retrait féodal ou lignager.

RÉASSIGNATION, nouvelle assignation, — nouvel assignat.

RÉATU, ÊTRE IN (*reatus*), être en état d'accusation.

REBLANDIR, *est blande dominum adoriri*, c'est retourner vers le seigneur féodal pour connaître la cause de la saisie qu'il a pratiquée, ou pour savoir s'il blâme l'aveu et le dénombrement. Duc. V° **REBLANDIMENTUM**.

REBRICHES (*rubrica*). Voyez **RUBRICHE**.

REBUTER, REBOUTER, refuser, rejeter. *Rebuter garants*, reprocher les témoins.

RECÉLER (*recelare*), cacher un objet volé.

RÉCÉPISSÉ (*recepisse*), reçu constant la remise de pièces, de titres, d'argent.

RECEPT (*receptum*), droit de gîte. V. **RECET**.

RÉCEPTION, admission, acceptation. *Réception en foi et hommage. Réception au parlement.*

RECET, RECHET (*receptaculum*), retraite, habitation.

RECETER, RECAAITER, recéler. *Recheteur*, recéleur.

RECETTE (*recepta*, 2), argent reçu, chose reçue, — bureau où l'on reçoit. — Action de recevoir.

RECÈS DE L'EMPIRE (*recessus*, allem. *Abschied*), décisions de la diète germanique.

RECEVOIR, admettre, donner entrée. *Preuves recevables*, preuves admissibles. *Fins de non recevoir*, exceptions déclinatoires.

RECHACIER, RACHASSIER (*rechaciare*), affiner, séparer l'or ou l'argent des métaux moins précieux qui y sont mêlés.

RECHARGE, surcharge, surcroît.

RECHEF, DE, de nouveau, une seconde fois. *Promettre derechef.*

RECHEOIR. V. RANCHEOIR.

RECHERCHE (*recercatio*), enquête, faire la recherche des faux nobles. Examen, perquisition. *Rechercheur de mesures.*

RECHERCHER (*recercare*), demander compte, poursuivre.

RÉCIDIVE (*recidiva*), rechute dans une même faute.

RECIPE, ordonnance de médecin.

RÉCIPIENDAIRE, celui qui doit être reçu dans quelque charge, ou subir un examen pour obtenir quelque grade.

RÉCISION. V. RESCISION.

RECLAIM, RÉCLAME, RÉCLAMATION,

demande, plainte. V. CLAIN, COM-
PLAINTE.

RÉCLAMER (*reclamare*), redeman-
der, poursuivre, revendiquer.
*Réclamer l'espave ; réclamer son
homme ou femme de corps. Ré-
clameur, réclamation* (*reclama-
tio*), opposition, revendication.
Réclamation et contredict.

RECOGNITIF, TITRE, celui par lequel on reconnaît une précédente
obligation.

RÉCOLEMENT D'INVENTAIRE, DE SAI-
SIE, c'est la vérification qui a pour
but de constater l'existence des
meubles inventoriés ou saisis.

RÉCOLER, FAIRE LE RÉCOLEMENT
(*recolamen*), c'est rappeler les
témoins et leur lire leur déposition pour voir s'ils n'y veulent
rien ajouter, et s'ils y persistent.
Témoins recolés et confrontés.

RECOMMANDATION, opposition mise
à la sortie de prison d'un détenu.

RECOMMANDER, SE. V. COMMANDE.

RÉCOMPENSE (*recompensa*), indemnité, dédommagement.
— indemnité due à l'un des conjoints par celui des deux qui a
profité des deniers de ‘ communauté.

RÉCONDUCTION (*reconducere*), renou-
vellement, prolongation d'un bail
ou d'une location.

RECONNAISSANCE (*recognitio*), aveu
par écrit d'un fait, d'une dette,
d'une obligation. *Reconnaissance
d'écritures,* — *d'enfant naturel,*
— enquête.
— droits de mutation dans les coutumes du Lyonnais.

RECONNAÎTRE (*recognoscere*), avouer.
Se reconnaître vassal.

RECONVENIR, demander à celui qui
demande. Se constituer demandeur par le moyen de ses défenses.

RECONVENTION, conclusions par lesquelles le défendeur se constitue
demandeur à son tour. *Une reconvention bien fondée emporte
de droit la compensation.*
— convention nouvelle. *Le prix de
cette ferme a été augmenté par
une reconvention.*

RECORD (*recordum*), souvenir, récit,
témoignage, enquête judiciaire.
Recorder, réciter un fait, en té-
moigner. *Se recorder,* se rappeler.

Le *record de Cour* avait lieu quand
la Cour *se recordait,* c'est-à-dire
rappelait son arrêt non écrit,
donné dans un précédent parlement; *record* est ainsi quelquefois
synonyme de jugement.

RECORD D'HOMMES, RECORD DE LOY,
c'était l'enquête qui certifiait le
jugement rendu ou la coutume
existante. *Criées recordées,* c'est-
à-dire rapportées ou reconnues
aux plaids par le sergent qui les a
faites. *Exploit recordé,* qui a été
fait par le sergent en présence de
témoins ou *records.*

RECORDEURS, RECORS (*recors*), témoins, — témoins assistant les
sergents dans certains actes de
leur ministère.

RECOURRE. V. RESCOURRE. *Recourre
les monnaies* (*recurrere*), c'est en
altérer le titre légal.

RECOURS (*recursus*, 4), action en garantie ou en dommages-intérêts.

RECOUSSE. V. RESCOUSSE.

RECOUVREMENT (*recuperatio*), recette, rentrée. *Recouvrement de
deniers, de titres.*

RÉCRÉANCE, RECRÉDENCE OU RENDUE
(*recredentia*), c'est la possession
provisoire de la chose qui est en
procès, laquelle s'adjuge à celui
qui a le droit le plus apparent.
Sentence de récréance. V. MAIN-
TENUE.
— rentrée en possession, restitution, reprise d'un objet saisi.
*Récréance de bétail pris en dom-
mage ; faire récréance et délivrance ; récréance de fruits em-
pêchés ; biens recrus et rendus ;
récréancer.*

RECRÉANT, RECRU (*recrediti*), las,
rendu. *Jamais François ne furent
vus recreus de bien faire.* —
Celui qui, dans un combat singulier, se déclare vaincu, se rend.
— infâme, déshonoré. *Recréan-
dise,* action de se rendre, lâcheté.

RÉCRIMINER (*recriminatio*), accuser son accusateur.

RECROIRE, RECRÉANTER (*recredere*),
rendre, ressaisir. *Recroire les
namps à pleges,* rendre les gages
aux cautions. *Recroire et eslargir
criminels. Chose recrue,* chose
rendue.

RÉCURSOIRE, ACTION. V. RECOURS.

RÉCUSER, refuser le juge, alléguer

des motifs qui l'obligent à ne point prendre connaissance de l'affaire.

RÉDARGUER, réprimander, répondre.

REDEVANCE ou REDEVOIR (*redebentia*), toute espèce de prestations auxquelles sont tenues le vassal ou le censier. Le *redevancier* est celui qui doit la prestation.

— Reliquat.

RÉDHIBITOIRE, qui a pour effet ou pour but la nullité de la vente d'une chose défectueuse. *Vice rédhibitoire ; action rédhibitoire.*

RÉDIMER, SE (*redimere*), se racheter, s'exempter, s'affranchir d'une charge ou d'une rente.

REDISME, REDIESME (*redecima*), dime de la dime, onzième.

REDRESSER (*redirigere*), réparer, expier son tort, faire droit.

RÉE, RÉEL (*reus*), défendeur.

RÉEL, qui concerne un immeuble. *Droits réels, servitude réelle.*

RÉELLE, ACTION, celle qui a pour objet la poursuite d'une chose ou d'un droit, sans considération de la personne poursuivie.

RÉELLEMENT, immobiliairement. *Maison saisie réellement.*

RÉEMPTION (*redemptio*), rachat.

RÉFÉRÉ, rapport d'un incident qui, à raison de son urgence, doit être décidé par le juge, provisoirement et sans attendre l'audience.

RÉFÉRENDAIRE (*referendarii*), officier de la chancellerie qui fait le rapport des lettres de justice, comme des lettres de rescision et autres.

RÉFÉRER (*referre*), faire un rapport, — reporter, — enchérir.

REFONDER LES DÉPENS (*refundere*), rembourser les dépens qui ont été faits. *Refusion de dépens*, remboursement des dépens.

REGAIN, seconde herbe des prés.

RÉGAL, royal. *Régalement*, royalement.

RÉGALE (*regalia*), c'est le droit qu'a le roi de percevoir le revenu des évêchés, le siège vacant, et jusqu'à ce que l'évêque ait fait son serment de fidélité au roi ; c'est en outre (ce qu'on nomme *régale spirituelle*), le droit de nommer aux bénéfices non cures qui s'ouvrent pendant la vacance du siège. *Régaliste*, celui qui a été pourvu du bénéfice en régale. *Le régaliste doit plaider saisi.*

RÉGALER (*regulare*), faire entre les contribuables la répartition ou *régalement* d'une taille imposée.

RÉGALES, DROITS RÉGALIENS (*regalia*), tous les droits qui appartiennent au roi en vertu de sa souveraineté.

REGARD, RETENIR SON (*regardum*), se réserver le droit d'assister à l'instance pour voir et regarder ce qui s'y passe.

RÉGENCE, administration du royaume pendant la minorité du roi. *Régent*, celui qui gouverne pendant la minorité du roi.

RÉGENTANT, administrateur, tuteur.

RÉGIE, administration. *Faire la régie d'une élection ou d'une généralité.*

RÉGIME, ordre, règles qui gouvernent certaines personnes ou certains biens. *Régime dotal*, *régime de la communauté.*

REGISTRE (*regestum*), livre sur lequel on inscrit ou enregistre les actes publics ou particuliers. *Extrait des registres de la Cour.*

RÈGLE (*regula*), loi, ordonnance, maxime, principe.

RÈGLEMENT, ordonnance, loi, ordre établi.

— ARRÊTS DE, décisions que rendaient les Cours souveraines pour être observées comme loi dans toute l'étendue du ressort.

— DE JUGES, décision sur un conflit de juridiction entre deux Cours ou tribunaux.

REGNABLE, REGNAULE, raisonnable.

REGNICOLES (*regnicola*), sont ceux qui jouissent en France des droits civils. — Ceux qui habitent le pays.

RECORT. V. GORS.

REGRATTIERS (*regratarii*), marchands en détail, revendeurs. *Vendre à regrat*, vendre au détail, vendre d'occasion. *Les regrats sont défendus sur les ports de Paris.* (Ord. de la Ville.)

REGRÈS (*regressus*), rentrée en possession. Droit de celui qui résigne un bénéfice de rentrer en possession si le résignataire ne remplit point ses engagements.

RÉGULIER (*regulares*), qui a fait profession dans un ordre religieux.

RÉHABILITATION (*rehabilitatio*), rétablissement dans les droits civils ou politiques dont on est déchu.

REILHAGE, REIL, soc de charrue, — droit de labourage.

RÉINTÉGRANDE (*reintegratio*), remise en possession en cas de violence et de spoliation.

RÉINTÉGRER (*reintegrare*), remettre les choses dans leur premier état, rétablir dans la possession, dans l'office. *Réintégrer un prisonnier,* le remettre dans la prison.

REJET, rebut, renvoi, report d'un article de compte à un autre endroit du compte; — renvoi d'un impôt d'un exercice sur l'autre.

RELAIS ou LAISSES, terres que la mer a laissées au rivage.

— (angl. *lease*), remise, abandon.

RELATER (*relatare*), rapporter. *Relation* (*relatio*), rapport, témoignage. *Sur la relation des notaires.*

RELAXER (*relaxare*), relâcher, délivrer. *Relaxation de peine,* adoucissement, diminution de la peine.

RÉLÉGATION, exil.

RELEVAGE, RELÉVEMENT. Voyez RELIEF.

RELEVÉ, dépouillement, extrait.

RELEVÉE (*relevatio*), l'après-midi, le temps qui suit la méridienne.

RELEVER, restituer, remettre en l'état où l'on était avant l'acte ou le jugement attaqué. *Mineur relevé. Relief de mineur* (*restitutio in integrum*).

— intimer devant un juge supérieur la partie qui a eu gain de cause. *Lettres de relief,* lettres royaux en vertu desquelles on *relève* l'appel.

— ressortir. *Les appellations comme d'abus relèvent au parlement.*

— dépendre. *Fief qui relève d'un autre.*

— payer le relief (*relevare feudum*). *Relever et droiturer son fief; relever le fief de mains et bouche. Relèvement de cens.*

— UN CONTRAT, en lever une seconde grosse.

RELEVOISON, relief. *Ventes et relevoisons; relevoison à plaisir (relevium ad misericordiam*).

RELICTE ou GUERPIE (*relicta*), veuve.

RELIEF D'APPEL (*relevatio appellationum*). — DE MINEUR. V. RELEVER.

— DE NOBLESSE, réhabilitation.

RELIEF (*relevium*), indemnité payée au seigneur à toute mutation faite autrement qu'à prix d'argent. *Relief de bouche, de cheval et armes, de plume, de rente. Relief à merci,* dont le taux dépend de la volonté du seigneur (*relevium rationabile*).

RELIGIER (*relegere*), retirer, retraire.

RELIGION (*religio*), ordre religieux. *Entrer en religion.*

RELIQUAT (*reliquum*), ou RESTAT, reste.

RELIQUATAIRE (*reliquator*), celui qui est débiteur d'un reliquat de compte.

RELOUER (*relocare*), louer une seconde fois, sous-louer.

REMAINDRE, REMAIGNER, rester, demeurer. *Remain,* demeure. — Restant.

REMANANT, REMENENT, REMEIGNANT (*remanentum*), restant, résidu.

REMBRE, racheter. V. RAAMBRER.

REMÉDE DE POIDS, REMÉDE DE LOI, la tolérance accordée aux fabricants de monnaies.

REMEMBRANCE (*remembrantium*), mémoire, souvenir.

RÉMÉRÉ, rachat. — (Part.), racheté.

REMETTRE (*remittere*), se relâcher de ses droits et prétentions.

— Rétablir quelqu'un en son premier état. — Renvoyer.

— S'EN, s'en rapporter au jugement de quelqu'un.

RÉMIS (*remissus*), retardataire, négligent. — Retardé.

REMISE (*remissio*), abandon d'un droit. *On lui a fait remise des intérêts pour être payé du principal.*

— Délai, ajournement.

— Argent remis par des négociants à leurs correspondants.

RÉMISSION, grâce. *Rémissible,* qui mérite pardon. *Rémissionnaire,* gracié.

REMPLACEMENT ou REMONTRANCES, discours faits par les présidents ou membres du parquet à la rentrée du palais.

REMPLOI DE PROPRES ALIÉNÉS, c'est l'obligation de remplacer par une acquisition d'immeubles les biens propres de l'un des époux qui ont été aliénés, pour empêcher que le prix de ces propres n'entre dans la communauté.

REMUEMENT DE FIEF (*remuagium*), droit de mutation. V. MUAGE.

— DE SIGNORAGE, changement de seigneurie.

REMUER, changer. *Les honors les meurs remuent.* — *Remué de germain*, issu de germain.

RENCHOIR, RENOUVELER (*récidivare*), retomber dans les mêmes fautes.

RENDABLES ET JURABLES, FIEFS, (*reddere feudum*), étaient ceux que les vassaux étaient tenus de prêter à leurs seigneurs pendant la guerre.

RENDAGE, RENDERIE, rente, cens, redevance.

RENDANT, RENDEUR, comptable, gérant qui présente son compte.

RENFORT DE CAUTION, caution qui s'oblige solidairement avec la première caution pour garantir la solvabilité du débiteur.

RENGRÉGER, augmenter le mal, aggraver. *La plaie se rengrége.*

RENOIÉ (*renegatus*), renégat.

RENONCER (*renuntiare*), délaisser, abandonner. *Renoncer à la succession de son père.* — *Renoncer un immeuble.*

RENTAGE (*rentagium*), obligation du tenancier de payer la rente au seigneur. — Terrage, champart.

RENTAULE, TERRE, terre qui doit rente.

RENTE (*reditus*), profit que *rend* tous les ans quelque fonds de terre ou quelque somme d'argent.

— FONCIÈRE créée par l'aliénation d'un fonds, — *constituée, volage* ou *volante*, établie à prix d'argent.

— HÉRITABLE, PERPÉTUELLE, à la différence de la *viagère.*

— NOTURIÈRE, à la différence de celle qui est inféodée.

— SÈCHE, qui ne doit aucun service au seigneur.

— ENSAISINÉE, assignée sur des fonds en roture. *Inféodée*, assignée sur des fiefs, et emportant foi au seigneur féodal.

RENTER (*reddituare*), doter d'une rente. *Renteux*, qui porte rente, *terre renteuse.*

RENTIER (*renderius*), celui qui reçoit la rente, — celui qui la paie.

RENTIERCER (*intertiare*), sequestrer. V. ENTIERCER.

RENVOI, ordonnance par laquelle on reporte l'affaire devant une autre juridiction que celle saisie par le demandeur. *La Cour a renvoyé les parties devant leurs juges naturels.*

— Addition écrite en dehors du texte, et qui doit en faire partie; — trait qui indique où doit se placer cette addition.

REPAIRER, REPÉRER (*reparare*), demeurer; être domicilié; *repaire*, domicile.

— retourner, revenir. *Repaire, repairier*, retour. *Trusque au repaire*, jusqu'au retour.

RÉPARATION CIVILE, dédommagement accordé par justice à la personne qui a souffert d'un crime ou d'un délit.

RÉPARTIR, partager entre plusieurs personnes une somme à payer. *Egale répartition.*

— Répliquer, répondre.

RÉPERTOIRE (*repertorium*), journal sur lequel certains officiers publics sont tenus d'inscrire sommairement les actes de leur ministère. — Inventaire.

RÉPÉTER, reprendre quelque chose sur quelqu'un.

RÉPÉTITION, action en restitution.

— DE TÉMOINS. V. RÉCOLEMENT.

— DE QUESTION, réitération de la torture.

RÉPIT ou RESPIT (*respectus*), délai. *Répit et souffrance* ou *surséance. Lettres de répit* ou *d'État*, sont des lettres du roi qui accordent au débiteur un délai pour payer ses créanciers. *Mettre le jugement en répit*, le différer. *Respiter*, délaier, différer. *Saufrespit*, souffrance féodale.

RÉPLIQUE (*replica*), réponse. *Fournir des répliques*, fournir des réponses par écrit à ce que notre adverse partie a dit contre nous dans ses écritures. *Répliques, dupliques, tripliques, quadrupliques.*

RÉPONDRE (*respondere*), se porter fort, garantir, cautionner. *Répons, répondant* (*responsalis*), caution.

— UNE REQUÊTE, c'est mettre au bas : *Soit fai ainsi qu'il est requis*, en ordonner l'exécution.

RÉPONS EN COUR, AVOIR, c'est avoir le droit d'agir en justice comme partie, ou d'y figurer comme juge ou témoin.

RÉPONSES A GRIEFS, sont les écritures fournies par l'intimé pour soutenir le bien jugé de la sentence.

REPORTAGE (*reportagium*), moitié de la dîme.

REPOST, REPONAILLE, REPOISTAILLE, REPUST, EN (*repositus*), en secret. *Clam*.

REPRENDRE UN FIEF, le relever par la foi et l'hommage.

REPRÉSAILLES, revanche prise sur celui qui nous a causé un dommage. *Lettres de représailles*, lettres de marque.

REPRÉSENTATION, exhibition. *Représentation de meubles, d'un accusé*, etc.

— bénéfice de la loi au moyen duquel un parent qui est dans un degré éloigné succède du chef de son auteur en concurrence avec un parent plus proche en degré. *Les termes de représentation* sont les degrés de parenté dans lesquels la loi admet la représentation.

REPRISE DE FIEF, c'est la prise d'investiture. On nomme aussi *fiefs de reprise*, les aleux remis par le vassal entre les mains du seigneur, pour les reprendre de lui à titre de fiefs. V. COMMANDE.

REPRISE EN FAIT DE COMPTE; le chapitre de reprise contient les articles de ce qu'on représente, qu'on donne à reprendre, ou qu'il faut déduire.

— D'INSTANCE, acte par lequel on reprend la poursuite d'un procès contre les héritiers ou représentants de la partie qui est décédée.

REPRISES, tout ce qu'un des époux a droit de reprendre avant partage lors de la dissolution de la communauté.

REPROCHE, blâme, refus, rejet, réfutation. *Reprocher l'aveu, le compte*, le débattre et le contredire.

REPROCHER LES TÉMOINS (*reprendre*),

contester le mérite de leurs dépositions, les récuser.

REPROUVE, reproche, blâme.

REPROUVIER, proverbe :

Quar l'on sielt dire en reprovier :
Qui le pendu despendera
De sor son col le faix charra.

RÉPUDIER UNE SUCCESSION, UNE HOIRIE (*repudium*), c'est y renoncer, ne point l'accepter.

REQUANT, quart denier du quart, comme le *requint* est le cinquième du quint.

REQUENOISSANT, reconnaissant.

REQUERRE, REQUÉRIR (*requirere*), demander, supplier. *Requereor*, celui qui revendique. (De Font.)

REQUÊTE (*requesta*), est une demande faite en suppliant, dit Nicod. — supplique, demande adressée au juge. *Requête à fin d'opposition*.

— défenses ou mémoires fournis par les procureurs.

— CIVILE, recours contre un arrêt définitif qui s'obtient par lettres royaux, sur ce motif que les juges ont été égarés par faux, dol ou surprise.

REQUÊTES DE L'HÔTEL, l'une des juridictions du parlement de Paris, en laquelle étaient juges les maitres des requêtes; elle connaissait des affaires dans lesquelles étaient parties les officiers de la maison du roi ou ceux qui avaient le privilége de *committimus*.

REQUEURRE. V. RESCOURRE.

REQUINT. V. QUINT et REQUART.

RÉQUISITION, RÉQUISITOIRE, demandes et conclusions du ministère public.

RÉQUISITION (*requesta*, 2), exaction, redevance. V. QUESTE.

RÈRE FIEF, RIÈRE FIEZ (*retrofeodum*), RÈRE VASSAL (*retrovasallus*), arrière-fief, arrière-vassal.

RESAISINE (*resaisitio*), remise en possession. *Resaisir*, restituer, rétablir.

RESCINDRE, RESCINDER, casser, annuler un contrat ou un autre acte. *Rescindant*, moyen servant à faire prononcer l'annulation ou rescision. *Rescisoire*, ce qu'on obtient en vertu du rescindant.

RESCISION, annulation, anéantissement d'un acte, d'un contrat.

— LETTRES DE, lettres qu'on obtient du prince pour faire casser un acte entaché de nullité.

RESCONSER. V. ABSCONSER.

RESCOUDRE, RESCOUDRE (*rescodere*, *rescuere*), retirer, ravoir, récuperer. *Rente recousse*, rente rachetable. *Prisonnier rescous*, prisonnier retiré des mains de ceux qui le détiennent.

RESCOUSSE OU ESCOUSSE (*rescussa*), reprise, recouvrement. — *Rescousse d'héritage*, retrait lignager. *En escange n'a point de rescousse. Bastars ne puet rescourre.* — *Rescouerres*, le retrayant.

— rébellion.

RESCRIPTION (*rescriptio*), mandat, ordre de paiement tiré sur un de nos débiteurs. — Mandat tiré par une caisse publique sur une autre.

RESCRIT (*rescriptum*), lettre de chancellerie que le roi adresse aux juges pour faire exécuter ses ordres.

— sorte de bulle ou de monitoire délivré par le pape.

RESE (*reisa*, allem. *Reise*), voyage, expédition.

RÉSERVATIONS, restrictions, ce qu'on excepte de la vente.

RÉSERVE (*reservum*), légitime, part donnée par la loi aux héritiers.

— Exception.

— (*reservatio*), INTERDIT OU PROHIBITION, droit du pape de nommer à certains bénéfices de préférence au collateur.

RÉSERVÉ, CAS, c'est le péché dont il n'y a que l'évêque ou le pape qui puisse absoudre.

RÉSERVER, excepter. V. RÉSERVE.

RÉSIDENCE (*residentia*), demeure, domicile.

— Demeure d'un ecclésiastique au lieu de son bénéfice, pour être toujours prêt à le desservir. *Être obligé à la résidence Les évêques et les curés sont obligés de résider.*

RÉSIDU (*residuum*), reste. *Résidu d'un compte.*

— DE PROCÉDURE, sont les pièces que le procureur garde devers lui, et qu'il ne produit point comme étant inutiles.

RÉSIGNATION (*resignare*), démission d'un office ou d'un bénéfice *Rési-*gnant, le démissionnaire. *Résignataire*, celui au profit duquel se fait la résignation.

RÉSILIMENT, RÉSILIATION, acte par lequel les contractants se départent réciproquement du contrat, et consentent à ce qu'il ne soit point exécuté. *Résilier un bail.*

RÉSIPISCENCE, retour à une meilleure conduite, à de meilleurs sentiments. *Si l'excommunié vient à résipiscence, on l'absout en forme canonique.*

RÉSIXIÈME, sixième du sixième.

RESNABLE, RESNACLE, REGNABLE (*rationabile*), raisonnable.

RÉSOLUTION, annulation d'un acte, faute par l'une des parties d'exécuter ses engagements. *Clause résolutoire*, convention par laquelle on convient qu'un contrat sera cassé si l'une des parties ne remplit point ses engagements.

RÉSOMPTION DE PROCÈS, reprise d'instance.

RÉSOUDRE, annuler, casser. *Se résoudre*, aboutir à, finir par.

RESPECTIF (*respectivus*), mutuel, réciproque. *Obligation respective. Les parties ont respectivement appelé.*

RESPIT, RESPONDRE. V. RÉPIT, REPONDRE. *Ils respongnent*, ils répondent.

RESPONSIF, RESPONSIVE, qui contient une réponse. *Écritures responsives.*

RESSÉANCE, RESÉANTISE, résidence.

— Obligation du vassal ou estagier de rester sur le domaine du seigneur. — Rétribution payée par les bourgeois au seigneur qui protège la ville.

RESSÉANT, RESSÉANZ, RÉSIANS, domicilié, résident. *Caution resséante.* — *Exoine de mal resséant*, excuse de maladie qui force à garder la maison.

RESSORT (*ressortum*), juridiction, territoire. *Juger en dernier ressort*, juger sans appel. *Ressortir* (*ressortire*), être justiciable de.

RESTEMENT, assignation. *Rester*, assigner, appeler en justice. *Retez*, accusé, défendeur.

RESTITUER, rendre, rétablir. *Restituer une partie en tous ses droits.*

RESTITUTION, remise en état. *Être*

obligé à restitution, c'est être obligé à rendre ce qu'on a pris.

— EN ENTIER, rétablissement d'une partie en tous les droits qu'elle avait avant l'acte ou le jugement qui lui porte préjudice.

RESTOR (*restaurum*), retour, dédommagement, récompense.

RESTREINDRE, limiter, modifier. *Restrictions*, limitations.

RÉTABLIR (*restabilire*), remettre en état; réinstaller quelqu'un dans la possession des biens ou des honneurs dont il est déchu, restituer.

RÉTABLISSEMENT (*restabilimentum*), restitution. *Rétablissement de communauté*, acte par lequel des époux judiciairement séparés se remettent en communauté.

RETENAIL, RETENUE (*retentio*, 3), protestation, réserve. *Se mettre en esgard ou connoissance de Cour, sauf son retenail.*

— retrait seigneurial.

RÉTENTION, RETENUE, réserve. *Rétention d'usufruit vaut autant que délivrance de la chose.*

— DROIT DE, droit de conserver la chose jusqu'à ce qu'on soit remboursé des avances faites à son sujet.

RETENTUM *in mente Curiæ*, c'était une décision prise par le parlement qui ne se mettait pas en écrit. A Rome, on dit *in petto* pour les choix arrêtés, mais non encore divulgués.

RETER (*retare, rectare*), accuser.

De quanque Ysangrin l'a reté
Itel amende li fera
(Roman du Renard.)

RETEZ, accusé ; en latin, *reus*. V. RESTEMENT.

RETIRER OU RETRAIRE (*retrahere*), exercer l'action de retrait, reprendre un héritage dans les mains de l'acquéreur.

RÉTORSION, représailles.

RETOUR, réversion, droit de reprendre en certains cas la chose qu'on a donnée. *Le droit de retour*, est le droit qui appartient aux ascendants de reprendre dans la succession de leurs enfants, morts sans postérité, les biens qu'ils leur ont donnés. — Le seigneur féodal reprenait également par *droit de retour*, le fief de son vassal mort sans héritiers de la ligne par laquelle le fief était entré dans la famille.

— (*restaurum*), indemnité, dédommagement. *Gaiges et restors.*

RETOUR DE COMPTE, arrête de compte.

RETRAIRE, retirer. V. RETRAIT.

— recorder, rappeler.

RETRAIT, RÉTRACTION, PRÉMESSE, RACHAT (*retractus*), action par laquelle on retire à soi un héritage aliéné ; — droit de préférence dans l'acquisition d'un héritage. *Retrait lignager*, droit qui appartient au parent le plus proche du vendeur, de retirer des mains du tiers acquéreur un ancien propre de la famille. *Retrait féodal ou censuel*, droit du seigneur de retirer des mains du tiers acquéreur, l'héritage féodal ou censuel, vendu par le vassal. *Retrait ecclésiastique*, droit accordé aux ecclésiastiques de rentrer dans la possession des biens d'Église aliénés.

— refuge, asyle, retraite.

RETRAITES, retrait. — demande en justice dans les coutumes picardes.

— relais de la mer.

RÉTROCÉDER, rendre à un cédant ce qu'il a cédé et lui en faire une nouvelle cession. *Rétrocession de bail. La rétrocession remet le cédant en tous ses droits.*

RETRUS, pour détenu. Guy Coquille, t. II, p. 36.

RETULIT, expédition qu'un notaire délivre d'un acte passé par son prédécesseur.

REUBER (all. *Rauben*), dérober. *Reubères*, voleur. V. ROBE.

REULE. V. RIEULE.

REUSER, RUSER (*rusare*), se réfugier, reculer, retourner sur ses pas.

REUVER. V. ROVER.

RÈVE (*reva*), impôt sur les marchandises importées en France. *Droit de rève et de haut passage.*

REVENDIQUER, réclamer, poursuivre la restitution de chose qui nous appartient. *Revendication.*

REVENTE, REVENDAGE, vente réitérée, seconde vente. *Revente à la folle enchère.*

— REVENTONS, VENTEROLLES, RETIERS, RESIXIÈME, droit payé au seigneur par l'acquéreur qui a pris le paiement des lods à sa charge.

REVERSALLES, lettres de reconnaissance, — aveu et dénombrement.

RÉVERSION (reversio), retour. Réversible, sujet à retour. Tous les fiefs aliénés de la couronne sont réversibles. V. RETOUR.

REVESTIR. V. INVESTIR et VESTIR.

REVESTISSEMENT ou RAVESTISSEMENT, don mutuel entre mari et femme dans les coutumes du Nord.

— REVÊTEMENT, REVÊTURE, droits d'entrée en possession dus au seigneur.

— DE LIGNE, c'est l'attribution au plus prochain héritier de chaque ligne des biens qui proviennent de cette ligne, sans considération de la proximité de degré entre les différents héritiers et le de cujus.

REVESTURE, REVESTITURE, droit dû au seigneur pour l'investiture.

REVISIT, RÉVISION, nouvel examen d'un compte, d'un procès, etc.

RÉVOCATION, rétractation d'un acte, d'une disposition. Révocation de legs.

REVOUAGE, second droit d'aveu, — aide payé au seigneur en certains cas.

REVUE. V. VUE, MONTRÉE.

REWARD, REUVART (all. Ward, gardien), administrateur, — officier municipal dans les coutumes du Nord. Rewardage, son office.

— garde, administration. Reswardeur, gardien, surveillant.

« Ils (les prévosts, jurés, eschevins) « doivent avoir le reward, warde, « administration et gouvernement « de la loi, franchise, usage et li-« berté de la dite ville. »
(Privilége de Valenciennes.)

REWARD, égard. Rewarder, regarder.

REYMBRE (redimere). V. RAAMBRER.

REZ, RAIZ, ras, rasé, tondu. Rez comme un moine.

REZ-DE-CHAUSSÉE, à rase terre.

RIBAUT, portefaix, — soldat, — homme de mauvaise vie, scélérat.

RIBLER, faire la débauche, voler.

RIBLEUR, aventurier, libertin.

RIENS (res). chose. Sur toutes riens.

RIÈRE, arrière. Rière fief, rière ban, rière caution. Guy Coquille, t. II, p. 88.

RIEULE, RIULLE, RIGLE (regula), règle, principe. Rieuler, gouverner.

RIFFLER (rifflure), enlever par force, faire razzia. Riffle, rapine.

RIOTE (riota, angl. riot), querelle. Riotte sans profit ne vaut riens. Riotter, quereller, faire du bruit. Riotteus, tapageur. Le riot-act, bill contre les émeutes.

RISCONTRE, paiement fictif.

RISSIR (ital. riuscire), sortir de nouveau.

Maint mauvais sont des bons issus
Et des mauvais rissent les bons.
(Rom. de Rou.)

RISTOURNE, résolution d'un contrat d'assurances pour défaut de risque ou fausse déclaration.

RIVAGE (ripaticum), droit sur les marchandises qui viennent par eau.

ROAGE, RODAGE, ROUAGE (rotaticum), impôt sur les charrois.

ROAIGE, TERRE EN, celle dont la culture est divisée par roies ou sole.

ROBE, REUBE (roba), linge, habillement, garde-robe.

— Vêtement des avocats et des magistrats. Porter la robe, être de robe. Quitter la robe, abandonner le palais.

— butin, vol.

ROBER, ROBOER (robare), dérober. ROBERIE (robaria, en angl. robbery), larcin. Roberres, robeur, voleur.

ROE, ROEUE, REUE (rota), roue.

ROGATOIRE. V. COMMISSION.

ROIAUX, DROITS (regalia), droits qui n'appartiennent qu'au roi seul, priviléges de la souveraineté.

ROIE ou RAIE, RIEZ (riga), sillon, raie.

— sole. « L'année que la greigneur « roie porte bled. » (Beaum.)

RÔLE (rotulus), feuille de papier, feuillet d'écritures; — registre, état. Rôle des causes, rôle des contributions. Rôle d'équipage, état des personnes qui sont sur le navire.

RÔLES ET TERRIERS, papiers terriers, registres où sont inscrites les reconnaissances des tenanciers.

ROMIEUZ (esp. romero), pèlerin qui va à Rome. Romuage, pèlerinage.

ROMPEIZ, ROMPTEIZ, RONTEIVE, RUTIZ, terres nouvellement défrichées, novales. Rompre, défricher,

ROMPTURE, déconfiture.

RONCIN ou ROUCIN (*roncinus*). V. DESTRIER. *Roncinage*, service de roncin.

ROTE, ROTTE, ROUTE (*routa*), troupe, compagnie de gens de guerre ou de malfaiteurs.

ROTURE, HÉRITAGE TENU EN, ou VILLENAGE, héritage tenu à cens, rente, ou service vilain, à la différence du fief qui est tenu par service noble.

ROTURIER (*rupturarius*), homme libre qui n'est pas noble. *Les roturiers*, le tiers état.

— (adj.), qui concerne les biens ou personnes des roturiers. *Mariage roturier; douaire, naissant roturier.*

ROU, ROUPT, rompu.

ROUAGE. V. ROAGE.

ROUE, ROULE (*rotulus*), rôle, registre, état. *Roullé*, roulé, mis en rouleau.

ROULEMENT, passage annuel des conseillers ou juges d'une chambre dans une autre.

ROUTE. V. ROTE.

ROUTIER (*raptarii*), soldat, vétéran. *Un vieux routier de guerre ou de pratique.*

ROVER, ROUVER (*rogare*), prier. *Il ruere*, il prie. *Il ruist*, il demanda.

RU, ruisseau.

RUAGE, confrérie composée des habitants d'une même rue.

RUAUL, royal.

RUBRICHE, RUBRIQUE (*rubrica*), titre d'un livre, intitulé d'un chapitre, d'un compte, etc.

RUBRICHER, discuter, débattre.

RUER (*irruere*), jeter, tomber. *Ruer jus*, jeter à terre.

RUILLER, régler. *Ruile*, règle. *Ruile qui ne faut, ne ne ment.*

— Rouler. *Jeu de la rule*, jeu de boule.

RUN, rang, tour.

RUPTURE. V. ROMPTURE.

RURAUS, BIENS ou HÉRITAGES, biens roturiers.

RUVER. V. ROUVER.

S

SACAGE, SACQUAGE, droit sur chaque sac de grains.

SACER, SACHER, SACQUER (esp. *sacar*), tirer, dégainer.

Dieu sache le povre del femier.

— *Sacheur de dents*, arracheur de dents.

SAÈTE, SAGETTE (*sagitta*), flèche, dard.

SAGE, SAIGE (*sapiens*), expérimenté, savant. *Sages homs*, jurés, jurisconsultes. *Respons de sages homs* (*responsa prudentium*). — *Faire sage*, instruire.

SAIAU, SAIEL, scel.

SAICHANCE, science, connaissance. *Saicher gré*, savoir gré.

SAILLIR, sauter, sortir. *Saillir sus*, se lever.

SAINTEURS, SAINTIERS, SAINTS, hommes qui se déclaraient serfs de quelques saints (Brussel, p. 945). — Serfs d'Église.

SAINTRE, CHEINTRE, droit du seigneur de faire pâturer son bétail dans les lieux non cultivés, et ce par préférence à tous autres.

SAINTS (*sancta*), reliques, évangile. *Jurer sur les saints.*

SAINTUAIRE, sanctuaire. — Reliques.

SAISIE, SAISISSEMENT, mise de biens sous la main de justice.

— ARRÊT ou OPPOSITION, saisie faite par un créancier sur son débiteur, entre les mains du débiteur de ce dernier, ou *tiers saisi*.

SAISIE BRANDON, saisie des fruits pendants par racine. V. BRANDON.

— GAGERIE, arrestation faite par le propriétaire des meubles et effets qui sont affectés par privilège au paiement des fermages et loyers.

— IMMOBILIÈRE ou RÉELLE, saisie des immeubles du débiteur pour en faire faire la vente par autorité de justice.

— REVENDICATION, saisie entre les mains d'un tiers d'un objet sur lequel on prétend avoir un droit de gage ou de propriété.

SAISINE (*seisina*), possession, mise en possession, investiture.

> Donc courut un home au terrein
> Ser un bordel tendit sa main,
> Plaing poing prist de la covreture,
> Au duc tourna a grant aleure
> Sire, dist-il, avant venes,
> Ceste saisine receves,
> De ceste terre vous saisis,
> Vostre est sans doute le pais.
> (Rom. de Rou.)

« La saisine est la possession ac-
« tuelle d'un héritage en laquelle
« le vendeur met l'acheteur. Elle
« fait le même effet à l'égard des
« immeubles, que la tradition en
« matière de meubles. » (Dict. de
Richelet.)

— ET NOUVELLETÉ, CAS DE, a lieu lorsqu'on a troublé quelqu'un en sa possession et jouissance.

— DESSAISINE, DROIT DE, ou DROIT D'ENTRÉE ET D'ISSUE, droit payé au seigneur par le nouvel acqué-reur quand il est mis en posses-sion de l'héritage censuel.

SAISINEUR, gardien judiciaire.

SAISIR (*saisire*), arrêter les biens d'une personne et les mettre en main de justice. *Saisir les meu-bles; saisir réellement.*

— mettre en possession, investir. *Le pied saisit le chef; l'hoir saisit le vif. — La cour est sai-sie de l'affaire.*

SAIVE. V. SAGE.

SALADE, casque.

SALAGE, SALAIGE, droit sur le sel, gabelle.

SALÉ, provision de sel. *Franc salé,* provision de sel accordée gratui-tement à certains officiers et ma-gistrats.

SALIQUE, LOI (*Salica lex*), pre-mière coutume des Francs saliens. — Loi de la succession au trône de France. — Loisel donne sou-vent à ce mot le sens d'*anciennes coutumes françaises.*

SALLE (*sala*), hôtel, cour, juridic-tion. *Coutume de la salle de Lille.*

SALMS (angl. *psalm*), psaume. *Sal-moier,* psalmodier.

SALVAGE, SALVANCE (*salvatio*), sauvegarde.

SALVATIONS, écritures en réplique pour *sauver* la défense ou *contre-dits,* des objections de la partie adverse, pour défendre un compte par exemple, ou soutenir la véra-cité des témoins produits. *Bailler salvation de lettres et de té-moings.*

SAMET, SAMYT (all. *Sammet*), étoffe de soie, — velours.

SANG (*sanguis*), parenté, *frère de demi-sang,* frère utérin ou con-sanguin. *Sanguinité,* parenté. — haute justice.

SANLER, sembler, croire. *Sanlaule,* semblable.

SANS MOIEN, SEIGNEUR, seigneur di-rect et sans intermédiaire.

SAON, SAONNEMENT, reproche de té-moins. *Saonner,* reprocher. *Sans saon,* sans reproche.

SAPIENCE, sagesse, prudence, finesse. *Pays de Sapience,* Nor-mandie.

SARCU, SARQUEU, cercueil.

SARD, SAURE, essart. *Sarter,* défri-cher.

SAS, SACHETS, FRÈRES (*saccarii*), carmélites.

SAU, sel. *Saunier,* marchand de sel; officier du grenier à sel. *Faux saunage,* contrebande du sel.

SAUF-CONDUIT, SAUF-VENANT, sûreté pour aller et venir.

SAUTIER (*psalterium*), psautier.

SAUVAGINE, SAUVECHINE (*salva-gium*), bêtes sauvages, gibier.

SAUVE, SAUVEGARDE (*salvatio*), protection royale ou seigneuriale. — espèce d'interdit; lettre ou affi-che aux armes du roi, par les-quelles il est défendu à toute per-sonne de faire aucun tort au lieu et à la personne que le roi prend sous sa protection.

SAUVEMENT, SAUVENIEZ, droit de protection payé par le vassal.

SAUVER (*salvare*), réserver, excep-ter. *Sauver les parties à se por-veir devant juge,* renvoyer les parties devant le juge compétent. *Sauver les témoins.* V. SALVA-TIONS. *Sauf,* hormis, excepté.

SAUVETÉ, assurance, caution, sû-reté.

SAUVOIR, SAUVOUER, réservoir.

SAVART, friches.

SCEL, SEEL (*sigillum*), sceau, ca-chet. *Le grand sceau ou sceau de la chancellerie* portait la figure du roi et servait à expédier toutes les lettres de commandement et de finance, et les décisions du conseil d'État, ou du grand conseil. *Le petit sceau ou sceau de petite chancellerie et de justice,* portait seulement les armes du roi, et servait à expédier les actes dejustice. *Contre-scel,* petit cachet qui se met à côté du sceau principal.

SCELLÉS, apposition du scel royal ou de justice sur des effets mobiliers pour en empêcher le détournement.

SCHEDULE, cédule, chirographe, sous seing-privé. *Créanciers scéduliers,* créanciers chirographaires.
— exploit. V. CÉDULE. *Une cause appelée par scédule hors de rôle.*

SCRUTIN, vase qui contient les suffrages, — vote secret.

SE, SI. — s'il. — son, sa, ses. — à moins que. *Se moi non,* sinon moi.

SÉANCE, droit d'avoir place dans quelque assemblée. — Temps que dure une assemblée.

SECOURGEON, escourgeon, orge.

SECRÉTAIN, SEGRÉTAIN, SOUGRETAIN, sacristain.

SECRÈTE ROYALE, trésor, chambre des comptes.

SECS, DENIERS, ARGENT SÈS, argent comptant.

SÉCULARISER, c'est faire passer de l'état religieux à celui de prêtre séculier; en parlant des biens, c'est tirer un bénéfice de la règle particulière de quelque ordre religieux. — Aujourd'hui ce mot signifie, retirer certains biens du patrimoine de l'Église et les remettre dans le commerce, comme toute autre propriété laïque.

SÉCULIER, qui n'est pas religieux ou régulier. *Prêtre séculier.*
— qui est du siècle, qui n'est pas de l'Église. *Puissance séculière. Bras séculier.*

SED, SEU, siège. — Église cathédrale.

SEEL. V. SCEL.

SÉENT, soient.

SÉER, SOIER (*secare*), couper, faucher, scier. *Soier en prés,* faucher. *Je soie mes bleds,* je fais la moisson. *Séerres, séiur,* moissonneur.

SEGNOR, seigneur. *Segnorage,* seigneurie. *Segnorir, seigneurier,* gouverner, commander.

SEGRAGE, SEGRÉAGE, droit du cinquième de la coupe des bois dû par le vassal. (De *segregare,* mettre à part.)

SEGRAYER, SEGRÉER, SEGRAIS, SEGRIS (*secretarius*), receveur du droit de segréage, forestier, gruier.

SEGRE, suivre.

✦SEIGNER (*seignare*), marquer, signer. V. SEING.

SEIGNEUR (*senior*), celui de qui le fief ou la censive sont tenus. *Seigneur censier, féodal, dominant.*
— propriétaire. *Tant vaut le seigneur, tant vaut la terre.*
— mari.
— DE LOIX, jurisconsulte.

SEIGNEURIE (*dominium*), domaine éminent. — propriété. — puissance.

SEIGNEURIER, commander, gouverner, dominer, être seigneur.

SEIGNORAGE, SEIGNEURIAGE, droit du seigneur, — droit qui revient au roi sur la fonte des monnaies.

SEING, SEIGNAU (*signum*), signature. *Seing privé,* signature d'un particulier.
— signe, marque. « Et ouï dire
« au bon roy, qu'il eust voulu
« avoir été seigné d'un fer tout
« chaud, et il eust pu tant faire
« qu'il eust ousté tous les jure-
« mens de son royaume. »
(JOINVILLE, Hist. de st. Loys.)
— cloche, d'où *tocsin.*

SÉIR (*sedere*), s'asseoir. *Séis,* siége. *Séis réal.*

SELE, SELETTE, petit siége de bois sur lequel on faisait asseoir l'accusé.

SELLÉ. V. SCELLÉS.

SEMBLANCE, SEMBLANT, mine, physionomie, ressemblance.

SEMESTRE, espace de six mois. *Parlement semestre,* parlement qui ne siège que six mois.

SEMI-PREUVE OU PREUVE SEMI-PLEINE. commencement de preuve, — présomption.

SEMOIGNER, SEMONDRE, SEMONNER (*submonere*), ajourner, mander, assigner. *Semonce,* avertissement, sommation. *Semons,* assigné.
« Quant un borjois par notre se-
« monce vendra à notre court, soit
« pour forfet ou autre cause, nous ne
« le tiendrons mie, se il n'est pris au
« present forfet, mais aura licence de

« sen ralor. » (Anc. cout. d'Orléans.)

SEMONDEUR, SEMONANT, SEMONÉON, erieur public, sergent, huissier.

SÉNÉFIANCE (*significatio*), marque, preuve, témoignage.

SENESCHAL (*senescallus*), premier officier ou surintendant de la maison du roi. — C'est aussi le nom que portoient les baillis royaux dans les provinces du midi. *Sénéchaussée*, siège de la juridiction du sénéchal, — ressort. *Les appels des sénéchaussées ressortissent directement au parlement.*

SENESTRE (*sinistra*), gauche. *Main senestre.*

SENNE, assemblée, synode.

SENTENCE, jugement : *De sol juge courte sentence.* — Arrêt criminel.

SENTIR (*sentire*), penser, juger, être d'un sentiment, entendre.

SÉPARATION, division. *Séparation de corps*, autorisation donnée aux époux de ne plus vivre ensemble. — *de biens*, régime exclusif de la communauté dans lequel chacun des époux conserve la libre jouissance et l'administration de ses biens. *Séparation contractuelle*, si elle est stipulée par contrat de mariage; *judiciaire*, si elle est prononcée par justice pendant le mariage.

SÉPARATION DE PATRIMOINES, distinction des biens d'un défunt d'avec les biens de son héritier ; distinction que peuvent demander les créanciers du premier, pour être payés de préférence aux créanciers du second.

SEPTÈNE, la banlieue de la ville de Bourges.

SEPTERÉE, champ pour lequel il faut un septier de semence, un arpent de Paris, environ.

SÉQUESTRER, mettre en main tierce. *Séquestre*, remise en main tierce de la chose litigieuse, — la chose elle-même, — le gardien.

SÉREMENTER, faire serment, s'engager par serment.

SÉREUR (*soror*), sœur.

SERF, SERS (*servus*), colon attaché à la terre. *Serfs abonnés ou coutumiers*, qui paient des redevances fixes, à la différence des *serfs taillables à merci. Héritages serfs*

et mortaillables, héritages serviles.

SERGENT (*serviens*), serviteur, compagnon, ouvrier. « Sires n'entres « en jugement encontre ton ser- « gent. (*Cum servo tuo.*) » (Serm. de st. Bernard.)

— soldat. *Sergent de nuit, sergent de pieds.*

— bas officier de justice chargé de l'exécution, huissier. *Sergent à verge, — à cheval, — à masse d'argent. Sergent champestre, sergent volant*, garde champêtre. *Sergent dangereux*, garde des bois soumis au droit de tiers et danger. *Sergent de la douzaine*, garde de la prévôté de Paris.

SERGENTIE, SERGENTERIE (*serventia*), office de sergent.

— tenure féodale dans la coutume de Normandie et les coutumes anglo-normandes. *Tenir par grand sergentie*, c'est tenir par service de guerre. *La petite sergentie* consiste à fournir des armes ou des chevaux, sans être obligé à servir de sa personne. V. RASTALL. V° SERGENTIE.

SERMENT, VILAIN, blasphème.

SERORGE, SEROUR, SEROURGE (*sororius*), beau-frère, mari de la sœur, — belle-sœur.

SERPAULT, SERPOL, trousseau.

SERVAGE, condition servile; — redevance payée par le serf.

SERVANT, serviteur. *Fonds servant*, fonds chargé d'une servitude.

SERVE, SERVOIR, réservé, réservoir.

SERVICES (*servitium*), obligations que doit remplir le vassal ou le serf. *Service de corps*, obligation qu'il faut remplir en personne. *Service d'ost*, service militaire. *Service de cour*, obligation d'assister à la cour de justice ou aux plaids du seigneur. *Service haineux*, taille, corvée.

— FONCIERS, servitude, charges imposées à un fonds.

SERVIR LE FIEF, faire la foi et hommage. *Servir son jour*, comparaître au jour de l'assignation.

SERVITUDE, charge imposée sur un fonds, pour l'usage et l'utilité d'une personne ou d'un autre fonds. *Servitude apparente*, quand elle s'annonce par des ouvrages extérieurs; *continue,* quand elle subsiste sans le fait de l'homme (ex. un droit d'égout); *discontinue*, quand le fait de l'homme est nécessaire à son exercice (ex. un droit de passage).

SEUNE. V. SAISINE.

SESTERAGE (*sextariaticum*), droit sur le setier de bled.

SEU, SEUE, SEVE (*suus*, *sua*), sien, sienne.

SEUL, ou *Seuil*, pour *sol*. Guy Coq., t. II, p. 110.

SEULOIR, SEULDRE, SIEULDRE, SOLOIR, SOULOIR (*solere*), avoir coutume. *Seult*, *seut*, il est d'usage.

SEURAGE, SEURETÉ (*securitas*), assurance, caution.

SEVE. V. SEU.

SEVERAL (en angl. *several*), divers, plusieurs. *Severalement*, *sevralement*, à part, séparément. *Sévérance*, séparation. V. SEVRER.

SEVERONDE, SUBGRONDE (*subgrundœ*), gouttière.

SEVRER (*separare*), séparer, diviser. V. DÉSEVRER.

SEYER, scier, faucher.

SI, oui, — son, sa, ses. *Si avant*, autant. *Si n'étoit que*, à moins que. *Si que*, de façon que.

SIÈCLE, SIÈGLE, SICLE, monde. *Homme du siècle*, laïque.

SIÉGE, auditoire, prétoire, tribunal. — évêché. *Le roi prend le revenu des archevéchés, et évéchés, le siège vacant.*

— LE SAINT-, le pape et le sacré collége des cardinaux.

SIELT. V. SEULOIR.

SIEUR, seigneur, *sieur direct*.

SIEURIE, SIGNERIE, seigneurie.

SIEUTE, suite. *Sievir*, suivre.

SIFFLER LE DROIT, se disait des préparateurs d'examens qui enseignaient les récipiendaires.

SIGNAMMENT, singulièrement, notamment.

SIGNET (*signum*), cachet.

SIGNIFICATION, notification, dénonciation d'un acte. *Signifier à personne et à domicile*.

SIGRE, SIVIR, suivre. *Siguet*, il suivait.

SIMONIE (*simonia*), trafic des choses saintes.

SIMPLE, a des sens divers suivant le mot auquel il est joint. *Simple acte*, acte unique, qui ne se fait point en double, tel qu'un *are-*

nir, une *sommation*. *Simple amende*, ou *coutumière*, est celle qu'établit la coutume, à la différence de celle qui se proportionne à la grandeur de la cause. *Simple bénéfice*, qui n'a point charge d'âmes : *les chevaux les courent*, dit un vieux proverbe, *et les ânes les attrapent*. *Simple cens*, à la différence des *cens accordables*, qui portent lods et ventes. *Simple défaut et prêt*, à la différence du *défaut sauf*. *Simple donation*, par opposition à la donation mutuelle et réciproque. *Simple gagerie*, à la différence de la saisie-exécution qui transporte et dépose les meubles en main tierce. *Simple héritier*, qui accepte purement et sans bénéfice d'inventaire. *Simple hommage*, hommage non lige. *Simple loi*, à la différence de *loi apparaissant*. V. LOI. *Simple plaids* ou *querelle*, procès sommaires, affaires de peu d'importance. *Simple plevine*, caution simple et sans obligation personnelle de la caution. *Simple saisine*, à la différence du cas de nouvelleté. *Simple vendition*, vente sans faculté de rachat.

SIMULATION, déguisement d'un acte, — concert des parties à ce sujet.

SINISTRES, accidents, cas fortuits.

SIRE, souverain, seigneur, maître, mari. *Sire des lois*, docteur en droit, jurisconsulte. *Sirerie*, seigneurie.

SIRURGIER, panser, traiter un blessé. *Sireurgien*, chirurgien.

SIVADE (*cebada*), avoine, orge.

SOCAGE, SOCCAGE (*socagium*), roture ou censive dans les coutumes anglo-normandes. *Socager*, tenant en socage.

SOCIÉTÉ, association, mise en commun.

— contrat d'association.

SOCIÉTÉ D'ACQUETS, association que des époux non communs, établissent entre eux, et qui a pour objet de mettre en commun les acquisitions faites durant le mariage.

SOCRE, SOGRE, SUCRE (*socer*), beau-père.

— SOGREDAME (*socrus*), belle-mère.

SODALITÉ, congrégation, association.

SODÉE, SOUDÉE (*solda*), solde, paiement du soldat.

> No suis pas venu pour servir,
> No pour sodées dessorvir.
>
> (OVIDE, Mét.)

— terre qui rend un sol de rente, — valeur d'un sou.

SODOIER, soldat. *Fief de sodoier* (*feudum soldatæ*), fief de solde qui consiste en rentes ou deniers.

SOE, son, sa. *La soe gent*, ses gens, les siens.

SOEF, SOUEF (*suavis*), doux, gracieux, agréable.

SOEGRE, SOGRE. V. SOCRE.

SOIER (*secare*), couper les bleds, faucher. *Soeture*, ce qu'un homme peut faucher en un jour.

SOIF, envie, désir.

SOIGNANTAGE, concubinage. *Soignante*, concubine.

SOIGNER, SOINGNIER, excuser, exonier. V. EXOINE.

SOILE (*secale*), seigle.

SOISTE, SOISTÉE, société, partage à moitié.

SOIVRER, séparer, sevrer.

SOKEMANRIE, terre tenue sous la condition du service de charrue dans les cout. anglo-normandes.

SOLAS, SOULAZ (*solatium*), soulagement, consolation, aide.

« Li portiers, se mestiers est, ait
« solaz d'un des jeunes frères. »
(Règle de saint Benoît.)

— divertissement, récréation.

SOLDE. V. SODE. — *Solde* veut dire aussi paiement intégral, mais en ce sens il est masculin. *Le solde d'un compte.*

SOLDRE (*solvere*), payer, résoudre.

SOLDURIER, SOUDOIER, soldat. V. SODOIER.

SOLE ou SOLIER, SOLIN (*solarium*), rez-de-chaussée.

SOLEMPNEL, ACTE, celui qui, à raison de son importance, est soumis à certaines formalités nécessaires à sa validité.

SOLER, SOLOIR. V. SEULOIR.

SOLIDARITÉ, indivisibilité d'une dette commune. Le *débiteur solidaire* est celui qui est obligé de payer pour le tout (*in solidum*), une dette commune, sauf son recours contre le cooblige. *Le créancier*

solidaire est celui qui a le droit d'exiger le paiement total d'une dette, quoiqu'il y ait des co-créanciers.

SOLU, libre, quitte, payé. V. SOLDRE.

SOLUTION (*solutio*), paiement, acquit, libération.

— résolution d'une question, d'une difficulté.

SOLVER, SOULVER (*solvere*), payer. *Solvable*, qui a de quoi payer.

SOMMAGE (*saumagium*), charge d'une bête de somme. — droit payé au seigneur pour cette charge. — obligation de transporter les paquets du seigneur.

SOMMAIRE, AFFAIRE, procès qui s'instruit et se juge en bref, et sans toutes les formalités ordinaires. *Procéder sommairement et de plain, sans figure de procès.*

SOMMATION, interpellation de dire ou de faire, — acte qui constate l'interpellation.

SOMME (*summa*), résultat, total. *Sommer*, additionner, faire le total.

— Résumé, encyclopédie.

— SOMMÉE (*sauma*), charge, poids.

SOMMER, interpeller. Mettre en demeure.

SOMMIER (*summarius equus*), bête de somme, cheval, coursier.

— registre.

SOMONDRE, SOMONER. V. SEMONDRE.

SONGNANTAGE. V. SOIGNANTAGE.

SORCUIDANCE, outrecuidance, présomption.

SOURDRE, SOURDIR, SOURDRE (*surgere*), jaillir, sortir, naître. *Sorjon*, source.

SORORGE. V. SEROURGE.

SORT (*sors*), capital d'une rente.

SORTIR EFFET, être valable. *La sentence sortira son plein et entier effet.*

SOUBSAGE, mineur. « Il vaut mieux « que les droitures as hoirs sous-« agéez soient conqueillies et « gardées sauvement par la main « du seigneur. » (BEAUM.) *Soubs-agement*, minorité. *Soubsanage*, droit de mainsnete.

SOURS HOSTE, SOURS MANANT, manant qui ne possède rien en propre, mercenaire, — sous-locataire.

SOUCHAGE, SOUCHE, tronc d'arbre. — le tronc de l'arbre généalogique, l'auteur commun.

SOUDÉE. V. SODÉE. *Soudoier*, payer.

SOUDRE. V. SORDRE.

— (*solvere*), payer.

SOUDUISON, SOUDUIEMENT, séduction, tromperie.

SOUFFÈRE, A, à volonté. *Precario*.

SOUFFERTE, dépendance, soumission. — Indemnité, droit payé pour obtenir la permission de posséder quelque héritage dont la condition n'est point celle du tenancier.

SOUFFRANCE, patience, tolérance. — « Patience et attente d'une chose « qu'on nous doit faire ou payer. » (Nicod.)

SOUFFRIR, SE, s'abstenir, se contenter de, se modérer.

SOUFRAITE, SOUFRAIGE, disette, besoin, pauvreté.

SOUGIEZ, sujets, vassaux, censitaires, tenanciers.

SOULAS, SOULDRE. V. SOLAS, SOLDRÉ.

SOULOIR (*solere*), avoir coutume. *Soult*, il a coutume. *Soulent*, ils ont coutume. *Souloit*, il avait coutume. *Soulons*, nous avons coutume. *Soulant*, ayant coutume.

SOULTE (*soluta*), solde, — ce qu'on donne de retour dans un partage ou un échange pour égaliser les parts.

SOUMISSION, conditions auxquelles un entrepreneur s'offre à exécuter un marché.

— acte qui établit la caution légale ou judiciaire.

SOUPESON, SOUPECHON, soupçon. *Soupessoneus*, suspect, accusé.

SOUPRESURE, surprise.

SOURDRE. V. SORDRE.

SOURRONDE. V. SEVERONDE.

SOUS en composition exprime un degré inférieur. *Sous-bail*, *sous-location*, bail fait par le locataire à un second locataire. *Sous-aide*, aide payé par les arrière-vassaux au vassal qui doit lui-même l'aide au suzerain.

SOUSAAGEZ. V. SOUBSAGIÉ.

SOUSCRIPTION (*subscriptio*), signature mise au bas d'un écrit.

— engagement qui résulte de cette signature.

SOUS-ESTABLI, procureur substitué.

SOUSPEÇON, SOUSPÈTE, soupçon, suspicion, défiance.

SOUSTENAGE, SOUSTENANCE, SOUSTENEMENT, entretien, subsistance. « Aucunes fois sont venues les « fames à nous pour requerre que « l'en leur délivre de leur biens « quemuns pour leur vivre et pour « leur soustenanche. » (BEAUM.)— *Soustenanche az enfans*, légitime, douaire.

SOUSTENIR, souffrir. *Soustenir aucuns dommages*. (Grand. Cout.)

SOUSTRACTION, enlèvement frauduleux, détournement.

SOUTE. V. SOULTE.

SOUTENANT, arrière-vassal.

SOUTENEMENT, justification des articles d'un compte, pièces produites à l'appui.

SOUTIEUS, SOUTIEX, SOUTIUS, SUTIS (*subtilis*), subtil, avisé, fin, délié. *Soutieusement*, subtilement. *Soutive pratique*, secrète menée. *Soutil engin*, bon esprit.

SOUTIÉVETÉ, SOUTILECHE, SOUTILLANCE, SOUTILLETÉ, SOUTIEURE (*subtilitas*), subtilité, adresse, ruse. « Il est mestiers que nous « traitons comment l'en doit exa- « miner tesmoins, si que par la « soutilleté de le examination « leurs cuers et leur oppinion soit « couneu, et la vérité esclarié de « leur tesmoignage. »

(BEAUM.)

SOUVERAINETÉ, autorité suprême, — juridiction supérieure. *Jugement souverain*, jugement en dernier ressort.

SPORTULE ou ÉPICES (*sportula*), présent fait aux juges, — frais de justice. — *Sportule* se prend aussi pour droit de relief.

STALLAGE (*stallagium*), redevance payée pour établir des *stalles* ou boutiques dans un marché.

STATUT (*statutum*), loi, règlement. *Statut réel*, loi qui régit les biens. *Statut personnel*, loi qui régit les personnes. *Statuts d'une société*, règlements sociaux.

STAULE, stable. *Stauleteis* (*stabilitas*), fermeté, solidité, constance.

STELLIONAT, fraude de celui qui vend un immeuble dont il sait n'être pas propriétaire, ou qui hypothèque comme étant libre un bien qui ne l'est plus.

STIPAL, qui tient à la souche. *Biens stipaux*, propres.

STIPULATION, convention. Clauses d'un acte

STYLE (*stylus*), usage, coutume, formalités. « Façon et manière de « plaider et démener les causes. » (Nicod.) — Formules adoptées par une cour de justice. *Le style du Chastelet de Paris.*

SUGÉES, SUDIES, sujets.

SUBHASTATION (*subhastatio*), vente aux enchères. *Subhaster*, vendre aux enchères.

SUBIT, subitement.

SUBMISSION, soumission. *Submis*, soumis.

SUBORNER, séduire, corrompre, débaucher.

SUBREPTION, fraude commise pour obtenir par surprise quelque grâce ou concession. V. OBREPTICES.

SUBROGATION, mise d'un tiers au lieu et place d'une autre personne, d'un créancier, par exemple.

SUBROGÉ TUTEUR, celui qui est chargé de remplacer le tuteur auprès du mineur quand le tuteur et le pupille ont des intérêts opposés.

SUBSIDE, impôt.

SUBSIDIAIRE, surabondant, ce qui vient fortifier le principal. *Moyen subsidiaire.*

SUBSTANTIELLES, FORMALITÉS, celles dont l'omission entraîne la nullité de l'acte.

SUBSTITUT, officier du ministère public sous le procureur général ou le procureur du roi.

SUBSTITUTION, institution d'un héritier faite au second degré ou à un degré plus éloigné. — *Subrogation.*

SUBSTITUTION DE POUVOIR, acte par lequel on remet à un tiers le mandat dont on est chargé.

SUCCÉDER, entrer en la place, en la charge, en l'héritage d'un autre.

SUCCESSIBLE, celui qui est dans l'ordre des héritiers.

SUCCESSIFS, DROITS, droits qu'on a dans une succession.

SUCCESSION, transmission générale des biens et charges d'un défunt à la personne de son héritier.

— Ces biens et ces charges.

SUCRE. V. ROCHE.

SUE, sienne.

SUEF. V. SOUEF.

SUFFERE, souffre, tolère.

SUEUR (*sutor*), cordonnier.

SUFFISANCE, capacité, habileté.

SUFFRANCE, tolérance, trêve.

SUGGESTION, captation, surprise de la volonté d'un testateur.

SUIRE, suivre.

SUITE (*secta*), cause, procès, poursuite. *Faire suite*, poursuivre en justice.

— DROIT DE, droit de poursuivre un serf en toutes seigneuries.

— droit de suivre entre les mains d'un tiers les immeubles sur lesquels on a une hypothèque ou un privilège.

SUMMAGE. V. SOMMAGE.

SUMONDRE, SUMONSE (*summonitio*). V. SEMONDRE, SEMONCE.

SUPERINTENDANCE, SUPERNUMÉRAIRE, SUPERSCRIPTION, surintendance, surnuméraire, suscription.

SUPPLÉTOIRE, SERMENT, serment que le juge défère d'office, soit pour faire dépendre de sa prestation la décision de la cause, soit seulement pour déterminer le montant de la condamnation.

SUPPLIER, demander, présenter requête. *Le suppliant débouté de sa requeste.*

SUPPLIQUE, prière, requête.

SUPPOSITION DE PART OU D'ENFANT, crime de faux consistant à attribuer un enfant à une personne qui n'en est point le père.

SUPPRESSION D'ÉTAT, crime de celui qui fait disparaître les preuves de l'état civil d'une personne.

SUPPRESSION DE TITRES, détournement frauduleux ou destruction violente de titres.

— DE PART, enlèvement d'un enfant et suppression des preuves qui constatent son existence ou condition civile.

SUR, SEUR, en composition indique l'excès. *Surbattre*, *surmener*, *surcuidance*.

SORAN, SURAN, SURANNÉ, qui a passé l'année. *Veau suranné.* — Ancien. *Susanner*, prescrire.

SURARBITRE, tiers arbitre.

SURCHARGE, mots mis sur un autre. — Surcroît de charge.

SURDIRE, SURJETTER, enchérir. *Surdisant*, enchérisseur. *Surdite*, *surjet*, enchère.

SURGEON, source, fontaine.

— Rejeton, pousse nouvelle.

SURGIEN, SURURGIEN (Angl. *surgeon*), chirurgien.

SURINDICT, SURPRISE, impôt extraordinaire, surcharge.

SURJET. V. SURDIRE.

SURSÉANCE, délai, retard. *Surseoir*, différer, suspendre. *Supplice sursis. Paiement sursis.*

SURSOUTE, retour, soulte.

SURVENANCE, arrivée d'une chose imprévue.

SURVIE, prolongation de la vie d'une personne au delà de la vie d'une autre personne. *Gain de survie.*

SURVIVANCE, grâce du roi en vertu de laquelle le titulaire d'un office dispose de sa charge en cas de mort. *Survivance reçue*, c'est lorsque le résignataire est reçu dans la charge, du vivant du résignant.

SUS (*sursum*), en haut. *La sus*, là haut. *Sus et jus*, haut et bas. *Mettre sus*, accuser.

SUSAN. V. SURAN.

SUSCRIPTION, inscription extérieure qui se met sur l'enveloppe ou au dos d'un acte.

SUSPICION, soupçon. *Suspicion légitime.*

SUZERAIS, seigneur féodal, souverain

SYNDIC (*syndicus*), celui qui gère les affaires d'une communauté, d'une masse de créanciers.

T

TABELLION (*tabellio*), notaire, greffier. *Tabellionage*, office, charge de notaire, — droit du seigneur d'instituer des tabellions dans ses terres. *Tabellioner*, grossoyer un acte, en délivrer l'expédition.

TABLE (Esp. *tablas*), jeu de trictrac ou de dames.

— Biens, domaine. *Réunir un fief à sa table.*

— Tableau. *Mis en table*, exécuté par effigie.

TABLE DE MARBRE, ancienne table qui tenait toute la largeur de la grande salle du Palais à Paris, et devant laquelle tenaient juridiction le connétable, l'amiral et le grand maître des eaux et forêts. De là est venu le nom de *table de marbre* donné à chacune de ces trois juridictions.

TABLIER, pensionnaire, celui qui vit à la table d'autrui.

TABOUR, tambour.

TABUS, querelle, débat, contestation. *Tabuster*, tarabuster, chagriner, quereller.

TACAIN, TACAN (Esp. *tacayno*), séditieux, mauvais sujet.

TACHE, TÈCHE, TESCHE, marque, signe, qualité.

> Nus bons tocho ne sai dire
> Quelle ne fust en vos, bien sire.
> (Roman d'Atys.)

TAIE. V. TAION.

TAILLABLE, TAILLIE, TAILLABLE, sujet à la taille. *Taillable de haut en bas*, c'est-à-dire à merci.

TAILLAGE, TAILLE, TAILLÉE (*talia, tallagium*), impôt, contribution. *Taille franche*, celle qui est due par des personnes libres à la différence de la *taille serve. Taille haut et bas*, taille dont le seigneur fixe le chiffre suivant son caprice.

TAILLE, TAILLON (*talia*), sont deux morceaux de bois d'égale grandeur sur lesquels on indique les fournitures faites, au moyen d'une commune échancrure. Le morceau gardé par le fournisseur se nomme *souche*, celui du client se nomme *échantillon*.

TAILLER, imposer une taille, répartir l'impôt.

TAILLÈRE, percepteur, collecteur.

TAILLEUR DE MONNAIES, graveur, monnoyeur.

TAILLON, seconde taille qui montait au tiers environ de la taille principale.

TAION, aïeul, grand-père. TAIE, aïeule.

— Arbres qui ont deux fois l'âge du taillis qui est en coupe; ceux de la coupe antérieure sont nommés *pérots* (pères).

TAISIBLE, tacite, non exprimé.

...

TALAMUS, le Thalmud, livre des juifs.
— Le coutumier de la ville de Montpellier.

TALANT, TALENT, TALLENT, amour, plaisir, désir, envie, résolution. *Talenter*, désirer, aimer.

TALEMELIER, boulanger, pâtissier, celui qui *talle* ou pétrit la pâte.
« Li talemelier puent cuire les
« lundis ains jour. »
(Mestiers de Paris.)

TALION, peine exactement pareille au crime commis, *œil pour œil, dent pour dent*.

TALLER, presser, fouler. *Talle, tallure*, contusion, tumeur.

TANCE, TANÇON, TENÇON, querelles, disputes.
.... Por biaus dis est obliée
Maintes fois iro et cuisançou,
Et abaisiés grans tançou,
Car quant aucuns dit les risées
Les fors tançous sont obliées.
(Fabliau du Pauvre Mercier.)

TANS, TENS (*tempus*), temps, saison. *Tans novel*, le printemps.

TANSER (*tensare*), quereller, disputer. V. TANÇON.

TANT, A, lors, pour lors.

TANTES (*tantus*), tant, autant, si grand. *Tant moins*, en déduction. *Tant nequant*, nullement. *Tantôt*, aussitôt. *Tant que*, jusqu'à ce que.

TAPINAGE, TAPINOIS (Esp. *taparse*), secret, lieu caché. *En tapin, en tapinage*, secrètement. *Se tapir*, se cacher, se voiler. « Li langue
« monstre chou qui tapist el cuer;
« de chou qui abonde el cuer,
« parole li bouche. »
(Miroir du Chrestien.)

TARE, défectuosité, déchet.

TARGE, bouclier, écu. *Targer*, se couvrir d'un bouclier.

TARGER, TARGIER, tarder. *Targient*, ils tardent.

TARIF, règlement des droits à payer à l'État. *Tarif des douanes, tarif des frais de justice*. — Tableau sur lequel ce règlement est porté.

TAUCER, TAUSSER (*taxare*), estimer, taxer. *Taussation, tausse* (*taxa*), taxe. « Quiconques va contre l'éta-
« blissement, il chiet en l'amende
« qui est establie par le roi ou son
« conseil, quar quant il fet les
« establissemens, il tausse l'a-
« mende de chaus qui contre l'es-

« tablissement iront, et chacun
« baron et autres qui ont justice
« en leurs terres, ont les amendes
« de leur songès qui enfraingnont
« les establissemens selonc la
« taussation que li rois fist. »
(BEAUM.)

TAULE (*tabula*), table. *La taule Dé*, la table de la communion.

TAUROIT, enlèverait. TAURRA, enlèvera. TAUT, il enlève, de *tollere*.
« Et tiex choses sont otroiée à
« penre as baillis pour ce que trop
« seroit deloial chil qui pour tiex
« dons tauroit le droit d'autrui. »
(BEAUM.)

TAUSSER. V. TAUCER.

TAUTE, TOLTE, TOTE, TOUTE (*tolta*), impôt, exaction. « Maintien les
« bones coustumes de ton royau-
« me et les mauvaises abesse; ne
« convoite pas sur ton peuple, ne
« le charge pas de toute ne de
« taille. »
(JOINVILLE, Hist. de saint Loys.)

TAXATION, remise faite aux gens de finance sur l'argent qu'ils reçoivent pour compte de l'État. *Les taxations des finances peuvent être saisies*.

TAXE, prix réglé. *Taxe du bois, du charbon*. — *Taxer*, mettre le taux sur les denrées. — Imposer.

TAXE DES DÉPENS, règlement des frais dus par la partie condamnée aux dépens.

TAY, boue, argile, fumier.
-- V. TAION.

TECHE. V. TACHE.

TÉMOIN, témoignage. *En témoin de quoi j'ai signé la présente*.

TÉMOIN INSTRUMENTAIRE, celui qui assiste un notaire dans ses actes.

TEMPÉRANCE, TEMPRANCE, modération, ordre, arrangement, disposition.

TEMPORALITÉ (*temporalia*), biens temporels par opposition aux biens ou intérêts spirituels.

TEMPOREL, revenu d'un bénéfice ou d'une église.

TEMPTEIRES, le tentateur, le diable.

TENANCE, fief, possession. *Mettre en tenance*, mettre en possession. *Tenancier, tenant, tenementier*, celui qui tient un héritage concédé à fief ou à cens. — Détenteur.

TENANT, TENANCIER (*tenens*), possesseur.

— (adv.), proche, auprès. *Tenants et aboutissants*, héritages voisins.

TENCE, TENÇON. V. TANCE. TENSER, TENCHIER. V. TANSER.

TENDRE ET THESURER, tendre des piéges.

— (*intendere*), conclure. *Tendre, afin qu'il soit condempné.* (Grand Cout.)

TENEMENT, TENEURE, TENURE (*tenementum, tenura*), ce qu'on tient de la concession d'un seigneur ou propriétaire, fief, censive, etc., et par extension domaine, propriété.

— possession, jouissance.

Parties tiens de toy de mon grand héritage
Et d'aluef en tiens-je le très-plus grande partie,
De tout mon tenement et de ma seigneurie.
(Rom. de GÉRARD DE ROUSSILLON.)

TENEUR (*tenor*), ce que contient un écrit, un acte. *Il faut voir la teneur du contrat.*

TENIR (*tenere*), posséder, détenir; *tenir noblement un heritage*, c'est le tenir en fief.

— Contenir, — Engager. *Tenu et obligé.*

— Exécuter, *Tenir sa promesse.*

— Estimer, penser.

— SE , se retenir.

TENRE, tenir, posséder, garder.

— (adj.), tendre.

TENUE, TENURE, possession, jouissance. V. TENEMENT.

TERCIER. V. TIERCER.

TERME, TERMINE (*terminus*), borne, limite, délai. *Termer*, assigner passé certain délai, donner jour.

— Audience, délibération. *Mettre en terme*, mettre en discussion.

— Intérêts. *Termoyeur*, usurier.

Quanque l'en fait por Diex est chose trop séure,
Mais ce c'on laist aus hoirs est tout en aventure,
Car tout se pert souvent par dés, ou par luxure,
Ou il se monteplie par terme ou par usure.
(Testament de JEHAN DE MEUNG.)

TERMINANCE, borne, limite, fin. *Terminé*, certain, assuré, décidé, sorti de, affranchi.

TERRAGE ou CHAMPART (*terragium*), redevance annuelle sur les fruits de la terre. *Terrager*, lever le droit de terrage. *Seigneur terra-*

geau, seigneur auquel appartient le champart.

TERRIEN, terrestre. *Seigneur terrien*, seigneur du fonds, de la terre. *Habitants et terriens*, habitants et propriétaires.

TERRIER, qui concerne le sol, le territoire. *Seigneur terrier.*

— (*terrarium*), PAPIERS TERRIERS. cadastre, polyptique. *Catalogus terrarum.*

TERROUER , TERRITOIRE, étendue d'un royaume, d'une commune, d'une juridiction.

TÉSIR, taire.

TESSIER. V. TISSIER.

TEST, en Angleterre (du mot *test*, coupelle, epreuve), serment exigé comme preuve qu'on n'est pas catholique.

TEST, TIEST, la tête, le crâne.

TESTAMENT (*testamentum*), disposition de dernière volonté.

TESTAMENTER , faire son testament. *Testamenteur*, exécuteur testamentaire.

TESTATEUR, TESTATRICE, celui ou celle qui a fait son testament.

TESTER, faire son testament.

TESTIMOINE, TESTIMOINE, TESTMOIGNANCE , témoin, témoignage, preuve.

TESTIMONIALE, PREUVE, preuve par témoin.

TESTON, petite monnaie d'argent.

TÊTE, personne, individu. *Succéder par tête*, succéder individuellement.

THESURER (*tensurare*). V. TENDRE.

THIOIS (*Deutsch* en all.), Teutons , Allemands. *Thiois*, langue thioise ou *tiesche*, langue allemande.

TIÉFAINE, TIÉFANE, TIPHAIGNE, L'Épiphanie.

TIEILLE (all. *Urtheil? Theil?* Lat. *Tela?*), dépouilles, bien du condamné.

TIÉRAGE , TIERCE, TIERCHENNERIE , TIERCON (*tertia*), droit du tiers des fruits, terrage, champart. — Dime.

TIERCE , TIERCE SONNÉE, neuf heures du matin.

— OPPOSITION, voie extraordinaire ouverte au tiers intéressé contre un jugement en matière civile auquel il n'a pas été appelé.

TIERCER, TIERÇOIER (*tertiare*), mettre l'enchère. *Tiercement*, enchère qui augmente d'un tiers le prix de la vente, et fait le quart du total.

— payer le tiers du cens en sus de ce qui est dû.

TIERS, celui qui n'a point été partie dans un acte, dans un jugement. *Tiers acquéreur*, sous-acquéreur par rapport au vendeur originaire. *Tiers détenteur*, possesseur d'immeubles hypothéqués par un précédent propriétaire. *Tiers porteur*, celui à qui on a passé un effet de commerce.

— ARBITRE, celui qui est nommé pour départager deux arbitres.

— COUTUMIER, douaire.

TIERS ET DANGIERS, droit du tiers perçu par le roi sur la vente de certains bois. V. DANGER.

TIERSAIGE, la troisième partie des biens d'un défunt que les curés exigeaient en certains lieux pour donner la sépulture.

TIERSAUBLE, TERRE, terre sur laquelle le seigneur a le droit de *tierce*. V. TIÉRAGE.

TIEULS, TIEUX, TIEX (*tales*), tels. *Tieulement*, tellement.

TIEUXTE, TIEUXTRE, TIEXTE (*textus*), texte.

TILTRE. V. TITRE.

TIMBRE, cloche. *Timbrer*, faire du bruit.

— marque. *Papier timbré. Timbrer à la marge*, c'est marquer, coter un écrit.

TINE, TINEL (*tinellum*), tonneau, baquet, — levier pour porter les baquets.

TINEL, hôtel, cour. *Le roi assembla ses princes en son tinel.*

— office. *Tinel le roy*, l'office où dînent les serviteurs du roi.

TIRETAINE, étoffe de laine.

TIREUR, celui qui fournit et signe une lettre de change. *Tiré*, celui sur lequel la lettre de change est fournie.

TIRIACLE, thériaque, remède. *Thériacleur*, marchand d'orviétan, charlatan.

TISSIER, TIXIER, tisserand. *Tissir, tixtre*, tisser.

TITRE (*titulus*), toute pièce et tout écrit qui sert à faire foi et à prouver quelque chose. « In- « struments, enseignements, let- « tres. » (Nicod.) *Titre authentique, titre privé. Titre coloré*, celui qui, sans être frauduleux, n'est cependant pas valable sans le secours de la prescription. *Titre exécutoire*, celui qui réunit les conditions nécessaires pour qu'on puisse agir immédiatement contre le débiteur. *Titre nouvel*, nouvelle reconnaissance faite par le débiteur de la rente.

— le droit lui-même. *Posséder à différents titres ; fondé en titre.*

— dignité, fonction. *Titulaire*, celui qui est revêtu de la dignité.

TOAILLE, TOUAILLON, TOUELLE (*toalia*), essuie-main, serviette, toile, drap de lit.

TOCQUER, frapper, heurter.

TOLDRE, TOLLER, TOLLIR (*tollere*), enlever, arracher. *Tolleres*, ravisseur. *Toult, tolt*, il enlève. *Tolist, toulsist*, il ôta, il prit. *Toulrent*, ils enlevèrent. *Tolu, toloist*, enlevé, pris. « Et si li mors « n'a point de lignage, et il ait fet « heirs aucun, et li ait enjoint que « il face aucune chose, et il ne la « fet dedans le tans establi, ce est « dedans un an, la chose li soit « toloiste qui li a esté donée, et « viengne à la borse le roy, et s'il « a lignage, il y soit apelez li plus « près. » (Livre de justice et de plet.)

TOLÉRANCE, ACTE DE SIMPLE, celui qui, étant purement précaire, ne peut donner la possession ni servir à la prescription.

TOLINIER, TONLOIER, TONNELIÈRES, receveur du tonlieu.

TOLTE. V. TAUTE.

TONLIEU, TONLIU, TOMNEU, TONNIEU (*teloneum*, en angl. *toll*), impôts, douanes, droit de passage. *Tonloier*, celui qui perçoit le tonlieu.

TONSURE, PRIVILÈGE DE. V. CLERGIE.

TOR (*turris*), tour, prison. *Torage* (*turragium*), droit payé au *tourrier* ou geôlier.

— tour. *Chascun à son tor.*

— taureau.

TORAILLE, lieu où l'on met sécher les grains. — Droit du seigneur sur les grains séchés dans ce lieu. Ce droit se nomme aussi TORELLAGE.

TORBE. V. TOURBE.

TORBEIN (*turbare*), troubler. *Torbement*, trouble, agitation.

TORCION, exaction. *Torchennièrement*, à tort, violemment. *Torçonnaire*, *torçonnier*, injuste, concussionnaire.

TORFAIZ, TORSFAIT, TORFET, injustice, dommage, outrage, forfait. « Len raconte d'un roy Philippe, « mon aïeul, que une fois il dit « un de ses conseillers, que moult « de torfaiz li fesoient ceulz de « sainte Église, en ce que il li tolloient ses droictures, et apetissoient ses justices. »
(JOINVILLE, Hist. de st. Loys.)

TORNADOT, retour de la dot aux parents de la femme.

TORNAS, lods et ventes.

TORNÈEMENT, TORNOIEMENT, tournoi, joute. *Tornoier*, jouter, combattre.

TORNER, retourner, revenir, ramener, repousser. V. TOURNER.

TORNES DE LA BATAILLE, gages de bataille, duel judiciaire.

TORS, TORZ (*tortus*), dommage, concussion, tort.

> Les bons vavassors vois-je morts,
> Les grans outraiges et les tors
> Lor fait-on et les grans domages.

TORSONNIER. V. TORCION.

— (adj.) tortu.

TORTURE, « gehenne, geine, question. » (Nicod.)

TOSDIS (*totis diebus*), toujours.

TOSEZ, enlevez. TOSIST, qu'il enlevât. V. TOLDRE.

TOSTE, TOSTÉE, rôtie, pain grillé.

TOUCHE, bosquet, petit bois.

TOUCHER, TOUQUIER, toucher, appartenir. *Les cas qui touquent au roi.*

TOUDRE. V. TOLDRE.

TOULTE. V. TAUTE.

TOUR, TOURNE, TOURNÉE, retour. *Au tour de l'an.*

— retour, rapport, soulte, dommages intérêts.

— DU CHAT, espace à laisser entre le mur du voisin et certaines constructions, comme four, forge.

— DE L'ÉCHELLE. V. ÉCHELLE.

TOURBE, TURBE (*turba*), troupe, assemblée. *Faire enqueste par tourbe*, entendre des praticiens sur un point de coutume. *Turbier*, celui qui dépose dans l'enquête.

TOURIER, TOURNIER, le concierge de la tour ou prison. *Tourière*, la concierge du couvent.

TOURNELLE, chambre criminelle du parlement, dans laquelle les conseillers siégeaient par semestre et chacun à leur tour.

TOURNER, donner du retour. V. TOUR. *Tourner cédule*, tirer une lettre de change sur un fonds destiné à un autre emploi. *Tourner sûretés*, donner des garanties suffisantes.

TOURNOIS. V. PARISIS.

TOUT, A TOUT, avec tout. *Tout quant que*, tout ce que.

TRADITION, livraison, mise en possession d'une chose vendue.

TRADUIRE, amener en justice. *Traduire sa partie de juridiction en juridiction.*

TRAIRE, TREIRE, TRÈRE (*trahere*), tirer, attirer. *Traire à tesmoing*, prendre à témoin. *Traire avant tesmoins*, les produire. *Traict*, tiré. *L'espée traicte.*

TRAIS, FAIRE, répartir une taille, une imposition.

TRAIT, territoire. V. DESTROIT.

— point. *Au trait de la mort*, à l'article de la mort.

— retrait.

TRAITE, lettre de change *tirée* sur un correspondant.

TRAITÉ, contrat, conventions. *Renoncer à son traité de mariage.*

TRAITE DES NOIRS, capture et vente d'esclaves.

TRAITE FORAINE OU DOMANIALE, droit qui se levait sur toutes les marchandises qui entraient ou sortaient de France.

TRAITEMENT, appointements attachés à une charge.

TRAMETTRE (*transmittere*), envoyer, transmettre.

TRAMOIS. V. TRÉMOIS.

TRANSACTE, TRANSACTION, TRANSIGÉ, contrat par lequel les parties terminent ou préviennent une contestation.

TRANSCRIPTION, copie textuelle d'un acte translatif de propriété sur les registres du bureau des hypothèques dans l'arrondissement duquel l'immeuble est situé.

TRANSFERT, transport de rentes ou d'actions.

TRANSGRESSION. V. TRÉPAS.

TRANSIT, passage de marchandises au travers d'un territoire.

TRANSLATER , traduire, — transporter.

TRANSMUER , TRESCHANGER (trans-
mutare), changer.

TRANSPORT, tradition d'un immeuble devant la justice du lieu où
il est situé.

— cession d'une créance. Transport de droits successifs.

TRAOIR. V. TRAIRE.

TRAPELLE , TRAPAN , TRAPE , TRA-
QUENARD, piége.

TRAVAIL , tourment, peine, affliction.

— accouchement.

TRAVAILLER, prendre de la peine,
se tourmenter, se fatiguer.

TRAVERS (traversum), transit, passage. Droit de travers.

TRÉBUCHER , tomber. Trebuchies ,
ruine, chute.

TRÉBUCHET, balance à peser l'or et
l'argent. Ecu d'or trébuchant,
c'est-à-dire ayant le poids légal.

TREF, TRES (trabs), poutre, solive.

« Et tu qui en l'œil ton prime ,
« voiz si cler le festu, ne voiz
« pas lou tref ou tuon. »
(Règle de saint Benoît.)

— pavillon, tente, voile de vaisseau.

TREFFONS , le fonds, la propriété,
la seigneurie. Seigneur tréfoncier,
seigneur foncier. Tresfondre , acquérir la propriété d'un bien.

TREHUS , TREUS , TRU. V. TREU.

TREIS (tres), trois. Treiz vint ,
soixante.

TRÉMAIL. V. TRÉMOIS.

TREMER, trembler, craindre. Tré-
meur, crainte.

TRÉMOIS, TRÉMIS , TREMÈS (tremi-
sium, tremesium), menus grains,
comme orge, avoine, qu'on sème
en mars, et qui ne sont que
trois mois en terre, — saison où
on les sème.

TREMPANCE, modération , délai.
V. TEMPÉRANCE.

TRÉPAS, TRESPAS (transgressio),
transgression, excès, désobéis-
sance.

— passage, droit de passage. Tres-
passer, traverser. Trespassants,
passagers.

— mort.

TREPEIL , inquiétude, embarras.
Trepeiller, trépeller, tréper, s'a-
giter, tressaillir.

TRÈRE. V. TRAIRE.

TRES (trans), outre, au delà. Tres-
anné, suranné.

— (trabs). V. TREF.

TRESCENS, cens, loyer. Trescensier,
fermier.

TRESFONDS. V. TREFFONS.

TRESQUE, TRESCIQUE, TRESQUES jusqu'à. Tresci qu'à demain.

TRESTANT, TRETANT, tout autant.

TRESTORNER (trestornare), détourner.

TRESTOUR, détour, échappatoire ,
adresse.

TRESTOUT , TRESTOUS , TRESTUIT ,
tout, tous sans exception. Trestoz
les jours de la semainne.

TRET, tire. V. TRAIRE.

Bon marchié tret argent de bourse.

TRETIÉ (tractatus), traité, récit,
conte, histoire.

TREU, TRÉUS, TRUAGE, péage, impôt.

TREUVER, trouver, treuve, trouvaille.

TRÈVE , TRIVE (treuga), suspension
d'hostilités. Trève de Dieu.

TRICHER, tromper. Trigaud, trompeur. Barre de tricherie (exceptio doli dans De Font.)

TRIER, éprouver, choisir, juger.
(To try , en anglais, d'où trial
jugement.) Triage, choix.

TROAILLE , TROUVAILLE , TREUP ,
TREUVE, chose trouvée, épave.
Truir, trouver.

TRONC (stirps), c'est la tige généalogique.

C'est d'un tronc fort illustre une branche
pourrie. (BOILEAU.)

TROUBLER, inquiéter quelqu'un dans
sa possession. — TROUBLE, spoliation.

TROUSSEAU ou SERPOIL, linge, vais-
selle et autres menus meubles apportés en mariage par l'un des
époux.

TRU. V. TREU.

TRUANT, CENS, qui ne fait que doubler, et ne porte lods ni ventes en
cas de mutation.

TRUEVER, trouver. Truist, il trouva.

TRUE, volière. V. FUYE.

TUERRES , tuteur. Tuerriz, tutrice.

TUICION, garde, défense, protection.

TUIT, tous.

TURBE (turba). V. TOURBE.

TUTERIE, tutelle. Tuterre ou tueour,
tuteur.

U

U, au, ou, avec.

UISME, YTISME, huitième.

UNION, CONTRAT D', contrat par lequel des créanciers s'unissent pour faire, d'un commun accord, la liquidation des biens de leur débiteur.

UNIVERSALITÉ DE MEUBLES, c'est la totalité des meubles, ou une quotité considérée en ce cas comme une totalité.

UNIVERSITÉ (*universitas*), corps composé de plusieurs compagnies, c'est pourquoi l'on appelle de ce nom les corps savants qui sont composés de plusieurs facultés.

US, USAGE, USAGES, coutumes. *Les us et coustumes de la mer.*
— USAGE, droit de jouir du bien d'autrui, mais seulement dans les limites de nos besoins personnels.

USAGE DES BOIS, droit d'y faire paître ses bestiaux et d'y prendre le bois dont on a besoin pour sa consommation. *Usager*, celui qui a le droit d'usage.

USAGES COMMUNAUX, les biens dont les habitants ont le droit de jouir et user en commun.

USAGÉ, USÉ, accoutumé, ordinaire, usité.

USAIRE, usage, usufruit. *Bois usaires*, bois soumis au droit d'usage.

USANCE, pratique de la banque. — Échéance, mois. *Lettre payable à deux usances.*

USANS DE LEURS DROITS, majeurs, maitres de leurs droits. *Fille usante.*

USÉMENT, ordinairement.

USER DE MAINMISE, saisir.

USERRES, usager, usufruitier.

USTENSILES D'HÔTEL, meubles meublants.

USUCAPION, acquisition de la propriété par le moyen de la possession longtemps continuée.

USUFRUIT, droit de jouir de la chose d'autrui, sans en altérer la substance.

USURE (*usura*), intérêt de l'argent. — intérêt excessif.

USURPATEUR, injuste possesseur du bien d'autrui. *Usurpation*, possession injuste et frauduleuse.

UTÉRIN, FRÈRE, frère de mère et non de père. V. FRÈRES.

V

VACANCE ou VACATION, c'est tout le temps qu'un office ou un bénéfice n'est pas occupé. *Bénéfice vacant par résignation.*

VACATIONS, vacances des tribunaux. — tout ce qui se paie aux officiers de justice pour leur assistance. *Vacations de juges, de notaires, de procureurs*, etc.

VAIDE. V. WAIDE.

VAILLANCE (*valentia*), valeur. *Lou vaillant*, ce qu'on possède, la fortune.

VAINE PATURE, pâture sur des terres non cultivées ou dépouillées de leurs fruits, à la différence de la vive pâture qui se fait dans les bois de haute futaie. *Vain pâturer.*

VAINES ET VAGUES, TERRES, friches, terres non exploitées.

VAIR (*varius*), de couleur changeante. *Menu vair*, hermine ou petit-gris.

VALABLE, fait dans les formes, bon et régulier. *Excuse valable*, excuse recevable.

VALET DE JUSTICE, sergent.

VALIDATION, droit de faire valoir un compte, de le faire valider.

VALIDE, ce qui est fait dans les formes et doit sortir effet en justice.

VALIDER, rendre quelque chose ou quelque acte valide ou bon.

VALIDITÉ, bonté essentielle de quelque chose faite dans les formes.

VALLET, VARLET, jeune homme. *Valeton*, enfant.
— écuyer.

VALUE, valeur, prix. *La plus value* est ce que vaut une chose au delà de ce qu'elle a été achetée ou estimée.

VARECH, WERCQ, VARESQUE, c'est
une herbe que la mer pousse sur
la côte, et par extension, tout
ce que la mer jette au rivage.

VARENNE, garenne.

VASSAL, (*vassallus*), tenancier féodal,
celui qui a le domaine utile du
fief, et qui doit la foi et hommage.

— sujet.

— courageux, brave.

« Qui moult estoit prous et vassaus. »

VASSELAGE, condition de vassal.

— service dû par le vassal, et au
figuré, courage, exploits. *Les
douze vasselages d'Hercules.*

VASSEUR, vassal.

VAUDOIS, hérétique, sorcier.

VAURROIT, voudrait, — vaudrait. —
Vausist, voulut, — valut.

VAVASSEUR, arrière-vassal, vassal. — Seigneur moyen, bas-justicier.

VAVASSOURIE ou VAVASSORIE, tenure
de vavassour, fief, vasselage.

VAYER, VEHIER (*vicarius*), voyer.

VEDUE, VEFVE (*vidua*), veuve.

VÉER (*vetare*), défendre, prohiber,
Chose vée est plus désirée. Véable,
défendable. « Quant aucuns fet
« son jardin ou son prael en lieu
« privé, et là où il n'a nule veue
« de voisins, et aucuns des voisins
« veut maisonner joignant, len ne
« lui puet pas véer le maisonner,
« mès l'en li puet deveer que il ne
« face huis et fenestre, par quoi
« les privetés dou prael ne dou
« jardin soit empirées. »
(BEAUM.)

VÉUES, témoins qui assistent à la
vue d'un héritage litigieux.

VENDES. V. VENTES. *Vendage, vendition*, vente.

VENDIQUER, revendiquer, réclamer
par droit de propriété. *Vendica-
tion*, revendication.

VÉNERIE, chasse. *Grand veneur*,
premier capitaine des chasses du
royaume.

VENGER EN UN FIEF, SE, c'est assigner sur un héritage déterminé
une rente ou une hypothèque qui
pèse de façon indéterminée sur
plusieurs héritages.

VENIAT, ordonnance d'un juge supérieur qui mande un juge inférieur
pour venir rendre raison de sa
conduite. *Un veniat est plus doux
qu'un ajournement personnel.*

VENIR, avoir part à une succession.
Venir en ordre utile, être au rang
des créanciers qui touchent ou
des héritiers qui succèdent. *Venir
à un*, s'accorder. *Venir avant en
plaid*, se présenter en justice
pour plaider.

VENOINGE, vendange. *Venoingier*,
vendanger.

VENTES, VENTEROLLES, DROITS DE
VENTES, VENTES ET GANTS, VENTES
ET HONNEURS, VENTES ET ISSUES,
LODS ET VENTES (*laudimia*),
droits payés au seigneur du fief
ou de la censive quand le vassal
aliène la tenure.

VENTILATION, estimation proportionnelle. — Examen. *Ventiler une
cause*, l'examiner, la discuter pour
la juger.

VENTRÉES, SUCCÉDER PAR, c'est succéder par lits quand il y a enfants de différents mariages.

VENTAIÈRE, sage-femme, matrone.

VENUE, revenus, profits.

VERBAL, fait de vive voix, à la différence de ce qui est fait réellement ou par écrit. *Offres verbales.*

VERCHÈRE, VALCHÈRE, dot d'une
fille assignée sur un fonds de
terre, dans la coutume d'Auvergne.

VERDERIE, VERDIÈRE (*viridaria*),
office et juridiction d'un verdier.

VERDIER OU GARDE-MARTEAU, GRUYER,
SEGRAYER, lieutenant des grands
maîtres des eaux et forêts, officier qui commande aux gardes
forestiers. « Verderor, dit Rastall,
« sont ainsi appelés, parce qu'une
« grande part de leur office est
« touchant le verd, c'est à savoir
« le bois et herbe croissant en la
« forest. »

VERGE (*virga*), baguette portée par
les sergents et huissiers, et dont
ils touchaient ceux auxquels ils
signifiaient quelque exploit, en
signe d'autorité et de contrainte.

— SE DESSAISIR PAR. V. ENFESTU-
QUER.

VERGOBRET. On désignait par ce titre
le principal magistrat municipal
de la cité d'Autun, capitale des
Éduens.

VERGONDER, VERGOGNER, VERGON-
TER, faire honte, outrager. *On ne*

doit nullui laidanger ne vergunter. (Mir. de Squabe.)

VÉRIFICATEUR, expert. *Vérification d'écritures,* expertise par comparaison d'écritures. *Vérifier,* examiner, comparer. — Prouver la vérité d'un fait.

VÉRIFICATION, enregistrement qui se fait dans les cours souveraines des édits et déclarations du roi.

VÉ ROI, vrai roi, Dieu.

VERRE DORMANT, c'est un verre mort et non ouvrant; une vitre attachée et scellée en plâtre, et qui ne peut s'ouvrir.

VERRIÈRES, vitraux, fenêtres. — Verre dormant.

VESCHES, VESKES (Ital. *Vescovo*), évêque.

VESPRES (*vesperæ*), soir. *Vesprés,* soirée, assemblée du soir.

VEST ET DEVEST, c'est la remise et la reprise de la possession entre les mains du seigneur. *Vestir et ensaisinement; vesture et ensaisinement; advestir.*

VESTIR (*vestire*), donner l'investiture, mettre en saisine et possession.

VESTUE, COUR, c'est la cour au complet, garnie de tous ses juges.

VESTUE, VESTURE, investiture, mise en possession. — Entrée en possession.

VEUE. V. VUE.

VEUFVE, DROIT DE, meubles qui appartiennent à la femme dans la succession de son mari, outre son douaire.

VEXATION, dommage causé par suite de chicanes.

VIAGE, usufruit. — Tenure à vie. *Viager* (adj.), ce qui ne dure que la vie d'un homme. *Rente viagère, réparations viagères.* — (subs.), usufruitier. *Viageresse,* usufruitière.

VIAIRE, visage.

VICAIRE, substitut, lieutenant.

— En matière féodale, est l'homme vivant et mourant que l'Église et autres gens de mainmorte sont tenus de bailler au seigneur pour faire la foi et hommage, et à la mutation duquel est dû profit de fief ou de cens. *Bailler ricariat.* — *Vicariat* se prend aussi pour procuration.

VICOMTIÈRE, JUSTICE, moyenne justice. *Seigneur vicomtier,* moyen justicier.

VICTUAILLE (*victus*), vivres, aliments, provisions.

VIDAMES (*vicedominus*) ou *avoués* étaient les juges et défenseurs temporels des Églises; depuis la Vidamie a été une dignité féodale tenue en fief de l'Église. *Le vidame de Chartres.*

VIDIMUS, copie collationnée et certifiée. *Vidimer,* collationner une copie avec le titre original, et certifier authentiquement qu'elle y est conforme.

VIDUITÉ, veuvage.

VIE CIVILE, droit de jouir de tous les priviléges accordés au titre de citoyen.

VIF, vivant. *Le mort saisit le vif.*

VIF GAGE. V. GAGE.

VIGNIER, garde des vignes.

VIGUIER (*vicarius*), lieutenant, substitut, *vicem gerens,* — prévôt, bas-justicier.

VILAIN (*villanus*), serf, et quelquefois roturier. *Terre vilaine. Vilains services,* corvées.

— **SERMENT,** blasphème.

— **CAS OU MAUVAIS CAS,** crime, délit.

VILENER, injurier, insulter. V. VILONIE.

VILLE (*villa*), village.

Les paysans des villes és cités n'enfuyoient.

VILLE BAPTICE OU BATEICHE, ville qui n'a point de commune, à la différence de la VILLE DE LOY.

VILLE DE PAIX, en laquelle il n'était permis au sujet d'user de guerres privées ni de se venger.

— **D'ARREST,** villes dans lesquelles les bourgeois avaient le privilége de faire saisir les effets et biens de leurs débiteurs forains trouvés en icelles, encore qu'ils ne fussent fondés sur aucune obligation ou cédule.

VILLENAGE, héritage tenu à cens ou redevances serviles. *Tenir en villenage.* « Nous appelons vilenage, « hiretage qui est tenu de sei- « gneur à cens ou à rente, ou à « champart, car de chel qui est « tenus en fief, l'on ne doit rendre « nule telle redevanche.» (BEAUM.)

VILONIE, VILENIE, LAIDE VILOUNIE,

injure, — action vile. *Vilains est qui fait vilenie.*

VIMAIRE (*vis major*), force majeure.

VIN DE MARCHÉ, pot-de-vin. *Vin du clerc,* gratification donnée aux expéditionnaires du greffe. — *Vin de congié,* coup de l'étrier. — *Vin d'ost,* impôt sur le vin pour frais de guerre.

VINADE, VINAGE, VINTRAGE, droit sur le vin; — redevance en vin; — redevance payée pour les terres plantées en vignes.

VINDICTE, vengeance. *La vindicte publique,* c'est la poursuite publique des crimes qui troublent la société.

VINGTAIN, VINTISME, vingtième. — Droit seigneurial, en vertu duquel le seigneur prend le vingtième des fruits de ses vassaux à la charge de les défendre et de les protéger.

VIRER LES PARTIES, c'est payer au moyen de compensations.

VIRILITÉ, âge viril, qui commence à vingt-cinq ans et finit à cinquante.

VIS (*visus*), visage. *Vis-à-vis,* face à face.

— (*vivus*), vif, vivant. *Le vis a peu d'amis, li mors nen a nus.*

— avis. *Il m'est vis,* m'est avis.

— escalier tournant.

— (*vetus*), vieux.

VISA, est un acte qui confirme ou vérifie les pièces sur lesquelles il intervient.

VISER, mettre son *visa.* — Examiner, visiter.

VISITE, expertise.

VISITER, examiner. *Procès donné à visiter au conseiller rapporteur.* (Gr. Cout.) *L'appelant est condamné aux dépens de la visitation du procès.*

VIVELOTTE OU VIVENOTE (*vitallitium*), douaire roturier.

VOCÉ VOÉ. V. VOUCHER.

VOIÉ ou VÉE, DROIT, refus de faire justice, défaut de droit.

VOIES DE FAIT, VOIES DE DROIT, moyens de fait ou violences, moyens de droit.

VOIR, vrai. *Mettre en voir,* prouver. *Voire,* certainement, certes.

VOIRIE ou VOERIE (*advocatio*), basse justice. *Basse voirie, simple voirie; la grande voirie* est la moyenne justice.

— ou VOYERIE, inspection des voies publiques.

VOIRRE, verre.

VOISDIE. V. BOISDIE.

VOISER, aller. *Qu'il voist,* qu'il aille. *En quelque lieu qu'ils voisent.* (G. Cout.)

VOIX, vote. *Voix et respons.* Voyez RÉPONS.

VOL DU CHAPON, certaine quantité de terre que le fils aîné prend avec le principal manoir par préciput et pour son droit d'aînesse.

VOLANCE, VOLOIR, vouloir, volonté.

VOLET, petit colombier bourgeois et domestique, permis à ceux qui n'ont pas le privilége d'avoir colombier à pied.

VOLT, il veut, VOLOIT, il voulait. *Vols, nous,* voulu. *Volsit,* qu'il voulût, *Vorroie,* je voudrais.

VOUCHER (*advocare,* 3), appeler. *Voucher un record; vouchement de garants.*

VOUÉ. V. AVOUÉ.

VOUERIE, VOUIRIE (*advocatio*), puissance paternelle, garde, protection. V. VOIRIE.

VOULSIST, QU'IL, qu'il voulût.

VOYER, SEIGNEUR (*vicarius*), bas-justicier, vicomte; — officier qu a soin de la voie publique.

VRAICH. V. VARECH.

VU, énumération des pièces produites dans un procès par écrit, et qui ont servi à la décision. *Le vu de l'arrêt ou de la sentence.* V. VISA.

VUAGE (*wadium*), gage.

VUARANTIR, garantir.

VUARDE, garde.

VUD, VUYT, vide, vain, inutile.

VUE, enquête, descente sur les lieux.

— ET MONSTRÉE. V. MONSTRÉE.

— MORTE, verre dormant.

VUIDER SES MAINS, se dessaisir. *Vuider la maison,* déloger. *Vuider la cause,* l'expédier.

W

W. Dans certains dialectes du Nord le W remplace presque toujours le G.

WAIDE, guèdde ou pastel. WAIDIERS ou VAIDIERS, ceux qui préparent ou vendent la guèdde.

WAIGE, gage. WAITE, guet. WANS, gants.

WARENTIR, WARDE, WAIGNER, garantir, garde, gaigner.

WARISONS, récoltes sur pied qui *garnissent* le sol.

WASONS LEVÉS, gazons levés, c'est l'herbe ou le blé non coupés.

WAST, gast, dégât, dommage.

WERP ou WERS, comme le mot *saisine* se prend aussi pour le droit payé aux échevins présents à la saisine et dessaisine.

WERPIR, guerpir, déguerpir, quitter, laisser, exponcer. *Werps et saisines, héritages rendus et werpis.* « On fait le bans que nus soit « si hardis, home ne feme en tote « ceste ville, ki werpisse hiretage « qui soit dedans le pooir de ceste « vile, se il ne le werpist en pleine « halle devant les eschievins, et « ki onkes werpiroit hiretage en « autre manière, il carroit en for- « fait de 50 livres, et seroit banis « de la ville. » (Bans et édits de la ville de Douay, 8 février 1246.)

WÉVÉE, viduité.

WIVRE (Esp. *Vibora*), vipère, guivre.

Y

YAU, eau.

YBAIGNE, araignée, — panneau de fil d'archal en forme de toile d'araignée.

YRETAGE, héritage.

YVERNAIGES ou HIVERNAGES, sont les blés qui sont en terre tout l'hiver, à la différence des *marsesches* ou *trémois*.

FIN DU GLOSSAIRE.

ERRATA.

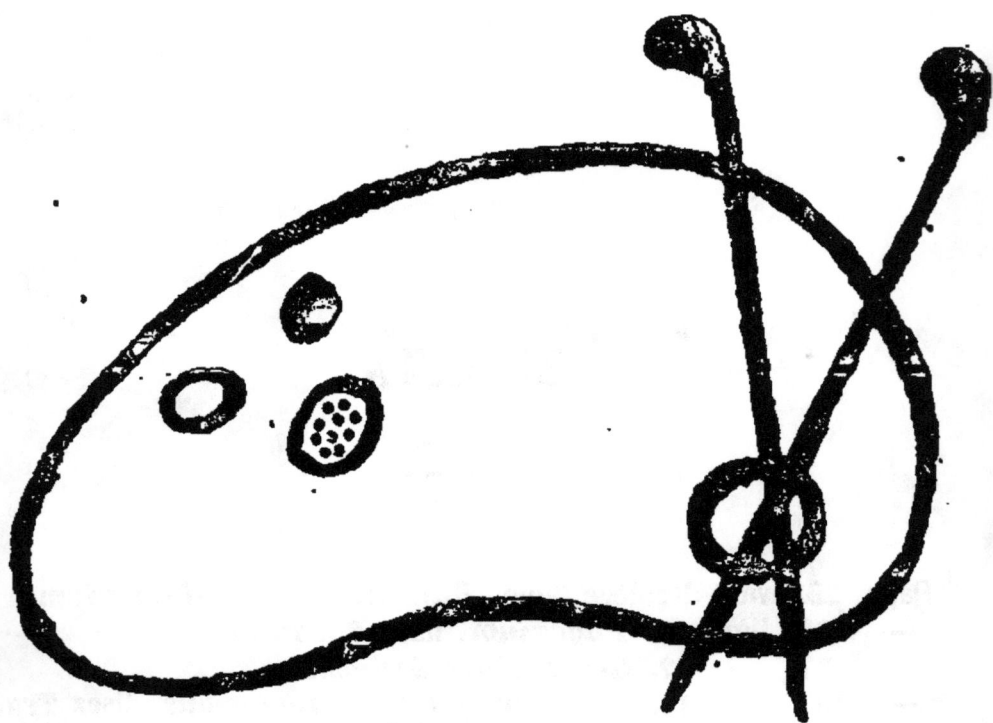

www.ingramcontent.com/pod-product-compliance
Lightning Source LLC
Chambersburg PA
CBHW060913220326
41599CB00020B/2950